O Microssistema de Tutela Coletiva
Parceirização Trabalhista

1ª edição — 2012
2ª edição — 2013

Enoque Ribeiro dos Santos

Professor Associado da Faculdade de Direito da Universidade de São Paulo. Procurador do Trabalho do Ministério Público do Trabalho. Mestre pela Unesp. Doutor e Livre-Docente em Direito do Trabalho pela Faculdade de Direito da USP.

O Microssistema de Tutela Coletiva
Parceirização Trabalhista

2ª EDIÇÃO
revista e atualizada

EDITORA LTDA.
© Todos os direitos reservados

Rua Jaguaribe, 571
CEP 01224-001
São Paulo, SP — Brasil
Fone (11) 2167-1101
www.ltr.com.br

Produção Gráfica e Editoração Eletrônica: R. P. TIEZZI
Projeto de Capa: R. P. TIEZZI
Impressão: IMAGEM DIGITAL
LTr 4679.7
Abril, 2013

Dados Internacionais de Catalogação na Publicação (CIP)
(Câmara Brasileira do Livro, SP, Brasil)

Santos, Enoque Ribeiro dos
    O microssistema de tutela coletiva : parceirização trabalhista / Enoque Ribeiro dos Santos. — 2. ed. rev. e ampl. — São Paulo : LTr, 2013.

    Bibliografia

    ISBN 978-85-361-2491-9

    1. Direito processual do trabalho — Brasil 2. Interesses coletivos (Direito) 3. Interesses difusos (Direito) 4. Microssistema jurídico 5. Parceirização jurisdicional trabalhista 6. Tutela jurisdicional I. Título.

13-01305   CDU-347.9:331(81)

Índice para catálogo sistemático:

    1. Brasil : Parceirização jurisdicional trabalhista : Microssistema de tutela coletiva : Direito processual coletivo do trabalho   347.9:331(81)

Dedico este modesto estudo aos meus filhos, Michelle, Ellan e Evelyn, à esposa, Maria José, e aos meus pais, Roquinho (in memoriam) e Virginia, por tudo que representam em amor e paciência para comigo.

*Agradeço ao Deus Altíssimo
por sua infinita misericórdia e compaixão.*

Um agradecimento especial aos competentíssimos e excepcionais Juízes do Trabalho, Dr. Daniel Rodney Weidman, titular da 2ª Vara e Diretor do Foro Trabalhista de Cascavel e Dra. Neide Consolata Folador, titular da 2ª Vara do Trabalho de Foz do Iguaçu, pela valiosa atuação e dedicação ao longo do desenvolvimento da ação conjunta do Poder Judiciário e do Ministério Público do Trabalho, que ensejou os casos concretos desta obra.

Sumário

Apresentação 17

Prefácio — *Nelson Mannrich* 19

Introdução 25
1. Justificativa 25
2. Delimitação do tema 28
3. Métodos e técnicas de pesquisa 30

Capítulo I
Gênese e Desenvolvimento Histórico e Social das Ações Coletivas

1. O microssistema de tutela coletiva na Constituição Federal de 1988 31
2. Gênese e evolução histórica das ações moleculares 32
3. Da evolução da tradição romano-germânica às ações moleculares 38
      3.1. Antecedentes do direito romano e anglo-saxão 39
      3.2. As *class actions* do sistema norte-americano 42

Capítulo II
Princípios Aplicáveis no Microssistema Processual de Tutela Coletiva Trabalhista

1. Noção de princípio 49
2. Princípios gerais do direito 51
3. A distinção entre normas e princípios 52
4. Princípios jurídicos e direitos humanos fundamentais 53
      4.1. Direitos humanos e direitos humanos fundamentais 54
5. Princípios do microssistema processual de tutela coletiva 58
      5.1. Princípio do acesso à justiça 59

5.2. Princípio do interesse jurisdicional no conhecimento do mérito do processo coletivo 60

5.3. Princípio da máxima prioridade jurisdicional da tutela jurisdicional coletiva 61

5.4. Princípio da disponibilidade motivada da ação coletiva 62

5.5. Princípio da presunção da legitimidade *AD CAUSAM* ativa pela afirmação do direito .. 62

5.6. Princípio da não taxatividade da ação coletiva 63

5.7. Princípio do máximo benefício da tutela jurisdicional coletiva 64

5.8. Princípio da máxima efetividade do processo coletivo 64

5.9. Princípio da máxima amplitude da tutela jurisdicional coletiva 65

5.10. Princípio da obrigatoriedade de atuação do Ministério Público 66

5.11. Princípio da universalidade da jurisdição e da primazia da tutela coletiva adequada 67

5.12. Princípio da participação 67

5.13. Princípio do ativismo ou protagonismo judicial 68

5.14. Princípio da ampla informação da demanda à sociedade 70

5.15. Princípio da extensão subjetiva da coisa julgada *SECUNDUM EVENTUM LITIS* e princípio do transporte *IN UTILIBUS* 71

5.16. Princípio do microssistema jurisdicional de tutela coletiva 72

5.17. Princípio da adequada representação dos legitimados 73

5.18. Princípio da isonomia real 74

Capítulo III
Litigância de Interesse Público e os Direitos Metaindividuais Objeto do Microssistema de Tutela Processual Coletiva

1. Desenvolvimento da política de litigação de interesse público 75

2. Litigação de interesse público sob a égide da Constituição Federal de 1988 80

   2.1. Ações coletivas para a defesa de direitos e interesses individuais 80

   2.2. Ações coletivas para a defesa de direitos e interesses difusos ou coletivos 81

   2.3. Ações coletivas para a defesa da constitucionalidade das leis e afirmação de direitos em face da Constituição 84

Capítulo IV
Instrumentos Processuais do Microssistema Jurídico de Tutela Coletiva

1. A importância da ação civil pública na litigação de interesse público no Brasil 85

2. A IMPORTÂNCIA DAS DEMAIS AÇÕES COLETIVAS NA LITIGAÇÃO DE INTERESSE PÚBLICO NO BRASIL . 90
3. AÇÃO CIVIL PÚBLICA 91
    3.1. DENOMINAÇÃO 91
    3.2. OBJETO DA AÇÃO CIVIL PÚBLICA 93
    3.3. NATUREZA JURÍDICA 95
    3.4. OBRIGAÇÕES DE FAZER, NÃO FAZER E DE SUPORTAR 95
    3.5. COMINAÇÃO DE MULTAS E *ASTREINTES* NA AÇÃO CIVIL PÚBLICA 97
    3.6. CONDENAÇÃO PELOS DANOS GENERICAMENTE CAUSADOS 99
        3.6.1. CONDENAÇÃO POR DANO MATERIAL E MORAL 100
    3.7. FIXAÇÃO DO *QUANTUM SATIS* DA INDENIZAÇÃO POR DANO MORAL COLETIVO ... 111
    3.8. CUMULAÇÃO DE OBRIGAÇÕES DE FAZER, NÃO FAZER E CONDENAÇÃO EM PECÚNIA ... 112
    3.9. LEGITIMIDADE ATIVA PARA O AJUIZAMENTO DA AÇÃO CIVIL PÚBLICA 115
    3.10. REPRESENTATIVIDADE ADEQUADA E PERTINÊNCIA TEMÁTICA 120
    3.11. LEGITIMIDADE PASSIVA 124
    3.12. LITISCONSÓRCIO PASSIVO 126
    3.13. ASSISTÊNCIA 127
    3.14. COLEGITIMADOS 128
    3.15. INTERESSADOS INDIVIDUAIS 128
    3.16. COMPETÊNCIA MATERIAL 129
    3.17. COMPETÊNCIA FUNCIONAL TERRITORIAL 130
    3.18. COMPETÊNCIA TERRITORIAL FUNCIONAL E A OJ (ORIENTAÇÃO JURISPRUDENCIAL) N. 130 DA SDI-II DO TRIBUNAL SUPERIOR DO TRABALHO 131
    3.19. PRESCRIÇÃO NAS AÇÕES CIVIS PÚBLICAS 134
    3.20. ANTECIPAÇÃO DOS EFEITOS DA TUTELA 136
    3.21. ALCANCE E EFEITOS DA COISA JULGADA 137
        3.21.1. COISA JULGADA 137
4. AÇÃO CIVIL COLETIVA 140
    4.1. CONCEITO 140
    4.2. NATUREZA JURÍDICA DA AÇÃO CIVIL COLETIVA 142
    4.3. OBJETO DA AÇÃO CIVIL COLETIVA 142
    4.4. FUNGIBILIDADE DAS AÇÕES COLETIVAS 144

4.5. Diferenciação entre ação civil coletiva e consórcio multitudinário 145
4.6. Legitimidade ativa 147
4.7. A legitimidade do Ministério Público do Trabalho para a defesa dos direitos individuais homogêneos 148
4.8. Litisconsórcio ativo 154
    4.8.1. Dos colegitimados 154
    4.8.2. Dos trabalhadores individuais 155
4.9. Legitimidade passiva 156
4.10. Competência 156
    4.10.1. Competência material e funcional 156
    4.10.2. Competência territorial 157
4.11. Prescrição 158
4.12. Reconvenção 159
4.13. Revelia 160
4.14. Renúncia e transação na ação civil coletiva 160
4.15. Litispendência 161
4.16. Assistência 162
    4.16.1. Assistência dos colegitimados e de trabalhadores isolados 162
4.17. Tutelas de urgência na ação civil coletiva 165
4.18. Sentença genérica 167
4.19. Coisa julgada *erga omnes* e *secundum eventum litis* 168
4.20. Recursos 171
4.21. Desistência e renúncia do recurso 172
4.22. Execução em sede de ação civil coletiva 172
4.23. Espécies de execução 172
4.24. Juízo competente para a execução 173
4.25. Preferência dos créditos provenientes das ações civis coletivas 175
5. Ação de improbidade administrativa 176
    5.1. Conceito e aspectos materiais da Lei de Improbidade Administrativa 176
    5.2. Aspectos processuais da Lei de Improbidade Administrativa 177
    5.3. Prerrogativa de foro 179

5.4. Ação civil de improbidade como espécie de ação civil pública 181
5.5. Legitimidade do Ministério Público do Trabalho na ação de improbidade administrativa 182
6. Dissídio coletivo de trabalho 184
    6.1. Negociação coletiva de trabalho 188
    6.2. A Emenda Constitucional n. 45/2004 e reflexos no poder normativo 191
    6.3. O "comum acordo" (§ 2º do art. 114 da Constituição Federal) 192
    6.4. Limites do poder normativo pelos Tribunais do Trabalho 197
    6.5. Limite mínimo 197
    6.6. Limite máximo 199
    6.7. O papel do Ministério Público do Trabalho nos dissídios coletivos 200
    6.8. Dissídio coletivo ajuizado pelo Ministério Público do Trabalho 204
    6.9. Sentença normativa 205
    6.10. Dissídio coletivo de greve de servidores públicos estatutários 208
    6.11. Antecipação dos efeitos da tutela 215
    6.12. Coisa julgada formal e material na sentença normativa 217
7. Ação de cumprimento 220
    7.1. Conceito 220
    7.2. Natureza jurídica da ação de cumprimento 223
    7.3. Competência 226
    7.4. Objeto da ação de cumprimento 227
    7.5. Coisa julgada 228
        7.5.1. Coisa julgada *erga omnes* 228
        7.5.2. Coisa julgada *secundum eventum litis* 228
        7.5.3. Coisa julgada *rebus sic stantibus* 231
    7.6. Litispendência da ação de cumprimento coletiva com a ação individual 241
8. Ação anulatória (de nulidade) de cláusula ou de acordo ou convenção coletiva de trabalho 242
    8.1. Denominação 245
    8.2. Natureza jurídica 246
    8.3. Objeto 249

8.4. Legitimidade ativa 252
8.5. Legitimidade passiva 259
8.6. Competência material para julgamento das ações anulatórias 261
8.7. Competência hierárquica ou funcional para julgamento das ações anulatórias 262
8.8. Reflexos processuais da decisão judicial 264

Capítulo V
Parceirização Jurisdicional Trabalhista

1. Origem 267
2. Conceito 268
3. Outras formas de parceria do *Parquet* laboral 271
4. Princípios da parceirização jurisdicional trabalhista 284
   4.1. Princípio do acesso ao sistema de justiça 284
   4.2. Princípio da participação pelo processo e no processo 285
   4.3. Princípio da tutela coletiva adequada 285
   4.4. Princípio da boa-fé e cooperação das partes e de seus procuradores 285
   4.5. Princípio do ativismo judicial 286
   4.6. Princípio da flexibilização da técnica processual 287
   4.7. Princípio da intervenção do Ministério Público em casos de relevante interesse social 287
   4.8. Princípio da razoabilidade ou da proporcionalidade 289
5. Natureza Jurídica do fenômeno da parceirização jurisdicional trabalhista 290
6. Procedimento 292
   6.1. Competência material e funcional 294
   6.2. Iniciativa e provocação da jurisdição 295
   6.3. Designação de audiência preliminar 297
   6.4. Diligências e diagnóstico econômico-financeiro do reclamado 299
   6.5. Designação de audiência com todos os interessados 299
   6.6. Responsabilidade dos sócios e nomeação do gestor/administrador judicial 301
   6.7. Reunião ou cumulação de processos atomizados 301
   6.8. Comissão de gestão compartilhada e limitação do poder diretivo do empregador .. 302
   6.9. Garantias do passivo trabalhista 304

6.9.1. Responsabilidade solidária dos sócios 305
6.9.2. Teoria *ultra vires societatis* 308
6.9.3. Responsabilidade da administração pública direta 309
6.10. Habilitação de credores trabalhistas 312
6.11. Rateio de créditos trabalhistas 312
6.12. Prestação de contas à comissão de gestão compartilhada 312
6.13. Requisição de informações e repasse de verbas 313
6.14. Celebração de acordo, conciliação judicial ou decisão judicial 313
7. O objeto material da parceirização jurisdicional trabalhista 316
8. O papel do poder judiciário trabalhista 327
9. O papel do Ministério Público do Trabalho 337
10. Estudos de casos concretos 342
    10.1. O caso da conservação de empregos e manutenção de serviços de saúde em Cascavel, Estado do Paraná 342
    10.1.1. Descrição do caso 342
    10.1.2. Natureza dos direitos constitucionais em litígio 344
    10.1.3. Eficácia da atuação conjunta do Ministério Público do Trabalho e da Magistratura do Trabalho 345
    10.2. O caso da reabertura de hospital em Foz do Iguaçu 346
    10.2.1. Descrição do caso 346
    10.2.2. Natureza dos direitos e interesses 348
    10.2.3. Eficácia da ação do Ministério Público e da Magistratura Trabalhista 348

Conclusões 349

Referências Bibliográficas 359

APRESENTAÇÃO

Este trabalho é fruto da tese de livre-docência apresentada e defendida em meados de 2011 na Faculdade de Direito da Universidade de São Paulo, sob o título *Do microssistema processual de tutela coletiva ao fenômeno da parceirização jurisdicional trabalhista*, tendo sido aprovada, por unanimidade, pela egrégia banca examinadora constituída pelos excelentíssimos professores titulares Nelson Mannrich (USP), como Presidente, Sergio Pinto Martins (USP), Arion Sayão Romita (UERJ), José Luiz Ferreira Prunes (UFRGS) e Mario Garmendia Arigón (Udelar-Uruguai), aos quais venho manifestar, de público, os mais sinceros e profundos agradecimentos pela honrosa oportunidade que ficará indelevelmente gravada em minha mente e em meu coração e pela sapiência de suas valiosas contribuições científicas, que foram inseridas nesta obra.

Prefácio

Quando reis e governantes abandonaram a prerrogativa de concentrar a administração da Justiça, então inerente à soberania, separando-se as funções de acusar e as de julgar, surgiu a figura de intermediários entre o trono e depositários do poder delegado, conhecidos também como Oficiais do Ministério Público, na defesa dos interesses da sociedade.

Com a Revolução Francesa, esse órgão intermediário entre o Judiciário e o Executivo, embora embrião do Ministério Público, continua a representar os particulares interesses da Administração. Com a consolidação do Estado Moderno, tornou-se o Ministério Público o agente do interesse público, na salvaguarda dos interesses relevantes da sociedade.

No lugar da defesa dos particulares interesses do príncipe, o Ministério Público volta-se aos supremos ideais de justiça da coletividade, na defesa dos interesses públicos, levadas em conta as peculiaridades de cada sistema e sua evolução institucional.

As diferentes dimensões políticas, culturais e econômicas influenciam na formatação do conteúdo dos valores alcançados pelo subjetivo conceito de interesses públicos — tão vago quanto os conceitos de *interesse* e *público*, embora patente a oposição entre interesse público e interesse privado.

Entre nós, as atribuições de zelar pelo interesse público, delegadas ao Ministério Público pelo legislador de 1973, foram ampliadas com a Constituição da República, de 1988, conferindo-lhe a defesa dos interesses difusos e coletivos, inclusive por meio da ação civil, consolidando seu papel de defesa dos interesses coletivos da sociedade.

Desatrelado do Poder Executivo, transforma-se em instituição permanente e essencial à função jurisdicional na construção do espaço republicano. Se, de um lado, novos direitos recebem foros de garantias fundamentais, por outro, permanecem vagos os conceitos de interesse público e interesse social, provocando reservas em face da legitimidade de certas atuações, em especial quando confundidos com interesses meramente individuais, ou movidos por ideologias que por vezes afloram em certos manejos processuais e institucionais, acabando por comprometer sua legitimidade perante o conjunto dos atores sociais.

Não se pode retroceder, voltando o Ministério Público às suas origens, tornando-se defensor de interesses particulares ou pessoais, em nome do Rei ou do Estado. No passado, aquela instituição tida como embrião do Ministério Público, com a Revolução Francesa, embora passando a ser o elo entre o Executivo e o Judiciário, manteve, todavia, a representação dos particulares interesses da Administração. Na atualidade, em face do avanço na construção do Estado Moderno, a Instituição abandonou aquela vocação, limitando-se apenas a velar pela salvaguarda dos superiores interesses da comunidade politicamente organizada, como verdadeiro agente do interesse público.

Como agentes do Estado, os membros do Ministério Público — e aqui nos referimos diretamente ao Ministério Público do Trabalho, na sua função essencial de salvaguarda dos interesses sociais, não podem, renunciando sua missão institucional, como os então delegados do Príncipe, transformarem-se em opressores, sob pena de comprometerem o processo de construção da nossa civilização.

Ao contrário, cabe ao Ministério Público assumir o que Enoque Ribeiro dos Santos denomina "parceirização jurisdicional trabalhista".

Esse desafio imposto ao Ministério Público corresponde à tese defendida pelo autor do livro que ora tenho a honra de prefaciar, a qual lhe conferiu o título de professor livre-docente, pela Faculdade de Direito do Largo de São Francisco, da Universidade de São Paulo.

Livre-docência corresponde ao título mais elevado da carreira docente, em algumas Universidades, como na USP. Comprova estágio maduro no magistério, tendo o professor percorrido o longo caminho da docência em cursos regulares e enfrentado os grandes desafios da vida acadêmica, não só em sala de aula, como desenvolvido pesquisas transformadas em palestras, livros e/ou artigos. Além disso, ter participado de orientação de alunos, seja na graduação, seja na especialização ou no mestrado e no doutorado, sem prejuízo de relevantes serviços prestados à comunidade.

A tese de livre-docência — ao contrário da de doutorado, na qual o aluno é orientado por um professor mais titulado — é fruto dessa maturidade e ao mesmo tempo sua comprovação, daí porque resulta de sua própria orientação.

E, se Enoque Ribeiro dos Santos, depois de obtido o título de mestre e de doutor, obteve o de livre-docente, é porque não só a banca aprovou sua tese, como examinou sua produção científica e atividade acadêmica, tendo ainda avaliado sua didática, por meio de aula e prova escrita, nos termos regimentais.

De qualquer forma, para submeter à banca o tema *Do Microssistema processual de tutela coletiva ao fenômeno da parceirização jurisdicional trabalhista,* título original de sua tese de livre-docência, não basta ler e estudar muito, viajar, pesquisar e dar muitas aulas. A tese é fruto da experiência de toda uma vida de Enoque Ribeiro dos Santos dedicada ao DIREITO, seja como advogado, seja como Procurador do Trabalho. E, se o fio condutor de sua tese, agora transformada em livro, aponta para a solução inteligente das vicissitudes que perturbam a vida das empresas na sua relação com os empregados, por meio da nova vocação atribuída ao Ministério Público, que, de forma perspicaz, consta já no título de sua tese, é porque aprendeu a valorizar não apenas quem trabalha, como aquele que gera postos de trabalho.

Não é bom nem ruim o conflito entre empregado e empregador — é natural, é próprio do mundo capitalista, e como tal não pode ser erradicado, devendo ser administrado e calibrado de forma permanente para não se perder de vista que o VALOR SOCIAL proclamado pela Constituição não é atributo apenas do TRABALHO, mas deve permear também A LIVRE-INICIATIVA.

Buscou em sua longa experiência de advogado de empresa o que agora imagina imprescindível ao Ministério Público do Trabalho, sem abrir mão de sua missão institucional e da força que a lei lhe confere. A legitimidade do Ministério Público do Trabalho e o reconhecimento por parte da sociedade de que se trata de importante instituição e imprescindível para garantir a ordem jurídica trabalhista depende mais desse papel, apontado por Enoque Ribeiro dos Santos, de "parcerização".

Sua proposta não retira do Ministério Público a medida de sua atuação, traçada pelo art. 127 da Constituição Federal. Continua sua elevada missão de defesa da ordem jurídica e do regime democrático. Ainda que venha de fato a ocorrer o que propõe de "parceirização", sempre suas variadas funções voltam-se ao interesse público e social, jamais ao interesse privado ou do Estado ou Fazenda Pública.

Para melhor entendimento do núcleo de sua tese, basta examinar o estudo que apresenta de dois casos concretos: o dos serviços de saúde, em Cascavel, e o da reabertura de Hospital, em Foz de Iguaçu. A eficácia da atuação do Ministério Público na manutenção das atividades e geração de mais empregos, nesses dois casos, resultou dessa convicção de que o Procurador do Trabalho é agente de transformação. Ou seja, são agentes públicos, comprometidos com as angústias não apenas dos trabalhadores, como daqueles que geram a riqueza, mesmo porque, acima de ambos, há o interesse da sociedade, o qual não se confunde nem com os interesses dos empregados nem com os das empresas e tampouco dos próprios procuradores, nem é a soma deles, mas todos estão comprometidos na construção de uma sociedade mais justa e solidária, sem prejuízo de cada um desempenhar seu papel.

Mas o resultado atingido nos dois casos concretos poderia ter sido diferente, se diferentes fossem os métodos por ele adotados. Seria mais fácil e cômodo, quem sabe, em nome de ideologias e atraindo holofotes, utilizar-se da ação civil pública, com pedido de antecipação de tutela, com imposição de multas bilionárias. Certamente não atingiria o excepcional resultado alcançado, como apresentado em sua tese, mas teria cumprido sua obrigação.

E, em vez do resultado positivo, que relata o admirável procurador Enoque Ribeiro dos Santos, de manutenção dos empregos e da atividade, seria a empresa submetida ao caos e seriamente ameaçada de fechamento com perdas irreparáveis de empregos.

E, em vez de voltar-se ao interesse coletivo, seria satisfeita apenas a ambição pessoal e equivocada de atingir certa "justiça social".

Há em certas atuações despropositadas de alguns membros do Ministério Público do Trabalho um efeito perverso, embora nem sempre perseguido como meta, de forma objetiva, o denominado *dumping social*. Ou seja, quando a ação do Ministério Público atinge apenas determinada empresa, não as demais, o impacto de certas medidas liminares é tão devastador que a coloca em desvantagem econômica em face das demais que atuam no mesmo ramo e na mesma região. Qual o interesse perseguido? Esse o papel institucional que se conferiu ao Ministério Público?

Mas as ações são praticadas em nome do interesse público. Ora, como dito, os termos *interesse* e *público* não são precisos. Assim, *interesse* é tema geral, aberto e prequestionador[1]. *Significa estar entre uma necessidade, um sujeito, um bem ou um fim que atenda àquela necessidade. É relação marcada pela posição do indivíduo em face de um bem da vida que pode satisfazer suas necessidades*[2] sem se esquecer de que o homem tem capacidade de (propor a si) propor-se necessidades cuja satisfação desejada ou sentida não tem limite[3]. Como se vê, a noção de interesse é marcada pelo subjetivismo, que deixa à margem os interesses que não pertencem a nenhum indivíduo concretamente, como os de pacificação social: vida, saúde, segurança, regras de convivência, vale dizer, interesses públicos ou sociais ou interesses da lei. Portanto, o termo interesse, com larga margem de determinação individual, na prática se mostra rebelde a limitações conceituais, variando em razão da cultura, da educação, dos condicionamentos biológicos individuais, do processo econômico e da organização política.

---

(1) Termo proposto por Tércio Sampaio Ferraz Jr. para o campo da investigação aberta, para o questionamento múltiplo, em todas as direções, em oposição à dogmática, campo de investigação delimitado. FERRAZ JR., Tércio Sampaio. *Introdução ao estudo do direito*: técnica, decisão, dominação. São Paulo: Atlas, 1988. p. 45-52.
(2) Concepção de Carnelutti para quem, segundo Yolanda de Lucchi López-Tapia, interesse é a posição favorável à satisfação de uma necessidade, definição que conectará diretamente com a própria definição de conflito de interesses. LÓPEZ-TAPIA, Yolanda de Lucchi. *La tutela jurisdicional civil de los intereses de consumidores y usuarios*. Madrid: Livros Jurídicos, 2005. n. 3, p. 17.
(3) MONTEIRO NETO, Diogo de Figueiredo. *Teoria do poder*: sistema de direito político. Estudo juspolítico do poder. São Paulo: Revista dos Tribunais, 1992.

Por sua vez, o termo *público* também é vago e, assim como *interesse,* constitui-se *lugar-comum*[4]. Embora tema aberto e vago, avesso à definição, há sentido comum de seu significado, ficando a noção substancial do termo à margem de discussão[5]. A doutrina, diante de configurações históricas e da confusão gerada pela fusão de atividades públicas e privadas, afirma não ser possível extrair imediatamente regras de ação, mas tomar consciência da expressão "interesse público" em oposição a "interesse privado", resultando essa dicotomia interesse-público/interesse-privado de fundamental utilidade para o jurista[6]. É por meio dessa divisão que se torna possível organizar espaços hermenêuticos, permitindo atuar interpretativamente na vida social e assim conferir a setores da existência humana ora um ora outro caráter.

Ives Gandra da Silva Martins Filho, ao enfrentar a questão a respeito de a quem cabe a defesa dos interesses difusos e coletivos, invoca o princípio da subsidiariedade para mostrar que tanto o sindicato quanto o Ministério Público têm suas esferas de atuação demarcadas pelo ordenamento jurídico: o prisma pelo qual a legitimidade concorrente do Ministério Público e dos sindicatos para a defesa dos interesses metaindividuais deve ser encarado é distinto. Segundo seu argumento, ao sindicato cabe a defesa dos trabalhadores que a ordem jurídica protege (CF, art. 8º, III) e, ao Ministério Público, a defesa da própria ordem jurídica protetora dos interesses coletivos dos trabalhadores (CF, art. 127)[7]. Segundo, ainda, o referido autor, há duas justificativas para a maior atuação do Ministério Público, seja porque dispõe do inquérito civil público, poderoso instrumento para instruir a ação civil pública, seja pela sua imparcialidade, o que lhe confere maior credibilidade. E conclui: "Ora, esta segunda faceta vem se perdendo ultimamente, pela ideologização de segmentos do Ministério Público, que confundem a defesa da ordem jurídica com a defesa exclusiva dos trabalhadores, afeta aos sindicatos".

Aliás, observam-se, ultimamente, duras intervenções do Ministério Público no processo de negociação, felizmente de forma pontual, tendo chegado mesmo a obter liminar, em determinada ação civil pública, para impedir a celebração de convenção coletiva, quando, ao contrário, deveria fomentar o aprimoramento da negociação, verdadeiro processo a ser construído com vistas ao avanço das

---

(4) *Lugar-comum*, esclarece Tércio Sampaio Ferraz Jr., significa que o termo é aceitável independentemente de divergências quanto a detalhes. A noção substancial de "interesse" fica incontroversa, não discutida e, com isso, tem força argumentativa para a sua utilidade e compreensão em todos os sentidos e no campo da dogmática. FERRAZ JR., Tércio Sampaio. Interesse público. *Revista da Procuradoria Regional do Trabalho da 2ª Região*, São Paulo, ano 1, n. 1, p. 10-11, dez. 1995.
(5) Conforme FERRAZ JR., Tércio Sampaio. *Interesse público*, cit., p. 9-10.
(6) Idem.
(7) Palestra, no painel que participou, por ocasião do Congresso Internacional Atualidades do Direito do Trabalho, promovido pela ANDT — Academia Nacional de Direito do Trabalho, em São Paulo, nos dias 10 e 11 de agosto, de 2011, a qual em breve será publicado em forma de Anais.

conquistas dos trabalhadores. Por mais pífios que fossem os resultados — e quem pode aferi-los, se resultaram da autonomia dos atores sociais? O Ministério Público do Trabalho? —, precisamos abandonar essa visão que continua a imprimir ao Direito do Trabalho mero papel intervencionista, cujo paternalismo se apresenta com uma triste face autoritária.

Alfredo Montoya Melgar, ao refletir sobre o período histórico do Direito do Trabalho, na Espanha, compreendido entre 1873 e 1917, aponta um fio condutor ideológico a imprimir-lhe indiscutível unidade, constituída de duplo ingrediente, na tentativa de facilitar o entendimento dessa visão paradoxal: "a convicção de que a sociedade e o Estado burgueses devem proteger o trabalhador, enquanto ser desvalido e necessitado de tutela, e a convicção paralela de que a sociedade e o Estado burgueses devem proteger-se frente às ameaças dos trabalhadores unidos em associação"[8]. Vejo que o Ministério Público do Trabalho — ou determinados procuradores, no caso acima relatado, continuam temendo essa terrível ameaça.

De qualquer forma, não acredito que pedidos como os destes procuradores — que presumem a incapacidade de os trabalhadores se organizarem livremente para negociar ou sua debilidade para obter vantagens por meio da negociação — de fato contribuem para a melhoria das relações de trabalho. Ao contrário, seguindo a proposta de Enoque Ribeiro dos Santos, se fosse trilhado o caminho da "parceirização jurisdicional trabalhista", certamente teríamos o início da construção de uma agenda positiva de ganhos extraordinários para os trabalhadores e empresários.

Por esse motivo, e pela excepcional pesquisa, quero cumprimentar calorosamente o autor deste livro, que veio para ser referência obrigatória a todos quantos tenham interesse em conhecer qual a atuação do Ministério Público do Trabalho e qual sua verdadeira missão.

Nelson Mannrich
Professor e Advogado em São Paulo.
Presidente da Academia Nacional de Direito do Trabalho.

---

(8) MELGAR, Alfredo Montoya. *Ideologia e linguagem nas leis laborais da Espanha*. Madri: Civitas, 1992.

Introdução

1. Justificativa

O desenvolvimento do presente estudo envolve temática da maior relevância, não apenas jurídica, como também política e social, na medida em que sua atualidade induz a novos comportamentos jurídicos vivenciais, que perpassam o ineditismo e a originalidade no mundo do Direito, para adentrar na práxis da busca por um relacionamento harmônico entre um dos Poderes do Estado (Judiciário) e um quase Poder (Ministério Público), no âmbito de suas atribuições institucionais, por meio de um protagonismo judicial inovador, cujo objetivo nuclear é a consecução e a fruição de bens sociais constitucionais pelos trabalhadores, por meio da efetividade da jurisdição.

É cediço que o Poder Judiciário Trabalhista, apesar da promulgação de leis com o objetivo de criar formas alternativas de solução dos conflitos, preferencialmente extrajudiciais, prossegue sendo inundado por centenas, milhares e milhões de demandas individuais, que poderiam encontrar solução muito mais econômica mediante um processo coletivo, levando a um crescente esgotamento da capacidade funcional dos órgãos judiciais, que se encontram cingidos por um número enorme e comprometedor de demandas atomizadas, em termos de qualidade e celeridade dos serviços jurisdicionais prestados.

É certo, igualmente, que o Direito Processual Coletivo do Trabalho e seus institutos tradicionais estão, hodiernamente, em constante evolução, acompanhando, apropriando-se e incorporando as inovações processuais civis dos últimos anos, em busca da razoável duração do processo, em face das profundas transformações econômicas, culturais e políticas, quanto a sua eficácia jurídica e social, considerando o abalo que vem progressivamente sofrendo para se ajustar ao novo mundo do trabalho, desenhado pelo aprofundamento da globalização econômica e pelo advento das novas formas de trabalho e de ocupação.

Com efeito, o Direito Coletivo do Trabalho no Brasil e seu principal instrumento de ação, o Direito Processual Coletivo, fazem parte do ramo juslaboral que mais vem contribuindo, por meio de seus institutos tradicionais, de forma a não permitir um maior afastamento da ciência jurídica das tendências modernizantes produzidas pela revolução tecnológica e por seus impactos, traduzidos nas novas formas de organização e de reestruturação do trabalho e da produção, aliadas às modernas técnicas de gestão empresarial e de mão de obra, em um novo momento do pós-positivismo jurídico.

Porém, isso não basta. É preciso criar meios alternativos, inovadores, mais ousados, que efetivamente provoquem uma mudança no presente estado de coisas na seara processual coletiva trabalhista, de molde a desencadear uma espécie de ponto de inflexão (*turning point*) no sistema atualmente vigente. É justamente isso que nos propomos ao apresentar esta obra, que tem como núcleo fundamental a harmonização de agentes políticos, utilizando-se do manejo do microssistema de tutela jurisdicional coletiva, tendo por objeto os direitos difusos, coletivos e individuais homogêneos em toda sua amplitude, para a realização do pacto constitucional e das políticas públicas em prol dos trabalhadores.

Qualquer mudança é difícil, na medida em que o novo assusta. Percebe-se que o sistema pátrio vigente banaliza os processos coletivos, ao permitir o surgimento e a tramitação concomitantes dos processos moleculares com as lides atomizadas ou individuais, os quais podem ser ajuizados até mesmo quando já existe decisão coletiva transitada em julgado, suscitando insegurança jurídica e estupefação diante da possibilidade de a lide estar sendo apreciada, simultaneamente, nos âmbitos coletivo e individual, muitas das vezes nas mesmas Varas do Trabalho. Assim, considerando a supremacia do interesse coletivo e público em face do interesse individual, propomos no presente trabalho uma forma alternativa de resolução do conflito coletivo de trabalho, mais consentânea e condizente com os novos tempos, de economia massificada, em crise constante diante das inúmeras dificuldades que se apresentam, a partir do fortalecimento e da priorização do processo molecular, sem que implique, entretanto, qualquer prejuízo para os titulares individuais que pretenderem usar do acesso individual. Não obstante, a instauração ou a continuidade do processo individual versando sobre direitos e interesses metaindividuais, eventualmente de origem comum, cujos objetos já estejam sendo contemplados na ação molecular, por um dos legitimados ativos, pressupõe a sua exclusão dos efeitos *erga omnes* ou *ultra partes* do processo coletivo.

Daí, a utilização dos instrumentais do microssistema processual de tutela coletiva no sentido de produzir os almejados efeitos no mundo do trabalho, bem como na realização de políticas públicas, por meio de consecução de funções típicas e atípicas do Poder Público chama a atenção da sociedade e dos estudiosos do Direito, na medida em que se apresenta como uma novidade jurídica, na ordem do dia, pois tem por escopo justamente a inserção de agentes políticos do Estado, em sua missão constitucional, na vida das organizações empresariais, não de forma passiva, mas, sobretudo, em um contexto de ativismo ou protagonismo judicial.

Pretendemos focalizar o desenvolvimento de nosso estudo no campo do Direito Processual Coletivo do Trabalho sob dois aspectos primordiais: primeiramente, sob a tônica da criação de um novo método, um agir inédito e harmônico de órgãos do Estado, na busca da concretização de direitos humanos fundamentais dos trabalhadores e de toda a sociedade, o qual poderá ser utilizado pelos atores sociais e operadores do Direito como um verdadeiro instrumental de preservação de empregos, valorização da função social da empresa e da propriedade, enaltecimento do valor social do trabalho e da livre-iniciativa, bem como de manutenção de serviços públicos constitucionais na área da saúde e da educação.

Em segundo lugar, a defesa intransigente do interesse público primário da sociedade e, por conseguinte, dos trabalhadores, sob a luz do princípio da dignidade da pessoa humana, fundamento de validade do Estado Democrático de Direito e, por que não dizer, pedra basilar de preservação do princípio da solidariedade humana sob a égide dos direitos humanos de terceira dimensão.

As recentes reformas processuais realizadas no diploma processual civilista, que se compatibilizam com o princípio constitucional da razoável duração do processo, insculpido no art. 5º, inciso LXXXVIII, da Constituição Federal de 1988, têm por escopo a busca da efetividade e celeridade processual, razão pela qual visualizamos uma nova hermenêutica jurídica, fortalecida pelas reformas na seara do Direito Processual Coletivo do Trabalho, em face da autorização legal outorgada pelo art. 769, no processo de conhecimento, ou mesmo do art. 889, no processo de execução, ambos da Consolidação das Leis do Trabalho.

Nessa esteira, emergiu o embrião de uma heterointegração no sistema processual, que possibilita uma real efetividade da tutela jurisdicional do Estado em contraponto com uma relativização do dogma da autonomia processual laboral, tendo por objetivo uma prestação jurisdicional mais célere e eficaz em linha com a sistemática processual trabalhista, principalmente pelo fato de lidar com direitos e interesses que transcendem a órbita individual para ser de interesse de toda a sociedade, não somente às presentes como também às futuras gerações, constituindo, dessa forma, direitos imantados pela impenhorabilidade, pela inalienabilidade, não pela onerabilidade, enfim, direitos eternos, e até mesmo imprescritíveis, relacionados à vida, à saúde, ao meio ambiente e assim por diante.

Recomendável nesta oportunidade ressaltar que, ao analisarmos os arts. 769 e 889, ambos da CLT, sob um prisma teleológico e não puramente gramatical, constatamos que o escopo do comando legal ali estatuído foi o de impedir que a demanda trabalhista se tornasse por demais lenta e morosa com a aplicação desmesurada das regras do processo comum, já que em nosso trabalho preconizamos um modelo mais ágil, dinâmico, aberto e flexível na efetividade da jurisdição.

Nesta linha de heterocomposição entre o processo comum e o processo trabalhista, bem como utilizando-se o aparato instrumental de pacificação dos conflitos coletivos pelo *Parquet* trabalhista, sempre tendo em vista a otimização do princípio da efetividade da prestação jurisdicional, contextualizando a aplicação do Direito não de uma forma unitária, mas permitindo-se um diálogo entre as fontes normativas trabalhistas e aquelas derivadas do Direito comum, de forma a permitir uma exegese integral da legislação, é que nos propusemos ao desafio de desenvolver este livro.

Na própria tônica do fenômeno da parceirização jurisdicional trabalhista, com foco na valorização do valor social do trabalho, da função social da empresa, da manutenção dos empregos e da preservação da vida das empresas, que, com efeito, são as verdadeiras titulares dos postos de trabalho, a Organização Internacional do Trabalho — OIT — já se mostrou preocupada com o aumento do desemprego produzido pela eliminação de empresas, por intermédio da aprovação da Convenção n. 95, devidamente ratificada pelo Brasil, apresentando formas de mitigação da crise no mercado de trabalho, o que inclusive possibilitou em nosso País um trâmite e aprovação com maior desenvoltura da Lei de Falências e de Recuperação Judicial e Extrajudicial (Lei n. 11.101/2005).

Cremos, com firmeza, que muito se pode fazer nesse campo, envolvendo instrumentos próprios do Direito Processual Coletivo do Trabalho e do Direito Processual Comum, em consonância com instrumentos não jurisdicionais, ou seja, de índole administrativa, com o fito de concretizar mandamentos constitucionais na área do emprego, da inclusão social e de consecução de serviços públicos, verdadeiros instrumentos de cidadania e de realização social.

Nosso objetivo basilar é o desenvolvimento desses temas ao longo deste trabalho, no sentido de prestar uma efetiva contribuição a esse profícuo debate que se verifica na sociedade, no momento em que o Senado Brasileiro acaba justamente de receber de uma comissão de notáveis juristas as conclusões preliminares dos estudos que levarão à reforma e à atualização das normas do Código de Processual Civil, ao mesmo tempo em que está prestes a examinar o novo Anteprojeto de Código Brasileiro de Processos Coletivos, apresentado pelo Instituto Brasileiro de Direito Processual, fruto de intensos debates envolvendo mestrandos e doutorandos do curso de Pós--Graduação em Direito na Faculdade de Direito da USP — Universidade de São Paulo, sob a coordenação da Professora Ada Pellegrini Grinover.

Por derradeiro, é preciso esclarecer que a presente tese versa sobre os principais instrumentos jurídicos manejados pelo Ministério Público do Trabalho, ao mesmo tempo em que se trata de um estudo desenvolvido por um membro dessa instituição.

2. Delimitação do tema

O presente estudo visa a analisar os aspectos jurídicos concernentes à pacificação de conflitos coletivos de trabalho, com a ativa participação conjunta do magistrado trabalhista e do procurador do *Parquet* laboral, por meio de repartição de competências, utilizando-se dos instrumentos jurídicos do microssistema de tutela coletiva, com a possibilidade de preservação de empregos, valorização do valor social do trabalho e da livre-iniciativa, da função social da empresa e, por conseguinte, da vida funcional das empresas e empregadores, especialmente na área da saúde, ou de outros serviços constitucionais sociais ligados a interesses de ordem pública primária, que culmine na celebração de Acordo ou Conciliação Judicial, outra forma de composição amigável, e, se esta não for possível, por decisão judicial, preservando a indisponibilidade do bem jurídico tutelado — direitos difusos, coletivos e individuais homogêneos — e, se possível, permitindo que as partes transijam sobre o modo de cumprimento das obrigações.

Para o desenvolvimento da presente obra, levamos em consideração os ensinamentos preconizados por Mauro Cappelletti, especialmente os das 2^a e 3ª ondas de acesso à jurisdição, aprofundando as diferenças entre estas e as formas de acesso ao sistema de justiça, desencadeado pela Constituição Federal de 1988, com ênfase inicial na utilização de instrumentos processuais, preferencialmente autocompositivos, de espectro coletivo, para a resolução dos conflitos de massa, que, se não bem-sucedidos, conduzirão à utilização da jurisdição como palco apropriado para o deslinde do processo molecular, por meio de decisão judicial.

Portanto, a pedra de toque de nossa tese repousa na inovação proporcionada pelo microssistema de tutela jurisdicional coletiva, o qual tem como núcleo fundamental as Leis n. 7.347/1985 e n. 8.078/1990, que, atribuindo maiores poderes ao magistrado no processo coletivo, não apenas na condução do processo, como também na execução do julgado, permite-lhe, em parceria com os membros do Ministério Público do Trabalho, fenômeno a que atribuímos a denominação de parceirização jurisdicional trabalhista, promover a efetividade da jurisdição e concretizar o direito no caso concreto, especialmente nas situações envolvendo interesse público da sociedade, em especial dos trabalhadores.

Nessa mesma esteira, o próprio Anteprojeto de Código Brasileiro de Processos Coletivos já preconiza, entre outras, mudanças substanciais necessárias para a efetividade dos direitos sociais em sede de processo coletivo. Entre elas, podemos mencionar que as formas rígidas do processo individual deverão dar espaço a formas mais flexíveis e abertas na condução do processo coletivo e institutos como competência, legitimidade, coisa julgada, conexão, continência, litispendência, liquidação de sentença e indenizações por lesões, bem como os poderes do Ministério Público e do juiz restarão ampliados.

Optamos por não criar um capítulo próprio para discorrermos sobre as funções do Ministério Público do Trabalho, como órgão integrante do Ministério Público da União, após o advento da Constituição Federal de 1988, pelo fato de assim já procedermos, pontualmente, ao longo de todo o texto deste trabalho, como se verá, ao examinarmos os principais instrumentos processuais do microssistema processual de tutela coletiva, bem como o fenômeno da parceirização jurisdicional trabalhista.

3. MÉTODOS E TÉCNICAS DE PESQUISA

Utilizamos variados métodos de pesquisa para atender ao objetivo e às exigências do presente trabalho. Recorremos com frequência ao método indutivo, para captar nas realidades econômica, cultural, política e social a verdadeira transformação por que passa atualmente o Direito Processual Coletivo do Trabalho, notadamente quanto ao oferecimento aos operadores do Direito dos instrumentos delineados pelo microssistema jurídico de tutela coletiva, albergados na Lei da Ação Civil Pública (Lei n. 7.347/1985), Código de Defesa do Consumidor (Lei n. 8.078/1990), Lei Complementar n. 75/1993, Lei n. 8.069/1990 (ECA), entre outras, e, subsidiariamente, a Consolidação das Leis do Trabalho, a Constituição Federal de 1988 e as normas do Processo Civil.

Procedemos, também, à análise documental e de textos jurídicos, tanto no ordenamento nacional, como no Direito estrangeiro, bem como à análise de textos administrativos e de ciências sociais, para extrair conclusões, adotando o método analítico.

Como metodologia de procedimento, utilizamos o instrumental da dogmática jurídica e recorremos ao Direito estrangeiro, inerentes à pesquisa própria em Direito.

Em relação às técnicas de pesquisa, foram adotadas as consultas às fontes primárias (leis, medidas provisórias, emendas constitucionais, convenções da OIT e tratados internacionais ratificados pelo Brasil, acordos e convenções coletivas de trabalho etc.), consultas de fontes secundárias (pesquisa bibliográfica), além de pesquisas de campo, realizadas nas empresas, cujas análises empíricas, procedimentais e jurídicas fazem parte do presente trabalho, na seção reservada aos "Estudos de Casos Concretos".

Capítulo I

Gênese e Desenvolvimento Histórico e Social das Ações Coletivas

1. O Microssistema de tutela coletiva na Constituição Federal de 1988

O instituto objeto de nossos estudos, o microssistema processual de tutela coletiva e a parceirização jurisdicional trabalhista, insere-se no novo campo do Direito Processual Constitucional Brasileiro, ramo esse consagrado a partir da Constituição Federal de 1988, que instituiu o Estado Democrático de Direito, no art. 5º, inciso XXXV, garantindo o amplo acesso à jurisdição, seja para a tutela de direitos individuais ou para os direitos ou interesses difusos e coletivos em sentido lato, de acordo com o art. 129, III, alçando a ação civil pública a um patamar constitucional para a tutela de quaisquer direitos ou interesses difusos ou coletivos.

Embora a Constituição Federal de 1988 tenha reconhecido novos direitos, entre eles os difusos e os coletivos, bem como instrumentos processuais para sua realização no plano concreto, como retrorreferenciado, permitiu o desenvolvimento de formas alternativas e inovadoras de resolução de conflitos coletivos, entre elas a parceirização jurisdicional, objeto de nosso estudo, entre muitas outras, como a conciliação, a mediação, a transação, a arbitragem e a negociação coletiva de trabalho.

De outra parte, poderíamos ainda destacar que o presente instituto, se utilizado com sabedoria pelos operadores do Direito, já que parte integrante de um novo ramo do Direito Processual Coletivo, deverá, efetivamente, não apenas agir em consonância com os preceitos do art. 5º, inciso LXXXVIII, como também cumprir uma verdadeira função social, servindo aos cidadãos como instrumento de efetividade na realização da justiça e de transformação da realidade social.

Enquadra-se, ainda, o microssistema processual de tutela coletiva e a parceirização jurisprudencial nesse ramo constitucional, pelo fato que ínsito em seu desenvolvimento encontramos elementos de índole política, já que sua criação resulta de forças políticas da sociedade brasileira responsáveis pela implantação entre nós, com a devida sustentação e segurança jurídicas, objetivando assegurar a máxima efetividade em termos de garantia social, atrelada ao mínimo de sacrifício da liberdade individual e dos direitos sociais.

Ainda, a inserção do fenômeno da parceirização jurisdicional nesse novo e dinâmico ramo do Direito Processual Constitucional justifica-se pelo aspecto econômico, posto que sua utilização no cotidiano das relações jurídicas coletivas representa a busca do aperfeiçoamento da tutela jurisdicional coletiva, sem demandar custos elevados para o Estado e para a sociedade, permitindo a resolução de uma multidão de conflitos individuais ou plúrimos por meio de uma única prestação jurisdicional, sem uma maior proliferação de atos processuais, custos e dispêndio de tempo.

José Carlos Barbosa Moreira destacou que "esse fenômeno das ações coletivas, que, como vimos, assume na Carta de 1988 proporções inéditas, repito, na história das Constituições Brasileiras, aparece aqui com um destaque, uma saliência, um realce que não encontra paralelo no Direito Constitucional Comparado. Creio que o Direito Brasileiro hoje está mais bem equipado que qualquer outro que eu conheça em matéria de Ações Coletivas. É um direito extremamente rico em remédios desse tipo. E o que é mais interessante é que já agora essa riqueza está incorporada à Constituição"[1].

2. GÊNESE E EVOLUÇÃO HISTÓRICA DAS AÇÕES MOLECULARES

De uma forma geral, o estudo dos interesses, direitos e por conseguinte das ações moleculares ou coletivas surgiu em torno da década de 1970.

Não podemos deixar de mencionar que as ações coletivas também tiveram livre curso no Direito Romano, como observa Elival da Silva Ramos[2], em primeiro plano, por meio dos interditos que objetivavam evitar a obstrução de caminhos, a ação pretoriana (*effusis et deiectis*), por meio da qual se aplicavam penas de multas àqueles que atiravam objetos na via pública, e, por fim, as ações populares romanas, que não primavam por uma maior efetividade em termos processuais pela precariedade da organização jurídico-política do Estado romano.

Márcio Flávio Maffra Leal[3], analisando o tema, aduz que a origem das ações coletivas se deu no século XII, na medida em que se trata de uma forma de

---

(1) MOREIRA, José Carlos Barbosa. Ações coletivas na Constituição Federal de 1988. *Revista de Processo*, São Paulo, v. 16, n. 61, p. 187-200, jan./mar. 1991.
(2) RAMOS, Elival da Silva. *Ação popular como instrumento de participação política*. São Paulo: Revista dos Tribunais, 1991. p. 116-119.
(3) LEAL, Márcio Flávio Maffra. *Ações coletivas*: história, teoria e prática. Porto Alegre: Sergio Antonio Fabris, 1998. p. 21.

estruturação do litígio judicial que existe há pelo menos oito séculos, muito embora haja diferenças relevantes entre as primeiras ações medievais, as modernas e as contemporâneas. Esclarece ainda esse autor que a maioria da doutrina, ao contrário de seus apontamentos, prefere apontar os antecedentes históricos da moderna ação coletiva no século XVI, como se fossem uma variante do *Bill of Peace*.

Aduz esse autor[4] que no primeiro caso "tratava-se de conflitos envolvendo uma comunidade (aldeões) de um vilarejo contra os senhores (*lords*) por problemas relativos à administração e utilização das terras dos feudos, fiéis disputando o pagamento do dízimo com os párocos, corporações questionando o pagamento de tributos ou arrendamentos impostos pela autoridade local pelo senhor (*lord*)", enquanto, no segundo caso, o "Bill era uma autorização para processamento coletivo de uma ação individual e era concebida quando o autor requeria que o provimento englobasse os direitos de todos que estivessem envolvidos no litígio, tratando a questão de maneira uniforme, evitando a multiplicação[5] de processos".

É de observar que a análise *supra* se relaciona ao desenvolvimento das ações coletivas em um contexto da evolução do Direito no sistema da *Commom Law*, ou seja, do Direito anglo-americano, sendo que nosso sistema jurídico fundamenta-se no sistema romano-germânico, fazendo-se necessário destacar que no Direito medieval as ações coletivas buscavam, sobretudo, a tutela de direitos individuais homogêneos, e, quando muito, direitos coletivos *stricto sensu*, ao passo que no contexto do Direito contemporâneo a sociedade acompanhou o surgimento de novas categorias de direitos, entre eles, os direitos difusos e coletivos *lato sensu*, com a consequente criação de novas formas de tutelas jurisdicionais para essa nova classe de direitos.

Para Ada Pellegrini Grinover, Kazuo Watanabe e Linda Mullenix[6], nos países de *Civil Law*, o estudo dos interesses coletivos ou difusos surgiu, na doutrina, em

---

(4) *Ibidem*, p. 22-23.
(5) Para combater a enorme preocupação com a proliferação e multiplicação de processos, muitos dos quais repetitivos, a Emenda Constitucional n. 45/2004 instituiu a Súmula Vinculante, consoante art. 103-A da CF/1988: "Art. 103-A. O Supremo Tribunal Federal poderá, de ofício ou por provocação, mediante decisão de dois terços dos seus membros, após reiteradas decisões sobre matéria constitucional, aprovar súmula que, a partir de sua publicação na imprensa oficial, terá efeito vinculante em relação aos demais órgãos do Poder Judiciário e à administração pública direta e indireta, nas esferas federal, estadual e municipal, bem como proceder à sua revisão ou cancelamento, na forma estabelecida em lei".
§ 1º A súmula terá por objetivo a validade, a interpretação e a eficácia de normas determinadas, acerca das quais haja controvérsia atual entre órgãos judiciários ou entre esses e a administração pública que acarrete grave insegurança jurídica e relevante multiplicação de processos sobre questão idêntica.
§ 2º Sem prejuízo do que vier a ser estabelecido em lei, a aprovação, revisão ou cancelamento de súmula poderá ser provocada por aqueles que podem propor a ação direta de inconstitucionalidade.
§ 3º Do ato administrativo ou decisão judicial que contrariar a súmula aplicável ou que indevidamente a aplicar, caberá reclamação ao Supremo Tribunal Federal que, julgando-a procedente, anulará o ato administrativo ou cassará a decisão judicial reclamada, e determinará que outra seja proferida com ou sem a aplicação da súmula, conforme o caso. (Artigo acrescentado pela Emenda Constitucional n. 45, de 8.12.2004, DOU 31.12.2004).
(6) GRINOVER, Ada Pellegrini; WATANABE, Kazuo; MULLENIX, Linda. *Os processos coletivos nos países de civil law e common law*. São Paulo: Revista dos Tribunais, 2008. p. 228-229.

torno dos anos 1970. Em países como Alemanha, França e Itália, floresceram debates em torno do tema. Na Itália, Cappelletti, Denti, Proto Pisani, Vigoriti, Trocker anteciparam o Congresso de Pavia de 1974, o qual discutiu os aspectos fundamentais dos interesses difusos, destacando com precisão as características que os distinguem: indeterminados pela titularidade, indivisíveis com relação ao objeto, colocados a meio caminho entre os interesses públicos e os privados, próprios de uma sociedade de massa e resultado de conflitos de massa, carregados de relevância política e capazes de transformar conceitos jurídicos estratificados, como a responsabilidade civil pelos danos causados no lugar da responsabilidade civil pelos prejuízos sofridos, como a legitimação, a coisa julgada, os poderes e as responsabilidades do juiz e do Ministério Público, o próprio sentido da jurisdição, da ação, do processo.

Para esses autores[7], em pouco tempo, tornou-se clara a dimensão social desses interesses. Surgia uma nova categoria política e jurídica, estranha ao interesse público e ao privado. Interesse público, entendido como aquele que se faz valer em relação ao Estado, de que todos os cidadãos são partícipes (interesse à ordem pública, à segurança pública, à educação) e que suscita conflitos entre o indivíduo e o Estado. Interesses privados, de que é titular cada pessoa individualmente considerada, na dimensão clássica dos direitos subjetivos, pelo estabelecimento de uma relação jurídica entre credor e devedor, claramente identificados.

Destacaram ainda[8] que, ao contrário, os interesses difusos, como interesses comunitários, são comuns a um conjunto de pessoas, e somente a estas. Interesses espalhados e informais à tutela de necessidades coletivas, sinteticamente referíveis à qualidade de vida. Interesses de massa, que comportam ofensas de massa e que colocam em contraste grupos, categorias, classes de pessoas. Não mais se trata de um feixe de linhas paralelas, mas de um leque de linhas que convergem para um objeto comum e indivisível. Aqui se inserem os interesses dos consumidores, dos usuários de serviços públicos, dos investidores, dos beneficiários da previdência social e de todos aqueles que integram uma comunidade compartilhando de suas necessidades e de seus anseios.

Ari Possidonio Beltran[9] alega que é sabido que a Constituição Federal de 1988 outorgou extraordinário destaque ao Ministério Público, sendo muito ampliada a sua área de atuação. Tal decorreu, sobretudo, em razão do alargamento de suas atribuições, tendo em vista a proteção de direitos indisponíveis e de interesses coletivos.

O fenômeno da parceirização jurisdicional trabalhista, inserida no contexto do microssistema de tutela processual coletiva, objeto de nosso trabalho, coaduna-

---

(7) *Ibidem*, p. 229.
(8) *Id., loc. cit.*
(9) BELTRAN, Ari Possidonio. *Direito do trabalho e direitos fundamentais*. São Paulo: LTr, 2002. p. 308.

-se perfeitamente nesse desenvolvimento, porque suscitada e muitas vezes provocada por corpos intermediários, se não pelo Ministério Público do Trabalho, pelo sindicato da categoria profissional, buscando junto ao Estado, por intermédio do Ministério Público do Trabalho, a tutela coletiva de seus interesses e direitos.

Nesse sentido, Ada Pellegrini Grinover[10] e os autores retrodestacados mencionam que o reconhecimento e a necessidade de tutela desses interesses puseram de manifesto sua configuração política. Deles emergiram novas formas de gestão da coisa pública, em que se afirmaram os grupos intermediários. Uma gestão participativa, como instrumento de racionalização do poder, que inaugura um novo tipo de descentralização, não mais limitada ao plano estatal (como descentralização político-administrativa), mas estendida ao plano social, com tarefas atribuídas aos corpos intermediários e às formações sociais, dotados de autonomia e de funções específicas. Trata-se de uma nova forma de limitação ao poder do Estado, em que o conceito unitário de soberania, entendida como soberania absoluta do povo, delegada ao Estado, é limitado pela soberania social atribuída aos grupos naturais e históricos que compõem a nação.

Nessa evolução dos interesses e direitos de massa, a Constituição Federal de 1988 deve ser louvada pelo mérito que apresentou, pois não bastava simplesmente o reconhecimento dos direitos sociais de 2ª e 3ª dimensões, entre eles, os direitos difusos e coletivos, se não fosse devidamente acompanhada dos instrumentos processuais coletivos disponibilizados à sociedade para fazer valer tais direitos no plano da concretude, no sentido de possibilitar sua real satisfação. Coube, dessa forma, ao Direito Processual Constitucional e aos instrumentos coletivos extrajurisdicionais dar um passo efetivo de atuação pragmática para salvaguardar os direitos violados ou ameaçados envolvendo uma coletividade de pessoas.

Um dos primeiros instrumentos a surgir no Brasil dando ensejo ao modelo das ações coletivas foi a Lei da Ação Popular (Lei n. 4.717, de 1965), que considerava patrimônio público os bens e direitos de valor artístico, estético, histórico ou turístico.

Em 1985, veio a lume a Lei n. 7.347/1985, Lei da Ação Civil Pública, que teve por objetivo a proteção e a tutela do meio ambiente, a responsabilidade por

---

(10) GRINOVER, Ada Pellegrini; WATANABE, Kazuo; MULLENIX, Linda. *Op. cit.*, p. 230-231. Em relação à nova geração de direitos fundamentais, esses autores aduzem: "a teoria das liberdades públicas forjou uma nova 'geração' de direitos fundamentais... Aos direitos clássicos de primeira geração, representados pelas tradicionais liberdades negativas, próprias do Estado Liberal, com o correspondente dever de abstenção por parte do poder público; aos direitos de segunda geração, de caráter econômico-social, compostos por liberdades positivas, com o correlato dever do Estado a uma obrigação de *dare, facere ou praestare*, acrescentou-se o reconhecimento dos direitos de terceira geração, representados pelos direitos de solidariedade, decorrentes dos interesse sociais. E assim foi que o que parecia inicialmente como mero interesse elevou-se à dimensão de verdadeiro direito, conduzindo à reestruturação de conceitos jurídicos, que se amoldassem à nova realidade".

danos causados ao meio ambiente, ao consumidor, a bens e direitos de valor artístico, estético, histórico, turístico e paisagístico (vetado), e que, no mesmo sentido, foi acompanhada pela Constituição de 1988, que reconheceu os novos tipos de bens jurídicos (direitos e interesses difusos e coletivos), consoante arts. 127 a 129[11], e de novas formas de lesão típicas da sociedade de massas, o que levou os estudiosos do direito a repensar a necessidade de criação de novos institutos jurídicos processuais adequados à defesa daqueles interesses e direitos de massa, que hodiernamente constituem as ações coletivas.

Segundo Cássio Casagrande[12], em decorrência do surgimento destas duas novas categorias jurídicas (direitos difusos e lesões de massa), a visão tradicional do processo como "questão entre duas partes" foi abalada. E, com isso, redimensionou-se o próprio papel da magistratura. O Judiciário não mais se restringe a estabelecer a "lei do caso concreto para dois litigantes", ao contrário, cria a norma que afetará centenas ou milhares de interessados.

Dessa forma, tem sido grande a evolução desses institutos no Direito pátrio. De uma linha processual, de índole predominantemente individualista, atomizada, nos moldes do Código de Processo Civil de 1973, caminhamos a passos largos para um novo modo de se fazer justiça[13] neste País, senão migrando, pelo menos

---

(11) Art. 129. São funções institucionais do Ministério Público: I — promover, privativamente, a ação penal pública, na forma da lei; II — zelar pelo efetivo respeito dos Poderes Públicos e dos serviços de relevância pública aos direitos assegurados nesta Constituição, promovendo as medidas necessárias a sua garantia; III — promover o inquérito civil e a ação civil pública, para a proteção do patrimônio público e social, do meio ambiente e de outros interesses difusos e coletivos; IV — promover a ação de inconstitucionalidade ou representação para fins de intervenção da União e dos Estados, nos casos previstos nesta Constituição; V — defender judicialmente os direitos e interesses das populações indígenas; (...) IX — exercer outras funções que lhe forem conferidas, desde que compatíveis com sua finalidade, sendo-lhe vedada a representação judicial e a consultoria jurídica de entidades públicas.

(12) CASAGRANDE, Cássio. *Ministério Público e a judicialização da política*. Porto Alegre: Sergio Antonio Fabris, 2008. p. 36-37. Ainda segundo o autor: "no primeiro caso (interesses difusos), um novo tipo de jurisdição se fez necessária para a proteção dos chamados 'direitos de terceira geração', que os juristas classificam como sendo aqueles decorrentes da consciência internacional surgida com a possibilidade de destruição do planeta no pós-guerra, bem como o reconhecimento de que há um patrimônio biológico, genético e histórico comum a toda a humanidade. Ou seja, interesses difusos, que integram de forma unívoca o patrimônio jurídico de todos os cidadãos, mas cuja titularidade não pode ser definida, dada sua indivisibilidade. É o caso do direito ao meio ambiente hígido. No segundo caso (interesses individuais homogêneos), cuida-se da fragmentação de interesses das sociedades de massas, da ocorrência cotidiana de microlesões, da ampliação dos conceitos de hipossuficiência e desigualdade contratual, do aumento descomunal da atividade estatal, da dispersão de lesados na sociedade urbana".

(13) Fazer justiça, neste caso, como ideal supremo da sociedade e como apanágio do Poder Jurisdicional do Estado, no sentido aristotélico de "dar a cada um o que é seu, de acordo com suas necessidades ou seu merecimento", já que a jurisdição (*jus dicere*) não é monopólio do Poder Judiciário, mas sim da soberania do Estado. Dessa forma, não apenas o Poder Judiciário, por meio de suas decisões, como também outros órgãos do Estado detêm parcela da soberania estatal para dizer o direito no caso concreto, como o Ministério Público da União (Lei Complementar n. 75/1993), Ministério Público Estadual (Lei n. 8.625/1993), por meio da celebração dos Termos de Compromisso de Ajustamento de Conduta (art. 6º da Lei n. 7.347/1985: § 6º *Os órgãos públicos legitimados poderão tomar dos interessados compromisso de ajustamento de sua conduta às exigências legais, mediante cominações, que terá eficácia de título executivo extrajudicial*).

criando alternativas para um sistema coletivo, molecular, possibilitando a convergência de instrumentos dos sistemas da *Common Law*, entre eles, o modelo das *class actions*, para o nosso sistema jurídico romano-germânico, com foco em um modelo social mais dinâmico, mais aderente à nossa presente realidade política, econômica e social.

Em um mundo globalizado, tendo ocorrido a relativização das fronteiras regionais, com a crescente transformação na forma de fazer negócios, em face às novas invenções da telemática, da informática, da comunicação por satélites, a sociedade emergente de massas exige novas formas de resolver os conflitos coletivos e um novo Direito Processual, postando-se o jurisdicionado não apenas como consumidor do serviço judiciário do Estado, nos moldes do art. 22 da Lei n. 8.078/1990: "Os órgãos públicos (...) são obrigados a fornecer serviços adequados, eficientes, seguros e, quanto aos essenciais, contínuos", mas também a exigir uma razoável duração do processo judicial ou administrativo, consoante art. 5º, inciso LXXVIII, da Constituição Federal de 1988.

Não obstante, esse processo de transição do sistema atomizado para o sistema molecular não é pacífico, encontrando resistência em vários setores conservadores da sociedade, e mesmo na própria arena judicante. Nesse sentido, Rodolfo de Camargo Mancuso[14] nos alerta que um dos relevantes fatores de sobrecarga do serviço judiciário deriva da resistência, por segmentos mais conservadores, ao fomento da tutela judicial coletiva, quando a simples observação do que se passa na vida em sociedade revela a tendência à coletivização dos conflitos, contrapondo grandes massas de interesses, em temas que empolgam contingentes expressivos de sujeitos, como o meio ambiente, a defesa dos consumidores, a prestação de serviços públicos, as mensalidades escolares, os planos de saúde etc.

Como um dos exemplos ao afastamento das ações moleculares, aduz ainda aquele autor que a resistência à tutela coletiva engendra a fragmentação dos conflitos metaindividuais em múltiplas e repetidas ações individuais, levando o legislador a autorizar o juiz a reproduzir, nas ações idênticas, a sentença de total improcedência que tenha proferido no processo tomado como paradigma (CPC, art. 285-A[15], cf. Lei n. 11.277/2006) — quando, na verdade, a própria dispersão do *thema decidendum* em múltiplas ações individuais já seria indicativo bastante da presença

---

(14) MANCUSO, Rodolfo de Camargo. *Jurisdição coletiva e coisa julgada*: teoria geral das ações coletivas. 2. ed. São Paulo: Revista dos Tribunais, 2007. p. 9.
(15) CPC. Art. 285-A. Quando a matéria controvertida for unicamente de direito e no juízo já houver sido proferida sentença de total improcedência em outros casos idênticos, poderá ser dispensada a citação e proferida sentença, reproduzindo-se o teor da anteriormente prolatada. § 1º Se o autor apelar, é facultado ao juiz decidir, no prazo de 5 (cinco) dias, não manter a sentença e determinar o prosseguimento da ação. § 2º Caso seja mantida a sentença, será ordenada a citação do réu para responder ao recurso. (Artigo acrescentado pela Lei n. 11.277, de 7.2.2006, DOU 8.2.2006, com efeitos a partir de 90 (noventa) dias após a data de sua publicação).

de um interesse individual homogêneo, manejável na jurisdição coletiva, com melhor custo-benefício e preservando-se o direito de todas as partes ao devido processo legal.

As ações coletivas e os meios alternativos de resolução dos conflitos têm por objetivo justamente combater os efeitos maléficos acarretados pela atomização[16] do sistema processual brasileiro, representados pelo acúmulo, pela multiplicação de ações e daí a sobrecarga do serviço judiciário, pelo risco de decisões conflitantes e contraditórias, pelo desprestígio da função judicial, pelo desestímulo intelectual dos juízes e membros do Ministério Público, pela exasperação dos jurisdicionados, entre outros.

3. *DA EVOLUÇÃO DA TRADIÇÃO ROMANO-GERMÂNICA ÀS AÇÕES MOLECULARES*

Até há pouco tempo a academia e o mundo jurídico brasileiro encontravam-se alheios à sistemática das ações de massa, uma vez que todos os nossos estudos voltavam-se para o desenvolvimento e a celeridade processual das ações atomizadas, centralizada nos conflitos intersubjetivos, com a coisa julgada fazendo lei entre as partes, nos moldes dos arts. 468 e 472[17] do Código de Processo Civil.

Em sede de Direito Processual do Trabalho, havendo lacuna na CLT — Consolidação das Leis do Trabalho, aplicam-se no processo de conhecimento as normas do processo comum, entre elas as do CPC — Código de Processo Civil, por autorização expressa do art. 769[18] da CLT, e na resolução de conflitos trabalhistas moleculares ou coletivos, de imediato, deparamos com problemas de ordem técnico-processual, na medida em que as normas do CPC e da CLT tornaram-se insuficientes e inadequadas para a resolução desse tipo de conflito, já que foram concebidas em um modelo individualista que não serve para pacificar os conflitos de massa.

Sabemos que o CPC — Código de Processo Civil, de 1973, foi concebido em um momento histórico em que prevaleciam as ações atomizadas, individuais, já que a sociedade de massa ainda não estava plenamente consolidada como nos dias de hoje. Discutiam-se mais, na época de sua criação, as obrigações de dar, de cunho material e pecuniário, enquanto as ações coletivas fulcram-se, fundamentalmente, nas obrigações de fazer e não fazer, e alcançam, sobretudo, como objeto

---

(16) MANCUSO, Rodolfo de Camargo. *Jurisdição coletiva e coisa julgada*: teoria geral das ações coletiva, cit., p. 9.
(17) Art. 468. A sentença, que julgar total ou parcialmente a lide, tem força de lei nos limites da lide e das questões decididas. Art. 472. A sentença faz coisa julgada às partes entre as quais é dada, não beneficiando, nem prejudicando terceiros. Nas causas relativas ao estado de pessoa, se houverem sido citados no processo, em litisconsórcio necessário, todos os interessados, a sentença produz coisa julgada em relação a terceiros.
(18) Art. 769. Nos casos omissos, o direito processual comum será fonte subsidiária do direito processual do trabalho, exceto naquilo em que for incompatível com as normas deste Título.

valores dos mais dignificantes para a vida em sociedade: princípios, interesses e direitos ligados à própria vida humana na terra, à saúde, educação, direitos sociais e direitos humanos, de uma forma geral.

Enquanto a função jurisdicional nas ações atomizadas prima pela identificação da pertinência subjetiva dos interesses e direitos aplicáveis e a função jurisdicional é reduzida não apenas à tarefa de subsunção dos fatos à norma de regência (*da mihi factum dabo tibi jus*), delimitando a lide individual aos pedidos e à causa de pedir (arts. 2º[19], 128[20] e 460[21] do CPC), como também de adstrição ao princípio da legalidade estrita (art. 5º, II[22], CF/1988), excepcionando os casos de jurisdição com base na equidade (autorizados por lei, arts. 127[23], 1.109[24], Lei n. 9.099[25], arts. 6º, 8º[26] e 825-I[27] da CLT), com base em juízo discricionário de conveniência e oportunidade, ou ainda na solução por meios de integração (art. 126[28], CPC), nas lides moleculares, a indivisibilidade do objeto e a indeterminação dos sujeitos tornam até mesmo dispensável a aferição de seu titular.

3.1. Antecedentes do direito romano e anglo-saxão

O surgimento das ações coletivas remonta a duas fontes principais. De acordo com Rodolfo de Camargo Mancuso[29], o primeiro e mais conhecido, o antecedente

---

(19) Art. 2º Nenhum juiz prestará a tutela jurisdicional senão quando a parte ou o interessado a requerer, nos casos e forma legais.
(20) Art. 128. O juiz decidirá a lide nos limites em que foi proposta, sendo-lhe defeso conhecer de questões, não suscitadas, a cujo respeito a lei exige a iniciativa da parte.
(21) Art. 460. É defeso ao juiz proferir sentença, a favor do autor, de natureza diversa da pedida, bem como condenar o réu em quantidade superior ou em objeto diverso do que lhe foi demandado.
(22) II — ninguém será obrigado a fazer ou deixar de fazer alguma coisa senão em virtude de lei;
(23) Art. 127. O juiz só decidirá por equidade nos casos previstos em lei.
(24) Art. 1.109. O juiz decidirá o pedido no prazo de 10 (dez) dias; não é, porém, obrigado a observar critério de legalidade estrita, podendo adotar em cada caso a solução que reputar mais conveniente ou oportuna.
(25) Art. 6º O juiz adotará em cada caso a decisão que reputar mais justa e equânime, atendendo aos fins sociais da lei e às exigências do bem comum.
(26) Art. 8º As autoridades administrativas e a Justiça do Trabalho, na falta de disposições legais ou contratuais, decidirão, conforme o caso, pela jurisprudência, por analogia, por equidade e outros princípios e normas gerais de direito, principalmente do direito do trabalho e, ainda, de acordo com os usos e costumes, o direito comparado, mas sempre de maneira que nenhum interesse de classe ou particular prevaleça sobre o interesse público.
(27) Art. 852-I. A sentença mencionará os elementos de convicção do juízo, com resumo dos fatos relevantes ocorridos em audiência, dispensado o relatório. § 1º O juízo adotará em cada caso a decisão que reputar mais justa e equânime, atendendo aos fins sociais da lei e às exigências do bem comum.
(28) Art. 126. O juiz não se exime de sentenciar ou despachar alegando lacuna ou obscuridade da lei. No julgamento da lide caber-lhe-á aplicar as normas legais; não as havendo, recorrerá à analogia, aos costumes e aos princípios gerais de direito.
(29) MANCUSO, Rodolfo de Camargo. *Ação popular*: proteção do erário, do patrimônio público, da moralidade administrativa e do meio ambiente. 3. ed. São Paulo: Revista dos Tribunais, 1998. cap. 2, p. 37-41.

romano da ação popular em defesa das *rei sacrae, rei publicae*. Ao cidadão era atribuído o poder de agir em defesa da coisa pública em razão do sentimento, do forte vínculo natural que o ligava aos bens públicos *lato sensu*, não só em razão da relação cidadão/bem público, mas também pela profunda noção de que a República pertence ao cidadão romano, e era seu dever defendê-la. Daí o brocardo *Reipublicae interest quam plurimus ad defendam suam causa* (interessa à República que sejam muitos os defensores de sua causa). Essa percepção da coisa pública não nasce romana; tem origem grega e democrática, provocada a jurisdição, a preocupação principal voltava-se ao mérito da demanda[30].

Fredie Didier Jr. e Hermes Zaneti Jr.[31] apontam que as ações coletivas das "classes", antecedente mais próximo das atuais *class actions* norte-americanas e da evolução brasileira das ações coletivas disciplinadas no CDC — Código de Defesa do Consumidor, são existentes na prática jurídica anglo-saxã dos últimos oitocentos anos. Mais modernamente, o cerne do sistema, nessas ações, era a "adequada representação", a ser aferida pelo magistrado. A análise desses institutos evidencia que se centrou na legitimação processual o problema da tutela nas ações coletivas dessa tradição.

Esses autores[32] ainda informam que o quadro histórico não se mantém linear e muitas foram as oscilações políticas e filosóficas na história do processo civil. O direito ao processo, como conhecemos hoje, foi fortemente influenciado pelo liberalismo e pelo iluminismo. A partir do século XVII, com a difusão do método cartesiano e da lógica ramista na Europa Continental, foi cristalizada a ideia da propriedade privada individual, da autonomia da vontade e do direito de agir como atributos exclusivos do titular do direito privado, único soberano sobre o próprio destino do direito subjetivo individual (base de todo o sistema). Só ao titular do direito lesado cabia decidir se propunha ou não a demanda. Era o início dos Estados--Nação, da vinculação da jurisdição à soberania estatal e da futura "Era dos Códigos". Nesse projeto jurídico, não havia mais espaço para o direito da coletividade no sistema; as preocupações sistemáticas voltavam-se apenas para o indivíduo, a formação de sua personalidade jurídica, seus bens, suas relações familiares e a sucessão patrimonial.

Nesse sentido, Rodolfo de Camargo Mancuso[33] afirma que se pode especular que esse imanentismo fixado pelos romanos, entre direito material e ação, tenha deixado um resquício no art. 75 do nosso precedente Código Civil (1916) — "a

---

(30) DIDIER JR., Fredie; ZANETI JR., Hermes. *Curso de direito processual civil*: processo coletivo. Salvador: Podivm, 2007. v. 4, p. 23.
(31) *Ibidem*, p. 24.
(32) *Ibidem*, p. 24-25.
(33) MANCUSO, Rodolfo de Camargo. *Jurisdição coletiva e coisa julgada*: teoria geral das ações coletivas, cit., p. 25.

todo direito corresponde uma ação que o assegura" —, embora não se descarte o alvitre de que ali a ação porventura tivesse significado mais largo, abrangendo as "condutas", como o ato de desforço pessoal em defesa da posse (parágrafo único do art. 502 daquele Código; art. 1.210[34] e § 1º do atual, Lei n. 10.406/2002).

Esse sistema tradicional de jurisdição individual que predomina em nosso Código de Processo Civil, utilizado de forma subsidiária no processo trabalhista, originou-se do Direito Romano e hoje não mais se coaduna com os megaconflitos que emanam da sociedade moderna e chegam aos canais de acesso à Justiça contemplados pela Constituição Federal de 1988, envolvendo às vezes inúmeros interessados ou até mesmo um número indeterminado de sujeitos de direitos, que evocam direitos ainda não positivados, ou aqueles especificados na própria Constituição Federal, mas ainda não regulados por normas infraconstitucionais, como nos casos de direitos provindos das políticas públicas.

O processo romano ficou impregnado de individualismo ao centrar a situação do legitimado à pretensão (direito de querer, de exigir o cumprimento da obrigação pela parte adversa), em um ambiente em que cada litigante era legitimado a deduzir em nome próprio a sua específica pretensão, de modo similar ao disposto em nosso art. 6º do CPC, enquanto hodiernamente ganha novos contornos a proposta de outro ambiente processual — menos litigioso e mais consensual —; um processo de índole ou estrutura cooperatória, desenvolvida sob a égide da composição justa dos conflitos, no plano de uma Justiça coexistencial, não necessariamente nos quadros da Justiça estatal, mas também nos *meios alternativos de solução dos conflitos*: as várias modalidades de auto e heterocomposição.

Ada Pellegrini Grinover[35] aduz que a concepção menos individualista e mais dinâmica do contraditório postula a necessidade de a equidistância do juiz ser adequadamente temperada, mercê da atribuição ao magistrado de poderes mais amplos, a fim de estimular a efetiva participação das partes no contraditório e, consequentemente, sua colaboração e sua cooperação no justo processo.

No tocante à origem das ações coletivas no Direito anglo-saxão, Stephen Yeazell[36] informa que, bem antes do *bill of peace,* podiam ser localizados precedentes rudimentares dos processos coletivos, na Inglaterra medieval, contrapondo grupos diversos: aldeias entre si, proprietários rurais e servos de glebas,

---

(34) § 1º O possuidor turbado, ou esbulhado, poderá manter-se ou restituir-se por sua própria força, contanto que o faça logo; os atos de defesa, ou de desforço, não podem ir além do indispensável à manutenção, ou restituição da posse.
(35) GRINOVER, Ada Pellegrini. *Novas tendências do direito processual*. Rio de Janeiro: Forense Universitária, 1990. p. 7.
(36) YEAZELL, Stephen. *From medieval group litigation to the modern class action*. New Haven: Yale University, 1987. p. 26-38.

clero e nobreza, envolvendo temas variados, desde posse de terra até cobrança de impostos e dízimos.

Pode-se dizer que tais precedentes do processo coletivo possibilitam uma ligação entre a *actio popularis* romana e os novos tipos de ações coletivas que foram sendo formatadas a partir do século XIX, com o novo tipo de sociedade que surgia, advinda da Revolução Industrial, das novas invenções, do desenvolvimento do Estado do Bem-Estar Social na Europa, do crescimento do sindicalismo e da própria globalização da economia.

Na verdade, há consenso, entre os estudiosos, de que o grande vetor da elaboração doutrinária, legal e jurisprudencial das ações coletivas foram as *class actions* do Direito norte-americano, com uma primeira regulamentação em 1842, à que se seguiram outras alterações em 1938 e 1966[37].

3.2. AS *CLASS ACTIONS* DO SISTEMA NORTE-AMERICANO

De acordo com Linda Mullenix[38], de cujos escritos procedemos a uma síntese, pode-se notar que "collective actions in the United States may be pursued through a variety of procedural mechanisms. Understanding collective action procedure in the United States, similar to other common law countries, requires an appreciation that the United States is a federal republic consisting of fifty states, the District of Columbia, and territorial entities. The judicial system in the United States is a two-tier system consisting of a separate system of federal courts, and the 50 independent state court systems. The federal court system is governed by a uniform system of Federal rules of Civil Procedures. Each of the fifty states and other local jurisdictions have legislatively enacted state court rules, which in many states differ from the federal rules".

Para a autora, "both federal and state courts within the United States have various mechanisms for collective claims that are similar in scope, definition, and application. All systems contain simple joinder rules wich permit cases with common issues of law or fact to be joinder in one civil action. Collective actions may be created through transfer and consolidation of cases into one action. In the federal system, a provision exists which permits the creation of a multi-district litigation".

Ainda para essa autora[39], "the original class action rule in the United States was first promulgated in 1938, when the entire set of Federal Rules of Civil

---

(37) MANCUSO, Rodolfo de Camargo. *Jurisdição coletiva e coisa julgada*: teoria geral das ações coletivas, cit., p. 32.
(38) MULLENIX, Linda. General report — common law. In: GRINOVER, Ada Pellegrini; WATANABE, Kazuo; MULLENIX, Linda. *Os processos coletivos nos países de civil law e common law*. São Paulo: Revista dos Tribunais, 2008. p. 261 e ss.
(39) *Ibidem*, p. 268.

Procedure were adopted. The original class action rule had three categories of possible types of class actions: the 'pure', 'hybrid', and 'spurious' class actions. These three categories each were defined by the jural relationship of jointly held rights among the class members. A 'true' class actions was one in which the right to be enforced was 'joint', or when it was 'common', or when it was 'secondary in the sense that the owner of a primary right refuses to enforce the right and a member of the class therefore becomes entitled to enforce it'. All class suits that were not 'true' were hybrid or spurious. In these class actions the rights asserted were not joint, but several. In a hybrid class action, the object of the proceeding was the adjudication of claims that did or might affect specific property in the action. If the rights of individual plaintiffs were separate causes of action and had no common right to a fund or property, the class was a 'spurious' class".

Fazendo um contraponto das *class actions* norte-americanas com as ações civis públicas e ações coletivas predominantes no Brasil, podemos considerar: as *true class actions* exigem uma uniformidade ou unidade de interesses, ou seja, que os interesses sejam de origem comum a todos os membros da classe ou categoria, o que as aproxima da definição do art. 81, III, do CDC, isto é, dos interesses individuais homogêneos; no segundo tipo — *hybrid class actions* —, as posições dos sujeitos poderiam ser distintas e não conexas ou ligadas entre si, mas mesmo assim poderiam ser afetadas pelos efeitos da lide coletiva, e no terceiro tipo — *spurious class action* —, os sujeitos não se encontram ligados entre si, a não ser circunstancialmente. Não obstante, como a posição individual desses sujeitos pode apresentar uma compatibilização de fato ou de direito que seja comum a todos acaba por recomendar a procedimentalização da lide pelos meios coletivos.

O objeto das *spurious class actions* norte-americanas apresenta similitude com a nossa Ação Civil Coletiva, disposta nos arts. 91 e seguintes[40] do Código de Defesa do Consumidor (CDC), para tutela de interesses ou direitos individuais homogêneos[41], uma vez que estes não são direitos coletivos em essência, mas apenas subespécies daqueles, inclusive, como já decidiu o Supremo Tribunal Federal[42], podendo ser tutelados em juízo de forma individual ou coletiva. Por seu

---

(40) Art. 91. Os legitimados de que trata o art. 82 poderão propor, em nome próprio e no interesse das vítimas ou seus sucessores, ação civil coletiva de responsabilidade pelos danos individualmente sofridos, de acordo com o disposto nos artigos seguintes.
(41) III — interesses ou direitos individuais homogêneos, assim entendidos os decorrentes de origem comum.
(42) RECURSO EXTRAORDINÁRIO — CONSTITUCIONAL — LEGITIMIDADE DO MINISTÉRIO PÚBLICO PARA PROMOVER AÇÃO CIVIL PÚBLICA EM DEFESA DOS INTERESSES DIFUSOS, COLETIVOS E HOMOGÊNEOS — MENSALIDADES ESCOLARES — CAPACIDADE POSTULATÓRIA DO *PARQUET* PARA DISCUTI-LAS EM JUÍZO — 1. A Constituição Federal confere relevo ao Ministério Público como instituição permanente, essencial à função jurisdicional do Estado, incumbindo-lhe a defesa da ordem jurídica, do regime democrático e dos interesses sociais e individuais indisponíveis (CF, art. 127). 2. Por isso mesmo detém o Ministério Público capacidade postulatória, não

turno, a doutrina e a jurisprudência dominantes se posicionam no sentido de que os direitos e interesses difusos[43] e coletivos[44] são objeto da Ação Civil Pública, regulada pela Lei n. 7.347/1985.

Para Linda Mullinex[45], no início dos anos 1960, o *Federal Advisory Committee of Civil Rules* decidiu promover uma completa revisão das regras das *class actions*, de modo a torná-las mais funcionais, claras, acessíveis, como meios procedimentais para a adjudicação de grupos de direitos. O desenvolvimento das regras modernas das ações de massa (*class actions*) nos Estados Unidos da América apresentou um paralelo com o desenvolvimento do conceito dos interesses difusos dos países da *civil law*, cujo desenvolvimento tomou lugar uma década atrás. Assim,

---

só para a abertura do inquérito civil, da ação penal pública e da ação civil pública para a proteção do patrimônio público e social, do meio ambiente, mas também de outros interesses difusos e coletivos (CF, art. 129, I e III). 3. Interesses difusos são aqueles que abrangem número indeterminado de pessoas unidas pelas mesmas circunstâncias de fato e coletivos aqueles pertencentes a grupos, categorias ou classes de pessoas determináveis, ligadas entre si ou com a parte contrária por uma relação jurídica base. 3.1. A indeterminidade é a característica fundamental dos interesses difusos e a determinidade a daqueles interesses que envolvem os coletivos. *4. Direitos ou interesses homogêneos são os que têm a mesma origem comum (art. 81, III, da Lei n. 8.078, de 11 de setembro de 1990), constituindo-se em subespécie de direitos coletivos. 4.1. Quer se afirme interesses coletivos ou particularmente interesses homogêneos,* stricto sensu, *ambos estão cingidos a uma mesma base jurídica, sendo coletivos, explicitamente dizendo, porque são relativos a grupos, categorias ou classes de pessoas, que, conquanto digam respeito às pessoas isoladamente, não se classificam como direitos individuais para o fim de ser vedada a sua defesa em ação civil pública, porque sua concepção finalística destina-se à proteção desses grupos, categorias ou classe de pessoas.* 5. As chamadas mensalidades escolares, quando abusivas ou ilegais, podem ser impugnadas por via de ação civil pública, a requerimento do Órgão do Ministério Público, pois, ainda que sejam interesses homogêneos de origem comum, são subespécies de interesses coletivos, tutelados pelo Estado por esse meio processual como dispõe o art. 129, inciso III, da Constituição Federal. 5.1. Cuidando-se de tema ligado à educação, amparada constitucionalmente como dever do Estado e obrigação de todos (CF, art. 205), está o Ministério Público investido da capacidade postulatória, patente a legitimidade *ad causam*, quando o bem que se busca resguardar se insere na órbita dos interesses coletivos, em segmento de extrema delicadeza e de conteúdo social tal que, acima de tudo, recomenda-se o abrigo estatal. Recurso extraordinário conhecido e provido para, afastada a alegada ilegitimidade do Ministério Público, com vistas à defesa dos interesses de uma coletividade, determinar a remessa dos autos ao Tribunal de origem, para prosseguir no julgamento da ação. (STF — RE — 163231 — SP — TP — Rel. Min. Maurício Corrêa — DJU 29.06.2001 — p. 55) JCDC.81 JCDC.81.III JCF.205 JCF.127 JCF.129 JCF.129.I JCF.129.III.

(43) I — interesses ou direitos difusos, assim entendidos, para efeitos deste Código, os transindividuais, de natureza indivisível, de que sejam titulares pessoas indeterminadas e ligadas por circunstâncias de fato.

(44) II — interesses ou direitos coletivos, assim entendidos, para efeitos deste Código, os transindividuais de natureza indivisível de que seja titular grupo, categoria ou classe de pessoas ligadas entre si ou com a parte contrária por uma relação jurídica-base.

(45) MULLENIX, Linda. *Op. cit.,* p. 268-269. Para a doutrina: "in the same way that Brazil developed a means for the assertion of collective homogeneous individual rights, the American class action developed a similar procedural mechanism. This provision for the group enforcement of individual rights is located in the third category of Rule 23, and this type of class action did not exist prior to 1938. The 1966 amendments created a new Rule 23 (b) (3) class action, which permitted collective recovery of damages for individual wrongs".

em meados da década de 1960, quando o *Advisory Committee on Civil Rules* desenvolveu a tarefa de revisão das ações de massa americanas, emergiu o conceito do Direito de interesse público (*public interest law*), que focava sua atenção nos problemas sociais nacionais, tais como violações a direitos humanos, condições de confinamentos institucionais (por exemplo, prisões e facilidades para doentes mentais), escolas de segregação e meio ambiente. Após essa fase, o Congresso Americano votou a favor de legislações sociais que protegiam outras dimensões de direitos humanos, incluindo discriminação no emprego, discriminação na obtenção de casa própria, direitos eleitorais, leis de proteção ao meio ambiente etc.

A ação de massa americana criada pela Regra 23 (b) (3) é historicamente reconhecida como tendo sido criada especialmente para proteger um grande número de consumidores na tão conhecida ação de massa de "pequenas demandas". De outra parte, a regra das ações de massa americanas é transubstantiva, o que significa que o procedimento desse tipo de ação abarca um largo espectro de tipos possíveis de demandas, tais como antitruste, violações de direitos humanos, discriminação no emprego, danos ao meio ambiente, proteção ao consumidor, assédio ou constrangimento, danos pessoais e outros. A subseção da Regra 23 provê legitimidade para as ações de massa ajuizadas por associações, tais como os sindicatos[46].

No mesmo sentido, informa Ricardo de Barros Leonel[47], com base na doutrina norte-americana: "uma *class action* permite que seja levada ao tribunal uma demanda, proposta por um grande número de indivíduos ou organizações que tenham interesses correlatos, em situações em que seja mais eficiente e eficaz a responsabilização em termos coletivos que individuais. Tais ações acabaram tornando-se extremamente populares, sendo certo que nas cortes federais americanas têm sido usadas em casos como demandas antitruste, securitárias, em casos ambientais, relativos à discriminação sexual e racial, postulando benefícios governamentais e ainda contra o uso de produtos tóxicos".

Em outras palavras, traçando um paralelo com o processo coletivo norte-americano, as *true* e *hybrid class actions* postam-se como nuclearmente coletivas,

---

(46) *Ibidem*, p. 271. Para essa doutrinadora: "Of all the common law jurisdictions, the United States has the most highly developed class action jurisprudence, after almost seventy years of class action experience. (...) In the United States, class action procedure is governed by Fed. R. Civ. P. 23 as well as common law jurisprudence interpreting and applying the rule. A court must evaluate whether the proposed class actions satisfies both implicit and explicit certification requirements before the case may be approved to proceed as a class action. This process typically is an evidentiary hearing where the court evaluates arguments and evidence offered by the proponents and opponents to class certification. Depending on what type of class action the court approves, there may be a requirement to serve notice to the class. The court has extensive powers under the rule to govern case management of the class action. The class may proceed to a litigated trial, or to settlement. If the class action is settled before trial, Rule 23 contains requirements for court approval of the settlement, including the requirement of a fairness hearing. Rule 23 also contains provisions for interlocutory appeal of a court determination whether to certify, or not to certify, a proposed class action".
(47) LEONEL, Ricardo de Barros. *Manual de processo coletivo*. 2. ed. São Paulo: Revista dos Tribunais, 2002. p. 64.

de forma que a coisa julgada coletiva atingirá todos os membros da classe ou categoria, enquanto na *spurious class action*, tão somente a forma do exercício da tutela jurisdicional será coletiva, pelo fato de os sujeitos estarem justapostos ou reunidos, circunstancialmente.

A repetição de ações múltiplas, com o mesmo objeto, pedido e causa de pedir, além da sobrecarga aos órgãos judiciais, engendra o risco de decisões conflitantes, fato que é de toda atualidade na experiência brasileira, o que se nota no espantoso acúmulo de processos nos Tribunais. Objetivando atenuar e mitigar essa problemática, a Lei n. 11.276/2006 trouxe a novidade processual do § 1º no art. 518 do Código de Processo Civil, denominada Súmula Impeditiva de Recurso[48], que estatui: "O juiz não receberá o recurso de apelação quando a sentença estiver em conformidade com súmula do Superior Tribunal de Justiça ou do Supremo Tribunal Federal".

Para Ada Pellegrini Grinover[49], a prevalência das questões comuns sobre as individuais, condição de admissibilidade no sistema das *class actions for damages* norte-americanas, também o é no ordenamento brasileiro, que só possibilita a tutela coletiva dos direitos individuais quando estes forem homogêneos. Prevalecendo as questões individuais sobre as comuns, os direitos individuais serão heterogêneos, e o pedido de tutela coletiva se tornará juridicamente impossível.

Sobre a proeminência das ações de massa nos Estados Unidos da América do Norte, Rodolfo de Camargo Mancuso[50] esclarece que, de todo modo, as *class actions* continuam sendo o instrumento processual propício à tutela judicial dos interes-ses de massa, podendo-se dizer, a partir dos subsídios fornecidos por Thomas A. Dickerson[51], que o seu ajuizamento exige o atendimento cumulativo de sete

---

(48) PROCESSO DO TRABALHO — SÚMULA IMPEDITIVA DE RECURSO (ART. 518, § 1º, DO CPC) — APLICABILIDADE — Aplica-se ao processo laboral a regra do art. 518, § 1º, do CPC, muito embora referido dispositivo não faça menção à súmula do TST, pois tal norma não deve ser analisada isoladamente, mas em conjunto com o ordenamento jurídico, com destaque para o mandamento contido no art. 5º, inciso LXXVIII, da CF. Logo, constatada a compatibilidade do dispositivo questionado com os princípios da celeridade e economia processuais norteadores desta Justiça Especializada e existindo lacuna na CLT, irretocável a decisão agravada que, aplicando subsidiariamente o art. 518, § 1º, do CPC, denegou seguimento ao recurso ordinário interposto contra sentença proferida em consonância com súmula do C. TST. Agravo de instrumento conhecido e não provido. (TRT 16ª R. — Proc. 00801-2007-006-16-01-3 — Rel. Juiz José Evandro de Souza — J. 3.11.2008)
(49) GRINOVER, Ada Pellegrini. Da *class action for damages* à ação de classe brasileira: os requisitos de admissibilidade. In: MILARÉ, Édis (coord.). *Ação civil pública*: Lei n. 7.347/1985 — 15 anos. 2. ed. São Paulo: Revista dos Tribunais, 2002. p. 32.
(50) MANCUSO, Rodolfo de Camargo. *Jurisdição coletiva e coisa julgada*: teoria geral das ações coletivas, cit., p. 46.
(51) DICKERSON, Thomas A. Class action: the law of 50 states. *Law Journal Seminar Press*, New York, 2000. p. 1-17.

requi-sitos: (i) demonstração da existência de uma classe: (ii) o representante deve ser um de seus integrantes; (iii) a expressiva expansão numérica dos sujeitos concernentes deve ser tal que não comporte manejo litisconsorcial, não sendo, outrossim, conveniente a pulverização do conflito em múltiplas demandas individuais; (iv) existência (ou prevalência) de questões de fato e de direito comuns aos membros da classe; (v) as pretensões e resistências das partes integrantes da demanda coletiva devem guardar sintonia com as posições sustentadas pela classe como um todo; (vi) deve estar configurada a representatividade adequada (*adequacy of representation*) do portador judicial dos interesses da classe, por modo a ficarem resguardados os direitos de seus componentes, mesmo aqueles acaso incientes do ajuizamento da ação coletiva; (vii) que a espécie se enquadre numa das hipóteses descritas nas subdivisões b (1), b (2) e b (3), da norma 23 das *Federal Rules of Civil Procedure*.

Esse autor[52] completa assim seus esclarecimentos: resultando positiva a aferição desse rol, o juiz verificará, no exercício da *defining function*, se, afora a *class action*, não haverá porventura outro procedimento eficiente para dirimir a controvérsia; não o havendo, e desde que presentes os demais quesitos, será expedida a *certification order*, que é a atestação judicial (passível, todavia, de revisão ou mesmo revogação ulterior) de que a ação está em condições de prosseguimento como uma *class action* e que o autor ideológico é um adequado representante do interesse coletivo judicializado.

Observamos, nesse desenvolvimento, que o modelo das ações de massa americanas, além de oferecer ao público-alvo, a sociedade, um produto judicial isonômico, a sentença coletiva proveniente das *class actions*, primando pela celeridade e pela economia processuais, tão caros ao processo de uma forma geral, acaba por induzir a mitigação da disseminação da atomização dos conflitos em múltiplas ações individuais repetitivas, cujo fracionamento enseja nefastas consequências, entre elas o grande acúmulo de processos nas Varas e Tribunais, desprestígio do Judiciário, risco de decisões conflitantes, acentuada perda de confiança da sociedade nos Poderes do Estado em razão dos longos prazos para a prolação das decisões judiciais, malferindo inclusive o mandamento do art. 5º, inciso LXXXVIII[53], da Carta Magna.

A título conclusivo desse item, podemos dizer que testemunhamos atualmente um fenômeno que se iniciou no pós-guerra, de ascensão do constitucionalismo e de declínio dos códigos, cujo movimento de constitucionalização do Direito partiu dos países de tradição anglo-americana em direção ao mundo romano-germânico, resultando numa convergência entre os sistemas jurídicos da *common law* e da

---

(52) MANCUSO, Rodolfo de Camargo. *Jurisdição coletiva e coisa julgada*: teoria geral das ações coletivas, cit., p. 46.
(53) LXXVIII — a todos, no âmbito judicial e administrativo, são assegurados a razoável duração do processo e os meios que garantam a celeridade de sua tramitação.

tradição romano-germânica. Tal expansão do poder das Cortes constitucionais vem provocando o que se convencionou chamar de movimento de descodificação do Direito. Vale dizer, as Constituições passaram a adquirir centralidade ontológica e axiológica no sistema jurídico, e a afirmação dos direitos individuais e sociais passou a depender cada vez menos dos códigos, já que a referência passou a ser a interpretação e a aplicação da Constituição, pelas Cortes constitucionais[54].

No Brasil, a tutela coletiva apoia-se na observação das normas jurídicas do microssistema de tutela jurisdicional coletiva, que tem como núcleo a LACP (Lei n. 7.347/1985) e o CDC (Lei n. 8.078/1990), os quais definiram um conjunto de conceitos substanciais para impor celeridade e segurança na órbita desses interesses metaindividuais, provendo tratamento diferenciado e peculiar a institutos como a coisa julgada, a litispendência, a execução da ação condenatória genérica, entre outros. O art. 110 da Lei n. 8.078/1990 (CDC) acrescentou o inciso IV ao art. 1º, da Lei n. 7.347/1985 (LACP), ampliando a abrangência dessa tutela jurisdicional a qualquer outro interesse difuso ou coletivo, o que representa no mundo jurídico que o sistema processual do Código se aplica, no que couber, a todas e quaisquer ações em defesa de interesses difusos, coletivos ou individuais homogêneos, da forma como ficou disposto no art. 21 da LACP e art. 90 do CDC.

Reforçamos o que já foi dito, no sentido de que a sistemática da coisa julgada no Código de Processo Civil (1973) foi construída em um momento histórico, social e político em que ainda não predominava, com a intensidade atual, a grande conflituosidade existente em uma economia globalizada, de massa, que exige um tratamento jurídico equivalente, o que demonstrou que tal sistemática não possui dignidade suficiente e mostra-se inservível para a utilização em processos cujo objetivo são os interesses transindividuais ou metaindividuais.

Nessa esteira, houve e ainda está em curso toda uma reformulação de critérios jurídicos relacionados ao advento da litispendência entre a ação proposta pelo substituto e aquela individualmente proposta pelo substituído (§ 3º, do art. 103 do CDC). É cediço que a litispendência presente nas demandas atomizadas produz efeitos, tais como a prevenção do juízo, o *perpetuatio jurisdicionis* (art. 87 do CPC), a suspensão de outro processo (art. 267 do CPC) e a estabilização da lide (art. 113 do CPC), ao passo que as normas previstas no microssistema de tutela coletiva, tendo à frente a LACP e o CDC, afastam, atenuam, modificam e eventualmente eliminam vários daqueles efeitos retromencionados, no que se refere ao disciplinamento das ações coletivas voltadas para a proteção de direitos individuais homogêneos.

---

(54) MERRYMAN, John Henry. *The civil law tradition*: an introduction to the legal systems of Western Europe and Latin America. 2. ed. Stanford: Stanford University, 1985. p. 157.

Capítulo II

Princípios Aplicáveis no Microssistema Processual de Tutela Coletiva Trabalhista

Faremos uma breve exposição dos princípios basilares do Direito Processual Coletivo Brasileiro, aplicáveis no microssistema processual de tutela coletiva trabalhista, nos aspectos em que se diferenciam daqueles que regem o Direito Processual Individual, considerando a importância deles para o enquadramento de nosso livro no mundo jurídico processual — do microssistema processual de tutela coletiva ao fenômeno da parceirização jurisdicional trabalhista —, o qual tem por objetivo a pacificação do conflito coletivo por meio de uma parceria entre um órgão jurisdicional do Estado (Poder Judiciário Trabalhista, por meio das Varas do Trabalho) e outro quase Poder, denominado por parte da doutrina como Quarto Poder (Ministério Público do Trabalho), porém sem a mínima pretensão de exaurir a temática, para que não fujamos, por demais, do tema nuclear a que nos propusemos desenvolver.

1. Noção de princípio

Para Miguel Reale[55], os princípios são "verdades fundantes" de um sistema de conhecimento, como tais admitidas, por serem evidentes ou por terem sido comprovadas, mas também por motivos de ordem prática de caráter operacional. São enunciações normativas de valor genérico, as quais condicionam e orientam a compreensão do ordenamento jurídico, quer para a sua aplicação e a sua integração, quer para a elaboração de novas normas. Eles têm caráter fundamental para o Direito. Estado sem princípios, na sua concepção, é o mesmo que Estado sem valores e regimentos morais que o dignifiquem.

---

(55) REALE, Miguel. *Lições preliminares de direito*. 24. ed. São Paulo: Saraiva, 1998. p. 305-322.

Nesse sentido, Celso Antônio Bandeira de Mello[56], ao apresentar o conceito jurídico de princípio, aduz que: "Princípio é, por definição, mandamento nuclear de um sistema, verdadeiro alicerce dele, disposição fundamental que se irradia sobre diferentes normas compondo-lhes o espírito e servindo de critério para a sua exata compreensão e inteligência exatamente por definir a lógica e a racionalidade do sistema normativo, no que lhe confere a tônica e lhe dá sentido harmônico. É o conhecimento dos princípios que preside a intelecção das diferentes partes componentes do todo unitário que há por nome sistema jurídico positivo".

Virgílio Afonso da Silva[57], por seu turno, apresenta a lição de Robert Alexy que, partindo de pressuposto semelhante ao de Ronald Dworkin[58], define princípios como mandamentos de otimização. Para Alexy[59], os princípios consistem em uma espécie de normas jurídicas, sem consequências normativas de forma direta, por meio da qual são estabelecidos deveres de otimização aplicáveis em vários graus, segundo as possibilidades normativas e fáticas. A colisão entre princípios deve ser resolvida em função da ponderação entre os princípios colidentes, para que se possa chegar a um resultado ótimo, que vai sempre depender das variáveis do caso concreto, resultando daí não se poder falar que um princípio sempre prevalecerá sobre outro. Quando, ao contrário, duas regras colidem, a solução é diferente: introduz-se exceção à regra de modo a excluir o conflito, ou decreta-se a invalidade de uma das regras envolvidas.

No que concerne à hierarquia das normas, retrorreferenciada, nos filiamos a Celso Antônio Bandeira de Mello[60], para quem: "Violar um princípio é muito mais grave que transgredir uma norma qualquer. A desatenção ao princípio implica ofensa não apenas a um específico mandamento obrigatório, mas a todo o sistema de comandos. É a mais grave forma de ilegalidade ou inconstitucionalidade, conforme o escalão do princípio atingido, porque representa insurgência contra todo o sistema, subversão de seus valores fundamentais, contumélia irremissível a seu arcabouço lógico e corrosão de sua estrutura mestra".

De outra parte, temos os princípios jurídicos que são positivados em nosso ordenamento jurídico. Tais princípios correspondem às regras jurídicas e, juntamente com os princípios gerais de Direito, referem-se à teoria geral do Direito, na forma

---

(56) MELLO, Celso Antônio Bandeira de. *Curso de direito administrativo*. 17. ed. São Paulo: Malheiros, 2004. p. 841-842.
(57) SILVA, Virgilio Afonso da. Princípios e regras: mitos e equívocos acerca de uma distinção. *Revista Latino-Americana de Estudos Constitucionais*. Disponível em: <http://www.geocities.com/cesariopereira/dh/principios.doc> Acesso em: 2.11.2009.
(58) DWORKIN, Ronald. *Levando os direitos a sério*. Tradução de Nelson Boeva. São Paulo: Martins Fontes, 2002. p. 22.
(59) ALEXY, Robert. *Teoría de los derechos fundamentales*. Tradução de Ernesto Garzón Valdés. Madrid: Centro de Estudios Constitucionales, 1993. p. 89.
(60) MELLO, Celso Antônio Bandeira de. *Op. cit.*, p. 842.

como são encontrados no art. 4º⁽⁶¹⁾ da Lei de Introdução ao Código Civil, no art. 126⁽⁶²⁾ do Código de Processo Civil, no art. 8º⁽⁶³⁾ da CLT, no art. 5º, § 2º⁽⁶⁴⁾, da CF/1988 e no art. 108⁽⁶⁵⁾ do Código Tributário Nacional.

Dessa forma, pode-se concluir que o princípio é mais importante que uma regra, na medida em que ele representa, em determinado momento de evolução histórica, social e política de um povo, seus ideais, valores e sonhos predominantes que serão utilizados pelos legisladores na produção da norma jurídica.

2. PRINCÍPIOS GERAIS DO DIREITO

Por princípios gerais do Direito podemos nomear aqueles princípios tradicionalmente invocados pela sociedade e pelos operadores do Direito. Entre vários outros, encontramos os seguintes: a) proíbe-se o enriquecimento sem causa; b) a ninguém é dado o direito de lesar a outrem; c) ninguém pode valer-se da própria torpeza; d) a boa-fé se presume; e) deve-se favorecer aquele que procura evitar um dano àquele que busca realizar um ganho; e) ninguém pode transferir direitos mais do que tem.

Os princípios, de uma forma geral, e os demais valores⁽⁶⁶⁾ que vicejam na sociedade moldam a interpretação constitucional, que hodiernamente orienta as demais formas de interpretação das normas jurídicas. Vale dizer, a Constituição

---

(61) Art. 4º Quando a lei for omissa, o juiz decidirá o caso de acordo com a analogia, os costumes e os princípios gerais de direito.

(62) Art. 126. O juiz não se exime de sentenciar ou despachar alegando lacuna ou obscuridade da lei. No julgamento da lide caber-lhe-á aplicar as normas legais; não as havendo, recorrerá à analogia, aos costumes e aos princípios gerais de direito.

(63) Art. 8º As autoridades administrativas e a Justiça do Trabalho, na falta de disposições legais ou contratuais, decidirão, conforme o caso, pela jurisprudência, por analogia, por equidade e outros princípios e normas gerais de direito, principalmente do direito do trabalho e, ainda, de acordo com os usos e costumes, o direito comparado, mas sempre de maneira que nenhum interesse de classe ou particular prevaleça sobre o interesse público.

(64) § 2º Os direitos e garantias expressos nesta Constituição não excluem outros decorrentes do regime e dos princípios por ela adotados, ou dos tratados internacionais em que a República Federativa do Brasil seja parte.

(65) Art. 108. Na ausência de disposição expressa, a autoridade competente para aplicar a legislação tributária utilizará sucessivamente, na ordem indicada: I — a analogia; II — os princípios gerais de direito tributário; III — os princípios gerais de direito público.

(66) Em sentido normativo, valor significa tudo aquilo que orienta a conduta humana. Logo, o valor apresenta-se como uma diretriz, um guia, que atrai, consciente ou inconscientemente, o ser humano. O valor comporta sempre um julgamento e, pois, uma possibilidade de escolha entre caminhos diferentes. Isso porque a cada valor corresponde um desvalor. Nesse sentido, a democracia é um valor político; a ditadura, um desvalor. Os valores sociais do trabalho e da livre-iniciativa são assim os elementos que lhe dão o rumo do bem-estar social. SILVA, José Afonso da. *Comentário contextual à Constituição*. São Paulo: Malheiros, 2005. p. 35.

Federal passou a ser o centro de referência normativa do ordenamento, de forma que todas as demais normas infraconstitucionais gravitam em torno dela e terão de ser interpretadas a partir de uma hermenêutica constitucional.

Daí decorrem os ensinamentos de Canotilho[67], para quem a interpretação das leis em conformidade com a Constituição não se dá a partir de uma particular expressão da Constituição, mas dentro do seu conjunto sistemático de valores preserva incorporado ao sistema por princípios que a Constituição contempla.

Logo, perfilhamos com a posição de Rommel Moreira Conrado[68], para quem 1º) os princípios ínsitos, na Constituição Federal, possuem força normativa e são de observância obrigatória, quer para o legislador, quer para o administrador público, quer para o Juiz; 2º) a Constituição, tanto por seu aspecto principiológico, quanto por suas superiores funções, há de ser interpretada de maneira peculiar, devendo ser observado sobremaneira o princípio da proporcionalidade; 3º) os princípios constitucionais possuem um aspecto de fluidez e relatividade, devendo o intérprete, ante a análise do caso concreto, buscar a solução mais adequada aos ditames da Constituição.

3. A DISTINÇÃO ENTRE NORMAS E PRINCÍPIOS

José Antonio Pancotti[69] observa que, do interesse de proteger os valores sociais magnos, emanam os princípios jurídicos. O intérprete e o aplicador do Direito nada mais farão do que dar sentido concreto a esses valores, na solução do caso particular. A norma é o gênero que alberga, como espécies, regras e princípios jurídicos, nestes incluídos tanto os princípios positivos de Direito quanto os princípios gerais de Direito.

Ronald Dworkin[70] diferencia princípios e regras jurídicas demonstrando que: "a) as regras jurídicas, não comportando exceções, são aplicáveis de modo completo ou não o são, de modo absoluto, não se passando o mesmo com os princípios; b) os princípios possuem uma dimensão — a dimensão do peso ou da importância — que não comparece nas regras jurídicas. (...) Enquanto os princípios não expressam consequências jurídicas que se seguem automaticamente, quando dão as condições previstas, as regras são aplicadas à feição do tudo ou nada (*all-or-nothing*), de

---

(67) CANOTILHO, J. J. Gomes. *Direito constitucional e teoria da Constituição*. 3. ed. Lisboa: Almedina, 2004. p. 1151-1152.
(68) CONRADO, Rommel Moreira. Aplicação inconstitucional de lei constitucional. *Juris Síntese*, São Paulo, n. 54, jul./ago. 2005. (revista eletrônica IOB).
(69) PANCOTTI, José Antonio. *Inafastabilidade da jurisdição e o controle judicial da discricionariedade administrativa*. São Paulo: LTr, 2008. p. 22.
(70) DWORKIN, Ronald. *Op. cit.*, p. 22.

sorte que, se ocorrem os fatos estabelecidos por uma regra, então: ou a regra é válida, e, em tal caso, deve-se aceitar a resposta que ela fornece; ou a regra é inválida, e, em tal caso, não influi na decisão".

Os ensinamentos de Dworkin são aplicados nos *hard cases*, ou casos difíceis, em que o intérprete depara com a colisão entre dois princípios constitucionais. Nesses casos, diferentemente da colisão entre regras jurídicas, na qual o operador do Direito pode resolver o conflito pelo método tradicional da hierarquia, da especialidade ou cronológico, deve-se deslindar a colisão entre princípios, levando--se em consideração os fatores de dimensão de peso ou de importância deles, com o auxílio dos princípios da razoabilidade e da proporcionalidade, de forma que o princípio afastado no caso concreto, temporariamente, não o será do mundo jurídico, e, mais à frente, poderá novamente ser utilizado.

Willis Santiago Guerra Filho[71] afirma que, "para resolver o grande dilema da interpretação constitucional, representado pelo conflito entre princípios constitucionais, aos quais se deve igual obediência, por ser a mesma a posição que ocupam na hierarquia normativa, preconiza-se o recurso a um 'princípio dos princípios', o princípio da proporcionalidade, que determina a busca de uma 'solução de compromisso', na qual se respeita mais, em determinada situação, um dos princípios em conflito, procurando desrespeitar ao mínimo o(s) outro(s), e jamais lhe(s) faltando minimamente com o respeito, isto é, ferindo-lhes seu 'núcleo essencial'".

4. PRINCÍPIOS JURÍDICOS E DIREITOS HUMANOS FUNDAMENTAIS

Existe um nexo etiológico e de interdependência entre os princípios jurídicos mencionados e os direitos humanos, na medida em que o Estado Democrático de Direito foi criado para servir o homem, possibilitando-lhe sua plena realização pessoal, social, intelectual. Logo, o Estado existe para proporcionar os meios de felicidade ou de bem comum de sua população, conceito que extraímos do prefácio[72] da Constituição Federal de 1988.

O núcleo de nossa tese é a proteção de direitos humanos fundamentais da pessoa humana, seja toda a sociedade e o trabalhador, na medida em que podem

---

(71) GUERRA FILHO, Willis Santiago. *Teoria processual da Constituição*. São Paulo: Celso Bastos, 2000. p. 182.
(72) Nós, representantes do povo brasileiro, reunidos em Assembleia Nacional Constituinte para instituir um Estado Democrático, *destinado a assegurar o exercício dos direitos sociais e individuais, a liberdade, a segurança, o bem-estar, o desenvolvimento, a igualdade e a justiça como valores supremos de uma sociedade fraterna, pluralista e sem preconceitos, fundada na harmonia social* e comprometida, na ordem interna e na ordem internacional, com a solução pacífica das controvérsias, promulgamos, sob a proteção de Deus, a seguinte Constituição da República Federativa do Brasil. (Grifo nosso)

reivindicar do Estado a prestação positiva dos direitos à saúde, à educação, à previdência social, entre vários outros.

Mas qual a diferença entre direitos humanos e direitos humanos fundamentais? Veremos no próximo tópico.

4.1. Direitos humanos e direitos humanos fundamentais

Para explicitar as principais diferenças entre direitos humanos e direitos humanos fundamentais, pedimos vênia para transcrever, em apertada síntese, as principais conclusões de nosso escrito[73], como segue.

O conjunto de direitos e garantias da pessoa humana tem por finalidade básica o respeito à sua dignidade, segurança e bem-estar, por meio de sua proteção contra o arbítrio do poder do Estado, demais entidades representativas de poder, aqui incluindo-se os representantes da sociedade civil, bem como o estabelecimento de condições mínimas de vida para o desenvolvimento da personalidade humana, com dignidade. Essa última parte já foi rotulada de "condições mínimas ou patamar mínimo de civilidade", abaixo do qual o homem viveria semelhante a um animal do campo.

Podemos dizer que os direitos humanos são aqueles que toda pessoa humana possui pelo simples fato de ter nascido nesta condição "humana", configurando-se como "gênero", enquanto os direitos humanos fundamentais, ou simplesmente "direitos fundamentais", seriam aqueles direitos, espécies do "gênero" direitos humanos, que em determinado momento histórico, político e cultural de um povo, este resolveu positivá-los no ordenamento jurídico, sobretudo na sua Carta Fundamental, ou seja, na Constituição Federal.

Encontramos, entre nós, os direitos humanos fundamentais no "Título II — Dos Direitos e Garantias fundamentais", arts. 5º ao 11 da Constituição Federal de 1988, muito embora outros direitos fundamentais encontrem-se espraiados ao longo de todo o texto constitucional e não se apresentem, topicamente, apenas no mencionado Título II.

Os direitos humanos existem para que o indivíduo possa exigi-los efetivamente do Estado. Esses direitos devem possuir, no mundo jurídico, um papel semelhante a um título executivo constitucional, que, uma vez não adimplido, propicia a seu possuidor exigir o seu efetivo cumprimento judicialmente.

---

(73) SANTOS, Enoque Ribeiro dos. Direitos humanos e meio ambiente de trabalho. *Revista Brasileira de Direito Ambiental*, São Paulo, v. 2, n. 6, p. 43-78, abr./jun. 2006.

A Unesco, em sua definição clássica de direitos humanos fundamentais, apresenta, de um lado, uma rede protetora de maneira institucionalizada dos direitos da pessoa humana contra os excessos do poder cometidos pelos órgãos do Estado, e, por outro, regras para se estabelecerem condições humanas de vida e desenvolvimento da personalidade humana.[74]

O conceito da expressão direitos humanos pode ser atribuído aos valores ou direitos inatos e imanentes à pessoa humana, pelo simples fato de ter nascido com essa qualificação jurídica. São direitos que pertencem à essência ou à natureza intrínseca da pessoa humana, que não são acidentais e suscetíveis de aparecerem e desaparecerem em determinadas circunstâncias. São direitos eternos, inalienáveis, imprescritíveis que se agregam à natureza da pessoa humana, pelo simples fato de ela existir no mundo do Direito.

José Afonso da Silva, ao tratar do conceito dos direitos humanos, afirma que "os direitos fundamentais do homem constituem a expressão mais adequada a este estudo, porque, além de referir-se a princípios que resumem a concepção do mundo e informam a ideologia política de cada ordenamento jurídico, é reservada para designar, no nível do direito positivo, aquelas prerrogativas e instituições que ele concretiza em garantias de uma convivência digna, livre e igual de todas as pessoas".[75]

Ainda mais importante que apenas caracterizar os aspectos intrínsecos dos direitos humanos, para esse autor, não basta, porém, a liberdade formalmente reconhecida, pois a dignidade da pessoa humana, como fundamento do Estado Democrático de Direito, reclama condições mínimas de existência digna, conforme os ditames da justiça social como fim da ordem econômica. É de lembrar que constitui um desrespeito à dignidade da pessoa humana um sistema de profundas desigualdades, uma ordem econômica em que inumeráveis homens e mulheres são torturados pela fome, inúmeras crianças vivem na inanição, a ponto de milhares delas morrerem em tenra idade. Não é concebível uma vida com dignidade entre a fome, a miséria e a incultura, pois a liberdade humana com frequência se debilita quando o homem cai na extrema necessidade.[76]

Discorrendo sobre o tema, John Rawls desenvolve dois princípios fundamentais de justiça para favorecer os indivíduos, quais sejam: 1) cada pessoa deve ter o direito igual ao mais extenso sistema de liberdades básicas, a qual seja compatível com um sistema de liberdades idêntico para as outras; 2) as desigualdades econômicas e sociais devem ser distribuídas de forma que, simultaneamente, a) proporcionem a maior expectativa de benefícios aos menos favorecidos e b) estejam ligadas

---

(74) UNESCO. *Les dimensions internationales des droits de l'homme*, 1978, p. 11.
(75) SILVA, José Afonso da. *Direito constitucional positivo*. 21. ed. São Paulo: Malheiros, 2002. p. 178.
(76) *Id. Poder constituinte e poder popular*. São Paulo: Malheiros, 2000. p. 149.

a funções e a posições abertas a todos em posição de igualdade equitativa de oportunidades.[77]

No Brasil, a teoria do mínimo existencial criada por John Rawls — representada pela posição equitativa de oportunidades como um conjunto de condições materiais mínimas, como pressuposto não apenas do princípio da diferença, mas também do princípio da liberdade, uma vez que a carência daquele mínimo existencial inviabiliza a utilização pelo homem das liberdades que a ordem jurídica lhe assegura — foi desenvolvida por Ricardo Lobo Teixeira, que entende o mínimo existencial como o "conjunto imprescindível de condições iniciais para o exercício da liberdade".[78]

Celso Antonio Pacheco Fiorillo[79] nos informa que há um piso vital mínimo imposto pela Carta Magna de 1988, como garantia da possibilidade de realização histórica e real da dignidade da pessoa humana no meio social. Para esse autor, a fim de começar a respeitar a dignidade da pessoa humana, têm-se de assegurar concretamente os direitos sociais previstos no art. 6º da Carta Magna, o qual por sua vez está atrelado ao *caput* do art. 225, normas que garantem como direitos sociais a educação, a saúde, o trabalho, o lazer, a segurança, a previdência social, a proteção à maternidade e à infância, a assistência aos desamparados, na forma da Constituição, assim como direito ao meio ambiente equilibrado, essencial à sadia qualidade de vida.[80]

Existe uma corrente doutrinária que defende a tese de que os direitos sociais, estampados no art. 6º da Constituição Federal, podem ser definidos como cláusulas pétreas, insuscetíveis de retirada ou de eliminação do texto constitucional, colocando-se ao lado dos demais direitos enunciados no art. 60, § 4º, da CF/1988, sob o preceito da Teoria do não retrocesso social de J. J. Gomes Canotilho.

É importante ainda destacar que os direitos humanos fundamentais, conjuntamente com as garantias que lhes são inerentes, se contrapõem à ingerência do Estado nas esferas individuais e coletivas e a eventuais atos arbitrários perpetrados por quaisquer instituições que detenham poder econômico, social ou político. O reconhecimento e a consagração da dignidade humana assumem nos dias de hoje projeção planetária, com expressa anuência por parte da maioria dos Estados, seja

---

(77) RAWLS, John. *Uma teoria da justiça*. Trad. Carlos Pinto Correia. Lisboa: Presença, 1993. p. 166.
(78) TORRES, Ricardo Lobo. *Direitos humanos e a tributação*: imunidades e isonomia. Rio de Janeiro: Renovar, 1995. p. 135. O autor distingue o mínimo existencial, a parcela mínima das condições materiais sem a qual o homem não sobrevive, dos direitos econômicos e sociais. Aquele, em sua concepção, é direito pré-constitucional, decorrendo do direito básico de liberdade, tem validade *erga omnes* e é diretamente sindicável. Os direitos econômicos e sociais, por outro lado, se fundamentam, não na ideia de liberdade, mas de justiça social, e dependem da concessão do legislador.
(79) FIORILLO, Celso Antonio Pacheco. *O direito de antena em face do direito ambiental no Brasil*. São Paulo: Saraiva, 2000. p. 47.
(80) *Ibidem*, p. 48 e ss.

em nível constitucional, infraconstitucional, seja em nível consuetudinário ou mesmo por meio de tratados e convenções internacionais.

A aplicação desses direitos assume na maioria dos países *status* de norma constitucional em relação aos demais direitos previstos no ordenamento jurídico, apresentando, entre suas características mais importantes, as que passamos a enumerar: imprescritibilidade, irrenunciabilidade, inviolabilidade, inalienabilidade, universalidade, efetividade, interdependência e complementariedade.

Para Norberto Bobbio, o desenvolvimento dos direitos do homem passou por três fases: num primeiro momento, afirmaram-se os direitos de liberdade, isto é, todos aqueles direitos que tendem a limitar o poder do Estado e a reservar para o indivíduo, ou para os grupos particulares, uma esfera de liberdade em relação ao Estado: num segundo momento, foram propugnados os políticos, os quais — concebendo a liberdade não apenas negativamente, como não impedimento, mas positivamente, como autonomia — tiveram como consequência a participação cada vez mais ampla, generalizada e frequente dos membros de uma comunidade no poder político (ou liberdade *no* Estado); finalmente, foram proclamados os direitos sociais, que expressam o amadurecimento de novas exigências — podemos mesmo dizer, de novos valores — como os do bem-estar e da igualdade não apenas formal, e que poderíamos chamar de liberdade *através* ou *por meio* do Estado.[81]

Modernamente, entre os direitos econômicos e sociais, destacam-se o direito ao trabalho, a fixação de um salário mínimo, o estabelecimento de uma duração máxima para o trabalho, o amparo ao desempregado, a proteção à mulher e ao menor, o auxílio em caso de doença, invalidez, a concessão de aposentadoria, a garantia de acesso à educação, o direito de formar sindicatos, de liberdade sindical, o direito de greve, entre outros.

A explosão demográfica, as guerras mundiais, as agressões ao meio ambiente, a competição econômica internacional e o advento da globalização econômica ensejaram o aparecimento de uma nova classe de direitos, mais modernos, os quais se convencionou rotular de direitos de solidariedade ou de fraternidade, ou seja, os direitos de terceira geração.

Portanto, é no interior dos direitos de terceira geração que se incluem os direitos do meio ambiente, colocando-se especialmente como direitos difusos, coletivos e individuais homogêneos.

Com efeito, esses direitos de terceira geração sucedem no tempo os direitos resultantes das revoluções liberais, do século XVIII, e os direitos decorrentes das agitações operárias, do século XIX. Dentre eles, destacam-se o direito à paz, ao desenvolvimento, ao meio ambiente, ao patrimônio comum da humanidade, à

---

(81) BOBBIO, Norberto. *A era dos direitos*. Tradução de Carlos Nelson Coutinho. Rio de Janeiro: Campus, 1992. p. 33.

autodeterminação dos povos etc. Tais direitos, mais do que nos ordenamentos jurídicos internos dos Estados, desenvolveram-se sobretudo no plano do Direito Internacional.[82]

Hoje já emergem os direitos de quarta geração, que dizem respeito à democracia, ao direito à informação e ao direito ao pluralismo. De acordo com Paulo Bonavides, "a democracia positivada enquanto direito da quarta geração há de ser, de necessidade, uma democracia direta, materialmente possível graças aos avanços da tecnologia de comunicação, e legitimamente sustentável graças à informação correta e às aberturas pluralistas do sistema. Desse modo, há de ser também uma democracia isenta já das contaminações da mídia manipuladora, do hermetismo de exclusão, de índole autocrática e unitarista, familiar aos monopólios do poder".[83]

Mais recentemente se fala em direitos humanos de quinta dimensão, advindos da realidade virtual, da cibernética, da informática, da internet, das redes sociais e o reconhecimento aos sentimentos, ou seja, o dano moral ou psicológico, desvinculado do dano material.

Desse modo, enquanto os direitos individuais têm por característica fundamental a imposição de conduta negativa ou de não fazer para o Estado, os direitos sociais, entre eles os direitos humanos fundamentais, estão a exigir do Poder Público diversas atividades e prestações positivas, de modo a propiciar o bem-estar e o pleno desenvolvimento da personalidade humana, em especial o amparo em momentos que, por contingências da própria existência, exigem maiores recursos, quando têm menos possibilidades de conquistá-los por seus próprios meios[84], como na doença, na velhice, na infância etc.

5. PRINCÍPIOS DO MICROSSISTEMA PROCESSUAL DE TUTELA COLETIVA

A ciência processual possui uma dramática importância social e política em um Estado Democrático, na medida em que constitui o veículo utilizado para a efetivação do Direito, no plano da concretude, já que o processo não é um fim em si mesmo, mas um instrumento a favor do direito material.

Neste tópico, olvidaremos tecer comentários sobre os demais princípios do Direito Processual Comum, que, obviamente, também são aplicáveis no Direito Processual Coletivo, e, por conseguinte, no microssistema de tutela coletiva, tais como o princípio do devido processo legal (art. 5º, LIV, da CF/1988), do contraditório, da ampla defesa, do juiz natural (art. 5º, XXXVII e LIII, da CF/1988), da publicidade dos atos processuais (art. 5º, LX, da CF/1988), da motivação das

---

(82) TRINDADE, Antônio Augusto Cançado. *Proteção internacional dos direitos humanos*. São Paulo: Saraiva, 1991. p. 247.
(83) BONAVIDES, Paulo. *Curso de direito constitucional*. São Paulo: Malheiros, 2000. p. 516-526.
(84) BASTOS, Celso Ribeiro. *Curso de direito constitucional*. 13. ed. São Paulo: Saraiva, 1990. p. 227.

decisões judiciais (art. 93, IX, da CF/1988), da inadmissibilidade das provas obtidas por meios ilícitos (art. 5º, LVI, da CF/1988), da inafastabilidade das decisões judiciais (art. 5º, XXXV, da CF/1988), entre outros, para focalizarmos, exclusivamente, nos novos princípios relacionados à jurisdição coletiva.

O fenômeno da parceirização jurisdicional trabalhista, visualizada como uma das formas de resolução dos conflitos moleculares ou coletivos, também abebera-se nessa fonte e tem como fundamento de validade os princípios norteadores do Processo Coletivo, especialmente, de índole constitucional, os quais serão analisados nas próximas linhas.

Da mesma forma que os vários ramos do Direito substancial têm seus princípios próprios, o mesmo acontece com a segmentação do Direito Processual, como o Direito Penal, o Civil, o Trabalhista, o Tributário, e, daí, incluirmos o regramento próprio desse novo ramo do Direito Processual que se afigura: o Direito Processual Coletivo, cujos princípios específicos passaremos agora a examinar.

5.1. Princípio do acesso à justiça

Em que pese também fazer parte integrante dos princípios aplicáveis ao Direito Processual comum, optamos por incluir esse princípio, entre outros, no rol dos integrantes a esse novo ramo do Direito Processual Coletivo, em face de suas especificidades, entre elas, por ser citado pela doutrina não apenas como direito humano fundamental, mas também como núcleo da primeira onda de acesso à jurisdição.

De acordo com Mauro Cappelletti e Bryant Garth[85], à medida que as sociedades do *laissez-faire* cresceram em tamanho e complexidade, o conceito de direitos humanos começou a sofrer uma transformação radical. A partir do momento em que as ações e os relacionamentos assumiram, cada vez mais, caráter mais coletivo que individual, as sociedades modernas necessariamente deixaram para trás a visão individualista dos direitos, refletida nas "declarações de direitos", típicas dos séculos XVIII e XIX. O movimento fez-se no sentido de reconhecer os direitos e deveres sociais dos governos, das comunidades, das associações e dos indivíduos. Esses novos direitos humanos, exemplificados no preâmbulo da Constituição Francesa de 1946, são, antes de tudo, os necessários para tornar efetivos, quer dizer, realmente acessíveis a todos, os direitos antes proclamados. Entre esses direitos garantidos nas modernas Constituições estão os direitos ao trabalho, à saúde, à segurança material e à educação. Tornou-se lugar comum observar a atuação positiva do Estado como necessária para assegurar o gozo de todos esses direitos sociais básicos. Não

---

(85) CAPPELLETTI, Mauro; GARTH, Bryant. *Acesso à justiça*. Trad.: Ellen Gracie Northfleet. Porto Alegre: Sergio Antonio Fabris, 1988. p. 10-11.

é sur-preendente, portanto, que o direito de acesso efetivo à Justiça tenha ganhado par-ticular atenção na medida em que as reformas do *welfare state* têm procurado armar os indivíduos de novos direitos substantivos em sua qualidade de consumidores, locatários, empregados e, mesmo, cidadãos.

Aduzem ainda os autores que o direito de acesso efetivo tem sido progressiva-mente reconhecido como de importância capital entre os novos direitos individuais e sociais, uma vez que a titularidade de direitos é destituída de sentido, na ausência de mecanismos para sua efetiva reivindicação. O acesso à Justiça pode, portanto, ser encarado como o requisito fundamental — o mais básico dos direitos humanos — de um sistema jurídico moderno e igualitário que pretenda garantir, e não apenas proclamar, o direito de todos.

5.2. Princípio do interesse jurisdicional no conhecimento do mérito do processo coletivo

Para Gregório Assagra de Almeida[86], de quem fazemos uma breve síntese, o Poder Judiciário no sistema constitucional atual exerce um papel fundamental para a efetivação dos direitos e garantias fundamentais. Deixou, assim, de ser um órgão de resolução tão só de conflitos interindividuais e passou a assumir uma nova e legítima função: a de Poder transformador da realidade social. É por essa via poten-cializada que o Poder Judiciário terá condições de cumprir, com mais eficácia, o seu compromisso constitucional com o Estado Democrático de Direito, e é por essa via que poderá dar efetividade às normas constitucionais garantidoras dos direitos coletivos fundamentais básicos.

O art. 5º, XXXV, da Constituição Federal estabelece que o Poder Judiciário é o órgão de apreciação de qualquer espécie de alegação de direito, individual ou coletivo. É por intermédio do *Direito Processual Coletivo comum* que o Poder Judiciário modernamente deve cumprir o seu verdadeiro papel: enfrentar e julgar as grandes causas sociais, como as relativas ao meio ambiente, ao patrimônio público, ao consumidor etc., a fim de transformar a realidade social com justiça[87].

O princípio do interesse jurisdicional no conhecimento do mérito do processo coletivo surge atrelado a essa nova função jurisdicional que o Poder Judiciário deve assumir para ser respeitado política e socialmente. Portanto, como guardião dos direitos e garantias sociais fundamentais, o Poder Judiciário, no Estado Demo-

---

(86) ALMEIDA, Gregório Assagra de. *Direito processual coletivo brasileiro*. São Paulo: Saraiva, 2003. p. 571.
(87) *Id., loc. cit.*

crático de Direito, tem interesse em enfrentar o mérito do processo coletivo, de forma que possa cumprir seu mais importante escopo: o de pacificar com justiça, com busca da efetivação dos valores democráticos, flexibilizando os requisitos de admissibilidade processual, para enfrentar o mérito do processo coletivo e legitimar sua função social[88].

Não podemos deixar de mencionar, no entanto, que, em face da inércia do Poder Judiciário, este deverá ser provocado, em sua jurisdição, pelos órgãos legitimados a manejar a ação coletiva, entre eles, o Ministério Público, que tem todas as condições necessárias para exercer um papel fundamentalmente proativo, bem como as associações, os sindicatos etc.

5.3. Princípio da máxima prioridade da tutela jurisdicional coletiva

Sendo o Direito Processual Coletivo um instrumento de tutela de direitos coletivos fundamentais da sociedade, muitos deles derivados do próprio texto constitucional e mesmo integrantes da consecução de políticas públicas, pacificam-se, por seu manejo, temas de grande relevância e abrangência molecular, evitando-se a proliferação de incontáveis ações atomizadas.

Daí, o presente princípio da máxima prioridade enseja que as decisões oriundas das ações coletivas, pela dignidade de seu objeto, na maioria das vezes tendo como pedidos obrigações de fazer e não fazer relacionadas à saúde, à educação e à própria vida e segurança das pessoas, e não tão só valores pecuniários em obrigações de dar, oriundos de típicas ações individuais, devem ser examinadas pelo juízo com a máxima prioridade, se possível, em sede de antecipação de tutela, com base nos arts. 11 e 12 da Lei da Ação Civil Pública (Lei n. 7.347/1985) e art. 84, §§ III e IV, do Código de Defesa do Consumidor, Lei n. 8.078/1990, e apenas subsidiariamente pelos arts. 273 e 461 do Código de Processo Civil.

O art. 8º da CLT estabelece a supremacia do interesse público e do social em face do interesse individual ou de grupos, o que também vem insculpido no art. 5º, § 1º, da CF/1988, que estatui a aplicabilidade imediata das normas definidoras de direitos e garantias fundamentais. Portanto, o Poder Judiciário deve seguir esses postulados nucleares de efetividade útil do processo no sentido de dar a máxima prioridade no trâmite e no julgamento das lides coletivas.

Observe-se que essa prioridade já acontece em relação ao *habeas corpus*, *habeas data*, mandado de segurança individual e coletivo e das lides que postulam a antecipação de tutela.

---

(88) *Ibidem*, p. 572.

Não seria nem um pouco razoável que o Poder Judiciário não desse prioridade às tutelas jurisdicionais coletivas, pois é no julgamento desses conflitos moleculares que terá o condão de dirimir, em um único processo e em uma única decisão, no mais das vezes, um grande conflito coletivo ou vários conflitos individuais entrelaçados por uma homogeneidade de fato ou de direito que justifique, seja por força da economia processual, seja para evitar decisões conflitantes, a tutela jurisdicional coletiva[89].

5.4. Princípio da disponibilidade motivada da ação coletiva

Gregório Assagra de Almeida[90] explica que, pelo princípio da disponibilidade motivada da ação coletiva, observa-se que a desistência infundada da ação coletiva ou o seu abandono são submetidos ao controle por parte dos outros legitimados ativos e especialmente o Ministério Público (art. 5º, § 3º, da LACP), que deverá, quando infundada a desistência, assumir a titularidade da ação.

Quando a desistência for levada a efeito pelo órgão do Ministério Público, o juiz, dela discordando, poderá aplicar analogicamente o disposto no art. 28 do CPP, submetendo a desistência ou o abandono ao conhecimento e à apreciação do chefe da respectiva instituição do Ministério Público. Esse controle sobre o abandono ou a desistência infundados da ação coletiva é exercido não só pelo Ministério Público, mas também por qualquer outro legitimado coletivo ativo, os quais poderão prosseguir no feito, assumindo o polo ativo da relação jurídico processual[91].

5.5. Princípio da presunção da legitimidade AD CAUSAM ativa pela afirmação do direito

Esse princípio decorre da legitimação constitucional autônoma[92] atribuída ao Ministério Público na proteção dos direitos difusos e coletivos, consoante arts. 127[93]

---

(89) *Ibidem*, p. 573.
(90) *Id., loc. cit.*
(91) *Ibidem*, p. 574.
(92) Diz-se legitimação autônoma dos membros do Ministério Público para ajuizar as ações coletivas, pois ela decorre do próprio texto constitucional, sendo diferente da substituição processual atribuída aos sindicatos, na defesa dos interesses individuais ou coletivos da categoria profissional ou econômica, consoante arts. 6º do CPC e 8º, III, da CF/1988, que foi significativamente ampliada em face do advento da LACP e do CDC, bem como o cancelamento da Súmula n. 310 do colendo Tribunal Superior do Trabalho, que apresentava limitações a esse papel das organizações sindicais.
(93) Art. 127. O Ministério Público é instituição permanente, essencial à função jurisdicional do Estado, incumbindo-lhe a defesa da ordem jurídica, do regime democrático e dos interesses sociais e individuais indisponíveis.

a 129⁽⁹⁴⁾ da CF/1988, bem como individuais homogêneos (art. 6º⁽⁹⁵⁾, Lei Complementar n. 75/1993).

Por meio desse princípio, a legitimidade constitucional para ajuizar ações coletivas dos membros do Ministério Público seria presumida, não se lhe devendo questionar tal titularidade.

Esse princípio de presunção de legitimidade pela afirmação de direito também se aplica aos outros legitimados coletivos, por força do que dispõe a Constituição no seu art. 129, § 1º⁽⁹⁶⁾, e a legislação infraconstitucional (arts. 82⁽⁹⁷⁾ do CDC e 5º⁽⁹⁸⁾ da LACP, entre outros dispositivos constitucionais e infraconstitucionais pertinentes)⁽⁹⁹⁾.

5.6. Princípio da não taxatividade da ação coletiva

Diversamente do sistema anterior à atual Constituição Federal de 1988 e às novas leis processuais que dão guarida ao microssistema jurisdicional de tutela coletiva, não mais remanesce a regra da taxatividade para o ajuizamento de ações coletivas.

---

(94) Art. 129. São funções institucionais do Ministério Público: II — zelar pelo efetivo respeito dos Poderes Públicos e dos serviços de relevância pública aos direitos assegurados nesta Constituição, promovendo as medidas necessárias a sua garantia; III — promover o inquérito civil e a ação civil pública, para a proteção do patrimônio público e social, do meio ambiente e de outros interesses difusos e coletivos; IV — promover a ação de inconstitucionalidade ou representação para fins de intervenção da União e dos Estados, nos casos previstos nesta Constituição; V — defender judicialmente os direitos e interesses das populações indígenas; VI — expedir notificações nos procedimentos administrativos de sua competência, requisitando informações e documentos para instruí-los, na forma da lei complementar respectiva.
(95) DOS INSTRUMENTOS DE ATUAÇÃO
Art. 6º Compete ao Ministério Público da União: VII — promover o inquérito civil e a ação civil pública para: a) a proteção dos direitos constitucionais; b) a proteção do patrimônio público e social, do meio ambiente, dos bens e direitos de valor artístico, estético, histórico, turístico e paisagístico; c) a proteção dos interesses individuais indisponíveis, difusos e coletivos, relativos às comunidades indígenas, à família, à criança, ao adolescente, ao idoso, às minorias étnicas e ao consumidor; d) outros interesses individuais indisponíveis, homogêneos, sociais, difusos e coletivos.
(96) § 1º A legitimação do Ministério Público para as ações civis previstas neste artigo não impede a de terceiros, nas mesmas hipóteses, segundo o disposto nesta Constituição e na lei.
(97) Art. 82. Para os fins do art. 81, parágrafo único, são legitimados concorrentemente: I — o Ministério Público; II — a União, os Estados, os Municípios e o Distrito Federal; III — as entidades e órgãos da Administração Pública, Direta ou Indireta, ainda que sem personalidade jurídica, especificamente destinados à defesa dos interesses e direitos protegidos por este Código; IV — as associações legalmente constituídas há pelo menos 1 (um) ano e que incluam entre seus fins institucionais a defesa dos interesses e direitos protegidos por este Código, dispensada a autorização assemblear.
(98) Art. 5º Têm legitimidade para propor a ação principal e a ação cautelar: I — o Ministério Público; II — a Defensoria Pública; III — a União, os Estados, o Distrito Federal e os Municípios; IV — a autarquia, empresa pública, fundação ou sociedade de economia mista; V — a associação que, concomitantemente: a) esteja constituída há pelo menos 1 (um) ano nos termos da lei civil; b) inclua, entre suas finalidades institucionais, a proteção ao meio ambiente, ao consumidor, à ordem econômica, à livre concorrência ou ao patrimônio artístico, estético, histórico, turístico e paisagístico. § 1º O Ministério Público, se não intervier no processo como parte, atuará obrigatoriamente como fiscal da lei.
(99) ALMEIDA, Gregório Assagra de. *Op. cit.*, p. 574.

Vale dizer, pelo princípio da não taxatividade da ação coletiva, que as ações coletivas poderão contemplar quaisquer tipos de interesses e direitos difusos, coletivos e individuais homogêneos, em sentido amplo. Eventuais limitações impostas pela jurisprudência e pela legislação infraconstitucional deverão ser taxadas de inconstitucionais, pois ferem disposições expressas do texto constitucional (arts. 5º, XXXV e 129, III, da CF/1988).

5.7. Princípio do máximo benefício da tutela jurisdicional coletiva

Esse princípio, na verdade, trata dos efeitos benéficos da tutela coletiva, pois, em um único processo coletivo, uma única decisão judicial tem o condão de pacificar um conflito envolvendo milhares de interessados, evitando a disseminação de uma multidão de ações atomizadas, bem como de inúmeras decisões contraditórias ou conflitantes, além de promover a segurança jurídica, a economia e a celeridade processuais.

Para Gregório Assagra de Almeida[100], esse princípio está implicitamente previsto no art. 103 do CDC, que constitui norma de superdireito processual coletivo comum. Observa-se que o § 3º do dispositivo estabelece que os efeitos da coisa julgada de que cuida o art. 16, em sua combinação com o art. 13 da LACP, não prejudicarão as ações por danos pessoalmente sofridos, propostas individualmente, "mas, se procedente o pedido beneficiarão as vítimas e seus sucessores, que poderão proceder à liquidação e à execução, nos termos dos arts. 96 a 99".

Com efeito, por esse princípio, busca-se o aproveitamento máximo da prestação jurisdicional coletiva, para evitar novas demandas, mesmo e especialmente as individuais que tenham como fundamento idêntica causa de pedir. É o sistema de extensão *in utilibus* da imutabilidade do comando emergente do conteúdo da decisão de procedência do pedido da ação coletiva[101].

5.8. Princípio da máxima efetividade do processo coletivo

Pelo fato de envolver interesses e direitos humanos fundamentais de maior dignidade da sociedade (direitos à vida, à saúde, à educação, ao meio ambiente), a instrução processual e a coleta de material probatório terão de se revestir da maior profundidade e eficácia, no sentido de produzir os resultados almejados na decisão judicial coletiva.

Assim sendo, o juiz não deve ser apenas um mero convidado de pedra no processo, em uma atividade meramente passiva, mas, ao contrário, deve proceder, embora imparcialmente, promovendo a paridade de armas, da forma mais assistencial

---

(100) *Ibidem*, p. 577.
(101) *Ibidem*, p. 576.

e protagonista possível, de modo a prolatar uma sentença coletiva justa e que produza os efeitos almejados pela sociedade.

Da mesma forma que, seja agindo como parte ou como órgão interveniente, o Ministério Público sempre agirá em nome do interesse público primário da sociedade, o interesse social, que estará sempre presente nas ações de massa, o que conduz à necessidade da maior efetividade possível da tutela jurisdicional coletiva.

A propósito, assim se pronunciou Ada Pellegrini Grinover[102] sobre o papel do magistrado nas ações coletivas: "(...) nas demandas coletivas, o próprio papel do magistrado modifica-se, enquanto cabe a ele a decisão a respeito de conflitos de massa, por isso mesmo de índole política. Não há mais espaço, no processo moderno, para o chamado 'juiz neutro' — expressão com que frequentemente se mascara a figura do juiz não comprometido com as instâncias sociais —, motivo pelo qual todas as leis processuais têm investido o julgador de maiores poderes de impulso".

Dessa forma, além de poderes instrutórios ampliados para a busca da máxima efetividade na ação coletiva, o juiz ainda detém outros poderes neste desiderato. Poderá conceder medida liminar, com ou sem justificação prévia (art. 12 da Lei n. 7.347/1985), antecipação de tutela (art. 84, § 3º, da Lei n. 8.078/1990), baseando-se apenas no fundamento relevante do objeto da ação molecular, bem como se utilizar de outras medidas de apoio à total eficácia de seu provimento (art. 84, § 5º[103], da Lei n. 8.078/1990).

5.9. Princípio da máxima amplitude da tutela jurisdicional coletiva

Por meio desse princípio, admitem-se todos os tipos de ações, procedimentos, medidas, provimentos, inclusive antecipatórios, uma vez adequados para propiciar a correta e efetiva tutela do direito coletivo pleiteado.

Todos os instrumentos processuais necessários e eficazes poderão ser utilizados na tutela jurisdicional coletiva, seja nas ações de conhecimento (com os provimentos de natureza condenatória, declarativa, constitutiva ou mandamental),

---

(102) GRINOVER, Ada Pellegrini. *A marcha do processo*. 1. ed. Rio de Janeiro: Forense Universitária, 2000. p. 57.
(103) § 3º Sendo relevante o fundamento da demanda e havendo justificado receio de ineficácia do provimento final, é lícito ao Juiz conceder a tutela liminarmente ou após justificação prévia, citado o réu.
§ 4º O Juiz poderá, na hipótese do § 3º ou na sentença, impor multa diária ao réu, independentemente de pedido do autor, se for suficiente ou compatível com a obrigação, fixando prazo razoável para o cumprimento do preceito.
§ 5º Para a tutela específica ou para a obtenção do resultado prático equivalente, poderá o Juiz determinar as medidas necessárias, tais como busca e apreensão, remoção de coisas e pessoas, desfazimento de obra, impedimento de atividade nociva, além de requisição de força policial.

de execução, cautelar, inclusive com medidas satisfativas de antecipação do mérito, consoante art. 83[104] da Lei n. 8.078/1990, combinado com o art. 21[105] da Lei n. 7.347/1985 e art. 66[106] da Lei n. 8.884/1994.

5.10. Princípio da obrigatoriedade de atuação do Ministério Público

Esse princípio não se confunde com o princípio da obrigatoriedade de atuação dos membros do Ministério Público em face das denúncias de irregularidades ou ilicitudes que lhe são apresentadas pela sociedade. Em outras palavras, identificada hipótese em que a lei imponha a atuação do Ministério Público, o membro para o qual foi distribuído um procedimento investigatório não poderá se recusar a impulsioná-lo, haja vista que tal mister constitui um dever imanente à própria atuação, ensejando a responsabilização pessoal em caso de omissão intencional e injustificável.

Nessa vertente, o princípio da obrigatoriedade de atuação do Ministério Público encontra-se inerente no próprio art. 127, *caput*, da Constituição Federal de 1988, em razão da missão constitucional atribuída aos membros do *Parquet*. Dessa forma, verificando o estudo dos elementos de prova de que ocorreu um dano (ou sua ameaça) a interesse passível de tutela pela instituição, não poderá o membro do *Parquet* avaliar aspectos inerentes à conveniência ou à oportunidade de agir; incumbe-lhe fazê-lo, visando solucionar a quizila e tutelar o direito social[107].

Faz parte implícita desse princípio a obrigação de execução coletiva pelo Ministério Público, nos casos de desídia de outros legitimados ativos, consoante dispõe o art. 15[108] da LACP, bem como o art. 16[109] da Lei n. 4.717/1965.

---

(104) Art. 83. Para a defesa dos direitos e interesses protegidos por este Código são admissíveis todas as espécies de ações capazes de propiciar sua adequada e efetiva tutela.
(105) Art. 21. Aplicam-se à defesa dos direitos e interesses difusos, coletivos e individuais, no que for cabível, os dispositivos do Título III da lei que instituiu o Código de Defesa do Consumidor. (Artigo acrescentado pela Lei n. 8.078, de 11.9.1990, DOU 12.9.1990)
(106) Art. 66. Em razão da gravidade da infração da ordem econômica, e havendo fundado receio de dano irreparável ou de difícil reparação, ainda que tenha havido o depósito das multas e prestação de caução, poderá o Juiz determinar a adoção imediata, no todo ou em parte, das providências contidas no título executivo.
(107) SOUZA, Motauri Ciochetti. *Ministério Público e o princípio da obrigatoriedade*. São Paulo: Método, 2007. p. 193-194 e 199.
(108) Art. 15. Decorridos 60 (sessenta) dias do trânsito em julgado da sentença condenatória, sem que a associação autora lhe promova a execução, deverá fazê-lo o Ministério Público, facultada, igual iniciativa aos demais legitimados.
(109) Art. 16. Caso decorridos 60 (sessenta) dias de publicação da sentença condenatória de segunda instância, sem que o autor ou terceiro promova a respectiva execução, o representante do Ministério Público a promoverá nos 30 (trinta) dias seguintes, sob pena de falta grave.

5.11. Princípio da universalidade da jurisdição e da primazia da tutela coletiva adequada

Por meio desse princípio, a tutela coletiva tem por fito atingir um número cada vez mais expressivo de pessoas e de situações jurídicas conflituosas.

Fredie Didier Jr. e Hermes Zaneti Jr.[110], a propósito, esclarecem que sua finalidade só pode ser atingida a contento se partirmos da "óptica dos consumidores da Justiça", dando primazia para o tratamento coletivo e proibindo a fragmentação de litígios, mesmo que seja necessária a imposição legal e/ou controle judicial para tanto.

Sob essa óptica, observa-se a incoerência jurídica do art. 16[111] da Lei n. 7.347/1985, seguida da Orientação Jurisprudencial n. 130[112] da Seção de Dissídios Coletivos (SDC) do Tribunal Superior do Trabalho, que restringem a eficácia da decisão coletiva aos limites territoriais do órgão julgador, confundem os aspectos da coisa julgada e competência, privilegiam a fragmentação ou a atomização das decisões judiciais e relevam a um plano secundário a tutela coletiva.

Com efeito, o princípio da universalidade da jurisdição coletiva trata-se de uma extensão do princípio do acesso à jurisdição, que propugna que o processo coletivo constitui-se uma das formas mais eficazes de oportunidade que as massas possuem de acessar os novos canais de acesso à Justiça, contemplados pela Constituição Federal de 1988, já que pelo processo individual ou atomizado teriam inúmeros percalços.

5.12. Princípio da participação

Diversamente do processo individual, o processo coletivo exige e exigirá, cada vez mais, a intensa participação do magistrado, seja pela oitiva das partes

---

(110) DIDIER JR., Fredie; ZANETI JR., Hermes. *Op. cit.,* p. 114.
(111) Art. 16. A sentença civil fará coisa julgada *erga omnes*, nos limites da competência territorial do órgão prolator, exceto se o pedido for julgado improcedente por insuficiência de provas, hipótese em que qualquer legitimado poderá intentar outra ação com idêntico fundamento, valendo-se de nova prova.
(112) OJ n. 130 da SDC do TST. Ação Civil Pública. Competência local do dano. Lei n. 7.347/85, art. 2º e CDC, art. 93. I — A competência para a Ação Civil Pública fixa-se pela extensão do dano. II — Em caso de dano de abrangência regional, que atinge cidades sujeitas à jurisdição de mais de uma Vara do Trabalho, a competência será de qualquer das varas das localidades atingidas, ainda que vinculadas a Tribunais Regionais do Trabalho distintos. III — Em caso de dano de abrangência suprarregional ou nacional, há competência concorrente para a ação civil pública das varas do trabalho das sedes dos Tribunais Regionais do Trabalho. IV — Estará prevento o juízo a que a primeira ação houver sido distribuída.

antes de se pronunciar ou extinguir o processo, sem julgamento do mérito, bem como oficiar[113] às autoridades competentes nos casos que julgar cabíveis.

Considerando a dignidade das ações coletivas, que geralmente buscam a tutela e a efetividade de obrigações de fazer e não fazer conexas a direitos humanos fundamentais, torna-se muito maior o dever de colaboração e cooperação mútua das autoridades, já que envolvido estará o interesse público.

Fredie Didier Jr. e Hermes Zaneti Jr.[114] informam que o princípio da participação revela-se em duas consequências: a) o incentivo de participação da sociedade civil no exercício da jurisdição, com a consagração da legitimidade das associações civis para a propositura das ações coletivas, conferindo, por isso, caráter mais democrático, porquanto mais participativo, ao processo coletivo; b) estímulo à intervenção do *amicus curiae*, ainda que atípica, cuja participação qualifica o contraditório e aprimora a decisão proferida no processo coletivo.

Deve-se notar que esse princípio da participação não se confunde com o tema de nossa obra, pelo contrário, com ela integralmente se compatibiliza, especialmente com o fenômeno da parceirização jurisdicional trabalhista, uma espécie de participação no ciclo processual coletivo, na medida em que a ampla participação pode ser considerada como gênero, e a parceirização jurisdicional, como espécie, uma vez que esta se apresenta como um compartilhamento mútuo dentro da ação coletiva, com a efetiva conjunção de interesses e de funções do magistrado prevento e do membro oficiante do Ministério Público do Trabalho, ambos no exercício de suas missões constitucionais, na consecução do interesse público concernente à composição da lide coletiva.

5.13. Princípio do ativismo ou protagonismo judicial

É inegável que a Constituição Federal de 1988 ampliou os direitos do cidadão, o acesso à jurisdição, reconheceu de forma ampla o princípio da independência e da autonomia dos juízes e membros do Ministério Público, e conferiu uma nova dimensão ao Poder Judiciário no sistema político brasileiro.

Da mesma forma, não se pode olvidar que a reconfiguração jurídica e orgânica que a Carta Magna de 1988 proporcionou ao Ministério Público da União, atribuindo-lhe novas funções, com poderes ampliados e total independência em relação ao Poder Executivo, permitiu aos seus membros um protagonismo inédito, jamais

---

(113) Pode-se aplicar, neste caso, por analogia a Lei da Ação Civil Pública. Art. 6º Qualquer pessoa poderá e o servidor público deverá provocar a iniciativa do Ministério Público, ministrando-lhe informações sobre fatos que constituam objeto da ação civil e indicando-lhe os elementos de convicção.
(114) DIDIER JR., Fredie; ZANETI JR., Hermes. *Op. cit.*, p. 117.

experimentado na história da República, para a proteção do interesse público e dos direitos sociais e indisponíveis dos trabalhadores.

Nesse novo quadro político que se emoldurou nos últimos vinte anos, com a emergência de um Poder Judiciário fortalecido e independente, o Ministério Público do Trabalho encontrou campo próprio e fértil para desenvolver sua missão constitucional, contando cada vez mais com o ativismo dos magistrados trabalhistas na afirmação dos direitos da cidadania.

Em outras palavras, após o exaurimento dos meios extrajudiciais para pacificar um conflito coletivo de trabalho, por meio de um Termo de Ajustamento de Conduta às exigências legais ou à correção das ilegalidades ou irregularidades trabalhistas verificadas nos procedimentos administrativos, o Ministério Público do Trabalho se vale dos meios processuais reconhecidos pela Constituição Federal para fazer chegar ao Judiciário as demandas da própria sociedade, posto que sempre está a atuar, seja como órgão agente ou órgão interveniente, visando à consecução do interesse público.

Manoel Gonçalves Ferreira Filho[115] assevera que o texto constitucional consagra a noção de interesses difusos e que ela é suficientemente ampla e flexível para permitir a intervenção do Ministério Público em variadíssimos campos, como o do interesse do consumidor. A referência é proposital, pois, embora não diga respeito às relações Judiciário-Administração, revela, ou confirma, a tendência a uma judicialização de todos os setores da vida humana.

Logo, pode-se afirmar que o princípio do ativismo ou protagonismo judicial está ligado a uma maior participação do juiz nos processos coletivos em razão da forte presença do interesse público primário nesse tipo de demanda, que, na maioria das vezes, tem como legitimado outro órgão do Estado, o Ministério Público, cujo *expertise* jurídico é zelar pela defesa da ordem jurídica, do regime democrático e dos direitos sociais indisponíveis dos trabalhadores.

Assim, nesse novo contexto de protagonismo[116], os membros da Magistratura e do Ministério Público[117] assumem a posição de agentes de transformação social,

---

(115) FERREIRA FILHO, Manoel Goncalves. Poder Judiciário na Constituição de 1988: judicialização da política e politização da justiça. *Revista de Direito Administrativo*, Rio de Janeiro, n. 198, p. 1-17, p. 35, out./dez. 1994.

(116) Esse fenômeno é denominado de judicialização da política. CASAGRANDE, Cássio — informa que "este novo papel político atribuído à magistratura brasileira pela Constituição de 1988 e as consequentes dificuldades dos juízes em aceitar estas novas funções não merecem ser vistos como fenômeno meramente nacional, já que este tipo de politização da atividade judicial ocorreu em todos os sistemas jurídicos que recepcionaram um modelo de litigância de interesse público". (*Ministério Público e a judicialização da política*, cit., p. 96).

(117) As decisões judiciais obtidas pelo Ministério Público do Trabalho, por meio das Ações Civis Públicas ou outros instrumentos processuais e os Termos de Ajustamento de Conduta celebrados com os empregadores podem ser vistos como resultado da "construção" de um direito, por meio de um processo de participação política motivada pelas representações/denúncias dos trabalhadores, dos sindicatos ou mesmo de outros promotores de justiça ou de ofícios dos próprios magistrados.

quando atuam a partir da aplicação do Direito, e acabam por influir na realidade social da comunidade, por meio da consecução inclusive de implementação de políticas públicas em serviços constitucionais essenciais.

O fenômeno da parceirização jurisdicional trabalhista constitui, assim, um fenômeno jurídico que emana justamente desse inédito ativismo dos magistrados e dos membros do Ministério Público do Trabalho na concretização de direitos humanos fundamentais insculpidos na Constituição Federal de 1988, ainda que não regulamentados por normas infraconstitucionais.

O projeto de Código Brasileiro de Processos Coletivos, em seu art. 7º, incentiva a adoção do princípio do ativismo judicial, ao estatuir: "iniciativas que competem ao juiz para estimular o legitimado a ajuizar a ação coletiva, mediante a ciência aos legitimados da existência de diversos processos individuais versando sobre o mesmo bem jurídico". De forma semelhante se apresenta o art. 7º da Lei n. 7.347/1985: "Art. 7º Se, no exercício de suas funções, os Juízes[118] e Tribunais tiverem conhecimento de fatos que possam ensejar a propositura da ação civil, remeterão peças ao Ministério Público para as providências cabíveis".

A doutrina também aponta, como exemplo de ativismo judicial, a fixação pelo juiz do valor do *fluid recovery*, nas indenizações provenientes de lesão a direitos individuais homogêneos, consoante art. 100[119] da Lei n. 8.078/1990.

5.14. Princípio da ampla informação da demanda à sociedade

O direito à informação aos interessados, no caso aos trabalhadores, aos sindicatos e à coletividade, dos assuntos de interesse público pertence aos direitos humanos fundamentais de 4ª dimensão, achando-se inserido em vários tratados internacionais.

Em sede de processo coletivo, essas informações têm duplo objetivo: a) pedagógico: além de informar à sociedade o que está sendo feito pelos órgãos públicos

---

(118) Recentemente, por causa de vários ofícios dos magistrados do Trabalho de Foz do Iguaçu, denunciando uma série de irregularidades trabalhistas, na área do meio ambiente do trabalho e descumprimento contumaz de normas trabalhistas, o Ministério Público do Trabalho local ajuizou uma Ação Civil Pública em face da empresa infratora, que culminou com celebração de acordo judicial com aceitação de virtualmente todos os pedidos contemplados e indenização por dano moral coletivo, transformada em multa, no valor de R$ 600.000,00, cujos valores foram revertidos em favor de instituições filantrópicas e assistenciais da própria circunscrição. A presente Ação Civil Pública serviu como uma espécie de filtro para as demais ações atomizadas (reclamatórias individuais) na medida em que a empresa poderia novamente sofrer penalização, por meio de *astreintes*, em relação a cada cláusula descumprida do acordo judicial coletivo celebrado e homologado pela Justiça do Trabalho. (Processo n. 01008-2009-303-09-00-4, figurando como Autor: Ministério Público do Trabalho. 3ª Vara do Trabalho de Foz do Iguaçu, Estado do Paraná. Juíza: Angélica Cândido Nogara Slomp. Tribunal Regional do Trabalho da 9ª Região).
(119) Art. 100. Decorrido o prazo de 1 (um) ano sem habilitação de interessados em número compatível com a gravidade do dano, poderão os legitimados do art. 82 promover a liquidação e execução da indenização devida.

no sentido de pacificar os conflitos sociais, serve para mitigar futuros litígios da espécie, já que os infratores se preocuparão não apenas com as repercussões negativas midiáticas em relação à sua imagem e à sua reputação no mercado, como também pelos efeitos pecuniários das multas e indenizações por dano moral coletivo; b) preventino e reparatório: além de prevenir futuros litígios em relação a outros potenciais infratores que tomarão ciência da ação do Poder Público em relação a casos semelhantes, têm efeito reparatório, pois a sociedade como um todo é beneficiada com os valores arrecadados, oriundos das multas pecuniárias que são destinadas principalmente às entidades filantrópicas que cuidam de crianças, jovens, adolescentes, deficientes e idosos.

Além disso, os arts. 6º e 7º da Lei n. 7.347/1985, retromencionados, corroboram o Princípio da Informação, apresentando como dever funcional de informar ao órgão competente, especialmente o Ministério Público, os fatos que poderão ensejar a instauração de procedimento investigatório e a pacificação do conflito, seja por intermédio de um Termo de Compromisso ou de Ação Civil Pública ou Ação Civil Coletiva, ou outro instrumento processual ou extraprocessual cabível.

Ainda podemos mencionar que o art. 94 do CDC (Lei n. 8.078/1990) preconiza a ampla divulgação do processo coletivo, conforme dispõe:

> "Art. 94. Proposta a ação, será publicado edital no órgão oficial, a fim de que os interessados possam intervir no processo como litisconsortes, sem prejuízo de ampla divulgação pelos meios de comunicação social por parte dos órgãos de defesa do consumidor."

5.15. Princípio da extensão subjetiva da coisa julgada *secundum eventum litis* e princípio do transporte *in utilibus*

Esses princípios são imanentes ao Processo Coletivo Civil, e, por extensão, ao Processo Coletivo do Trabalho. É cediço que nos processos coletivos, independentemente da regra clássica da coisa julgada individual do Código de Processo Civil de 1973, os titulares de direitos individuais não poderão ser prejudicados, pelo contrário, somente poderão ser beneficiados.

Assim estabelece o art. 104 da Lei n. 8.078/1990 (CDC): "Art. 104. As ações coletivas, previstas nos incisos I e II, do parágrafo único, do art. 81, não induzem litispendência para as ações individuais, mas os efeitos da coisa julgada *erga omnes* ou *ultra partes* a que aludem os incisos II e III do artigo anterior não beneficiarão os autores das ações individuais, se não for requerida sua suspensão no prazo de 30 (trinta) dias, a contar da ciência nos autos do ajuizamento da ação coletiva".

Ao titular do direito individual, em caso de procedência da ação coletiva, é garantido o direito de utilizar a sentença coletiva em seu processo atomizado (transporte *in utilibus*), comprovando a identidade fática da situação e o nexo etiológico, de modo a possibilitar-lhe, em liquidação por artigos, a satisfação de seus direitos, observando-se a extensão subjetiva da coisa julgada, segundo o resultado da lide.

5.16. Princípio do microssistema jurisdicional de tutela coletiva

O art. 21[120] da Lei n. 7.347/1985 possibilitou uma alteração legislativa que legitimou o que podemos denominar de "microssistema jurisdicional de tutela coletiva".

Por meio de uma interpretação sistemática, o Processo Coletivo Trabalhista brasileiro, não havendo incompatibilidade, poderá se valer de vários instrumentos normativos colocados à disposição dos legitimados, em especial, o Código de Defesa do Consumidor (Lei n. 8.078/1990) e a Lei da Ação Civil Pública (Lei n. 7.347/1985). Se esses dois instrumentos normativos comandam o microssistema jurisdicional de tutela coletiva, os mesmos fazem-se acompanhar da Lei Complementar n. 75/1993 (arts. 6º, 83 e 84), dos arts. 127 a 129 da CF/1988, da Lei n. 8.625/1993 (art. 25, IV), da Lei n. 7.853/1989 (portadores de deficientes), das normas processuais da Ação Popular (Lei n. 4.717/1965), do Estatuto da Criança e do Adolescente (Lei n. 8.069/1990, arts. 201, V, 208 a 224), do Estatuto do Idoso (Lei n. 10.741/2003), da Lei de Improbidade Administrativa (Lei n. 8.429/1992), Lei n. 8.884/1994, arts. 1º e 29 (defesa do consumidor na ordem econômica), Lei n. 8.974/1995, art. 13, § 6º (patrimônio genético), entre outros.

Aplicam-se, nessas ações coletivas, a CLT e o Código de Processo Civil apenas subsidiariamente, por força do que estabelece o art. 19 da LACP: "Aplica-se à ação civil pública, prevista nesta Lei, o CPC, naquilo em que não contrarie suas disposições", e o CDC, art. 90: "Aplicam-se às ações previstas nesta lei as normas da LACP e do CPC, naquilo que não contrariar suas disposições".

Rodrigo Mazzei[121] informa que o Código de Processo Civil, como norma de índole individual, somente será aplicado nos diplomas de caráter coletivo de forma residual, ou seja, se houver omissão específica a determinada norma, não se adentrará — de imediato — nas soluções legais previstas no Código de Processo Civil, uma vez que o intérprete deverá, antecedentemente, aferir se há paradigma legal dentro do conjunto de normas processuais do microssistema coletivo. Com outras palavras, somente se aplicará o Código de Processo Civil em ações coletivas quando a norma específica para o caso concreto for omissa e, em seguida, verificar-

---

(120) Art. 21. Aplicam-se à defesa dos direitos e interesses difusos, coletivos e individuais, no que for cabível, os dispositivos do Título III da lei que instituiu o Código de Defesa do Consumidor.
(121) MAZZEI, Rodrigo. A ação popular e o microssistema de tutela coletiva. In: COSTA, Susana Henriques da (coord.). *Comentários à lei de ação civil pública e lei de ação popular*. São Paulo: Quartier Latin, 2006. p. 410-411.

-se que não há dispositivo nos demais diplomas que compõem o microssistema coletivo capaz de preencher o vácuo.

5.17. Princípio da adequada representação dos legitimados

Esse princípio, também denominado no Direito norte-americano de *adequacy representation*, diferencia substancialmente o acesso à jurisdição nas ações atomizadas e nas ações moleculares ou coletivas.

Nas primeiras, qualquer pessoa que preencher as condições da ação (legitimidade *ad causam*, interesse de agir e possibilidade jurídica do pedido[122]) e os pressupostos processuais subjetivos e objetivos poderá acessar a máquina judiciária do Estado para dirimir um conflito de interesses, em que haja resistência dos devedores de cumprir voluntariamente uma obrigação, geralmente de dar ou de fazer, posto que vigoram em nosso ordenamento jurídico a Teoria Abstrata[123] do Direito de Ação e a Teoria da Asserção[124].

Nas ações moleculares, diversamente, não basta o preenchimento das condições e dos pressupostos retroenunciados. São necessários não apenas a superação daqueles itens, como também figurar nos dispositivos legais coletivos (LACP[125], Lei da Ação Popular, CDC etc.) como legitimado, além de preencher o requisito da "pertinência temática", vale dizer que o objeto nuclear da ação coletiva acha-se

---

(122) Existe parte da doutrina brasileira, com fundamento nos ensinamentos de Liebman, que entende que a possibilidade jurídica do pedido já não faz parte das condições da ação, remanescendo apenas os dois primeiros requisitos.

(123) Teoria Abstrata do direito de ação contrasta-se com a Teoria Imanentista ou Concretista do direito de ação, pela qual o autor de uma demanda judicial, em primeiro plano, deveria demonstrar que era o titular do direito material que buscava em juízo. Se não superasse essa fase demonstrativa, seu pleito seria extinto, preliminarmente, sem julgamento do mérito. De forma contrária, vige em nosso ordenamento jurídico a Teoria Abstrata do direito de ação, por meio da qual não exige do pretenso ou suposto titular de um direito material que ele o prove, aprioristicamente, pois devemos obediência ao mandamento constitucional do Princípio da Inafastabilidade ou de acesso à jurisdição, disposto no art. 5º, inciso XXXV, da CF/1988. É na análise do caso concreto que o magistrado vai aferir a titularidade do direito material, bem como julgar procedente ou improcedente o feito.

(124) Pela Teoria da Asserção, a legitimidade dos réus é aferida por meio da análise da relação jurídica de direito material e dos pedidos direcionados na peça inicial em relação aos réus mencionados, de forma que cabe ao magistrado, após essa prévia análise, se manifestar se eles devem ou não permanecer no polo processual passivo para responder pelos termos da lide. Vale dizer, a legitimidade para a causa, segundo a teoria da asserção adotada pelo ordenamento jurídico brasileiro para a verificação das condições da ação, é aferida segundo as afirmações feitas pelo autor na inicial. Se os réus ou os reclamados foram indicados como titulares das obrigações pretendidas pelo autor, daí resulta sua legitimidade passiva *ad causam*.

(125) Art. 5º Têm legitimidade para propor a ação principal e a ação cautelar: I — O Ministério Público, II — a Defensoria Pública, III — a União, os Estados, o Distrito Federal e os Municípios, IV — a autarquia, empresa pública, fundação ou sociedade de economia mista; V — a associação que, concomitantemente: a) esteja constituída há pelo menos 1 (um) ano nos termos da lei civil; b) inclua, entre suas finalidades institucionais, a proteção ao meio ambiente, ao consumidor, à ordem econômica, à livre concorrência ou ao patrimônio artístico, estético, histórico, turístico e paisagístico.

inserido em seus objetivos sociais, de molde que o magistrado possa, de forma *ope legis*[126], entender pela adequação de sua representação processual.

De outra parte, esse princípio tem por finalidade reforçar o princípio da segurança jurídica e estabilidade das decisões judiciais na seara das ações coletivas, dada sua influência na vida de toda a comunidade. O legitimado, seja o Ministério Público, a Defensoria Pública ou mesmo uma associação, tem de demonstrar o exercício do direito coletivo de forma ampla e eficaz, colaborando na formação de convicção do magistrado quanto à sua devida representação, cujas atribuições e responsabilidade são majoradas na medida em que uma ação proferida em um município de interior poderá afetar a vida não apenas de uma comunidade, como também de toda uma nação, pelo efeito *erga omnes* inserido no provimento jurisdicional.

5.18. Princípio da isonomia real

Esse princípio distingue a tutela individual da tutela coletiva, por meio das técnicas processuais regulatórias do processo coletivo, que tem como fulcro a atenção à isonomia real ou substancial, em detrimento da isonomia meramente formal.

Marcelo Abelha[127] neste particular nos informa que, uma vez reconhecido tal princípio da isonomia real no plano substancial, em que a fraqueza e a hipossuficiência de uma das partes da relação jurídica são compensadas pelo próprio legislador de direito material e ainda considerando-se a inexorável obediência do processo (instrumento) ao direito material, é certo que as técnicas coletivas serão carregadas de um desnivelamento formal para atender a um nivelamento real.

Dessa forma, as técnicas do processo coletivo utilizam-se também das tutelas preventina, reparatória e sancionatória, destinadas a debelar crises de mera certeza jurídica, de adimplemento e de situações jurídicas, e somente alcançarão aqueles resultados de modo justo com uma intensa e maciça dose de influência do princípio inquisito e do princípio da isonomia real, com a participação relevante de institutos que ainda relutam em deixar as vestes individualistas, que são os poderes do juiz e o ônus da prova[128].

---

(126) Nos Estados Unidos da América do Norte, tal verificação da *adequacy representation* pelo magistrado ocorre *ope judicis*, ou seja, na verificação do caso concreto submetido a juízo, pois ela não deriva de lei, como acontece no Brasil.
(127) ABELHA, Marcelo. *Ação civil pública e meio ambiente*. 2. ed. Rio de Janeiro: Forense Universitária, 2004. p. 157.
(128) *Id., loc. cit.*

Capítulo III

Litigância de Interesse Público e os Direitos Metaindividuais Objeto do Microssistema de Tutela Processual Coletiva

1. Desenvolvimento da política de litigação de interesse público

As palavras litigância ou litigação constituem neologismos, derivados de litígio e lide, e passaram a ser usadas ultimamente pelos doutrinadores para explicitar a existência de conflitos que demandam uma ou outra forma de pacificação ou resolução.

A Constituição Federal de 1988, além de reconhecer novos direitos, deu ensejo à criação de novos instrumentos processuais facilitando aos interessados o amplo acesso ao Poder Judiciário e aos novos canais de acesso ao sistema de Justiça, entre eles, o Ministério Público, a Defensoria Pública, Procons, Juizados Especiais, os órgãos de defesa do consumidor etc.

Dessa forma, a Constituição Federal, ao conferir ao cidadão a possibilidade de defesa de seus direitos, não na tradicional forma atomizada dos processos judiciais, mas de forma molecular ou coletiva, por meio dos legitimados, levou um novo tipo de demanda ao Poder Judiciário.

As decisões judiciais nessas demandas não mais se restringem às partes litigantes, geralmente autor e réu, mas podem afetar milhares de interessados na causa. Este novo tipo de jurisdição — envolvendo a resolução ou pacificação de conflitos sociais e coletivos de massa — levou para o Poder Judiciário um novo tipo de litigação, totalmente diferente do seu perfil tradicional atomizado, destinada não à solução de conflitos intersubjetivos entre particulares, especialmente envolvendo obrigações de dar, mas, na maioria das vezes, tendo por objetivo interesses maiores da coletividade, na forma de obrigações de fazer e não fazer. Esse novo tipo de jurisdição, a doutrina passou a denominar de "litigação de interesse público".

Carlos Alberto Salles[129] informa que os processos coletivos servem à "litigação de interesse público", ou seja, servem às demandas judiciais que envolvam, para além dos interesses meramente individuais, aqueles referentes à preservação da harmonia e à realização dos objetivos constitucionais da sociedade e da comunidade. Interesses de uma parcela da comunidade constitucionalmente reconhecida, a exemplo dos consumidores, do meio ambiente, do patrimônio artístico, histórico e cultural, bem como na defesa dos interesses dos necessitados e dos interesses minoritários nas demandas individuais clássicas (não os dos habituais polos destas demandas, credor/devedor). Melhor dizendo, não interesses "minoritários", mas sim interesses e direitos "marginalizados", já que muitas vezes estes estão representados em número infinitamente superior aos interesses ditos "majoritários" na sociedade, embora não tenham voz, nem vez.

Como se observa, esse novo tipo de demanda judicial coletiva invoca interesse público primário da sociedade, nas palavras de Celso Antonio Bandeira de Melo[130]: "o interesse coletivo primário ou simplesmente interesse público é o complexo de interesses coletivos prevalente na sociedade, ao passo que o interesse secundário é composto pelos interesses que a Administração poderia ter como qualquer sujeito de direito, interesses subjetivos, patrimoniais, em sentido lato, na medida em que integram o patrimônio do sujeito. Cita como exemplo de interesse secundário da administração o de pagar o mínimo possível a seus servidores e de aumentar ao máximo os impostos, ao passo que o interesse público primário exige, respectivamente, que os servidores sejam pagos de modo suficiente a colocá-los em melhores condições e tornar-lhes a ação mais eficaz e a não gravar os cidadãos de impostos além de certa medida".

Para Cássio Casagrande[131], a institucionalização desta "litigância de interesse público" não foi uma simples "invenção" da Assembleia Nacional Constituinte, descolada da realidade nacional e, mesmo, das tendências mundiais sobre o moderno papel do Poder Judiciário. Pode-se dizer que a legitimidade dos corpos intermediários da sociedade para o ajuizamento de ações de natureza coletiva, reconhecida na Constituição de 1988, foi principalmente o resultado de duas variáveis, intrinse-

---

(129) SALLES, Carlos Alberto (org.). *Processo civil e interesse público*: o processo como instrumento de defesa social. São Paulo: APMP; RT, 2003. p. 39-77.
(130) MELLO, Celso Antonio Bandeira de. *Curso de direito administrativo*. 15. ed. São Paulo: Malheiros, 2005. p. 603.
(131) CASAGRANDE, Cássio. *Op. cit.*, p. 68. Para esse autor: (...) Cappelletti viveu e lecionou muitos anos nos Estados Unidos, percebendo a importância, naquela sociedade, do fenômeno da judicialização dos conflitos sociais, possível, sobretudo, em decorrência da viabilidade de se levar às Cortes americanas ações coletivas para reparação de danos ou para solução de litígios de interesse público (isto é, a *class action for damages*, pela qual um ilícito gerador de um dano a uma coletividade dispersa porém determinável pode ser apreciado em apenas um processo, e a chamada *public interest litigation*, processo coletivo em que se busca assegurar a observância de direitos constitucionais ou sociais a minorias ou pessoas em posição de hipossuficiência).

camente relacionadas e que podem ser situadas no período de luta contra o arbítrio que precedeu a reconstitucionalização do país: de um lado, a emergência da sociedade civil, do associativismo e das formas livres de participação política desvinculadas da tutela do Estado; de outra parte, o desenvolvimento, pela *intelligentsia* jurídica, de uma corrente de pensamento preocupada com a necessidade de se dar aos grupos sociais pleno acesso ao Poder Judiciário.

Para Bruno Amaral Machado[132], o espetáculo dos meios de comunicação celebra a chegada de novos protagonistas no cenário político. O deslocamento dos conflitos sociais e políticos para a Justiça, tradicionalmente afastada dos problemas sociais nos Estados modernos, com exceção do modelo norte-americano, é um fenômeno global, identificável tanto no centro quanto na periferia do espaço mundial.

Quanto às alterações promovidas pela Constituição Federal de 1988 no Ministério Público, esse autor[133] assevera que, de fato, o Ministério Público deixou de ser o ator praticamente esquecido do sistema de Justiça e passou a ocupar espaço nos meios de comunicação e nos meios acadêmicos, suscitando inclusive debates políticos. Seja em decorrência de processos internos, seja por pressões globais, a discussão sobre o estatuto jurídico do MP na atualidade não deve estar dissociada de alguns elementos importantes.

E ainda arremata[134] que o protagonismo dos atores do sistema de Justiça decorre, em parte, da transferência aos Tribunais de expectativas de satisfação de promessas inscritas no modelo de Estado Social de Direito. A um Estado mínimo corresponde uma Justiça cada vez mais procurada para atender às demandas sociais. No campo jurídico, por um lado, no âmbito cível, a consolidação de instrumentos processuais para a defesa de interesses coletivos e difusos ampliou o espectro de atuação da Justiça, superando os contornos tradicionais do modelo liberal.

Por outro lado, deve-se acrescentar que, ao se considerar que o objeto da litigação de interesse público é a concretização dos direitos constitucionais, sobretudo, os direitos humanos fundamentais e os direitos sociais da sociedade, sobretudo dos hipossuficientes, reconhecemos na Lei da Ação Civil Pública, Lei n. 7.347/1985, o marco da coletivização do processo no Brasil, e o Ministério Público um dos principais legitimados em seu manejo.

Cássio Casagrande[135] nos informa que a ação civil pública ganhou *status* de ação constitucional, sendo diretamente vinculada à atividade do Ministério Público,

---

(132) MACHADO, Bruno Amaral. *Organização, representações e trajetórias*. Curitiba: Juruá, 2007. p. 19.
(133) *Ibidem*, p. 20.
(134) *Ibidem*, p. 20-21.
(135) *Ibidem*, p. 71.

funcionando como uma das formas processuais reconhecidas à instituição para desempenhar o seu papel de defensor da ordem jurídica, do interesse público e dos interesses sociais e indisponíveis. Além disso, o escopo da ação civil pública foi significativamente ampliado, sendo cabível não apenas à proteção do meio ambiente e do patrimônio histórico, como na origem da Lei n. 7.347/1985, passando a tutelar quaisquer outros interesses difusos e coletivos.

Logo após a entrada em vigor da Constituição de 88, embora em tese já se admitisse o cabimento da ação civil pública a todo conflito de natureza coletiva, a legislação infraconstitucional também elasteceu o campo de sua incidência, passando a ser admitida especificamente para a proteção das pessoas portadoras de deficiência (Lei n. 7.853/1989), dos investidores do mercado de ações (Lei n. 7.913/1989), da criança e do adolescente (Lei n. 8.069/1990), dos consumidores (Lei n. 8.078/1990), da ordem econômica (Lei n. 8.884/1994), chegando, aos dias de hoje, a campo como o da proteção ao idoso (Lei n. 10.741/2003) e ao meio urbanístico (Lei n. 10.257/2001)[136].

O oferecimento à cidadania organizada[137] de novos canais de acesso à Justiça, mediante participação política em processos decisórios, por meio do Poder Judiciário, apresentou ao sistema político nacional um novo mecanismo de mediação e solução de conflitos de interesse, o qual se pode chamar de "litigância de interesse público", em apropriação ao que nos Estados Unidos se denomina de *public interest litigation*[138].

Esse conceito de litigação ou litigância de interesse público se baseia, fundamentalmente, em dois elementos: de um lado, a legitimação da representação funcional da sociedade por corpos intermediários, privados (associações, sindicatos, entidades de classe, Ordem dos Advogados) e públicas (Ministério Público); em outra ponta, a criação de um sistema processual de tutela a interesses coletivos, que tem como escopo não a defesa das liberdades individuais (fugindo ao conceito liberal clássico de jurisdição), mas sim a defesa de interesses sociais, difusos e coletivos da sociedade civil[139].

Rony Ferreira[140], no mesmo sentido, destaca que, além de ampliar as hipóteses de cabimento da ação popular constitucional, incluindo expressamente a preservação

---

(136) *Id., loc. cit.*
(137) Já não basta essa abertura apenas à cidadania organizada. O grande desafio que se apresenta, no momento, é oferecer à cidadania não organizada, que não tem acesso à moradia, aos meios de comunicação e a direitos básicos da cidadania, a possibilidade de postular seus direitos nos canais de acesso à Justiça criados pela Constituição Federal de 1988.
(138) CASAGRANDE, Cássio. *Op. cit.*, p. 77.
(139) *Id., loc. cit.*
(140) FERREIRA, Rony. *Coisa julgada nas ações coletivas*: restrição do art. 16 da Lei de Ação Civil Pública. Porto Alegre: Sergio Antonio Fabris, 2004. p. 49. O autor ainda acrescenta que: "com tais instrumentos, fica

da moralidade administrativa, do meio ambiente e do patrimônio cultural (art. 5º, LXXIII), a Constituição criou a figura do mandado de segurança coletivo (art. 5º, LXX), a ser ajuizado por partido político, organização sindical, órgão de classe ou associação de defesa de interesses transindividuais; sem falar que ressaltou, em seu art. 129, III, estar entre as funções-instituições do Ministério Público a propositura da ação civil pública, e, ainda, salientou a função dos sindicatos na defesa dos direitos e interesses coletivos e individuais da categoria (art. 8º, III) e das entidades associativas para representar seus filiados judicial ou extrajudicialmente (art. 5º, XXI).

Para esse doutrinador[141], em face dessas inovações, possui o ordenamento brasileiro um amplíssimo arsenal de instrumentos de tutela coletiva, emergindo da integração hoje existente entre o CDC e a LACP um microssistema processual envolvendo tutelas coletivas, funcionando o CPC como regramento subsidiário.

Os direitos postulados nesse tipo de litigação envolvem os direitos coletivos *lato sensu* e também os direitos individuais indisponíveis, já que se postam como interesses de ordem social e pública, conforme se depreende da legislação e da própria norma constitucional, cujos artigos abaixo transcrevemos para fins de ilustração:

"CF/1988. Art. 196. A saúde é direito de todos e dever do Estado, garantido mediante políticas sociais e econômicas que visem à redução do risco de doença e de outros agravos e ao acesso universal e igualitário às ações e serviços para sua promoção, proteção e recuperação."

"CF/1988. Art. 197. São de relevância pública as ações e serviços de saúde, cabendo ao Poder Público dispor, nos termos da lei, sobre sua regulamentação, fiscalização e controle, devendo sua execução ser feita diretamente ou através de terceiros e, também, por pessoa física ou jurídica de direito privado."

"CF/1988. Art. 227. É dever da família, da sociedade e do Estado assegurar à criança e ao adolescente, com absoluta prioridade, o direito à vida, à saúde, à alimentação, à educação, ao lazer, à profissionalização, à cultura, à dignidade, ao respeito, à liberdade e à convivência familiar e comunitária, além de colocá-los a salvo de toda forma de negligência, discriminação, exploração, violência, crueldade e opressão."

"CF/1988. Art. 127. O Ministério Público é instituição permanente, essencial à função jurisdicional do Estado, incumbindo-lhe a defesa da ordem jurídica, do regime democrático e dos interesses sociais e individuais indisponíveis."

"Lei Federal n. 10.741/03. Art. 81. Para as ações cíveis fundadas em interesses difusos, coletivos, individuais indisponíveis ou homogêneos, consideram-se legitimados,

---

evidente que a sociedade brasileira reconhece e deseja ver jurisdicionalmente protegidos valores sociais antes esquecidos ou mesmo desconhecidos".
(141) *Ibidem*, p. 50.

concorrentemente: I — O Ministério Público; II — a União, os Estados, O Distrito Federal e os Municípios; III — a Ordem dos Advogados do Brasil; IV — as associações."

2. LITIGAÇÃO DE INTERESSE PÚBLICO SOB A ÉGIDE DA CONSTITUIÇÃO FEDERAL DE 1988

No sistema processual de tutela de interesses e direitos coletivos na Constituição de 1988, pode-se apresentar a seguinte subdivisão:

2.1. AÇÕES COLETIVAS PARA A DEFESA DE DIREITOS E INTERESSES INDIVIDUAIS

Tratando-se de direitos e interesses individuais homogêneos, de origem comum, consoante dispõe o Código de Defesa do Consumidor, os titulares possuem legitimidade para pleitear em juízo de forma individual ou coletiva. As ações coletivas que têm por objeto tais direitos individuais homogêneos são chamadas pela doutrina e pela jurisprudência de ações civis coletivas, ao passo que aquelas que têm por objeto direitos ou interesses difusos e coletivos são as denominadas ações civis públicas.

O Código de Defesa do Consumidor (CDC), Lei n. 8.078/1990, em seu art. 81, inciso III, conceitua os direitos individuais homogêneos da seguinte forma:

> "A defesa dos interesses e direitos dos consumidores e das vítimas poderá ser exercida em Juízo individualmente, ou a título coletivo.
>
> Parágrafo único. A defesa coletiva será exercida quando se tratar de:
>
> III — interesses ou direitos individuais homogêneos, assim entendidos os decorrentes de origem comum."

A Constituição Federal e o Código de Defesa do Consumidor legitimam as associações e os sindicatos, bem como o Ministério Público do Trabalho, este último em situações excepcionais, sempre que presente o interesse público ou a relevância social, a postularem esses direitos ou interesses em nome dos associados ou integrantes de determinada categoria ou grupo de pessoas. Exemplificativamente, mencionamos os casos em que o próprio Ministério Público do Trabalho postula em juízo o pagamento das verbas rescisórias não pagas a todos os trabalhadores de uma empresa que fechou as portas.

Podemos ainda citar que, em que pese o fato de o sindicato da categoria profissional ter legitimidade para postular em juízo a penhora de um estabelecimento comercial hospitalar, que oferece serviços de saúde à população, o Ministério Público do Trabalho, pela especialidade de seus membros, cuja matéria-prima jurídica é representada especialmente pelo microssistema de tutela coletiva, poderá, se assim julgar oportuno e conveniente, em juízo de discricionariedade, apresentar-se como o titular da respectiva ação, ou mesmo agir em juízo, conjuntamente com a mencionada entidade sindical.

Nesse caso, essa ação teria como interesse público primário a manutenção do emprego dos trabalhadores da empresa fornecedora de serviços de saúde, a preservação da própria empresa que oferece um serviço essencial constitucional à população, já que a saúde é direito de todos e dever do Estado, consoante arts. 6º e 196 da Carta Magna, e eventual pagamento de salários e verbas em atraso, por meio de bloqueio *on-line* de valores em instituições financeiras, arresto e sequestro de bens.

Esse tipo de demanda judicial apresenta, como interesse público primário, os interesses difusos da sociedade, particularmente da parcela pobre da população que carece de serviços médico-hospitalares do SUS (Sistema Único de Saúde), bem como os direitos coletivos dos trabalhadores que militam no estabelecimento de saúde.

O resultado prático dessas ações coletivas ou moleculares busca a efetividade da jurisdição não apenas em relação à sociedade, como também aos trabalhadores lesados, com o consequente recebimento das verbas sonegadas, e, inclusive, terá ainda a possibilidade de proporcionar um efeito pedagógico para o lesante, por meio de sua condenação ao pagamento de uma indenização por danos morais coletivos.

2.2. Ações coletivas para a defesa de direitos e interesses difusos ou coletivos

Os direitos difusos e coletivos também são conceituados pelo Código de Defesa do Consumidor, em seu art. 81, incisos I e II, *in verbis*:

"I — interesses ou direitos difusos, assim entendidos, para efeitos deste Código, os transindividuais, de natureza indivisível, de que sejam titulares pessoas indeterminadas e ligadas por circunstâncias de fato;

II — interesses ou direitos coletivos, assim entendidos, para efeitos deste Código, os transindividuais de natureza indivisível de que seja titular grupo, categoria ou classe de pessoas ligadas entre si ou com a parte contrária por uma relação jurídica-base."

Neste tópico, enquadram-se as ações civis públicas, as ações anulatórias de cláusulas ou de acordos e convenções coletivas de trabalho e as ações populares.

Nesse tipo de processo coletivo, a tutela jurisdicional centra-se em um bem jurídico de natureza coletiva, pertencente de forma indivisível a um grupo ou a uma coletividade. Os legitimados defenderão um bem jurídico que não pertence individualmente a um único cidadão, ou integrantes de uma classe ou categoria, mas, ao contrário, que pertence a todos enquanto coletividade, já que se apresenta como um bem jurídico metaindividual.

Entre esses bens jurídicos que podem ser violados ou estar em iminência de violação, encontramos o meio ambiente, o patrimônio histórico, urbanístico, estético, a probidade e a moralidade na Administração Pública, entre inúmeros outros.

A título ilustrativo, podemos mencionar o ajuizamento de uma ação civil pública em face de uma empresa industrial que impede que seus trabalhadores gozem de intervalos intrajornadas, que não oferece condições mínimas de segurança e higiene nos locais de trabalho, que permite ou inobserva que superiores hierárquicos pratiquem assédio moral ou outros constrangimentos à dignidade de seus empregados etc.

Esse tipo de ação objetiva proteger os atuais empregados que estão sendo vilipendiados em sua dignidade, bem como os futuros trabalhadores que vierem a compor o quadro funcional da empresa lesante. Observa-se que tais direitos podem apresentar uma configuração de bem coletivo, enquanto envolvem todos os empregados presentes da empresa, da mesma forma que poderão ser apresentados como direitos e interesses difusos, já que, nesse caso, postam-se como interesses que envolvem pessoas indeterminadas, espraiadas pela sociedade, as quais futuramente poderão ter interesse em trabalhar para a empresa lesante, já que os direitos difusos são aqueles direitos metaindividuais que envolvem as pessoas indeterminadas, ligadas por circunstâncias de fato.

Nessas situações, o Ministério Público do Trabalho terá legitimidade para atuar, seja por provocação de associações, sindicatos ou trabalhadores, de forma autônoma, por iniciativa própria, ou, ainda, como colegitimado, por autorização constitucional, insculpida nos arts. 127[142] a 129[143] da Constituição Federal, e

---

(142) Art. 127. O Ministério Público é instituição permanente, essencial à função jurisdicional do Estado, incumbindo-lhe a defesa da ordem jurídica, do regime democrático e dos interesses sociais e individuais indisponíveis.

(143) Art. 129. São funções institucionais do Ministério Público: (...) II — zelar pelo efetivo respeito dos Poderes Públicos e dos serviços de relevância pública aos direitos assegurados nesta Constituição, promovendo as medidas necessárias a sua garantia; III — promover o inquérito civil e a ação civil pública, para a proteção do patrimônio público e social, do meio ambiente e de outros interesses difusos e coletivos; IV — promover a ação de inconstitucionalidade ou representação para fins de intervenção da União e dos Estados, nos casos previstos nesta Constituição; V — defender judicialmente os direitos e interesses das populações indígenas; VI — expedir notificações nos procedimentos administrativos de sua competência, requisitando informações e documentos para instruí-los, na forma da lei complementar respectiva; VIII — requisitar diligências investigatórias e a instauração de inquérito policial, indicados os fundamentos jurídicos de suas manifestações processuais; IX — exercer outras funções que lhe forem conferidas, desde que compatíveis com sua finalidade, sendo-lhe vedada a representação judicial e a consultoria jurídica de entidades públicas.

arts. 83⁽¹⁴⁴⁾ e 84 da Lei Complementar n. 75/1993, escolhendo o instrumento processual mais adequado ao caso vertente, seja uma ação civil pública, uma ação anulatória, ação popular, ação de improbidade administrativa. Logo mais à frente, neste trabalho, trataremos, em capítulo próprio, dos vários instrumentos jurídicos

§ 1º A legitimação do Ministério Público para as ações civis previstas neste artigo não impede a de terceiros, nas mesmas hipóteses, segundo o disposto nesta Constituição e na lei.
(144) Art. 83. Compete ao Ministério Público do Trabalho o exercício das seguintes atribuições junto aos órgãos da Justiça do Trabalho:
I — promover as ações que lhe sejam atribuídas pela Constituição Federal e pelas leis trabalhistas;
II — manifestar-se em qualquer fase do processo trabalhista, acolhendo solicitação do juiz ou por sua iniciativa, quando entender existente interesse público que justifique a intervenção;
III — promover a ação civil pública no âmbito da Justiça do Trabalho, para defesa de interesses coletivos, quando desrespeitados os direitos sociais constitucionalmente garantidos;
IV — propor as ações cabíveis para declaração de nulidade de cláusula de contrato, acordo coletivo ou convenção coletiva que viole as liberdades individuais ou coletivas ou os direitos individuais indisponíveis dos trabalhadores;
V — propor as ações necessárias à defesa dos direitos e interesses dos menores, incapazes e índios, decorrentes das relações de trabalho;
VI — recorrer das decisões da Justiça do Trabalho, quando entender necessário, tanto nos processos em que for parte, como naqueles em que oficiar como fiscal da lei, bem como pedir revisão dos Enunciados da Súmula de Jurisprudência do Tribunal Superior do Trabalho;
VII — funcionar nas sessões dos Tribunais Trabalhistas, manifestando-se verbalmente sobre a matéria em debate, sempre que entender necessário, sendo-lhe assegurado o direito de vista dos processos em julgamento, podendo solicitar as requisições e diligências que julgar convenientes;
VIII — instaurar instância em caso de greve, quando a defesa da ordem jurídica ou o interesse público assim o exigir;
IX — promover ou participar da instrução e conciliação em dissídios decorrentes da paralisação de serviços de qualquer natureza, oficiando obrigatoriamente nos processos, manifestando sua concordância ou discordância, em eventuais acordos firmados antes da homologação, resguardado o direito de recorrer em caso de violação à lei e à Constituição Federal;
X — promover mandado de injunção, quando a competência for da Justiça do Trabalho;
XI — atuar como árbitro, se assim for solicitado pelas partes, nos dissídios de competência da Justiça do Trabalho;
XII — requerer as diligências que julgar convenientes para o correto andamento dos processos e para a melhor solução das lides trabalhistas;
XIII — intervir obrigatoriamente em todos os feitos nos segundo e terceiro graus de jurisdição da Justiça do Trabalho, quando a parte for pessoa jurídica de Direito Público, Estado estrangeiro ou organismo internacional.
Art. 84. Incumbe ao Ministério Público do Trabalho, no âmbito das suas atribuições, exercer as funções institucionais previstas nos Capítulos I, II, III e IV do Título I, especialmente:
I — integrar os órgãos colegiados previstos no § 1º do art. 6º, que lhes sejam pertinentes;
II — instaurar inquérito civil e outros procedimentos administrativos, sempre que cabíveis, para assegurar a observância dos direitos sociais dos trabalhadores;
Observação: A Resolução CSMPT n. 69, de 12.12.2007, DJU 1º.2.2008, que disciplina, no âmbito do Ministério Público do Trabalho, a instauração e tramitação do inquérito civil.
III — requisitar à autoridade administrativa federal competente, dos órgãos de proteção ao trabalho, a instauração de procedimentos administrativos, podendo acompanhá-los e produzir provas;
IV — órgão tenha intervindo ou emitido parecer escrito;
V — exercer outras atribuições que lhe forem conferidas por lei, desde que compatíveis com sua finalidade.

processuais utilizados pelo microssistema de tutela coletiva disponível para manejo pelos operadores do Direito, em especial, os legitimados, entre eles, o Ministério Público do Trabalho.

2.3. Ações coletivas para a defesa da constitucionalidade das leis e afirmação de direitos em face da Constituição

A Constituição Federal de 1988 estabeleceu um vasto sistema de controle de constitucionalidade, cujos objetivos são: a invalidação de atos legislativos contrários à Constituição, por meio de ações diretas de controle de constitucionalidade e a busca de concretização ou afirmação dos direitos constitucionais, por falta de regulamentação infraconstitucional pelo Poder Legislativo.

Na primeira hipótese, atinente ao controle de constitucionalidade das normas, o Brasil preferiu seguir o sistema norte-americano de controle misto, difuso e concentrado. Vale dizer, um juiz de primeira instância, se provocado, poderá, incidentalmente em um processo, declarar uma lei inconstitucional para chegar à prolação da sentença, em controle difuso de constitucionalidade. De outra parte, os legitimados, no caso do controle concentrado, de acordo com o art. 102 da CF/1988, podem propor diretamente ao Supremo Tribunal Federal ações[145] em que a nossa Suprema Corte deverá se pronunciar sobre a validade da norma questionada em face da Constituição.

Nessa última situação, prevalece a natureza eminentemente política do controle de constitucionalidade, uma vez que os legitimados constituem entidades de representação da sociedade civil, e a retirada de uma lei ou de um ato normativo do sistema jurídico pela última instância do Poder Judiciário significa uma forma de controle da representação política exercida pelos demais Poderes.

---

(145) As seguintes ações de controle de constitucionalidade são permitidas em nosso ordenamento jurídico: ação direta de inconstitucionalidade por ação ou omissão, ação declaratória de constitucionalidade, arguição de descumprimento de preceito fundamental e ação direta interventiva.

Capítulo IV

Instrumentos Processuais do Microssistema Jurídico de Tutela Coletiva

Trataremos, doravante, dos principais instrumentos processuais de tutela coletiva ou molecular, que podem e devem ser manejados pelo Ministério Público e por outros legitimados, na medida em que tais mecanismos, na maioria de índole constitucional, se alinham ao objeto nuclear da presente obra — do microssistema processual de tutela coletiva à parceirização jurisdicional trabalhista —, enquanto no próximo capítulo trataremos, especificamente, desta última parte, ou seja, do fenômeno da parceirização jurisdicional trabalhista.

1. A IMPORTÂNCIA DA AÇÃO CIVIL PÚBLICA NA LITIGAÇÃO DE INTERESSE PÚBLICO NO BRASIL

Embora concebida há mais de 25 anos, já que colocada à disposição dos operadores de Direito em 1985, a primeira ação civil pública foi somente ajuizada no Brasil em 1995. Gisele Cittadino[146] informa que, para dar plena eficácia aos direitos fundamentais previstos na Constituição de 1988, independentemente da regulamentação que aquelas normas constitucionais exigiriam, os constituintes conceberam dois instrumentos processuais: a ação direta de inconstitucionalidade por omissão e o mandado de injunção, ou seja, institutos associados exatamente à obrigatoriedade de ações normativas pelo Poder Público.

Ainda segundo a autora[147], após o advento da Constituição Federal de 1988, houve divergência doutrinária e jurisprudencial quanto à efetiva finalidade do

---

(146) CITTADINO, Gisele. *Pluralismo, direito e justiça distributiva*: elementos da filosofia constitucional contemporânea. Rio de Janeiro: Lumen Juris, 1999. p. 49.
(147) *Ibidem*, p. 69-72.

mandado de injunção. A controvérsia era se aquele instrumento permitiria ou não ao juiz integrar a norma, criando uma regra para o caso particular. Após intenso debate entre os comentadores e inúmeras divergências entre os Tribunais, prevaleceu a posição do Supremo Tribunal Federal, no sentido de que o mandado de injunção[148] destina-se tão somente a notificar o Poder competente a elaborar a norma necessária ao exercício regular de um determinado direito constitucional. Essa decisão, criticada por grande parte dos constitucionalistas, teve, por efeito, o quase completo abandono do instrumento pelos jurisdicionados, deixando, portanto, de funcionar como instrumento de concretização dos direitos sociais previstos na Constituição Federal de 1988.

O mesmo acontece em relação à ação direta de constitucionalidade por omissão[149], cujo efeito prático é idêntico ao mandado de injunção, uma vez que a

---

(148) MANDADO DE INJUNÇÃO – ART. 8°, § 3°, DO ADCT — DIREITO À REPARAÇÃO ECONÔMICA AOS CIDADÃOS ALCANÇADOS PELAS PORTARIAS RESERVADAS DO MINISTÉRIO DA AERONÁUTICA — MORA LEGISLATIVA DO CONGRESSO NACIONAL — 1 — Na marcha do delineamento pretoriano do instituto do Mandado de Injunção, assentou este Supremo Tribunal que "a mera superação dos prazos constitucionalmente assinalados é bastante para qualificar, como omissão juridicamente relevante, a inércia estatal, apta a ensejar, como ordinário efeito consequencial, o reconhecimento, *hic et nunc, de uma situação de inatividade inconstitucional*". (MI n. 543, voto do Ministro Celso de Mello, in DJ 24.5.2002). Logo, desnecessária a renovação de notificação ao órgão legislativo que, no caso, não apenas incidiu objetivamente na omissão do dever de legislar, passados quase quatorze anos da promulgação da regra que lhe criava tal obrigação, mas que, também, já foi anteriormente cientificado por esta Corte, como resultado da decisão de outros mandados de injunção. 2 — Neste mesmo precedente, acolheu esta Corte proposição do eminente Ministro Nelson Jobim, e assegurou "aos impetrantes o imediato exercício do direito a esta indenização, nos termos do direito comum e assegurado pelo § 3° do art. 8° do ADCT, mediante ação de liquidação, independentemente de sentença de condenação, para a fixação do valor da indenização. 3 — Reconhecimento da mora legislativa do Congresso Nacional em editar a norma prevista no § 3° do art. 8° do ADCT, assegurando-se, aos impetrantes, o exercício da ação de reparação patrimonial, nos termos do direito comum ou ordinário, sem prejuízo de que se venham, no futuro, a beneficiar de tudo quanto, na Lei a ser editada, lhes possa ser mais favorável que o disposto na decisão judicial. O pleito deverá ser veiculado diretamente mediante ação de liquidação, dando-se como certos os fatos constitutivos do direito, limitada, portanto, a atividade judicial à fixação do *quantum* devido. 4 — Mandado de injunção deferido em parte. (STF — MI 562 — RS — Relª p/o Ac. Minª Ellen Gracie — DJU 20.6.2003 — p. 58).

(149) CONSTITUCIONAL — ADMINISTRATIVO SERVIDOR PÚBLICO — REAJUSTE DE VENCIMENTOS — DATA-BASE — REVISÃO GERAL ANUAL — ART. 37, X, DA CONSTITUIÇÃO FEDERAL — EC n. 19/1998 — OMISSÃO — INDENIZAÇÃO POR DANO MATERIAL — 1. "A remuneração dos servidores públicos e o subsídio de que trata o § 4° do art. 39 somente poderão ser fixados ou alterados por Lei específica, observada a iniciativa privativa em cada caso, assegurada revisão geral anual, sempre na mesma data e sem distinção de índices". 2. A iniciativa privativa de Lei, para fixação ou alteração da remuneração dos servidores públicos, no âmbito da administração federal, encontra-se disciplinada no art. 61, § 1°, inciso II, 'a', da Carta Magna. 3. *É certo que o Supremo Tribunal Federal, em sede de Ação Direta de Inconstitucionalidade* (ADIN n. 2.061-7/DF, Rel. Min. Ilmar Galvão, julg. 25.4.2001, DJ 29.6.2001, p. 33), reconheceu a mora do Poder Executivo na adoção das medidas pertinentes à sua competência constitucional. Nada obstante, naquele mesmo provimento, não restou estipulado qualquer prazo para tal mister. 4. A posição adotada pelo Excelso Pretório reverenciou a independência funcional de cada um dos poderes instituídos, de modo que considerou incabível a interferência, ainda que pelo Poder Judiciário (como guardião das normas constitucionais), na competência instituída

decisão do Tribunal se restringe a notificar o Poder Legislativo ou o Executivo a produzir a norma com o fito de dar plena eficácia ao mandamento constitucional.

Na verdade, a concretização dos direitos sociais previstos na Constituição Federal depende muito mais de vontade política ou da conduta ativa da Administração Pública, do que da existência de uma norma regulamentadora. Nesse sentido, observa Gisele Cittadino[150] que os direitos sociais fundamentais, os quais integram o sistema de direitos constitucionais, são direitos a prestações cujo objeto pode ser uma ação fática ou uma ação normativa por parte do Estado. O mandado de injunção e a ação de inconstitucionalidade por omissão são institutos associados, exatamente, à obrigatoriedade de ações normativas por parte do Poder Público.

Nesse particular, José Antonio Pancotti[151] destacou que "a historiografia das nossas Constituições revela certa dose de desonestidade do constituinte o que acarreta frustrações do povo brasileiro, não só porque, nas Constituições anteriores, negou-se força normativa aos textos constitucionais, mas, sobretudo, pela falta de vontade política de dar-lhes aplicabilidade direta e imediata. A sociedade não suporta mais os postulados da hermenêutica tradicional que dava às normas constitucionais o caráter de mera ordenação de programas de ação, relegando ao legislador infraconstitucional a tarefa de complementar-lhes propósitos, reduzindo seus preceitos a promessas distantes, longínquas que jamais se concretizavam. A reversão deste quadro só é possível a partir da normatização dos princípios filosóficos que reintroduziram a moral e a ética no Direito, como ideal de justiça, em aberto divórcio aos postulados do positivismo jurídico ou da legalidade estrita".

Norberto Bobbio[152] assentou que o problema que temos diante de nós não é filosófico, mas jurídico e, num sentido mais amplo, político. Não se trata de saber quais e quantos são esses direitos, qual é a sua natureza e seu fundamento, se são direitos naturais ou históricos, absolutos ou relativos, mas sim qual é o modo mais seguro de garanti-los, para impedir que, apesar das solenes declarações, eles sejam continuamente violados.

Vejamos o exemplo da eficácia jurídica do direito à saúde, o qual, consoante art. 196 da Magna Carta, é direito de todos e dever do Estado. O Estado, em todos os seus níveis, União, Estados, Distrito Federal e Municípios[153], está obrigado,

---

constitucionalmente para o Poder Executivo. 5. Apelação e Remessa Oficial providas. (TRF 5ª R. — AC 2004.84.00.001467-5 — 2ª T. — RN — Rel. Des. Fed.Petrucio Ferreira — DJU 26.12.2007 — p. 99).
(150) CITTADINO, Gisele. Op. cit., p. 69-72.
(151) PANCOTTI, José Antonio. Op. cit., p. 15.
(152) BOBBIO, Norberto. A era dos direitos, cit., p. 25.
(153) MANDADO DE SEGURANÇA — FORNECIMENTO DE MEDICAMENTOS — NECESSIDADE — ATESTADO MÉDICO — DEVER DE ASSISTÊNCIA CONSTITUCIONALMENTE ATRIBUÍDO AO PODER PÚBLICO — PRECEDENTES DESTE EG. TRIBUNAL DE JUSTIÇA — CONFIRMAÇÃO

por lei, a destinar parte do orçamento em serviços de educação e saúde, sob pena de imputação em crime de responsabilidade da autoridade responsável, em caso de comprovada negligência.

Temos inúmeros casos em que a negligência do Poder Público faz com que o Ministério Público ingresse com Ações Civis Públicas para fazer valer aos cidadãos os seus direitos constitucionais, não apenas na área da saúde, como também envolvendo outros setores carentes da sociedade, como os idosos e portadores de deficiência.

O Ministério Público e os demais legitimados para a ação civil pública poderão agir em duas frentes. Na defesa dos direitos e interesses coletivos, poderão pleitear o custeio pelo Poder Público de medicamentos para que aquelas pessoas carentes, desprovidas de bens econômicos, possam adquirir tais produtos. O Ministério Público poderá ainda, na defesa de interesses difusos, requerer em juízo ou por meio da celebração de um Termo de Compromisso de Ajustamento de Conduta a inclusão obrigatória, no orçamento do próximo exercício, da verba necessária para o atendimento de tais necessidades da população.

Releva observar que o art. 5º, § 1º, da Constituição Federal, aduz que os direitos e garantias individuais têm aplicação imediata, e tanto o direito à saúde e à educação, entre vários outros direitos do trabalhador, estão incluídos nesse rol, portanto, inseridos nos direitos constitucionais de plena eficácia. Não se pode conceber que haja discricionariedade do Administrador Público em face de direitos consagrados constitucionalmente.

De outra parte, eventual determinação judicial em sede de Ação Civil Pública para que a Administração Pública desenvolva determinada política pública ativa nestas searas não encerra qualquer tipo de ingerência do judiciário na esfera da Administração, nem qualquer tipo de intromissão que venha a ferir o princípio da separação dos Poderes, insculpido no art. 2º[154] da CF/1988, mesmo porque, no Estado Democrático de Direito, o próprio Estado soberano submete-se ao Poder Judiciário que instituiu. Embora inquestionável que caiba aos Poderes Legislativo e Executivo a prerrogativa de formulação e execução das políticas públicas, revela-

---

DA SENTENÇA — 1 — A saúde é direito de todos e dever do Estado, garantido mediante políticas sociais e econômicas que visem à redução do risco de doença e de outros agravos e ao acesso universal igualitário às ações e serviços para sua promoção, proteção e recuperação. 2 — O Poder Público, qualquer que seja a esfera institucional de sua atuação no plano da organização federativa brasileira, não pode mostrar-se indiferente ao problema da saúde da população, sob pena de incidir, ainda que por censurável omissão, em grave comportamento inconstitucional. 3 — O art. 30, VII, da CF/1988 afirma que compete aos Municípios prestar, com a cooperação técnica e financeira da União e do Estado, serviços de atendimento à saúde da população. 4 — Confirma-se a sentença. (TJMG — RN 1.0707.07.148904-1/001 — 4ª C. Cív. — Rel. Célio César Paduani — J. 17.12.2008).

(154) Art. 2º São Poderes da União, independentes e harmônicos entre si, o Legislativo, o Executivo e o Judiciário.

-se, no entanto, totalmente possível ao Poder Judiciário, uma vez provocado, mesmo que em bases excepcionais, impor a implementação de políticas públicas dispostas no texto constitucional, ainda que dependam de previsão orçamentária, sempre que a Administração descumprir tais encargos e, com sua omissão, colocar em risco a eficácia dos direitos sociais de estatura normativa constitucional.

Se em sua concepção original (Lei n. 7.347/1985) a ação civil pública tivesse por ensejo tão somente a proteção de certos direitos difusos e coletivos, ao ser erigida à categoria de ação constitucional, nos termos do art. 129, III[155], da Constituição Federal de 1988, transformou-se em um dos mais importantes e eficazes instrumentos de concretude dos direitos sociais constitucionais, trazendo para si o papel que o constituinte houvera reservado originariamente para o mandado de injunção.

Dessa forma, a ação civil pública, tendo por objetivo a consecução e a materialização de direitos sociais previstos na Constituição Federal, mesmo que em face da Administração Pública, poderá ser manejada pelo Ministério Público, por sua própria iniciativa ou por provocação de alguém do povo, sob a forma de denúncia, pedido de providências, de representação ou de ofício de alguma autoridade, ou ainda por uma associação ou sindicato, por órgão público, ou por qualquer dos legitimados[156] na Lei n. 7.347/1985.

Entre os legitimados, há a preponderância da atuação do Ministério Público em detrimento de outros atores sociais legitimados, notadamente as associações, que pode ser explicada por fatores extrínsecos e intrínsecos, como bem assevera Cássio Casagrande[157], quando diz: entre os fatores intrínsecos à legislação processual deve ser observado o fato de que a ação civil pública foi concebida precipuamente como um instrumento de atuação do Ministério Público. Como já foi visto, os membros da instituição tiveram influência decisiva na elaboração do anteprojeto que resultou na Lei n. 7.347/1985. Também não deve passar despercebido o fato de que a ação civil pública é a única ação constitucional que não

---

(155) Art. 129. São funções institucionais do Ministério Público: III — promover o inquérito civil e a ação civil pública, para a proteção do patrimônio público e social, do meio ambiente e de outros interesses difusos e coletivos;

(156) Art. 5º Têm legitimidade para propor a ação principal e a ação cautelar: I — o Ministério Público; II — a Defensoria Pública; III — a União, os Estados, o Distrito Federal e os Municípios; IV — a autarquia, empresa pública, fundação ou sociedade de economia mista; V — a associação que, concomitantemente: esteja constituída há pelo menos 1 (um) ano nos termos da lei civil; b) inclua, entre suas finalidades institucionais, a proteção ao meio ambiente, ao consumidor, à ordem econômica, à livre concorrência ou ao patrimônio artístico, estético, histórico, turístico e paisagístico. § 1º O Ministério Público, se não intervier no processo como parte, atuará obrigatoriamente como fiscal da lei.

(157) CASAGRANDE, Cássio. *Op. cit.,* p. 88. Para o autor, embora a lei estabeleça uma legitimação concorrente em mesmo grau, na prática a atuação do Ministério Público é favorecida por dois aspectos cruciais: no seu poder investigativo e na possibilidade de celebração de termo de compromisso de ajustamento de conduta, os quais não foram estendidos aos demais legitimados.

está sistematizada no capítulo referente às ações de constitucionalidade. Isto é, a Constituição prevê a ação civil pública como "função institucional do Ministério Público", a exemplo da ação penal.

Para esse doutrinador, nas demandas coletivas em que há litigância de interesse público, normalmente é necessário uma coleta prévia de elementos para oferecer ao juiz da causa subsídios que permitam um julgamento com segurança, pois normalmente o juiz se verá diante de conflitos com alta repercussão social, política e econômica. As associações e os sindicatos há muito tempo já perceberam que vale mais a pena solicitar a investigação preliminar no Ministério Público do que propor diretamente uma ação temerária. Como os investigados não podem recusar-se a atender às requisições do Ministério Público e como em regra o inquérito civil é público, as associações e os sindicatos encontram um meio relativamente fácil de ter acesso a informações do Poder Público ou de grandes corporações, as quais muito dificilmente conseguiriam obter de maneira direta[158].

2. A IMPORTÂNCIA DAS DEMAIS AÇÕES COLETIVAS NA LITIGAÇÃO DE INTERESSE PÚBLICO NO BRASIL

Mas além da ação civil pública que se apresenta como um divisor de águas no Direito Processual Coletivo no Brasil, no tocante à implementação prática das ações moleculares, compondo o microssistema jurisdicional de tutela coletiva, como uma de suas principais ferramentas, todas as demais ações retrorreferenciadas neste trabalho podem ser manejadas, principalmente pelo Ministério Público, na consecução de direitos sociais albergados constitucionalmente.

As demais ações coletivas, a exemplo da ação civil coletiva, a ação anulatória de cláusulas ou de acordos ou de convenções coletivas e mesmo a penhora de estabelecimento comercial, constituem instrumentos processuais de grande eficácia jurídica para a resolução de conflitos coletivos, especialmente os direitos sociais constitucionais, e abarcam um vasto campo de incidência no Direito Processual Coletivo do Trabalho.

Por meio de tais instrumentos processuais, o Ministério Público poderá buscar a tutela do meio ambiente do trabalho e saúde do trabalhador, combater o trabalho infantil e a regularização do trabalho do adolescente, nas causas envolvendo a quota legal da aprendizagem, o estágio (Lei n. 11.788/2008), o trabalho em regime familiar, o combate às discriminações nas relações de trabalho, o combate ao trabalho escravo, a moralidade administrativa e a ausência do concurso público em órgãos da Administração Pública, as terceirizações ilícitas e a intermediação ilícita

---

(158) *Ibidem*, p. 88-89.

de mão de obra, as cooperativas fraudulentas de trabalho, a contratação de servidores por meio de OSCIP (organizações da sociedade civil de interesse público) ou de organizações sociais, os assédios moral e sexual nas empresas, a lide simulada, o trabalho portuário, a greve, a ausência de registro em CTPS e o não pagamento de verbas rescisórias, o FGTS, o INSS, a disseminação de listas negras, quaisquer formas de discriminação no acesso e permanência no emprego etc.

3. Ação civil pública

3.1. Denominação

A Constituição Federal de 1988 inovou em muitos aspectos. Além de positivar vários direitos humanos, que se encontram espraiados ao longo de seu texto, reconheceu novos direitos, como os de 3ª dimensão, ou seja, os interesses e direitos metaindividuais, os difusos e coletivos, entre os quais encontramos o meio ambiente (art. 225[159], § 3º[160] e art. 200[161]), além de pavimentar o caminho para que o Código de Defesa do Consumidor (Lei n. 8.078/1990) reconhecesse os direitos individuais homogêneos.

Porém, não bastava criar ou reconhecer novos direitos. Para a fruição desses direitos, a Carta Magna reconheceu novos instrumentos jurídicos de tutela constitucional, entre eles, o mandado de segurança coletivo, o mandado de injunção, a ação popular, a ação declaratória de inconstitucionalidade, a ação popular e a ação civil pública, entre outros.

Carlos Henrique Bezerra Leite[162] esclarece que os direitos ou interesses metaindividuais têm por destinatário não apenas o homem singularmente considerado, mas o próprio gênero humano. Compreendem, por isso, num sentido amplo, os direitos de fraternidade, é dizer, o direito ao desenvolvimento, o direito à paz, o direito ao meio ambiente sadio, o direito ao patrimônio comum da humanidade, o direito à comunicação e, num sentido restrito, os direitos ou interesses difusos, coletivos e individuais homogêneos.

---

(159) Art. 225. Todos têm direito ao meio ambiente ecologicamente equilibrado, bem de uso comum do povo e essencial à sadia qualidade de vida, impondo-se ao Poder Público e à coletividade o dever de defendê-lo e preservá-lo para as presentes e futuras gerações.
(160) § 3º As condutas e atividades consideradas lesivas ao meio ambiente sujeitarão os infratores, pessoas físicas ou jurídicas, a sanções penais e administrativas, independentemente da obrigação de reparar os danos causados.
(161) Art. 200. Ao Sistema Único de Saúde compete, além de outras atribuições, nos termos da lei: VIII — colaborar na proteção do meio ambiente, nele compreendido o do trabalho.
(162) LEITE, Carlos Henrique Bezerra. *Ministério Público do Trabalho*. 3. ed. São Paulo: LTr, 2006. p. 187.

Para o autor[163] mencionado, em razão da proliferação dos conflitos na complexa relação entre o capital e o trabalho, bem como da criação de novos direitos sociais para os trabalhadores (Constituição Federal, arts. 7º a 11), avulta-se a necessidade de criação de novos remédios jurídicos que viabilizem a fruição e a efetivação daqueles direitos. O inquérito civil, no âmbito administrativo, e a ação civil pública, no âmbito judicial, surgem, nos dias atuais, como instrumentos efetivos de defesa não só dos direitos coletivos, mas, também, dos direitos difusos e individuais homogêneos, no campo das relações de trabalho.

Para Hugo Nigro Mazzilli[164], sob o aspecto doutrinário, ação civil pública é a ação de objeto não penal proposta pelo Ministério Público, após diferenciar ação privada e pública, aduzindo a respeito que ocorre a ação privada quando o poder de provocar o exercício da jurisdição está reservado de um modo exclusivo ao titular do interesse individual que a norma jurídica protege, ao passo que ação pública quando tal poder é confiado pelo Estado a um órgão público especial, que age, independentemente de qualquer estímulo privado, por dever de ofício.

Rodolfo de Camargo Mancuso[165], no atinente à denominação ação civil pública, observa que "essa ação não é pública porque o Ministério Público pode promovê-la, a par de outros legitimados, mas sim porque ela apresenta um largo espectro social de atuação, permitindo o acesso à Justiça de certos interesses metaindividuais que, de outra forma, permaneceriam num certo limbo jurídico".

Desse modo, a ação civil pública não tem essa denominação em decorrência do órgão legitimado a manejá-la em juízo, uma vez que existem outros legitimados legalmente autorizados, nem com o fato de os interesses transindividuais por ela albergados serem de interesse público.

Ronaldo Lima dos Santos[166] faz bem essa distinção, quando aponta que "os interesses transindividuais não se confundem com os interesses públicos (primários e secundários), por serem de naturezas ontologicamente diversas. O 'público' assim deriva mais da relevância social dos interesses protegidos por intermédio da ação civil pública que da natureza desses. (...) Se observarmos com rigor, a expressão 'ação civil pública' não possui qualquer correlação com os critérios subjetivo (titularidade da ação) e objetivo (direito material por ela pretendido)".

---

(163) *Ibidem*, p. 188.
(164) MAZZILLI, Hugo Nigro. *A defesa dos interesses difusos em juízo*. 19. ed. ampl. e atual. São Paulo: Saraiva, 2006. p. 68. Para esse autor, sem melhor técnica, a Lei n. 7.347/1985 usou a expressão ação civil pública para referir-se à ação para defesa de interesses transindividuais, proposta por diversos colegitimados ativos, entre os quais até mesmo associações privadas, afora o Ministério Público e outros órgãos públicos. Mais acertadamente, quando dispôs sobre a defesa em juízo desses interesses transindividuais, o CDC preferiu a denominação ação coletiva, da qual as associações civis, o Ministério Público e outros órgãos públicos são colegitimados.
(165) MANCUSO, Rodolfo de Camargo. *Ação civil pública*. São Paulo: Revista dos Tribunais, 1999. p. 18.
(166) SANTOS, Ronaldo Lima dos. *Sindicatos e ações coletivas*. 2. ed. São Paulo: LTr, 2008. p. 342.

Esse autor[167] define ação civil pública como "o instrumento processual, de cunho constitucional, assegurado a determinados autores ideológicos com legitimação prevista em lei (Ministério Público, Defensoria Pública, entes estatais, autarquia, empresa pública, fundação, sociedade de economia mista e associações, entre as quais se incluem as entidades sindicais), para a tutela preventiva, inibitória ou reparatória de danos morais e patrimoniais aos interesses transindividuais — difusos, coletivos e individuais homogêneos — afetos, direta ou indiretamente, às relações de trabalho".

A Lei Complementar n. 40/1981 (Lei Orgânica do Ministério Público) foi o primeiro dispositivo legal a tratar da ação civil pública no Brasil, mas o marco divisório no processo coletivo brasileiro pode ser admitido a partir da promulgação da Lei n. 7.347/1985 e do advento da Constituição Federal de 1988, que a erigiu a instrumento processual constitucional, no art. 129, inciso III[168].

A Constituição Federal promoveu alterações estruturais nas funções do Ministério Público brasileiro, virtualmente remodelando-o na defesa dos direitos coletivos de 3ª dimensão, dotando seus membros de dois poderosos instrumentos: o inquérito civil, que pode desaguar na celebração do Termo de Compromisso de Ajustamento de Conduta, se não houver arquivamento do procedimento investigatório, e a ação civil pública, destinados à consecução de direitos sociais constitucionais que necessitam de uma eficaz ação a ser concretizada pelo Poder Executivo, para que possam ser usufruídos pelos destinatários da norma constitucional, posto que sem essa intervenção tais direitos seriam inviabilizados.

Em outras palavras, o Ministério Público induz o Estado a cumprir suas responsabilidades políticas na concretização do pacto constitucional desenhado em 1988, da mesma forma que o faz em relação às empresas e aos empregadores privados.

3.2. OBJETO DA AÇÃO CIVIL PÚBLICA

A Lei Complementar n. 75/1993 (Lei Orgânica do Ministério Público da União) veio sepultar as resistências iniciais à ação civil pública na Justiça do Trabalho, ao estabelecer em seu art. 83, *in verbis*:

"Art. 83. Compete ao Ministério Público do Trabalho o exercício das seguintes atribuições junto aos órgãos da Justiça do Trabalho:

I — promover as ações que lhe sejam atribuídas pela Constituição Federal e pelas leis trabalhistas;

---

(167) *Ibidem*, p. 343.
(168) Art. 129. São funções institucionais do Ministério Público: III — promover o inquérito civil e a ação civil pública, para a proteção do patrimônio público e social, do meio ambiente e de outros interesses difusos e coletivos.

II — manifestar-se em qualquer fase do processo trabalhista, acolhendo solicitação do juiz ou por sua iniciativa, quando entender existente interesse público que justifique a intervenção;

III — promover a ação civil pública no âmbito da Justiça do Trabalho, para defesa de interesses coletivos, quando desrespeitados os direitos sociais constitucionalmente garantidos."

Dessa forma, a ação civil pública constitui espécie do gênero ações coletivas, e objetiva a proteção dos direitos e interesses transindividuais[169] — difusos, coletivos e individuais homogêneos.

Tais direitos e interesses estão definidos no art. 81 da Lei n. 8.078/1990:

"Art. 81. A defesa dos interesses e direitos dos consumidores e das vítimas poderá ser exercida em Juízo individualmente, ou a título coletivo.

Parágrafo único. A defesa coletiva será exercida quando se tratar de:

I — interesses ou direitos difusos, assim entendidos, para efeitos deste Código, os transindividuais, de natureza indivisível, de que sejam titulares pessoas indeterminadas e ligadas por circunstâncias de fato;

II — interesses ou direitos coletivos, assim entendidos, para efeitos deste Código, os transindividuais de natureza indivisível de que seja titular grupo, categoria ou classe de pessoas ligadas entre si ou com a parte contrária por uma relação jurídica-base;

III — interesses ou direitos individuais homogêneos, assim entendidos os decorrentes de origem comum."

O art. 1º da Lei n. 7.347/1985 (LACP) dispõe que se regem pelas disposições desta Lei, sem prejuízo da ação popular, as ações de responsabilidade por danos morais e patrimoniais causados: I — ao meio ambiente; II — ao consumidor; III — à ordem urbanística; IV — a bens e direitos de valor artístico, estético, histórico, turístico e paisagístico; V — por infração da ordem econômica e da economia popular.

O parágrafo único, deste artigo, estabelece que não será cabível ação civil pública para veicular pretensões que envolvam tributos, contribuições previdenciárias, o Fundo de Garantia do Tempo de Serviço — FGTS[170] ou outros fundos de natureza institucional cujos beneficiários podem ser individualmente determinados.

---

(169) Com a promulgação da Lei n. 8.078/1990 (CDC), veio a inclusão do termo "qualquer outro interesse difuso ou coletivo" na LACP, como se observa pela redação do art. 111. O inciso II, do art. 5º, da Lei n. 7.347, de 24 de julho de 1985, passa a ter a seguinte redação: "II — inclua, entre suas finalidades institucionais, a proteção ao meio ambiente, ao consumidor, ao patrimônio artístico, estético, histórico, turístico e paisagístico, ou **a qualquer outro interesse difuso ou coletivo**". (grifo nosso).

(170) O FGTS é um direito humano fundamental do trabalhador, inserido no art. 7º, III, CF/1988. Portanto, toda interpretação inerente a esse tipo de direito deve ser sempre ampliativa, jamais restritiva, submetida, ademais, ao princípio da máxima eficácia dos direitos constitucionais. Nesse sentido, uma medida provisória, como a que alterou o parágrafo único do art. 1º da LACP, não tem o condão de obstar a

3.3. Natureza jurídica

Entende-se por natureza jurídica de um instituto suas características intrínsecas, nucleares, bem como seu enquadramento no Direito Público ou Privado.

A ação civil pública é uma ação de natureza não penal, consistindo em ação de conhecimento, de natureza constitutiva e declaratória, tendo sido alçada à índole constitucional (art. 129, III, CF/1988), e posicionando-se hodiernamente como um dos principais instrumentos da tutela jurisdicional coletiva, ao lado da Ação Civil Coletiva (CDC, art. 80 e seguintes), para a proteção dos direitos e interesses transindividuais na órbita das relações de trabalho.

3.4. Obrigações de fazer, não fazer e de suportar

O art. 3º da Lei estatui que a ação civil poderá ter por objeto a condenação em dinheiro ou o cumprimento de obrigação de fazer ou não fazer, enquanto o art. 4º estabelece que poderá ser ajuizada ação cautelar[171], objetivando, inclusive, evitar o dano ao meio ambiente, ao consumidor, à ordem urbanística ou aos bens e direitos de valor artístico, estético, histórico, turístico e paisagístico.

Portanto, no que se refere aos direitos ou interesses difusos e coletivos, os pedidos são direcionados principalmente ao cumprimento de uma obrigação de fazer[172] ou não fazer, inclusive de natureza preventiva.

Entre os pedidos atinentes às obrigações de não fazer, encontramos:

a) Abster-se de discriminar, com base no gênero, as mulheres no tocante à ascensão funcional e à remuneração;

b) Abster-se de discriminar, com base na cor/raça, as pessoas negras no tocante à admissão no emprego, à ascensão funcional e à remuneração;

---

atuação do Ministério Público do Trabalho, na defesa constitucional da fruição desse direito social e fundamental dos trabalhadores, pelo suporte a ele atribuído pelos arts. 127 a 129, II, III, CF/1988 e LC n. 75/1993, arts. 6º, 83, III e 84, II.

(171) A rigor, grande parte das ações civis públicas postulam antecipação dos efeitos da tutela, com fulcro nos arts. 11 e 12 da LACP e art. 84, § 3º, CDC, desde que preenchidos os requisitos do *fumus boni iuris* e *do periculum in mora*.

(172) AÇÃO CIVIL PÚBLICA — MINISTÉRIO PÚBLICO — MUNICÍPIO — APLICAÇÃO, NO ENSINO, DO PERCENTUAL DE 25% DA RECEITA PROVENIENTE DE IMPOSTOS — INTERESSE SOCIAL RELEVANTE — LEGITIMIDADE ATIVA DO MINISTÉRIO PÚBLICO — CF, ART. 127, ART. 129, III, ART. 212 — I — Ação civil pública promovida pelo Ministério Público contra Município para o fim de compeli-lo a incluir, no orçamento seguinte, percentual que completaria o mínimo de 25% de aplicação no ensino. CF, art. 212 — II — Legitimidade ativa do Ministério Público e adequação da ação civil pública, dado que esta tem por objeto interesse social indisponível (CF, art. 6º, *t*, art. 212), de relevância notável, pelo qual o Ministério Público pode pugnar (CF, art. 127, art. 129, III). III — RE Conhecido e provido. (STF — RE 190.938-2 — Rel. Min. Carlos Velloso — DJe 22.5.2009 — p. 84).

c) Abster-se de cobrar taxas ou contribuições[173] de trabalhadores não filiados ao sindicato da categoria profissional;

d) Abster-se de utilizar do ajuizamento de reclamação simulada ou de se utilizar dos serviços da Comissão de Conciliação Prévia com o objetivo de dar quitação geral e total a extinto contrato de trabalho de empregado dispensado/demitido, uma vez que a instalação da sessão de conciliação pressupõe a existência de conflito trabalhista;

e) Abster-se de exigir a prorrogação da jornada normal de trabalho de seus empregados, além do limite de 2 (duas) horas diárias, sem qualquer justificativa legal, conforme art. 59, *caput*, da CLT;

f) Abster-se de praticar, no meio ambiente de trabalho, por intermédio de seus prepostos, diretores, gerentes ou superiores hierárquicos, qualquer forma de assédio moral ou sexual em face de seus empregados, sob a forma de coação, discriminação, constrangimento ou humilhação, tais como xingamentos, ofensa à honra e à imagem, ameaças de dispensas, gritos ou qualquer outro ato, gesto, palavra ou omissão que configure prática de assédio moral e implique violação à dignidade do trabalhador, inclusive com o propósito de provocar eventual pedido de demissão no emprego.

Em relação às obrigações de fazer, temos:

---

(173) Ementa. É discriminatória cláusula coletiva que imponha contribuição sindical diferenciada a empregados não sindicalizados. Sob esse fundamento, a Sexta Turma do Tribunal Superior do Trabalho acatou parte do recurso do Sindicato dos Trabalhadores nas Indústrias Metalúrgicas, Mecânicas e de Material Elétrico de São Paulo.
O Ministério Público do Trabalho ingressou com ação civil pública contra o sindicato, visando a assegurar o direito de oposição à cobrança da contribuição aos não sindicalizados. O MPT apontou discriminação contra os não contribuintes: o sindicato havia firmado acordos coletivos dando prioridade na contratação dos sindicalizados, em detrimento dos demais, além de estipular contribuições em percentuais superiores aos não sindicalizados.
A primeira instância acolheu os pedidos do MPT e determinou a interrupção da cobrança dos não filiados, sentença posteriormente confirmada pelo Tribunal Regional Trabalho da 2ª Região (SP). Contra essa decisão, os representantes sindicais recorreram ao TST, alegando ilegitimidade do Ministério Público do Trabalho para propor ação civil por ausência de requisitos como a defesa de direitos sociais, difusos e coletivos. O sindicato sustentou que a sentença havia afrontado a liberdade sindical e os princípios da não intervenção estatal e liberdade dos sindicatos. Ao analisar o recurso nesse aspecto, o relator do processo na Sexta Turma, ministro Aloysio Corrêa da Veiga, destacou que não incumbe ao sindicato adotar práticas antissindicais, mas sim respeitar o princípio da liberdade sindical, dando-lhe máxima eficácia. "O conceito de conduta antissindical está atrelado à conduta do próprio sindicato quando institui privilégio ou limitações em face do empregado ser ou não ser filiado", concluiu o relator. Em manifestação sobre retorno de pedido de vista regimental, o ministro Mauricio Godinho Delgado votou conforme o entendimento do relator, mas destacou a necessidade de se rever a jurisprudência do TST no sentido de valorizar as conquistas constitucionais no âmbito do direito coletivo e de reconhecer ainda mais a importância dos sindicatos na sociedade democrática. Assim, a Sexta Turma, por unanimidade, acolheu em parte o recurso do sindicato e afastou da sentença a obrigação de assegurar a oposição aos não filiados. (TST. RR-3183/2002-030-02-40.0, data: 10.12.2009)

a) Conceder a todos os seus empregados um descanso semanal de 24 (vinte e quatro) horas consecutivas, conforme previsão do art. 67, *caput*, da CLT;

b) Conceder a seus empregados intervalo mínimo de 11 (onze) horas consecutivas entre as jornadas de trabalho, bem como, no mínimo, 24 horas de descanso semanal remunerado, na forma estabelecida no art. 66 e seguintes da CLT;

c) Promover treinamento admissional e periódico para todos os empregados que conduzem empilhadeiras, com o fim de prevenir eventuais acidentes de trabalho.

A ação civil pública eventualmente também poderá conter pedidos envolvendo obrigação de suportar, como a seguinte:

a) Abster-se de promover qualquer alteração técnica ou manipulação nas máquinas de registro eletrônico de ponto, que registram a jornada de trabalho de seus empregados, sem a presença de um representante do sindicato da categoria profissional.

3.5. Cominação de multas e *astreintes* na ação civil pública

As *astreintes* originaram-se no Direito francês e não se confundem com cláusula penal[174]. Esta é de natureza jurídica de Direito material, expressa no art. 408 do Código Civil, e possui uma limitação[175] ao valor do principal da obrigação assumida, ao passo que aquelas possuem natureza jurídica de Direito Processual e não existe qualquer limitação[176] no valor a ser aplicado, em caso de descumprimento da obrigação.

Em sede de ação civil pública, além do pagamento dos valores relativos às *astreintes*, o réu será compelido a pagar os valores correspondentes às indenizações provenientes dos atos ilícitos praticados, inclusive eventual indenização por dano moral coletivo.

As multas e as *astreintes* têm por finalidade coagir o infrator, financeira e psicologicamente, a cumprir a decisão judicial, ou eventualmente o Termo de

---

(174) Art. 408. Incorre de pleno direito o devedor na cláusula penal, desde que, culposamente, deixe de cumprir a obrigação ou se constitua em mora.
(175) Art. 412. O valor da cominação imposta na cláusula penal não pode exceder o da obrigação principal.
(176) CUMPRIMENTO DE SENTENÇA — *ASTREINTES* — ALTERAÇÃO DO VALOR — POSSIBILIDADE — COISA JULGADA — NÃO OCORRÊNCIA — Verificado que o valor da *astreinte* não guarda proporção com o valor da lide principal e enseja um enriquecimento sem causa da parte contrária, afigura-se imperioso o seu redimensionamento, nos termos dos arts. 644 e 461, § 6º, do CPC. Por não fazer coisa julgada material, a astreinte pode ter seu valor e periodicidade modificados a qualquer tempo pelo juiz. (TJMG — AC 1.0313.05.172868-8/002 — 13ª C.Cív. — Relª Cláudia Maia — J. 13.7.2009)

Ajustamento de Conduta celebrado com o Ministério Público. Tal cominação não possui natureza penal e geralmente é fixada em relação a cada cláusula no Termo de Ajustamento ou pedido descumprido[177] na ação coletiva, por empregado, por dia de atraso no cumprimento da decisão e formas análogas.

Com efeito, os valores atribuídos às cominações, multas ou *astreintes* deverão ser fixados, tendo em vista os princípios da razoabilidade e da proporcionalidade, levando-se sempre em consideração a situação econômico-financeira do ofensor, a gravidade da ofensa, o número de trabalhadores lesados, bem como a própria comunidade que eventualmente sofreu, de forma direta ou indireta, pelas lesões perpetradas. Esses valores deverão ser elevados de molde a desmotivar[178] o infrator a continuar perpetrando as lesões ou descumprindo as obrigações assumidas, porém, não podem ser excessivos a ponto de inviabilizar a atividade econômica do infrator. Tal cominação poderá até mesmo ser fixada de ofício pelo magistrado, independentemente do pleito do autor.

Os arts. 11 e 12 da Lei n. 7.347/1985 tratam de tais cominações:

"Art. 11. Na ação que tenha por objeto o cumprimento de obrigação de fazer ou não fazer, o Juiz determinará o cumprimento da prestação da atividade devida ou a cessação da atividade nociva, sob pena de execução específica, ou de cominação de multa diária, se esta for suficiente ou compatível, independentemente de requerimento do autor.

Art. 12. Poderá o juiz conceder mandado liminar, com ou sem justificação prévia, em decisão sujeita a agravo."

A multa diária do art. 11 retrorreferenciada não se confunde com a multa do art. 12, § 2º, da Lei n. 7.347/1985, que estatui:

"§ 2º A multa cominada liminarmente só será exigível do réu após o trânsito em julgado da decisão favorável ao autor, mas será devida desde o dia em que se houver configurado o descumprimento".

A primeira destina-se à execução específica da obrigação de fazer ou de não fazer fixada no provimento judicial definitivo, sendo esta última estabelecida no

---

(177) Determinar que a Ré seja condenada no pagamento de multa diária (*astreinte*) no valor de R$ 1.000,00 (um mil reais), corrigida monetariamente, em caso de descumprimento de cada uma das obrigações a que for condenada, e em relação a cada trabalhador encontrado em situação irregular, reversível ao FAT — Fundo de Amparo ao Trabalhador.

(178) CUMPRIMENTO DE SENTENÇA — Interlocutória que reduz *astreinte* fixada em virtude de descumprimento de decisão determinante do complemento de depósito. Redução de multa pela decisão agravada. I — "O valor da multa cominatória pode ultrapassar o valor da obrigação a ser prestada, porque a sua natureza não é compensatória, porquanto visa a persuadir o devedor a realizar a prestação devida". (Recurso Especial 770.753/RS, Rel. Ministro Luiz Fux, Primeira Turma, julgado em 27.2.2007, DJ 15.3.2007 p. 267); Agravo conhecido e decisão por maioria (TJSE — AI 2008219080 — (5206/2009) — 1ª C.Cív. — Relª Desª Clara Leite de Rezende — J. 9.6.2009)

mandado liminar, e somente será exigida após o trânsito em julgado da decisão favorável ao autor.

A destinação dos valores arrecadados referentes a multas e *astreintes*, bem como os valores provenientes das condenações genéricas por danos materiais ou morais causados aos direitos difusos e coletivos, na seara trabalhista, inicialmente eram depositados para o Fundo de Amparo ao Trabalhador (Lei n. 7.998/1998), por ausência de um fundo específico, e mais recentemente estão sendo destinados a instituições filantrópicas, assistenciais, sem fins lucrativos, cujos objetivos sociais incluam a assistência e o amparo à criança, ao adolescente, ao portador de deficiência, aos idosos etc., em juízo de discricionariedade do membro do Ministério Público, ou por determinação judicial.

3.6. Condenação pelos danos genericamente causados

Hugo Nigro Mazzilli[179] apresenta uma importante questão: quando é que o produto da condenação proferida em ação civil pública ou coletiva vai para o fundo fluído e, ao contrário, quando é que ele deve ser repartido entre os lesados?

Para esse autor, segundo a lei vigente, se o produto da indenização se referir a danos indivisíveis, irá para o fundo do art. 13 da LACP, e será usado de maneira bastante flexível, em proveito da defesa do interesse lesado ou de interesses equivalentes àqueles cuja lesão gerou a condenação judicial. Naturalmente essa regra só vale para os interesses transindividuais indivisíveis, pois, se o proveito obtido em ação civil pública ou coletiva for divisível (no caso dos interesses individuais homogêneos), o dinheiro será destinado diretamente a ser repartido entre os próprios lesados.

Para Carlos Alberto de Salles[180], a doutrina brasileira tem apontado reiteradamente semelhança da sistemática do fundo criado pela Lei n. 7.347 com o *fluid recovery* do Direito norte-americano. No entanto, essa proximidade é apenas de concepção. O fundo brasileiro opera de maneira bem diversa daquela solução judicial provinda das *class actions* norte-americanas. No Direito norte-americano, sob o sistema do *fluid recovery*, o dinheiro obtido da indenização é distribuído por meio do sistema de mercado, pela forma de redução de preços ou é usado para patrocinar um projeto que beneficiará adequadamente os membros da classe.

Hugo Nigro Mazzilli[181], analisando as finalidades do fundo, explica que, gradativamente, por força de alterações legislativas, sua destinação vem sendo

---

(179) MAZZILLI, Hugo Nigro. *Op. cit.,* p. 167.
(180) SALLES, Carlos Alberto. *Execução judicial em matéria ambiental*. São Paulo: Revista dos Tribunais, 1998. p. 309-310.
(181) MAZZILLI, Hugo Nigro. *Op. cit.,* p. 470. Existem casos de condenação em ações civis públicas, nos quais os valores arrecadados a título de multa ou de dano moral coletivo são carreados para o Ministério

ampliada: pode hoje ser usado para recuperação de bens, promoção de eventos educativos e científicos, edição de material informativo relacionado à lesão, bem como modernização administrativa dos órgãos públicos responsáveis pela execução da política relacionada com a defesa do interesse envolvido.

No Brasil, existem situações em que na ação civil pública o legitimado pode pleitear a condenação em pecúnia, ou *in natura*, ou em parte de cada uma delas, pelos danos causados aos direitos e interesses transindividuais.

O primeiro caso ocorre quando não existe outra possibilidade de reparação e de punição do infrator. Em outras palavras, torna-se impossível a reparação do prejuízo ou do dano pelo retorno ao *status quo ante bellum*. É o que se extrai do art. 84, § 1º, do Código de Defesa do Consumidor (Lei n. 8.078/1990): "a conversão da obrigação em perdas e danos somente será admissível se por elas optar o autor ou se impossível a tutela específica ou a obtenção do resultado prático correspondente", enquanto o § 2º estabelece que "a indenização por perdas e danos se fará sem prejuízo da multa", os quais são aplicados no Direito Processual do Trabalho por força do art. 769 da CLT.

Outra situação em que é possível o pleito de condenação em dinheiro ocorre quando, mesmo cumprindo o infrator ou o réu as obrigação de fazer e de não fazer, deverá fazer face aos danos praticados até aquele momento, uma vez que o adimplemento dessas obrigações dá-se de forma *ex nunc*.

As importâncias derivadas desse tipo de condenação são carreadas a um fundo especialmente criado para a recomposição dos danos difusos correlatos, e, em caso de inexistência deste, poderão ir alternativamente, e a juízo do magistrado ou do membro do Ministério Público, para o Fundo de Amparo ao Trabalhador (FAT), ou para entidades assistenciais e filantrópicas, sem fins lucrativos, as quais cuidam de crianças, adolescentes, idosos, desamparados e portadores de necessidades especiais.

Como se trata de danos genéricos impostos a uma coletividade de pessoas, no nosso caso específico, de trabalhadores, nada impede que cada trabalhador que se acha lesado em seus direitos possa utilizar-se da sentença coletiva favorável e pleitear a reparação do dano individualmente sofrido. Tais indenizações podem ser de índole material ou moral.

3.6.1. Condenação por dano material e moral

Podemos conceituar dano material como toda lesão ou prejuízo, que pode ser objeto de valoração econômica, o que já não ocorre com os danos morais ou

---

do Trabalho e Emprego, Gerências Regionais do Trabalho, na aquisição de veículos e equipamentos destinados a equipar tais instituições, no sentido de melhorar as condições de fiscalização por meio dos auditores fiscais do trabalho, cujo resultado final será em benefício da coletividade de trabalhadores da comunidade.

extrapatrimonial, cuja verificação, muitas vezes, tem de ser aferida *in re ipsa*[182] (pela análise das circunstâncias fáticas[183]). Com efeito, dano é o prejuízo material ou moral causado a outrem, no que concerne ao seu patrimônio. O patrimônio deve ser aqui entendido como o somatório dos bens patrimoniais e morais de uma pessoa, ou seja, o "ter" conjuntamente com o "ser"[184].

Para a efetiva caracterização do dano moral individual no Direito do Trabalho, é necessário que estejam presentes todos os elementos exigidos no ordenamento jurídico, para que se realizem, concretamente, os efeitos desejados contra o lesante. Assim, a caracterização do direito à reparação do dano moral individual trabalhista depende, no plano fático, da concordância dos seguintes elementos: a) o impulso do agente (ação ou omissão), b) o resultado lesivo, *i. e.*, o dano e c) o nexo etiológico, ou de causalidade entre o dano e a ação alheia[185].

Ilustrativamente, podemos mencionar a existência de danos no local de trabalho, seja por assédio moral ou sexual de prepostos, constrangimentos diversos, limitação da liberdade dos empregados para o uso de sanitários[186], meio ambiente

---

(182) BITTAR, Carlos Alberto. *A reparação civil por danos morais*. 2. ed. São Paulo: Revista dos Tribunais, 1993. p. 128. Para esse autor, o dano moral trata-se de *damnum in re ipsa*, ou seja, a simples análise das circunstâncias fáticas é suficiente para a sua percepção pelo magistrado, no caso concreto, dispensando-se, pois, comprovação, bastando, pois, a demonstração do resultado lesivo e a conexão com o fato causador, para responsabilização do agente.
(183) ELABORAÇÃO E DIVULGAÇÃO DE LISTA NEGRA — DANO MORAL — CARACTERIZAÇÃO — DESNECESSIDADE DE DEMONSTRAÇÃO DA SUA OCORRÊNCIA — I. O dano moral prescinde de prova da sua ocorrência, em virtude de consistir em ofensa a valores humanos, os quais se identificam por sua imaterialidade, sendo imprescindível apenas a demonstração do ato ilícito do qual ele tenha sido resultado. II. É certo que o inciso X do art. 5º da Constituição elege como bens invioláveis, sujeitos à indenização reparatória, a intimidade, a vida privada, a honra e a imagem das pessoas. Encontra-se aí subentendida no entanto a preservação da dignidade da pessoa humana, em virtude de ela ter sido erigida em um dos fundamentos da República Federativa do Brasil, a teor do art. 1º, inciso III, da Constituição. III. Comprovado que o nome do recorrente constara de lista negra elaborada pela recorrida, e em que pese a dúvida sobre a sua divulgação, pois essa hipótese só teria relevância para a caracterização de dano material, no caso em que eventualmente o ex-empregado não lograsse obter outro emprego, acha-se caracterizado o ilícito patronal e por consequência materializado o dano moral, consubstanciado na ofensa à sua intimidade profissional. IV. Vale registrar, de resto, não ter sido reiterada nas contrarrazões do recurso de revista a impugnação veiculada, no recurso ordinário, ao valor arbitrado pelo Juízo de 1º Grau, de sorte que não há lugar para pronunciamento do TST. Recurso provido. (TST — RR 41/2005-091-09-00.1 — 4ª T. — Rel. Min. Barros Levenhagen — DJU 9.11.2007)
(184) SANTOS, Enoque Ribeiro dos. *O dano moral na dispensa do empregado*. 4. ed. São Paulo: LTr, 2009. p. 54.
(185) *Ibidem*, p. 95.
(186) DIREITO CONSTITUCIONAL DO TRABALHO — DIREITO CIVIL — DANO MORAL — CONTROLE DE HORÁRIO DE PERMANÊNCIA DO EMPREGADO NO BANHEIRO — ATO ANTIJURÍDICO — INDENIZAÇÃO — CABIMENTO — SUPORTE LEGAL E CONSTITUCIONAL — A ordem jurídica protege a honra e a imagem dos indivíduos, enquanto que a ordem econômica está fundada na valorização do trabalho humano, sendo assegurado ao trabalhador como um dos pilares do

laboral inadequado e incompatível com as normas regulamentadoras, os quais poderão ser eliminados por uma ação intensa dos sindicatos e dos próprios trabalhadores, atuando diretamente junto à diretoria das empresas envolvidas, pelo diálogo social, ou, eventualmente, por meio de denúncia ou representação junto ao Ministério Público do Trabalho, que, como fiscal da lei, deverá atuar para pacificar o conflito.

Raimundo Simão de Melo[187], neste particular, informa que, quanto aos prejuízos *ex tunc*, especialmente em relação à saúde dos trabalhadores, não há possibilidade de reconstituição, uma vez que já ocorreu o acidente ou a doença ocupacional, ou então encontra-se incubada no organismo da pessoa, somente aguardando o momento da eclosão. Na hipótese vertente, busca-se a reparação por meio de uma indenização de cunho individual por danos emergentes (material, moral e estético) e lucros cessantes (aquilo que deixou ou deixará o trabalhador de auferir em razão da lesão à saúde e à integridade física ou psíquica). Mas cabe, ainda, indenização por dano coletivo nas situações de ofensas que atinjam a coletividade laboral nos seus valores essenciais e fundamentais, como a dignidade coletiva dos trabalhadores.

A Constituição Federal de 1988, que recebeu a denominação de "Constituição Cidadã", veio acabar com a polêmica verificada na doutrina e na jurisprudência, consagrando de modo definitivo e peremptório o direito à reparação decorrente de atos ilícitos, àqueles que sempre se constituíram, ao longo dos tempos, nos mais nobres dos direitos individuais do homem, *i. e.*, sua honra e dignidade[188].

---

estado democrático de direito a dignidade da pessoa humana e os valores sociais do trabalho (arts. 1º, inc. III, IV; 5º, inc. X, e 170, *caput*, da Constituição Federal). A reparação civil do dano moral visa a compensar lesões injustas que alcançam a esfera patrimonial ou extrapatrimonial do ofendido, desde que haja a certeza do dano; esteja evidenciado o nexo de causalidade e já não tenha sido ele reparado no momento do ajuizamento da propositura da ação pelo lesado. À vista da evidência do ato antijurídico praticado pelo empregador negligente, impõe-se compensação justa e proporcional. Quando o empregado é impedido ou tem a satisfação das necessidades fisiológicas limitada a curto período de tempo, de acordo com norma interna da empresa, é possível atribuir responsabilidade ao empregador, por dano moral, seguindo a exegese do art. 186 do Código Civil. Indenização cabível, com lastro nos arts. 927, 932, inciso III, do Código Civil e 5º, inciso X, da Constituição Federal, a ser fixada pelo julgador, que levará em consideração a extensão do prejuízo e a capacidade econômica do ofensor. Recurso obreiro provido parcialmente. (TRT 6ª R. — RO 00706-2007-010-06-00-0 — 1ª T. — Rel. Juiz Virgínio Henriques de Sá e Benevides — J. 18.12.2007)

(187) MELO, Raimundo Simão de. *Ação civil pública na justiça do trabalho*. 3. ed. São Paulo: LTr, 2008. p. 103. Para esse autor, compõem a reparação do dano ambiental o custo da reconstituição/recuperação do ambiente afetado (reparação do dano ambiental propriamente dito, as despesas decorrentes da atividade estatal realizada em virtude do dano ocorrido, o tratamento médico das pessoas afetadas pelo dano (danos pessoais, materiais e morais causados a terceiros) e o dano social à coletividade, inclusive o moral coletivo, além da indenização genérica compensatória por danos causados e da cominação pecuniária.

(188) SANTOS, Enoque Ribeiro dos. *O dano moral na dispensa do empregado*, cit., p. 85.

A reparação do dano moral, como mecanismo de defesa dos direitos de personalidade, passou a ter força e assento constitucional, com fulcro no art. 5º, incisos V[189] e X[190].

A legislação infraconstitucional, fortalecida pelos ditames da norma constitucional, acolheu com entusiasmo a tese da reparação por dano moral, estético, material, coletivo, como se atesta pela farta legislação correlata, inclusive pela Lei n. 7.347/1985 (LACP), que em seu art. 1º, e incisos, dispõe: "regem-se pelas disposições desta Lei, sem prejuízo da ação popular, as ações de responsabilidade por danos morais e patrimoniais causados".

O dano moral coletivo envolve as lesões que atingem um agrupamento de pessoas ou mesmo toda a coletividade, em decorrência de ato ilícito que provoque sentimento de revolta, humilhação, frustração, tristeza e tenha o condão de atingir a dignidade humana dos envolvidos.

Para André Ramos Tavares[191], não somente a dor psíquica pode gerar danos morais; devemos ainda considerar que o tratamento transindividual aos chamados interesses difusos e coletivos origina-se justamente da importância desses interesses e da necessidade de uma efetiva tutela jurídica. Ora, tal importância somente reforça a necessidade de aceitação do dano moral coletivo, já que a dor psíquica que alicerçou a teoria do dano moral individual acaba cedendo lugar, no caso do dano moral coletivo, a um sentimento de desapreço e de perda de valores essenciais que afetam negativamente toda uma coletividade. (...) Assim, é preciso sempre enfatizar que o imenso dano moral coletivo causado pelas agressões aos interesses transindividuais afeta a boa imagem da proteção legal a esses direitos e afeta a tranquilidade do cidadão, que se vê em verdadeira selva, onde a lei do mais forte impera. Tal intranquilidade e sentimento de desapreço gerados pelos danos coletivos, justamente por serem indivisíveis, acarretam lesão moral que também deve ser reparada coletivamente.

Gustavo Filipe Barbosa Garcia[192] ressalta que o dano moral pode ser individual ou coletivo, conforme a violação de direitos da personalidade, ou de direitos humanos fundamentais, em preservação da dignidade da pessoa humana, seja de ordem individual ou se trate de lesão de natureza metaindividual (difusos e coletivos

---

(189) V — é assegurado o direito de resposta, proporcional ao agravo, além da indenização por dano material, moral ou à imagem;
(190) X — são invioláveis a intimidade, a vida privada, a honra e a imagem das pessoas, assegurado o direito à indenização pelo dano material ou moral decorrente de sua violação;
(191) TAVARES, André Ramos. A ação civil pública e o dano moral coletivo. *Revista de Direito do Consumidor*, São Paulo, n. 25, p. 80-98, jan./mar. 1998.
(192) GARCIA, Gustavo Filipe Barbosa. *Curso de direito do trabalho*. 2. ed. São Paulo: Método, 2006. p. 176.

em sentido estrito). Nesse sentido, a Lei da Ação Civil Pública (Lei n. 7.347/1985), no art. 1º, *caput,* expressamente prevê a possibilidade de responsabilização de danos morais e patrimoniais causados a interesses difusos ou coletivos, em consonância com o art. 129, inciso III, da CF/1988. Como as ações civis públicas e coletivas têm por escopo a defesa dos direitos transindividuais, neles incluídos os direitos difusos e coletivos em sentido estrito (Lei n. 8.078/1990, art. 81, parágrafo único), resta evidente a plena possibilidade de responsabilização por danos morais coletivos, sofridos pela sociedade, pela categoria, pelo grupo ou pela coletividade de pessoas, em razão da violação de direitos não patrimoniais, fundamentais, de natureza metaindividual.

De nossa parte, entendemos que o dano moral individual não se confunde com o dano moral coletivo, na órbita do Direito do Trabalho. Contrariamente à lógica mais simplista, ou sob uma análise semântica, institutos do Direito Coletivo não podem ser visualizados como um sequenciamento, um somatório, uma extensão ou um desdobramento dos direitos individuais. Por exemplo, a dispensa coletiva não é apenas um somatório ou uma multiplicidade de dispensas individuais, da mesma forma que o dano moral coletivo não é um somatório ou uma pluralidade de danos morais individuais.

Cremos que nesse ponto fulcral reside a maior confusão conceitual entre o dano moral individual e o dano moral coletivo e sua efetiva aplicabilidade no mundo do Direito do Trabalho.

Logo, o dano moral coletivo não se confunde com o dano moral individual, pois, enquanto este é um instituto do Direito Individual do Trabalho, com características peculiares, aquele pertence ao Direito Coletivo do Trabalho, e possui regras, princípios e institutos próprios, denotando a necessidade de uma diferente leitura jurídica.

O dano moral coletivo pode ser verificado em qualquer abalo no patrimônio moral de uma coletividade, a merecer algum tipo de reparação à violação a direitos difusos, coletivos ou eventualmente individuais homogêneos, tendo surgido em face dos novos interesses e direitos da sociedade moderna de massa, que exige uma efetiva tutela jurídica a direitos moleculares.

Assim, enquanto o dano moral individual, de natureza subjetiva, fulcra-se no art. 186 do Código Civil, o dano moral coletivo, de natureza objetiva, tem por fundamento o parágrafo único do art. 927 do mesmo Código Civil, de forma que não se exige, no plano fático, que haja necessidade de se perquirir sobre a culpabilidade do agente. Basta que se realize, no plano dos fatos, uma conduta empresarial que vilipendie normas de ordem pública, tais como o não atendimento a regras regulamentadoras do Ministério do Trabalho e Emprego, a não contratação de empregados com necessidades especiais (art. 93 da Lei n. 8.213/1991), de aprendizes (art. 428 e seguintes da CLT e Decreto n. 5.598/2006), discriminação, trabalho escravo, assédio moral ou sexual, atos antissindicais, fraudes trabalhistas etc. A condenação terá um caráter pedagógico, punitivo, exemplar e inibitório, no sentido de se evitarem reincidências.

O dano moral coletivo, por se enquadrar como um instituto do Direito Coletivo do Trabalho, se relaciona aos direitos difusos, coletivos e individuais homogêneos e pode ser manejado por ações moleculares ou em processos administrativos (Inquéritos Civis), titularizados pelo Ministério Público do Trabalho.

No plano fático, a ocorrência do dano moral coletivo pode ser verificada, como dito, não apenas nas hipóteses de violações a direitos fundamentais dos trabalhadores, da maior relevância social, como agressões ao meio ambiente laboral, à segurança, à vida etc., bem como a direitos da personalidade, como agressões à vida privada, à intimidade, nas hipóteses de assédio moral, trabalho forçado ou degradante, trabalho de crianças e adolescentes em situações de vilipêndio à dignidade humana e ainda no não cumprimento das cotas legais sociais de inserção no mercado de trabalho.

A maioria das leis componentes do denominado "microssistema de tutela jurisdicional coletiva" contém dispositivos de reparação dos danos morais, conforme se pode observar no art. 6º, incisos VI[193] e VII[194], da Lei n. 8.078/1990 (CDC), arts. 3º[195], 5º[196], e 17[197] da Lei n. 8.069/1990 (ECA), art. 10, § 2º[198], da Lei n. 10.741/1993 (Estatuto do Idoso), entre outros.

A finalidade da reparação pelo dano moral coletivo[199] é dupla: prevenir futura conduta ilícita por parte dos infratores, que vão sentir no bolso os efeitos de sua

---

(193) VI — a efetiva prevenção e reparação de danos patrimoniais e morais, individuais, coletivos e difusos.
(194) VII — o acesso aos órgãos judiciários e administrativos, com vistas à prevenção ou reparação de danos patrimoniais e morais, individuais, coletivos ou difusos, assegurada a proteção jurídica, administrativa e técnica aos necessitados.
(195) Art. 3º A criança e o adolescente gozam de todos os direitos fundamentais inerentes à pessoa humana, sem prejuízo da proteção integral de que trata esta Lei, assegurando-se-lhes, por lei ou por outros meios, todas as oportunidades e facilidades, a fim de lhes facultar o desenvolvimento físico, mental, moral, espiritual e social, em condições de liberdade e de dignidade.
(196) Art. 5º Nenhuma criança ou adolescente será objeto de qualquer forma de negligência, discriminação, exploração, violência, crueldade e opressão, punido na forma da lei qualquer atentado, por ação ou omissão, aos seus direitos fundamentais.
(197) Art. 17. O direito ao respeito consiste na inviolabilidade da integridade física, psíquica e moral da criança e do adolescente, abrangendo a preservação da imagem, da identidade, da autonomia, dos valores, ideias e crenças, dos espaços e objetos pessoais.
(198) § 2º O direito ao respeito consiste na inviolabilidade da integridade física, psíquica e moral, abrangendo a preservação da imagem, da identidade, da autonomia, de valores, ideias e crenças, dos espaços e dos objetos pessoais.
(199) A aceitação da tese da reparação pelo dano moral coletivo não é pacífica, havendo quem entenda que não existe cabimento pela sua aceitação em nosso ordenamento jurídico. Essa é a posição do STJ —

incúria, e, dessa forma, obstar de práticas reincidentes, bem como servir de exemplo para os demais empresários, no sentido de que o comportamento do infrator é a tal ponto condenável, que veio a merecer uma sanção complementar e pedagógica.

Entretanto, não se pode olvidar que eventuais práticas de empregadores, ao desrespeitar vários preceitos trabalhistas e os limites legais fixados para proteção dos trabalhadores, bem como a prática por seus prepostos de assédio moral e sexual, ofendem de forma flagrante a ordem jurídica, ocasionam prejuízos irreparáveis aos seus empregados e à própria coletividade.

Essa conduta lesiva atenta primacialmente contra o Princípio da Dignidade da Pessoa Humana, insculpido no art. 1º, inciso III, da Magna Carta, fundamento de validade do Estado Democrático de Direito e, por que não dizer, fundamento de validade da própria espécie humana, como raça.

Superior Tribunal de Justiça. Veja o seguinte extrato jurisprudencial recente: "Não é possível admitir o dano moral coletivo. Nesse sentido, dano ambiental ou ecológico até pode acarretar reparação moral, mas para pessoas vistas individualmente e não coletivamente. O entendimento é da 1ª Turma do Superior Tribunal de Justiça e foi firmado no julgamento de um recurso do Ministério Público de Minas Gerais contra o município de Uberlândia e contra uma empresa imobiliária. O Ministério Público mineiro entrou com Ação Civil Pública para paralisar a implantação de um loteamento e buscar reparação por danos causados ao meio ambiente, além de indenização por danos morais. A primeira instância acolheu o pedido e fixou a reparação em R$ 50 mil, para cada réu. O MP recorreu ao Tribunal de Justiça de Minas Gerais, que modificou a sentença. O entendimento do TJ foi que "dano moral é todo sofrimento causado ao indivíduo em decorrência de qualquer agressão aos atributos da personalidade ou a seus valores pessoais, portanto de caráter individual, inexistindo qualquer previsão de que a coletividade possa ser sujeito passivo do dano moral". Contra essa decisão, o Ministério Público mineiro apelou ao STJ. Sustentou que o art. 1º da Lei n. 7.347/1985 prevê a possibilidade de que a coletividade seja sujeito passivo de dano moral. Argumentou também que, sendo o direito ao meio ambiente ecologicamente equilibrado difuso e pertencente à coletividade de maneira autônoma e indivisível, sua lesão "atinge concomitantemente a pessoa no seu *status* de indivíduo relativamente à quota-parte de cada um e, de forma mais ampla, toda a coletividade". Segundo ainda o MP, o TJ reconheceu expressamente a ocorrência do dano ambiental, razão pela qual não poderia negar o pedido de indenização por dano moral coletivo. O relator do recurso, ministro Luiz Fux, deu provimento ao Recurso Especial. Para ele, a nova redação dada à Constituição Federal quanto à proteção ao dano moral possibilitou ultrapassar a barreira do indivíduo para abranger o dano extrapatrimonial à pessoa jurídica e à coletividade. Contudo, o entendimento que prevaleceu na turma foi o do ministro Teori Albino Zavascki. Para ele, o dano ambiental ou ecológico pode, em tese, acarretar também dano moral. "Todavia, a vítima do dano moral é, necessariamente, uma pessoa. Não parece ser compatível com o dano moral a ideia da 'transindividualidade' da lesão", afirmou. "Ao contrário, portanto, do que afirma o recorrente (o MP) — segundo o qual o reconhecimento da ocorrência de dano ambiental implicaria necessariamente o reconhecimento do dano moral —, é perfeitamente viável a tutela do bem jurídico salvaguardado pela Constituição (meio ambiente ecologicamente equilibrado), tal como realizada nesta ação civil pública, mediante a determinação de providências que assegurem a restauração do ecossistema degradado, sem qualquer referência a um dano moral", considerou. Além disso, o Ministério Público não indicou no que consistiria o alegado dano moral (pessoas afetadas, bens jurídico lesados etc.). "Ora, nem toda conduta ilícita importa em dano moral, nem, como bem observou o acórdão recorrido, se pode interpretar o art. 1º da Lei da Ação Civil Pública de modo a 'tornar o dano moral indenizável em todas as hipóteses descritas nos incisos I a V do art. 1º da referida lei'", conclui o ministro. REsp 197.737.

Em casos desse tipo, além do dano causado a cada trabalhador, há, ainda, a ocorrência de um dano geral, causado a toda a coletividade. Trata-se de prejuízo de que foi alvo toda a coletividade de trabalhadores, assim como a própria sociedade, na medida em que violada a ordem social.

Destaque-se, ainda, que este dano, desferido potencialmente a um universo de pessoas que é impossível de se determinar, tanto *a priori,* como *a posteriori,* deve ser reparado *in continenti*, não se confundindo, em absoluto, com as eventuais reparações individuais que venham a ser impostas aos infratores.

Desse modo, a lesão ao direito coletivo e eventualmente difuso dos empregados dos infratores, segundo os dispositivos legais, desafia o ressarcimento por meio de indenização civil, objetivando não só punir a lesão de natureza coletiva, como também coibir o infrator e outras empresas, a não reincidir nessas práticas ilegais.

Reitere-se que somente a condenação dos infratores para cumprir as obrigações até então descumpridas, não apenas de índole infraconstitucional, como também as próprias normas constitucionais fundamentadas em direitos humanos fundamentais dos trabalhadores lesados, não é suficiente para recompor a situação ao *status quo ante*, pois é manifesto o prejuízo causado, na maioria das vezes sobejamente comprovado por depoimentos nos autos, autos de infração da fiscalização do trabalho, novas denúncias e assim por diante.

Destarte, pelo fato de terem causado dano de natureza coletiva, decorrente da prática de ato ilícito, os infratores respondem por uma reparação, com fundamento no art. 927, parágrafo único do Código Civil, em conexão com o art. 225, § 3º, da Constituição Federal, tendo em vista sua natureza objetiva, diversa do dano moral individual que possui natureza subjetiva.

A responsabilidade não penal decorrente de ato ilícito implica uma condenação em dinheiro (Lei n. 7.347/1985, art. 3º), levando-se em conta a natureza do ato ilícito, a gravidade da lesão e o comprometimento do bem jurídico violado.

Dessa forma, procuramos demonstrar que o dano moral individual não se confunde com o dano moral coletivo. O primeiro se posiciona como instituto do Direito Individual do Trabalho, de natureza eminentemente subjetiva, com fulcro no art. 186 do Código Civil Brasileiro, que invoca para sua caracterização a dor moral, a angústia e o sofrimento espiritual. O dano moral coletivo, por sua vez, constitui instituto fundamental do Direito Coletivo do Trabalho, de natureza objetiva, com esteio no art. 225, § 3º, da Constituição Federal, no art. 927, parágrafo único, do Código Civil Brasileiro e no art. 14 da Lei n. 6.938/1981, com regras, princípios e institutos próprios, e demanda uma diferente leitura jurídica, pois atrelado aos direitos e interesses da Terceira Dimensão de direitos humanos, relacionados aos direitos difusos, coletivos e eventualmente aos direitos individuais homogêneos.

De notar ainda que ambos os danos, individual e coletivo, têm por fundamento de validade o art. 5º, incisos V e X, da Constituição federal, mesmo porque o próprio título do Capítulo I desse artigo faz clara menção a ambos, ao estatuir "DOS DIREITOS E DEVERES INDIVIDUAIS E COLETIVOS".

Portanto, podemos ainda pontuar os seguintes elementos para reafirmar a natureza jurídica objetiva do dano moral coletivo:

> 1) O dano moral individual configura-se quando a honra, a dignidade, a intimidade, a imagem, a reputação da pessoa do trabalhador são atingidas por ato abusivo ou ilícito do empregador, no âmbito da relação empregatícia, tendo como pressupostos a dor moral, a angústia, a humilhação, o constrangimento etc. Já o dano moral coletivo, de natureza objetiva, apresenta um tratamento meta ou transindividual, relacionado aos direitos difusos e coletivos de uma comunidade de indivíduos.
>
> 2) O dano moral coletivo pode ser verificado em qualquer abalo no patrimônio moral de uma coletividade a merecer algum tipo de reparação à violação a direitos difusos, coletivos e direitos individuais homogêneos, tendo surgido em face dos novos interesses e direitos da sociedade moderna de massa, que exige uma efetiva tutela jurídica a direitos moleculares. Portanto, basta que se realize, no plano dos fatos, uma conduta empresarial lesiva e grave, que vilipendie normas de ordem pública, tais como o não atendimento das Normas Regulamentadoras do Ministério do Trabalho e Emprego no meio ambiente laboral, a não contratação de empregados com necessidades especiais ou portadores de deficiência, de aprendizes, lide simulada, discriminação, trabalho escravo ou degradante, irregularidade na contratação de servidores públicos, que atinjam a dignidade da pessoa do trabalhador e o patrimônio moral da coletividade.
>
> 3) O dano moral individual suscita, para sua proteção, o ajuizamento, geralmente, de ações atomizadas, por qualquer indivíduo que se sentir lesado, cuja indenização será direcionada ao próprio titular da demanda; o dano moral coletivo, por sua vez, somente pode vir a ser reparado por meio da ação dos legitimados, seres coletivos (as associações, sindicatos, o Ministério Público do Trabalho), cuja indenização é carreada para fundos específicos ou a entidades assistenciais, filantrópicas e sem fins lucrativos, que cuidam de idosos, crianças, adolescentes, deficientes etc.
>
> 4) Por sua natureza objetiva, a configuração do dano moral coletivo, no plano fático, é verificável a partir da constatação da ilicitude trabalhista a direitos coletivos, difusos e individuais homogêneos, sem que haja necessidade de se provar a culpabilidade do ofensor. Em relação a esses

últimos interesses ou direitos, nos filiamos à tese da admissibilidade do dano moral coletivo, desde que a lesão moral transcenda a esfera individual e, pela gravidade da ilicitude, atinja o patrimônio moral da coletividade. A condenação superveniente terá um caráter pedagógico, exemplar, punitivo e inibitório, no sentido de se evitarem reincidências.

5) Para a efetiva constatação do dano moral coletivo, não é necessária a ocorrência e a verificação de fatores subjetivos, como o constrangimento, a angústia, a humilhação ou eventual dor moral. Se estas vierem a ocorrer e a se manifestar no grupo ou comunidade atingida, caracterizar-se-ão apenas como efeitos do ato lesivo perpetrado pelo infrator.

6) Por derradeiro, mas não menos importante, se por um lado as ações atomizadas geralmente têm por objeto o dano moral individual (reclamatórias trabalhistas) e buscam verbas trabalhistas pecuniárias, não honradas no curso do contrato de trabalho, por outro, o dano moral é componente das ações moleculares, especialmente as ações civis públicas, cujo objeto são obrigações de fazer ou não fazer relacionadas a valores e direitos da mais elevada dignidade da pessoa do trabalhador e mesmo da sociedade (direito à vida, à saúde, à dignidade, ao meio ambiente, à segurança e a normas de ordem pública).

Transcrevemos algumas ementas que elucidam o importante papel desempenhado pelos Tribunais do Trabalho no acolhimento da tese da reparação do dano moral coletivo, por seu caráter pedagógico, reparatório e preventivo. Vejamos:

"AÇÃO CIVIL PÚBLICA — PROCEDÊNCIA — Restando comprovadas as alegações do Ministério Público do Trabalho, de que o reclamado destinou tratamento degradante aos empregados, deve ser confirmada a sentença. II — OBRIGAÇÃO DE FAZER E DE NÃO FAZER — A multa pecuniária visando ao cumprimento de obrigação de fazer ou não fazer constitui mecanismo processual destinado a garantir a ordem emitida pelo órgão jurisdicional, objetivando dar efetividade e utilidade ao processo. III — DANO MORAL COLETIVO — Não é apenas nas situações de violação a direitos exclusivamente individuais que se caracteriza o dano moral, pois possível determinada conduta, ao flagrantemente violar vários princípios constitucionais, também macular o patrimônio moral da coletivade." (TRT 8ª R. — RO 01670-2006-115-08-00-0 — 1ª T. — Rel. Des. Fed. Marcus Augusto Losada Maia — DJe 18.8.2008)

"DANO MORAL COLETIVO — PRETERIÇÃO EM POSTO DE TRABALHO — CONTRARIEDADE À LEI N. 8.630/1993 — DIREITO À INDENIZAÇÃO — A arregimentação de mão de obra estranha ao sistema de trabalho portuário, em detrimento dos trabalhadores cadastrados junto ao OGMO, é conduta que não se amolda ao previsto na Lei n. 8.630/1993 e viola direito transindividual de ordem coletiva, infringindo normas de ordem pública e direitos essenciais do trabalhador.

Logo, deve ser reparada por força do disposto no art. 5º, V, da CF e no art. 81, II, da Lei n. 8.078/1990 (art. 8º da CLT). A configuração do dano moral independe de comprovação material do prejuízo, que reside justamente nessa conduta culposa, da qual decorrem repercussões na esfera pessoal de cada obreiro, implicando em ofensa subjetiva e na privação da plenitude de sua capacidade laborativa (art. 5º, X, da CF e arts. 186 e 927 do CCB)." (TRT 9ª R. — ACO 00670-2008-411-09-00-9 — 2ª T. — Rel. Márcio Dionísio Gapski — J. 5.6.2009)

"AÇÃO CIVIL PÚBLICA — DANO MORAL COLETIVO — FIXAÇÃO DO VALOR — Os limites balizadores da fixação do dano moral decorrem da intensidade da culpa e do dano, da condição econômica das partes e a tríplice função (compensatória, punitiva e pedagógica). O dano moral coletivo, de acordo com a doutrina e jurisprudência dominantes, supera os limites do dano moral individual, ou mesmo da soma de diversos danos individuais sofridos, não ficando, assim, restrito à dor íntima e ao sofrimento do indivíduo visto isoladamente." (TRT 5ª R. — RO 00075-2006-201-05-00-0 — 2ª T. — Rel. Het Jones Rios — J. 11.12.2008)

"DANO MORAL COLETIVO — Não é apenas nas situações de violação a direitos exclusivamente individuais que se caracteriza o dano moral, pois possível determinada conduta, ao flagrantemente violar vários princípios constitucionais, também macular o patrimônio moral da coletividade." (TRT 8ª R. — RO 01670-2006-115-08-00-0 — 1ª T. — Rel. Des. Fed. Marcus Augusto Losada Maia — DJe 18.8.2008)

"DANO MORAL COLETIVO — Qualquer abalo no patrimônio moral de uma coletividade também merece reparação. O tratamento transindividual aos chamados interesses difusos e coletivos origina-se justamente da importância destes interesses e da necessidade de uma efetiva tutela jurídica. Deixar de contratar aprendizes afeta toda a sociedade e afronta o princípio social da empresa. — AMPLIAÇÃO DOS EFEITOS DA SENTENÇA — Os direitos difusos, notadamente aqueles relativos aos aprendizes, são indivisíveis com abrangência geral. O acesso efetivo e substancial à Justiça ocorre com a universalização dos efeitos da sentença, compreendendo todos aqueles cujos direitos ou interesses foram atingidos; isso porque o caráter homogêneo do direito deve ser o critério determinante da amplitude da jurisdição e não a competência territorial do órgão julgador. O âmbito da abrangência da coisa julgada é determinado pelo pedido, e não pela competência, que diz respeito à relação de adequação entre o processo e o juiz." (TRT 17ª R. — RO 00073.2007.013.17.00.0 — Rel. Juiz Cláudio Armando Couce de Menezes — DJe TRT17 7.2.2008) RJ07-2008-C2

"DANO MORAL — COLETIVO — LIDE SIMULADA, COM HOMOLOGAÇÃO FRAUDULENTA DE ACORDO — FIXAÇÃO DO DANO — Causa dano moral coletivo a prática patronal de ato antijurídico contra determinado segmento da coletividade, ofendendo seus valores extrapatrimoniais, gerando repulsa na comunidade. Tais danos também são indenizáveis, conforme se depreende do art. 1º da Lei da Ação Civil Pública. Lides simuladas, sem a anuência dos empregados, tanto na propositura, quanto na 'conciliação' subsequente, não só objetivam fraudar direitos daqueles trabalhadores, mas também impedir o seu real acesso ao Judiciário Trabalhista. Tal prática causa, para empregados e empregadores, a impressão de que é possível fraudar direitos trabalhistas por intermédio de estratagemas, e, pior ainda, com a chancela judiciária, rompendo-se assim o equilíbrio social. Além disso, provocam congestionamento nas VTs, retardando a prestação jurisdicional dos demais empregados. Caracterizada, assim, a lesão à coletividade. A indenização do dano moral coletivo não é meramente compensatória, ressarcindo a coletividade, sendo também sancionatória, pois desestimula o empregador a não mais proceder dessa forma. Indenização mantida." (TRT 15ª R. — RO 0195-2006-086-15-00-6 — (35096/07) — 6ª C. — Rel. Juiz Samuel Hugo Lima — DOE 3.8.2007 — p. 28)

3.7. Fixação do *quantum satis* da indenização por dano moral coletivo

A determinação do valor indenizatório do dano moral coletivo segue, em linhas gerais, os mesmos parâmetros utilizados para a fixação do dano moral individual, levando-se em consideração os preceitos do art. 844[200] do Código Civil, utilizado de forma subsidiária.

Dessa forma, no desenvolvimento dessa tarefa, não apenas os membros do Ministério Público em suas peças iniciais das ações civis públicas, e, principalmente, os magistrados devem levar em consideração:

> a) As condições econômicas e financeiras dos empregadores que deixaram de cumprir as normas de ordem pública ou perpetraram os danos difusos, coletivos, e eventualmente individuais homogêneos dos trabalhadores, com relevância social;
>
> b) A gravidade e a repercussão das ofensas, que ultrapassaram a pessoa do trabalhador, para atingir o patrimônio moral de toda a sociedade[201];

---

(200) A indenização mede-se pela extensão do dano. Parágrafo único. Se houver excessiva desproporção entre a gravidade da culpa e o dano, poderá o juiz reduzir, equitativamente, a indenização.
(201) DANO MORAL — ACIDENTE DE TRABALHO LIMITAÇÃO DE CAPACIDADE LABORATIVA — NORMAS DE SEGURANÇA DO TRABALHO — DESCUMPRIMENTO — NEGLIGÊNCIA DO EMPREGADOR — OFENSA A DIREITO DA PERSONALIDADE — CARACTERIZAÇÃO — 2 — *QUANTUM* DA INDENIZAÇÃO — CRITÉRIOS DE ARBITRAMENTO — PRINCÍPIOS DA RAZOABILIDADE E DA PROPORCIONALIDADE — JURISPRUDÊNCIA ORIUNDA DO C. TST —
1 — Configurada a culpa da reclamada pela negligência decorrente da omissão quanto à observância da legislação relativa ao meio ambiente de trabalho, vale dizer, as chamadas normas de saúde, higiene e segurança do trabalho, as quais têm assento constitucional, com resultado lesivo (limitação de capacidade laborativa), agravado pela emissão da CAT cerca de 5 meses após o acidente, resta nítida ofensa a direito da personalidade, consistente no descaso para com a integridade física e, de consequência, a dignidade do trabalhador acidentado. 2 — Em relação à determinação da quantia de indenização por dano moral, a jurisprudência oriunda do C. TST tem adotado o critério do arbitramento, baseado nos princípios da razoabilidade e da proporcionalidade, os quais aquela Colenda Corte entende respeitados e contemplados, quando são considerados certos aspectos tais como as condições socioeconômicas da vítima e do ofensor, o bem jurídico lesado, o caráter satisfativo em relação à vítima e repressivo em relação ao agente causador

c) A intensidade do dolo ou o grau de culpa dos ofensores;

d) Os princípios da razoabilidade e da proporcionalidade;

e) As máximas da experiência e do bom senso.

Além disso, existem hipóteses em que a fixação de eventual indenização pelo dano moral coletivo perpetrado pode ser aferida objetivamente, ou seja, com fundamento nos valores que o empregador economizou ou deixou de aplicar no público-alvo objeto da proteção legal. Como exemplo, podemos trazer um caso hipotético em que uma empresa deixa de contratar sua quota legal de dez empregados com deficiência, pelo prazo de dez anos. Nesse caso, somando-se os salários e todos os consectários legais (férias mais o terço constitucional, décimo terceiro salário, encargos legais) por todo o período, de todos os trabalhadores que deixou de empregar, chegaríamos a um valor base que poderia ser levado em consideração na determinação do *quantum satis* da indenização do dano moral coletivo.

Esse *quantum* indenizatório terá por finalidade justamente desestimular os empresários a "economizar" recursos financeiros, e, daí, incorrer em irregularidades e ilícitos trabalhistas em face de clientelas em que o Estado e a sociedade procuram dar a máxima proteção, já que destinatários de direitos humanos fundamentais, albergados inclusive por tratados e convenções internacionais ratificados pelo Brasil.

Ainda é digno de nota que, para a configuração do dano moral coletivo, basta a ocorrência no plano fático de ato ilícito perpetrado pelo empregador, não se indagando sobre sua culpabilidade, e, do lado empregatício, se houve qualquer tipo de humilhação ou outro sentimento, se configurarão meros efeitos ou consequências.

3.8. Cumulação de obrigações de fazer, não fazer e condenação em pecúnia

Em que pese a redação do art. 3º da Lei n. 7.347/1985, que estabelece que "A ação civil poderá ter por objeto a condenação em dinheiro ou o cumprimento de obrigação de fazer ou não fazer", o que levou parte da doutrina a entender que o objeto da condenação não poderia ser cumulativo, em decorrência da conjunção "ou", cujo significado é alternância ou exclusão, em análise meramente gramatical ou literal, somos forçados a reconhecer exatamente o contrário.

---

do dano. Assim, cabe ao julgador impor valor que sirva, ao mesmo tempo, para compensar o lesado pela ofensa a direito da personalidade, mas sem deixar de considerar também o caráter pedagógico e preventivo, ao servir de freio para evitar que o lesante (não apenas ele, mas também outros empregadores do mesmo ou de outro ramo) incorra em novas e futuras condutas culposas, sem descurar de evitar o enriquecimento sem causa da vítima. 3 — Recurso conhecido e parcialmente provido. (TRT 21ª R. — RO 00786-2005-012-21-00-3 — (82.867) — Red. Des. Carlos Newton Pinto — DJe 26.6.2009 — p. 83).

Fundamentamos nossa posição nas interpretações sistemática, axiológica e teleológica e pactuamos pela cumulação das condenações em dinheiro, em conjunto com as de fazer e de não fazer, em razão da altíssima dignidade dos bens lesados, o principal deles constituindo o fundamento de validade do Estado Democrático de Direito (o princípio da dignidade da pessoa humana — art. 1º, III, CF/1988) e os demais também de estatura constitucional (vida, saúde[202], honra, imagem, vida

---

(202) MEIO AMBIENTE DE TRABALHO — PREVENÇÃO DE ACIDENTES — COMPETÊNCIA MATERIAL DO JUÍZO — LEGITIMIDADE ATIVA *AD CAUSAM* DO MPT — Nos termos da Súmula n. 736 do C. STF compete à Justiça do Trabalho julgar as ações que tenham como causa de pedir o descumprimento de normas trabalhistas relativas a segurança, higiene e saúde dos trabalhadores. As atribuições do Ministério Público do Trabalho são amplas, em especial a defesa dos direitos e interesses públicos, difusos e coletivos concernentes às relações de trabalho, caso flagrante do meio ambiente laboral. Provimento negado. Empresa beneficiária dos serviços. Legitimidade passiva *ad causam* da recorrente. A reclamada, porquanto incontroversa beneficiária dos serviços prestados pelos empregados das empreiteiras contratadas, é parte legítima para figurar no polo passivo da presente relação processual, mesmo porque contra ela é que se dirige a pretensão do *Parquet*. O só fato das empreiteiras Cassol e Tecplan já terem ajustado suas condutas também não retira o interesse processual do MPT, haja vista que, conforme bem documentado nos autos, são inúmeras as empresas com as quais a ré mantém contratos de construção. Em realidade, a discussão melhor se assenta no mérito da lide, e como tal deve ser analisada. Rejeita-se coisa julgada. Mandado de Segurança na Justiça Federal. A coisa julgada é qualidade da sentença, que não mais podendo ser impugnada, transita em julgado, tornando-se imutável. Para que seja caracterizada, segundo a maioria dominante dos doutrinadores, é preciso que entre duas ações ocorra a identidade das partes, do objeto e do fundamento do pedido (pedido e causa de pedir). Hipótese em que não se constata a ocorrência da coisa julgada, nos moldes do art. 267, V, do CPC, uma vez que não há qualquer identidade entre as demandas, seja quanto às partes, seja no que tange aos pedidos ou à causa de pedir. Provimento negado. Dona da obra. Normas de saúde e segurança no trabalho. Medidas preventivas. Inaplicabilidade da Orientação Jurisprudencial n. 191 da SDI-I do C. TST. Responsabilidade existente. É direito fundamental e social de todo e qualquer trabalhador a redução dos riscos inerentes ao trabalho, por meio da adequação do ambiente de trabalho às normas de saúde, higiene e segurança, no caso concreto, as NRs apontadas na peça vestibular, a saber, SEESMT, CIPA, PCMSO E PCMAT. A Carta Ápice vigente deixou bem assentado que a dignidade da pessoa humana não pode ocupar plano secundário, subjacente à atividade empresarial. Não resta dúvida de que os serviços terceirizados são realmente aqueles que mais expõem os trabalhadores a riscos de acidentes, pois, não raro, referem-se a tarefas de menor especialização, baixo nível remuneratório, dispensando, normalmente, experiência e treinamento. Não há nem que se cogitar da necessidade de culpa da reclamada, beneficiária última dos serviços prestados, ou mesmo da ausência de responsabilidade, solidária ou subsidiária, pelo simples fato de que a Companhia Zaffari é a dona da obra, na esteira da OJ n. 191 da SDI-I do C. TST, absolutamente inaplicável quando se trata, como no caso dos autos, do meio ambiente de trabalho, matéria indisponível, de ordem pública. Também não se argumente que a pretensão Ministerial já se encontra atendida pelos ajustamentos firmados, uma vez que a ré, como é notório, encontra-se em frequente expansão, utilizando-se, na edificação de seus novos estabelecimentos, de outras várias empreiteiras da construção civil jamais investigadas. Mesmo possuindo flagrante ingerência nos contratos que firma, e a despeito de já existirem, nas avenças entabuladas, previsões genéricas de respeito ao meio ambiente do trabalho, a reclamada não se viu capaz de obstar o trágico falecimento do trabalhador indicado na petição inicial, cuja responsabilidade decorreu, dentre outras razões, por condição de trabalho insegura. Recurso parcialmente provido para limitar a condenação da ré à inclusão, nos seus futuros contratos firmados com empresas dos ramos da construção civil, cláusula contratual exigindo a obrigação do cumprimento das normas de segurança e saúde no trabalho previstas nas Normas Regulamentadoras da Portaria n. 3.214/1978, em especial o contido nas NR-4, NR-5, NR-7 e NR-18, sob pena de pagar multa, reversível ao FDD, no valor de R$ 50.000,00, por contrato que celebrar. Redução da *astreintes*. Desnecessidade. Hipótese em que *astreintes* telada se mostra suficiente e compatível com a situação

privada etc.). Ademais, estamos a tratar das ações moleculares, que invariavelmente envolvem direitos difusos e coletivos, e não das ações atomizadas, em que se buscam geralmente interesses de ordem pecuniária.

A rigor, o regramento do microssistema de tutela jurisdicional coletiva tem por finalidade a efetividade dos interesses e direitos transindividuais, bem como o estabelecimento de meios inibitórios, preventivos, coativos, pedagógicos e mesmo exemplares em relação aos infratores, de modo a induzir o seu arrefecimento para as presentes e futuras gerações.

Além disso, se não houvesse possibilidade de cumulação dos pedidos em sede de ações coletivas, seria necessária mais de uma peça processual para pleitear as obrigações de fazer e não fazer e os pleitos de condenação por dano moral coletivo, o que colidiria com os princípios da celeridade, da economia[203] e do razoável prazo de duração do processo (art. 5º, inciso LXXVIII[204], CF/1988).

Nesse sentido, transcrevemos a ementa abaixo:

---

presente nos autos, inclusive levando-se em consideração o direito buscado e a capacidade econômica da empregadora. A multa arbitrada é unicamente para o caso de descumprimento da obrigação de fazer ora confirmada, já lançada na peça portal com observância ao princípio da razoabilidade, conforme previsão contida nos arts. 11 da LACP (Lei n. 7.347/1985) e 84, § 4º, do CDC (Lei n. 8.078/1990). Provimento negado. Antecipação de tutela. Manutenção necessária. A medida satisfativa se impõe desde já não só porque absolutamente presentes os requisitos (típicos da jurisdição metaindividual) elencados no § 3º do art. 461 do CPC (relevância da demanda e receio de ineficácia do provimento final), mas também porque, em se tratando de obrigação de fazer (que, segundo doutrina mansa, não comporta execução provisória), é importante que a reclamada se comprometa, de imediato, aos termos condenatórios, mesmo porque, como visto, existem várias outras empresas e/ou empreiteiras que habitualmente negociam com a ré a edificação de obras e que, por óbvio, não podem ficar na espera do trânsito em julgado da presente ACP para serem instadas ao cumprimento da legislação básica e específica atinente ao meio ambiente de trabalho na construção civil. Preponderância, *in casu*, do princípio da efetividade da prestação jurisdicional, mormente porque em debate a proteção a direitos coletivos fundamentais como a saúde e, caso dos autos, a própria vida. Provimento negado. (TRT 4ª R. — RO 00440.2004.029.04.00.9 — 2ª T. — Rel. Juiz João Ghisleni Filho — DJRS 29.7.2005).

(203) AÇÃO CIVIL PÚBLICA PARA CUMPRIMENTO DA OBRIGAÇÃO DE FAZER CUMULADA COM PEDIDO DE LIMINAR *INAUDITA ALTERA PARTE* — IMPROBIDADE — LEGITIMIDADE — MP — CUMULAÇÃO COM PEDIDO DE PRESTAÇÃO DE CONTAS — POSSIBILIDADE — DECISÃO DE 1º GRAU REFORMADA — RECURSO CONHECIDO E PROVIDO — 1 — O Ministério Público é legítimo para ajuizar ação civil pública por ato de improbidade administrativa. O reconhecimento da legitimação ativa encarta-se no próprio bloco infraconstitucional de atores processuais a quem se delegou a tutela dos valores, princípios e bens ligados ao conceito republicano. 2 — A possibilidade de cumulação de ações funda-se no princípio da economia e tem o propósito de impedir a proliferação de processos, atendendo ao princípio da economia processual. Logo, justifica-se a cumulação quando os pedidos forem compatíveis entre si, como ocorre no caso trazido nos autos (art. 292, § 1º, do CPC). 3 — É válida a cumulação de responsabilização por danos ao erário com a obrigação de prestar as contas. 4 — Respeito aos ditames constitucionais e legais pertinentes ao caso. 5 — Decisão unânime, de acordo com parecer ministerial superior. (TJPI — AC 02.001249-7 — Rel. Des. Brandão de Carvalho — DJe 23.6.2009 — p. 5).

(204) LXXVIII — a todos, no âmbito judicial e administrativo, são assegurados a razoável duração do processo e os meios que garantam a celeridade de sua tramitação.

"CUMULAÇÃO DE PEDIDOS — TERMOS DE AJUSTAMENTO DE CONDUTA — POSSIBILIDADE — DIREITO PROCESSUAL CIVIL — Os termos de ajustamento de conduta são títulos executivos (art. 876, CLT), que preveem obrigações de fazer, ou não fazer, bem como cominam penas pelo não cumprimento. Neste sentido, inexiste óbice para a cumulação desses pedidos na execução do título, impondo-se o afastamento do indeferimento liminar da execução, para prosseguimento em seus ulteriores efeitos. Recurso provido parcialmente." (TRT 15ª R. — AP 1232-2005-014-15-00-9 — (72940/08) — 3ª C. — Relª Luciane Storel da Silva — DOE 7.11.2008 — p. 91)

Dessa forma, também plenamente possível a cumulação das reparações por dano moral individual e do dano moral coletivo, considerando a natureza jurídica diversa desses danos, porquanto o primeiro apresenta-se como instituto do Direito individual e o segundo do Direito coletivo, aplicando-se, por analogia, a Súmula n. 37 do Superior Tribunal de Justiça.

"Súmula n. 37. São cumuláveis as indenizações por dano material e dano moral oriundos do mesmo fato."

A diferença é justamente a destinação desses danos morais. O individual é direcionado ao próprio trabalhador lesado, enquanto o dano moral coletivo, a um fundo ou a entidades filantrópicas, sem fins lucrativos, de interesse público.

3.9. Legitimidade ativa para o ajuizamento da ação civil pública

A legitimidade[205] ativa atribui a possibilidade de uma pessoa física ou jurídica figurar no polo ativo de uma ação, atomizada ou molecular, requerendo a tutela jurisdicional do Estado, seja para proteção ou prevenção de um direito próprio ou de outrem. Dessa forma, podemos falar em legitimação ordinária, extraordinária e autônoma, esta última adstrita à defesa de direitos e interesses metaindividuais.

A legitimação ordinária tem por fulcro o art. 6º do Código de Processo Civil, o qual estatui: "Ninguém poderá pleitear, em nome próprio, direito alheio, salvo quando autorizado por lei". Por esse dispositivo legal, apenas o titular do direito material é detentor de legitimidade para postular em juízo, uma vez que seu direito material tenha sido violado ou ameaçado de lesão, da mesma forma que também só pode ser demandado quem seja titular da obrigação correspondente.

Nas ações de massa ou moleculares, não se aplica tal diretriz legal, pois a própria Constituição Federal de 1988, ao reconhecer os direitos difusos e coletivos, veio ampliar os limites do art. 6º do CPC, e pavimentar o caminho da consoli-

---

[205] A legitimidade das partes constitui instituição jurídica do Direito Processual, parte integrante da Teoria Geral do Direito, aplicada em cada ramo do Direito de acordo com suas peculiaridades e especificidades.

dação da aplicação da Lei n. 7.347/1985, recepcionada pelos arts. 5º, incisos XXI[206] e LXX[207], 8º, inciso III[208], e 129, inciso III[209] e § 1º, bem como o advento da Lei n. 8.078/1990. Portanto, só detêm legitimidade para as ações de massa no Brasil, das quais a ação civil pública é espécie, os legitimados dispostos no art. 5º, da Lei n. 7.347/1985 e não qualquer pessoa[210], como acontece nos Estados Unidos da América do Norte.

---

(206) XXI — as entidades associativas, quando expressamente autorizadas, têm legitimidade para representar seus filiados judicial ou extrajudicialmente. A Súmula n. 629 do Supremo Tribunal Federal assim dispõe: "A impetração de mandado de segurança coletivo por entidade de classe em favor dos associados independe da autorização destes".

(207) LXX — o mandado de segurança coletivo pode ser impetrado por: b) organização sindical, entidade de classe ou associação legalmente constituída e em funcionamento há pelo menos um ano, em defesa dos interesses de seus membros ou associados.

(208) III — ao sindicato cabe a defesa dos direitos e interesses coletivos ou individuais da categoria, inclusive em questões judiciais ou administrativas.

(209) Art. 129. São funções institucionais do Ministério Público: III — promover o inquérito civil e a ação civil pública, para a proteção do patrimônio público e social, do meio ambiente e de outros interesses difusos e coletivos.

(210) MINISTÉRIO veta criação da *class action* no Brasil. *Valor Econômico*, São Paulo, 2 fev. 2009. Legislação parágrafo Tributos. Em uma reunião realizada na semana passada, o Ministério da Justiça rejeitou definitivamente a proposta de criação, no Brasil, de um mecanismo processual semelhante à *class action* americana dentro da minirreforma do Judiciário, a ser encaminhada ao Congresso Nacional nos próximos meses. Segundo o entendimento defendido no ministério, o país ainda não está preparado para um instrumento desse tipo, que provocaria uma enxurrada de ações de indenização milionárias, criando problemas para a Justiça e ameaçando grandes empresas. No modelo da proposta brasileira de *class action*, inspirada no sistema existente nos Estados Unidos, uma pessoa física pode acionar individualmente uma empresa e a sentença dada na ação é válida para todas as demais na mesma situação — o instrumento é muito usado por pequenos investidores e em disputas ambientais e de consumo. O Ministério da Justiça montou um grupo de trabalho composto por membros do Ministério Público, juízes e defensores públicos para definir o texto final do projeto regulamentando o uso de ações coletivas no país, mas a proposta mais polêmica acabou rejeitada por uma pequena maioria de votos. Juristas ligados ao Instituto Brasileiro de Direito Processual (IBDP), responsáveis pela elaboração do texto original do projeto e também autores de boa parte dos projetos incluídos na primeira fase da reforma do Judiciário, querem agora pressionar pela inclusão da *class action* por emenda durante a tramitação da minirreforma no Congresso Nacional. O projeto aprovado no Ministério da Justiça amplia a lista de partes legitimadas para propor ações civis públicas, incluindo o Legislativo, os sindicatos e a Ordem dos Advogados do Brasil (OAB) — hoje a lista é restrita ao Ministério Público, associações, defensoria pública e os Poderes Executivos federal e local. Ficaram de fora as pessoas físicas, o que definiria o instrumento como uma espécie de *class action*. Pelo texto original, para a pessoa física ajuizar a ação, sua representatividade deveria ser reconhecida pelo juiz. Segundo Ada Pellegrini Grinover, uma das defensoras do instrumento, o texto vetado pelo governo tinha controles para impedir a atuação de aventureiros — os interessados deveriam comprovar conhecimento e experiência na área da disputa — e seria bom para escritórios de advocacia especializados em consumo e meio ambiente. "O rol de legitimados deve ser o maior possível, ainda temos um uso restrito da ação civil pública", diz a jurista. Ela afirma que irá assinar o projeto aprovado pelo Ministério da Justiça, mas vai insistir na sua alteração na Casa Civil e no Congresso Nacional. O único instrumento comparável à *class action* no Brasil, a ação popular, tem um uso mais restrito, porque só cobre lesões provenientes do Estado, diz Ada. O modelo brasileiro da *class action* também seria diferente do americano, diz, pois lá a ação segue uma lógica mais individualista, e no Brasil a ação seria mais voltada à proteção do bem jurídico.

Após o cancelamento da Súmula n. 310 do colendo Tribunal Superior do Trabalho, pela qual este lhe atribuía uma interpretação restritiva, contrariando entendimento de nossa Suprema Corte[211] (STF), para o qual a substituição[212] processual[213] dos sindicatos[214] era ampla[215], com fulcro nas Leis ns. 7.347/1985 e 8.078/1990, não remanesce qualquer dúvida quanto à substituição processual das associações e dos sindicatos[216], na defesa de direitos individuais homogêneos[217] de seus associados e da categoria profissional ou econômica que representam.

---

(211) REVISÃO DO ENUNCIADO N. 310 DO TST — Considerando que o cerne da discussão é a abrangência do art. 8°, III, da Constituição Federal e considerando ainda que o STF já decidiu contra a jurisprudência do Tribunal Superior do Trabalho, consubstanciada no Enunciado n. 310/TST, deve o Enunciado n. 310 ser cancelado. (TST — E-RR 175.894/95.9 — Pleno — Rel. Min. Ronaldo Leal — DJU 10.10.2003)
(212) DEFESA DE DIREITOS INDIVIDUAIS PUROS OU HETEROGÊNEOS — ILEGITIMIDADE DA ENTIDADE SINDICAL PARA ATUAR COMO SUBSTITUTO PROCESSUAL — Os entes sindicais possuem legitimidade para a defesa dos interesses da categoria, seja individual, seja coletivo, envolvendo toda a classe que representa, ou mesmo parte dela. Todavia, a possibilidade de o sindicato atuar como substituto processual na seara individual restringe-se à defesa dos interesses individuais homogêneos, assim entendidos aqueles decorrentes de origem comum e cuja dimensão coletiva se sobrepõe à individual (art. 81, inciso III, da Lei n. 8.078/1990). Em se tratando de ação de índole individual pura ou heterogênea, o ente sindical não detém legitimidade para postular o decreto de nulidade das alterações contratuais e o pagamento de horas extras, em razão da suposta violação ao contido no art. 71 da CLT. Inteligência do art. 8°, inciso III, do Texto Magno, do art. 81, inciso III, da Lei n. 8.070/1990 e do art. 6° do CPC. Extinção do processo sem resolução de mérito, nos termos do art. 267, inciso VI, do CPC, ante a ilegitimidade ativa *ad causam*, que ora se mantém. (TRT 2ª R. — RO 01926-2007-317-02-00-2 — 9ª T. — Relª Juíza Jane Granzoto Torres da Silva — DOE/SP 13.2.2009)
(213) SINDICATO — SUBSTITUIÇÃO PROCESSUAL — LEGITIMIDADE — HORAS EXTRAS FIXAS — SUPRESSÃO — RESTABELECIMENTO — 1. A Constituição Federal, ao assegurar ao sindicato a defesa dos direitos individuais da categoria (art. 8°, inc. III), outorgou-lhe titularidade para a propositura de qualquer ação, inclusive cautelar, para, em nome próprio, resguardar os direitos individuais homogêneos de integrantes da categoria profissional. 2. O Sindicato ostenta, portanto, legitimidade ativa para postular restabelecimento de horas extras fixas, já incorporadas, parcela de cunho salarial, em prol de todos os empregados da demandada componentes da categoria. Violação ao art. 8°, inciso III, da Constituição Federal não configurada. 3. Recurso de revista que não se conhece. (TST — RR 590.378/99.2-8ª R. — 1ª T. — Rel. Min. João Oreste Dalazen — DJU 8.9.2006)
(214) AÇÃO CIVIL PÚBLICA — SINDICATO — LEGITIMIDADE ATIVA — O art. 8°, inciso III, da Constituição Federal prevê que "aos sindicatos cabe a defesa dos direitos e interesses coletivos e individuais da categoria, inclusive em questões judiciais ou administrativas". Diante disso, bem como em razão da natureza de associação civil dos sindicatos, estes são legitimados para a propor ação civil pública, ainda que não estejam arrolados expressamente nos arts. 5° da Lei n. 7.347/1985 e 82 do CDC, desde que o direito perseguido diga respeito à categoria por eles representada. (TRF 4ª R. — AI 2009.04.00.007331-6/RS — 3ª T. — Relª Desª Fed. Maria Lúcia Luz Leiria — DJe 22.7.2009 — p. 451)
(215) SINDICATO — REPRESENTAÇÃO DE TODA A CATEGORIA E NÃO APENAS DOS ASSOCIADOS — O art. 8°, inciso III, da Constituição Federal consagra hipótese de substituição processual ampla e irrestrita, na medida em que garante à entidade sindical a possibilidade de ingressar em juízo na defesa de direitos e interesses coletivos ou individuais da categoria que representa, não somente daqueles associados. (TRT 5ª R. — RO 00377-2008-194-05-00-6 — 2ª T. — Relª Luíza Lomba — J. 22.1.2009)
(216) SINDICATO — SUBSTITUIÇÃO PROCESSUAL — LEGITIMIDADE — A substituição processual conferida aos sindicatos não é irrestrita, visto que deve se limitar às ações visando à proteção de direitos e interesses coletivos ou individuais homogêneos da categoria, conforme prevê o art. 8°, III, da Constituição Federal. A norma constitucional, ao assegurar ao sindicato a defesa judicial dos direitos individuais da categoria, não autoriza a defesa de quaisquer interesses individuais, mas sim a defesa coletiva de direitos

A legitimação[218] autônoma[219] decorre do próprio texto constitucional, no art. 129, III, atribuída ao Ministério Público do Trabalho[220], na defesa do interesse

individuais homogêneos da categoria, cuja titularidade diz respeito a uma coletividade de empregados representados pelo sindicato, abrangendo ou não toda a categoria. Este é o conceito que se extrai do art. 81, inciso III, da Lei n. 8.078/1990 (Código de Defesa do Consumidor), segundo o qual constituem interesses individuais homogêneos "os decorrentes de origem comum". Deste modo, tratando-se de ação que visa ao pleito de pagamento de horas extraordinárias, determinado que os substituídos têm em sua pretensão interesse e origem comum, não há como se afastar a legitimidade do sindicato para substituir os associados. Recurso de revista conhecido e provido. (TST — RR 1176/2004-007-04-00 — 6ª T. — Rel. Aloysio Corrêa da Veiga — J. 17.6.2009)
(217) Vejamos a ementa sobre novo entendimento do colendo TST. A legitimidade dos sindicatos e a substituição processual. Com o novo entendimento adotado pelo Tribunal Superior do Trabalho a respeito, a questão de que a substituição processual assegurada aos sindicatos pela Constituição deve ser interpretada de forma ampla foi discutida pela Oitava Turma. O assunto apareceu no julgamento de um recurso de revista da Associação dos Docentes da Universidade Metodista de Piracicaba — Adunimep — Seção Sindical do Sindicato Nacional dos Docentes das Instituições de Ensino Superior — Andes, que tratava da legitimidade da Adunimep para substituir processualmente seus associados. O recurso da Adunimep refere-se a ação em que os professores assistentes III, vinculados à associação, pretendem receber, do Instituto Educacional Piracicabano, o mesmo reajuste salarial de 92,57% aplicado sobre o salário de agosto de 1985 dos substituídos pelo Sinpro — Sindicato dos Professores de Campinas. O reajuste, fixado em decisão do Tribunal Regional do Trabalho da 2ª Região (SP), é pago pelo instituto desde dezembro de 1996 a todos os que fizeram parte da ação do Sinpro. Desde julho de 2000, a associação, que é uma seção sindical da Andes em Piracicaba, e enfrenta dificuldades de admissibilidade da ação de equiparação salarial devido ao reconhecimento de sua legitimidade para ajuizar a ação, ou seja, para substituir processualmente seus associados. Procurando superar o problema, a Adunimep, no recurso ao TST, sustentou que o art. 8º da Constituição Federal deve ser interpretado de forma ampla, e não restritiva. O novo entendimento adotado pelo TST foi levantado pela Oitava Turma, ao julgar o caso. No entanto, a relatora, Ministra Dora Maria da Costa, indicou uma dificuldade para o conhecimento do recurso: a falta de análise, pelo Tribunal Regional do Trabalho da 15ª Região (SP), a respeito do pedido da Adunimep. A ação teve início na 1ª Vara do Trabalho de Piracicaba (SP), que julgou extinta a reclamação trabalhista após concluir pela ilegitimidade da associação devido à falta de autorização expressa em seu regimento para atuar como representante de seus filiados em questões de direito individual. Em seguida, o TRT da 15ª Região (SP) negou provimento ao recurso de ambas as partes. Legitimidade da associação. A Ministra Dora Costa esclareceu que as Turmas do Supremo Tribunal Federal já expressaram entendimento de que o art. 8º da Constituição reconhece a legitimidade das entidades sindicais para representar todos os integrantes da categoria. Com o cancelamento da Súmula n. 310 do TST, o entendimento atual do Tribunal segue na mesma direção. Ao abordar o tema, a ministra ressaltou que a legitimidade do sindicato para defender direitos individuais da categoria é uma forma de universalizar o acesso dos trabalhadores à Justiça, considerando que muitos empregados deixam de ingressar na Justiça do Trabalho com receio de perder o emprego ou mesmo de não conseguir novo emprego. "O fato é notório, tanto assim que a maioria das ações propostas nos tribunais trabalhistas é de cidadãos desempregados", observou. A substituição processual conferida aos sindicatos, porém, não é irrestrita, deixou claro a relatora: ela se limita às ações que tratem da proteção de direitos e interesses coletivos ou individuais homogêneos da categoria. No caso concreto, porém, a ministra constatou estar impedida de ultrapassar a fase de conhecimento do recurso, sem poder apreciar o mérito da questão, por falta de pressuposto de admissibilidade do apelo. A relatora observou que o TRT da 15ª Região nada registrou sobre o pedido do sindicato na reclamação trabalhista, e concluiu que "a análise de tal premissa é questão fática imprescindível para a solução da controvérsia", porque "permitiria verificar se o sindicato efetivamente atua na defesa de direitos e interesses coletivos ou individuais homogêneos da categoria". A Adunimep já interpôs embargos declaratórios à decisão da Oitava Turma. (RR-1581/2000-012-15.00.3)
(218) MANDADO DE SEGURANÇA COLETIVO (CF, ART. 5º, LXX) — MINISTÉRIO PÚBLICO EM DEFESA DE DIREITOS INDIVIDUAIS HOMOGÊNEOS — ACEITAÇÃO A TÍTULO DE EXCEPCIONALIDADE ANTE O CARÁTER EMERGENCIAL E FUNDAMENTAL DA MEDIDA PLEITEADA (RESSALVA DO ENTENDIMENTO DO RELATOR) — FORNECIMENTO DE DIETAS

público primário dos trabalhadores e, por conseguinte, da própria sociedade, que muitas vezes é afetada em seus direitos difusos[221]. Com a recente alteração do art. 5º[222] da Lei n. 7.347/1985, podemos também acrescentar que a Defensoria Pública possui legitimidade autônoma constitucional para postular, em sede de ação civil pública, direitos da cidadania, principalmente de pessoas desamparadas.

É natural que o Ministério Público do Trabalho, apesar de legitimado autônomo para ajuizar a ação civil pública, muitas vezes não se utilize desse instrumento

---

ESPECIAIS — DOENÇAS GRAVES — DIREITO À VIDA E À SAÚDE CONSTITUCIONALMENTE PROTEGIDOS — CF, ARTS. 1º, III, 5º, *CAPUT*, 6º, 196 E 197 — DEVER DO ESTADO — ORDEM CONCEDIDA — 1 — O Mandado de Segurança deve ser impetrado pelo próprio indivíduo que teve seu direito líquido e certo ofendido por ato de autoridade ou, nas hipóteses de legitimação constitucional extraordinária do *writ* coletivo, pelas entidades expressamente arroladas na Carta da República (CF, art. 5º, LXX). 2 — Para a defesa dos chamados interesses transindividuais, compreendidos os coletivos, os difusos e os individuais homogêneos, dispõe o Ministério Público da ação civil pública, referida no art. 129, III, da Carta Magna. 3 — No entanto, pelo menos em casos urgentes, envolvendo direitos fundamentais, encontra-se jurisprudência admitindo o emprego do mandado de segurança coletivo pelo Ministério Público para a defesa de interesses transindividuais. Precedente do Eg. STJ. 4 — A vida e a saúde são direitos constitucionalmente tutelados, consoante os arts. 1º, III, 5º, *caput*, 6º, 196 e 197, da Carta da República, dos quais se extrai direito subjetivo público, líquido e certo, a amparar as pretensões dos beneficiários deste writ coletivo. 5 — Restando comprovadas a ausência de fornecimento, a gravidade das doenças, a necessidade das dietas especiais e deduzida a incapacidade econômica dos substituídos processuais, outra medida não resta a ser adotada senão a concessão da ordem requerida a fim de que as aludidas alimentações sejam fornecidas gratuitamente às partes especificadas na inicial do *mandamus*, em obediência aos princípios fundamentais da Constituição Federal. 6 — Ordem concedida. (TJCE — MS 2008.0033.1908-0/0 — Rel. Des. Raul Araújo Filho — DJe 24.7.2009 — p. 3).

(219) MIRRA, Álvaro Luiz Valery. Um estudo sobre a legitimação para agir no direito processual civil: a legitimação ordinária do autor popular. *Revista dos Tribunais*, São Paulo, v. 76, n. 618, p. 38, abr. 1987, esclarece que "a legitimação extraordinária pode ser autônoma ou subordinada. Figura como autônoma quando o legitimado pode atuar no processo com total independência do sujeito titular do interesse processual deduzido em juízo, ordinariamente legitimado. Será subordinada, na hipótese em que apenas os supostos titulares da relação jurídica material possam iniciar ou responder à demanda, cabendo aos legitimados extraordinários atuar junto àquele".

(220) AÇÃO CIVIL PÚBLICA — MINISTÉRIO PÚBLICO DO TRABALHO — DEFESA DE DIREITOS DIFUSOS, COLETIVOS E INDIVIDUAIS HOMOGÊNEOS — LEGITIMIDADE ATIVA — "Ação civil pública — Ministério Público do Trabalho — Legitimidade. Inexistindo no âmbito da Justiça do Trabalho dispositivo legal disciplinador da ação civil pública, aplica-se, por analogia, o Código de Defesa do Consumidor, art. 81, parágrafo único, I e II; art. 129, III, da Constituição da República, assim como o art. 83 da Lei Complementar n. 75/1993 (Lei Orgânica do Ministério Público). O cotejo desta coletânea de leis elimina qualquer dúvida acerca da legitimidade do Ministério Público do Trabalho para instaurar inquérito civil e promover a ação civil pública para defesa de interesses difusos, interesses coletivos e direitos individuais homogêneos sempre que a discussão envolver interesse da categoria". (TRT 1ª R. — RO 01307-2000-012-01-00-0 — 1ª T. — Rel. Juiz Luiz Carlos Teixeira Bonfim — DJRJ 17.9.2003 — p. 238) JCDC.81 JCDC.81.PUN JCDC.81.PUN.I JCDC.81.PUN.II JCF.129 JCF. 129, III.

(221) Trata-se de hipótese de inserção em norma coletiva celebrada entre os sindicatos da categoria profissional e econômica determinando a não abertura do comércio varejista aos domingos, contrariando dispositivo legal emanado do art. 6º Lei n. 10.101/2000. Neste caso, teríamos lesão a direitos difusos de integrantes da sociedade, pessoas indeterminadas, que se utilizam deste dia como opção para suas compras semanais.

(222) Art. 5º Têm legitimidade para propor a ação principal e a ação cautelar: II — a Defensoria Pública; (Redação dada ao inciso pela Lei n. 11.448, de 15.1.2007, DOU 16.1.2007).

processual para a tutela de direitos difusos e coletivos, de forma imediata, ou seja, sem exaurir o caminho administrativo, por meio da discussão de celebração do Termo de Compromisso de Ajustamento de Conduta com eventuais infratores.

3.10. Representatividade adequada e pertinência temática

Deve-se, em primeiro plano, observar que os critérios para identificação da legitimidade são totalmente diferentes nas ações atomizadas e nas ações moleculares. Diversamente das primeiras, que seguem o método tradicional entabulado em nosso ordenamento jurídico pelo Código de Processo Civil, nas ações coletivas, o magistrado deverá observar a representatividade adequada (*adequacy representation* do Direito norte-americano) e a pertinência temática para dar seguimento ao processo.

A doutrina vem questionando se os sindicatos, como espécies do gênero associação, detêm competência para promover a defesa e a proteção de todos os direitos metaindividuais, ou, tão somente, os direitos coletivos e individuais homogêneos.

Márcio Túlio Viana[223], embora reconhecendo a existência de interesses difusos na esfera trabalhista, nega legitimidade aos sindicatos para a defesa direta de interesses difusos, entendendo que cabe a eles a defesa dos interesses da categoria. Para esse autor, nada impede, entretanto, a busca da satisfação reflexa de interesses difusos dos trabalhadores que nela ainda não tenham se inserido.

Há ainda os que negam essa legitimidade aos sindicatos para a defesa de interesses ou direitos difusos, sob a hipótese de que tal proteção e defesa foram conferidas ao Ministério Público, por conta da disposição do art. 129, III, da CF/1988.

Temos vários direitos difusos constitucionalmente garantidos, como e principalmente a dignidade da pessoa humana (art. 1º, III), a igualdade (art. 5º, *caput*), a proibição de discriminação atentatória dos direitos e liberdades fundamentais (art. 5º, XLI), os valores sociais do trabalho e da livre-iniciativa (art. 1º, IV), entre outros. Tais direitos difusos podem ser atribuídos não apenas ao trabalhador, como também a toda a sociedade.

De nossa parte, entendemos que descabe qualquer razão técnico-jurídica para restringir a legitimidade dos sindicatos na defesa dos direitos difusos, já que existe pacificação quanto à sua legitimidade para a defesa dos direitos coletivos e individuais homogêneos. Partindo do axioma jurídico de que, onde a lei não restringe, não cabe ao intérprete fazê-lo, e tratando-se, ainda, de proteção de direitos humanos

---

(223) VIANA, Márcio Túlio. Interesses difusos na justiça do trabalho. *Revista LTr*, São Paulo, v. 59, n. 2, p. 184, fev. 1995.

fundamentais do trabalhador, e ainda pelo fato de haver uma tendência de expansão da atividade sindical na proteção de direitos dos trabalhadores, não hesitamos em refutar aquela tese, advogando pela ampla legitimidade dos sindicatos na defesa de quaisquer direitos de índole trabalhista.

Mas o que acontece diuturnamente, não sabemos se por ausência de conhecimento técnico ou certo se por acanhamento jurídico, é o ajuizamento das ações civis públicas, tendo por objeto direitos difusos dos trabalhadores, na esmagadora maioria das vezes pelo Ministério Público do Trabalho, limitando-se os sindicatos a levar suas denúncias a esse órgão federal, sem tomar a iniciativa, como legitimado concorrente que é, na tutela desses direitos.

A pertinência temática e da *adequacy representation* das associações vem expressa no art. 5º, da Lei n. 7.347/1985, *in verbis*:

"(...)

V — *a associação que, concomitantemente:*

a) esteja constituída há pelo menos 1 (um) ano nos termos da lei civil;

b) *inclua, entre suas finalidades institucionais, a proteção ao meio ambiente, ao consumidor, à ordem econômica, à livre concorrência ou ao patrimônio artístico, estético, histórico, turístico e paisagístico.*

(...)

§ 4º O requisito da pré-constituição poderá ser dispensado pelo juiz, quando haja manifesto interesse social evidenciado pela dimensão ou característica do dano, ou pela relevância do bem jurídico a ser protegido."

Tais requisitos fizeram-se necessários para limitar aventuras jurídicas de associações que poderiam se aproveitar de brechas na legislação para movimentar a máquina judiciária em detrimento dos altos e nobres valores imanentes nos interesses e direitos transindividuais e na necessidade de maior segurança jurídica na identificação dos entes legitimados para a tutela e a proteção daqueles interesses.

A pertinência temática relaciona-se à verificação da compatibilidade dos fins institucionais da associação ou dos demais entes legitimados para a demanda coletiva e a defesa dos interesses transindividuais nesta objetivados[224].

Não obstante a preocupação do legislador, tais requisitos não se aplicam aos sindicatos, como espécies de associações, na medida em que o exame da pertinência temática e da *adequacy representation* dessas entidades é feito à luz do art. 8º, inciso III, da CF/1988.

---

(224) MAZZILLI, Hugo Nigro. *Op. cit.*, p. 292.

Se esse inciso III do texto constitucional estatui que "ao sindicato cabe a defesa dos direitos e interesses coletivos ou individuais da categoria, inclusive em questões judiciais ou administrativas", podemos extrair da norma que à entidade sindical cabe a defesa ampla de todo e qualquer direito (difuso, coletivo ou individual homogêneo), podendo atuar, inclusive, em face de outra categoria, se presente a pertinência temática em seus estatutos sociais, não havendo qualquer necessidade de previsão estatutária para agir em juízo em defesa de interesses metaindividuais relacionados direta ou indiretamente à categoria profissional representada.

Elucidativo, nesse particular, o pensamento de Ronaldo Lima dos Santos[225], para quem, diferentemente das demais associações passíveis de legitimação no processo civil, no campo do processo do trabalho, a pertinência temática em relação aos sindicatos é extraída diretamente da dicção do art. 8º, III, da CF/1988. Esse critério legal de aferição da representatividade adequada refere-se ao campo de atuação primária dos sindicatos, de modo que podem estes atuar na defesa da ordem jurídico-trabalhista, ainda que em face de outra categoria, se presente a pertinência temática em seus estatutos ou em seus valores institucionais. Cite-se, por exemplo, o combate ao trabalho escravo em determinada fazenda. Ele pode ser realizado por qualquer entidade sindical, uma vez que concerne à defesa da ordem jurídico-trabalhista valor inerente às associações sindicais.

Destarte, a *adequacy representation* nas ações civis públicas promovidas por entidades sindicais significa que a legitimação processual de determinado sindicato está diretamente vinculada ao enquadramento da empresa demandada na categoria econômica[226] que corresponde à categoria profissional do mesmo sindicato[227].

Assim sendo, independentemente de previsão estatutária específica, o sindicato poderá promover a tutela de direitos metaindividuais não apenas dos trabalhadores de sua categoria, mas também de toda a sociedade, como da inserção de trabalhadores deficientes e de aprendizes no mercado de trabalho, combate a quaisquer formas de discriminação no trabalho, meio ambiente do trabalho, na medida em que esses direitos e interesses enquadram-se em sua área de atuação, por força constitucional (art. 8º, III, CF/1988).

---

(225) SANTOS, Ronaldo Lima dos. *Op. cit.*, p. 268.
(226) AÇÃO CIVIL PÚBLICA — SINDICATO — LEGITIMIDADE ATIVA — O art. 8º, inciso III, da Constituição Federal prevê que "aos sindicatos cabe a defesa dos direitos e interesses coletivos e individuais da categoria, inclusive em questões judiciais ou administrativas". Diante disso, bem como em razão da natureza de associação civil dos sindicatos, estes são legitimados para propor ação civil pública, ainda que não estejam arrolados expressamente nos arts. 5º da Lei n. 7.347/1985 e 82 do CDC, desde que o direito perseguido diga respeito à categoria por eles representada. (TRF 4ª R. — AI 2009.04.00.007331-6/RS — 3ª T. — Relª Desª Fed. Maria Lúcia Luz Leiria — DJe 22.7.2009 — p. 451)
(227) SANTOS, Ronaldo Lima dos. *Op. cit.*, p. 352.

Quanto ao requisito da pré-constituição sindical, expressa no inciso V, letra "a", do art. 5º, da LACP, embora ainda haja teses discordantes, entendemos pela desnecessidade de sua aplicação em relação aos sindicatos.

Isso porque os sindicatos necessitam preencher vários requisitos até que obtenham a dupla personalidade jurídica para que tenham livre curso na seara do Direito Coletivo e possam praticar todos os atos inerentes a essa identidade especial: participar de negociações coletivas de trabalho, celebrar acordos e convenções coletivas de trabalho, celebrar convênios arbitrais, promover assembleias gerais para deliberação sobre o direito de greve, ajuizar dissídio coletivo de trabalho, participar de mediação com empresas etc.

A primeira personalidade jurídica dos sindicatos é obtida mediante o registro de seus estatutos no Cartório de Pessoas Jurídicas (art. 45[228] do Código Civil e arts. 114[229] a 121 da Lei n. 6.015/1973), e a outra, a sindical[230], obtida junto ao Ministério do Trabalho e Emprego, Secretaria das Relações do Trabalho, após a análise de natureza extrínseca de seus atos constitutivos, e observados os trâmites de impugnação pela respectiva Confederação. Por esses motivos é que não se aplicam ao sindicato as restrições acima impostas aos demais tipos de associações.

De outra parte, diversamente das demais associações, cujas finalidades sociais são retiradas da redação de seus estatutos sociais e dos objetivos para os quais foram criadas, os objetivos sindicais são imanados diretamente da Constituição Federal (art. 8º, III, CF/1988). Daí, não faz o mínimo sentido que o sindicato, a partir da aquisição de sua personalidade sindical, possa celebrar acordos e convenções coletivas de trabalho ou ajuizar dissídio coletivo de natureza econômica, cujos instrumentos jurídicos possuem eficácia *erga omnes* ou *ultra partes* em relação aos membros da categoria, inclusive aos não filiados, e mesmo promover a defesa judicial ou extrajudicial desses direitos (ação de cumprimento) e ainda ter de se submeter ao requisito da pré-constituição de um ano.

---

(228) Art. 45. Começa a existência legal das pessoas jurídicas de direito privado com a inscrição do ato constitutivo no respectivo registro, precedida, quando necessário, de autorização ou aprovação do Poder Executivo, averbando-se no registro todas as alterações por que passar o ato constitutivo.
(229) Art. 114. No Registro Civil de Pessoas Jurídicas serão inscritos:
I — os contratos, os atos constitutivos, o estatuto ou compromissos das sociedades civis, religiosas, pias, morais, científicas ou literárias, bem como o das fundações e das associações de utilidade pública;
(230) Essa personalidade sindical confere legitimidade ao sindicato para participar das negociações coletivas de trabalho, bem como ajuizar dissídios coletivos nos Tribunais do trabalho. A esse respeito o Supremo Tribunal Federal editou a "Súmula n. 677. Até que lei venha a dispor a respeito, incumbe ao Ministério do Trabalho proceder ao registro das entidades sindicais e zelar pela observância do princípio da unicidade".

Além disso, invariavelmente, a obtenção da personalidade jurídica propriamente dita e a sindical pelas organizações sindicais extrapolam o interregno de um ano, o que tornaria letra morta aquele dispositivo legal em relação a essas instituições.

Outrossim, o Supremo Tribunal Federal[231] já afastou o requisito de constituição, há pelo menos um ano, às organizações sindicais para impetração de mandado de segurança coletivo, o que nos leva à conclusão analógica de que a mesma interpretação possa ser aplicada em relação às ações civis públicas, já que ambas as ações são chamadas à tutela de direitos metaindividuais, demandando essas ações tratamento semelhante.

Não obstante, esse requisito pode ser superado pela discricionariedade do magistrado, que, de acordo com o § 4º do art. 5º, da LACP, poderá dispensar o requisito da pré-constituição, quando houver manifesto interesse social evidenciado pela dimensão ou pela característica do dano, ou pela relevância do bem jurídico a ser protegido.

3.11. Legitimidade passiva

Podem figurar no polo passivo das ações civis públicas todos aqueles que causarem danos aos interesses difusos, coletivos e individuais homogêneos na órbita trabalhista, ou que ameacem ou causem perigo de lesão a tais direitos ou interesses, consoante art. 5º, inciso XXXV, da CF/1988, sejam pessoas físicas ou jurídicas, de direito público ou privado, na qualidade de empregadores ou de tomadores de serviços (CF, art. 114).

As empresas públicas e as sociedades de economia mista, que exercem atividade econômica, se equiparam às empresas privadas na contratação de empregados, pelo regime celetista, conforme dispõe o art. 173[232], § 1º, II, e também podem figurar no polo passivo da ação civil pública.

---

(231) EMENTA: LEGITIMIDADE DO SINDICATO PARA A IMPETRAÇÃO DE MANDADO DE SEGURANÇA COLETIVO INDEPENDENTEMENTE DA COMPROVAÇÃO DE UM ANO DE CONSTITUIÇÃO E FUNCIONAMENTO. Acórdão que, interpretando desse modo a norma do art. 5º, LXX, da CF, não merece censura. Recurso não conhecido. RE 198919/DF — Distrito Federal Recurso Extraordinário. Relator(a): Min. Ilmar Galvão. Julgamento: 5.6.1999.
(232) Art. 173. Ressalvados os casos previstos nesta Constituição, a exploração direta de atividade econômica pelo Estado só será permitida quando necessária aos imperativos da segurança nacional ou a relevante interesse coletivo, conforme definidos em lei. § 1º A lei estabelecerá o estatuto jurídico da empresa pública, da sociedade de economia mista e de suas subsidiárias que explorem atividade econômica de produção ou comercialização de bens ou de prestação de serviços, dispondo sobre: (...) II — a sujeição ao regime jurídico próprio das empresas privadas, inclusive quanto aos direitos e obrigações civis, comerciais, trabalhistas e tributários.

De outra parte, as entidades da Administração Pública Direta (União, Estados, Distrito Federal e Municípios), as autarquias e fundações públicas, embora o regime jurídico seja estatutário, poderão figurar no polo passivo da ação civil pública, quando o objeto desta for atinente ao meio ambiente de trabalho, por força da Súmula n. 736[233] do Supremo Tribunal Federal.

Tal posição prevalece pelo fato de ser virtualmente impossível a existência de um local de trabalho em que existam exclusivamente servidores estatutários, sem nenhum trabalhador regido pela CLT, já que existe a autorização legal, inclusive sumulada (Súmula n. 331 do TST, Decreto n. 200/1967) para terceirização pela Administração Pública de atividades ligadas às suas atividades-meio, bem como serviços especializados. Nessas situações, existindo terceirizados celetistas, estes atrairão a competência da Justiça do Trabalho[234] e, por conseguinte, do Ministério Público do Trabalho para a defesa do meio ambiente de trabalho.

A CODEMAT — Coordenadoria do Meio Ambiente do Trabalho, do Ministério Público do Trabalho, em agosto de 2008, editou a Orientação n. 7, com a seguinte redação: "ADMINISTRAÇÃO PÚBLICA. ATUAÇÃO NA DEFESA DO MEIO AMBIENTE DO TRABALHO. O Ministério Público do Trabalho possui legitimidade para exigir o cumprimento, pela Administração Pública direta e indireta, das normas laborais relativas a higiene, segurança e saúde, inclusive quando previstas nas normas regulamentadoras do Ministério do Trabalho e Emprego, por se tratarem de direitos sociais dos servidores, ainda que exclusivamente estatutários".

Nas demais causas envolvendo estatutários e temporários[235], a competência não será trabalhista, e sim da Justiça Comum ou da Justiça Federal, conforme sejam os servidores estaduais, municipais ou federais.

---

(233) Súmula n. 736. STF. Compete à Justiça do Trabalho julgar as ações que tenham como causa de pedir o descumprimento de normas trabalhistas relativas a segurança, higiene e saúde dos trabalhadores.
(234) A nosso sentir, a Justiça do Trabalho é competente para julgar: a) as demandas em que se exige o cumprimento, pela Administração Pública direta, autárquica ou fundacional, das normas laborais relativas a higiene, segurança e saúde, inclusive quando previstas nas normas regulamentadoras do Ministério do Trabalho e Emprego, por se tratar de direitos sociais dos servidores; b) as demandas nas quais a relação jurídica não é estatutária, ou seja, nas ocasiões em que não se referem à investidura em cargo de provimento efetivo ou em comissão.
(235) Acórdão do STF, publicado em 21.5.2009. STF — STF entende que não há relação de trabalho entre administração pública e funcionários temporários. Os Ministros do Supremo Tribunal Federal (STF) entenderam que a Justiça do Trabalho é incompetente para julgar matéria sobre regime de contratação de profissionais que atuam em programas de saúde no município de Anicuns (GO). A discussão se deu na Reclamação (RCL) n. 4.464, de autoria da prefeitura contra ato do Tribunal Regional do Trabalho da 18ª Região, que foi julgada procedente pela maioria dos votos. O município sustentava violação da decisão do Supremo na Ação Direta de Inconstitucionalidade (ADI) n. 3.395, por meio do qual se pacificou o entendimento de que o inciso I, do art. 114 da Constituição Federal, não abrange as causas instauradas entre o poder público e servidor por relação jurídico-estatutária. Assim, a competência pertenceria à Justiça comum, federal ou estadual e não à trabalhista.

3.12. Litisconsórcio passivo

É possível o ajuizamento de ação civil pública em face de duas ou mais pessoas, sejam físicas ou jurídicas, na condição de litisconsortes, na ocorrência de dano ou ameaça de dano a direito transindividual dos trabalhadores, mesmo que de naturezas jurídicas diversas, no sentido de ensejar a plena reparação dos bens jurídicos tutelados, bem como a proteção dos bens ameaçados.

O art. 5º, § 2º, da Lei n. 7.347/1985 expressa que:

> "§ 2º Fica facultado ao Poder Público e a outras associações legitimadas nos termos deste artigo habilitar-se como litisconsorte de qualquer das partes."

É natural que a possibilidade de litisconsórcio[236] possa ocorrer nos dois polos da relação processual, seja no ativo ou no passivo, não havendo qualquer restrição no que respeita à legitimação para figurar no polo passivo de uma ação civil pública.

A título ilustrativo, havendo lesão a direito metaindividual de trabalhadores, podemos mencionar a possibilidade de o Ministério Público demandar em juízo em face de Município, enquadrando no polo passivo da ação civil pública as autoridades responsáveis (prefeito, secretários municipais, administradores públicos etc.) que agiram conjuntamente na prática dos atos abusivos e ilícitos, sem observância dos mandamentos constitucionais e estatutários pertinentes, excedendo os poderes que lhes foram conferidos pela democracia representativa.

---

(236) EMENTA. 1. Legitimidade do Ministério Público Federal para propor ação civil pública, ante o interesse eminentemente de ordem social e pública, indo além dos interesses individuais homogêneos do exercício da profissão de jornalista, alcançando direitos difusos protegidos constitucionalmente, como a liberdade de expressão e acesso à informação. 2. Legítima e adequada a via da ação civil pública, em que se discute a ocorrência ou não do fenômeno da recepção, não se podendo falar em controle de constitucionalidade. 3. Havendo prova documental suficiente para formar o convencimento do julgador e sendo a matéria predominantemente de direito, possível o julgamento antecipado da lide. 4. Todos os Sindicatos da categoria dos jornalistas são legitimados a habilitar-se como litisconsortes facultativos, nos termos do § 2º do art. 5º da Lei n. 7.347/1985. Não configuração de litisconsórcio necessário. 5. A vigente Constituição Federal garante a todos, indistintamente e sem quaisquer restrições, o direito à livre manifestação do pensamento (art. 5º, IV) e à liberdade de expressão, independentemente de censura ou licença (art. 5º, IX). São direitos difusos, assegurados a cada um e a todos, ao mesmo tempo, sem qualquer barreira de ordem social, econômica, religiosa, política, profissional ou cultural. Contudo, a questão que se coloca de forma específica diz respeito à liberdade do exercício de qualquer trabalho, ofício ou profissão, ou, simplesmente, liberdade de profissão. Não se pode confundir liberdade de manifestação do pensamento ou de expressão com liberdade de profissão. Quanto a esta, a Constituição assegurou o seu livre exercício, desde que atendidas as qualificações profissionais estabelecidas em lei (art. 5º, XIII). O texto constitucional não deixa dúvidas, portanto, de que a lei ordinária pode estabelecer as qualificações profissionais necessárias para o livre exercício de determinada profissão. (...) 11. Apelações da União, da FENAJ e do Sindicato dos Jornalistas providas. 12. Remessa oficial provida. 13. Apelação do Ministério Público Federal prejudicada. (TRF 3ª R. — AC 2001.61.00.025946-3 (922220) — 4ª T. — Rel. Juiz Conv. Manoel Álvares — DJU 30.11.2005)

Temos vários exemplos no Brasil de litisconsórcio passivo envolvendo trabalhadores contratados irregularmente por OSCIP[237] (Organizações da Sociedade Civil de Interesse Público — Lei n. 9.790/1999) ou cooperativas de trabalho, para prestar serviços em órgãos públicos, sem o advento do concurso público. Casos da espécie podem dar ensejo a litisconsórcio passivo facultativo dessas instituições, em conjunto com os Municípios e outras autoridades envolvidas na contratação ilícita.

3.13. Assistência

A primeira leitura do § 2º, do art. 5º, da LACP, retromencionado, poderá induzir o hermeneuta à conclusão do não cabimento da assistência na órbita da ação civil pública. Isso porque houve uma espécie de silêncio eloquente do legislador, que indicou tão somente a possibilidade de litisconsórcio em qualquer dos polos da ação coletiva.

A Lei da Ação Popular (Lei n. 4.717/1965) previu o cabimento da assistência nas ações populares (art. 6º), e, a partir do momento em que esse dispositivo legal faz parte integrante do microssistema jurisdicional de tutela coletiva, não vemos qualquer óbice para o cabimento do instituto da assistência em sede de ações civis públicas.

De outra banda, se se permite o colegitimado na ação civil pública na condição de litisconsorte (ativo ou passivo), não há argumento para que não possa figurar como assistente, simples ou litisconsorcial. Dessa forma, entendemos plenamente aplicáveis os arts. 50[238] a 55 do CPC nas ações civis públicas, por força do permissivo legal do art. 19 da LACP (Lei n. 7.347/1985).

---

(237) EMENTA. CONVÊNIO FIRMADO ENTRE MUNICÍPIO E ASSOCIAÇÃO DE DIREITO PRIVADO. PROGRAMAS NA ÁREA DE SAÚDE. RESPONSABILIDADE SUBSIDIÁRIA. Após o advento da Emenda Constitucional n. 51, de 14 de fevereiro de 2006, os agentes comunitários de saúde deverão ser contratados diretamente pelos Estados, pelo Distrito Federal ou pelos Municípios, tendo como requisitos para a convalidação da contratação o processo seletivo público e o respeito ao limite de gasto estabelecido na Lei de Responsabilidade Fiscal. A referida Emenda Constitucional reforça a tese de que a saúde é dever do Estado e que, portanto, existe responsabilidade do Município quanto à prestação de serviços dos Agentes Comunitários de Saúde. Tem-se, ainda, que, nos termos do art. 30, VII, da Constituição Federal, compete ao Município a prestação de serviços de atendimento à saúde da população, não havendo, portanto, como eximi-lo da responsabilidade pela prestação de serviços que são essenciais à saúde de sua população. Logo, ainda que a contratação tenha ocorrido antes da EC n. 51/06, mediante Organização da Sociedade Civil de Interesse Público, o Município, nesse caso, responde subsidiariamente pelas obrigações trabalhistas devidas pela prestadora de serviços, independentemente da licitude da terceirização, conforme entendimento já consagrado na Súmula n. 331, IV, do TST. Precedente de Turma do TST. Recurso de Revista conhecido e não provido. RR n. 212/2007-002-08-00.0 Data de Julgamento: 26.8.2009, Redator Ministro: José Simpliciano Fontes de F. Fernandes, 2ª Turma, Data de Divulgação: DEJT 4.12.2009.

(238) Art. 50. Pendendo uma causa entre duas ou mais pessoas, o terceiro, que tiver interesse jurídico em que a sentença seja favorável a uma delas, poderá intervir no processo para assisti-la.

3.14. COLEGITIMADOS

Não há dúvida sobre a possibilidade de os colegitimados participarem da ação civil pública na condição de assistentes, em obediência ao adágio jurídico de quem pode o mais, pode o menos. Já que podem figurar como partes na ação coletiva, não há razão em que não possam participar da lide na condição de assistentes, existindo o interesse jurídico, e não meramente econômico.

No caso, aplica-se, subsidiariamente, o art. 54[(239)] do CPC, de modo que a assistência do colegitimado que intervier na lide será na modalidade litisconsorcial, posto que a sentença influenciará na relação jurídica existente entre os representados pelo assistente e a parte adversa do assistido.

Em várias ações civis públicas propostas pelo Ministério Público do Trabalho em face de empregadores, aquele órgão ministerial na exordial abre possibilidade para que o sindicato da categoria profissional, em seu âmbito de representação, querendo, intervenha, na condição de assistente litisconsorcial, nas causas relacionadas a controle de jornada de trabalho, meio ambiente de trabalho, assédio moral e mais objetos relacionados à relação capital e trabalho.

3.15. INTERESSADOS INDIVIDUAIS

Como já mencionado ao longo deste trabalho, os indivíduos interessados não detêm legitimidade para, isoladamente, ajuizar ações civis públicas, condição que é ostentada pelos legitimados dispostos no art. 5º da LACP. Se esse acesso direto à Justiça lhes é negado, de forma diversa do que ocorre no Direito norte-americano, haverá alguma forma de que o cidadão participe da lide, integrando o polo ativo, na condição de assistente?

Parte da doutrina veda esse tipo de assistência em sede de ação civil pública, já que tal instrumento processual constitucional objetiva a proteção de direitos difusos e coletivos. Parte dessa corrente é representada por Rodolfo de Camargo Mancuso[(240)], para quem "a legitimação prevista no art. 5º da Lei n. 7.347/1985, é ordinária, já que cada qual dos legitimados exercita direito próprio, assegurado numa norma legal, embora o objeto da ação por sua larga extensão abranja outros cidadãos e instituições. Situação de resto análoga à da ação popular. De todo modo, cremos que há um impedimento para se admitir o ingresso do cidadão como

---

Parágrafo único. A assistência tem lugar em qualquer dos tipos de procedimento e em todos os graus da jurisdição; mas o assistente recebe o processo no estado em que se encontra.

(239) Art. 54. Considera-se litisconsorte da parte principal o assistente, toda vez que a sentença houver de influir na relação jurídica entre ele e o adversário do assistido.

(240) MANCUSO, Rodolfo de Camargo. *Ação civil pública*, cit., p. 186.

litisconsorte originário ou ulterior ou ainda assistente, no polo ativo em ação civil pública cujo objetivo seja interesse difuso ou coletivo (CDC, art. 81, I e II); é que faltaria, a nosso ver, interesse processual, já que o objeto da ação não lhe pertine individualmente, nem poderá, em execução, ser fracionada para que lhe seja atribuída sua 'quota-parte', como se dá no pleito envolvendo interesses individuais homogêneos — CDC, art. 97"[241].

Ronaldo Lima dos Santos[242] esclarece que a ação civil pública, diversamente de outras lides coletivas, como as ações para a defesa de interesses individuais homogêneos, não tem por objetivo principal a reparação de lesão a direitos individuais, com o ressarcimento dos danos sofridos pelos indivíduos lesionados, mas a reparação dos danos indivisíveis e coletivamente considerados, mormente os de natureza difusa ou coletiva, o que retira o interesse processual do indivíduo para atuar como assistente no polo ativo da ação civil pública.

Para aquele autor[243], na esfera de proteção dos direitos difusos e coletivos, o interesse é aferido na sua dimensão metaindividual, com objeto indivisível e titulares indeterminados, sendo que o produto pecuniário de eventual condenação reverte-se para um fundo de reparação do bem lesado (art. 13 da Lei n. 7.347/1985), não é divisível em quotas-partes, nem tampouco diretamente direcionado aos indivíduos.

Assim, do exposto, verifica-se que a única hipótese de legitimação individual para a tutela de interesses difusos e coletivos em sede de microssistema de tutela coletiva consiste na ação popular (Lei n. 4.717/1965), sendo, portanto, perfeitamente possível a assistência individual neste instrumento jurídico. A única hipótese em que se permite em nosso ordenamento jurídico a intervenção individual nas tutelas moleculares ocorre em sede de interesses individuais homogêneos, consoante arts. 94[244] e 103, § 2º[245], da Lei n. 8.078/1990.

3.16. COMPETÊNCIA MATERIAL

A competência material para a proposição da ação civil pública encontra-se no art. 114 da CF/1988, com a nova redação da Emenda Constitucional n. 45/2004, bem como no art. 83, III, da Lei Complementar n. 75/1993, *in verbis*:

---

(241) Art. 97. A liquidação e a execução de sentença poderão ser promovidas pela vítima e seus sucessores, assim como pelos legitimados de que trata o art. 82.
(242) SANTOS, Ronaldo Lima dos. *Op. cit.*, p. 368.
(243) *Ibidem*, p. 368.
(244) Art. 94. Proposta a ação, será publicado edital no órgão oficial, a fim de que os interessados possam intervir no processo como litisconsortes, sem prejuízo de ampla divulgação pelos meios de comunicação social por parte dos órgãos de defesa do consumidor.
(245) § 2º Na hipótese prevista no inciso III, em caso de improcedência do pedido, os interessados que não tiverem intervindo no processo como litisconsortes poderão propor ação de indenização a título individual.

"Art. 114. Compete à Justiça do Trabalho processar e julgar: I — as ações oriundas da relação de trabalho, abrangidos os entes de direito público externo e da administração pública direta e indireta da União, dos Estados, do Distrito Federal e dos Municípios;

Art. 83. Compete ao Ministério Público do Trabalho o exercício das seguintes atribuições junto aos órgãos da Justiça do Trabalho:

III — promover a ação civil pública no âmbito da Justiça do Trabalho, para defesa de interesses coletivos, quando desrespeitados os direitos sociais constitucionalmente garantidos."

De outra parte, o art. 129, III, da Constituição Federal, assim dispõe:

"Art. 129. São funções institucionais do Ministério Público:

III — promover o inquérito civil e a ação civil pública, para a proteção do patrimônio público e social, do meio ambiente e de outros interesses difusos e coletivos."

O art. 6º, VII, letra "d", da Lei Complementar n. 75/1993, ainda dispõe que cabe ao Ministério Público da União, do qual faz parte o Ministério Público do Trabalho:

"VII — promover o inquérito civil e a ação civil pública para:

c) a proteção dos interesses individuais indisponíveis, difusos e coletivos, relativos às comunidades indígenas, à família, à criança, ao adolescente, ao idoso, às minorias étnicas e ao consumidor;

d) outros interesses individuais indisponíveis, homogêneos, sociais, difusos e coletivos."

Com fulcro nesses dispositivos constitucionais e infraconstitucionais, não resta dúvida de que a competência para dirimir conflitos coletivos, em sede de ação civil pública, cujos pedidos e causa de pedir relacionem-se às relações de trabalho, é da Justiça Especializada Trabalhista, sendo determinada pelos elementos contidos na petição inicial geralmente de natureza declaratória, constitutiva ou condenatória.

3.17. COMPETÊNCIA FUNCIONAL TERRITORIAL

A competência funcional territorial da ação civil pública na órbita da Justiça do Trabalho é expressa pelo art. 2º da Lei n. 7.347/1985, como segue:

"Art. 2º As ações previstas nesta Lei serão propostas no foro do local onde ocorrer dano, cujo Juízo terá competência funcional para processar e julgar a causa.

Parágrafo único. A propositura da ação prevenirá a jurisdição do juízo para todas as ações posteriormente intentadas que possuam a mesma causa de pedir ou o mesmo objeto."

Como se verifica pelo dispositivo legal acima enunciado, a competência territorial para julgamento da ação civil pública na Justiça do Trabalho é da Vara do Trabalho ou do Juiz de Direito investido na jurisdição trabalhista (art. 668 da CLT) do local onde se tenha verificado o dano. Se o dano for de tal magnitude que extrapole a área territorial da circunscrição da Vara do Trabalho ou do Juiz de Direito investido na jurisdição trabalhista, o juiz que primeiro conhecer da demanda estará prevento.

Essa competência funcional territorial, embora à primeira leitura possa induzir em qualificá-la como relativa, em uma análise mais profunda chegaremos à ilação de que sua natureza é absoluta, não podendo ser derrogada pela vontade das partes.

Raimundo Simão de Melo[246] esclarece que o motivo é que essa competência é instituída em razão da função do juiz no processo, o qual, na intenção do legislador, é mais bem habilitado para decidir os conflitos no local da sua atuação, por conhecer melhor as questões que envolvem o litígio. À primeira vista, poder-se-ia pensar tratar-se de competência territorial. Mas não é o caso, porque, embora exista algum traço de territorialidade (a competência é territorial-funcional), o que prevalece é a funcionalidade do juiz do local do dano, o qual melhores condições tem para exercer a sua função jurisdicional, por estar mais próximo fisicamente do fato, além do melhor e mais fácil acesso à prova sobre os fatos controvertidos.

Informa ainda o autor[247] que o texto legal não deixa espaço para se pensar numa competência relativa, porque o que move a tutela dos interesses metaindividuais é o interesse público, caracterizado pela indisponibilidade do seu objeto, não sendo possível, pois, que ao seu livre talante as partes modifiquem a competência do juízo que, em alguma hipótese, pode levar a prejuízo irreparável e irreversibilidade para a sociedade, que é a titular de tais direitos.

3.18. Competência territorial funcional e a OJ (Orientação Jurisprudencial) n. 130 da SDI-II do Tribunal Superior do Trabalho

Estabelece a Orientação Jurisprudencial n. 130, da SDI-II do colendo Tribunal Superior do Trabalho:

> "OJ n. 130. Ação Civil Pública. Competência. Local do dano. Lei n. 7.347/1985, art. 2º Código de Defesa do Consumidor, art. 93. I — A competência para a Ação Civil Pública fixa-se pela extensão do dano. II — Em caso de dano de abrangência regional, que atinge cidades sujeitas à jurisdição de mais de uma Vara do Trabalho, a competência será de qualquer das varas das localidades atingidas, ainda que vinculadas a Tribunais Regionais do Trabalho distintos. III — Em caso de dano de abrangência

---

(246) MELO, Raimundo Simão de. *Op. cit.*, p. 179.
(247) *Id., loc. cit.*

suprarregional ou nacional, há competência concorrente para a ação civil pública das varas do trabalho das sedes dos Tribunais Regionais do Trabalho. IV — Estará prevento o juízo a que a primeira ação houver sido distribuída."

Da teoria geral do processo, extraímos que a competência territorial é de natureza relativa, *i. e.,* passível de modificação, inclusive pela vontade das partes. Porém, não é isso que se verifica na hipótese do art. 2º da LACP. Nesse caso, a competência territorial é elevada à condição de funcionalidade do juízo, em razão dos fatores retromencionados, que inclusive modificaram sua denominação, passando a conceituá-la como "territorial funcional", o que a equipara à competência funcional, de caráter absoluto, por meio de disposição legal expressa.

Várias disposições processuais em nosso ordenamento jurídico atribuem o caráter absoluto à competência territorial, não sendo, portanto, de utilização exclusiva nas ações moleculares. Entre essas exceções, encontramos as ações imobiliárias no que respeita ao direito de propriedade, servidão, vizinhança, posse, divisão e demarcação de terras e nunciação de obra nova (art. 95 do CPC) e as ações em que a União for autora, ré ou interveniente (art. 99 do CPC). Já nas ações atomizadas trabalhistas, a competência territorial é relativamente absoluta, já que nelas não se admite eleição do foro (art. 651, CLT).

Para grande parte da doutrina e da jurisprudência, inclusive da posição do Ministério Público do Trabalho, que já apresentou proposta no sentido de alterar o conteúdo da OJ n. 130 da SDI-II do TST, a redação dessa orientação jurisprudencial e o conteúdo do art. 16 da LACP contrariam a teoria geral do processo e confundem os conceitos de competência e de jurisdição.

Para Raimundo Simão de Melo[248], o mais grave problema oriundo dessa orientação diz respeito ao estabelecimento da competência exclusiva do foro do Distrito Federal para os danos suprarregionais. Diz ele: "com efeito, diz o inciso II do art. 93 que é competente a Justiça do foro da Capital do Estado ou do Distrito Federal para os danos de âmbito nacional ou regional. Veja-se que, primeiro, não se usa a sequência regional-nacional para acompanhar Estado-Distrito Federal, mas, em ordem inversa, nacional-regional. Depois, igualmente não se disse respectivamente, como gramaticalmente seria exigido se o legislador quisesse adotar o entendimento sucessivo. Desse modo, o Distrito Federal foi mencionado não como Capital-unidade hierarquicamente superior da Federação, mas como Cidade--Estado, igualmente equiparada às demais Capitais dos Estados da Federação, pelo que, nas hipóteses de danos regionais ou suprarregionais (nacionais), a competência é o foro da Capital do Estado ou do Distrito Federal, cabendo ao autor fazer a escolha".

---

(248) *Ibidem*, p. 175.

Maria de Fátima Vaquero Ramalho Leyser[249], examinando acórdão do Tribunal de Justiça de Santa Catarina, apresentou a seguinte posição, em relação ao art. 93, II, do CDC: "isso significa que o inciso II, para duas situações distintas (danos regionais e danos nacionais), deu solução idêntica, qual seja, foro da Capital do Estado, tendo apenas se referido ao Distrito Federal em face da sua natureza *sui generis* de cidade-estado. Obviamente, em se tratando de dano nacional, todas as capitais do País, e o Distrito Federal, seriam em tese competentes para o aforamento da presente ação, tendo de se aplicar o critério da prevenção em caso de eventual conflito, ficando prevento aquele que primeiro despachar" (TJSC — AI n. 10335, 2ª Câmara, Des. Gaspar Rubik, julgado de 2.4.1996, v. u.).

O Superior Tribunal de Justiça já adota a tese da competência concorrente, como se apresenta nas ementas abaixo colacionadas:

"COMPETÊNCIA — AÇÃO CIVIL PÚBLICA — DEFESA DE CONSUMIDORES — INTERPRETAÇÃO DO ART. 93, II, DO CÓDIGO DE DEFESA DO CONSUMIDOR — DANO DE ÂMBITO NACIONAL

Em se tratando de ação civil coletiva para o combate de dano de âmbito nacional, a competência não é exclusiva do foro do Distrito Federal.

Competência do Juízo de Direito da Vara Especializada na Defesa do Consumidor de Vitória/ES." (Conflito de Competência n. 26.842, Rel. p/o Ac. Min. César Asfor Rocha, DJU 5.8.2002)

"CONFLITO DE COMPETÊNCIA — AÇÃO CIVIL PÚBLICA — CÓDIGO DE DEFESA DO CONSUMIDOR

1 — Interpretando o art. 93, inciso II, do Código de Defesa do Consumidor, já se manifestou esta Corte no sentido de que não há exclusividade do foro do Distrito Federal para o julgamento de ação civil pública de âmbito nacional. Isto porque o referido artigo ao se referir à Capital do Estado e ao Distrito Federal invoca competências territoriais concorrentes, devendo ser analisada a questão estando a Capital do Estado e o Distrito Federal em planos iguais, sem conotação específica para o Distrito Federal. 2 — Conflito conhecido para declarar a competência do Primeiro Tribunal de Alçada Civil do Estado de São Paulo para prosseguir no julgamento do feito." (Conflito de Competência n. 17.533, Rel. Min. Carlos Alberto Menezes Direito, DJU 30.10.2000)

"ADMINISTRATIVO. AÇÃO CIVIL PÚBLICA. COMPETÊNCIA. **ART.** 2º DA LEI N. **7.347/1985. ART. 93** DO **CDC**. 1. No caso de ação civil pública que envolva dano de âmbito nacional, cabe ao autor optar entre o foro da Capital de um dos Estados ou do Distrito Federal, à conveniência do autor. Inteligência do art. 2º da Lei

---

(249) LEYSER, Maria de Fátima Vaquero Ramalho. Competência nas ações coletivas. *Revista do Instituto de Pesquisas e Estudos*, Bauru, n. 19, p. 299-300, ago./nov. 1997.

n. 7.347/1985 e **93**, II, do **CDC**. 2. Agravo regimental não provido. AgRg na MC 13660/PR AGRAVO REGIMENTAL NA MEDIDA CAUTELAR STJ 2007/0302772-6. Rel. Min. Castro Meira. Data do julgamento: 4.3.2008."

Dessa forma, consoante a ementa *supra*, a posição do Superior Tribunal de Justiça, guardião da lei federal, é no sentido de que, em havendo dano de âmbito nacional, a competência é concorrente do Juízo da capital do Estado ou do Distrito Federal, colocados em plano de igualdade.

Sandra Lia Simon[250] defendeu o cancelamento da OJ n. 130 da SDI-II do TST e a aplicação apenas do art. 2º da LACP, ou, pelo menos, a competência concorrente dos foros de qualquer das localidades alcançadas pela extensão do dano causado ou a ser reparado. Se não atingir a dimensão estadual, determina-se a competência pelo critério da prevenção.

Na órbita da ação civil pública, entendemos desnecessária a aplicação do art. 93 do CDC, já que esse dispositivo legal é aplicável apenas à ação civil coletiva voltada à fixação de responsabilidade genérica do infrator pelos danos individualmente causados (CDC, arts. 91 e 95). No entanto, se utilizarmos o art. 93 (incisos I e II) do CDC como parâmetro de definição de competências concorrentes, nenhum prejuízo de ordem prática advirá, nos casos concretos, ao acesso à tutela coletiva, uma vez que, independentemente da dimensão do dano (local, regional ou nacional), os colegitimados para o ajuizamento da demanda (Lei n. 7.347/1985, art. 5º) poderão eleger, entre os foros concorrentes, e ainda competentes, aquele perante o qual poderá ser deduzida a pretensão.

3.19. Prescrição nas ações civis públicas

O prazo prescricional nas ações civis públicas configura-se como um dos pontos fulcrais de cizânia doutrina e jurisprudencial.

Teori Albino Zavascki[251], após discorrer sobre o prazo de prescrição da Lei n. 9.494/1997 (5 anos da data do ato ou fato do qual se originaram), do CDC (art. 27[252]), também de 5 anos, da Lei n. 8.429/1992 (art. 23[253] da Lei de Improbidade

---

(250) SIMÓN, Sandra Lia. Legitimidade do Ministério Público do Trabalho para a propositura de ação civil pública. *Revista Eletrônica Síntese Trabalhista*, São Paulo, n. 86, p. 139, ago. 1996.
(251) ZAVASCKI, Teori Albino. *Processo coletivo*. 4. ed. São Paulo: Revista dos Tribunais, 2009. p. 70.
(252) Art. 27. Prescreve em 5 (cinco) anos a pretensão à reparação pelos danos causados por fato do produto ou do serviço prevista na Seção II deste Capítulo, iniciando-se a contagem do prazo a partir do conhecimento do dano e de sua autoria.
(253) Art. 23. As ações destinadas a levar a efeito as sanções previstas nesta Lei podem ser propostas: I — até 5 (cinco) anos após o término do exercício de mandato, de cargo em comissão ou de função de confiança;

Administrativa), aduz que: "há uma acentuada tendência de seguir, quanto aos prazos prescricionais da espécie a linha pioneira da Lei da Ação Popular (Lei n. 4.717/1965), cujo art. 21 estabelece que a 'ação prevista nesta Lei prescreve em 5 anos'. A grande afinidade entre a ação popular e a ação civil pública, estabelecida pela semelhança de rito e sobretudo pelo vasto domínio comum das pretensões que por ela podem ser veiculadas, impõe que se adote como prazo prescricional desta última, pelo menos no que se refere a pretensões que se inserem no domínio jurídico comum a ambas, o prazo quinquenal do art. 21 da Lei n. 4.717, de 1965".

Para Raimundo Simão de Melo[254], a prescrição atinge direito patrimonial de quem, no prazo legal, sem razão justificada, não age na defesa dos seus interesses. Assim, esta não atinge os direitos e interesses metaindividuais nas modalidades difusa e coletiva, porque eles não têm natureza patrimonial. Esses direitos pertencem a pessoas indeterminadas ou apenas determináveis. (...) se a prescrição atinge direito patrimonial de quem, no prazo legal, sem razão justificada, não agiu na defesa dos seus interesses, já se pode imaginar que esse instituto não tem o condão de atingir os direitos e interesses metaindividuais nas modalidades difusa e coletiva, que envolvem obrigações de fazer, de não fazer e de suportar, sem conteúdo patrimonial.

A jurisprudência[255] ainda está vacilante quanto à tese da imprescritibilidade da ação civil pública, tendo por objeto direitos difusos e coletivos, embora já possamos encontrar algumas decisões nesse sentido.

II — dentro do prazo prescricional previsto em lei específica para faltas disciplinares puníveis com demissão a bem do serviço público, nos casos de exercício de cargo efetivo ou emprego.

(254) MELO, Raimundo Simão de. *Op. cit.*, p. 183.

(255) Ementa. REPARAÇÃO DE DANOS MATERIAIS E MORAIS — REGIME MILITAR — PERSEGUIÇÃO, PRISÃO E TORTURA POR MOTIVOS POLÍTICOS — IMPRESCRITIBILIDADE — DIGNIDADE DA PESSOA HUMANA — INAPLICABILIDADE DO ART. 1º DO DECRETO N. 20.910/1932 — 1. A violação aos direitos humanos ou direitos fundamentais da pessoa humana, como sói ser a proteção da sua dignidade lesada pela tortura e prisão por delito de opinião durante o Regime Militar de exceção enseja ação de reparação *ex delicto* imprescritível, e ostenta amparo constitucional no art. 8º, § 3º, do Ato das Disposições Constitucionais Transitórias. (...) 4. À luz das cláusulas pétreas constitucionais, é juridicamente sustentável assentar que a proteção da dignidade da pessoa humana perdura enquanto subsiste a República Federativa, posto seu fundamento. 5. Consectariamente, não há falar em prescrição da pretensão de se implementar um dos pilares da República, máxime porque a Constituição não estipulou lapso prescricional ao direito de agir, correspondente ao direito inalienável à dignidade. 6. Outrossim, a Lei n. 9.140/95, que criou as ações correspondentes às violações à dignidade humana, perpetradas em período de supressão das liberdades públicas, previu a ação condenatória no art. 14, sem cominar prazo prescricional, por isso que a *lex specialis* convive com a *lex generalis*, sendo incabível qualquer aplicação analógica do Código Civil ou do Decreto n. 20.910/1995 no afã de superar a reparação de atentados aos direitos fundamentais da pessoa humana, como sói ser a dignidade retratada no respeito à integridade física do ser humano. (...) A imprescritibilidade deve ser a regra quando se busca indenização por danos morais consequentes da sua prática. (STJ — REsp 816.209/RJ — (2006/0022932-1) — 1ª T. — Rel. Min. Luiz Fux — DJU 3.9.2007) RJ23-2007-C1.

A doutrina predominante tende pela imprescritibilidade no prazo para o ajuizamento das ações civis públicas, considerando não apenas a relevância social dos direitos difusos e coletivos, como também o fato de postarem-se como direitos indisponíveis e não patrimoniais, de elevada dignidade, como o direito à vida, à saúde, ao meio ambiente equilibrado, à educação, à honra etc.

Ademais, deve-se também levar em consideração que os legitimados para a propositura das ações civis públicas não são os verdadeiros titulares dos direitos postulados, e não se beneficiam diretamente dos resultados da demanda.

Já nas ações coletivas, na órbita laboral, que têm por objeto os interesses ou direitos individuais homogêneos, aplica-se a prescrição quinquenal (art. 7º, inciso XXIX, da CF/1988) durante a vigência do contrato de trabalho, e bienal, após a extinção deste.

3.20. Antecipação dos efeitos da tutela

O art. 12 da LACP assim se expressa:

"Art. 12. Poderá o juiz conceder mandado liminar, com ou sem justificação prévia, em decisão sujeita a agravo.

§ 1º A requerimento de pessoa jurídica de direito público interessada, e para evitar grave lesão à ordem, à saúde, à segurança e à economia pública, poderá o Presidente do Tribunal a que competir o conhecimento do respectivo recurso suspender a execução da liminar, em decisão fundamentada, da qual caberá agravo para uma das turmas julgadoras, no prazo de 5 (cinco) dias a partir da publicação do ato."

A aplicação subsidiária do Código de Processo Civil (art. 19 da Lei n. 7.347/1985) permite a utilização da antecipação de tutela em sede da ação civil pública.

Não obstante, plenamente cabível e até necessária a concessão de liminar ou de antecipação de tutela na ação civil pública, pela dignidade, às vezes urgência e relevância de seu objeto, não comportando recurso imediato[256] em face do princípio

---

(256) Em algumas situações, ocorre a impetração de mandado de segurança, objetivando proteger direito líquido e certo, em face da inexistência de recurso próprio neste momento processual. A propósito, a Súmula n. 414 do TST: N. 414 — MANDADO DE SEGURANÇA. ANTECIPAÇÃO DE TUTELA (OU LIMINAR) CONCEDIDA ANTES OU NA SENTENÇA. (conversão das Orientações Jurisprudenciais ns. 50, 51, 58, 86 e 139 da SDI-II). I — A antecipação da tutela concedida na sentença não comporta impugnação pela via do mandado de segurança, por ser impugnável mediante recurso ordinário. A ação cautelar é o meio próprio para se obter efeito suspensivo a recurso. (ex-OJ n. 51 — inserida em 20.9.2000). II — No caso de a tutela antecipada (ou liminar) ser concedida antes da sentença, cabe a impetração do mandado de segurança, em face da inexistência de recurso próprio. (ex-OJs ns. 50 e 58 — ambas inseridas em 20.9.2000). III — A superveniência da sentença, nos autos originários, faz perder o objeto do mandado de segurança que impugnava a concessão da tutela antecipada (ou liminar).

da irrecorribilidade das decisões interlocutórias (Súmula n. 214 do TST) no Processo do Trabalho, podendo haver impugnação da decisão definitiva por meio de recurso ordinário para o Tribunal Regional do Trabalho e recurso de revista para o Tribunal Superior do Trabalho.

A diferença fundamental é que, nas ações moleculares, a antecipação de tutela, seja de conteúdo cautelar ou satisfativo, objetivando garantir o resultado útil do processo ou antecipar os efeitos do mérito, não se utiliza do disposto nos arts. 273 e 461 do Código de Processo Civil, mais afeto às ações atomizadas, e tem como regra geral o preenchimento dos requisitos do *fumus boni iuris* (relevância do fundamento da demanda) e do *periculum in mora* (justificado receio de ineficácia do provimento final).

Aplica-se, também, neste caso, e com o mesmo desiderato, o art. 84, § 3º[257], do CDC.

A concessão da antecipação de tutela nas ações moleculares pode, e algumas vezes deve, ser prolatada até mesmo sem o requerimento do legitimado pela gravidade e pela relevância dos pedidos.

3.21. ALCANCE E EFEITOS DA COISA JULGADA

3.21.1. *Coisa julgada*

A coisa julgada nas ações atomizadas configura-se como de natureza *inter partes* e *pro et contra*. *Inter partes*, na medida em que vincula apenas os sujeitos do processo, limitando os efeitos da imutabilidade da decisão (art. 472 do CPC). *Pro et contra*, porque ocorre tanto para o benefício do autor, como a procedência da demanda que confirma a sua pretensão, como em seu prejuízo, como declaração negativa de seu direito[258].

Porém, a coisa julgada nas ações moleculares se processa de forma diversa. A primeira fórmula nacional foi a coisa julgada *secundum eventus probationis*, colocada nos arts. 18, Lei da Ação Popular n. 4.717/1965 e art. 16 da Lei n. 7.347/1985, segundo a qual em caso de insuficiência de provas não se daria coisa julgada

---

(257) Art. 84. Na ação que tenha por objeto o cumprimento da obrigação de fazer ou não fazer, o Juiz concederá a tutela específica da obrigação ou determinará providências que assegurem o resultado prático equivalente ao do adimplemento. § 3º Sendo relevante o fundamento da demanda e havendo justificado receio de ineficácia do provimento final, é lícito ao Juiz conceder a tutela liminarmente ou após justificação prévia, citado o réu.
(258) DIDIER JR., Fredie; ZANETI JR., Hermes. *Op. cit.*, p. 337.

material, podendo ser reproposta a demanda. Essa solução deixava a desejar, principalmente porque não cuidava da situação dos direitos individuais dos particulares, em caso de julgamentos pela improcedência do pedido. Faltava a lei determinar em que grau estariam vinculados os titulares de direitos individuais[259].

O CDC (Lei n. 8.078/1990) estabeleceu nova disciplina, dando atenção direta às garantias individuais, ditando que não serão prejudicadas as ações individuais em razão do insucesso da ação coletiva, sem a anuência do indivíduo. A improcedência de uma demanda coletiva poderia ser estabilizada pela coisa julgada material apenas no âmbito da tutela coletiva, sem qualquer repercussão no âmbito da tutela individual. A procedência da demanda coletiva torna-se indiscutível pela coisa julgada material no âmbito da tutela coletiva e, ainda, estende os seus efeitos para beneficiar os indivíduos em suas ações individuais[260].

Fredie Didier Jr. e Hermes Zaneti Jr.[261] aduzem que foi dessa forma que surgiu uma situação interessante e nova, a extensão *secundum eventum litis*, da coisa julgada coletiva ao plano individual: as sentenças somente terão estabilizadas suas eficácias com relação aos substituídos (indivíduos) quando o forem de procedência nas ações coletivas. (...) A decisão nas ações coletivas trará, porém, sempre alguma influência sobre as ações individuais mesmo quando denegatória no mérito. Como se salientou na doutrina, somente em casos excepcionais os titulares individuais terão chance de êxito, visto que a natural amplitude da discussão no processo coletivo agirá como fator de reforço ou fortalecimento da convicção jurisdicional.

Esses autores[262] concluem o seu pensamento destacando que, em contrapartida, o CDC determinou a ocorrência da coisa julgada material entre os colegitimados e a contraparte, ou seja, a impossibilidade de repropor a demanda coletiva caso haja sentença de mérito (*pro et contra*), atendendo, assim, aos fins do Estado na obtenção da segurança jurídica e respeitando o devido processo legal com relação ao réu que não se expõe indeterminadamente à ação coletiva, ficando, dessa forma, respeitada a regra tantas vezes defendida pela doutrina: "a coisa julgada, como resultado da definição da relação processual, é obrigatória para os sujeitos desta". Nos processos coletivos, ocorre sempre coisa julgada. A extensão subjetiva desta é que se dará "segundo o resultado do litígio", atingindo os titulares do direito individual (de certa forma denominados substituídos) apenas para seu benefício.

---

(259) *Ibidem*, p. 338.
(260) *Ibidem*, p. 338-339.
(261) *Ibidem*, p. 339.
(262) *Ibidem*, p. 340.

Podemos, dessa forma, aduzir que os efeitos *secundum eventum litis* aplicam-se aos interesses e direitos difusos, produzindo coisa julgada *erga omnes*. Nesse caso, apenas se a decisão for de procedência é que gerará efeitos processuais para os integrantes da coletividade representada na ação civil pública, em suas esferas individuais.

No caso da coisa julgada em sede de ação civil pública envolvendo interesses difusos, ocorrendo a improcedência do pedido, por insuficiência de provas, ocorre coisa julgada *secundum eventum probationis*, com possibilidade de propositura de nova demanda com o mesmo objeto e causa de pedir, com base em novas provas, inclusive pelo autor que havia proposto a ação anterior.

Nas ações civis públicas, cujo objeto sejam direitos ou interesses difusos, ocorrendo a improcedência do pedido por qualquer motivo, que não a insuficiência de provas, ocorrerá coisa julgada material, com eficácia *erga omnes*, e a impossibilidade de propositura de nova demanda, com o mesmo objeto e causa de pedir, por qualquer ente legitimado.

Nas ações moleculares, tendo por objeto direitos coletivos, em caso de procedência do pedido, ocorrerá coisa julgada material, com eficácia *ultra partes*, com a consequente impossibilidade de propositura de nova demanda com o mesmo objeto e causa de pedir, por qualquer ente legitimado.

De modo diverso, ocorrendo a improcedência do pedido, nas ações moleculares cujo objeto sejam os interesses e direitos coletivos, por qualquer motivo que não a insuficiência de provas, haverá coisa julgada material, com eficácia *ultra partes* e impossibilidade de propositura de nova demanda com o mesmo objeto e causa de pedir, por qualquer legitimado.

Se ainda nesse mesmo tipo de ação coletiva, envolvendo direitos coletivos, a improcedência do pedido se der por insuficiência de provas, haverá coisa julgada *secundum eventum probationis*, com possibilidade de propositura de nova demanda com o mesmo objeto e causa de pedir, com base em novas provas, inclusive pelo autor que havia proposto a ação anterior.

4. Ação civil coletiva

4.1. Conceito

O Código de Defesa do Consumidor (Lei n. 8.078/1990) disponibilizou aos operadores do Direito no Brasil esse novo instrumento processual de tutela de direitos individuais homogêneos, em seus arts. 81 e 91, o primeiro de natureza genérica e o segundo de natureza específica, no Capítulo II, deste dispositivo legal, *in verbis*:

"Art. 81. A defesa dos interesses e direitos dos consumidores e das vítimas poderá ser exercida em Juízo individualmente, ou a título coletivo."

"Capítulo II. DAS AÇÕES COLETIVAS PARA A DEFESA DE INTERESSES INDIVIDUAIS

Art. 91. Os legitimados de que trata o art. 82 poderão propor, em nome próprio e no interesse das vítimas ou seus sucessores, ação civil coletiva de responsabilidade pelos danos individualmente sofridos, de acordo com o disposto nos artigos seguintes."

Logo a seguir, a Lei Orgânica do Ministério Público da União (LC n. 75/1993), delineando os instrumentos de atuação do Ministério Público da União, e, por conseguinte, do Ministério Público do Trabalho, já que este último faz parte integrante daquele, em seu art. 6º, inciso VII, alínea "d" estabeleceu:

"Art. 6º Compete ao Ministério Público da União:

VII — promover o inquérito civil e a ação civil pública para:

d) outros interesses individuais indisponíveis, homogêneos, sociais, difusos e coletivos."

Os arts. 81[263] e 83[264] da Lei n. 8.078/1990 apresentaram também as ações coletivas denominadas *stricto sensu*, ou ações civis públicas coletivas, posto que a regulação dessas ações segue o mesmo regramento legal das ações civis públicas disciplinadas pela Lei n. 7.347/1985.

Em sede de Direito Processual Coletivo do Trabalho, temos o papel desempenhado pelas ações de cumprimento para a defesa dos direitos individuais homogêneos dos trabalhadores, nos casos de acordos ou convenções coletivas de trabalho não devidamente cumpridos.

Se a Lei n. 8.078/1990 introduziu em nosso ordenamento jurídico o conceito de interesses individuais homogêneos e sua tutela jurisdicional, complementando o disposto no art. 129, III, da CF/1988, e legitimando o Ministério Público da União como um de seus titulares, ao mesmo tempo determinou a inserção do art. 21 da Lei n. 7.347/1985, que assim se expressa:

---

(263) Art. 81 (...) Parágrafo único. A defesa coletiva será exercida quando se tratar de: I — interesses ou direitos difusos, assim entendidos, para efeitos deste Código, os transindividuais, de natureza indivisível, de que sejam titulares pessoas indeterminadas e ligadas por circunstâncias de fato; II — interesses ou direitos coletivos, assim entendidos, para efeitos deste Código, os transindividuais de natureza indivisível de que seja titular grupo, categoria ou classe de pessoas ligadas entre si ou com a parte contrária por uma relação jurídica-base; III — interesses ou direitos individuais homogêneos, assim entendidos os decorrentes de origem comum.

(264) Art. 83. Para a defesa dos direitos e interesses protegidos por este Código são admissíveis todas as espécies de ações capazes de propiciar sua adequada e efetiva tutela.

"Art. 21. Aplicam-se à defesa dos direitos e interesses difusos, coletivos e individuais, no que for cabível, os dispositivos do Título III da lei que instituiu o Código de Defesa do Consumidor (Artigo acrescentado pela Lei n. 8.078, de 11.9.1990, DOU 12.9.1990)."

Nesse mesmo sentido, o art. 90 do CDC:

"Art. 90. Aplicam-se às ações previstas neste Título as normas do Código de Processo Civil e da Lei n. 7.347, de 24 de junho de 1985, inclusive no que respeita ao inquérito civil, naquilo que não contrariar suas disposições."

Foi justamente essa íntima ligação entre esses dois instrumentos processuais coletivos que deu origem ao microssistema de tutela coletiva, cujo regramento é aplicável a qualquer demanda coletiva, da forma como ficou disposto no art. 21 da Lei n. 7.347/1985.

Dessa forma, independentemente do *nomen juris* da ação coletiva, seja ação civil coletiva ou ação civil pública, uma vez que o nome da peça não é fundamental para seu deslinde em Juízo, e, portanto, não deve ensejar sua extinção, sem julgamento do mérito, podemos encontrar a ação coletiva para a tutela de interesses difusos e coletivos, com fulcro no art. 81 e seguintes do CDC, hipótese em que se confundiria com a ação civil pública, bem como para a defesa de direitos e interesses individuais homogêneos, nesse caso sendo processada de acordo com as regras mais específicas do art. 91 e seguintes do CDC. Vale dizer, na defesa de direitos difusos, coletivos e individuais homogêneos, o operador do Direito poderá se valer tanto da ação civil coletiva como da ação civil pública.

No entanto, parte da doutrina[265] entende que a ação civil coletiva deverá seguir o regramento do art. 91 e seguintes do CDC, ou seja, na proteção dos direitos e interesses individuais homogêneos, enquanto a ação civil pública estaria mais afeta à tutela dos direitos difusos e coletivos.

Vale dizer, utiliza-se a ação civil coletiva para a defesa de interesses individuais homogêneos[266], prevista no Capítulo II, do Título III, da Lei n. 8.078/1990, posto

---

(265) MARTINS FILHO, Ives Gandra. *Processo coletivo do trabalho*. 4. ed. São Paulo: LTr, 2009. p. 244.
(266) Ação Civil Pública — Defesa de Direitos Individuais Homogêneos — Cabimento — Perfeitamente cabível a medida intentada pelo autor — Ministério Público do Trabalho — que agrupou na mesma ação coletiva direitos individuais, estes que poderiam ser defendidos isoladamente por seus titulares, com a propositura de ações individuais, mas que, em face da homogeneidade e origem comum, pois decorrentes os pleitos da lei e de convenções coletivas de trabalho, também autoriza a prática da ação civil pública, através da qual é possível empreender trato processual coletivo para reparar essas lesões de origem comum, envidando resposta judiciária que, em última análise, além de atender a esses interesses individuais homogêneos, restabelece a ordem jurídica naquele âmbito. Aplicação da Lei n. 7.347/1985, art. 1º c/c art.

que nas ações coletivas para a defesa de direitos e interesses difusos e coletivos recorre-se ao regramento próprio da ação civil pública da Lei n. 7.347/1985.

4.2. Natureza jurídica da ação civil coletiva

Para Renato Luiz Topan, a ação coletiva *stricto sensu* é um típico instrumento apto a provocar a jurisdição no escopo de uma tutela a interesses com teor social, ditos público-primários.

Da mesma forma que a ação civil pública, a ação civil coletiva constitui típica ação coletiva, e, portanto, deve seguir as normas gerais do processo coletivo, aplicando-se-lhe as disposições da Lei da Ação Civil Pública (Lei n. 7.347/1985) e do Código de Defesa do Consumidor (Lei n. 8.078/1990), e em caráter subsidiário, regras e princípios da CLT — Consolidação das Leis do Trabalho e do Código de Processo Civil.

4.3. Objeto da ação civil coletiva

Como mencionado, diversamente da ação civil pública, regrada pela Lei n. 7.347/1985, que objetiva a tutela dos interesses ou direitos difusos e coletivos, na busca de uma obrigação de fazer, de não fazer, ou de eventualmente suportar, bem como uma indenização genérica coletiva pelos danos causados aos interesses e direitos metaindividuais, por seu turno, a ação civil coletiva objetiva a tutela de direitos individuais homogêneos e possui uma natureza condenatória concreta, com a finalidade de obter a reparação pelos danos individualmente sofridos pelas vítimas, mediante reconhecimento genérico da obrigação de indenizar.

Há de se observar que a preocupação do legislador não foi com o ressarcimento de danos globalmente considerados, mas com o ressarcimento dos danos sofridos individualmente[267] pelos trabalhadores, desde que provenientes de uma origem comum, consoante art. 81, inciso III, do CDC. É dizer, a ação civil pública está apta e tecnicamente preparada à reparação abstrata de danos globalmente consi-

---

81, e incisos, da Lei n. 8.078/1990 (Código de Defesa do Consumidor). (TRT 2ª R. — RO 02332200106602009 — Ac. 20040148216 — 10ª T. — Relª Juíza Sônia Aparecida Gindro — DOE 20.4.2004)

(267) Como exemplo, podemos mencionar a situação em que uma empresa, prestes a encerrar suas operações, decide vender apressadamente todo seu patrimônio e não pagar as verbas rescisórias e demais consectários legais. Nesse caso, uma ação civil coletiva, com pedido de antecipação de tutela, ajuizada pelo sindicato da categoria profissional, ou em sua ausência, pelo Ministério Público do Trabalho, seria o instrumento processual coletivo adequado para garantir e concretizar os direitos de todos os trabalhadores da empresa, individualmente considerados.

derados (difusos e coletivos)[268], sem individuação de supostos beneficiários, ao passo que a ação civil coletiva está apta a ser manejada para reparação abstrata de danos individualmente sofridos, cuja individuação se dará na fase de execução do julgado.

Na verdade, a ação civil coletiva faz parte de uma estratégia do legislador no sentido da coletivização das ações, que constitui uma tendência mundial para agilizar a prestação jurisdicional e o acesso à Justiça de pessoas que, de forma individual, não teriam meios de fazê-lo, seja pelos pequenos valores envolvidos que acabariam desmotivando-as, em face dos custos, seja pelo próprio desconhecimento de grande parte da população em relação a esses direitos.

O projeto do novo Código Civil Brasileiro, que está em tramitação no Congresso Nacional e deverá substituir o código de ritos de 1973, que, como bastante salientado neste trabalho, não tem dignidade para dirimir conflitos moleculares, já que idealizado em um momento de evolução histórica, política e social em nosso País, em que não se tinha ainda notícia e não predominavam, como hoje, as ações de massas, traz em seu bojo instrumentos capazes de reduzir o número de recursos e demandas judiciais e um novo instrumento judicial capaz de modernizar a Justiça, denominado "incidente de coletivização", que ensejará a possibilidade de transformação de um processo individual em coletivo, quando o juiz entender que a questão afeta um número maior de pessoas.

Esse mecanismo processual inovador, a que o futuro Código de Processo Civil está denominando "incidente de coletivização", poderá ser aplicado em ações de massa, alvo de reclamações semelhantes de inúmeros indivíduos, como as reclamações em face de companhias telefônicas, aéreas, de aparelhos de telefonia celular e assim por diante. A inovação consistirá, se aprovado o projeto, na possibilidade de suspensão[269] de todas as ações atomizadas, cujo objeto seja semelhante, até que o juízo competente prolate uma sentença coletiva, ampla, capaz de definir o direito de tantos quantos se encontrarem em idêntica situação fática e jurídica.

---

(268) A título de esclarecimentos: em uma ação civil pública, busca-se, por exemplo, uma obrigação de não fazer (que o empregador se abstenha de exigir que seus empregados militem em meio ambiente considerado inadequado pelas autoridades sanitárias) e uma indenização por dano moral coletivo, cujo valor será direcionado a um fundo ou a uma comunidade de entidades filantrópicas, mas não diretamente aos trabalhadores envolvidos; ao passo que, em sede de ação civil coletiva, busca-se o ressarcimento diretamente aos próprios trabalhadores (não pagamento de adicionais ou de verbas trabalhistas aos trabalhadores de uma empresa).

(269) Essa disciplina é defendida no Anteprojeto de Código Brasileiro de Processos Coletivos, para o qual a melhor solução se apresenta na suspensão dos processos individuais até o julgamento definitivo da demanda coletiva. Os requisitos são: os direitos referidos na relação jurídica individual apresentarem-se incindíveis (pela própria natureza ou por força de lei), que exijam decisão uniforme ou global e desde que tenha sido ajuizada demanda coletiva versando sobre o mesmo bem jurídico.

Dessa forma, por força do art. 769 da CLT, se aprovado, tal instituto também poderá ser aplicado, de forma subsidiária, em sede de Direito Processual do Trabalho, havendo omissão e compatibilidade.

Tal atitude de renovação do projeto do novo Código de Processo Civil representa um reconhecimento não apenas da inoperância da sistemática processual atomizada atual, regrada pelo Código de 1973, como uma tentativa de adequá-lo aos instrumentos mais modernos do microssistema de tutela jurisdicional coletiva, cujo objetivo é também evitar a multiplicação de demandas atomizadas.

Cabe ressaltar que nem mesmo a Consolidação das Leis do Trabalho previu o atendimento dos direitos metaindividuais, de natureza trabalhista, e, no evolver natural das ações coletivas e do fenômeno da parceirização jurisdicional entre o Poder Judiciário Trabalhista e o Ministério Público do Trabalho, tudo leva a crer que teremos uma maior incidência desse tipo de ação molecular perante a Justiça Especializada.

Voltando à ação civil coletiva, trata-se de uma forma rápida, eficaz e adequada de reparação pelos danos individualmente sofridos pelos trabalhadores, provenientes de atos ou fatos de origem comum, de manejo dos sindicatos da categoria profissional, do Ministério Público do Trabalho e de outros legitimados, devidamente nominados no CDC (Lei n. 8.078/1990).

4.4. Fungibilidade das ações coletivas

Entende-se por fungibilidade[270] em sede processual a utilização de um instrumento processual por outro, com o prosseguimento normal do feito, não obstante a falta de adequação do procedimento escolhido, atentando-se ao fato de que a fungibilidade aceita é a de procedimentos e não de requisitos, sob pena de afronta ao texto legal.

Hodiernamente existe a possibilidade de se ajuizar uma ação civil pública, como se fosse uma ação civil coletiva e vice-versa, posto que se permite até mesmo a cumulação de uma ação civil pública e uma ação civil coletiva em um mesmo instrumento processual. Não há dúvida de que esses dois instrumentos — ação civil pública e ação civil coletiva — constituem partes integrantes de um mesmo fenômeno: as ações coletivas integram o microssistema de tutela jurisdicional

---

(270) A Lei n. 10.444, de 2002, instituiu a fungibilidade entre a medida cautelar e a tutela antecipada, acrescentando o § 7º ao art. 273 do Código de Processo Civil. As coisas fungíveis são aquelas que podem ser substituídas por outras do mesmo gênero. Assim, o referido dispositivo permite que, se alguma das partes postular medida cautelar em sede de antecipação de tutela, ou vice-versa, uma faça as vezes da outra, prosseguindo normalmente o feito, não obstante a ausência de adequação do procedimento escolhido.

coletiva, havendo íntima correlação entre elas (CDC art. 90 e LACP art. 21), pelo que não se justifica a diferenciação entre as duas espécies de demandas, eis que ambas estão a conduzir pretensões de índole molecular.

José Marcelo Menezes Vigliar[271] entende que não há que se fazer qualquer diferenciação, a não ser se a demanda possui caráter individual ou coletivo, independentemente da espécie do direito material em tela. Diz ele: "não há como sustentar seja a ação coletiva um gênero, do qual a ação civil pública seja uma espécie. É plenamente possível a utilização de uma expressão pela outra. Ambas não deveriam existir, pois ação não deve ser adjetivada. Mas a coletiva diz muito mais: diz que tipo de interesse se busca tutelar. A civil pública, além de ser utilizável por outros legitimados que não o Ministério Público (arts. 5º e 82 das Leis ns. 7.347/1985 e 8.078/1990, respectivamente), pode perfeitamente postular a defesa de um direito individual homogêneo, já que tal ação se presta (porque de idêntica abrangência da coletiva) a tutelar interesses coletivos (sejam essencialmente coletivos, sejam não essencialmente coletivos)".

Entendemos que o mais importante, em sede de ação molecular, não é a sua denominação ou *nomen juris*, mas, sim, após a sua identificação (partes, pedidos e causa de pedir), caracterizando-se como demanda coletiva o rito processual correto a ser desenvolvido. Em se tratando de direitos individuais homogêneos, o procedimento especial da Lei n. 8.078/1990 (CDC), e veiculando pretensões de índole difusa e coletiva, o procedimento da Lei n. 7.347/1985 (LACP), atendendo--se aos requisitos do alcance e efeitos da coisa julgada, obrigatoriedade de publicação de edital, forma de execução, destinação de recursos a um fundo ou à própria comunidade, possibilidade de litisconsórcio etc.

4.5. Diferenciação entre ação civil coletiva e consórcio multitudinário

As ações civis coletivas ajuizadas para a tutela de direitos individuais homogêneos não se confundem com o consórcio multitudinário (ou de multidões), posto que, enquanto nas primeiras se prima pela não identificação dos titulares das pretensões deduzidas em juízo, até mesmo para sua própria proteção em face de represálias por parte de empregadores inescrupulosos, as segundas não existem sem que todos os titulares do direito material sejam devidamente identificados.

Em outras palavras, na ação civil coletiva, o legitimado ativo (o sindicato, Ministério Público ou outro) apresenta-se como parte na relação jurídica processual, sem que ostente a condição de titular do direito material invocado, sendo que a

---

(271) VIGLIAR, José Marcelo Menezes. A causa de pedir e os direitos individuais homogêneos. In: CRUZ E TUCCI, José Rogério; BEDAQUE, José Roberto dos Santos (orgs.). *Causa de pedir e pedido no processo civil*. São Paulo: Revista dos Tribunais, 2002. p. 227.

ação segue seu rito de forma abstrata, em caráter coletivo, sem necessidade de nomear ou identificar os beneficiários ou mesmo apresentação do rol de substituídos. Apenas na fase de liquidação, e, logo após, na execução, é que haverá a identificação dos trabalhadores individualmente lesados.

Já no litisconsórcio ativo multitudinário, cada um dos autores ou trabalhadores deve ser nomeado ou identificado no polo ativo da lide, uma vez que todos litigam em nome próprio na defesa do próprio direito ou interesse, como legitimados ordinários (CPC art. 6º). Vale dizer, esse tipo de consórcio configura-se pela defesa de interesses concretos de uma pluralidade de pessoas plenamente identificáveis e individualizadas.

Nos termos do art. 301, § 3º[272], CPC, utilizado subsidiariamente, por força do art. 769 da CLT, o requisito de existência do litisconsórcio multitudinário envolve a litispendência[273] entre a ação principal e uma ação individual proposta por qualquer um dos litisconsortes, portando o mesmo objeto e com fulcro na mesma causa de pedir.

Como expressa o art. 104 do CDC, a propositura da ação individual e de ação coletiva, com o mesmo objeto, não induz litispendência, ao passo que, se os autores das ações individuais não requererem a suspensão destas no prazo de trinta dias, a contar da ciência nos autos do ajuizamento da ação coletiva, não seriam beneficiados por eventual decisão favorável na ação coletiva.

O litisconsórcio multitudinário poderá ensejar uma decisão judicial uniforme ou simples. Para Humberto Theodoro Júnior[274], será unitário o litisconsórcio multitudinário quando a decisão da causa deva ser uniforme em relação a todos os litisconsortes, e será simples, quando a decisão, embora proferida no mesmo processo, possa ser diferente para cada um dos litisconsortes.

Neste caso, a coisa julgada se restringirá, em seus efeitos, aos participantes da relação jurídica processual, não beneficiando nem prejudicando terceiros (art.

---

(272) § 3º Há litispendência, quando se repete ação que está em curso; há coisa julgada, quando se repete ação que já foi decidida por sentença, de que não caiba recurso.
(273) LITISCONSÓRCIO ATIVO FACULTATIVO — CONFIGURAÇÃO DA HIPÓTESE DESCRITA NO PARÁGRAFO ÚNICO DO ART. 46 DO CÓDIGO DE PROCESSO CIVIL — EXCESSO DE POSTULANTES — LIMITAÇÃO — DISCRICIONARIEDADE DO MAGISTRADO — A limitação do litisconsórcio facultativo multitudinário, quer ativo quer passivo, é poder discricionário do magistrado, e deve ser aplicada quando houver dificuldade para a defesa ou comprometimento da rápida solução do litígio. Existindo excesso de postulantes no polo ativo, e havendo questões a serem decididas em relação aos pedidos de cada um deles, constata-se a dificuldade para o processamento e julgamento do feito, de sorte a comprometer a rápida solução do litígio, motivo pelo qual é plausível a recusa do litisconsórcio facultativo ativo pelo julgador. (TJMG — AI 1.0027.09.184964-9/001 — 9ª C.Cív. — Rel. José Antônio Braga — J. 13.7.2009)
(274) THEODORO JUNIOR, Humberto. *Curso de direito processual civil*. 32. ed. Rio de Janeiro: Forense, 2000. v. 1, p. 96.

472 do CPC), já que composta por interesses e direitos plúrimos de sujeitos plenamente determináveis, cuja ação inclusive poderia ter sido proposta de forma atomizada. Todos os litisconsortes ficarão sujeitos aos efeitos da coisa julgada, sendo beneficiados se procedentes, ou deverão sofrer os ônus, em caso desfavorável.

Quanto à ação coletiva para defesa de interesses individuais homogêneos, em que pese tenha como objetivo a reparação, *in concreto*, dos danos sofridos pelos trabalhadores individualmente considerados, a sentença será única e de idêntico teor para todos os substituídos, não ensejando possibilidade de decisões com teores ou conteúdos diversos. A sentença genérica obedecerá ao disposto no art. 95 do CDC:

> "Art. 95. Em caso de procedência do pedido, a condenação será genérica, fixando a responsabilidade do réu pelos danos causados."

Dessa forma, a sentença genérica deverá declarar a existência ou não do dano, bem como a responsabilidade do infrator pela sua reparação. Somente na fase de liquidação de sentença é que ocorrerá a individuação dos trabalhadores lesados e a definição da extensão dos prejuízos causados para a devida execução.

A decisão judicial proferida nesta ação coletiva terá eficácia *erga omnes*, de acordo com o art. 103, III, e § 2º do CDC, *in verbis*:

> "Art. 103. Nas ações coletivas de que trata este Código, a sentença fará coisa julgada:
>
> III — *erga omnes*, apenas no caso de procedência do pedido, para beneficiar todas as vítimas e seus sucessores, na hipótese do inciso III, do parágrafo único, do art. 81.
>
> § 2º Na hipótese prevista no inciso III, em caso de improcedência do pedido, os interessados que não tiverem intervindo no processo como litisconsortes poderão propor ação de indenização a título individual."

4.6. Legitimidade ativa

A legitimidade ativa para propor a ação civil coletiva, da forma mesma que a ação civil pública, está disposta na integração das Leis n. 7.347/1985 (LACP) e 8.078/1990, que formam o núcleo do microssistema jurisdicional de tutela coletiva.

Apresentam-se como legitimados ativos, de acordo com os arts. 5º da LACP e art. 82 do CDC, de forma concorrente e disjuntiva: o Ministério Público, a Defensoria Pública, a União, os Estados, os Municípios, o Distrito Federal, autarquias, empresas públicas, fundações e sociedades de economia mista ou entidades da Administração Pública direta ou indireta, ainda que sem personalidade jurídica, associação civil que esteja constituída há pelo menos um ano, nos termos da lei civil, e que inclua entre suas finalidades institucionais a defesa do direito metaindividual lesionado.

Da mesma forma que nos posicionamos alhures, entendemos que o requisito da constituição há pelo menos um ano não se aplica às organizações sindicais.

Os sindicatos, que possuem natureza jurídica de associação, também estão legitimados à propositura da ação civil coletiva, na defesa de direitos individuais homogêneos dos trabalhadores da respectiva categoria profissional, de acordo com o art. 8º, III, da CF/1988 e dos artigos retromencionados dispostos na legislação infraconstitucional (art. 5º, LACP e art. 82, CDC).

4.7. A LEGITIMIDADE DO MINISTÉRIO PÚBLICO DO TRABALHO PARA A DEFESA DOS DIREITOS INDIVIDUAIS HOMOGÊNEOS

Embora os arts. 129, § 1º, da Constituição Federal, 5º da Lei n. 7.347/1985 e 82, IV, da Lei n. 8.078/1990 atribuam legitimidade ao Ministério Público do Trabalho e aos demais legitimados, para a tutela de direitos difusos, coletivos e individuais homogêneos, surgiu profunda cizânia doutrinária e jurisprudencial, que ainda remanesce até os dias de hoje em certas Varas e Tribunais[275] do Trabalho[276] no que diz respeito especificamente à legitimidade do Ministério Público, tendo em vista as características dos direitos individuais homogêneos[277]: na sua essência,

---

(275) AÇÃO CIVIL PÚBLICA — ILEGITIMIDADE ATIVA DO MINISTÉRIO PÚBLICO — 1 — Ação civil pública movida pelo Ministério Público com intuito de que sejam a União e o Estado de Pernambuco compelidos, solidariamente, a fornecerem medicamento a uma determinada pessoa; 2 — A legitimidade do Ministério Público se vincula aos interesses difusos e coletivos. Quanto aos individuais homogêneos, sua legitimidade somente se verifica quando se trata de interesses indisponíveis, o que não é a hipótese dos autos; 3 — Processo extinto sem resolução de mérito (art. 267, VI, do CPC); 4 — Apelação da União e remessa oficial providas, e apelação do Estado de Pernambuco prejudicada. (TRF 5ª R. — APELREEX 2008.83.00.014590-6 — (5567/PE) — 3ª T. — Rel. Des. Fed. Paulo Roberto de Oliveira Lima — DJe 17.7.2009 — p. 290)

(276) MINISTÉRIO PÚBLICO DO TRABALHO — LEGITIMIDADE — AÇÃO CIVIL PÚBLICA — DIREITOS INDIVIDUAIS HOMOGÊNEOS — TRABALHO VOLUNTÁRIO REMUNERADO — DIREITO À CONTRAPRESTAÇÃO PACTUADA — INEXISTÊNCIA DE RENÚNCIA — Quando a cizânia decorre de ação civil pública, o *Parquet* age na defesa dos direitos difusos, coletivos ou individuais homogêneos, autorizado por legitimação processual coletiva. Em se tratando de labor gracioso, indiscutível que essa relação jurídica, desde que lícita, não gera vínculo empregatício, mas remanesce para o prestador do serviço voluntário o direito à indenização pelas despesas realizadas com autorização da entidade, para o desempenho de suas atividades, em respeito ao pactuado e por inexistir ato de renúncia. (TRT 22ª R. — RO 01276-2008-002-22-00-3 — 2ª T. — Rel. Des. Fausto Lustosa Neto — DJe 2.7.2009)

(277) MANDADO DE SEGURANÇA COLETIVO (CF, ART. 5º, LXX) — MINISTÉRIO PÚBLICO EM DEFESA DE DIREITOS INDIVIDUAIS HOMOGÊNEOS — ACEITAÇÃO A TÍTULO DE EXCEPCIONALIDADE ANTE O CARÁTER EMERGENCIAL E FUNDAMENTAL DA MEDIDA PLEITEADA (RESSALVA DO ENTENDIMENTO DO RELATOR) — FORNECIMENTO DE DIETAS ESPECIAIS — DOENÇAS GRAVES — DIREITO À VIDA E À SAÚDE CONSTITUCIONALMENTE PROTEGIDOS — CF, ARTS. 1º, III, 5º, *CAPUT*, 6º, 196 E 197 — DEVER DO ESTADO — ORDEM CONDEDIDA — 1 — O Mandado de Segurança deve ser impetrado pelo próprio indivíduo que teve seu direito líquido e certo ofendido por ato de autoridade ou, nas hipóteses de legitimação constitucional extraordinária do *writ* coletivo, pelas entidades expressamente arroladas na Carta da República (CF, art.

são direitos individuais, que podem ser reunidos desde que possuam origem comum, seus titulares são plenamente identificáveis e determináveis, podem ser divididos em quotas-partes, ou seja, são divisíveis e disponíveis por meio de seus titulares.

A controvérsia repousava justamente no fato de a Constituição Federal de 1988 ainda não ter disciplinado os direitos individuais homogêneos, que foram introduzidos em nosso ordenamento jurídico por meio da Lei n. 8.078/1990 (art. 81, III). Portanto, a expressão "individuais indisponíveis" e a não previsibilidade da expressão "interesses individuais homogêneos" no inciso III, do art. 129 da Constituição Federal de 1988, conduziram parte da doutrina e jurisprudência a interpretar o Ministério Público do Trabalho como parte ilegítima para a tutela dos interesses individuais homogêneos, uma vez que estes, como dito, são, em essência, disponíveis, e ao órgão ministerial foram atribuídas as funções de órgão permanente, essencial à função jurisdicional do Estado, na defesa da ordem jurídica, do regime democrático e dos interesses sociais e individuais indisponíveis.

Ronaldo Lima dos Santos[278], de forma pontual, informa que "o suposto óbice legislativo restou superado pela doutrina em face das seguintes considerações: a) o conceito de interesses individuais homogêneos somente foi introduzido na legislação brasileira com o advento do Código de Defesa do Consumidor, em 1990, de tal modo que o legislador constituinte não poderia mesmo incluí-lo no rol do art. 129 da CF/1988; b) o princípio da máxima efetividade exige que seja dada interpretação ampla ao vocábulo "coletivos", expresso no inciso III do art. 129, para que seja interpretado em seu sentido amplo (coletivos *lato sensu*), com abrangência dos interesses individuais homogêneos; c) o rol do art. 129 é taxativo, sendo complementado pelo preceito do inciso IX do art. 129 da CF/1988, que confere ao Ministério Público o exercício de "outras funções que lhe forem conferidas, desde que compatíveis com a sua finalidade"; de sorte que o Código de Defesa do Consumidor, que inclui expressamente o Ministério Público no rol dos legitimados para

---

5º, LXX). 2 — Para a defesa dos chamados interesses transindividuais, compreendidos os coletivos, os difusos e os individuais homogêneos, dispõe o Ministério Público da ação civil pública, referida no art. 129, III, da Carta Magna. 3 — No entanto, pelo menos em casos urgentes, envolvendo direitos fundamentais, encontra-se jurisprudência admitindo o emprego do mandado de segurança coletivo pelo Ministério Público para a defesa de interesses transindividuais. Precedente do Eg. STJ. 4 — A vida e a saúde são direitos constitucionalmente tutelados, consoante os arts. 1º, III, 5º, *caput*, 6º, 196 e 197 da Carta da República, dos quais se extrai direito subjetivo público, líquido e certo, a amparar as pretensões dos beneficiários deste *writ* coletivo. 5 — Restando comprovadas a ausência de fornecimento, a gravidade das doenças, a necessidade das dietas especiais e deduzida a incapacidade econômica dos substituídos processuais, outra medida não resta a ser adotada senão a concessão da ordem requerida a fim de que as aludidas alimentações sejam fornecidas gratuitamente às partes especificadas na inicial do *mandamus*, em obediência aos princípios fundamentais da Constituição Federal. 6 — Ordem concedida. (TJCE — MS 2008.0033.1908-0/0 — Rel. Des. Raul Araújo Filho — DJe 24.7.2009 — p. 3)
(278) SANTOS, Ronaldo Lima dos. *Sindicatos e ações coletivas*. 2. ed. São Paulo: LTr, 2008. p. 418-419.

a tutela desses interesses (arts. 81 e 82 do CDC), como também a LC n. 75/1993, que atribui ao Ministério Público a tutela de "outros interesses individuais indisponíveis, homogêneos, sociais, difusos e coletivos" (art. 6º, VII, "d") e preceitua a prerrogativa ministerial de "propor ação civil coletiva para a defesa de interesses individuais homogêneos", preenchem o espaço deixado à legislação infraconstitucional pelo legislador constituinte; d) uma interpretação lógico-sistemática do art. 83, III, da LC n. 75/1993, que atribui como competência do Ministério Público "promover ação civil pública no âmbito da Justiça do Trabalho, para defesa de interesses coletivos, quando desrespeitados os direitos sociais constitucionalmente garantidos", com os demais dispositivos da LC n. 75/1993 e da Constituição Federal, demonstra que a expressão foi empregada, em seu sentido amplo, para designar os interesses difusos, coletivos e individuais homogêneos".

Nesse sentido, o Conselho Superior do Ministério Público do Trabalho não apenas reconhece a legitimidade do Ministério Público do Trabalho para instaurar procedimentos investigatórios envolvendo os direitos individuais homogêneos, como também direciona a seus membros o poder discricionário para aferir a "relevância social" na condução dos mesmos, como assim se expressa:

> "Precedente n. 17. VIOLAÇÃO DE DIREITOS INDIVIDUAIS HOMOGÊNEOS — ATUAÇÃO DO MINISTÉRIO PÚBLICO DO TRABALHO — DISCRICIONARIEDADE DO PROCURADOR OFICIANTE.
>
> Mantém-se, por despacho, o arquivamento da Representação quando a repercussão social da lesão não for significativamente suficiente para caracterizar uma conduta com consequências que reclamem a atuação do Ministério Público do Trabalho em defesa de direitos individuais homogêneos. A atuação do Ministério Público deve ser orientada pela 'conveniência social'. Ressalvados os casos de defesa judicial dos direitos e interesses de incapazes e população indígena. DJ 18.10.2005."

De outra parte, o Conselho Superior do Ministério Público de São Paulo editou a Súmula n. 7, com o disposto:

> "O Ministério Público está legitimado à defesa de interesses individuais homogêneos que tenham expressão para a coletividade, como: a) os que digam respeito à saúde ou à segurança das pessoas, ou ao acesso das crianças e adolescentes à educação; b) aqueles em que haja extraordinária dispersão dos lesados; c) quando convenha à coletividade o zelo pelo funcionamento de um sistema econômico, social ou jurídico."

Observa-se que o Conselho Superior do Ministério Público do Trabalho, da mesma forma que o Conselho Superior do Ministério Público de São Paulo, levou em consideração a "conveniência social" e sua relevância, para orientar sua conduta no atinente aos procedimentos, cujo objeto sejam os direitos individuais homogêneos.

Além das razões acima mencionadas, no intuito de colocar uma pá de cal sobre qualquer controvérsia que coloque em dúvida a legitimidade do Ministério Público do Trabalho para conduzir não apenas procedimentos investigatórios extrajudiciais, como também, se for necessário, ajuizar ação civil coletiva com tal propósito, podemos invocar não apenas a Constituição Federal de 1988, que não só reconheceu entre os direitos humanos fundamentais, novos direitos, entre eles, os coletivos, da forma como ficou prescrito no Capítulo Título II — Dos direitos e garantias fundamentais, e Capítulo I — Dos direitos individuais e coletivos, como também criou instrumentos processuais constitucionais aptos a tutelá-los, deixando ainda espaço para que o legislador infraconstitucional os ampliasse, tornando-os mais efetivos[279]. Ademais, do art.

---

(279) Além da promulgação de várias leis federais, como as Leis ns. 8.078/1990, 8.069/1990, 7.853/1989, 10.741/1993, entre várias outras, objetivando avançar em matéria de cumprimento dos direitos humanos fundamentais, nos últimos cinquenta anos, um grande número de pactos, tratados e acordos foram celebrados. Listamos abaixo o rol de alguns dos quais o Brasil é signatário:
Convenção sobre Asilo (1928).
Convenção sobre Asilo Político (1933).
Convenção Interamericana sobre Concessão de Direitos Civis à Mulher (1948).
Convenção Interamericana sobre Concessão de Direitos Políticos à Mulher (1948).
Convenção para a Prevenção e a Repressão do Crime de Genocídio (1948).
Convenção (n. 98) sobre Direito de Organização e Negociação Coletiva (1949).
Convenção de Genebra (I a IV) sobre Direito Internacional Humanitário (1949).
Convenção (n. 100) sobre Igualdade e Remuneração (1951).
Convenção Relativa ao Estatuto dos Refugiados (1951).
Convenção sobre os Direitos Políticos da Mulher (1952).
Convenção sobre Asilo Diplomático (1954).
Convenção sobre Asilo Territorial (1954).
Convenção sobre o Estatuto dos Apátridas (1954).
Convenção (n. 105) sobre Abolição do Trabalho Forçado (1957).
Convenção (n. 111) sobre Discriminação em Emprego e Profissão (1958).
Convenção relativa à Luta contra a Discriminação no Campo do Ensino (1960).
Convenção para a Redução dos Casos de Apatridia (1961).
Convenção Internacional sobre a Eliminação de Todas as Formas de Discriminação Racial (1965).
Pacto Internacional de Direitos Econômicos, Sociais e Culturais (1966).
Pacto Internacional de Direitos Civis e Políticos (1966).
Protocolo Facultativo Relativo ao Pacto Internacional de Direitos Civis e Políticos (1966).
Protocolo sobre o Estatuto dos Refugiados (1966).
Convenção sobre a Imprescritibilidade dos Crimes de Guerra e Crimes de Lesa-Humanidade (1968).
Convenção Americana sobre Direitos Humanos (1969).
Convenção (n. 135) sobre Representação dos Trabalhadores (1971).
Convenção Internacional sobre a Eliminação e Punição do Crime de *Apartheid* (1973).
Protocolos Adicionais (I e II) às Convenções de Genebra e 1949 sobre Direito Internacional Humanitário (1977).
Convenção sobre a Eliminação de Todas as Formas de Discriminação contra a Mulher (1979).
Convenção contra a Tortura e Outros Tratamentos ou Penas Cruéis, Desumanas ou Degradantes (1984).

6º[280] da Magna Carta, pode-se inferir que, entre os direitos sociais dos cidadãos, incluindo-se os trabalhadores, a maioria deles pode assumir a forma difusa e individual homogênea, o que por si só legitima o Ministério Público do Trabalho a cumprir sua missão constitucional de tutelá-los.

De outra parte, os próprios princípios basilares do Direito Processual do Trabalho, que se postou como o primeiro ramo do Direito Processual Brasileiro a tratar de pacificação de conflitos coletivos de trabalho, por meio do dissídio coletivo e da ação de cumprimento, nos conduzem à legitimação do Ministério Público do Trabalho na tutela de direitos individuais homogêneos, tendo em vista sua diferenciação ontológica em relação ao Direito Processual Civil: enquanto este objetiva, por meio da ação coletiva, reduzir o número de processos, evitando, destarte, a disseminação de uma multidão de ações atomizadas, com o mesmo objeto, as quais acabariam inviabilizando a atividade jurisdicional do Estado, ao revés, em sede de ação coletiva no Processo do Trabalho, objetiva-se, sobretudo, a consecução dos direitos constitucionais trabalhistas, de índole indisponível, bem como manter, no que for possível, a despersonalização do trabalhador, diante de sua hipossuficiência, para que este não venha a sofrer represálias no futuro. Acrescente-se, ainda, que em sede de hermenêutica sobre direitos humanos, a interpretação deverá sempre ser ampliativa e jamais restritiva, em face da dignidade do bem jurídico a que se visa proteger.

Hodiernamente, os Tribunais da Justiça Especializada têm assumido uma nova postura em relação ao entendimento acima esposado, como podemos verificar das ementas abaixo relacionadas:

"MINISTÉRIO PÚBLICO DO TRABALHO — AÇÃO CIVIL PÚBLICA — INTERESSES DIFUSOS, COLETIVOS E INDIVIDUAIS HOMOGÊNEOS — LEGITIMIDADE — O Ministério Público do Trabalho, nos termos do art. 127 da Constituição Federal c/c art. 6º, incisos VII, letra 'd', e XII, da Lei Complementar n. 75/1993, detém legitimidade ativa para propor ação coletiva em favor dos trabalhadores, na defesa de interesses difusos, coletivos e individuais homogêneos." (TRT 14ª R. — IUJ 00189.2007.403.14.00-0 — Relª Eliana Cardoso Lopes Leiva de Faria — DE 22.12.2008)

"LEGITIMIDADE DO MINISTÉRIO PÚBLICO DO TRABALHO — AÇÃO CIVIL PÚBLICA — A legitimidade extraordinária do Ministério Público para a tutela de interesses difusos e coletivos está prevista no art. 5º da Lei n. 7.347/1985,

---

Convenção Interamericana para Prevenir e Punir a Tortura (1985).
Convenção Internacional contra o *Apartheid* nos Esportes (1985).
(280) Art. 6º São direitos sociais a educação, a saúde, o trabalho, a moradia, o lazer, a segurança, a previdência social, a proteção à maternidade e à infância, a assistência aos desamparados, na forma desta Constituição.

posteriormente ampliada pelo art. 129 da Constituição da República. O Código de Defesa do Consumidor distinguiu os tipos de interesses e incluiu a tutela coletiva para os individuais homogêneos. — OBRIGAÇÃO DE FAZER — CONTRATAÇÃO E MATRÍCULA DE APRENDIZES — ART. 429 DA CLT — O oferecimento de oportunidades aos jovens aprendizes não é mera questão de 'abrir vagas', mas o oferecimento de reais oportunidades, para construir uma percepção profissional ao menor, viabilizando projetos de vida para as novas gerações. O não oferecimento dessa oportunidade poderia acarretar um preço elevado. Não custa lembrar os custos referentes à violência, discriminação e insegurança social que a sociedade brasileira está suportando há muito tempo. A contratação de aprendizes é obrigação prevista na Consolidação das Leis Trabalhistas, Estatuto da Criança e do Adolescente e Decreto n. 5.598/2005, que regulamentou a contratação de aprendizes. — DANO MORAL COLETIVO — Qualquer abalo no patrimônio moral de uma coletividade também merece reparação. O tratamento transindividual aos chamados interesses difusos e coletivos origina-se justamente da importância destes interesses e da necessidade de uma efetiva tutela jurídica. Deixar de contratar aprendizes afeta toda a sociedade e afronta o princípio social da empresa. — AMPLIAÇÃO DOS EFEITOS DA SENTENÇA — Os direitos difusos, notadamente aqueles relativos aos aprendizes, são indivisíveis com abrangência geral. O acesso efetivo e substancial à Justiça ocorre com a universalização dos efeitos da sentença, compreendendo todos aqueles cujos direitos ou interesses foram atingidos; isso porque o caráter homogêneo do direito deve ser o critério determinante da amplitude da jurisdição e não a competência territorial do órgão julgador. O âmbito da abrangência da coisa julgada é determinado pelo pedido, e não pela competência, que diz respeito à relação de adequação entre o processo e o juiz." (TRT 17ª R. — RO 00073.2007.013.17.00.0 — Rel. Juiz Cláudio Armando Couce de Menezes — DJe TRT17 7.2.2008) RJ07-2008-C2

"MINISTÉRIO PÚBLICO DO TRABALHO — LEGITIMIDADE ATIVA — AÇÃO CIVIL PÚBLICA — DIREITOS INDIVIDUAIS HOMOGÊNEOS — INTERESSE SOCIAL RELEVANTE — 1. Na dicção da jurisprudência corrente do Supremo Tribunal Federal, os direitos individuais homogêneos nada mais são do que direitos coletivos em sentido lato, uma vez que todas as formas de direitos metaindividuais (difusos, coletivos e individuais homogêneos), passíveis de tutela mediante ação civil pública, são coletivas. 2. Considerando-se interpretação sistêmica e harmônica dos arts. 6º, VII, letras *c* e *d*, 83 e 84 da Lei Complementar n. 75/1993, não há como negar a legitimidade do Ministério Público do Trabalho para tutelar direitos e interesses individuais homogêneos, sejam eles indisponíveis ou disponíveis. Os direitos e interesses individuais homogêneos disponíveis, quando coletivamente demandados em juízo, enquadram-se nos interesses sociais referidos no art. 127 da Constituição Federal. 3. O Ministério Público detém legitimidade para tutelar judicialmente interesses individuais homogêneos, ainda que disponíveis, ante o notório interesse geral da sociedade na proteção do direito e na solução do litígio deduzido em juízo. Verifica-se, ademais, que o interesse social a requerer tutela coletiva decorre também dos seguintes imperativos: facilitar o acesso à Justiça; evitar múltiplas demandas individuais, prevenindo, assim, eventuais decisões contraditórias; e evitar a sobrecarga desnecessária dos órgãos do Poder Judiciário. 4. Solução que homenageia os princípios da celeridade e da economia processuais, concorrendo para a consecução do imperativo constitucional relativo à entrega da prestação jurisdicional em tempo razoável. 5. Recurso de embargos conhecido e provido." (TST — ERR 411.489/1997-22ª R. — SBDI-1 — Red. Min. Desig. Lélio Bentes Corrêa — DJU 7.12.2007) RJ02-08

"MINISTÉRIO PÚBLICO DO TRABALHO — LEGITIMIDADE ATIVA — AÇÃO CIVIL PÚBLICA — DIREITOS COLETIVOS E DIREITOS INDIVIDUAIS HOMOGÊNEOS INDISPONÍVEIS — Tem legitimidade o Ministério Público do Trabalho para propor ação civil pública, visando a tutelar direitos coletivos. Tal é a hipótese sob exame, em que o *Parquet* Trabalhista persegue a imposição de obrigação de não fazer ao banco-réu, com efeitos projetados para o futuro, mediante provimento jurisdicional de caráter cominatório, consistente em abster-se de designar, para a realização do transporte de valores, empregados contratados para exercer atividades meramente administrativas. Inteligência dos arts. 83, III, da Lei Complementar n. 75/1993 e 129 da Constituição Federal. Tal legitimidade alcança, ainda, os direitos individuais homogêneos, que, na dicção da jurisprudência corrente do Excelso Supremo Tribunal Federal, nada mais são senão direitos coletivos em sentido lato, uma vez que todas as formas de direitos metaindividuais (difusos, coletivos e individuais homogêneos), passíveis de tutela mediante ação civil pública, são coletivos. Imperioso observar, apenas, em razão do disposto no art. 127 da Constituição Federal, que o direito individual homogêneo a ser tutelado deve revestir-se do caráter de indisponibilidade. Recurso de revista de que não se conhece." (TST — RR 697.656/2000.2 — 1ª T. — Rel. Min. Lelio Bentes Corrêa — DJU 1º.11.2007)

4.8. Litisconsórcio ativo

4.8.1. Dos colegitimados

Considerando a natureza concorrente e disjuntiva da legitimação ativa para a ação civil coletiva, admite-se o litisconsórcio ativo facultativo, inicial ou superveniente entre os colegitimados dispostos no art. 82[281] da Lei n. 8.078/1990, em conexão com o art. 5º, § 2º[282], da Lei n. 7.347/1985, existindo, outrossim, a possibilidade de formação de litisconsórcio entre ramos do Ministério Público, consoante o disposto no art. 5º, § 5º[283], da Lei n. 7.347/1985.

---

(281) Art. 82. Para os fins do art. 81, parágrafo único, são legitimados concorrentemente: I — o Ministério Público; II — a União, os Estados, os Municípios e o Distrito Federal; III — as entidades e órgãos da Administração Pública, Direta ou Indireta, ainda que sem personalidade jurídica, especificamente destinados à defesa dos interesses e direitos protegidos por este Código; IV — as associações legalmente constituídas há pelo menos 1 (um) ano e que incluam entre seus fins institucionais a defesa dos interesses e direitos protegidos por este Código, dispensada a autorização assemblear.
(282) § 2º Fica facultado ao Poder Público e a outras associações legitimadas nos termos deste artigo habilitar-se como litisconsorte de qualquer das partes.
(283) § 5º Admitir-se-á o litisconsórcio facultativo entre os Ministérios Públicos da União, do Distrito Federal e dos Estados na defesa dos interesses e direitos de que cuida esta lei.

4.8.2. Dos trabalhadores individuais

Contrariamente ao que ocorre nas ações civis públicas, nas quais apenas os legitimados poderão movimentar a máquina judiciária, admite-se a intervenção litisconsorcial do trabalhador individual nas ações civis coletivas, considerando o seu objeto basilar, os direitos individuais homogêneos, que poderiam inclusive ser postulados pelo próprio trabalhador, em ação atomizada. De outra parte, o trabalhador titular desses direitos homogêneos será diretamente atingido pelo resultado da lide coletiva.

Os direitos e interesses individuais homogêneos caracterizam-se pela possibilidade de sua divisão em quotas-partes, de ser fundamentalmente individuais, contarem com titulares determinados, diferindo-se tão somente em relação aos direitos individuais puros pela origem comum que lhes dá vida própria e lhes oportuniza a pacificação pela via molecular, em princípio, mais célere e com economia processual.

O art. 94 da Lei n. 8.078/1990 estatui:

"Proposta a ação, será publicado edital no órgão oficial, a fim de que os interessados possam intervir no processo como litisconsortes, sem prejuízo de ampla divulgação pelos meios de comunicação social por parte dos órgãos de defesa do consumidor."

Em que pese o caráter facultativo de ingresso de trabalhadores individualmente considerados, como litisconsortes nas ações civis coletivas, essa participação deverá se coadunar com o objeto coletivo da lide, de forma a não provocar o seu desvirtuamento pelo debate de peculiaridades atomizadas, que poderiam ter sido objeto de ações individuais ou que ainda poderão ser discutidas na execução do julgado. O magistrado poderá excluir da lide os trabalhadores que, sob a suposta figura de litisconsortes, procurarem, em sede de ação civil coletiva, deduzir pretensões individuais desconexas com o objeto primário da lide coletiva, sob a subsunção da ausência de interesse de agir.

De outra banda, consoante o disposto no § 2º[284], do art. 103 do CDC, a participação do trabalhador como assistente litisconsorcial impõe-se como exceção à regra geral da coisa julgada segundo o evento da lide, pela qual os trabalhadores individuais eventualmente lesados só serão abrangidos pela coisa julgada favorável, caso não tenham obstado o curso de suas ações individuais para a discussão de matéria julgada desfavorável numa lide coletiva.

---

(284) § 2º Na hipótese prevista no inciso III, em caso de improcedência do pedido, os interessados que não tiverem intervindo no processo como litisconsortes poderão propor ação de indenização a título individual.

Resta claro que, se o trabalhador individualmente considerado interveio no processo coletivo, será automaticamente abrangido pelos efeitos da coisa julgada coletiva, favorável ou não, não mais lhe sendo possível o favorecimento do resultado útil[285] da ação individual em caso de improcedência da ação coletiva.

4.9. Legitimidade passiva

Qualquer pessoa física ou jurídica, de direito público ou privado, com ou sem personalidade jurídica, estará legitimada a participar do polo passivo da ação civil coletiva, a partir do momento em que provocar danos a interesses individuais homogêneos à comunidade de trabalhadores.

4.10. Competência

4.10.1. Competência material e funcional

A competência para processar e julgar a ação civil coletiva, que versa sobre danos provocados a direitos individuais homogêneos, é da Justiça do Trabalho, consoante disposto no art. 114, incisos I e IX da Constituição Federal, em combinação com o art. 83, I e II, da Lei Complementar n. 75/1993, *in verbis*:

"Art. 114. Compete à Justiça do Trabalho processar e julgar:

I — as ações oriundas da relação de trabalho, abrangidos os entes de direito público externo e da administração pública direta e indireta da União, dos Estados, do Distrito Federal e dos Municípios;

IX — outras controvérsias decorrentes da relação de trabalho, na forma da lei.

Art. 83. Compete ao Ministério Público do Trabalho o exercício das seguintes atribuições junto aos órgãos da Justiça do Trabalho:

I — promover as ações que lhe sejam atribuídas pela Constituição Federal e pelas leis trabalhistas;

II — manifestar-se em qualquer fase do processo trabalhista, acolhendo solicitação do juiz ou por sua iniciativa, quando entender existente interesse público que justifique a intervenção."

---

(285) Considerando que em nosso ordenamento jurídico restou superada a fase imanentista ou concretista do direito de ação, prevalecendo o princípio constitucional do acesso à jurisdição, é plenamente possível o ajuizamento da ação individual com tal desiderato. Não obstante, após o devido juízo valorativo pelo magistrado, a mesma deverá ser extinta, sem julgamento do mérito, em face da existência dos efeitos da coisa julgada material, com fulcro no art. 267 do CPC, utilizado subsidiariamente.

Da mesma forma que a ação civil pública, a competência para conhecer e julgar a ação civil coletiva é das Varas do Trabalho, e não dos Tribunais do Trabalho. No presente caso, utiliza-se a mesma argumentação jurídica e os fundamentos legais da LAC em relação à competência da ação civil coletiva, pois, como dito alhures, se o *nomen juris* não é relevante e não deve conduzir à extinção do processo sem julgamento do mérito, chega-se à ilação lógica de que, não sendo necessário se utilizar do Poder Normativo[286] para sua solução, este sim privativo dos Tribunais do Trabalho (TRT e TST), objetivando dirimir conflitos coletivos envolvendo direitos difusos, coletivos e individuais homogêneos, a competência sempre será das Varas do Trabalho.

4.10.2. COMPETÊNCIA TERRITORIAL

Essa competência vem disposta no art. 93 da Lei n. 8.078/1990:

"Art. 93. Ressalvada a competência da Justiça Federal, é competente para a causa a Justiça local:

I — no foro do lugar onde ocorreu ou deva ocorrer o dano, quando de âmbito local;

II — no foro da Capital do Estado ou no do Distrito Federal, para os danos de âmbito nacional ou regional, aplicando-se as regras do Código de Processo Civil aos casos de competência concorrente."

Com base nesse fundamento legal, as ações civis coletivas deverão ser propostas nas Varas do Trabalho ou perante o Juiz de Direito investido na jurisdição trabalhista (arts. 668 e 669[287] da CLT) do local onde houver ocorrido ou estiver prestes a ocorrer a lesão a direitos individuais homogêneos (inciso I do art. 93, retrotranscrito), não se aplicando na seara laboral o inciso II do mesmo artigo, por incompatibilidade (art. 769 da CLT), ou seja, porque existe previsão expressa acerca da matéria no Processo do Trabalho sobre a competência territorial, e também porque na prática tal inciso dificulta a colheita de provas, induz ao deslocamento das partes e testemunhas para outras localidades, onde não ocorreu o dano, fatos

---

(286) Esse é o argumento jurídico predominante para a competência dos TRT/TST para processar e julgar os dissídios coletivos (art. 678, I, *a*, da CLT e art. 2º da Lei n. 7.701/1988) e a ação anulatória (de nulidade) de cláusulas de acordos e convenções coletivas de trabalho. O Poder Normativo é atribuído constitucionalmente (art. 114/CF/1988) apenas aos magistrados dos TRT/TST e não aos juízes monocráticos de primeiro grau ou ao juiz de direito investido na jurisdição trabalhista.
(287) Art. 668. Nas localidades não compreendidas na jurisdição das Juntas de Conciliação e Julgamento, os Juízes de Direito são os órgãos de administração da Justiça do Trabalho, com a jurisdição que lhes for determinada pela lei de organização judiciária.
Art. 669. A competência dos Juízes de Direito, quando investidos na administração da Justiça do Trabalho, é a mesma das Juntas de Conciliação e Julgamento, na forma da Seção II do Capítulo II.

que não se coadunam com os princípios da celeridade, da economia e da informalidade que vigoram no Processo do Trabalho.

Ademais, devemos também levar em consideração que os direitos individuais homogêneos, na verdade, são em sua essência direitos individuais, divisíveis, envolvendo titulares determinados, que podem ser divididos em quotas-partes, e a própria legislação permite, com maior intensidade, a participação de outros interessados, na figura de assistentes, testemunhas etc.

Outrossim, em reforço a essa linha de pensamento, podemos aduzir que o art. 21 da Lei n. 7.347/1985 (LACP) dispõe que as normas do CDC somente serão aplicadas genericamente na defesa dos direitos e interesses difusos, coletivos e individuais, quando cabíveis e compatíveis.

Portanto, a competência territorial nas ações civis coletivas, envolvendo os direitos individuais homogêneos, cabe às Varas do Trabalho do local onde ocorreu ou exista probabilidade de ocorrer o dano, independentemente da extensão territorial. Nos casos de competência concorrente, o primeiro juízo trabalhista a conhecer da ação civil coletiva estará automaticamente prevento.

4.11. Prescrição

Diversamente dos direitos difusos e coletivos, que em regra são imantados pela imprescritibilidade, como nas lides cujo objeto seja o meio ambiente de trabalho, os direitos individuais homogêneos, por se constituírem, nuclearmente, como direitos individuais puros, deverão ser submetidos ao mesmo regramento destes, ou seja, ao art. 7º, inciso XXIX[288], da Constituição Federal de 1988, e ao art. 11 da CLT, desde que inseridos na seara trabalhista.

A prescrição, que se constitui em prejudicial de mérito da demanda, posto que não é utilizada para se contrapor diretamente aos fatos trazidos pelo autor, mas sim à exequibilidade do direito invocado, no momento de sua proposição, é suscitada nas ações moleculares da mesma forma que nas ações individuais.

A principal diferença é que nas ações atomizadas, em geral, o réu suscita a prescrição no momento da apresentação de sua contestação, haja vista as próprias peculiaridades desse tipo de procedimento. Dessa forma, existe a identificação da

---

(288) Art. 7º, inciso XXIX — ação, quanto aos créditos resultantes das relações de trabalho, com prazo prescricional de cinco anos para os trabalhadores urbanos e rurais, até o limite de dois anos após a extinção do contrato de trabalho; art. 11. O direito de ação quanto a créditos resultantes das relações de trabalho prescreve: I — em cinco anos para o trabalhador urbano, até o limite de dois anos após a extinção do contrato; II — em dois anos, após a extinção do contrato de trabalho, para o trabalhador rural.

parte autora da demanda e dos pedidos formulados considerando o lapso temporal em que ocorreu o dano. Em face dessa contextualização, a sentença delimitará exatamente os pedidos contemplados favoravelmente, bem como sua limitação temporal, para fins de futura execução.

Diversamente, nas ações civis coletivas tendo por objeto os direitos individuais homogêneos, não existe a delimitação exata dos titulares do direito material, já que estes se apresentam despersonalizados, na medida em que figura como autor na relação jurídica processual a entidade legitimada (sindicato, Ministério Público, associação etc.), na condição de substituto processual. Nesse caso, havendo a procedência dos pedidos formulados na ação civil coletiva, a condenação será genérica, fixando tão somente a responsabilidade do infrator pelas lesões provocadas.

Observa-se que o magistrado, na análise do mérito, não adentrará as especificidades de matérias individuais na fase de conhecimento, como nas situações em que o réu suscite a prescrição, a decadência, a compensação etc. relativamente a um ou mais dos substituídos. Tais matérias serão objeto de análise meritória na fase de execução de sentença, que será processada sob a forma de artigos, ensejando uma cognição jurisdicional exauriente. Nessa fase, haverá não apenas a subsunção dos fatos à norma, ou seja, a qualificação/enquadramento do trabalhador liquidante como detentor dos direitos contemplados na sentença coletiva genérica, decorrente dos fatos que levaram à condenação e à responsabilização do executado, como também aos fatos que delimitaram os valores do *quantum* indenizatório. Daí, a prescrição arguida pelo réu/infrator, nas ações civis coletivas, será examinada nesse contexto processual.

Se eventualmente o réu formular a defesa indireta por meio da arguição da prescrição genérica na fase de conhecimento, nada impedirá sua análise pelo magistrado, que poderá, se acolhê-la, delimitar os termos iniciais e finais da prescrição genericamente considerada, remanescendo para a fase executória da sentença a demonstração e o enquadramento dos titulares do direito material no lapso temporal prescrito, causas de suspensão e interrupção da prescrição e assim por diante.

4.12. Reconvenção

O § 2º do art. 315[289] do Código de Processo Civil estatui:

"Parágrafo único. Não pode o réu, em seu próprio nome, reconvir ao autor, quando este demandar em nome de outrem."

Considerando que, nas ações civis coletivas para a defesa dos direitos individuais homogêneos, os legitimados exercem o direito de ação em nome próprio na

---

(289) Art. 315. O réu pode reconvir ao autor no mesmo processo, toda vez que a reconvenção seja conexa com a ação principal ou com o fundamento da defesa.

defesa de direitos de outrem (os trabalhadores são os verdadeiros titulares do direito material invocado em juízo), na condição de substitutos processuais, não se aplica o instituto da reconvenção, o que, se porventura fosse possível, somente iria tumultuar a celeridade no andamento do processo.

4.13. Revelia

Pelo fato de o objeto das ações civis coletivas, no íntimo, constituir-se de direitos individuais, aplicam-se-lhes os mesmos efeitos da revelia das ações atomizadas ou individuais. Vale dizer, o não comparecimento dos autores à audiência importará em extinção do processo, sem julgamento do mérito, com o arquivamento dos autos.

Outro efeito decorrente da contumácia da parte autora, se no caso for associação ou sindicato, poderá ser a avocação da demanda pelo Ministério Público do Trabalho ou outro legitimado, consoante § 3º do art. 5º da Lei n. 7.347/1985, que é aplicada em conjunto com a Lei n. 8.078/1990 nas lides coletivas, obstando a extinção do processo, sem resolução do mérito.

Portanto, antes de o magistrado determinar a extinção da ação civil coletiva, por contumácia do autor, sem análise do mérito, deverá dar ciência ao Ministério Público do Trabalho, para que este exerça as prerrogativas legais, posto que o Ministério Público, quando não for parte, deve atuar, obrigatoriamente, como fiscal da lei, consoante art. 92 da Lei n. 8.078/1990.

4.14. Renúncia e transação na ação civil coletiva

Aplicam-se aos institutos da renúncia e transação na ação civil coletiva os mesmos princípios utilizados na ação de cumprimento de acordo ou convenção coletiva de trabalho, já que, em uma como em outra ação, o legitimado não é o verdadeiro titular dos direitos postulados em juízo. Em outras palavras, o ente legitimado atua como substituto processual, postulando, em nome próprio, direito alheio.

Dessa forma, não pode o legitimado, em sede de ação civil coletiva, dispor, renunciar ou transigir em relação a direitos e interesses dos quais não é o titular, razão pela qual não se aplicam os institutos da renúncia e da transação na ação civil coletiva.

De outra parte, o que poderá ocorrer no mundo dos fatos é que, em havendo proposta de conciliação, o sindicato, como substituto processual, poderá convocar uma assembleia geral extraordinária, segundo os ritos e procedimentos, inclusive quórum, dispostos na CLT[290], no sentido de obter a autorização dos trabalhadores para que, eventualmente, celebre um acordo com o réu em relação aos direitos pretendidos.

4.15. Litispendência

Em se tratando de ações civis coletivas para a tutela de direitos individuais homogêneos, aplica-se o dispositivo legal do art. 104 do CDC, *in verbis*:

"As ações coletivas, previstas nos incisos I e II, do parágrafo único, do art. 81, não induzem litispendência para as ações individuais, mas os efeitos da coisa julgada *erga omnes* ou *ultra partes* a que aludem os incisos II e III do artigo anterior não beneficiarão os autores das ações individuais, se não for requerida sua suspensão no prazo de 30 (trinta) dias, a contar da ciência nos autos do ajuizamento da ação coletiva."

A parte final desse dispositivo alude à exceção da regra da coisa julgada *secundum eventum litis* e à extensão subjetiva do julgado *in utilibus*, desde que preenchidos seus requisitos.

Com efeito, a Lei n. 8.078/1990 (CDC), em homenagem ao princípio constitucional da inafastabilidade da jurisdição (art. 5º, XXXV, Constituição Federal de 1988), não obsta que o interessado individual busque a tutela jurisdicional do Estado, mesmo existindo lide coletiva[291] versando sobre o mesmo objeto.

---

(290) Art. 612 e seguintes da Consolidação das Leis do Trabalho, que trata da celebração dos acordos e convenções coletivas de trabalho e realização das Assembleias Gerais.
(291) RECURSO REPETITIVO. PROCESSUAL CIVIL. RECURSO ESPECIAL. AÇÃO COLETIVA. MACROLIDE. CORREÇÃO DE SALDOS DE CADERNETAS DE POUPANÇA. SUSTAÇÃO DE ANDAMENTO DE AÇÕES INDIVIDUAIS. POSSIBILIDADE. 1 — Ajuizada ação coletiva atinente a macrolide geradora de processos multitudinários, suspendem-se as ações individuais, no aguardo do julgamento da ação coletiva. 2 — Entendimento que não nega vigência aos arts. 51, IV e § 1º, 103 e 104 do Código de Defesa do Consumidor; 122 e 166 do Código Civil; e 2º e 6º do Código de Processo Civil, com os quais se harmoniza, atualizando-lhes a interpretação extraída da potencialidade desses dispositivos legais ante a diretriz legal resultante do disposto no art. 543-C do Código de Processo Civil, com a redação dada pela Lei dos Recursos Repetitivos (Lei n. 11.672, de 8.5.2008). 3 — Recurso Especial improvido. REsp. n. 1110549, 2ª T., Min. Relator: Sidney Benetti. DJR 14.12.2009. De acordo com os Comentários do *site* do STJ e do Espaço Vital, de 14.12.2009: segundo a decisão do TJ gaúcho, "além de não haver prejuízos para qualquer uma das partes, todo o Judiciário e demais pessoas que a ele necessitam recorrer serão beneficiadas pela celeridade e economia processual que a medida proporciona". No seu voto, o Relator do REsp. no STJ, destacou que "o sistema processual brasileiro vem buscando soluções para os processos que repetem a mesma lide, que se caracterizam, em verdade, como macrolides pelos efeitos processuais multitudinários que produz". Para o Ministro Beneti, "a suspensão do processo individual pode dar-se ao início, assim que ajuizado porque, diante do julgamento da tese central da ação civil pública, o processo individual poderá ser julgado logo, por sentença liminar de mérito, para extinção do processo, ou, no caso de sucesso da tese, poderá ocorrer a conversão da ação individual em cumprimento da sentença da ação

No entanto, cuidados especiais devem ser tomados nesse caso para que a tutela coletiva não seja banalizada e todos os seus benefícios relegados a um segundo plano, ofuscando o princípio da supremacia do interesse coletivo em prol do interesse meramente individual e, sobretudo, de caráter econômico.

Portanto, do próprio conceito de litispendência, se infere plenamente possível não apenas sua declaração, bem como do instituto da coisa julgada, em face da proposição de duas ações civis coletivas, mesmo que ajuizadas por autores diferentes (pelo Ministério Público do Trabalho e pelo sindicato da categoria profissional, por exemplo), desde que tenham os mesmos fundamentos de fato e de direito, para fins de dedução de idênticas pretensões, no caso específico, envolvendo direitos individuais homogêneos.

4.16. Assistência

4.16.1. Assistência dos colegitimados e de trabalhadores isolados

Considerando que os legitimados na ação civil pública são os mesmos da ação civil coletiva (art. 5º, LACP e art. 82 do CDC), ou seja, se podem ser os autores ideológicos de tais ações, nada os impede de participar como assistentes simples (art. 50[292] do CPC) ou litisconsorciais (art. 54[293] do CPC), pois, já que podem o mais (o ajuizamento como autor), podem o menos (coadjuvantes), em havendo interesse jurídico que justifique tal intervenção.

Nesse sentido, nada obsta que o sindicato intervenha em uma ação civil coletiva ajuizada pelo Ministério Público do Trabalho, com pedido de liminar de arresto dos bens do empregador, para garantir verbas salariais de todos os empregados da empresa.

Esse tipo de assistência pode se verificar em qualquer um dos polos da ação civil coletiva, seja ativa ou passiva, desde que presente o interesse jurídico a justificar tal participação.

---

coletiva". Entretanto, o ministro ressaltou "o direito ao ajuizamento individual deve também ser assegurado, no caso de processo multitudinário repetitivo, porque, se não o fosse, o autor poderá sofrer consequências nocivas ao seu direito, decorrentes de acidentalidades que levassem à frustração circunstancial, por motivo secundário, do processo principal. Ressaltou, porém, que esse ajuizamento não impede a suspensão".
(292) Art. 50. Pendendo uma causa entre duas ou mais pessoas, o terceiro, que tiver interesse jurídico em que a sentença seja favorável a uma delas, poderá intervir no processo para assisti-la. Parágrafo único. A assistência tem lugar em qualquer dos tipos de procedimento e em todos os graus da jurisdição; mas o assistente recebe o processo no estado em que se encontra.
(293) Art. 54. Considera-se litisconsorte da parte principal o assistente, toda vez que a sentença houver de influir na relação jurídica entre ele e o adversário do assistido. Parágrafo único. Aplica-se ao assistente litisconsorcial, quanto ao pedido de intervenção, sua impugnação e julgamento do incidente, o disposto no art. 51.

Idêntico raciocínio se aplica aos trabalhadores que, a título individual, desejam participar das ações moleculares. Dessa forma, é plenamente admissível, no nosso ordenamento jurídico, o litisconsórcio do trabalhador individual nas ações civis coletivas, como assistente, considerando a divisibilidade do objeto da pretensão jurisdicional e a identificação dos titulares do direito material.

Ronaldo Lima dos Santos[294], neste particular, informa que, embora o provimento jurisdicional da ação coletiva tenha natureza genérica (art. 95 do CDC) — não se reportando diretamente (nominalmente) aos lesados individuais —, e a coisa julgada tenha eficácia *erga omnes* (art. 103, III, do CDC) somente no caso de procedência do pedido, para beneficiar todas as vítimas e seus sucessores (*secundum eventum litis*), são inegáveis os reflexos maléficos de eventual decretação da improcedência da ação coletiva sobre as futuras lides individuais, o que dificultaria a tutela individual dos direitos dos trabalhadores ante a existência de provimento jurisdicional desfavorável sobre a matéria debatida em juízo, ainda que este tenha se pronunciado sobre o aspecto coletivo da questão, o que faz surgir o interesse jurídico do lesado individual em assistir à parte autora.

O CDC, em seu art. 94, corrobora os direitos dos trabalhadores individuais de participar no processo coletivo, ao estabelecer:

> "Art. 94. Proposta a ação, será publicado edital no órgão oficial, a fim de que os interessados possam intervir no processo como litisconsortes, sem prejuízo de ampla divulgação pelos meios de comunicação social por parte dos órgãos de defesa do consumidor."

No Direito Processual do Trabalho, aplica-se o comando do art. 94 do CDC, e, no que cabível, poderá o magistrado determinar ao sindicato da categoria profissional que informe aos trabalhadores, seja por meio de inserção de cópia do edital nos jornais locais, informativos da própria organização sindical ou eventualmente até mesmo por *e-mail*.

Para Rodolfo de Camargo Mancuso[295], o CDC, ao exigir a ampla publicidade da demanda coletiva aos interessados individuais, acompanhou, nesse aspecto, o sistema das *class actions* do Direito norte-americano, cuja *rule* 23, c 2, das *Federal Rules of civil Procedure* dispõe: "the court shall direct to the members of the class the best notice practicable under the circumstances, including individual notice to all members who can be identified through reasonable effort".

A diferença fundamental entre o sistema brasileiro e o Direito norte-americano, no que respeita a participação dos indivíduos, de forma isolada, nas ações coletivas,

---
(294) SANTOS, Ronaldo Lima dos. *Op. cit.*, p. 431.
(295) MANCUSO, Rodolfo de Camargo. *Ação civil pública*, cit., p. 184.

é informada por Ada Pellegrini Grinover[296], para quem, no Direito norte-americano, funciona o sistema denominado *opt out*, ou seja, a notificação individual do cidadão tem como finalidade conceder-lhe a opção de que seja excluído dos efeitos da coisa julgada coletiva, ao mesmo tempo em que dispensa os demais da necessidade de expresso consentimento para que sejam integrados na demanda (*opt in*), de forma que, "adotando o critério do *opt out*, os que deixam de optar pela exclusão serão automaticamente abrangidos pela coisa julgada, sem necessidade de anuência expressa, mas desde que tenha havido notícia pessoal do ajuizamento da ação".

A sistemática utilizada nas ações civis coletivas no Direito brasileiro privilegia a liberdade de escolha do titular do direito individual de adesão ou não ao processo coletivo, de acordo com os termos do art. 104 do CDC. Ou seja, o titular do direito individual não será abrangido pelos efeitos da coisa julgada coletiva desfavorável, salvo se intervier na lide como litisconsorte. Descabe, outrossim, a necessidade do pedido de exclusão, como no Direito norte-americano, no qual a coisa julgada abrange os lesados individuais que não se manifestaram pelo seu afastamento da lide coletiva no sistema *opt in*.

Para Teori Albino Zavascki[297], "a adesão é facultativa. De certo modo, a lei até desestimula a intervenção de litisconsortes, na medida em que lhes impõe um risco, inexistente para quem não participa do processo: o risco de sofrer os efeitos da coisa julgada decorrente da sentença de improcedência da ação coletiva (art. 103, § 2º). Relativamente aos demais interessados que não aderiram ao processo, o efeito da coisa julgada somente se fará sentir se o pedido for julgado procedente (art. 103, III)".

De outra banda, "a falta de publicação do edital não é causa de nulidade do processo. Considerando que sua finalidade é a de permitir a eventual adesão à ação coletiva de titulares do direito material tutelado, a ausência de edital não gera dano algum aos que não aderirem, já que a eles fica aberta a via da ação autônoma e, não sendo publicado edital, não se desencadeia o prazo de que trata o art. 104 do CDC para que os demandantes requeiram a suspensão do processo individual, o que lhes permite fazê-lo a qualquer tempo, enquanto não transitada em julgado a sentença. Assim, sobrevindo, no interregno, sentença de procedência da ação coletiva, seus

---

(296) GRINOVER, Ada Pellegrini *et al. Código brasileiro de defesa do consumidor*. 5. ed. Rio de Janeiro: Forense Universitária, 1998. p. 792.
(297) ZAVASCKI, Teori Albino. *Op. cit.*, p. 172. Para esse autor, "a permissão de formar litisconsórcio entre o autor da ação coletiva e os titulares do direito subjetivo individual milita em sentido desfavorável aos objetivos do processo coletivo, notadamente o da celeridade. Embora não se modifique o objeto da demanda (sentença genérica sobre o núcleo de homogeneidade dos direitos individuais homogêneos), a inserção de particulares na relação processual enseja, em alguma medida (*v. g.*, para efeito de averiguar a legitimidade ativa e o interesse de agir dos litisconsortes), o exame de situações jurídicas individuais, ampliando assim o campo da cognição próprio da ação coletiva e, com isso, retardando o seu desfecho".

efeitos benéficos alcançarão inclusive os que tiverem ações individuais em curso, que serão convertidas, se assim o requererem seus autores, em ações de cumprimento (liquidação e execução)"[298].

4.17. TUTELAS DE URGÊNCIA NA AÇÃO CIVIL COLETIVA

A prolação de liminares[299] e de sentenças de antecipação de tutela são amplamente cabíveis em sede de ação civil coletiva, bastando o preenchimento

---

(298) *Ibidem*, p. 174-175.

(299) Entende-se por liminar a prolação de decisão judicial imediata, já, no ato, tão logo o juiz receba o processo, sem julgamento definitivo de mérito, com natureza jurídica de decisão interlocutória, se não antecipar o bem da vida (pedido mediato). Se, no caso concreto, o magistrado antecipar o bem da vida pretendido na ação (pedido imediato), a prestação jurisdicional então terá natureza de antecipação do mérito. A liminar, portanto, difere da medida cautelar, pois esta, em essência, tem por objetivo resguardar o resultado útil e eficaz do processo, por meio de garantias para que os credores sejam contemplados com os bens da vida que postulam em juízo. Como exemplo de medidas cautelares de urgência, podemos citar os institutos do sequestro, do arresto, penhora etc. Oportuno trazer decisão judicial de natureza preventiva, decidindo o feito, por meio de liminar: 2ª Vara do Trabalho de Paulínia, SP, de 9.1.2007. (...) Nesta data, faço os presentes autos conclusos à MM. Juíza do Trabalho Substituta Dra. Daniela Macia Ferraz, para apreciação do requerimento de concessão de liminar *inaudita altera parte*. O autor ajuizou a presente ação cautelar pleiteando, basicamente, que as rés se abstenham de realizar a demolição das unidades produtivas das empresas Shell e Basf, incluindo-se a Unidade Ionol de propriedade da empresa Kraton, salvaguardando a incolumidade do local, através de uma efetiva lacração deste, a fim de que seja realizada prova pericial antecipada em cada um dos prédios, nomeando-se um dos técnicos do Ministério da Saúde, e que, posteriormente, se proceda à análise química do material colhido em laboratórios governamentais. (J) Considerando-se que neste Fórum Trabalhista de Paulínia tramitam inúmeras ações trabalhistas individuais contra as empresas Shell e Basf, em que diversos trabalhadores pleiteiam indenizações por danos morais e materiais oriundos de contaminação por agentes tóxicos e metais pesados no ambiente de trabalho. Acrescente-se, por oportuno, que esta magistrada julgou uma ação trabalhista, ajuizada contra as empresas Basf e Shell, em que o perito médico de confiança do juízo atestou a contaminação do trabalhador por agentes tóxicos. Considerando-se a ampla veiculação pelos meios de comunicação da contaminação ocorrida no Bairro Recanto dos Pássaros, em Paulínia, por vazamentos de produtos tóxicos das empresas Shell e Basf. Considerando-se, por fim, que uma das principais obrigações impostas ao empregador, na execução do contrato de emprego, é cumprir e fazer cumprir as normas de medicina e segurança do trabalho, respeitando-se a saúde do trabalhador, como expressão máxima da dignidade da pessoa humana, constitucionalmente consagrada no art. 10, inciso III, da Constituição Federal de 1988, prestigiando-se, outrossim, os valores sociais do trabalho. Com fulcro no poder geral de cautela conferido ao magistrado no art. 798 do CPC, eis que presentes o *fumus boni iuris* e o *periculum in mora*, caracterizados pelo fundado receio de que as unidades produtivas das empresas Shell e Basf sejam demolidas, o que obstaria a realização de perícias técnicas em todas as ações trabalhistas que tramitam neste Fórum, causando, inevitavelmente, perecimento de direito, decido: 1) concedo liminar *inaudita altera pars* determinando que as rés se abstenham de demolir os prédios em que funcionavam as unidades produtivas das empresas Shell e Basf, bem como Unidade Ionol de propriedade da empresa Kraton, e, para dar efetividade a tal medida, determino que o Município de Paulínia efetue a imediata lacração das áreas mencionadas, através da Secretaria de Saúde Municipal, ou de qualquer outro órgão municipal, com a instalação de faixas de segurança, ou através de outro dispositivo que impeça o ingresso de pessoas em tais áreas, até que sejam realizadas as perícias técnicas pleiteadas na presente ação. Determino que o Município de Paulínia seja cientificado da presente determinação, imediatamente, através do Sr. Oficial

dos requisitos legais: relevante fundamento da demanda e justificado receio de ineficácia do provimento final, consoante dispõe o art. 84, § 3º, do CDC, *in verbis*:

> "§ 3º Sendo relevante o fundamento da demanda e havendo justificado receio de ineficácia do provimento final, é lícito ao Juiz conceder a tutela liminarmente ou após justificação prévia, citado o réu."

José Roberto dos Santos Bedaque[300] informa que muitos têm sido os movimentos e os métodos na busca da entrega efetiva da tutela jurisdicional. Assim, a busca da tutela jurídica diferenciada encontra respaldo em dois mecanismos diversos, mas que convergem para um mesmo fim: a existência de procedimentos específicos, de cognição plena e exauriente, cada qual elaborado em função de especificidades da relação material, ou a regulamentação de tutelas sumárias típicas, precedidas de cognição não exauriente, visando a evitar que o tempo possa comprometer o resultado do processo.

Em face da natureza jurídica dos direitos invocados na ação civil coletiva, é cabível, também, subsidiariamente, a aplicação dos arts. 273 e 461, ambos do CPC, por força do comando do art. 90 da Lei n. 8.078/1990, e a tutela envolverá quaisquer espécies de obrigação, ou seja, obrigações de dar (de natureza indenizatória, reparatória ou ressarcitória), bem como as obrigações de fazer e não fazer. Nesse último caso, a tutela será específica[301] da obrigação ou deverá assegurar o resultado prático equivalente, consoante art. 84 da Lei n. 8.078/1990.

---

de Justiça. Para tanto, dou à presente força de mandado de intimação número; 2) determino que a lacração seja efetuada na presença do Oficial de Justiça desta Vara, que deverá lavrar laudo circunstanciado da diligência, bem como na presença do órgão sindical — Sindicato dos Químicos Unificados de Campinas e Região, localizado à Avenida Barão de Itapura, 2022, Bairro Guanabara, Campinas, SP, CEP: 13.020-432 que deverá acompanhar a diligência; 3) deverá, o autor, entrar em contato com a Delegacia Regional do Trabalho para que acompanhe a diligência através do Dr. João Batista Amâncio, auditor fiscal do trabalho que vem atuando na cautelar anteriormente ajuizada pelo autor; 4) determino, ainda, a realização imediata de perícia técnica em cada um dos prédios em que funcionavam as unidades produtivas das empresas Shell e Basf, bem como Unidade Ionol de propriedade da empresa Kraton, expedindo-se ofício ao Ministério da Saúde — Secretaria de Vigilância em Saúde — SVS, localizado no setor de Autarquias Sul, quadra 4, Bloco N, 100, andar, sala 1000, Prédio da Funasa — Fundação Nacional de Saúde, CEP: 90902-058 para que seja nomeado algum dos técnicos da CGVAM — Coordenação Geral de Vigilância Ambiental a fim de que realize a coleta de poeira nas paredes dos prédios (em que funcionavam as unidades produtivas das empresas Shell e Basf, bem como Unidade Ionol de propriedade da empresa Kraton). Após o cumprimento de tais diligências, venham os autos conclusos para a determinação de realização de análise química do material colhido. Após, cite-se as rés, designando-se audiência una.

(300) BEDAQUE, José Roberto dos Santos. *Tutela cautelar e tutela antecipada*: tutelas sumárias e de urgência. São Paulo: Malheiros, 1998. p. 23. O autor ainda esclarece que, para a primeira hipótese (cognição plena e exauriente), temos como exemplo os procedimentos específicos de alguns tipos de ações (Livro IV do CPC), assim como a ação popular, a ação civil pública etc. Para a segunda hipótese (cognição sumária), destacam-se os mecanismos de sumarização da cognição para a prestação da tutela, como o julgamento antecipado da lide, os títulos executivos extrajudiciais, a antecipação da tutela (arts. 273 e 461 do CPC), entre outros".

(301) Consoante Marcelo Abelha (*Ação civil pública e meio ambiente*, cit., p. 174-175): "Tutela jurisdicional específica significa a busca do dever positivo ou negativo previsto na lei e que deveria ser

4.18. Sentença genérica

Diz o art. 95 do CDC (Lei n. 8.078/1990):

"Em caso de procedência do pedido, a condenação será genérica, fixando a responsabilidade do réu pelos danos causados."

Na órbita do Direito Processual do Trabalho, a ação civil coletiva, tendo como objeto direitos individuais homogêneos, de origem comum, tem como escopo principal a reparação dos danos sofridos pelos trabalhadores individualmente considerados. Na prolação da sentença, o magistrado fixará a responsabilidade do réu pelos danos causados, porém a sentença assumirá uma conotação toda peculiar, semelhante a uma sentença com efeitos diferidos no tempo, ou seja, tão somente na fase de execução é que será determinada a extensão dos danos e a determinação exata dos valores da condenação, em relação a cada trabalhador, para posterior execução.

Este é o exato teor da sentença genérica mencionado naquele dispositivo legal. A sentença decorrente da ação civil coletiva é genérica no sentido de que deixa em aberto somente a determinação exata do *quantum debeatur* individual, que será fixado na liquidação por artigos, na fase executória do comando judicial, sendo que essa sentença será, em seus demais elementos, totalmente precisa e determinada.

Resta pontuar que os direitos individuais homogêneos tanto podem ser tutelados pela via individual, por meio de uma ação atomizada, quanto pela via molecular, por meio da ação civil coletiva, desde que neste caso preencha o requisito legal da relevância social ou do interesse público. Nesse último caso, a sentença genérica funcionará como uma espécie de atalho jurisdicional, na medida em que o trabalhador individualmente considerado não precisará percorrer, às vezes, o longo caminho do processo de conhecimento para chegar à execução do julgado. Bastará a ele uma certidão da sentença genérica proveniente da ação civil coletiva, julgada procedente, para, em seguida, postular a execução de seus direitos individuais, de origem comum, por meio da liquidação por artigos.

---

espontaneamente cumprido por todos os membros da sociedade (coletividade e Poder Público). A tutela específica não guarda correspondência de identidade com o que se denomina reparação específica. É que a tutela específica pressupõe que o processo imponha exatamente o mesmo resultado que se teria caso fosse espontaneamente cumprida a obrigação, enquanto reparação específica já dá a ideia de concretização da crise de descumprimento, de uma conduta antijurídica que já ignorou o dever positivo ou negativo e que causou um dano que deve ser ressarcido, cuja solução deverá ser uma reparação não pecuniária (específica ou equivalente). (...) Num mesmo processo, seja para a tutela específica, seja para a tutela ressarcitória específica, o sistema processual caminha no sentido de autorizar o uso das técnicas mandamentais e executivas *lato sensu*. Um lembrete deve ser feito: a obtenção da tutela específica por meios sub-rogatórios foi apelidada pelo legislador processual (art. 461) como resultado prático equivalente".

Diversamente do que ocorre na ação civil pública, os pedidos e o conteúdo da decisão judicial na seara da ação civil coletiva serão distintos. Em sede de direitos difusos e coletivos, objeto da ação civil pública, o pedido deverá ser certo e determinado, e a ação terá por objeto uma tutela específica (art. 3º, Lei n. 7.347/1985), de modo que o conteúdo da decisão judicial molecular também se mostrará como específico (pagamento de uma indenização por dano moral coletivo destinada ao FAT, ou a entidades filantrópicas da comunidade), ao mesmo tempo em que fixará obrigações de fazer ou não fazer (abster-se de permitir que seus trabalhadores sejam assediados moralmente por superiores hierárquicos), enquanto na ação civil coletiva, em caso de procedência do pedido, a condenação será genérica, devendo o *quantum debeatur* ser apurado em liquidação ou execução pelos próprios interessados individuais (arts. 97 e 98[302] da Lei n. 8.078/1990).

Não obstante, na liquidação de sentença, por artigos, cada trabalhador liquidante deverá provar não apenas o valor que lhe é devido (*quantum debeatur*), como também a existência do seu dano pessoal e o nexo causal entre o dano reconhecido na demanda molecular e a sua lesão particularizada.

4.19. COISA JULGADA *ERGA OMNES* E *SECUNDUM EVENTUM LITIS*

Estabelece o art. 103, inciso III, do CDC:

"III — *erga omnes*, apenas no caso de procedência do pedido, para beneficiar todas as vítimas e seus sucessores, na hipótese do inciso III, do parágrafo único, do art. 81."

Considerando o grau de pulverização dos titulares dos direitos individuais homogêneos envolvidos, é grande a dificuldade de se determinar, aprioristicamente, na órbita da ação civil coletiva, o exato campo de incidência dos indivíduos envolvidos e que serão eventualmente beneficiários da sentença coletiva genérica, posto que o que irá determinar o contexto subjetivo de abrangência da coisa julgada é justamente a origem comum dos interesses individuais, que, em alguns casos, poderão estar largamente difundidos e dispersos no seio da sociedade. Em face dessa problemática é que se dá o caráter *erga omnes* neste tipo de ação molecular, consoante disposto no inciso III, retrorreferenciado.

Como se infere da própria nomenclatura, o Código de Defesa do Consumidor (Lei n. 8.078/1990) foi concebido para tutelar os direitos dos consumidores. Porém,

---

(302) Art. 97. A liquidação e a execução de sentença poderão ser promovidas pela vítima e seus sucessores, assim como pelos legitimados de que trata o art. 82. Parágrafo único. (Vetado).
Art. 98. A execução poderá ser coletiva, sendo promovida pelos legitimados de que trata o art. 82, abrangendo as vítimas cujas indenizações já tiverem sido fixadas em sentença de liquidação, sem prejuízo do ajuizamento de outras execuções. § 1º A execução coletiva far-se-á com base em certidão das sentenças de liquidação, da qual deverá constar a ocorrência ou não do trânsito em julgado.

considerando que seus princípios, notadamente o da vulnerabilidade, se aproximam dos princípios protetivos do Direito Laboral, passou a integrar o microssistema jurisdicional de tutela coletiva, aplicável também na seara do Direito Processual do Trabalho, em conjunto principalmente com a LACP (Lei n. 7.347/84), com adaptações e abrandamentos.

Feita essa digressão, podemos observar que na ação civil coletiva trabalhista, diferentemente da ação coletiva[303] na órbita do Direito do Consumidor propriamente dito, geralmente ocorrem situações em que todos os titulares do direito material individual violado, de origem comum, poderão ser perfeitamente identificados.

Dessa forma, as ações civis coletivas para a defesa dos direitos individuais homogêneos apresentam não apenas a característica *erga omnes* da coisa julgada, como também os efeitos da coisa julgada *secundum eventum litis*, ou seja, de acordo com a sorte da lide, de tal arte que o conteúdo da sentença molecular atingirá os titulares dos direitos individuais na hipótese de procedência da demanda, permitindo-lhes se beneficiar dessa decisão favorável, promovendo diretamente a execução dos seus direitos, sem a necessidade do prévio processo de cognição.

Cabe mencionar que eventual comando judicial de improcedência da ação não possui eficácia *erga omnes* relativamente aos titulares individuais que não participaram do processo molecular, como litisconsortes dos autores legitimados, que poderão propor suas ações atomizadas para a defesa de seus direitos, consoante art. 103, § 2º, do CDC.

No caso de extinção do processo, sem julgamento do mérito (art. 267 do CPC), nas ações civis coletivas, envolvendo direitos individuais homogêneos, haverá a produção de coisa julgada formal, com possibilidade de propositura de nova demanda, com o mesmo pedido e causa de pedir, inclusive pelo autor ideológico que havia proposto a ação anterior.

A título ilustrativo, mencione-se um caso concreto de ação civil coletiva, em que o Ministério Público do Trabalho e o sindicato da categoria profissional, como autores ideológicos, formulam em juízo trabalhista a pretensão da reparação dos danos de origem alimentar a todos os empregados de uma empresa que paralisou suas atividades. Na ação civil coletiva, deverão ser formulados, como pedidos certos e determinados: pagamento dos consectários legais (salários em atraso, 13º salário proporcional, férias vencidas e vincendas, verbas rescisórias e recolhimentos do FGTS); pedido genérico: prolação de uma sentença molecular responsabilizando o

---

(303) Por exemplo, uma ação coletiva envolvendo todas as pessoas físicas e jurídicas no Brasil, as quais adquiriram um veículo, com defeitos de fabricação, e posterior necessidade de *recall* para substituição de peças defeituosas.

empregador pelo pagamento de todos os pedidos pleiteados envolvendo todos os trabalhadores da empresa que militavam no momento em que ela deixou de operar; sentença genérica de procedência: reconhecendo os pleitos formulados e condenando o empregador; efeitos *erga omnes* e *secundum eventum litis*: a sentença, se favorável, beneficiará todos os empregados do estabelecimento, perfeitamente identificáveis e determinados, os quais poderão promover, coletivamente ou individualmente, a execução do julgado, por meio de liquidação por artigos.

Observe-se que esses efeitos *erga omnes* e *secundum eventum litis* favoráveis não se estenderão para os trabalhadores que, no momento da propositura da ação civil coletiva, já tinham ajuizado ações trabalhistas individuais, com idênticos pedidos da ação civil coletiva e em relação ao mesmo empregador e não requereram a suspensão do processo, no prazo de 30 dias, a contar da ciência dos autos do ajuizamento da ação coletiva. Tais trabalhadores poderão ter seus pleitos individuais julgados improcedentes.

Caso a ação civil coletiva seja julgada improcedente, por meio da sentença genérica, os trabalhadores individualmente considerados poderão ajuizar seus pleitos atomizados (reclamatórias individuais), podendo inclusive haver reconhecimento de seus direitos, independentemente do resultado desfavorável da ação civil coletiva, sendo que somente os trabalhadores que participaram do pleito coletivo estarão obstaculizados de rediscutir a matéria por meio de reclamatórias individuais, consoante art. 104[304] do CDC.

Esse benefício não se aplica aos autores ideológicos ou legitimados para a defesa dos direitos e interesses individuais homogêneos. Nos casos de procedência ou improcedência dos pleitos formulados, sempre haverá a formação da coisa julgada material, inclusive nas hipóteses de improcedência por insuficiência de provas, o que impedirá a propositura de nova demanda coletiva com os mesmos pedidos e causa de pedir por qualquer que seja o autor ideológico, tenha ou não participado do processo coletivo anterior.

4.20. Recursos

Como as demais sentenças, as sentenças oriundas de ações civis coletivas ensejam a interposição de recurso ordinário para o Tribunal Regional do Trabalho,

---

(304) Art. 104. As ações coletivas, previstas nos incisos I e II, do parágrafo único, do art. 81, não induzem litispendência para as ações individuais, mas os efeitos da coisa julgada *erga omnes* ou *ultra partes* a que aludem os incisos II e III do artigo anterior não beneficiarão os autores das ações individuais, se não for requerida sua suspensão no prazo de 30 (trinta) dias, a contar da ciência nos autos do ajuizamento da ação coletiva.

consoante art. 895⁽³⁰⁵⁾, I, da CLT, no prazo de oito dias, que terá efeito meramente devolutivo (art. 899⁽³⁰⁶⁾ da CLT), sendo possível, também, a interposição de recurso de revista para o Tribunal Superior do Trabalho, no mesmo prazo de oito dias (art. 893, III, combinado com o art. 896⁽³⁰⁷⁾ da CLT).

Tais recursos ficam sujeitos ao recolhimento do depósito recursal (art. 899 e parágrafos⁽³⁰⁸⁾ da CLT), bem como das custas processuais (art. 789⁽³⁰⁹⁾ da CLT), não sendo cabíveis nos casos de a condenação não apresentar conteúdo econômico, exemplo das sentenças prolatadas determinando obrigações de fazer e não fazer.

Recursos interpostos pelos entes legitimados não se sujeitam ao depósito recursal ou ao pagamento de custas processuais, consoante art. 87⁽³¹⁰⁾ do CDC, salvo nas hipóteses de litigância de má-fé.

4.21. Desistência e renúncia do recurso

Em caso de haver desistência ou renúncia infundada do recurso pelo autor ideológico da demanda, aplica-se o disposto no art. 5º da Lei n. 7.347/1985, § 3º,

---

(305) Art. 895. Cabe recurso ordinário para a instância superior: I — das decisões definitivas ou terminativas das Varas e Juízos, no prazo de 8 (oito) dias; II — das decisões definitivas ou terminativas dos Tribunais Regionais, em processos de sua competência originária, no prazo de 8 (oito) dias, quer nos dissídios individuais, quer nos dissídios coletivos. (Antiga alínea "b" renomeada e com redação dada pela Lei n. 11.925, de 17.4.2009, DOU 17.4.2009 — Ed. Extra, com efeitos a partir de 90 (noventa) dias após a data de sua publicação).
(306) Art. 899. Os recursos serão interpostos por simples petição e terão efeito meramente devolutivo, salvo as exceções previstas neste Título, permitida a execução provisória até a penhora.
(307) Art. 896. Cabe Recurso de Revista para Turma do Tribunal Superior do Trabalho das decisões proferidas em grau de recurso ordinário, em dissídio individual, pelos Tribunais Regionais do Trabalho, quando:
(308) § 1º Sendo a decisão de valor até 10 (dez) vezes o salário mínimo regional, nos dissídios individuais, só será admitido o recurso, inclusive o extraordinário, mediante prévio depósito da respectiva importância. Transitada em julgado a decisão recorrida, ordenar-se-á o levantamento imediato da importância de depósito, em favor da parte vencedora, por simples despacho do juiz. § 2º Tratando-se de condenação de valor indeterminado, o depósito corresponderá ao que for arbitrado, para efeito de custas, pela Junta ou Juízo de Direito, até o limite de 10 (dez) vezes o salário mínimo da região.
(309) Art. 789. Nos dissídios individuais e nos dissídios coletivos do trabalho, nas ações e procedimentos de competência da Justiça do Trabalho, bem como nas demandas propostas perante a Justiça Estadual, no exercício da jurisdição trabalhista, as custas relativas ao processo de conhecimento incidirão à base de 2% (dois por cento), observado o mínimo de R$ 10,64 (dez reais e sessenta e quatro centavos) e serão calculadas: I — quando houver acordo ou condenação, sobre o respectivo valor; II — quando houver extinção do processo, sem julgamento do mérito, ou julgado totalmente improcedente o pedido, sobre o valor da causa; III — no caso de procedência do pedido formulado em ação declaratória e em ação constitutiva, sobre o valor da causa; IV — quando o valor for indeterminado, sobre o que o juiz fixar.
(310) Art. 87. Nas ações coletivas de que trata este Código não haverá adiantamento de custas, emolumentos, honorários periciais e quaisquer outras despesas, nem condenação da associação autora, salvo comprovada má-fé, em honorário de advogados, custas e despesas processuais. Parágrafo único. Em caso de litigância de má-fé, a associação autora e os diretores responsáveis pela propositura da ação serão solidariamente condenados em honorários advocatícios e ao décuplo das custas, sem prejuízo da responsabilidade por perdas e danos.

que legitima o Ministério Público ou outro colegitimado a assumir a titularidade ativa da ação, com os desenvolvimentos recursais adequados.

4.22. EXECUÇÃO EM SEDE DE AÇÃO CIVIL COLETIVA

Tendo sido julgado procedente o pedido na ação civil coletiva trabalhista, aplicam-se, no que for cabível, as normas constantes do Título III, do CDC (Lei n. 8.078/1990), do CPC e da CLT, de acordo com os arts. 19 e 21 da LACP (Lei n. 7.347/1985).

Estatui o art. 97 do CDC (Lei n. 8.078/1990):

"A liquidação e a execução de sentença poderão ser promovidas pela vítima e seus sucessores, assim como pelos legitimados de que trata o art. 82."

Dessa forma, o cumprimento da sentença genérica[311] proferida na ação civil coletiva deverá ser promovido por meio de uma nova demanda, desdobrada em duas fases diversas: uma relativa à "liquidação", por alguns doutrinadores chamada de habilitação[312], por meio da qual os titulares do direito material deverão apresentar suas demandas e as provas correlatas do nexo causal, na verdade, complementando a fase do processo de conhecimento anterior, e a fase de "execução propriamente dita", em que serão desenvolvidas as atividades destinadas à concretização ou à efetivação do direito lesado, por meio da entrega do bem da vida ao seu respectivo titular, ou, eventualmente, aos seus sucessores.

Para Teori Albino Zavascki, a primeira etapa configura hipótese típica de liquidação por artigos[313], ante a necessidade de alegar e provar fato novo (CPC, art. 475-E), regendo-se, consequentemente, no que couber, pelo procedimento comum (CPC, art. 475-F).

4.23. ESPÉCIES DE EXECUÇÃO

A ação civil coletiva poderá ser executada, de forma individual ou coletiva. Nesse último caso, os legitimados (Ministério Público, Defensoria Pública, União,

---

(311) Genérica proveniente de global, de coletivo, que reúne uma comunidade de indivíduos. Segundo o Dicionário Eletrônico Houaiss: "conjunto de seres ou objetos que possuem a mesma origem ou que se acham ligados pela similitude de uma ou mais particularidades".
(312) Art. 100 do CDC: "Decorrido o prazo de 1 (um) ano sem habilitação de interessados em número compatível com a gravidade do dano, poderão os legitimados do art. 82 promover a liquidação e execução da indenização devida".
(313) Em relação aos direitos e interesses individuais homogêneos, a liquidação deverá sempre ser por artigos, pois haverá a necessidade de se provar o nexo de causalidade, o dano ou lesão e seu respectivo montante.

Estados, Municípios e Distrito Federal, as entidades e órgãos da administração pública, direta e indireta, ainda que sem personalidade jurídica, e as associações que preencham os requisitos para a legitimidade ativa do art. 82 do CDC) poderão promover a execução, abrangendo todos os trabalhadores vitimados, cujos valores indenizatórios já tenham sido determinados na sentença de liquidação, sem obstar ajuizamento de outras e futuras execuções, consoante art. 98[314] do CDC.

4.24. Juízo competente para a execução

Diz o art. 98, § 2º, do CDC, quanto ao foro competente para a execução:

"É competente para a execução, o Juízo:

I — da liquidação da sentença ou da ação condenatória, no caso de execução individual;

II — da ação condenatória, quando coletiva a execução".

Observa-se pela interpretação do inciso I, retroenunciado, a faculdade que a norma atribui ao exequente individual, que poderá optar pelo juízo mediante o qual ocorreu a liquidação individual da sentença ou pelo qual julgou a demanda coletiva. Poderá ocorrer, nessas hipóteses, a liquidação da decisão coletiva em juízo diferente[315] do que a prolatou, posto que nesse caso a execução será levada a termo no juízo que promoveu a liquidação de sentença, tudo isso visando ao favorecimento da vítima e em homenagem ao princípio constitucional da razoável duração do processo (art. 5º, inciso LXXXVIII[316], da CF/1988).

Apesar do veto presidencial verificado no parágrafo único do art. 97, *in verbis*:

Parágrafo único. (Vetado). Texto vetado: "A liquidação de sentença, que será por artigos, poderá ser promovida no foro do domicílio do liquidante, cabendo-lhe provar, tão só, o nexo de causalidade, o dano e seu montante".

O art. 101 do CDC manteve essa possibilidade ao estabelecer:

"Art. 101. Na ação de responsabilidade civil do fornecedor de produtos e serviços, sem prejuízo do disposto nos Capítulos I e II deste Título, serão observadas as seguintes normas:

---

(314) Art. 98. A execução poderá ser coletiva, sendo promovida pelos legitimados de que trata o art. 82, abrangendo as vítimas cujas indenizações já tiverem sido fixadas em sentença de liquidação, sem prejuízo do ajuizamento de outras execuções.
(315) Tal disposição contraria o art. 575 do CPC, aplicado apenas subsidiariamente ao processo coletivo, que assim estatui: "Art. 575. A execução, fundada em título judicial, processar-se-á perante: (...) II — o juízo que decidiu a causa no primeiro grau de jurisdição".
(316) "A todos, no âmbito judicial e administrativo, são assegurados a razoável duração do processo e os meios que garantam a celeridade de sua tramitação."

I — a ação pode ser proposta no domicílio⁽³¹⁷⁾ do autor."

Dessa forma, não remanesce dúvida quanto à faculdade atribuída ao trabalhador individualmente considerado de processar a execução em juízos diversos[318], a seu livre talante, ou seja, no seu próprio domicílio ou no foro que prolatou a sentença coletiva favorável, em harmonia, inclusive, com os dizeres do art. 651 da CLT, *in verbis*:

> "A competência das Juntas de Conciliação e Julgamento é determinada pela localidade onde o empregado, reclamante ou reclamado, prestar serviços ao empregador, ainda que tenha sido contratado noutro local ou no estrangeiro.
>
> § 1º Quando for parte no dissídio agente ou viajante comercial, a competência será da Junta da localidade em que a empresa tenha agência ou filial e a esta o empregado esteja subordinado e, na falta, será competente a Junta da localização em que o empregado tenha domicílio ou a localidade mais próxima.
>
> § 3º Em se tratando de empregador que promova realização de atividades fora do lugar do contrato de trabalho, é assegurado ao empregado apresentar reclamação no foro da celebração do contrato ou no da prestação dos respectivos serviços."

4.25. Preferência dos créditos provenientes das ações civis coletivas

Estabelece o art. 99 do CDC:

> "Em caso de concurso de créditos decorrentes de condenação prevista na Lei n. 7.347, de 24 de julho de 1985, e de indenizações pelos prejuízos individuais resultantes do mesmo evento danoso, estas terão preferência no pagamento."

---

(317) IMPOSSIBILIDADE DE O JUÍZO SUSCITADO DECLINAR, DE OFÍCIO, DE COMPETÊNCIA RELATIVA — FACULDADE DE ELEIÇÃO DO FORO PELO CONSUMIDOR — EXEGESE DO ART. 101, I, DO CDC C/C ART. 94, *CAPUT* E 100, IV, *A*, DO CPC — CONFLITO DE COMPETÊNCIA PROVIDO — DECISÃO UNÂNIME — Cuidando-se de relação de consumo, a aplicação da regra de competência para ajuizamento no foro do domicílio do consumidor deve nortear apenas a conduta processual do fornecedor. A parte hipossuficiente, por sua vez, possui a faculdade de optar pelo foro onde ajuizar a demanda, com fulcro no art. 101, I, do CDC c/c art. 94, *caput* e art. 100, IV, a, do CPC. Impossibilidade de declaração de incompetência relativa de ofício. À unanimidade de votos, a Câmara deu provimento ao conflito de competência. (TJPE — Proc. 47899-7 — Rel. Des. Cândido José da Fonte Saraiva de Moraes — DJPE 7.6.2006)
(318) EXECUÇÃO INDIVIDUAL — AÇÃO COLETIVA — COMPETÊNCIA — 1 — O autor executa individualmente sentença que, em ação coletiva, acolheu a pretensão de sindicato quanto ao recebimento de valores atrasados. Após a livre distribuição, os autos foram encaminhados ao Juízo da 18ª Vara Federal/RJ, que afirmou sua incompetência absoluta para processar e julgar o feito, alegando que o juízo competente seria aquele perante o qual tramitou a ação coletiva. 2 — Apesar de haver certa divergência a respeito do tema no âmbito deste Tribunal, deve ser prestigiada a tese segundo a qual a execução individual de julgado proferido em ação coletiva se submete à livre distribuição, sendo aplicáveis os arts. 98, § 2º, I e 101, I, do Código de Defesa do Consumidor. A solução não comprometerá de forma alguma o cumprimento da decisão judicial, e nem provocará o congestionamento do juízo perante o qual tramitou a ação coletiva. 3 — Conflito conhecido para declarar a competência do Juízo suscitante, a fim de que a execução individual se processe perante o Juízo da 18ª Vara Federal/RJ (TRF 2ª R. — CC 2009.02.01.007669-3 — (8856) — 6ª T. — Esp. — Relª Juíza Fed. Conv. Carmen Silvia de Arruda Torres — DJe 20.7.2009 — p. 71)

Infere-se desse dispositivo legal que no caso de existência de cumulações de ações, ou concomitância de uma ação civil pública e uma ação civil coletiva, julgadas procedentes, na execução do julgado, o CDC (Lei n. 8.078/1990) deu preferência à execução com destinação dos recursos para pagamento de indenização pelos prejuízos individualmente sofridos, resultantes do mesmo evento danoso, os quais deverão ser pagos em primeiro lugar em relação à execução para reparação dos direitos em caráter coletivo, especialmente, os difusos e coletivos.

A *mens legis* teve por escopo a garantia do direito de preferência dos créditos individuais homogêneos em relação aos créditos destinados à reparação do dano coletivo, especialmente pelo fato de o primeiro ser destinado aos trabalhadores/ consumidores individualmente considerados, enquanto o segundo (indenização do dano coletivo ou difuso) geralmente só beneficia indiretamente seus reais destinatários, já que vertidos geralmente a um fundo.

Dessa forma, na seara processual trabalhista, existindo o processamento simultâneo de uma ação civil pública e uma ação civil coletivas em face do mesmo empregador, a primeira postulando indenização por dano moral coletivo destinado ao FAT ou a instituições filantrópicas e pedidos de obrigação de fazer e não fazer e a segunda postulando o pagamento de consectários legais não pagos pelo empregador, a preferência pelo pagamento deve ser atribuída aos trabalhadores lesionados, considerando o caráter alimentício dessas prestações. Após a satisfação dos direitos individuais homogêneos dos trabalhadores, remanescendo algum numerário, este deverá ser vertido para o FAT ou para entidades filantrópicas.

Idêntica interpretação deve ocorrer nos instrumentos extrajudiciais, à semelhança dos Termos de Ajustamento de Conduta (TAC) celebrados pelas empresas com o Ministério Público do Trabalho, no que respeita ao pagamento de *astreintes*/ multas por descumprimento do TAC ou verbas rescisórias. Verificando-se a execução judicial do TAC, os recursos apurados deverão, em primeiro plano, ser vertidos ao pagamento dos direitos individuais homogêneos sobre valores oriundos de multas ou *astreintes*, qualquer que seja sua destinação.

5. AÇÃO DE IMPROBIDADE ADMINISTRATIVA

5.1. CONCEITO E ASPECTOS MATERIAIS DA LEI DE IMPROBIDADE ADMINISTRATIVA

A Lei de Improbidade Administrativa, Lei n. 8.429, de 1991, regula o disposto no art. 37, § 4º[319], da Constituição Federal de 1988, e dispõe sobre as sanções

---

(319) § 4º Os atos de improbidade administrativa importarão a suspensão dos direitos políticos, a perda da função pública, a indisponibilidade dos bens e o ressarcimento ao erário, na forma e gradação previstas em lei, sem prejuízo da ação penal cabível.

aplicáveis aos agentes públicos nos casos de enriquecimento ilícito no exercício de mandato, cargo, emprego ou função na Administração Pública direta, indireta ou fundacional e dá outras providências.

De acordo com De Plácido e Silva[320], improbidade deriva do latim *improbitas* (má qualidade, imoralidade, malícia), juridicamente, liga-se ao sentido de desonestidade, má fama, incorreção, má conduta, má índole, mau-caráter.

Considerando os princípios da Administração Pública, insculpidos no art. 37 da CF/1988, ou seja, os princípios da legalidade, da impessoalidade, da moralidade, da publicidade e da eficiência, podemos dizer que comete improbidade o servidor público ou o agente particular, nessa posição, que agride o conceito de moralidade administrativa.

Dessa forma, a probidade administrativa enquadra-se como direito difuso, ao envolver como beneficiários dessa conduta exigida do servidor público toda a sociedade, ou seja, pessoas indeterminadas, ligadas apenas por uma situação fática. Posta-se, também, como exigência do próprio Estado Democrático de Direito, na medida em que para se alcançar uma sociedade livre, justa e solidária, tendo como princípios a soberania, a cidadania, a dignidade da pessoa humana, os valores sociais do trabalho e da livre-iniciativa e como objetivos a redução da desigualdade, a erradicação da pobreza e a promoção do bem de todos, deve, necessariamente, ser conduzido por agentes probos, comprometidos com os ideais supremos da Carta Magna de 1988.

Segundo Teori Albino Zavascki[321], "se a probidade administrativa é da essência da democracia, é natural que a Constituição, ao organizar o Estado, tenha se preocupado em estabelecer meios de controle dos atos e das condutas dos seus agentes. No que se refere ao controle jurisdicional, além de prever a ação judicial como instrumento universal de defesa (inclusive em face do Estado) em caso de lesão ou ameaça a direito (art. 5º, XXXV) e de criar instrumento específico para a tutela de direitos individuais líquidos e certos violados por ato de autoridade (art. 5º, LXIX e LXX), a Constituição instituiu também mecanismos para a tutela do direito transindividual à preservação dos bens públicos e da boa administração".

Em seu art. 1º dispõe:

---

(320) SILVA, De Plácido e. *Vocabulário jurídico*. 3. ed. Rio de Janeiro: Forense, 1993. p. 431. Segundo o autor, para os romanos, a improbidade impunha a ausência de *existimatio,* que atribui aos homens o bom conceito. E, sem a *existimatio,* os homens se convertem em *homines intestabiles*, tornando-se inábeis, portanto, sem capacidade ou idoneidade para a prática de certos atos.

(321) ZAVASCKI, Teori Albino. *Op. cit.,* p. 94. Para o autor, a ação de improbidade administrativa, de caráter eminentemente repressivo, é destinada, mais que a tutelar direitos, a aplicar penalidades. Sob esse aspecto, ela é marcadamente diferente da ação civil pública e da ação popular. Todavia, há entre elas um ponto comum de identidade: as três, direta ou indiretamente, servem ao objetivo maior e superior de tutelar o direito transindividual e democrático a um governo probo e a uma administração pública eficiente e honesta.

"Os atos de improbidade praticados por qualquer agente público, servidor ou não, contra a Administração direta, indireta ou fundacional de qualquer dos Poderes da União, dos Estados, do Distrito Federal, dos Municípios, de Território, de empresa incorporada ao patrimônio público ou de entidade para cuja criação ou custeio o erário haja concorrido ou concorra com mais de 50% (cinquenta por cento) do patrimônio ou da receita anual, serão punidos na forma desta Lei.

Parágrafo único. Estão também sujeitos às penalidades desta lei os atos de improbidade praticados contra o patrimônio de entidade que receba subvenção, benefício ou incentivo, fiscal ou creditício, de órgão público bem como daquelas para cuja criação ou custeio o erário haja concorrido ou concorra com menos de 50% (cinquenta por cento) do patrimônio ou da receita anual, limitando-se, nestes casos, a sanção patrimonial à repercussão do ilícito sobre a contribuição dos cofres públicos."

Trata-se de uma lei que objetiva apurar e punir a prática de ilícitos na Administração Pública direta e indireta, além de recuperar as perdas e os prejuízos em favor dos cofres públicos.

Em seus arts. 1º, retromencionado, ao 8º, a Lei n. 8.429/1992 disciplina as disposições da improbidade administrativa, definindo o escopo de incidência da norma jurídica. Cobre virtualmente os atos de improbidade praticados por qualquer agente público em face da Administração, direta, indireta ou fundacional, dos Poderes Públicos, da União, dos Estados, Distrito Federal e Municípios, empresa incorporada ao patrimônio público ou para cuja criação ou custeio o erário haja concorrido, ou ainda concorra com recursos públicos.

O art. 9º regula os atos de improbidade administrativa que resultam em enriquecimento ilícito, enquanto o art. 10 trata dos atos de improbidade administrativa que provocam prejuízo ao erário. O art. 11, por seu turno, cuida dos atos de improbidade administrativa que atentam contra os princípios da Administração Pública. Considerando que as normas de natureza punitiva devem ser interpretadas de maneira restritiva, pela melhor doutrina, em que pese a redação dos artigos mencionados não trazer uma definição genérica dos ilícitos, sua interpretação deve ser feita com bastante acuidade, considerando sua proximidade com a do tipo penal, que não comporta qualquer tipo de extensão.

5.2. Aspectos processuais da Lei de Improbidade Administrativa

Os legitimados ativos para a ação coletiva, que objetiva combater os atos de improbidade administrativa, são o Ministério Público e a pessoa jurídica interessada, conforme se depreende do art. 17[322], *caput*, da Lei n. 8.429/1992.

---

(322) Art. 17. A ação principal, que terá o rito ordinário, será proposta pelo Ministério Público ou pela pessoa jurídica interessada, dentro de 30 (trinta) dias da efetivação da medida cautelar.

O Ministério Público, se não ajuizar a ação, deverá obrigatoriamente intervir no processo como fiscal da lei, sob pena de nulidade (§ 4º, do art. 17 da Lei de Improbidade Administrativa). Se o Ministério Público ajuizar a ação, a pessoa jurídica interessada poderá permanecer inerte, sem se manifestar, ou assumir a defesa do ato impugnado, ou ainda habilitar-se como assistente litisconsorcial, consoante o § 3º, do art. 6º da Lei n. 4.717/1965, aplicável por força do § 3º[323], do art. 17 da Lei n. 8.429/1992.

O legitimado passivo é o agente público, servidor ou não, que exerça, embora transitoriamente ou sem remuneração, seja por eleição, nomeação, designação, contratação ou qualquer outra forma de investidura ou vínculo, mandato, cargo, emprego ou função na Administração direta ou indireta, em empresa incorporada ao patrimônio público ou em entidade para cuja criação ou custeio o erário tenha concorrido ou concorra com mais de cinquenta por cento do patrimônio ou da receita anual[324].

Equipara-se à figura do agente público para os efeitos da lei aquele que induzir à prática do ato, com ele concorrer ou em razão dele auferir qualquer vantagem.

De acordo com o art. 16 da Lei n. 8.429/1992, havendo fundados indícios de responsabilidade, a comissão representará ao Ministério Público ou à procuradoria do órgão para que requeira ao juízo competente a decretação do sequestro dos bens do agente ou terceiro que tenha enriquecido ilicitamente ou causado dano ao patrimônio público. O § 1º desse artigo estatui que o pedido de sequestro será processado de acordo com o disposto nos arts. 822 e 825 do Código de Processo Civil, enquanto o § 2º dispõe que, quando for o caso, o pedido incluirá a investigação, o exame e o bloqueio de bens, contas bancárias e aplicações financeiras mantidas pelo indiciado no exterior, nos termos da lei e dos tratados internacionais.

A Medida Provisória n. 2.180-35, de 24.8.2001, em vigor conforme o art. 2º da EC n. 32/01, acrescentou ao art. 17 da Lei de Improbidade o § 5º, que estatui:

"a propositura da ação prevenirá a jurisdição do juízo para todas as ações posteriormente intentadas que possuam a mesma causa de pedir ou o mesmo objeto, e ainda o § 6º, com a seguinte redação: a ação será instruída com documentos ou justificação que contenham indícios suficientes da existência do ato de improbidade ou com razões fundamentadas da impossibilidade de apresentação de qualquer dessas

---

§ 1º É vedada a transação, acordo ou conciliação nas ações de que trata o *caput*.
§ 2º A Fazenda Pública, quando for o caso, promoverá as ações necessárias à complementação do ressarcimento do patrimônio público.
(323) § 3º No caso da ação principal ter sido proposta pelo Ministério Público, aplica-se, no que couber, o disposto no § 3º do art. 6º da Lei n. 4.717, de 29 de junho de 1965. (Redação dada ao parágrafo pela Lei n. 9.366, de 16.12.1996)
(324) SMANIO, Gianpaolo Poggio. *Interesses difusos e coletivos*. 5. ed. São Paulo: Atlas, 2003. p. 110.

provas, observada a legislação vigente, inclusive as disposições inscritas nos arts. 16 a 18 do Código de Processo Civil."

Para Gregório Assagra de Almeida[325], "na ação coletiva para combater atos de improbidade administrativa, por expressa vedação legal (art. 17, § 1º, da LIA), não é cabível qualquer espécie de transação, acordo ou conciliação. E mais: considerando que as sanções previstas no art. 12 da LIA são restritivas de direito, elas somente poderão ser aplicadas perante o devido processo legal jurisdicional, em que estejam assegurados a ampla defesa e o contraditório (art. 5º, LIV e LV, da CF). Assim, não é admissível no inquérito civil (ou no procedimento administrativo), instaurado para apurar atos de improbidade administrativa, a tomada de termo de ajustamento de conduta (art. 5º, § 6º, da LACP), que tenha como objeto as penas previstas no art. 12 da LIA. Nada impede, porém, que seja realizado termo de ajustamento de conduta preventivo para que a conduta geradora da improbidade não se repita, sem prejuízo do ajuizamento da ação coletiva para aplicabilidade das sanções previstas no art. 12 da LIA, em relação aos atos de improbidade já consumados".

5.3. Prerrogativa de foro

A Constituição Federal de 1988, em seu art. 102, estabelece: Compete ao Supremo Tribunal Federal, precipuamente, a guarda da Constituição, cabendo-lhe:

> "I — processar e julgar, originariamente: b) nas infrações penais comuns, o Presidente da República, o Vice-Presidente, os membros do Congresso Nacional, seus próprios Ministros e o Procurador-Geral da República; c) nas infrações penais comuns e nos crimes de responsabilidade, os Ministros de Estado e os Comandantes da Marinha, do Exército e da Aeronáutica, ressalvado o disposto no art. 52, I, os membros dos Tribunais Superiores, os do Tribunal de Contas da União e os chefes de missão diplomática de caráter permanente."

Por seu turno, o art. 105 da Constituição Federal de 1988 estabelece: Compete ao Superior Tribunal de Justiça:

> "I — processar e julgar, originariamente: a) nos crimes comuns, os Governadores dos Estados e do Distrito Federal, e, nestes e nos de responsabilidade, os desembargadores dos Tribunais de Justiça dos Estados e do Distrito Federal, os membros dos Tribunais de Contas dos Estados e do Distrito Federal, os dos Tribunais Regionais Federais, dos Tribunais Regionais Eleitorais e do Trabalho, os membros dos Conselhos ou Tribunais de Contas dos Municípios e os do Ministério Público da União que oficiem perante tribunais."

---

(325) ALMEIDA, Gregório Assagra de. *Op. cit.*, p. 456.

Perante os Tribunais de Justiça respondem, por crimes comuns, os prefeitos municipais (art. 29, X, CF/1988). Conforme já decidiu o Supremo Tribunal Federal[326], os Tribunais Regionais Federais constituem o foro competente para o julgamento de prefeitos e deputados estaduais, por infrações penais praticadas em detrimento de bens, serviços ou interesses da União ou de suas autarquias ou empresas públicas, consoante art. 109, IV, da CF/1988.

De acordo com Teori Albino Zavascki[327], "do ponto de vista constitucional (*sic*), justifica-se, portanto, com sobradas razões, a preservação de prerrogativa de foro também para a ação de improbidade administrativa. A matéria chegou a ser disciplinada nesse sentido no § 2º do art. 84 do CPP, com a redação que lhe foi dada pela Lei n. 10.628, de 2002: 'a ação de improbidade, de que trata a Lei n. 8.429, de 2 de junho de 1992, será proposta perante o tribunal competente para processar e julgar criminalmente o funcionário ou autoridade na hipótese de prerrogativa de foro em razão do exercício de função pública, observado o disposto no § 1º'. O § 1º do mesmo artigo, à sua vez, estabeleceu que 'a competência especial por prerrogativa de função, relativa a atos administrativos do agente, prevalece ainda que o inquérito ou a ação judicial sejam iniciados após a cessação do exercício da função pública'. Ocorre que, por decisão de 15.9.2005, o STF considerou inconstitucional a Lei n. 10.628/2002. Vingou, para a maioria, o argumento de que o legislador ordinário não poderia ter acrescentado a ação de improbidade administrativa, que não tem natureza penal, ao rol das competências originárias do STF estabelecidas pela Constituição. Entretanto, por decisão de 13 de março de 2008, a Suprema Corte reabriu a questão, ao declarar que "compete ao Supremo Tribunal Federal julgar ação de improbidade contra seus membros"[328].

Esse autor[329] continua asseverando "que se considerou que tal competência decorre diretamente do sistema de competências estabelecido pela Constituição, que não se compatibiliza com a possibilidade de juiz de primeira instância processar e julgar causa promovida contra ministro do Supremo Tribunal Federal, ainda mais se a procedência da ação puder acarretar a sanção de perda de cargo. Esse precedente, como se percebe, reafirma a jurisprudência tradicional favorável à tese das competências implícitas complementares, deixando claro que, inobstante a declaração de inconstitucionalidade do preceito normativo infraconstitucional (Lei n. 10.628, de 2002), a prerrogativa de foro, em ações de improbidade, tem base para ser sustentada,

---

(326) STF, 1ª T., HC 80612-1, rel. Min. Sydney Sanches, DJ 4.5.2001; HC 78728-2, rel. Min. Mauricio Correa, CJ 16.4.1999.
(327) ZAVASCKI, Teori Albino. *Op. cit.*, p. 113-114.
(328) Questão de Ordem (QO) na Petição n. 3.211-0, DF, rel. p/acórdão Min. Menezes Direito, DJ 27.6.2008. Órgão Julgador: Tribunal Pleno. Ementa: Ação civil pública. Ato de improbidade administrativa. Ministro do STF. Impossibilidade. Competência da Corte para processar e julgar seus membros apenas nas infrações penais comuns.
(329) *Ibidem*, p. 114.

ainda que implicitamente, na própria Constituição. Realmente, as mesmas razões constitucionais que levaram o STF a negar a competência de juiz de grau inferior para a ação de improbidade contra seus membros autorizam a concluir, desde logo, que também não há competência de primeiro grau para julgar ação semelhante contra membros de tribunais de segundo grau e de outros tribunais superiores. E por imposição lógica de coerência na interpretação de sistema e dos princípios constitucionais, não há como sustentar também a viabilidade de submeter à primeira instância do Judiciário ação de improbidade, com sanção de perda do cargo, contra um senador da República, um deputado federal ou um governador de Estado".

5.4. Ação civil de improbidade como espécie de ação civil pública

Muito embora vários doutrinadores se filiem à tese de que a repressão não penal dos atos de improbidade administrativa se operacionaliza por meio da ação civil pública[330], fundamentada na Lei n. 8.429/1992, já que esse diploma legal tutela os direitos difusos da coletividade à devida repressão e ressarcimento dos danos causados à probidade na Administração, tal posicionamento já não é mais pacífico.

Há quem sustente que a ação de improbidade administrativa não é mera modalidade de ação civil pública, denominada de ação civil pública de improbidade administrativa, e nos filiamos a essa posição, na medida em que a ação de improbidade administrativa possui natureza jurídica e regramento próprios, que em nada se confundem com as ações civis públicas. O fato de ser ação civil, em oposição à ação penal, e ser pública, no sentido de proteção ao patrimônio público, bem como da legitimidade especial que se atribui ao Ministério Público de manejá--la, por si só não tem o condão de atribuir a esse tipo de ação a conotação de espécie da ação civil pública. Três simples argumentos são suficientes para se contrapor à corrente anterior, vejamos: diversamente da ação civil pública, na qual encontramos vários legitimados, na ação de improbidade administrativa temos apenas dois legitimados ativos: o Ministério Público e a respectiva pessoa jurídica interessada (arts. 16 e 17 da LIA); enquanto grande parte das ações civis públicas termina em acordos judiciais ou em celebração de termos de compromisso de ajustamento de conduta, com pedido de extinção do feito, com julgamento do mérito (art. 269, CPC), não se admite qualquer tipo de acordo, transação ou conciliação

---

(330) Os que defendem essa posição situam a ação civil pública como espécie da ação coletiva, na defesa dos direitos e interesses difusos, com a imposição de sanções aos infratores, entre elas a suspensão dos direitos políticos, a perda da função pública, a proibição de contratar com o Poder Público e a condenação ao ressarcimento integral do dano e outras penas (art. 12 da Lei n. 8.429/1992). Diferentemente da destinação dos valores obtidos nas ações civis públicas, que podem eventualmente ser revertidas a fundos específicos, o produto da indenização nas ações de improbidade administrativa revertem-se à pessoa jurídica prejudicada pelo ato ilícito (art. 18 da Lei n. 8.429/1992).

em sede de ação de improbidade administrativa; de outra parte, a indenização nos dois tipos de ações tem destinação totalmente diversa: na ação civil pública, os fundos são revertidos para o Fundo de Amparo ao Trabalhador, fundos específicos ou ainda para instituições filantrópicas, enquanto na ação de improbidade o produto da indenização reverte-se para a pessoa jurídica prejudicada (art. 18 da LIA), e, finalmente, na ação de improbidade, o juiz, antes de receber a inicial, deverá notificar o requerido para apresentar defesa prévia (art. 17, § 7º, da LIA), enquanto na ação civil pública, que segue o rito ordinário, tal não ocorre, podendo inclusive haver prolação de antecipação de tutela, *inaudita altera pars*, tão somente levando-se em consideração o fundamento relevante da demanda (art. 84, § 4º, da Lei n. 8.078/1990 ou art. 12 da Lei n. 7.347/1985).

5.5. LEGITIMIDADE DO MINISTÉRIO PÚBLICO DO TRABALHO NA AÇÃO DE IMPROBIDADE ADMINISTRATIVA

O Ministério Público do Trabalho é legitimado para ajuizar ações de improbidade administrativa em face de autoridades públicas municipais, pelos atos enquadráveis na Lei n. 8.429/1992, entre eles, por exemplo, a contratação de mão de obra por meio de contratações irregulares de trabalhadores.

Isso porque o Ministério Público do Trabalho tem como uma de suas funções institucionais a promoção de ação civil pública (art. 83, III, da Lei Complementar n. 75/1993), no sentido de inibir a prática de condutas ilícitas, que resultem no estabelecimento de relações de trabalho precárias e ofensivas à dignidade da pessoa humana do trabalhador, bem como pela desproteção social que tais contratações propiciam.

Encontramos hipóteses em que as relações de trabalho estão precarizadas, por conta e obra dos administradores públicos responsáveis pela condução da coisa pública, na medida em que os trabalhadores não são contratados nos moldes do art. 37, II, da Constituição da República, o que, consoante o § 2º do mesmo artigo da Carta Magna, torna nulas tais contratações.

De outra parte, o Ministério Público do Trabalho também é legitimado para perseguir a imposição das sanções por improbidade administrativa em face de tais administradores, inclusive prefeitos municipais e secretários, entre outros, os quais responderão pelas contratações irregulares.

Tais atos de improbidade defluem das relações de trabalho que as autoridades públicas produzem a seu livre alvedrio, em flagrante desrespeito ao art. 37, II, da Constituição Federal, bem como a eventuais Termos de Compromisso de Ajustamento de Conduta, celebrados com o Ministério Público, ou em descumprimento de decisão judicial transitada em julgado.

Com efeito, essas contratações irregulares de trabalhadores, autorizadas pelas autoridades públicas municipais, que, por sua vontade, realizam em nome da Municipalidade, para que esta preencha seus quadros, representam lesão ao interesse difuso ao criar e manter relações de trabalho precárias, ao interesse difuso de acesso aos quadros funcionais da Administração Pública mediante concurso público de provas e/ou títulos, e, por fim, lesão ao interesse difuso no que diz respeito à prevalência dos princípios constitucionais que norteiam a Administração Pública.

Dessa forma, com fulcro na conjugação dos dispositivos legais (art. 37, *caput*[331], II, IV e IX, § 2º, c/c art. 169, § 1º[332], I e II, da Constituição Federal, c/c os arts. 10 e 12 da Lei n. 8.429/1992, art. 21[333] da LC n. 101/2000 e art. 9º da CLT), o Ministério Público do Trabalho poderá requerer em juízo a condenação e a responsabilidade direta dos administradores[334], por ato de improbidade administrativa, requerendo a condenação e o ressarcimento integral do dano ao erário municipal, devidamente atualizado, eventual multa por descumprimento de

---

(331) Art. 37. A administração pública direta e indireta de qualquer dos Poderes da União, dos Estados, do Distrito Federal e dos Municípios obedecerá aos princípios de legalidade, impessoalidade, moralidade, publicidade e eficiência e, também, ao seguinte: (...) II — a investidura em cargo ou emprego público depende de aprovação prévia em concurso público de provas ou de provas e títulos, de acordo com a natureza e a complexidade do cargo ou emprego, na forma prevista em lei, ressalvadas as nomeações para cargo em comissão declarado em lei de livre nomeação e exoneração; § 2º A não observância do disposto nos incisos II e III implicará a nulidade do ato e a punição da autoridade responsável, nos termos da lei.
(332) § 1º A concessão de qualquer vantagem ou aumento de remuneração, a criação de cargos, empregos e funções ou alteração de estrutura de carreiras, bem como a admissão ou contratação de pessoal, a qualquer título, pelos órgãos e entidades da administração direta ou indireta, inclusive fundações instituídas e mantidas pelo poder público, só poderão ser feitas:
I — se houver prévia dotação orçamentária suficiente para atender às projeções de despesa de pessoal e aos acréscimos dela decorrentes;
II — se houver autorização específica na lei de diretrizes orçamentárias, ressalvadas as empresas públicas e as sociedades de economia mista.
(333) Art. 21. É nulo de pleno direito o ato que provoque aumento da despesa com pessoal e não atenda:
I — às exigências dos arts. 16 e 17 desta Lei Complementar, e ao disposto no inciso XIII do art. 37 e no § 1º do art. 169 da Constituição;
II — o limite legal de comprometimento aplicado às despesas com pessoal inativo.
Parágrafo único. Também é nulo de pleno direito o ato de que resulte aumento da despesa com pessoal expedido nos cento e oitenta dias anteriores ao final do mandato do titular do respectivo Poder ou órgão referido no art. 20.
(334) AÇÃO CIVIL PÚBLICA. DERACRE. TERCEIRIZAÇÃO DE ATIVIDADE-FIM. IMPOSSIBILIDADE. Inexistindo qualquer exceção legal, é vedada a terceirização de atividade-fim de entes da Administração Pública direta e indireta, por afronta ao art. 37, *caput* e inciso II da CF/1988. Exegese da Súmula n. 331 do TST. ENTE PÚBLICO. ATIVIDADE-FIM. TERCEIRIZAÇÃO ILÍCITA. DIRIGENTE. DOLO EM FRAUDAR NORMAS CONSTITUCIONAIS. IMPROBIDADE ADMINISTRATIVA. CARACTERIZAÇÃO. A terceirização de atividade-fim de ente público implica em dolo de seu dirigente em fraudar o disposto no art. 37, *caput* e inciso II da CF/1988, caracterizando ato de improbidade administrativa nos termos do art. 11, *caput* e incisos I e II da Lei n. 8.429/1992, independentemente de comprovação de enriquecimento ilícito ou de prejuízo patrimonial para o erário.
Processo n. 531.2003.402.14.00-2. TRT 14ª Região Rondonia. Relator: juiz convocado Shikou Sadahiro e Revisora Juíza Convocada Arlene Regina do Couto Ram. 23 set. 2008.

Termo de Ajustamento de Conduta; multas que porventura incidam em decorrência da ação de execução de fazer e não fazer em face da contratação sem concurso público de provas e/ou títulos; perda de função pública; suspensão dos direitos políticos de 5 a 8 anos; pagamento de multa civil de duas vezes o valor do dano ou até cem vezes o valor da remuneração do réu e proibição de contratar com o Poder Público ou receber benefícios ou incentivos fiscais ou creditícios, direta ou indiretamente, ainda que por intermédio de pessoa jurídica da qual seja sócio majoritário, pelo prazo de cinco anos, bem como pagamento de valor a título de danos morais causados à sociedade, valor este revertido ao FAT — Fundo de Amparo ao Trabalhador (Lei n. 7.998/90) ou a entidades filantrópicas.

6. DISSÍDIO COLETIVO DE TRABALHO

O dissídio[335] coletivo de trabalho já vem previsto na Consolidação das Leis do Trabalho (Lei n. 5.452, de 1º de maio de 1943), o que demonstra a preocupação do legislador, já naquela época, de colocar à disposição dos atores sociais um instrumento jurídico de tutela de direitos coletivos de trabalho.

O dissídio coletivo pode ser definido como uma ação por meio da qual os atores sociais, geralmente sindicatos da categoria profissional e econômica, discutem uma pauta de reivindicações, envolvendo direitos e interesses abstratos e gerais da categoria, com o objetivo de criar, modificar ou extinguir condições de trabalho e de remuneração, com base no princípio da autonomia privada coletiva[336].

Esse instrumento jurídico[337], de natureza coletiva, que emana da negociação coletiva de trabalho infrutífera, encontra-se disposto nos arts. 856 e seguintes da

---

(335) Autores da escol de Manoel Antonio Teixeira Filho entendem pela impropriedade técnica do termo dissídio para expressar esse tipo de ação coletiva. Aduz esse doutrinador: "A locução dissídio coletivo, por sua vez, não está imune a reparo, quando usada como sinônimo de ação. Dissídio significa o conflito (no caso coletivo) de interesses; logo, o dissídio preexiste ao ajuizamento da ação. Se se deseja, pois, evitar um vício acirológico, aluda-se à ação coletiva e não a dissídio coletivo, quando se pretender expressar esse direito público que possuem as entidades sindicais, no que atine a invocar a prestação da tutela jurisdicional normativa". TEIXEIRA FILHO, Manoel Antonio. *Curso de direito processual do trabalho*. São Paulo: LTr, 2009. v. 3, p. 1225.
(336) De acordo com o Regimento Interno do Tribunal Superior do Trabalho, em seu art. 313, temos os seguintes tipos de dissídio coletivo: a) econômicos, b) jurídicos, c) revisional, d) de greve e e) originários.
(337) Para TEIXEIRA FILHO, Manoel Antonio, a expressão dissídio coletivo é inadequada. Diz ele: "em rigor, o que se tem chamado de '*dissídio coletivo*' — seja econômico ou jurídico — é, na verdade, ação coletiva, embora *sui generis*. Sendo assim, uma das condições para o regular exercício dessa ação é o *interesse* (CPC, art. 3º). Consequentemente, tanto no dissídio coletivo quando no jurídico o elemento comum é o *interesse* que a parte legitimada possui em invocar a tutela jurisdicional do Estado. Falar-se, pois, em dissídio coletivo de interesse é render absurda homenagem às construções pleonásticas, pois, ausente o interesse, nenhuma ação, mesmo coletiva, poderá prosperar. O processo será extinto, sem resolução de mérito (CPC, art. 267, VI)". TEIXEIRA FILHO, Manoel Antonio. *Op. cit.*, v. 3, p. 2981.

CLT e tem assento constitucional, consoante art. 114, § 2º[338], da Constituição Federal de 1988, fruto da manutenção do poder normativo dos Tribunais do Trabalho para processar e julgar tais conflitos coletivos, pela Emenda Constitucional n. 45/2004, com nova redação.

Ives Gandra Martins Filho[339] informa que a atribuição de um "poder normativo" à Justiça do Trabalho brasileira teve como paradigma a *Carta del Lavoro* do regime facista instaurado na Itália por Benito Mussolini, na qual se conferia à magistratura do trabalho italiana o poder de dirimir os conflitos coletivos de trabalho, mediante fixação de novas condições laborais (Lei n. 563/1926, art. 13).

Esse poder tem por escopo dirimir conflitos coletivos de trabalho, por meio de criação de novas condições de trabalho e de remuneração. O dissídio coletivo emana desse poder normativo, por meio do qual os Tribunais do Trabalho prolatam sentenças normativas, em caráter abstrato e genérico, utilizando-se de critérios de conveniência e oportunidade.

Em face de suas peculiaridades, essa sentença normativa é vista pela doutrina como tendo corpo de sentença e alma de lei, já que se insere, de forma *erga omnes*, nos contratos individuais de trabalho das categoriais profissionais envolvidas no conflito coletivo.

O § 2º do art. 114 da Constituição Federal de 1988 atribuiu novos limites ao poder normativo dos Tribunais, ao estabelecer:

"§ 2º Recusando-se qualquer das partes à negociação coletiva ou à arbitragem, é facultado às mesmas, de comum acordo, ajuizar dissídio coletivo de natureza econômica, podendo a Justiça do Trabalho decidir o conflito, respeitadas as disposições mínimas legais de proteção ao trabalho, bem como as convencionadas anteriormente."

O dissídio coletivo, fruto do poder normativo dos Tribunais do Trabalho, tem como pressupostos específicos:

• a tentativa de pacificar o conflito coletivo, geralmente na data base da categoria profissional, por meio da negociação coletiva de trabalho;

• a autorização da assembleia geral da categoria, uma vez que os titulares do direito material são os trabalhadores, cabendo ao sindicato a sua representação administrativa ou judicial;

---

(338) Art. 114. Compete à Justiça do Trabalho processar e julgar: § 2º Recusando-se qualquer das partes à negociação coletiva ou à arbitragem, é facultado às mesmas, de comum acordo, ajuizar dissídio coletivo de natureza econômica, podendo a Justiça do Trabalho decidir o conflito, respeitadas as disposições mínimas legais de proteção ao trabalho, bem como as convencionadas anteriormente. (Redação dada ao parágrafo pela Emenda Constitucional n. 45, de 8.12.2004, DOU 31.12.2004)
(339) MARTINS FILHO, Ives Gandra. *Processo coletivo do trabalho*. 4. ed. São Paulo: LTr, 2009. p. 14.

• a inexistência de norma coletiva em vigor ou aproximação da data base da categoria profissional;

• a obtenção da personalidade jurídica sindical junto ao Ministério do Trabalho e Emprego[340], este[341] apenas exigido por alguns Tribunais do Trabalho[342].

Possuem legitimidade para ajuizar o dissídio coletivo as entidades sindicais (econômicas e profissionais), as federações, as confederações (as centrais sindicais não têm legitimidade, de acordo com a nova Lei n. 11.648/2008[343] que proveu o seu reconhecimento jurídico), as empresas (somente para os acordos coletivos), o Ministério Público do Trabalho, em caso de dissídio de greve em atividades essenciais (§ 3º[344] do art. 114, CF/1988), bem como em outros casos em que o *Parquet* Laboral forme sua convicção pela existência de interesse público.

• O art. 856[345] da CLT estatui que o Presidente do Tribunal Regional do Trabalho também tem legitimidade para instaurar o dissídio, em caso de paralisação dos serviços. No entanto, a doutrina vem afirmando que esse

---

(340) Importante o registro de que os sindicatos possuem dupla personalidade jurídica. Uma, denominada de personalidade jurídica propriamente dita, obtida com o registro de seus estatutos no Cartório de Registro de Pessoas Jurídicas, como todas as associações, e a outra, ou a segunda, denominada personalidade jurídica sindical, obtida junto ao Ministério do Trabalho e do Emprego, Departamento de Relações de trabalho, após cumprir todas as formalidades exigidas. Essa última confere legitimidade ao sindicato para participar das negociações coletivas de trabalho, bem como ajuizar dissídios coletivos nos Tribunais do Trabalho. A esse respeito o Supremo Tribunal Federal editou a "Súmula n. 677. Até que lei venha a dispor a respeito, incumbe ao Ministério do Trabalho proceder ao registro das entidades sindicais e zelar pela observância do princípio da unicidade".

(341) Em decorrência da manutenção da unicidade sindical na Constituição de 1988, de acordo com a Pesquisa Sindical, de 2001, do IBGE, 29% do total de sindicatos pesquisados em 2001 não possuíam registro no Ministério do Trabalho e Emprego, uma vez que já havia representação de grande parte das bases. Isso implica dizer que esses sindicatos possuem tão somente registro em Cartório de Registro de Pessoas Jurídicas e/ou pedido de registro sindical naquele Ministério.

(342) OJ n. 15 SDI do TST. Sindicato. Legitimidade *Ad Processum*. Imprescindibilidade do Registro no Ministério do Trabalho. Inserida em 27.3.1998. A comprovação da legitimidade *ad processum* da entidade sindical se faz por seu registro no órgão competente do Ministério do Trabalho, mesmo após a promulgação da Constituição Federal de 1988.

(343) A Lei n. 11.648/2008 que reconheceu juridicamente as centrais sindicais vem sendo questionada na doutrina como inconstitucional, sob o argumento de que uma lei federal não tem o condão de alterar a estrutura sindical brasileira, de forma piramidal (sindicatos, federações e confederações), de acordo com o art. 8º da Constituição Federal de 1988. Para essa corrente doutrinária, somente uma Emenda Constitucional poderia alterar a estrutura sindical brasileira.

(344) § 3º Em caso de greve em atividade essencial, com possibilidade de lesão do interesse público, o Ministério Público do Trabalho poderá ajuizar dissídio coletivo, competindo à Justiça do Trabalho decidir o conflito.

(345) Art. 856. A instância será instaurada mediante representação escrita ao presidente do Tribunal. Poderá ser também instaurada por iniciativa do presidente, ou, ainda, a requerimento da Procuradoria da Justiça do Trabalho, sempre que ocorrer suspensão do trabalho.

artigo não foi recepcionado pela atual Constituição Federal, na medida em que tal fato representaria uma afronta ao princípio da liberdade sindical, hipótese à qual nos filiamos.

A competência originária[346] para processar e julgar o dissídio coletivo é dos Tribunais Regionais do Trabalho (TRTs) ou do Tribunal Superior do Trabalho (TST), tendo sido fixada pela dimensão do conflito e pelo local onde este venha a ocorrer, com disciplina pela Lei n. 7.701/1988[347] e pelo art. 677[348] da CLT.

Para expressiva parte da doutrina, o poder normativo dos Tribunais do Trabalho não representa um real e efetivo exercício da **função jurisdicional**, mas sim o desenvolvimento de uma **função legislativa**, de forma atípica ou anômala pelo Poder Judiciário, uma vez que por meio dela não se objetiva a aplicação de direito preexistente (direito objetivo) ao caso concreto, ou seja, a subsunção dos fatos à norma jurídica, mas a criação de novas condições de trabalho.

Observa-se que, no exercício do poder normativo, os Tribunais do Trabalho, após atendidos os limites mínimos legais e as normas convencionadas anteriormente (acordos e convenções coletivas anteriores), prestam-se a criar novas condições de trabalho e de remuneração, e não de aplicação do Direito positivo propriamente dito no deslinde de uma controvérsia.

Em outras palavras, não há na prolação da sentença normativa pelos Tribunais do Trabalho a aplicação do silogismo jurídico (premissa maior: lei; premissa menor: fato e síntese ou conclusão: a sentença), nem subsunção do fato à norma jurídica como ocorre no efetivo desenvolvimento da função jurisdicional pelo Poder Judiciário, no exercício de sua função típica.

O próprio Supremo Tribunal Federal (STF) nos últimos anos tem restringido o campo de atuação do poder normativo, sob o entendimento de que esse poder só pode atuar no "vazio da lei", com absoluta sujeição aos parâmetros legais.

De outra parte, é oportuno destacar que a OIT — Organização Internacional do Trabalho, por meio da Declaração de Direitos Fundamentais do Trabalhador, de

---

(346) De acordo com a decisão liminar do Supremo Tribunal Federal na ADIN n. 3.395, que deu interpretação ao inciso I do art. 114, para afastar a competência da Justiça do Trabalho a apreciação das causas entre servidores públicos estatutários e o respectivo Poder Público, surgindo controvérsias envolvendo servidores estatutários federais a competência será a Justiça Comum Federal ou Justiça Comum Estadual para dirimir as lides em que figurem servidores estaduais ou municipais.
(347) Lei n. 7.701/1988. Art. 2º Compete à seção especializada em dissídios coletivos, ou seção normativa:
I — originariamente:
conciliar e julgar os dissídios coletivos que excedam a jurisdição dos Tribunais Regionais do Trabalho e estender ou rever suas próprias sentenças normativas, nos casos previstos em lei;
homologar as conciliações celebradas nos dissídios coletivos de que trata a alínea anterior;
(348) Art. 677. A competência dos Tribunais Regionais determina-se pela forma indicada no art. 651 e seus parágrafos e, nos casos de dissídio coletivo, pelo local onde este ocorrer.

1998, advertiu a todos os Países-membros, mesmo aqueles que não tenham ratificado as convenções pertinentes, para que tenham o compromisso de promover:

> "a liberdade de associação e liberdade sindical e o reconhecimento efetivo do direito de negociação coletiva."

Vale observar que existe um claro consenso na OIT no sentido de que os Estados venham definitivamente a privilegiar a negociação coletiva de trabalho, considerada a forma mais eficaz de resolução dos conflitos coletivos entre capital e trabalho.

6.1. Negociação coletiva de trabalho

A negociação coletiva de trabalho[349] constitui o método ou processo de autocomposição de interesses entre trabalhadores e empregadores, desenvolvido por meio de um *iter* específico, pelos próprios atores sociais, e utilizado na solução de conflitos coletivos nos países mais avançados economicamente (União Europeia e Estados Unidos).

A Constituição Federal de 1988 foi a primeira a tratar diretamente da negociação coletiva de trabalho, em seu art. 8º, inciso VI[350], embora o tema já tivesse sido regulado pelo art. 616[351] da CLT, pioneira na tratativa dos conflitos coletivos ou conflitos de massa, pois desde 1943 já previu tal possibilidade, muito antes do pleno desenvolvimento dos instrumentos processuais coletivos que ocorreu a partir da década de 1970. Prova disso é que o Código de Processo Civil de 1973 acabou por não contemplar o deslinde das lides moleculares, focando virtualmente todo seu arcabouço na solução dos conflitos de natureza individual ou atomizada.

Diferentemente dos países mencionados, onde a negociação coletiva de trabalho foi fruto de uma conquista histórica de luta entre trabalhadores e empregadores, tendo sido construída de baixo para cima, na América Latina, os legisladores, tendo tomado ciência de sua utilidade social e jurídica, com base na

---

(349) Temos também a convenção coletiva de consumo, estabelecida no art. 107 da Lei n. 8.078/1990 (Código de Defesa do Consumidor): DA CONVENÇÃO COLETIVA DE CONSUMO. Art. 107. As entidades civis de consumidores e as associações de fornecedores ou sindicatos de categoria econômica podem regular, por convenção escrita, relações de consumo que tenham por objeto estabelecer condições relativas ao preço, à qualidade, à quantidade, à garantia e características de produtos e serviços, bem como à reclamação e composição do conflito de consumo.

(350) VI — é obrigatória a participação dos sindicatos nas negociações coletivas de trabalho.

(351) Art. 616. Os sindicatos representativos de categorias econômicas ou profissionais e as empresas, inclusive as que não tenham representação sindical, quando provocados, não podem recusar-se à negociação coletiva. (Redação dada ao *caput* pelo Decreto-Lei n. 229, de 28.2.1967)

§ 1º Verificando-se recusa à negociação coletiva, cabe aos sindicatos ou empresas interessadas dar ciência do fato, conforme o caso, à Secretaria de Relações de Trabalho ou aos órgãos regionais do Ministério do Trabalho, para convocação compulsória dos sindicatos ou empresas recalcitrantes.

experiência europeia e na norte-americana, trataram de adotá-la nas leis e nos códigos, colocando esse poderoso instrumento de reivindicação ao alcance dos trabalhadores, que, no entanto, não dispunham de força ou densidade política suficiente para manejá-lo, na maior parte das vezes pela ausência de massa crítica de trabalhadores e de um processo de industrialização mais intenso.

Entre as várias vantagens da negociação coletiva de trabalho[352] em face do dissídio coletivo, podemos enumerar:

• Celeridade na elaboração de seus instrumentos jurídicos — acordo, convenção coletiva ou contrato coletivo (portuários — Lei n. 8.630/1993);

• Maior adaptação ao caso concreto, pois leva em conta as peculiaridades de cada empresa, ramo de atividade, força de trabalho, competitividade, produtividade, custos de produção etc.;

• Propensão a uma maior estabilidade social e a um menor nível de conflituosidade, já que as novas condições foram estabelecidas pelas próprias partes interessadas;

• Melhor compatibilidade às necessidades e às exigências do mercado e da produção, especialmente pelo fato de muitas empresas operarem em um mercado globalizado, sem fronteiras territoriais, utilizando-se de altos níveis de tecnologia e informática;

• Maior grau de solidariedade e integração entre trabalhadores e empregadores;

• Fortalecimento dos sindicatos e de outras formas de organização dos trabalhadores no local de trabalho[353].

A valorização da negociação coletiva de trabalho acha-se intrinsecamente articulada com o fortalecimento dos sindicatos, já que cabe a este a missão de representar os interesses de seus associados no diálogo social com os empresários.

Porém, a negociação coletiva de trabalho que se posiciona como a função mais nobre das organizações sindicais, pelo grande significado que ostenta no mundo do trabalho, somente apresentará os resultados práticos almejados pela sociedade se for realizada em um ambiente democrático. Digno de nota que a democracia, juntamente com a pluralidade e o direito de informação, faz parte da 4ª dimensão de direitos humanos, como já mencionado neste trabalho, todos eles de enorme importância para os trabalhadores e os sindicatos.

---

[352] A denominação correta do instituto é negociação coletiva de trabalho, haja vista que também temos no nosso ordenamento jurídico a negociação coletiva de consumo, regulamentada no art. 107 da Lei n. 8.078/1990 (Código de Defesa do Consumidor).

[353] SANTOS, Enoque Ribeiro dos. *Direitos humanos na negociação coletiva*: teoria e prática jurisprudencial. São Paulo: LTr, 2004. p. 137.

Nos países democráticos onde se pratica a plena liberdade sindical e o direito de greve[354], a negociação coletiva de trabalho assume papel de maior relevância social, porque motiva os próprios indivíduos ou respectivas classes à autodeterminação, sem o paternalismo estatal, preparando e educando, por meio da prática negocial, os próprios interessados a gerir suas próprias conveniências e interesses, a definir seu próprio destino, com maturidade, entendimento e diálogo social[355].

É evidente que, em função da própria natureza conflituosa e dialética das relações trabalhistas, devem-se deixar como último recurso algumas reservas ou garantias legais, como o exercício do direito de greve, a oportunidade de busca de tutela jurisdicional para dirimir lides eminentemente jurídicas, após o esgotamento de todos os demais procedimentos de resolução de conflitos, como o suprimento judicial em caso de denegação do "comum acordo" pelo sindicato patronal, sem motivo plausível, desprovido de razoabilidade.

A negociação coletiva de trabalho pode desaguar nas seguintes situações concretas:

- Se frutífera ou bem-sucedida, na elaboração dos seguintes instrumentos jurídicos: acordo coletivo ou convenção coletiva de trabalho, ou ainda o contrato coletivo (Lei n. 8.630/1993). Caso haja o descumprimento das cláusulas acordadas, os sindicatos ou os próprios trabalhadores poderão ajuizar as ações de cumprimento, cuja competência é das Varas do Trabalho. Da mesma forma, havendo cláusulas normativas ou obrigacionais que colidam com a norma de regência, o Ministério Público do Trabalho poderá notificar as partes para que corrijam a ilegalidade, designar audiência para celebração de Termo de Compromisso de Ajustamento de Conduta, nos termos da Lei n. 7.347/1985, e, em caso de recalcitrância das partes, ajuizar a competente Ação Civil Pública;

---

(354) VII — o direito de greve será exercido nos termos e nos limites definidos em lei específica; (Redação dada ao inciso pela Emenda Constitucional n. 19/1998). Esse inciso VII do art. 37 da Constituição Federal de 1988 diz respeito ao direito de greve dos servidores públicos. Para o Supremo Tribunal Federal, trata-se de norma de eficácia limitada, ou seja, os servidores públicos civis somente poderão exercer o direito de greve quando advier lei específica regulando a matéria, bem como também não podem realizar negociações coletivas de trabalho. *Data maxima venia*, nosso entendimento é que o mencionado inciso VII constitui norma de eficácia contida, já que o direito de greve constitui direito fundamental da pessoa humana, e, como tal, toda interpretação deveria ser a mais ampliativa possível, jamais restritiva. Mais recentemente, a Suprema Corte (STF), ao se debruçar sobre os MI ns. 670, 689, 708 e 712, não apenas censurou o legislador ordinário pelo menoscabo em relação à conformação do inciso VII do art. 37, como determinou que, enquanto não sanada a deficiência legislativa, dever-se-ia aplicar a lei geral de greve (Lei n. 7.783/1989). (TJSE-AD 2009.11.11.32 — (11.626/2009) — Rela. Desa. Marilza Mayanard Salgado de Carvalho — DJe 17.12.2009 — p. 2)

(355) SANTOS, Enoque Ribeiro dos. *Fundamentos do direito coletivo do trabalho nos Estados Unidos da América, na União Europeia, no Mercosul e a experiência brasileira*. Rio de Janeiro: Lumen Juris, 2005. p. 221.

- Se infrutífera ou malsucedida, a negociação coletiva de trabalho poderá dar ensejo:

- à arbitragem — sentença arbitral, regulada pela Lei n. 9.307/1996 e § 1º, art. 114 da CF/1988;

- à greve — Lei n. 7.783/1989;

- ao dissídio coletivo, como emanação do poder normativo, por meio da sentença normativa pelos Tribunais competentes (§ 2º, art. 114, CF/1988).

6.2. A EMENDA CONSTITUCIONAL N. 45/2004 E REFLEXOS NO PODER NORMATIVO

Se a Emenda Constitucional n. 45/2004, também chamada de reforma do Judiciário, por um lado, provocou um enorme elastecimento ou ampliação da competência da Justiça do Trabalho, nos planos material e processual (a competência passou a ser em razão da matéria e não mais em relação às pessoas do empregado e empregador), por outro, restringiu o poder normativo dos Tribunais do Trabalho, com a alteração do § 2º do art. 114 da Constituição Federal, que estabeleceu a necessidade do "comum acordo" das partes para instauração do dissídio coletivo de natureza econômica.

Em face dessa alteração, a doutrina e a jurisprudência passaram a questionar a natureza dessa novidade jurídica: trata-se esse "comum acordo" de uma nova condição da ação[356], além da possibilidade jurídica do pedido, do interesse de agir e legitimidade *ad causam*? De um novo pressuposto processual para instauração do dissídio coletivo, de natureza econômica?

6.3. O "COMUM ACORDO" (§ 2º DO ART. 114 DA CONSTITUIÇÃO FEDERAL)

Várias teses jurídicas passaram a examinar o tema, entre as quais encontramos:

---

(356) Para uma corrente doutrinária moderna, as condições da ação atualmente consistem tão somente na legitimidade *ad causam* e no interesse de agir, já que a possibilidade jurídica do pedido foi retirada desse rol pelo próprio Liebman, que alterou seu entendimento preliminar, nas palavras de Luiz Guilherme Marinoni, para quem: "pedido juridicamente impossível é aquele que não é viável, seja por estar expressamente proibido por uma norma, seja por estar obstaculizado pelo sistema jurídico. Como foi lembrado, Liebman deixou essa categoria de lado, ao escrever uma nova edição do seu *Manuale*, um pouco antes da aprovação do CPC de 1973. Liebman tomou esta posição quando se instituiu o divórcio na Itália, mediante a aprovação da Lei n. 898, de 1º de dezembro de 1970. Com a edição da nova lei, não havia mais como se dizer que o divórcio era juridicamente impossível, o que levou Liebman a abandonar a categoria da 'possibilidade jurídica do pedido', a qual, também no Direito brasileiro, não tem muita razão de ser, pois o exemplo dado pela doutrina para explicá-la, isto é, o da cobrança de dívida de jogo, certamente poderia ser pensado como ausência de interesse de agir". MARINONI, Luiz Guilherme. *Teoria geral do processo*. 3. ed. São Paulo: Revista dos Tribunais, 2008. p. 175-176.

- Há quem entenda que a Emenda Constitucional n. 45/2004 extinguiu o poder normativo dos Tribunais[357], no sentido de privilegiar a negociação coletiva de trabalho;

- Para outros, o poder normativo não foi extinto, mas apenas mitigado. Vale dizer, foi transformado em poder arbitral (arbitragem oficial do Estado por meio do Poder Judiciário);

- Outra corrente entende que o poder normativo permanece incólume, já que temos vários tipos de dissídios coletivos, e não apenas o econômico, como o dissídio coletivo de natureza jurídica, o de revisão, o originário, o de declaração (greve);

- Outros defendem que o comum acordo é uma nova condição[358] da ação[359] ou pressuposto[360] processual[361];

---

(357) A NOVEL REDAÇÃO DO § 2º DO ART. 114, DA CRFB/1988, NÃO DERROGOU A COMPETÊNCIA DA JUSTIÇA DO TRABALHO PARA APRECIAR DISSÍDIOS COLETIVOS, APENAS LIMITOU SUA ABRANGÊNCIA ÀS DISPOSIÇÕES MÍNIMAS LEGAIS DE PROTEÇÃO AO TRABALHO, BEM COMO ÀS (CLÁUSULAS) CONVENCIONADAS ANTERIORMENTE. (TRT 14ª R. — DC 02511.2008.000.14.00-5 — Relª Maria Cesarineide de Souza Lima — DE 22.12.2008)
(358) LEITE, Carlos Henrique Bezerra. *Curso de direito processual do trabalho*. 7. ed. São Paulo: LTr, 2009. p. 977. Para esse autor, a exigência do mútuo consentimento para o ajuizamento do dissídio coletivo de natureza econômica é uma condição da ação, pois a sua ausência implica ausência de interesse processual, na modalidade necessidade (CPC, arts. 3º e 267, VI). Vale dizer, sem o mútuo consentimento das partes no dissídio coletivo de natureza econômica, não há necessidade de intervenção do Estado-juiz para prestar o serviço jurisdicional.
(359) DISSÍDIO COLETIVO — § 2º DO ART. 114 DA CONSTITUIÇÃO DA REPÚBLICA — EXIGIBILIDADE DA ANUÊNCIA PRÉVIA — Não demonstrado o comum acordo, exigido para o ajuizamento do dissídio coletivo, consoante a diretriz constitucional, evidencia-se a inviabilidade do exame do mérito da questão controvertida, por ausência de condição da ação, devendo-se extinguir o processo, sem resolução do mérito, à luz do art. 267, inciso VI, do CPC. Preliminar que se acolhe. (TST — DC 165.049/2005-000-00-00 — SDC — Rel. Min. Carlos Alberto Reis de Paula — DJU 29.9.2006)
(360) MELO, Raimundo Simão de. *Processo coletivo do trabalho*. São Paulo: LTr, 2009. p. 100-101. Para esse autor, não se confundem os pressupostos processuais com as condições da ação. Citando Humberto Theodoro Junior (*Curso de direito processual civil*. 18. ed. Rio de Janeiro: Forense, 1993. v. 1, p. 75) aduz que os pressupostos, portanto, são dados reclamados para a análise de viabilidade do exercício do direito de ação, sob o ponto de vista estritamente processual. Já as condições da ação importam o cotejo do direito de ação concretamente exercido com a viabilidade abstrata da pretensão de direito material. Os pressupostos, em suma, põem a ação em contato com o direito processual, e as condições de procedibilidade põem-na em relação com as regras do direito material. Por oportuno, cabe lembrar a existência, em nosso sistema jurídico, de alguns pressupostos processuais semelhantes, nunca inquinados de inconstitucionais. Eis alguns deles: a) a prévia negociação coletiva como pressuposto para o ajuizamento da ação de Dissídio Coletivo (art. 114, § 2º, da CF e 616, §§ 2º e 3º, da CLT); b) o transcurso de um ano para o ajuizamento da ação revisional de Dissídio Coletivo (CLT, art. 873); c) o esgotamento das instâncias desportivas privadas nos casos de disciplina e competições, nos termos da lei (CF, art. 217, § 1º); d) o depósito prévio de 5% sobre o valor da causa, para o ajuizamento da ação rescisória no cível (CPC, art. 488, inciso II). Com base no exposto, o autor citado entende que o requisito do comum acordo é um pressuposto processual e não mais uma condição da ação, como já vem sustentando parte da doutrina e a jurisprudência (Proc. TST-SEDC n. 165049/2005-000-00-00.4, Rel. Min. Carlos Alberto Reis de Paula, DJ 29.9.2006)
(361) DISSÍDIO COLETIVO DE NATUREZA ECONÔMICA — AUSÊNCIA DE COMUM ACORDO — PRESSUPOSTO PROCESSUAL — EXTINÇÃO DO PROCESSO — Conforme a jurisprudência

- Outro entendimento é que o "comum acordo" é mera⁽³⁶²⁾ repetição de texto legal, uma vez que também se encontra disposto no art. 11 da Lei de Greve (Lei n. 7.783/1989);

---

firmada pela Seção Especializada em Dissídios Coletivos do Tribunal Superior do Trabalho, a partir da exigência trazida pela Emenda Constitucional n. 45/2004 ao art. 114, § 2º, da Constituição Federal, o comum acordo constitui pressuposto processual para o ajuizamento do dissídio coletivo de natureza econômica. No caso concreto, verifica-se que o não preenchimento desse requisito, ora renovado em preliminar, foi expressamente indicado por alguns dos suscitados desde a contestação, o que implica óbice ao chamamento desta Justiça Especializada para exercício de seu Poder Normativo. Assim, reformando a decisão do Tribunal Regional que rejeitou a preliminar de ausência de comum acordo, em relação aos suscitados que renovaram a arguição, julga-se extinto o processo, sem resolução de mérito, a teor do art. 267, IV, do CPC, ressalvadas as situações fáticas já constituídas, nos termos do art. 6º, § 3º, da Lei n. 4.725/1965. Recursos ordinários aos quais se dá provimento. AUSÊNCIA DE COMUM ACORDO — INOVAÇÃO RECURSAL — CONCORDÂNCIA TÁCITA — Ao interpretar o art. 114, § 2º, da Constituição da República, esta Corte Superior tem admitido a hipótese de concordância tácita com o ajuizamento do dissídio coletivo, consubstanciada na inexistência de oposição expressa do suscitado à instauração da instância no momento oportuno, e a qual não se desconstitui mediante a arguição tardia e inovatória em sede de recurso ordinário. LEGITIMIDADE PASSIVA — CATEGORIA DIFERENCIADA — Em face da Lei n. 7.410/1985 e da Norma Regulamentar n. 27 do Ministério do Trabalho e Emprego, os técnicos de segurança do trabalho constituem categoria profissional diferenciada, na forma do art. 511, § 3º, da CLT, o que lhes permite ajuizar dissídio coletivo econômico, a fim de serem fixadas condições de trabalho específicas, a despeito da diversidade das atividades econômicas desenvolvidas pelas empregadoras, de forma que a legitimidade passiva não se sujeita à correspondência entre as categorias econômica e profissional. Recursos ordinários conhecidos e parcialmente providos. (TST — RODC 20244/2007-000-02-00 — SETPOEDC. Rel. Walmir Oliveira da Costa — J. 11.5.2009)

(362) DISSÍDIO COLETIVO — COMUM ACORDO — PRESSUPOSTO PROCESSUAL — NÃO CARACTERIZAÇÃO — MERA FACULDADE — A expressão "comum acordo" contida no § 2º do art. 114 da CF não constitui pressuposto processual para o ajuizamento de dissídio coletivo, mas mera faculdade das partes. Interpretação diversa implicaria admitir que a intenção do legislador, ao elaborar a norma, foi a de induzir a categoria econômica interessada ao inevitável exercício do direito de greve, com a finalidade de forçar a concordância da categoria econômica com o ajuizamento do dissídio, a fim de possibilitar a apreciação de suas reivindicações pelo Poder Judiciário. Tal conclusão, evidentemente, contraria a lógica do razoável e comezinhos princípios de Direito. Por outro lado, a interpretação da norma constitucional deve ter como diretriz os princípios da máxima efetividade e da força normativa da Constituição (Canotilho). Admitir a impossibilidade do ajuizamento do dissídio coletivo em razão de mero capricho de uma das partes implica, sem dúvida, negar vigência ao disposto no art. 8º, III, da CF, que assegura ao sindicato a defesa dos direitos e interesses coletivos da categoria, prerrogativa essa que não pode simplesmente ficar submetida ao puro arbítrio da parte contrária, como autêntica condição potestativa, sob pena de restar frustrada sua eficácia. Não bastasse isso, por se tratar de mero parágrafo, o disposto no aludido § 2º não pode restringir a aplicação da norma contida no *caput* e incisos do art. 114, da Carta Magna, os quais estabelecem a competência da Justiça do Trabalho para o julgamento de qualquer pretensão decorrente de um conflito de interesses de natureza econômica e social. Aliás, o próprio § 2º em comento reforça tal conclusão, quando assinala caber a esta Justiça Especializada decidir o conflito. Não se trata, pois, de mera arbitragem. Assim, a análise interpretativa do mencionado dispositivo constitucional revela que a expressão "comum acordo" constitui mera faculdade das partes, não um pressuposto processual, sendo que a sua ausência não impede o ajuizamento de dissídio coletivo visando à composição de conflito de interesses entre as categorias profissional e econômica interessadas. Preliminar rejeitada. (TRT 15ª R. — DC 2018-2005-000-15-00-7 — (153/06) — SDC — Rel. Juiz Fernando da Silva Borges — DOESP 1º.11.2006 — p. 60)

"Art. 11. Nos serviços ou atividades essenciais, os sindicatos, os empregadores e os trabalhadores ficam obrigados, de **comum acordo**, a garantir, durante a greve, a prestação de serviços indispensáveis ao atendimento das necessidades inadiáveis da comunidade."

• Ainda, há a posição de que o "comum acordo" é inconstitucional por afrontar o princípio da inafastabilidade[363] do Judiciário (art. 5º, inciso XXXV, da Constituição Federal);

• Não obstante, a última decisão do TST (Tribunal Superior do Trabalho) é pela exigibilidade do "comum acordo" (TST-DC 165.049/2005-000-00-0-SDC — Rel. Min. Carlos A. R. de Paula — DJU 29.9.2006).

Enfim, qual a posição doutrinária ou jurisprudencial que oferece a melhor solução para se enfrentar tão intrincada questão?

Não é preciso maior profundidade para concluir que a Emenda Constitucional n. 45/2004 criou um espaço político e um jurídico para uma futura eliminação total do poder normativo, ao mesmo tempo em que perdeu uma excelente oportunidade de se definir totalmente pela negociação coletiva de trabalho, sem sombra de dúvida, o melhor método de solução dos conflitos coletivos de trabalho.

Logo, tendo em vista que o legislador não utiliza palavras inúteis, uma interessante solução foi apresentada pelo juiz vice-corregedor do TRT da 3ª Região, Júlio Bernardo do Carmo[364], para quem, se o sindicato da categoria profissional for forte o suficiente e tiver capacidade para se impor, poderá, devidamente autorizado pela assembleia geral dos trabalhadores da categoria profissional, promover a greve para forçar o sindicato patronal ou a empresa a sentar à mesa de negociação e entabular a negociação coletiva de trabalho.

Se o sindicato profissional for fraco e não tiver densidade suficiente para impor pressão por meio da greve, poderá instaurar o dissídio coletivo de natureza econômica no Tribunal, suscitando, de forma **incidental**, o **suprimento judicial do "comum acordo"**, por meio de tutela específica, com fulcro no art. 461 do Código de Processo Civil, que trata das obrigações de fazer, bem como com fun-

---

(363) POSSIBILIDADE DE AJUIZAMENTO SINGULAR DO DISSÍDIO COLETIVO — INTELIGÊNCIA DO § 2º DO ART. 114 DA CONSTITUIÇÃO FEDERAL — O teor do § 2º do art. 114 da CF, introduzido pela Emenda Constitucional n. 45/2004, não impede o ajuizamento singular do dissídio coletivo, sendo certo que o mútuo consentimento para a propositura da referida ação é faculdade concedida pelo texto constitucional. (TRT 3ª R. — DC 00817-2006-000-03-00-5 — SEDI — Rel. Des. Marcio Flavio Salem Vidigal — DJMG 1º.12.2006)

(364) CARMO, Julio Bernardo do. Do mútuo consenso como condição de procedibilidade do dissídio coletivo de natureza econômica. *Revista LTr*, São Paulo, v. 69, n. 5, p. 593, maio 2005.

damento em imposição de uma **condição puramente potestativa**[365] **do empregador**, proibida em nosso ordenamento jurídico, na denegação do aludido comum acordo.

Restaria, dessa forma, superado o óbice do "comum acordo" para que o Tribunal conhecesse do dissídio coletivo de natureza econômica.

No entanto, alterando nossa posição anterior[366], filiamo-nos à corrente que entende pelo cabimento da tese da inconstitucionalidade do "comum acordo", por supostamente afrontar o princípio da inafastabilidade do Judiciário (art. 5º, inciso XXXV, da CF/1988), pelo fato de que, no exercício do poder normativo, os Tribunais do Trabalho não aplicam o direito preexistente ao caso concreto, em típica atividade jurisdicional, mas, pelo contrário, agora "podem decidir o conflito" e estabelecer novas condições de trabalho e de remuneração para a categoria, respeitando-se os novos limites impostos pelo § 2º do art. 114 da CF/1988, quais sejam: as disposições legais mínimas e as convencionadas anteriores, no exercício de função legislativa atípica.

Em outras palavras, a afronta ao princípio do acesso ao Judiciário na exigência do "comum acordo" estaria consubstanciada no fato de o autor necessitar da "autorização do réu" para ter o direito de postular em juízo o que, indubitavelmente, não faz qualquer sentido em sede de Direito Processual.

Ademais, uma análise mais acurada do tema nos leva à sua gênese, que se materializou com a queixa apresentada pela CUT — Central Única dos Trabalhadores, perante a Organização Internacional do Trabalho — OIT, em face do Governo Brasileiro, acusando-o de desrespeito à liberdade sindical, por ocasião da greve dos petroleiros, na qual vários dirigentes sindicais foram despedidos.

De acordo com Amauri Mascaro Nascimento[367], a queixa foi apreciada pelo Comitê de Liberdade Sindical da OIT, que oficiou o Governo Brasileiro com duas sugestões, em linhas gerais, a reintegração dos dirigentes sindicais petroleiros despedidos na greve e a transformação do nosso sistema de solução dos conflitos coletivos com a adoção da arbitragem, quando solicitada pelas partes, e a manutenção do dissídio coletivo apenas nos casos de greve em atividades essenciais.

---

(365) Novo Código Civil. Art. 122. São lícitas, em geral, todas as condições não contrárias à lei, à ordem pública ou aos bons costumes; entre as condições defesas se incluem as que privarem de todo efeito o negócio jurídico, ou o sujeitarem ao puro arbítrio de uma das partes.
(366) SANTOS, Enoque Ribeiro dos. Dissídio coletivo e Emenda Constitucional n. 45/2004. Considerações sobre as teses jurídicas da exigência do "comum acordo". *Revista Síntese Trabalhista*, Porto Alegre, n. 199, p. 16, jan. 2006.
(367) NASCIMENTO, Amauri Mascaro. A questão do dissídio coletivo "de comum acordo". *Revista LTr*, São Paulo, v. 70, n. 6, p. 647, jun. 2006.

Ainda para esse doutrinador, com o intuito de não rejeitar as sugestões da OIT, nosso País aprovou uma lei de anistia para beneficiar os dirigentes sindicais despedidos e que foram, com base nela, reintegrados no emprego ou indenizados. Quanto ao sistema de solução dos conflitos, em atenção à proposta da OIT, diante da posição na ocasião defendida pela CUT, caminhou-se para a supressão do dissídio coletivo.

Foi, também, cogitada a hipótese de transformar o dissídio coletivo em arbitragem pelos Tribunais do Trabalho, solução que não teve aceitação; prevaleceu a manutenção do dissídio coletivo econômico e a arbitragem (art. 114 da Constituição Federal).

Amauri Mascaro Nascimento[368] também informa que a origem do problema deixa claro que a exigência do acordo para impulsionar mecanismos de solução do conflito referia-se à arbitragem, e não ao dissídio coletivo. Mas o projeto passou por modificações até resultar na Emenda Constitucional n. 45/2004.

Em face desse quadro, não remanesce qualquer dúvida de que a exigência do comum acordo aplica-se tão somente à arbitragem, quando as partes buscam a solução do conflito extrajudicialmente com a eleição de um árbitro, consoante a Lei n. 9.307/1996, e não à solução jurisdicional, por meio da sentença normativa, mesmo configurando essa última em função atípica do Poder Judiciário.

Portanto, podemos concluir esse tópico afirmando que se a Emenda Constitucional n. 45/2004 procurou criar um ambiente político e um jurídico favoráveis para uma futura eliminação total do poder normativo da Justiça do Trabalho e, ao emplacar definitivamente a negociação coletiva de trabalho no Brasil, perdemos uma oportunidade histórica de proclamar em definitivo a "maioridade" de nosso sistema de resolução dos conflitos coletivos de trabalho, de modo a alçar o Brasil em condições de igualdade com os países mais avançados economicamente, nos quais a negociação coletiva de trabalho constitui o núcleo do sistema laboral, em conexão com o sistema privado de arbitragem.

Por meio destes instrumentos jurídicos — negociação coletiva de trabalho e arbitragem privada —, os próprios atores sociais, de forma democrática e pelo método da autocomposição, dirimem suas controvérsias e governam suas relações de trabalho.

É nosso entendimento que o poder normativo deva ser aperfeiçoado no sentido de se restringir à interpretação de normas e cláusulas dos instrumentos coletivos de trabalho e julgamento de lides eminentemente jurídicas, remetendo aos próprios

---

(368) *Ibidem*, p. 651.

atores sociais, por meio da negociação coletiva de trabalho, os conflitos de natureza econômica, envolvendo salários, condições de remuneração etc.

Entendemos que a exigência do "comum acordo" para a instauração do dissídio coletivo de natureza econômica posta-se de forma totalmente colidente com o art. 5º, inciso XXXV, da Constituição Federal, configurando-se, destarte, como requisito de índole flagrantemente inconstitucional, por condicionar o direito de ação constitucionalmente assegurado a todos ao livre alvedrio ou à autorização do réu, o que constitui fato inédito em qualquer ordenamento jurídico, o que somente seria aceitável em se tratando do instituto da arbitragem.

6.4. Limites do poder normativo pelos Tribunais do Trabalho

Cotejando o § 2º do art. 114 da Constituição Federal, que em sua parte final estabelece que "(...) é facultado às partes, de comum acordo, ajuizar dissídio coletivo de natureza econômica, podendo a Justiça do Trabalho decidir o conflito, respeitadas as disposições mínimas legais de proteção ao trabalho, bem como as convencionadas anteriormente", com o art. 766 da CLT que dispõe que "nos dissídios coletivos sobre estipulação de salários serão estabelecidas condições que, assegurando justo salário aos trabalhadores, permitam também justa retribuição às empresas interessadas" encontramos os limites mínimo e máximo da atuação do poder normativo exercido pelos Tribunais do Trabalho, já que a Constituição Federal deixa bem claro que esse poder é atribuído aos Tribunais, e não aos juízes monocráticos.

6.5. Limite mínimo

Para Raimundo Simão de Melo[369], quanto a esse limite mínimo, maior dúvida não existe em razão da cristalina dicção constitucional que determina ao tribunal a observância e a manutenção das condições legais e convencionais mínimas de proteção ao trabalhador, pelo que as cláusulas do instrumento normativo anterior negociado deverão ser integralmente mantidas, só podendo ser alteradas ou extintas por meio da autonomia privada negocial. Ou seja, somente as partes, mediante acordo coletivo ou convenção coletiva de trabalho, podem alterar condições de trabalho estabelecidas noutro instrumento negociado.

Com efeito, essa obrigatoriedade imposta ao Poder Judiciário Trabalhista somente existe em relação ao primeiro Dissídio Coletivo posterior a uma convenção ou a um acordo coletivo de trabalho expirado sem uma nova negociação, porquanto, mantida uma determinada cláusula convencional por sentença normativa, no ano

---

(369) MELO, Raimundo Simão de. *Processo coletivo do trabalho*, cit., p. 60.

seguinte, se não houver negociação coletiva, o Tribunal está livre para julgar o pedido como entender mais adequado, pois não existiu convenção coletiva anterior, mas uma sentença normativa[370].

João Carlos de Araújo[371] também se posiciona no sentido de que a sentença coletiva não terá eficácia se, por exemplo, estabelecer condição inferior[372] à legal ou à convencional. Destarte, ela não poderá reduzir direitos trabalhistas já anteriormente conquistados pela categoria em convenção ou acordo coletivo.

Neste compasso, em que pese a posição anterior restritiva do colendo Tribunal Superior do Trabalho[373], já que recentemente alterou a redação da Súmula n. 277, somos do entendimento de que as cláusulas inseridas em um acordo ou convenção coletiva nos contratos individuais, tanto as cláusulas normativas como as obrigações (que obrigarão as partes convenentes), com base na teoria da ultra-atividade, produzirão efeitos até que outro instrumento normativo as altere, modifique, ou revogue, não podendo, pura e simplesmente, ser retiradas[374] ou eliminadas na data de seu vencimento.

---

(370) *Ibidem*, p. 61.
(371) ARAÚJO, João Carlos de. *Ação coletiva do trabalho*. São Paulo: LTr, 1993. p. 13.
(372) INTERVALO INTRAJORNADA — REDUÇÃO MEDIANTE CONVENÇÃO COLETIVA — CLÁUSULA INVÁLIDA — O art. 71, *caput*, da CLT dispõe ser obrigatória a concessão de um intervalo mínimo de uma hora em qualquer trabalho contínuo cuja duração exceda de seis horas, permitindo apenas que tal intervalo exceda o limite máximo de duas horas, mediante acordo escrito ou contrato coletivo de trabalho. E o § 3º do referido art. 71 exige, para redução do limite mínimo estabelecido: Autorização do Ministério do Trabalho, inexistência de jornada suplementar e a verificação de que o estabelecimento atenda integralmente às exigências concernentes à organização dos refeitórios. Destarte, não satisfeitas tais exigências, têm-se por inválidas cláusulas de instrumentos normativos que autorizem a redução ou supressão do período mínimo destinado à alimentação e ao descanso do empregado, até porque se trata de norma legal que tem por objetivo preservar a saúde e o bem-estar do trabalhador, destinando-se a pausa prevista a amenizar o desgaste físico e mental resultante do trabalho contínuo. Nesse sentido é que foi editada a Orientação Jurisprudencial n. 342, pela eg. SDI-I do col. TST: "é inválida cláusula de acordo ou convenção coletiva de trabalho contemplando a supressão ou redução do intervalo intrajornada, porque este constitui medida de higiene, saúde e segurança do trabalho, garantido por norma de ordem pública (art. 71 da CLT e art. 7º, XXII, da CF/1988), infenso à negociação coletiva". (TRT 3ª R. — RO 01224-2003-109-03-00-9 — 1ª T. — Relª Juíza Maria Laura F. Lima de Faria — DJMG 27.8.2004 — p. 4) JCLT.71 JCF.7 JCF.7.XXII.
(373) CONTRARIEDADE À SÚMULA N. 277 DO TST — NORMA COLETIVA — ULTRATIVIDADE — Consoante o disposto na Súmula n. 277 desta Corte Superior, as condições de trabalho alcançadas por força de instrumento coletivo vigoram no prazo assinado, não integrando, de forma definitiva, os contratos de trabalho. Resulta, daí, que a norma coletiva que assegura concessão de vantagem não se projeta no tempo, ficando seus efeitos limitados ao prazo de vigência do instrumento coletivo, não se integrando aos contratos de trabalho. Agravo de instrumento não provido. (TST — AIRR 1.804/2003-010-12-40.3 — 1ª T. — Rel. Min. Lelio Bentes Corrêa — DJU 1º.11.2007)
(374) ULTRA-ATIVIDADE DE NORMAS COLETIVAS — "As cláusulas normativas, ou seja, aquelas relativas às condições de trabalho, constantes dos instrumentos decorrentes da autocomposição (Acordo Coletivo de Trabalho e Convenção Coletiva de Trabalho) gozam do efeito ultra-ativo [*sic*], em face do quanto dispõe o art. 114, § 2º, da Constituição Federal de 1988, incorporando-se aos contratos individuais de trabalho, até que venham a ser modificadas ou excluídas por outro instrumento da mesma natureza".

Recente revisão promovida pelo Tribunal Superior do Trabalho alterou a Orientação Jurisprudencial n. 5 da Seção de Dissídios Coletivos, que passou a ter a seguinte redação:

"OJ N. 5. DISSÍDIO COLETIVO. PESSOA JURÍDICA DE DIREITO PÚBLICO. POSSIBILIDADE JURÍDICA. CLÁUSULA DE NATUREZA SOCIAL. (redação alterada na sessão do Tribunal Pleno realizada em 14.9.2012) — Res. n. 186/2012, DEJT divulgado em 25, 26 e 27.9.2012.

Em face de pessoa jurídica de direito público que mantenha empregados, cabe dissídio coletivo exclusivamente para apreciação de cláusulas de natureza social. Inteligência da Convenção n. 151 da Organização Internacional do Trabalho, ratificada pelo Decreto Legislativo n. 206/2010."

Nessa esteira, a Súmula n. 277 do Colendo Tribunal Superior do Trabalho também foi alterada, passando a ter a seguinte redação:

"Súmula n. 277 do TST. CONVENÇÃO COLETIVA DE TRABALHO OU ACORDO COLETIVO E TRABALHO. EFICÁCIA. ULTRA-ATIVIDADE (redação alterada nas sessões do Tribunal Pleno realizada em 14.9.2012) — Res. n. 185/2012, DEJT divulgado em 25, 26 e 27.9.2012.

As cláusulas normativas dos acordos coletivos ou convenções coletivas integram os contratos individuais de trabalho e somente poderão ser modificadas ou suprimidas mediante negociação coletiva de trabalho."

Daí, emerge a necessidade de, nas datas bases, a cada ano, ou no máximo a cada dois anos, para cumprir o dispositivo legal[375], os atores sociais promoverem a negociação coletiva e firmarem novo acordo ou convenção para regular as condições de trabalho e remuneração, até mesmo considerando a volatilidade das condições econômicas em um mundo globalizado.

6.6. Limite máximo

No que se refere ao limite máximo, até o momento ainda não existe uma pacificação na doutrina e na jurisprudência. Alguns doutrinadores entendem que, em face do texto constitucional (art. 114, § 2º), não há mais qualquer limite para a

---

(Resolução Administrativa n. 19/02 — Publicada no Diário Oficial do TRT da 5ª Região, edições de 3, 4 e 5.6.2002)". (TRT 5ª R. — Proc. 00487-2004-291-05-00-3 — (13.615/05) — 1ª T. — Rel. Juiz Valtércio de Oliveira — J. 30.6.2005) JCF.114 JCF.114.2.
(375) ACORDO COLETIVO DE TRABALHO — PRORROGAÇÃO — VALIDADE — VIGÊNCIA — PRAZO INDETERMINADO — 1. A teor do art. 614, § 3º, da CLT, é de 2 (dois) anos o prazo máximo de vigência dos acordos e das convenções coletivas de trabalho. 2. Inválido, naquilo que ultrapassa referido limite legal, termo aditivo que, por prazo indeterminado, prorroga a vigência do instrumento coletivo originário. 3. Embargos conhecidos e não providos. (TST — E-RR 478.542/98.7 — SBDI-1 — Rel. Min. João Oreste Dalazen — DJU 7.2.2003 — p. 526) JCLT.614 JCLT.614.3.

atuação normativa, já que os Tribunais poderão decidir com base nos princípios da conveniência e oportunidade, ou seja, de forma discricionária.

Outros entendem, entretanto, que a Justiça do Trabalho pode tão somente no exercício do poder normativo atuar no vazio da lei[376], desde que não se sobreponha ou contrarie a legislação em vigor, sendo-lhe vedado estabelecer normas ou condições proibidas pela Constituição ou dispor sobre matéria cuja disciplina esteja reservada constitucionalmente ao domínio da lei formal[377].

Com base nessas decisões, pode-se dizer que a Justiça do Trabalho, na atuação normativa nos Dissídios Coletivos de natureza econômica, pode criar direitos e obrigações para as partes envolvidas, desde que atue na lacuna da lei. Sendo assim, os Tribunais do Trabalho somente poderão atuar no vazio da lei, e ainda desde que essa criação normativa não venha a se sobrepor ou contrariar a legislação em vigor, sendo-lhe vedado estabelecer normas ou condições proibidas pela CF/1988 ou ainda dispor sobre matéria cuja disciplina esteja reservada pela Constituição ao domínio da lei formal.

Dessa forma, o poder normativo trabalhista, no entendimento do STF, somente será cabível:

a) No vazio da lei;

b) Quando não contrarie ou se sobreponha à lei vigente;

c) Desde que as condições não estejam vedadas pela Constituição Federal e

d) Que a matéria tratada não esteja reservada à lei pela Constituição Federal[378].

6.7. O papel do Ministério Público do Trabalho nos dissídios coletivos

De acordo com os arts. 127 e 129 da Constituição Federal de 1988, é absolutamente imprescindível a participação do Ministério Público do Trabalho, seja como fiscal da lei ou órgão interveniente, nos dissídios coletivos, uma vez que esse órgão tem como missão constitucional a defesa da ordem jurídica, do regime democrático e dos interesses sociais e individuais indisponíveis, devendo, neste exercício, promover todas as medidas legais cabíveis.

---

(376) PODER NORMATIVO DA JUSTIÇA DO TRABALHO — LIMITES — O poder normativo da Justiça do Trabalho encontra aplicação no vazio da Lei. Não se presta para a criação de normas mais benéficas do que aquelas que já se encontram no ordenamento jurídico. Também não se pode pretender que, através de sentença normativa, sejam criadas condições de trabalho alcançáveis apenas por meio de livre negociação entre as categorias econômica e profissional. Dissídio coletivo em que se rejeitam os pedidos formulados pelo suscitante. (TRT 9ª R. — ACO 16015-2006-909-09-00-5 — Rel. Des. Benedito Xavier da Silva — J. 7.12.2000)
(377) MELO, Raimundo Simão de. *Processo coletivo do trabalho*, cit., p. 62.
(378) *Id., loc. cit.*

Por seu turno, a Lei Complementar n. 75/1993, em seu art. 83, IX, dispõe que é competência do Ministério Público do Trabalho promover ou participar da instrução e conciliação em dissídios decorrentes da paralisação de serviços de qualquer natureza, oficiando obrigatoriamente nos processos, manifestando sua concordância ou discordância, em eventuais acordos firmados antes da homologação, resguardado o direito de recorrer em caso de violação da lei e à Constituição Federal.

Essas novas atribuições do Ministério Público do Trabalho foram promovidas pela Constituição Federal de 1988, que virtualmente reconfigurou as atribuições desse órgão, dotando-lhe de poderes e de instrumentos jurídicos para a defesa dos trabalhadores, e criando a Advocacia Geral da União[379] para desenvolver as atividades de consultoria jurídica e assessoria a órgãos públicos, as quais anteriormente cabiam ao Ministério Público da União.

O modelo atual brasileiro do Ministério Público do Trabalho, em linhas gerais, teve como inspiração o modelo norte-americano do *National Labour Relations Board (NLRB)*, órgão administrativo que exerce a função de fiscal da lei e do órgão agente, especialmente em sede de Direito Coletivo e combate a atos antissindicais, por meio de juízes administrativos (*administrative law judges*) e promotores públicos, que atuam na defesa do direito coletivo; o primeiro encarregado sobretudo de prolatar sentenças coletivas na área trabalhista, até certo ponto semelhantes ao nosso Termo de Compromisso de Ajustamento de Conduta[380], já que este possui a natureza jurídica de título executivo, e os segundos, no ajuizamento e no acompanhamento de causas coletivas, especialmente as Ações Civis Públicas e outros instrumentos processuais nos Tribunais americanos.

Ao reconfigurar as atribuições do Ministério Público do Trabalho no Brasil, como órgão do Ministério Público da União (arts. 127 a 129 da Constituição Federal de 1988), o constituinte brasileiro atribuiu a uma só pessoa, ou seja, ao membro do Ministério Público do Trabalho[381] as duas funções, que são exercidas pelos contra-

---

(379) Art. 131. A Advocacia-Geral da União é a instituição que, diretamente ou através de órgão vinculado, representa a União, judicial e extrajudicialmente, cabendo-lhe, nos termos da lei complementar que dispuser sobre sua organização e funcionamento, as atividades de consultoria e assessoramento jurídico do Poder Executivo.
(380) § 6º Os órgãos públicos legitimados poderão tomar dos interessados compromisso de ajustamento de sua conduta às exigências legais, mediante cominações, que terá eficácia de título executivo extrajudicial. (Lei n. 7.347/1985).
(381) Neste particular, em apertada síntese, poderíamos analogicamente visualizar o Ministério Público do Trabalho, por meio de suas Procuradorias nos Municípios atuando como uma espécie de Vara Coletiva do Trabalho, porém, agindo administrativamente na condução dos Inquéritos Civis, tentando pacificar o conflito coletivo por meio da celebração de um Termo de Ajustamento de Conduta (TAC) com as empresas inquiridas, cujo instrumento possui a natureza jurídica de título executivo extrajudicial. Mais à frente, neste trabalho, especificamente no item reservado ao papel do Ministério Público do Trabalho no fenômeno

partes americanos. Portanto, o membro do Ministério Público do Trabalho brasileiro age como juiz administrativo ao celebrar um Termo de Ajustamento de Conduta (art. 5º, § 6º, da Lei n. 7.347/1985), já que este tem natureza jurídica de título executivo extrajudicial, e da mesma forma que a sentença judicial (título executivo judicial), se não cumprida, será executada no Poder Judiciário Trabalhista e, ainda, atua como promotor da sociedade, especialmente do trabalhador, ao manejar os vários instrumentos jurídicos processuais postos à sua disposição pelo legislador constitucional e infraconstitucional (ação civil pública, ação civil coletiva, ação de improbidade, ação rescisória, liminares, cautelares de toda ordem etc.).

Voltando ao tema, cabe ao Ministério Público do Trabalho atuar obrigatoriamente nos dissídios coletivos como *custos legis* e, como parte, instaurar dissídios coletivos de greve de qualquer natureza, de acordo com os arts. 856[382] da CLT, 8º[383] da Lei n. 7.783/1989 e incisos VIII[384] e IX, do art. 83 da LC n. 75/1993) e revisional (arts. 874[385] e 875 da CLT).

Ao atuar como fiscal da lei, o Ministério Público do Trabalho deve participar da conciliação e da instrução, emitindo manifestação, e mesmo recorrendo nos casos em que houver violação da lei ou da Constituição Federal.

Pode se valer, como dito, de todos os instrumentos jurídicos de tutelas coletiva e individual, colocados à disposição dos operadores do Direito, bem como promover, *ex officio*, a instauração de procedimentos de investigação para apurar irregularidades ou ilegalidades na área trabalhista.

---

da parceirização jurisdicional trabalhista, aprofundaremos essa análise, para o qual singelamente remetemos o leitor.

(382) Art. 856. A instância será instaurada mediante representação escrita ao presidente do Tribunal. Poderá ser também instaurada por iniciativa do presidente, ou, ainda, a requerimento da Procuradoria da Justiça do Trabalho, sempre que ocorrer suspensão do trabalho.

(383) Art. 8º A Justiça do Trabalho, por iniciativa de qualquer das partes ou do Ministério Público do Trabalho, decidirá sobre a procedência, total ou parcial, ou improcedência das reivindicações, cumprindo ao Tribunal publicar, de imediato, o competente acórdão.

(384) VIII — instaurar instância em caso de greve, quando a defesa da ordem jurídica ou o interesse público assim o exigir;

IX — promover ou participar da instrução e conciliação em dissídios decorrentes da paralisação de serviços de qualquer natureza, oficiando obrigatoriamente nos processos, manifestando sua concordância ou discordância, em eventuais acordos firmados antes da homologação, resguardado o direito de recorrer em caso de violação à lei e à Constituição Federal.

(385) Art. 874. A revisão poderá ser promovida por iniciativa do Tribunal prolator, da Procuradoria da Justiça do Trabalho, das associações sindicais ou de empregador ou empregadores no cumprimento da decisão. Parágrafo único. Quando a revisão for promovida por iniciativa do Tribunal prolator ou da Procuradoria, as associações sindicais e o empregador ou empregadores interessados serão ouvidos no prazo de trinta dias. Quando promovida por uma das partes interessadas, serão as outras ouvidas também por igual prazo. Art. 875. A revisão será julgada pelo Tribunal que tiver proferido a decisão, depois de ouvida a Procuradoria da Justiça do Trabalho.

Importante notar que o *Parquet* Trabalhista, na seara do Dissídio Coletivo, pode atuar nas seguintes áreas, entre outras: instauração de dissídio coletivo de greve, em qualquer tipo de atividade, e não apenas em atividade especial, interditos proibitórios, atos antissindicais perpetrados por empregadores etc.

Raimundo Simão de Melo[386], neste particular, assenta que não é somente mediante uma ação de dissídio coletivo que o Ministério Público do Trabalho pode atuar na solução de conflitos coletivos de trabalho. No caso de greve com possibilidade de prejuízo para o interesse público, ele pode instaurar um procedimento administrativo, o inquérito civil, e convocar as partes para prestarem esclarecimentos sobre o atendimento das necessidades inadiáveis da comunidade, oferecendo, ao mesmo tempo, mediação quanto à solução do conflito trabalhista e sobre o cumprimento das atividades inadiáveis da sociedade.

Por meio de uma atuação informal e administrativa, o Ministério Público do Trabalho[387] consegue pacificar conflitos coletivos, no atacado, de forma molecular, uma vez que, se necessário, suas audiências são designadas não apenas pelo correio, como de forma pessoal, por meio de servidores, em prazos céleres, e que possibilita a efetividade na distribuição de sua função jurisdicional[388], atendendo aos interesses da sociedade, dos trabalhadores e das empresas.

---

(386) MELO, Raimundo Simão de. *Processo coletivo do trabalho*, cit., p. 134.
(387) Oportuno salientar que o público alvo das Varas do Trabalho são os empregados, que ali comparecem com suas reclamações individuais, acompanhados ou não (art. 791 da CLT) de advogados perseguindo seus direitos, geralmente, envolvendo obrigações de dar (pecuniárias), decorrentes do não cumprimento de pagamento de salários, horas extras, encargos etc. Apenas episodicamente, as Varas do Trabalho recebem peças de ações moleculares, do tipo ações civis públicas, já que a competência originária dos dissídios coletivos e da ação anulatória é dos Tribunais do Trabalho ou mesmo do Tribunal Superior do Trabalho. Já o público-alvo do *Parquet* Laboral são as empresas (empregadores), pessoas jurídicas, inclusive os órgãos do Estado, sem personalidade jurídica, que comparecem às audiências nas Procuradorias do Trabalho para prestar esclarecimentos, e eventualmente discutir a celebração de Termos de Ajustamento de Conduta (TAC), envolvendo obrigações de maior dignidade jurídica, geralmente obrigações de fazer ou não fazer, relacionadas à vida, à saúde, à intimidade dos trabalhadores, após o recebimento de denúncias, pedidos de providências, ofícios de autoridades a até mesmo denúncias sigilosas e anônimas (mesmo vedadas pela Constituição Federal, em face do princípio da obrigatoriedade, o membro do Ministério Público do Trabalho deverá verificar sua pertinência).
(388) Modernamente, de acordo com a melhor doutrina, a função jurisdicional (dizer o direito no caso concreto, *juris et dicere*) não é mais monopólio do Poder Judiciário, mas sim monopólio do Estado. Já que o Estado trouxe para si essa função jurisdicional, ela deve ser exercida pelos agentes políticos que detêm uma parcela da soberania estatal. Assim, ao prolatar uma sentença, o magistrado exerce a função jurisdicional, como a de representar o próprio Estado, uma vez que este instrumento constitui emanação do poder soberano do Estado Democrático de Direito na sua pessoa. O membro do Ministério Público do Trabalho ao celebrar um Termo de Ajustamento de Conduta (TAC) com um empregador exerce a jurisdição administrativa, já que age em nome do Estado promotor de direitos. A diferença é que a sentença judicial faz coisa julgada formal e material, enquanto os demais instrumentos jurisdicionais administrativos não o fazem, e quando eivados de irregularidades poderão ser submetidos ao crivo do Poder Judiciário para desconstituição ou anulação. Diversamente é o conceito de coisa julgada administrativa, que, em linhas gerais, significa o exaurimento de todas as possibilidades recursais e de contestação na esfera administrativa, forçando o interessado a recorrer ao Poder Judiciário para ter a palavra final sobre a existência de seus direitos.

Atuando como fiscal da lei, o Ministério Público emite parecer, obrigatoriamente, após a manifestação das partes, o que pode ocorrer na própria audiência de conciliação, por escrito, no prazo de oito dias, ou na sessão de julgamento (Leis ns. 5.584/1970[389] e 7.701/1988[390]). Entre outras funções, o *Parquet* Trabalhista ainda pode atuar como árbitro, mas neste caso desde que provocado pelas partes (LC n. 75/1993, art. 83, XI).

6.8. Dissídio coletivo ajuizado pelo Ministério Público do Trabalho

A Lei n. 7.783 de 1989, em seu art. 8º, estabelece que "a Justiça do Trabalho, por iniciativa de qualquer das partes ou do Ministério Público do Trabalho, decidirá sobre a procedência, total ou parcial, ou improcedência das reivindicações".

A Constituição Federal de 1988, em seu art. 114, § 2º, com a nova redação que lhe foi dada pela Emenda Constitucional n. 45/2004, diz que, "recusando-se qualquer das partes à negociação coletiva ou à arbitragem, é facultado às mesmas, de comum acordo, ajuizar dissídio coletivo de natureza econômica, podendo a Justiça do Trabalho decidir o conflito".

E no § 3º, art. 114 da Constituição Federal dispõe:

"§ 3º Em caso de greve em atividade essencial, com possibilidade de lesão do interesse público, o Ministério Público do Trabalho poderá ajuizar dissídio coletivo, competindo à Justiça do Trabalho decidir o conflito."

Com fulcro nessa normatividade constitucional e infraconstitucional, o Ministério Público do Trabalho tem legitimidade para ajuizar dissídio coletivo de greve, de modo a atender aos direitos fundamentais da sociedade, não apenas nas áreas consideradas essenciais[391], como em outras áreas, sempre que entender cabível e necessária a sua intervenção para a pacificação do conflito.

Entre os pedidos do dissídio coletivo de greve, poderemos encontrar os de obrigação de não fazer e obrigações de fazer, com estipulação de *astreintes* para os

---

(389) Art. 5º Para exarar parecer, terá o órgão do Ministério Público da União, junto à Justiça do Trabalho, o prazo de 8 (oito) dias, contados da data em que lhe for distribuído o processo.
Art. 6º Será de 8 (oito) dias o prazo para interpor e contra-arrazoar qualquer recurso (CLT, art. 893).
(390) § 4º Publicado o acórdão, quando as partes serão consideradas intimadas, seguir-se-á o procedimento recursal como previsto em lei, com a intimação pessoal do Ministério Público, por qualquer dos seus procuradores.
§ 5º Formalizado o acordo pelas partes e homologado pelo Tribunal, não caberá qualquer recurso, salvo por parte do Ministério Público.
(391) Lei n. 7.783/1989. Art. 10. São considerados serviços ou atividades essenciais: I — tratamento e abastecimento de água; produção e distribuição de energia elétrica, gás e combustíveis; II — assistência médica e hospitalar; III — distribuição e comercialização de medicamentos e alimentos; IV — funerários; V — transporte coletivo; VI — captação e tratamento de esgoto e lixo; VII — telecomunicações; VIII — guarda, uso e controle de substâncias radioativas, equipamentos e materiais nucleares; IX — processamento de dados ligados a serviços essenciais; X — controle de tráfego aéreo; XI — compensação bancária.

casos de recalcitrância no cumprimento das obrigações. É pertinente requerer o julgamento do movimento grevista em relação à abusividade[392] ou não, o retorno dos trabalhadores às suas funções ou pelo menos a manutenção de uma parcela deles no atendimento dos serviços inadiáveis e essenciais à comunidade.

Antes de promover o ajuizamento do dissídio coletivo de greve, o Ministério Público geralmente promove uma audiência entre as partes, no sentido de tentar pacificar o conflito por intermédio de um acordo ou de uma celebração de Termo de Compromisso, não obstante, em face da gravidade da situação, essa etapa possa ser eliminada, para fins de celeridade, diante de evidências de remotas chances de pacificação administrativa da controvérsia.

6.9. SENTENÇA NORMATIVA

Superadas as etapas preliminares estabelecidas pelo art. 862 da CLT, ou seja, a designação de audiência e tentativa de acordo[393] e conciliação infrutíferos, o processo será submetido a julgamento, depois da manifestação do Ministério Público do Trabalho (art. 864 da CLT), com a prolação da chamada sentença[394] normativa[395].

---

(392) OJ n. 38. SDC TST. Greve. Serviços Essenciais. Garantia das Necessidades Inadiáveis da População Usuária. Fator Determinante da Qualificação Jurídica do Movimento. Inserida em 7.12.1998. É abusiva a greve que se realiza em setores que a lei define como sendo essenciais à comunidade, se não é assegurado o atendimento básico das necessidades inadiáveis dos usuários do serviço, na forma prevista na Lei n. 7.783/1989.
(393) Mesmo com a ocorrência e em curso o dissídio coletivo, pode haver acordo entre as partes, nos autos, ou mesmo por meio de um procedimento de mediação no Ministério Público do Trabalho. No primeiro caso, ocorrendo acordo nos autos, o Tribunal geralmente o homologa, embora haja entendimento que essa homologação seja dispensável, consoante art. 614 da CLT, que dispõe que para adquirir validade basta o depósito de uma via no Ministério do Trabalho e Emprego. De outra parte, havendo acordo extrajudicial em procedimento de mediação no Ministério Público do Trabalho ou ainda diretamente entre os atores sociais, nada mais é necessário do que o pedido de arquivamento do processo de dissídio coletivo por perda de objeto e o mencionado acordo no órgão do Ministério do Trabalho e Emprego. Vejamos a redação da OJ n. 34 da SDC, do colendo TST: "Acordo Extrajudicial. Homologação. Justiça do Trabalho. Prescindibilidade. Inserida em 7.12.1998. É desnecessária a homologação, por Tribunal Trabalhista, do acordo extrajudicialmente celebrado, sendo suficiente, para que surta efeitos, sua formalização perante o Ministério do Trabalho (art. 614 da CLT e art. 7º, inciso XXXV, da Constituição Federal)". Dessa forma, homologado o acordo nos autos do dissídio coletivo, não caberá qualquer recurso pelas partes, ressalvada a faculdade atribuída ao Ministério Público do Trabalho, para eventualmente impugnar a homologação quanto às cláusulas atentatórias da ordem jurídica, consoante dispõe o art. 7º, § 5º, da Lei n. 7.701/1988.
(394) Para Manoel Antonio Teixeira Filho, sob rigor da técnica, constitui impropriedade o uso da expressão *sentença normativa*, a despeito de reconhecermos que se encontra arraigada no gosto dos estudiosos. Sucede que, sendo o pronunciamento jurisdicional emitido pelos órgãos de primeiro grau legalmente denominado de sentença (CPC, art. 162, § 1º) e os efetuados pelos Tribunais de acórdãos (*Ibidem*, art. 163), o correto será aludir-se a *acórdão normativo*, sabendo-se que é da competência exclusiva dos Tribunais o julgamento dos dissídios coletivos (CF, art. 114). (...) A locução dissídio coletivo, por sua vez, não está imune a reparo, quando usada como sinônimo de ação. Dissídio significa o conflito (no caso coletivo) de interesses; logo, o dissídio preexiste ao ajuizamento da ação. Se se deseja, pois, evitar um vício acirológico, aluda-se à ação coletiva e não a dissídio coletivo, quando se pretender expressar esse direito público que possuem as entidades sindicais, no que atine a invocar a prestação da tutela jurisdicional normativa. TEIXEIRA FILHO, Manoel Antonio. *Op. cit.*, v. 3, p. 1225.
(395) Manoel Antonio Teixeira Filho aponta as várias características da ação/acórdão normativo, sem prejuízo de outras, as seguintes: a) a legitimidade para o exercício da ação coletiva é atribuída pela

Assim que proferida a sentença normativa, ela deverá ser publicada no prazo de 15 dias, e, a partir dessa data, as partes interessadas poderão requerer o seu cumprimento, com fulcro no acórdão de inteiro teor ou na certidão do julgado, consoante art. 7º, § 6º[396], da Lei n. 7.701/1988 e art. 12, § 2º[397], da Lei n. 10.192/2001.

O julgamento do dissídio coletivo ocorre com o exame cláusula por cláusula[398]. O órgão julgador poderá suspender o julgamento se verificar a existência de eventuais irregularidades, assinalando prazo para as partes tomarem as providências necessárias.

A Lei n. 10.192/2001, que regula o julgamento dos dissídios coletivos nos Tribunais, assim dispõe:

"Art. 12. No ajuizamento do dissídio coletivo, as partes deverão apresentar, fundamentadamente, suas propostas finais, que serão objeto de conciliação ou deliberação do Tribunal, na sentença normativa.

§ 1º A decisão que puser fim ao dissídio será fundamentada, sob pena de nulidade, deverá traduzir, em seu conjunto, a justa composição do conflito de interesse das partes, e guardar adequação com o interesse da coletividade.

§ 2º A sentença normativa deverá ser publicada no prazo de quinze dias da decisão do Tribunal.

Constituição Federal às entidades sindicais (art. 114, § 2º), em que pese o fato de a Emenda Constitucional n. 45/2004 haver exigido um surrealista e inconstitucional "comum acordo" entre as partes, para o exercício da ação. O Ministério Público do Trabalho está legitimado para promover a ação nos casos de "greve em atividade essencial, com possibilidade de lesão do interesse público"; b) como, nessa modalidade de ação, não se visa à aplicação de norma legal (preexistente), mas à criação de norma jurídica, tendente a reger as relações materiais entre os integrantes das categorias que figuram no processo como parte, não se pode pensar em julgamento *ultra, extra* ou *infra petita*; c) por essas mesmas razões é que não incidem, na ação coletiva, certos princípios processuais, em outras circunstâncias inafastáveis, como, *v. g.,* o da impugnação especificada dos fatos (CPC, art. 302), o da revelia (CLT, art. 844, *caput*), o da *ficta confessio* (*idem*); como, porém, a pretensão normativa faz gerar uma relação processual, são aplicáveis à ação coletiva os princípios constitucionais: 1. da inafastabilidade da jurisdição (art. 5º, XXXV); 2. do juiz natural (art. 5º, XXXVII); 3. do contraditório e da ampla defesa (art. 5º, LV); 4. do devido processo legal (art. 5º, LIV); 5. da autoridade competente (art. 5º, LIII); 6. da publicidade (arts. 5º, LX e 93, IX); 7. da fundamentação das decisões (art. 93, IX); 8. da liceidade dos meios de prova (art. 5º, LVI); 9. da igualdade de tratamento (art. 5º, *caput*), assim como os princípios infraconstitucionais: 1. do impulso *ex officio* (CLT, arts. 765 e 878; CPC art. 262); 2. da economia (CPC, art. 105); 3. da lealdade (CPC, art. 14, II); 4. Da livre investigação das provas (CPC, art. 131). Como é óbvio, esses princípios, ao atuarem na ação coletiva, deverão receber, sempre que for o caso, o indispensável temperamento, a fim de que se amoldem às singularidades deste processo". TEIXEIRA FILHO, Manoel Antonio. *Op. cit.,* v. 2, p. 1226.

(396) § 6º A sentença normativa poderá ser objeto de ação de cumprimento a partir do 20º (vigésimo) dia subsequente ao do julgamento, fundada no acórdão ou na certidão de julgamento, salvo se concedido efeito suspensivo pelo Presidente do Tribunal Superior do Trabalho.

(397) § 2º A sentença normativa deverá ser publicada no prazo de quinze dias da decisão do Tribunal.

(398) OJ n. 32 SDC do TST. Reivindicações da Categoria. Fundamentação das Cláusulas. Necessidade. Aplicação do Precedente Normativo n. 37 do TST. Inserida em 19.8.1998. É pressuposto indispensável à Constituição válida e regular da ação coletiva a apresentação em forma clausulada e fundamentada das reivindicações da categoria, conforme orientação do item VI, letra *e*, da Instrução Normativa n. 4/1993.

Art. 13. No acordo ou convenção e no dissídio, coletivos, é vedada a estipulação ou fixação de cláusula de reajuste ou correção salarial automática vinculada a índice de preços.

§ 1º Nas revisões salariais na data base anual, serão deduzidas as antecipações concedidas no período anterior à revisão.

§ 2º Qualquer concessão de aumento salarial a título de produtividade deverá estar amparada em indicadores objetivos.

Art. 14. O recurso interposto de decisão normativa da Justiça do Trabalho terá efeito suspensivo, na medida e extensão conferidas em despacho do Presidente do Tribunal Superior do Trabalho."

De acordo com Eduardo Gabriel Saad[399], "sentença normativa é o ato-regra por conter normas gerais, impessoal e abstrato, (...) tem o espírito de lei e corpo de sentença e, em nosso ordenamento jurídico, ainda é fonte de direitos e obrigações. Para empregados e empregadores de uma dada base territorial, vinculados à idêntica atividade econômica, tem a sentença normativa força de lei".

A sentença normativa, como dito alhures, constitui atividade anômala, atípica, ou seja, atividade legislativa dos Tribunais do Trabalho, já que na espécie não acontece a subsunção do fato à norma, nem a utilização do direito preexistente ou do direito posto pelos julgadores, como ocorre na atividade jurisdicional propriamente dita. São utilizadas as peças acostadas aos autos (petição inicial, contestação, réplicas, manifestação do Ministério Público do Trabalho e todos os documentos juntados, bem como eventuais estudos desenvolvidos por especialistas).

Enquanto os acordos e as convenções coletivas de trabalho, frutos da autonomia privada coletiva dos atores sociais coletivos, têm prazo de dois anos, a sentença normativa tem prazo de quatro anos[400], de acordo com a CLT, sendo que não existe hierarquia entre esses instrumentos jurídicos, embora provindos de fontes diferentes, os primeiros da autocomposição entre as partes e o segundo, de um órgão heterônomo estatal.

---

(399) SAAD, Eduardo Gabriel. *Consolidação das leis do trabalho comentada*. 38. ed. São Paulo: LTr, 2005. p. 748.
(400) Art. 868. Em caso de dissídio coletivo que tenha por motivo novas condições de trabalho, e no qual figure como parte apenas uma fração de empregados de uma empresa, poderá o Tribunal competente, na própria decisão, estender tais condições de trabalho, se julgar justo e conveniente, aos demais empregados da empresa que forem da mesma profissão dos dissidentes. Parágrafo único. O Tribunal fixará a data em que a decisão deve entrar em execução, bem como o prazo de sua vigência, o qual não poderá ser superior a quatro anos. Temos, no mesmo sentido, a OJ n. 322 da SDI do TST, *in verbis*: "Acordo Coletivo de Trabalho. Cláusula de Termo Aditivo Prorrogando o Acordo Para Prazo Indeterminado. Inválida. Nos termos do art. 614, § 3º, da CLT, é de 2 anos o prazo máximo de vigência dos acordos e das convenções coletivas. Assim sendo, é inválida, naquilo que ultrapassa o prazo total de 2 anos, a cláusula de termo aditivo que prorroga a vigência do instrumento coletivo originário por prazo indeterminado".

Esses instrumentos normativos conterão cláusulas normativas e cláusulas obrigacionais. As primeiras serão inseridas automaticamente nos contratos individuais de trabalho e irão regular as condições de trabalho e de remuneração, geralmente, pelos próximos doze meses, ou até a nova data base da categoria. As segundas, as cláusulas obrigacionais, como o próprio nome diz, obrigarão apenas as partes ou sindicatos convenentes, e entre elas encontramos a cláusula de paz social, de solidariedade, bem como a cláusula compromissória, estabelecida na Lei n. 9.307/1996 (Lei da Arbitragem).

O dissídio coletivo de trabalho é uma ação coletiva e a sentença normativa[401] dela proveniente produzirá efeitos *erga omnes*, ou seja, beneficiará ou prejudicará todos os membros da categoria profissional ou econômica representados, independentemente de serem ou não filiados[402] ou associados aos sindicatos signatários[403].

Em caso de descumprimento das cláusulas avençadas nesses instrumentos normativos, o trabalhador prejudicado em seus direitos, ou o sindicato da categoria profissional poderão ajuizar ação de cumprimento nas Varas do Trabalho, de acordo com o art. 872[404] da CLT, cujo tema será examinado nas próximas páginas.

6.10. Dissídio coletivo de greve de servidores públicos estatutários

As empresas públicas e as sociedades de economia mista que exercem atividade econômica equiparam-se às empresas privadas, no que respeita às obrigações

---

(401) Para Manoel Antonio Teixeira Filho, o acórdão proferido nas ações coletivas, cujas pretensões sejam de natureza econômica, submete-se ao fenômeno da coisa julgada material, fazendo-o, todavia, singularmente, com a cláusula *rebus sic stantibus,* de tal arte que possa ser submetido à revisão, de que cuidam os arts. 873 a 875 da CLT. TEIXEIRA FILHO, Manoel Antonio. *Op. cit.,* v. 2, p. 1227.
(402) Neste ponto reside um enorme grau de insatisfação no meio sindical, especialmente o sindicato profissional, na medida em que os resultados benéficos da negociação coletiva de trabalho ou da sentença normativa atingem todos os trabalhadores da categoria profissional, enquanto que apenas os trabalhadores filiados ou associados são obrigados a pagar as contribuições confederativas e assistenciais. A Súmula n. 666 do Supremo Tribunal Federal e o Precedente Normativo n. 119 do Tribunal Superior do Trabalho impedem que os sindicatos exijam contribuições confederativas e assistenciais de não afiliados. Pelo princípio da igualdade (art. 5º, II, da Constituição Federal), alegam os sindicalistas, todos deveriam arcar com essas contribuições, independentemente da filiação, posto que todos os trabalhadores são contemplados pelos benefícios advindos da negociação coletiva de trabalho. Tramita no Congresso Nacional, desde o final de 2009, um projeto de lei de autoria do Deputado Paulo Paim, que estabelece a taxa negocial, por meio da qual todos os trabalhadores serão obrigados a contribuir com uma taxa mensal sobre a remuneração, que será fixada pela Assembleia da categoria profissional.
(403) No mês de Novembro de 2009, a Força Sindical protocolizou na OIT — Organização Internacional do Trabalho, em Genebra, reclamação em face do Ministério Público do Trabalho, pelo fato de esse órgão federal combater a cobrança de contribuições confederativas e assistenciais pelos sindicatos a trabalhadores não filiados, com fulcro na Súmula n. 666 do STF e Precedente Normativo n. 119 do TST.
(404) Art. 872. Celebrado o acordo, ou transitada em julgado a decisão, seguir-se-á o seu cumprimento, sob as penas estabelecidas neste Título.

nas esferas civil, tributária, comercial e trabalhista, consoante art. 173, § 1º, inciso II, da Constituição Federal; seus servidores são contratados pela CLT, embora obrigatoriamente por meio de concursos públicos de provas e/ou títulos, e, destarte, podem exercer livremente todos os direitos de sindicalização e de negociação coletiva.

É cediço que a negociação coletiva de trabalho infrutífera ou malsucedida pode desaguar nas seguintes possibilidades: arbitragem (Lei n. 9.307/1996), greve (Lei n. 7.783/1989) e ainda o dissídio coletivo (Lei n. 7.701/1988), consoante o art. 114 da Constituição Federal de 1988.

Considerando que as empresas públicas e sociedades econômicas que exercem atividade econômica são equiparadas às empresas privadas, nas datas bases das categorias profissionais, os sindicatos e empregadores poderão fazer uso de quaisquer dos instrumentos jurídicos colocados à disposição das empresas privadas para pacificar o conflito coletivo, da mesma forma que os empregadores privados, desde que observem a regra do teto remuneratório, caso recebam recursos da União, dos Estados, do Distrito Federal ou dos Municípios para pagamento de despesas de pessoal ou de custeio geral (art. 39, § 9º).

O problema se afigura quando aparecem em cena os servidores públicos estatutários.

Examinando essa matéria sob o prisma constitucional, verificamos que o art. 39, que trata dos direitos sociais dos servidores públicos, não faz qualquer referência ao inciso XXVI do art. 7º da Constituição Federal, que reconhece as convenções e acordos coletivos. De outra parte, a Súmula n. 679 do Supremo Tribunal Federal declara:

"A fixação de vencimentos dos servidores públicos não pode ser objeto de convenção coletiva."

A Orientação Jurisprudencial n. 5 da SDC do TST, recentemente alterada pelo Tribunal Superior do Trbalho, passou a ter a seguinte redação:

"OJ N. 5. DISSÍDIO COLETIVO. PESSOA JURÍDICA DE DIREITO PÚBLICO. POSSIBILIDADE JURÍDICA. CLÁUSULA DE NATUREZA SOCIAL. (redação alterada na sessão do Tribunal Pleno realizada em 14.9.2012) — Res. n. 186/2012, DEJT divulgado em 25, 26 e 27.9.2012.

Em face de pessoa jurídica de direito público que mantenha empregados, cabe dissídio coletivo exclusivamente para apreciação de cláusulas de natureza social. Inteligência da Convenção n. 151 da Organização Internacional do Trabalho, ratificada pelo Decreto Legislativo n. 206/2010."

A Constituição Federal, em seu art. 61, § 1º, estatui que "Cabe ao Poder Legislativo dispor sobre lei que promova aumento da remuneração dos servidores da Administração direta e autárquica (art. 48, X)". O art. 167, inciso II, veda a "realização de despesas ou assunção de obrigações diretas que excedam os créditos orçamentários ou adicionais". O § 1º do art. 169 dispõe que "a criação de cargos, empregos e funções públicas, a fixação de sua remuneração, a concessão de reajustes e outras vantagens só poderão ser feitas se houver prévia dotação orçamentária e se houver autorização específica na Lei de Diretrizes Orçamentárias".

Por sua vez, a Lei Complementar n. 101/00 (Lei de Responsabilidade na Gestão Fiscal) fixa os gastos com pessoal da União em 50% e para os Estados e Municípios em 60%, das respectivas despesas[405] correntes líquidas (arts. 18 e 19).

Acrescente-se ao sistema de limitação de gastos públicos com servidores que o STF suspendeu liminarmente e, em seguida, declarou a inconstitucionalidade da Lei n. 8.112/1990, em seu art. 240, "d" e "e", que havia assegurado ao servidor público civil o direito à negociação coletiva e fixado a competência da JT para dirimir controvérsias individuais e coletivas (ADIN n. 4.921, Rel. Min. Carlos Velloso).

Entendemos possível o dissídio coletivo de natureza jurídica, no sentido de se interpretarem cláusulas ou normas de índole coletiva, uma vez observados os princípios básicos da Administração Pública.

Em face desses óbices legais, surgiram duas correntes doutrinárias, a saber: uma, que sustenta a total impossibilidade jurídica[406] da negociação coletiva no

---

(405) Se a despesa total com pessoal (mesmo após a adoção das medidas) mantiver-se acima dos limites definidos no art. 20 da Lei n. 101/2000, o percentual excedente terá de ser eliminado nos 2 (dois) quadrimestres seguintes, sendo pelo menos um terço no primeiro, com a adoção das seguintes medidas: redução de pelo menos 20% das despesas com cargos em comissão e funções de confiança (art. 169, § 3º, I, CF), que poderá ser alcançada tanto pela extinção de cargos e funções quanto pela redução dos valores a eles atribuídos, sendo facultada redução temporária da jornada de trabalho com adequação dos vencimentos; exoneração de servidores não estáveis; exoneração de servidores estáveis, por ato normativo motivado que especifique a atividade funcional, o órgão ou entidade administrativa objeto da redução de pessoal, observando disposições da legislação federal (art. 169, p. 3 e 4).
(406) DISSÍDIO COLETIVO — ENTE PÚBLICO — IMPOSSIBILIDADE JURÍDICA — 1. Entidade sindical representativa de servidores públicos ingressa com dissídio coletivo rogando à Justiça do Trabalho que se pronuncie sobre greve deflagrada em virtude de suposta mora da municipalidade na concessão de reajuste salarial. 2. Carece de possibilidade jurídica o pleito de instauração de dissídio coletivo em face de ente público. Inteligência dos arts. 37, *caput*, incs. X, XI, XII e XIII, 39, § 3º, e 169, *caput* e § 1º, incs. I e II, da CF/1988, e da LC n. 101/2000. 3. Se a Constituição da República não reconhece a convenção coletiva de trabalho nem o acordo coletivo ao servidor público, subentendido nessa expressão todo trabalhador subordinado que mantenha vínculo, administrativo ou celetista, com pessoa jurídica de direito público (OJ n. 265/SDI-1-TST), também lhe nega o sucedâneo dessas fontes formais de Direito do Trabalho, que é a sentença normativa (OJ n. 5/SDC-TST). 4. Bem se compreende tal restrição, porquanto a Administração Pública direta, autárquica ou fundacional só pode conceder vantagem ou aumento de remuneração, a qualquer título, ao seu pessoal mediante autorização específica na Lei de Diretrizes Orçamentárias e prévia dotação orçamentária, sem extrapolar os limites estabelecidos na Lei de Responsabilidade Fiscal. 5. Recurso ordinário interposto pelo Município a que se dá provimento para julgar extinto o processo, sem exame do mérito. (TST — RXOF e RODC 594 — SDC — Rel. Min. João Oreste Dalazen — DJU 19.3.2004) JCF.37 JCF.37.X JCF.37.XI JCF.37.XII JCF.37.XIII JCF.39 JCF.39.3 JCF.169 JCF.169.1.I JCF.169.1.II.

setor público, tendo em vista os princípios e as regras precípuas da Administração Pública, em especial, o princípio da legalidade. A outra, que sustenta a possibilidade de negociação coletiva dentro de certas condições. Para essa corrente, a negociação coletiva no setor público é possível, pois a omissão do art. 39 da Constituição Federal de 1988 em relação ao inciso XXVI do art. 7º da Constituição Federal não é motivo suficiente para a não fruição desse direito pelos servidores públicos, uma vez que seria de toda incoerência a admissão da sindicalização do servidor público, conferindo-lhe ainda o direito de greve, sem o reconhecimento do direito à negociação coletiva.

Portanto, para essa última, o instrumento jurídico que defluir da negociação coletiva (acordo ou convenção coletiva) teria um caráter político e moral, por meio do qual haveria o comprometimento de a autoridade competente propor o devido projeto de lei, nos termos pactuados, para dar ensejo ao disposto nos artigos constitucionais retromencionados (arts. 167 e 169 da Constituição Federal). Dessa forma, haveria a possibilidade de se conciliar o princípio da legalidade estrita com o direito à negociação coletiva.

Ademais, poderá ocorrer a negociação coletiva de trabalho no setor público todas as vezes em que não estiver em jogo a discussão de valores pecuniários, que venham a impactar o orçamento público, e tão somente alterações ou compensações de jornadas de trabalho, sem reflexos econômicos para o erário.

Assim, observando a norma constitucional inserta no inciso VII do art. 37 da Constituição Federal, e considerando a teoria da aplicabilidade das normas constitucionais tal como acima exposta, a doutrina pátria tem afirmado que referido dispositivo constitucional não se constituiria em norma com eficácia plena, dada a previsão expressa de "lei específica" para estabelecer os termos e limites em que será exercido o direito de greve pelos servidores públicos. Se não é de eficácia plena — e nisso a doutrina é unânime —, formula-se a seguinte indagação: seria a norma de eficácia contida ou limitada? Nesse ponto, a doutrina se divide em duas correntes.

Para uma primeira corrente, o mencionado dispositivo constitucional seria de eficácia limitada[407] não sendo autoaplicável[408], isto é, não possuindo

---

(407) CONSTITUCIONAL E ADMINISTRATIVO — SERVIDORES PÚBLICOS FEDERAIS — GREVE — DESCONTO DOS DIAS NÃO TRABALHADOS — POSSIBILIDADE — 1 — O art. 37, inciso VII, da Constituição Federal, que assegura o direito de greve aos servidores públicos federais, é norma de eficácia limitada, dependendo da edição da lei específica nele exigida para produzir seus efeitos; 2 — Enquanto não editada a lei regulamentadora, não pode o servidor público federal exercer o direito de greve, não se revestindo de irregularidade o ato administrativo que descontou dos seus vencimentos os dias de paralisação; 3 — Apelação e remessa oficial providas. (TRF 5ª R. — APELREEX 2008.83.00.017191-7 — (5852/PE) — 3ª T. — Rel. Des. Fed. Paulo Roberto de Oliveira Lima — DJe 17.7.2009 — p. 267)
(408) CONSTITUCIONAL E ADMINISTRATIVO — SERVIDORES PÚBLICOS FEDERAIS — GREVE — DESCONTO DOS DIAS NÃO TRABALHADOS — POSSIBILIDADE — 1 — O art. 37, inciso VII,

aplicabilidade imediata. Para esta corrente, enquanto não editada a "lei específica" prevista no dispositivo constitucional, este não poderá ser aplicado[409]. Ou seja, os servidores públicos não poderão exercer o direito de greve enquanto não for expedida a "lei específica" prevista no comando constitucional. Dessa forma, o inciso VII do art. 37 da CF/1988 assumiria contornos de "norma programática" sendo que a prática de greve no setor público seria, enquanto não expedida a mencionada lei, uma prática "ilegal", sem amparo no ordenamento jurídico vigente.

Para Sergio Pinto Martins, partidário dessa corrente, os *servidores celetistas da Administração Pública direta*, porque se submetem às normas da Consolidação das Leis do Trabalho, ou seja, são regidos pelo Direito do Trabalho e não pelo Direito Administrativo, poderão fazer greve, aplicando-se a eles a Lei n. 7.783/1989. Porém, não terão direito à negociação coletiva, o que se depreende do art. 39, § 3º c/c art. 7º, inciso XXVI, e art. 61, § 1º, inciso II, alínea "a", da Constituição Federal. Ainda segundo o autor, os *empregados das empresas de economia mista e das empresas públicas exploradoras de atividade econômica* poderão fazer greve, aplicando-se a Lei n. 7.783/1989, e terão direito à negociação coletiva, dado que tais empresas são pessoas jurídicas de Direito Privado, conclusão que decorre do art. 173, § 1º, II c/c art. 61, § 1º, inciso II, alínea "a", da Constituição Federal, os quais não exigem lei para aumentar salários e estabelecer outras condições de trabalho no âmbito das mencionadas empresas[410].

---

da Constituição Federal, que assegura o direito de greve aos servidores públicos federais, é norma de eficácia limitada, dependendo da edição da lei específica nele exigida para produzir seus efeitos; 2 — Enquanto não editada a lei regulamentadora, não pode o servidor público federal exercer o direito de greve, não se revestindo de irregularidade o ato administrativo que descontou dos seus vencimentos os dias de paralisação; 3 — Apelação e remessa oficial providas. (TRF 5ª R. — APELREEX 2008.83.00.017191-7 — (5852/PE) — 3ª T. — Rel. Des. Fed. Paulo Roberto de Oliveira Lima — DJe 17.7.2009 — p. 267)

(409) Dissídio coletivo de greve — Servidores públicos celetistas, subordinados à Administração Pública Direta e a Autarquia — competência do Poder Judiciário Trabalhista. Movimento paredista não abusivo. Lei de Responsabilidade Fiscal. Falta de cumprimento de dispositivo constitucional: "A Justiça do Trabalho é competente para apreciar dissídio coletivo de greve, quando promovida esta por servidor público celetista, uma vez que há lei ordinária, específica, permitindo sua aplicação (art. 37 — inc. VII da Constituição Federal e Lei n. 7.783/1989). Não é abusivo movimento paredista, que objetiva reajuste salarial se o Estado-membro, sob o fundamento de que está limitado pela Lei de Responsabilidade Fiscal, não cumpre dispositivo constitucional, que assegura a revisão geral anual da remuneração (art. 37 — inc. X) — normas instituídas em lei complementar não podem servir de esteio para violar disposição constitucional, face ao princípio da hierarquia das leis. Omisso o Sr. Governador do Estado na iniciativa de lei, propondo reajuste salarial devido a servidor público, cometendo, portanto, ato ilícito, o dano causado a terceiros (no caso, a servidores públicos celetistas), pela mora no cumprimento da obrigação, transfere ao Judiciário, através do poder normativo, o direito de fixar, ante perdas constatadas, reajuste salarial equilibrado". Greve não abusiva, no que toca a empregados públicos com a determinação de reajuste salarial pelo poder normativo, atribuído à Justiça do Trabalho. Data de Julgamento: 2.9.2003. Relator(a): Dora Vaz Treviño. Revisor(a): Acórdão n. 2003002128 Processo n. 20303-2003-000-02-00-9 Ano: 2003 Turma: SDC Data de Publicação: 16.9.2003.

(410) MARTINS, Sergio Pinto. *Greve do servidor público*. São Paulo: Atlas, 2001. p. 46.

Encontramos, porém, até mesmo aqueles que entendem que o servidor público celetista[411], ou seja, o empregado público, não tem direito de greve, enquanto não advier a lei específica ditada pelo texto constitucional.

Já para uma segunda corrente, o inciso VII do art. 37 da Constituição Federal de 1988 seria de eficácia contida[412], sendo inteiramente aplicável[413] até que lei posterior[414] venha a fixar-lhe limites e estabelecer termos para o seu exercício. Segundo esse entendimento, o direito de greve dos servidores públicos é exercitável

---

(411) SERVIDOR PÚBLICO — DIREITO DE GREVE — O servidor público, mesmo aquele regido pela legislação trabalhista, não pode exercitar o direito de greve, pois ainda não existe a Lei específica referida no art. 37, VII, da Constituição Federal. Greve declarada ilegal. (TST — RXOFRODC 720236 — SDC — Rel. Min. José Luciano de Castilho Pereira — DJU 4.10.2002) JCF.37 JCF.37.VII

(412) GREVE — SERVIDORES PÚBLICOS — INTANGIBILIDADE DE VENCIMENTOS — 1 — O art. 37 inc. VII, da Carta Maior, é norma de eficácia contida. Tal espécie de dispositivo constitucional estampa um desejo do Constituinte de deixar espaço de trabalho para o legislador ordinário, sem, no entanto, sonegar o fruir imediato do direito contemplado. 2 — Não há como vingar o argumento de que, embora em exercício de direito constitucional, a ausência ao local de trabalho configura falta não justificada, nos termos do art. 44 da Lei n. 8.112/1990, podendo ser descontados nos vencimentos os dias em que o servidor participou da greve, na medida em que o não comparecimento é, justamente, a forma pela qual os movimentos grevistas atuam. A única permissão dada pela Magna Carta ao legislador ordinário é editar "lei específica", que aponte termos e limites ao exercício do direito de greve. 3 — Tentar anular, pela inércia única e exclusiva do legislador, os movimentos grevistas no serviço público, hoje, quando ainda não há legislação específica que possa dizer quando a greve é abusiva ou quando deve haver descontos nos vencimentos, é forma de agredir o texto constitucional. (TRF 4ª R. — AC 2000.72.00.006064-7 — 3ª T. — Rel. Jairo Gilberto Schafer — DJ 17.12.2008)

(413) PROCESSO CIVIL — AGRAVO DE INSTRUMENTO — MANDADO DE SEGURANÇA — LIMINAR — SERVIDOR PÚBLICO — GREVE — CONSTITUIÇÃO FEDERAL, ART. 37, VII — 1. A Constituição Federal, promulgada em 5 de outubro de 1988, garantiu o direito de greve ao servidor público, condicionando, contudo, seu exercício aos termos e limites definidos em Lei específica. A Constituição de 1988, por conseguinte, aboliu a proibição anterior de greve nos serviços públicos, passando a permiti-la. Treze anos, no entanto, são passados e a Lei específica não é editada. A vontade do constituinte está sendo desrespeitada, e nenhuma providência é tomada. A Constituição permitiu a greve. O servidor pode exercitar esse direito, ainda que não haja Lei específica regulamentando-o. Enquanto essa Lei não vier, é de aplicar-se a Lei n. 7.783, de 1989 — a Lei de Greve. O direito de greve é que não pode deixar de ser exercitado por desídia, uma desídia dolosa, do legislador infraconstitucional, que, na hipótese, está se pondo acima do legislador constituinte. 2. A eficácia da norma constitucional não pode ficar a depender de uma norma hierarquicamente inferior que nunca é editada. (TRF 1ª R. — AG 01000346500 — BA — 2ª T. — Rel. Des. Fed. Tourinho Neto — DJU 17.10.2003 — p. 11) JCF.37 JCF.37.VII

(414) MANDADO DE SEGURANÇA — LEGITIMIDADE ATIVA DO IMPETRANTE — GREVE DOS SERVIDORES PÚBLICOS DA UNIVERSIDADE DE PONTA GROSSA — DESCONTOS EM FOLHA DE PAGAMENTO — IMPOSSIBILIDADE — DIREITO DE GREVE RECONHECIDO PELO ART. 37, INCISO VII, DA CONSTITUIÇÃO FEDERAL — ORDEM CONCEDIDA — DECISÃO UNÂNIME — O direito de greve dos funcionários públicos tem sido reconhecido pelos Tribunais, com fulcro no art. 37, VII, da Constituição Federal, embora os limites para o exercício de tal direito ainda não estejam regulamentados por Lei Complementar. A falta de Lei Complementar não pode importar em prejuízo para os destinatários da norma, uma vez que a declaração de greve, por se constituir em direito público subjetivo decorrente de princípio constitucional, está ao alcance do servidor público. (TJPR — Mand. Seg. 0114407-0 — (988) — Ponta Grossa — 3º G.C.Cív. — Rel. Des. Antônio Lopes de Noronha — DJPR 29.4.2002) JCF.37 JCF.37.VII

desde já[415], sendo que a "lei específica" a que alude o dispositivo constitucional apenas poderá impor-lhe certos limites. Enquanto não sobrevém a dita lei, a prática da greve não encontra restrições no setor público, salvo aquelas oriundas de outras garantias constitucionais, de normas de ordem pública, de disposições administrativas, enfim, os servidores públicos poderão exercer a greve nos mesmos termos dos demais trabalhadores. Os partidários de tal corrente destacam que o exercício da greve pelos servidores públicos civis, com muito mais razão, não poderá prejudicar o atendimento das "necessidades inadiáveis da comunidade" (§ 1º do art. 9º da CF/1988), bem como deverá respeitar o princípio da continuidade dos serviços públicos essenciais, tal como definidos na Lei n. 7.783/1989 (Lei de Greve), a qual, na ausência de lei específica, deverá ser-lhes aplicada no que for cabível.

Ademais, podemos dizer que a lei específica, como lei ordinária, haja vista que o rol do art. 59 da Constituição Federal não lhe confere hierarquia privilegiada, já existe em nosso ordenamento jurídico (Lei n. 7.783/1989), e deveria ter sido aplicada desde o advento da Emenda Constitucional n. 19/1998 aos servidores públicos civis, especificamente os funcionários públicos.

Parece-nos que o melhor entendimento é o manifestado pela segunda corrente, pois, de outro modo, estaríamos a subtrair dos servidores públicos o direito de realizar greve e essa não foi a intenção do legislador constituinte. A Carta Constitucional anterior não permitia a greve no setor público, e o constituinte de 1988 quis conferir-lhes tal direito. Assim, condicionar o direito de greve no setor público à edição da "lei específica" é o mesmo que privar o funcionário público de referido direito, o que se revela contrário ao espírito da Constituinte de 1988.

Entender que o servidor público só poderá exercitar o direito de greve quando advier a mencionada lei significa, na prática, inverter a hierarquia das normas, colocando a "lei específica", infraconstitucional, em patamar superior ao da norma constitucional, o que não parece nem um pouco razoável, uma vez que a referida lei específica, quando editada, só poderá estabelecer limites e termos para o exercício da greve no setor público, mas não poderá negar tal direito aos servidores públicos. Assim, se nem mesmo quando referida lei existir, poder-se-á subtrair do servidor tal direito, muito menos se poderá fazê-lo enquanto tal lei inexistir.

---

(415) DIREITO DE GREVE DO SERVIDOR PÚBLICO ASSEGURADO MESMO DIANTE DA OMISSÃO LEGISLATIVA DO CONGRESSO NACIONAL QUE AINDA NÃO REGULAMENTOU O DIREITO CONSAGRADO NO INCISO VII DO ART. 37 CONSTITUIÇÃO FEDERAL — APLICAÇÃO ANALÓGICA DA LEI N. 7.783/1989, QUE DISCIPLINA O DIREITO DE GREVE DOS TRABALHADORES — PRONUNCIAMENTO NESTE SENTIDO DO STF, QUANDO DO JULGAMENTO DO MANDADO DE INJUNÇÃO N. 712-8/PARÁ — Greve deflagrada pelo SINTASA, sem que fossem obedecidas as regras estabelecidas na Lei n. 7.783/1989, posto que iniciada antes de cessadas as negociações com a Secretaria de Saúde do Estado de Sergipe. Ocorrência da abusividade prevista no art. 14 da sobredita Lei. Ilegalidade reconhecida e declarada da greve deflagrada pelo SINTASA. Decisão unânime. (TJSE — AD 2008111728 — (4381/2009) — TP — Rel. Des. Netônio Bezerra Machado — J. 3.6.2009)

O exercício da greve representa uma forma de participação popular, verdadeiro exercício da cidadania, e como tal deve ser prestigiado e estimulado num Estado que se pretende seja autenticamente um Estado Democrático de Direito. Aliás, a se entender, como fizemos acima, que o direito de greve é um direito fundamental do trabalhador, tem ele aplicação imediata em face do que dispõe o § 1º do art. 5º[416] da Constituição Federal de 1988, sendo, portanto, exercitável desde logo pelos servidores públicos, independentemente da edição de lei específica.

O Supremo Tribunal Federal alterou sua jurisprudência[417], passando a entender que a norma do inciso VII do art. 37 da Constituição Federal é de eficácia contida, de modo que nas greves envolvendo servidores públicos estatutários deverá ser aplicada a Lei n. 7.783/1989 até que seja regulamentada a lei específica correlata.

A posição assumida pelo Supremo Tribunal Federal nessa matéria certamente foi a mais acertada, posto que, em se tratando de direitos fundamentais — como o é o direito de greve —, a interpretação deve sempre se amoldar em uma práxis jurídica comprometida com a concretização, a extensão e a ampliação — jamais a restrição — dos direitos fundamentais previstos em nossa Lei Maior.

6.11. Antecipação dos efeitos da tutela

Como toda ação coletiva, o dissídio coletivo produzirá a prolação de uma sentença normativa, de natureza molecular, ou seja, com efeitos *erga omnes*, envolvendo todos os trabalhadores de uma categoria profissional.

Nas ações coletivas, não se utiliza o Código de Processo Civil, a não ser subsidiariamente, na medida em que esse instrumento processual foi idealizado para pacificar conflitos atomizados, de forma que a sentença derivante, consoante o art. 472 do CPC, faz lei apenas entre as partes, autor e réu.

Dessa forma, a antecipação de tutela nas ações coletivas não se sedimenta nos arts. 273 e 461 do CPC, mas nos arts. 11[418] e 12 da Lei n. 7.347/1985 e

---

(416) § 1º As normas definidoras dos direitos e garantias fundamentais têm aplicação imediata.
(417) GREVE — SERVIDORES PÚBLICOS — DESCONTO DOS VENCIMENTOS — IMPOSSI-BILIDADE — 1. O Supremo Tribunal Federal, em decisão recente, no julgamento do MI n. 670/ES, MI n. 708/DF e MI n. 712/PA, regulamentou o direito de greve dos servidores públicos determinando a aplicação subsidiária da Lei n. 7.783/1989 (informativo n. 485/STF). 2. O desconto de vencimentos no período que perdurar o movimento paredista não fica autorizado. Precedente do STF. (TRF 4ª R. — AMS 2006.72.01.004370-3 — 3ª T. — Relª Desª Fed. Maria Lúcia Luz Leiria — DJe 19.12.2007)
(418) Art. 11. Na ação que tenha por objeto o cumprimento de obrigação de fazer ou não fazer, o Juiz determinará o cumprimento da prestação da atividade devida ou a cessação da atividade nociva, sob pena de execução específica, ou de cominação de multa diária, se esta for suficiente ou compatível, independentemente de requerimento do autor.

84, § 3º⁽⁴¹⁹⁾, da Lei n. 8.078/1990, bastando que o fundamento do pedido seja relevante.

Não obstante o dissídio coletivo seja uma ação coletiva, ele difere das demais ações coletivas, como a ação civil pública, a ação civil coletiva, o mandado de segurança coletivo, entre outros.

Essa diferença reside no fato de que, diversamente das ações retromencionadas, nas quais o órgão julgador utiliza-se do direito preexistente ou do direito positivo, em ato vinculado de legalidade estrita para decidir o conflito coletivo, em típica atividade jurisdicional, utilizando-se de um silogismo (tese, antítese e conclusão), no dissídio coletivo, o Tribunal do Trabalho, na verdade, exerce uma atividade legislativa, criando normas jurídicas abstratas e gerais, em juízo de conveniência e oportunidade.

Destarte, a doutrina e jurisprudência por certo tempo questionaram a exequibilidade de se antecipar o mérito da sentença em sede de dissídio coletivo, já que de natureza satisfativa.

Hodiernamente, parece não remanescer dúvida de que descabe a antecipação de tutela nos dissídios coletivos pelo fato de que esse instrumento jurídico é típico dos provimentos jurisdicionais genuínos. Vale dizer, os Tribunais do Trabalho, no uso de seu poder normativo constitucional (art. 114 da Constituição Federal), no julgamento do dissídio coletivo, irão criar normas jurídicas aplicáveis a toda categoria. A antecipação de tutela nesse caso se assemelharia a antecipar os efeitos de um projeto de lei em gestação em uma das casas do Poder Legislativo.

Em face do exposto, a doutrina majoritária se posiciona no sentido de que, quanto ao dissídio de natureza econômica, em razão de sua peculiaridade de criar, manter, modificar ou extinguir condições de trabalho, rejeita-se, a princípio, a possibilidade de antecipação dos efeitos da sentença a ser proferida⁽⁴²⁰⁾.

Entretanto, para o autor⁽⁴²¹⁾ mencionado, há casos em que não se pode afastar a possibilidade de tutela no âmbito de um dissídio coletivo econômico. Imagine-se a hipótese de existência de uma cláusula convencional mantida por vários anos e

---

Art. 12. Poderá o Juiz conceder mandado liminar, com ou sem justificação prévia, em decisão sujeita a agravo.
(419) § 3º Sendo relevante o fundamento da demanda e havendo justificado receio de ineficácia do provimento final, é lícito ao Juiz conceder a tutela liminarmente ou após justificação prévia, citado o réu.
(420) MELO, Raimundo Simão de. *Processo coletivo do trabalho*, cit., p. 151. Para esse autor, a questão que se coloca é se a antecipação de tutela tem aplicação no âmbito dos dissídios coletivos, cujas sentenças objetivam a criação, a manutenção, a modificação ou a extinção de condições de trabalho ou a interpretação de determinada norma jurídica. Quanto a essa última, a dúvida existente na doutrina quanto à sua possibilidade nada difere com relação aos casos da sentença declaratória nas demais situações.
(421) *Ibidem*, p. 153-154.

que na última data base não foi revigorada por falta de entendimento entre as partes, gerando a instauração da instância coletiva. De acordo com a Constituição Federal (art. 114, § 2º), as condições convencionais e legais mínimas de proteção ao trabalho serão mantidas pela Justiça do Trabalho quando do julgamento da respectiva ação coletiva. Desse modo, na hipótese vertente, estão mais do que presentes o *fumus boni iuris* e o *periculum in mora*, a justificarem a antecipação de tutela.

A fumaça do bom direito decorre do comando constitucional mencionado, que assegura ao Tribunal manter aquela cláusula convencional na sentença a ser proferida.

O perigo da demora justifica-se no fato real de que muito dificilmente a decisão normativa definitiva transitará em julgado dentro do prazo de vigência das normas a serem instituídas, podendo acarretar prejuízos irreparáveis aos trabalhadores beneficiários da norma a ser proferida[422].

6.12. Coisa julgada formal e material na sentença normativa

Para Manoel Antonio Teixeira Filho[423], a expressão coisa julgada formal tem sido usada para traduzir o fenômeno da imutabilidade da sentença, em virtude da preclusão dos prazos para recursos. Diz-se que há, nesse caso, preclusão máxima, exatamente porque já não há possibilidade de o pronunciamento jurisdicional ser impugnado mediante recurso.

Podemos dizer, dessa forma, que a coisa julgada formal produz efeitos endoprocessuais, ou seja, no processo em trâmite, de modo que o autor não poderia dar-lhe impulso. Restar-lhe-ia, como opção, ajuizar novamente a mesma ação, com idênticas partes, mesmos pedidos e causa de pedir.

Em casos que tais, verifica-se que o julgador não adentrou o mérito do processo, pois a sua paralisação ocorreu em sede de preliminares. Daí, para alguns doutrinadores, entre eles Manoel Antonio Teixeira Filho, a expressão "coisa julgada formal" contém uma certa impropriedade lógica, pois, se a sentença não examinou o mérito, isso significa, em rigor, que o caso (*res*) não foi julgado. Na coisa julgada formal, portanto, não haveria coisa julgada.[424]

---

(422) *Ibidem*, p. 154.
(423) TEIXEIRA FILHO, Manoel Antonio. *Op. cit.*, v. 3, p. 280. O autor lembra que preclusão vem da forma latina *praeclusio*, que significa fechar, findar, tolher. Transportando para o tecnicismo da linguagem processual, expressa a perda de um direito ou de uma faculdade processual, em virtude da falta do correspondente exercício dentro do prazo legal ou assinado pelo juiz. Há três tipos de preclusão: a) temporal, que diz respeito à situação examinada, ou seja, que se configura com a perda do prazo para a prática de determinado ato processual; b) lógica, que ocorre quando se deseja praticar ato incompatível com outro já realizado no mesmo prazo; c) consumativa, que advém do fato de se tentar praticar ato já praticado anteriormente.
(424) *Ibidem*, p. 2801.

De outra parte, coisa julgada material é a eficácia, que se torna imutável e indiscutível a sentença, não mais sujeita a recurso, seja ordinário ou extraordinário, consoante art. 467 do Código de Processo Civil. Nessa situação, os seus efeitos são não apenas endoprocessuais, produzindo efeitos em relação às partes, mas também panprocessuais, gerando efeitos para fora do processo, em relação às demais pessoas que deverão respeitar o mandamento sentencial. Diz o art. 468 do CPC que a coisa julgada material tem força de lei nos limites da lide e das questões decididas.

Não paira qualquer dúvida em relação ao fato de que a sentença normativa produz coisa julgada formal (art. 267 do CPC), remanescendo, porém, controvérsias na doutrina e na jurisprudência em relação ao fato se ela faz coisa julgada material.

De acordo com a Súmula n. 397[425] do Tribunal Superior do Trabalho, a sentença normativa produz apenas coisa julgada formal, não obstante a Lei n. 7.701/1988, em seu art. 2º[426], inciso "c", que regula a especialização do colendo Tribunal Superior do Trabalho no processo coletivo, disciplinar pelo entendimento da ação rescisória para desconstituição da sentença normativa, sendo cediço que o pressuposto fundamental da rescisória seja justamente o trânsito em julgado material da ação rescindenda.

Parte da doutrina que se filia a esse entendimento do TST aduz que a sentença normativa não poderá fazer coisa julgada material pelo fato de representar uma sentença de natureza continuativa, do tipo *rebus sic stantibus*, a qual pode ser revisada depois de um ano, permite seu cumprimento antes de transitar em julgado (Súmula n. 246 do TST), não permite execução, e tem prazo determinado máximo de 4 anos.

Ronaldo Lima dos Santos[427] entende que a sentença normativa forma um tipo peculiar de coisa julgada, tendo em vista que possui prazo legal máximo de 4

---

(425) N. 397 — AÇÃO RESCISÓRIA. ART. 485, IV, DO CPC. AÇÃO DE CUMPRIMENTO. OFENSA À COISA JULGADA EMANADA DE SENTENÇA NORMATIVA MODIFICADA EM GRAU DE RECURSO. INVIABILIDADE. CABIMENTO DE MANDADO DE SEGURANÇA. (conversão da Orientação Jurisprudencial n. 116 da SDI-II)
Não procede ação rescisória calcada em ofensa à coisa julgada perpetrada por decisão proferida em ação de cumprimento, em face de a sentença normativa, na qual se louvava, ter sido modificada em grau de recurso, porque em dissídio coletivo somente se consubstancia coisa julgada formal. Assim, os meios processuais aptos a atacarem a execução da cláusula reformada são a exceção de pré-executividade e o mandado de segurança, no caso de descumprimento do art. 572 do CPC. (ex-OJ n. 116 — DJ 11.8.2003)
(426) Art. 2º Compete à seção especializada em dissídios coletivos, ou seção normativa:
I — originariamente:
a) conciliar e julgar os dissídios coletivos que excedam a jurisdição dos Tribunais Regionais do Trabalho e estender ou rever suas próprias sentenças normativas, nos casos previstos em lei; b) homologar as conciliações celebradas nos dissídios coletivos de que trata a alínea anterior; c) julgar as ações rescisórias propostas contra suas sentenças normativas;
(427) SANTOS, Ronaldo Lima dos. *Op. cit.*, p. 310. Completa o autor afirmando que, no processo civil, ela encontra fundamento no art. 471, inciso I, do CPC, que dispõe: "Art. 471. Nenhum juiz decidirá novamente as questões já decididas, relativas à mesma lide, salvo: I — se, tratando-se de relação jurídica

anos (parágrafo único do art. 868 da CLT), além de ser passível de revisão pelo denominado "dissídio coletivo de revisão", quando, decorrido mais de um ano de sua vigência, "se tiverem modificado as circunstâncias que as ditaram, de modo que tais condições se hajam tornado injustas ou inaplicáveis (art. 873 da CLT)".

Para esse autor[428], apesar de decidir relação jurídica continuativa, ter prazo de vigência e estar sujeita à revisão, a sentença normativa produz coisa julgada material até a extinção do seu prazo de vigência ou prolação de sentença normativa em dissídio coletivo de revisão.

Raimundo Simão de Melo, por sua vez, "defende tese contrária ao entendimento do colendo Tribunal Superior do Trabalho ao aduzir:

a) Primeiro, porque o cumprimento antes do trânsito em julgado é uma faculdade e não decorre da peculiaridade da criação de normas para solucionar conflitos coletivos de trabalho;

b) Segundo, porque a revisão de que trata o art. 873 da CLT tem fundamentos restritos à alteração das circunstâncias do momento de sua criação, o que é diferente das hipóteses previstas no art. 485 do CPC, para o corte rescisório;

c) Terceiro, porque o fato de não permitir execução é despiciendo, pois não se trata de sentença condenatória, mas constitutivo-dispositiva, permitindo o seu cumprimento por meio de uma ação de cumprimento;

d) Quarto, porque a vigência temporária de até 4 anos não impede a formação de coisa julgada material dentro e fora desse prazo, sendo certo que há normas coletivas que produzem seus efeitos fora do seu prazo de vigência (OJ n. 41 da SDI-1 TST);

e) Quinto, porque o art. 872 parágrafo único[429] da CLT veda que na ação de cumprimento da sentença normativa sejam discutidas questões de fato e de direito já decididas na sentença normativa;

f) Sexto, porque a lei assegura esse efeito e permite o seu corte por meio da ação rescisória (Lei n. 7.701/1988, art. 2º, I, c[430])".

---

continuativa, sobreveio modificação no estado de fato ou de direito; caso em que poderá a parte pedir a revisão do que foi estatuído na sentença; II — nos demais casos prescritos em lei".
(428) *Ibidem*, p. 311.
(429) Parágrafo único. Quando os empregadores deixarem de satisfazer o pagamento de salários, na conformidade da decisão proferida, poderão os empregados ou seus sindicatos, independentes de outorga de poderes de seus associados, juntando certidão de tal decisão, apresentar reclamação à Junta ou Juízo competente, observado o processo previsto no Capítulo II deste Título, sendo vedado, porém, questionar sobre a matéria de fato e de direito já apreciada na decisão.
(430) Art. 2º Compete à seção especializada em dissídios coletivos, ou seção normativa:
I — originariamente: c) julgar as ações rescisórias propostas contra suas sentenças normativas.

Para firmar sua posição, o autor menciona o exemplo de uma sentença normativa proferida por um Juiz impedido ou incompetente (art. 485, inciso II, CPC), alegando a impossibilidade, nesse caso, de se negar o ajuizamento do corte rescisório e da coisa julgada. Esse entendimento também é esposado por Carlos Henrique Bezerra Leite[431] e Manoel Antonio Teixeira Filho[432].

Em face dos motivos expostos, também nos filiamos à corrente doutrinária que entende que a sentença (ou acórdão) normativa faz coisa julgada material, e também formal, já que esta é decorrente da primeira, por se constituir como a preclusão máxima dentro do processo. Assim sendo, a sentença normativa fará coisa julgada durante o tempo de sua existência, até que seja substituída por um acordo ou por uma convenção coletiva, ou, ainda, por uma outra sentença normativa de revisão, ou por uma nova sentença decorrente do dissídio em uma nova data base da categoria.

7. AÇÃO DE CUMPRIMENTO

7.1. CONCEITO

A ação de cumprimento consiste no instrumento processual destinado à tutela dos direitos individuais homogêneos dos trabalhadores, integrando, pois, o conjunto de mecanismos processuais destinado à proteção dos direitos coletivos ou moleculares.

Dessa forma, aplicam-se à ação de cumprimento as regras emanadas do CDC (Lei n. 8.078/1990) destinadas à tutela de direitos coletivos, nesse caso específico, no art. 81, III, e, por conseguinte, da LACP (Lei n. 7.347/1985), por força do art. 90 do CDC e art. 21 da LACP.

Em se tratando de ações de cumprimento, os sindicatos, como substitutos processuais dos trabalhadores, da respectiva categoria profissional, na condição

---

(431) LEITE, Carlos Henrique Bezerra. *Curso de direito processual do trabalho*. 6. ed. São Paulo: LTr, 2008. p. 1091. Assevera esse autor, em relação ao tema: "para nós, a sentença normativa faz coisa julgada material (e, logicamente, formal), pois o art. 2º, I, *c*, da Lei n. 7.701/1988 dispõe expressamente que compete, originariamente, à sessão especializada em dissídios coletivos "julgar as ações rescisórias propostas contra suas próprias sentenças normativas", cabendo-lhes, nos termos do inciso II, alínea *b*, do referido artigo, julgar, em última instância, "os recursos ordinários interpostos contra as decisões proferidas pelos Tribunais Regionais do Trabalho em ações rescisórias e mandados de segurança pertinentes a dissídios coletivos". E prossegue: "ora, se cabe ação rescisória contra sentença normativa, então ela está apta a produzir coisa julgada material (CPC, art. 269)".
(432) TEIXEIRA FILHO, Manoel Antonio. *Op. cit.*, v. 2, p. 1227. Diz esse doutrinador: "o acórdão proferido nas ações coletivas, cujas pretensões sejam de natureza econômica, submete-se ao fenômeno da coisa julgada material, fazendo-o, todavia, singularmente, com a *cláusula rebus sic stantibus*, de tal arte que possa ser submetido à revisão, de que cuidam os arts. 873 a 875 da CLT".

de legitimados extraordinários, exigem das empresas o cumprimento das obrigações assumidas nos instrumentos normativos (acordos ou convenções coletivas de trabalho), decorrentes da negociação coletiva de trabalho ou provenientes da sentença normativa, prolatada em sede de dissídio coletivo, de natureza econômica.

A Lei n. 8.984/1994, em seu art. 1º, assim se expressou:

"Compete à Justiça do Trabalho conciliar e julgar os dissídios que tenham origem no cumprimento de convenções coletivas de trabalho ou acordos coletivos de trabalho, mesmo quando ocorram entre sindicatos ou entre sindicato de trabalhadores e empregador."

Nessa mesma linha, a Súmula n. 286 do colendo TST, *in verbis*:

"N. 286 — SINDICATO. SUBSTITUIÇÃO PROCESSUAL. CONVENÇÃO E ACORDO COLETIVOS — REDAÇÃO DADA PELA RES. N. 98, DJ 18.9.2000

A legitimidade do sindicato para propor ação de cumprimento estende-se também à observância de acordo ou de convenção coletivos."

Dessa forma, com o advento da Emenda Constitucional n. 45/2004, que deu nova redação ao art. 114 da CF/1988, estabelecendo a competência da Justiça do Trabalho, no inciso III para "as ações sobre representação sindical, entre sindicatos, entre sindicatos e trabalhadores e entre sindicatos e empregadores", não remanesce dúvida quanto à competência desta Justiça Obreira para processar e julgar as lides decorrentes do não cumprimento dos instrumentos normativos.

Após a celebração do acordo coletivo, ou mesmo antes[433] de transitada em julgado a decisão normativa, de competência do Tribunal Regional do Trabalho ou Tribunal Superior do Trabalho, na hipótese de não satisfação das cláusulas contidas naqueles instrumentos normativos, os empregados ou seus representantes, os sindicatos, poderão ajuizar reclamação trabalhista ou ação de cumprimento.

Estatui o art. 872 da CLT:

"Art. 872. Celebrado o acordo, ou transitada em julgado a decisão, seguir-se-á o seu cumprimento, sob as penas estabelecidas neste Título.

Parágrafo único. Quando os empregadores deixarem de satisfazer o pagamento de salários, na conformidade da decisão proferida, poderão os empregados ou seus sindicatos, independentes de outorga de poderes de seus associados, juntando certidão de tal decisão, apresentar reclamação à Junta ou Juízo competente, observado o processo previsto no Capítulo II deste Título, sendo vedado, porém, questionar sobre a matéria de fato e de direito já apreciada na decisão."

---

(433) Súmula n. 246 do TST: N. 246 — AÇÃO DE CUMPRIMENTO. TRÂNSITO EM JULGADO DA SENTENÇA NORMATIVA. É dispensável o trânsito em julgado da sentença normativa para a propositura da ação de cumprimento.

Como dito alhures, a Súmula n. 286 do colendo Tribunal Superior legitima a atuação do sindicato[434], como substituto processual.

Ronaldo Lima dos Santos[435] afirma que somente as entidades sindicais possuem legitimidade ativa para propor ação de cumprimento no âmbito do Judiciário Trabalhista, na condição de substituto processual, isto é, daquele que age em nome próprio, na defesa de interesse alheio (dos empregados), independentemente da outorga expressa de poderes (art. 872 da CLT c/c art. 3º da Lei n. 8.073/1990 e art. 8º, III, CF/1988).

Aduz ainda esse autor que o empregado singularmente considerado, por meio da reclamação trabalhista individual, ou dois ou mais empregados, em reclamação trabalhista plúrima, desde que haja identidade de matéria e se trate de empregados da mesma empresa (art. 842 da CLT), podem, evidentemente, pleitear a satisfação de direitos previstos em normas coletivas nas suas respectivas demandas, sem, no entanto, estas serem qualificadas como ações de cumprimento, uma vez que não se

---

(434) SUBSTITUIÇÃO PROCESSUAL — SINDICATO PROFISSIONAL — INTERESSES INDIVIDUAIS HOMOGÊNEOS — O Sindicato-Autor tem legitimidade para figurar na polaridade ativa da presente demanda como substituto processual, em razão da previsão expressa inserta no inciso IV do art. 82 c/c o inciso III do parágrafo único do art. 81, ambos do CDC e ante o que dispõe o inciso III do art. 8º, da Constituição Federal, cuja interpretação conferida pela Corte Suprema é ampla e irrestrita, na medida em que o objeto da lide compreende interesses individuais homogêneos. PRELIMINAR REJEITADA — PRELIMINAR DE AUSÊNCIA DE PRESSUPOSTO DE CONSTITUIÇÃO E DE DESENVOLVIMENTO VÁLIDO E REGULAR DO PROCESSO — AÇÃO COLETIVA DECLARATÓRIA — ROL DE SUBSTITUÍDOS — DISPENSABILIDADE — O entendimento que sustentava a exigibilidade da apresentação de rol de substituídos juntamente com a demanda coletiva caiu por terra com o cancelamento da Súmula n. 310 do C. TST, já que todos os empregados pertencentes à categoria profissional representada pelo sindicato passaram a ser atingidos pelos efeitos da coisa julgada, independentemente de serem filiados ou não ao ente sindical, o que, por óbvio, se afigura incompatível com a exigibilidade de apresentação da lista de substituídos, mormente porque não há como dimensioná-los, não havendo se falar *in casu* de falta de comprometimento com a regra de estabilidade subjetiva do processo, haja vista que os arts. 103 e 104 do CDC, ao tratarem das hipóteses de litispendência e coisa julgada, solucionam a problemática, sem que seja necessária a apresentação do aludido rol com a interposição da demanda. Preliminar rejeitada. APELO ADESIVO DA SEGUNDA DEMANDADA — PREJUDICIAL DE MÉRITO — AÇÃO DECLARATÓRIA — IMPRESCRITIBILIDADE — Todas as pretensões insertas na exordial possuem natureza meramente declaratória, sem cunho patrimonial. Assim sendo, não se aplica, *in casu*, a regra constante do inciso XXIX do art. 7º da CF/1988, por serem imprescritíveis tais pretensões, mormente após a inovação inserida no § 1º do art. 11 da CLT, pela Lei n. 9.658/1998, não havendo se falar em dúvida quanto aos limites de eventual deferimento de pleito condenatório, ante a sua inexistência no caso em testilha. Prejudicial de mérito rejeitada. APELO DO SINDICATO-AUTOR — CONCESSIONÁRIA DE SERVIÇOS DE TELECOMUNICAÇÃO — TERCEIRIZAÇÃO LÍCITA — O art. 94, II, da Lei n. 9.472/1997, ao autorizar as concessionárias de serviços de telecomunicação a contratar com terceiros atividades inerentes ou acessórias ao seu objeto social, torna lícita tal modalidade de terceirização, mesmo em área fim, impedindo que se constitua o vínculo de emprego entre si e o prestador de serviço, de sorte que não merece reparos a decisão de primeiro grau que reconheceu a licitude da terceirização, sendo despicienda a discussão acerca da natureza da atividade terceirizada. Recurso Ordinário do Sindicato-Autor ao qual se nega provimento. (TRT 23ª R. — RO 01377.2007.007.23.00-0 — Rel. Des. Luiz Alcântara — J. 18.6.2008)

(435) SANTOS, Ronaldo Lima dos. *Op. cit.*, p. 327.

verifica o instituto da legitimação extraordinária, pois os trabalhadores agem em nome próprio na tutela de direito próprio. Trata-se de simples reclamações trabalhistas, sem a presença do instituto da substituição processual.

Descumprido o instrumento normativo, teremos, portanto, duas alternativas para os trabalhadores: se, de forma individual ou plúrima, buscar a tutela de seus direitos e o cumprimento da norma coletiva, teremos uma lide atomizada, cujo comando judicial tão somente fará coisa julgada *inter partes*, ao passo que, se o sindicato da categoria profissional, em sede de legitimação extraordinária, como substituto processual buscar o cumprimento daquele instrumento, teremos uma lide molecular, cujos efeitos serão *erga omnes* e beneficiarão todos os membros da categoria.

De acordo com Francisco Ferreira Jorge Neto e Jouberto de Quadros Pessoa Cavalcante[436], a ação de cumprimento tem natureza condenatória, pois busca o cumprimento de determinação de decisão normativa (decisão normativa genérica) ao caso concreto. (...) Apesar de o art. 872 da CLT prever a ação de cumprimento após a celebração do acordo ou do trânsito em julgado da decisão, o art. 7º, § 6º, da Lei n. 7.701/1988, autoriza o ajuizamento da ação a partir do vigésimo dia subsequente ao julgamento, fundada no acórdão ou na certidão de julgamento, quando não publicado o acórdão.

Já o art. 3º, § 6º, da Lei n. 4.725/1965, dispõe que:

"(...) o provimento do recurso não importará na restituição dos salários ou vantagens pagos, em execução do julgado."

Portanto, pacificado o conflito por meio de sentença normativa, decorrente de dissídio coletivo de natureza econômica ou mesmo por acordo ou transação em sede de Ação Civil Pública, em que já houve pagamento aos trabalhadores da categoria, decorrente de ajuizamento de Ação de Cumprimento, não mais será possível a devolução dos valores pagos anteriormente, na hipótese de reforma de decisão ou de retirada do acordo ou convenção coletiva de cláusula que deu sustentação à mencionada ação de cumprimento, ou mesmo objeto de reforma da decisão normativa, por intermédio de Recurso Ordinário no Tribunal Superior do Trabalho.

7.2. Natureza jurídica da ação de cumprimento

É cediço que natureza jurídica significa não apenas as características principais de um instituto jurídico, como também o seu enquadramento no mundo do Direito, ou seja, se pertencente ao Direito Privado ou ao Público, ou eventualmente a um terceiro gênero.

---

(436) JORGE NETO, Francisco Ferreira; CAVALCANTE, Jouberto de Quadros Pessoa. *Direito processual do trabalho*. 3. ed. Rio de Janeiro: Lumen Juris, 2007. t. 2, p. 1558.

A ação de cumprimento tem por escopo, como o próprio nome diz, fazer com que o devedor cumpra as obrigações assumidas no instrumento normativo coletivo, sejam elas obrigações de dar (pagar), de fazer ou de não fazer.

O seu fundamento de validade, portanto, é o instrumento coletivo em que se apoia, que possui força de lei, efeitos *erga omnes* ou no mínimo *ultra partes* (art. 103 da Lei n. 8.078/1990), diferenciando-se da lei apenas no que tange a aspectos de forma e de criação jurígena, uma vez que poderá se originar do Poder Judiciário Trabalhista (sentença normativa), de um árbitro (sentença arbitral) ou da autonomia privada coletiva.

Diversamente do que aparenta ser, como nas lides atomizadas[437], a sentença normativa não se constitui em ação típica do processo de execução. Essa é a diferença nuclear que a coloca entre as ações coletivas ou moleculares, posto que pode ser interposta por um único trabalhador, postulando seus direitos em ação individual, como também pelo sindicato[438] da categoria profissional[439], em típica ação coletiva.

Raimundo Simão de Melo[440] informa que a ação de cumprimento tem natureza de ação condenatória com relação à imposição das normas criadas em instrumento normativo, que pode ser uma sentença normativa, uma sentença arbitral, um acordo coletivo ou uma convenção coletiva de trabalho. A pretensão pode ser de natureza reparatória pelos prejuízos individuais[441] sofridos pelos trabalhadores e, se ajuizada coletivamente, a ela se aplicam os comandos dos arts. 91 e seguintes do CDC,

---

(437) Geralmente nas ações atomizadas, do tipo reclamatória trabalhista, tão logo prolatada a sentença judicial de reconhecimento do direito, em primeiro grau de jurisdição, se não voluntariamente cumprida pelo devedor, advém automaticamente e em alguns casos até mesmo sob o impulso do juiz (art. 878 da CLT) a fase executória da sentença, no sentido de fazer com que o devedor, agora réu, cumpra suas obrigações estabelecidas no provimento judicial.
(438) SINDICATO — SUBSTITUIÇÃO PROCESSUAL — CONVENÇÃO E ACORDO COLETIVOS — Ao teor da Súmula n. 286 do c. Tribunal Superior do Trabalho, a legitimidade do sindicato para propor ação de cumprimento estende-se também à observância de acordo ou de convenção coletivos. Recurso ordinário conhecido e improvido. (TRT 7ª R. — RO 2096/2006-012-07-00.6 — 2ª T. — Rel. Jose Ronald Cavalcante Soares — DJe 10.7.2009 — p. 5)
(439) AÇÃO DE CUMPRIMENTO — EMPREGADOS PERTENCENTES A CATEGORIA DIFERENCIADA — Empregado integrante de categoria profissional diferenciada não tem o direito de haver de seu empregador vantagens previstas em instrumento coletivo no qual a empresa não foi representada por órgão de classe de sua categoria. (TRT 11ª R. — RO 10566/2007-018-11-00 — 18ª VT/Manaus — Relª Juíza Valdenyra Farias Thomé — J. 4.8.2008)
(440) MELO, Raimundo Simão de. *Processo coletivo do trabalho*, cit., p. 186-187.
(441) AÇÃO DE CUMPRIMENTO PROPOSTA POR SINDICATO PROFISSIONAL — COAÇÃO DOS EMPREGADOS PARA DESISTIREM DA AÇÃO — DANO MORAL — Responde por indenização por dano moral o empregador que adota procedimentos tendentes a coagir seus empregados a desistirem de ação de cumprimento ajuizada pelo Sindicato profissional para pleitear o reajuste salarial normativo da categoria. (TRT 12ª R. — RO 03139-2008-030-12-00-7 — 3ª T. — Rel. Roberto Basilone Leite — DJe 22.7.2009)

pois, na verdade, se trata de uma "ação civil coletiva" de caráter preparatório, para proteção de direitos individuais homogêneos, decorrentes de uma origem comum: a norma coletiva violada por ato do empregador, portanto, de origem comum (CDC, art. 81, III).

Além de se aplicar ao cumprimento pelos empregadores de direitos individuais homogêneos, a ação de cumprimento também pode ter por objeto obrigações de fazer ou de não fazer e, nesse caso, o instrumento mais apropriado para a perseguição de direitos difusos e coletivos será uma ação civil pública (Lei n. 7.347/1985).

Sergio Pinto Martins[442], por seu turno, aduz que o dissídio coletivo tem natureza constitutiva e sua decisão não é passível de execução, mas de cumprimento. Assim, a ação de cumprimento assegura a realização *in concreto* do que foi estabelecido na decisão normativa genérica, tendo a ação de cumprimento, portanto, natureza condenatória.

Para nós, não remanescem dúvidas quanto à natureza condenatória da ação de cumprimento, posto que ela busca não apenas o reconhecimento judicial do que está estabelecido em regramento coletivo, mesmo porque muitas vezes essas obrigações já são estabelecidas pelo próprio Poder Judiciário, como no caso das sentenças normativas, como também, e especialmente, a sua efetiva concretização no mundo dos fatos, expressa pelo cumprimento das obrigações de dar[443], fazer[444] e não fazer[445].

---

(442) MARTINS, Sergio Pinto. *Direito processual do trabalho*. 28. ed. São Paulo: Atlas, 2008. p. 679.
(443) AÇÃO DE CUMPRIMENTO — REAJUSTES NÃO CONCEDIDOS — Correta a condenação da empresa no pagamento de reajustes previstos em normas coletivas, quando não comprovada a respectiva quitação. (TRT 13ª R. — Proc. 00687.2008.026.13.00-0 — Relª Juíza Ana Maria Ferreira Madruga — DJe 8.7.2009 — p. 21)
(444) CIVIL — AÇÃO DE CUMPRIMENTO DE OBRIGAÇÃO DE FAZER — NECESSIDADE DE CIRURGIA URGENTE E INTERNAÇÃO EM UTI — RISCO IMINENTE DE MORTE — AUSÊNCIA DE VAGA NA REDE PÚBLICA — INTERNAÇÃO EM HOSPITAL PRIVADO — DIREITO FUNDAMENTAL À VIDA E À SAÚDE — DEVER DO ESTADO — 1 — O direito à saúde goza de proteção constitucional, previsto, dentre outras disposições, pelo art. 196 da Constituição Federal. 2 — É dever do Estado, em face do risco iminente de morte e na ausência de vagas em leito de Unidade de Terapia Intensiva (UTI) da rede Pública, arcar com os custos da internação em hospital da rede privada, mormente em se tratando de cidadão de menor poder aquisitivo. 3 — Recurso conhecido e desprovido. (TJDFT — Proc. 2007 011019460-7 — (366645) — Rel. Des. João Batista Teixeira — DJe 22.7.2009 — p. 285)
(445) AÇÃO DE CUMPRIMENTO DE OBRIGAÇÃO DE NÃO FAZER — ESTABELECIMENTO HOSPITALAR — PEDIDO DE ANTECIPAÇÃO DE TUTELA PARA PERMITIR O PROCEDIMENTO DE TRANSFUSÃO SANGUÍNEA EM PACIENTE PRATICANTE DA SEITA DENOMINADA 'TESTEMUNHAS DE JEOVÁ' — PRODUÇÃO DE PROVAS — Trata-se de ação de cumprimento de obrigação de não fazer, com pedido de liminar *inaudita altera pars*, pleiteando o estabelecimento hospitalar autor, a antecipação dos efeitos da tutela, no intuito de obstar que os réus oponham qualquer obstáculo à realização da transfusão sanguínea, imprescindível para salvar a vida da paciente/1ª agravante, visto que, com os demais agravantes, professa a seita denominada como 'Testemunhas de Jeová' e, por este motivo, não permitem a prática de transfusão sanguínea. Os réus/agravantes requerem que o hospital/agravado comprove nos autos a origem do sangue e hemoderivados transfundidos à paciente e a realização dos

Advindo a sentença de conhecimento nas ações de cumprimento, após o trânsito em julgado material, e persistindo a recalcitrância na sua concretude, não restará ao autor ou ao sindicato[446] outra opção que não seja a movimentação da máquina judiciária, por meio da execução[447], para fazer valer seus direitos, por meio da expropriação do patrimônio do devedor.

7.3. COMPETÊNCIA

Estabelece o art. 1º da Lei n. 8.984/1995 que trata da competência nas ações de cumprimento:

"Compete à Justiça do Trabalho conciliar e julgar os dissídios que tenham origem no cumprimento de convenções coletivas de trabalho ou acordos coletivos de trabalho, mesmo quando ocorram entre sindicatos ou entre sindicato de trabalhadores e empregador."

A competência para o processamento e julgamento da ação de cumprimento é da Vara do Trabalho ou do Juiz de Direito investido de jurisdição trabalhista, consoante art. 872, parágrafo único, da CLT.

Sergio Pinto Martins[448] aponta que, "na ação de cumprimento, temos a exceção à regra de que o juízo que prolatou a sentença é que seria competente para

---

testes mínimos obrigatórios quanto aos males decorrentes da hemotransfusão. Entretanto, conforme corretamente decidiu o Magistrado *a quo,* ao indeferir a pretensão dos agravantes, tal prova é desnecessária à solução da lide posto que não restou demonstrado nos autos ter a 1ª agravante contraído doenças decorrentes da transfusão sanguínea. Registre-se que o art. 130 do Código de Processo Civil confere poderes ao Magistrado para, de ofício ou a requerimento da parte, determinar os meios probantes necessários à instrução do processo, indeferindo diligências inúteis ou protelatórias, e sendo ele o destinatário da prova, encontra-se dentro do seu juízo aferir a necessidade, ou não, de sua realização. Recurso conhecido e improvido. (TJRJ — AI 2007.002.09293 — 11ª C.Cív. — Rel. Des. Cláudio de Mello Tavares — DJe 10.1.2008)
(446) AÇÃO DE CUMPRIMENTO DE CONVENÇÃO COLETIVA DE TRABALHO — DESNECESSIDADE DE APRESENTAÇÃO DO ROL DOS SUBSTITUÍDOS — INEXISTÊNCIA DE INÉPCIA DA INICIAL — A ação de cumprimento é considerada, ao menos no sistema processual brasileiro, como cognitiva, porque visa à condenação de alguém, geralmente de uma empresa, ao cumprimento de obrigação de dar, fazer ou não fazer reconhecida em acórdão normativo, acordo ou convenção coletiva de trabalho. Está legitimado a exercê-la o ente sindical profissional na qualidade de substituto processual, que postula em nome próprio direito alheio. Essa legitimação autônoma ou extraordinária é extensiva a todos os membros da categoria do ente sindical autor, sindicalizados ou não, à exegese das disposições contidas no inciso III do art. 8º da Lei Maior combinadas com o disposto no art. 6º do CPC. Quando exercida pelo ente sindical profissional, não é obrigatória a indicação, na petição inicial, da relação dos substituídos, os quais podem ser individualizados e identificados na fase de liquidação da sentença, se favorável. Assim, a ausência da individualização dos substituídos não leva à ineptidão da petição inicial. (TRT 23ª R. — RO 00911.2008.003.23.00-6 — Rel. Des. Edson Bueno — J. 16.12.2008)
(447) Art. 876. As decisões passadas em julgado ou das quais não tenha havido recurso com efeito suspensivo; os acordos, quando não cumpridos; os termos de ajuste de conduta firmados perante o Ministério Público do Trabalho e os termos de conciliação firmados perante as Comissões de Conciliação Prévia serão executados pela forma estabelecida neste Capítulo.
(448) MARTINS, Sergio Pinto. *Direito processual do trabalho,* cit., p. 679.

executá-la. O fato de o dissídio coletivo ter sido julgado pelo TST não importa que a competência seja desse órgão para conhecer e julgar a ação de cumprimento".

Não obstante, na ação de cumprimento promovida pelo sindicato da categoria profissional ou mesmo pelo Ministério Público do Trabalho, a ação de cumprimento transforma-se em ação coletiva, na defesa geralmente de direitos ou interesses individuais homogêneos, de origem comum, consoante art. 81, parágrafo único, inciso III, arts. 91 e 104 da Lei n. 8.078/1990 (CDC). Mesmo nas lides coletivas, remanesce a competência da Vara do Trabalho para processar e julgar as ações de cumprimento, pois nesse caso a competência originária não é atribuída aos Tribunais do Trabalho, bem como não é caso de se utilizar o poder normativo constitucional (art. 114, § 2º, CF/1988), este sim de atribuição exclusiva dos Tribunais, já que não foi estendido ao juiz monocrático de primeiro grau.

7.4. Objeto da ação de cumprimento

Como visto na maioria dos casos de ação de cumprimento, os pedidos consistem na reparação de danos causados aos direitos individuais homogêneos, bem como nas obrigações de fazer e não fazer no que respeita a direitos difusos e coletivos.

Podemos também encontrar ações de cumprimento tendo por objeto pedidos de cominação de multas, *astreintes*, coações de caráter econômico, e ainda o de suportar o desenvolvimento de alguma atividade pelo sindicato.

Cabe ainda a condenação pelos danos genericamente causados aos direitos metaindividuais, quando se torna impossível a reparação do dano mediante o retorno ao *status quo ante*. Nesse caso, diante da impossibilidade do cumprimento da obrigação, converte-se esta numa compensação pecuniária. Tem sido comum nos últimos tempos a condenação por dano moral coletivo (CF, art. 5º, incisos V e X)[449].

Sergio Pinto Martins informa que se pode pretender na ação de cumprimento o recolhimento de desconto assistencial[450] previsto em sentença normativa, pois

---

(449) MELO, Raimundo Simão de. *Processo coletivo do trabalho*, cit., p. 188.
(450) RECURSO DE REVISTA — COMPETÊNCIA DA JUSTIÇA DO TRABALHO — AÇÃO DE CUMPRIMENTO — CONTRIBUIÇÃO SINDICAL PATRONAL — Com a promulgação da Emenda Constitucional n. 45, em 8.12.2004, publicada em 31.12.2004, ampliou-se expressivamente a competência material da Justiça do Trabalho, a alcançar, também, consoante norma inserida no inciso III do art. 114 da Constituição da República, os conflitos entre os sindicatos, entre estes e empresários ou empregadores e entre sindicatos e trabalhadores. A Justiça do Trabalho é competente, pois, para apreciar a presente demanda ajuizada por sindicato patronal contra empresa por ele representada, objetivando o recebimento de contribuição assistencial prevista em norma coletiva. Nessa medida, a Orientação Jurisprudencial n. 290 da SID-I/TST se encontra superada pela nova redação do art. 114 da Constituição da República. Recurso de revista de que se conhece e a que se dá provimento. (TST — RR 804.986/2001.1 — 5ª T. — Relª Juíza Conv. Rosa Maria Weber Candiota da Rosa — DJU 20.5.2005) JCF.114 JCF.114.III

se está executando o cumprimento de uma decisão da Justiça do Trabalho. O STF entende que a Lei n. 8.894 é a norma de que trata o inciso IX do art. 114 da Constituição, prevendo outras controvérsias decorrentes da relação de trabalho. Dessa forma, é possível ao sindicato ingressar com ação em face do empregador, postulando o recolhimento de contribuição assistencial, prevista em dissídio coletivo, acordo ou convenção coletiva, sendo a Justiça do Trabalho competente para apreciar o caso.

7.5. COISA JULGADA

7.5.1. COISA JULGADA ERGA OMNES

A sentença proferida em sede de ação de cumprimento abrange todos os trabalhadores, que detêm legitimidade para postular a satisfação de seus direitos estabelecidos no instrumento coletivo, sejam todos os membros da mesma categoria, consoante art. 8º, III, da Constituição Federal, representados pelo sindicato profissional, ou os empregados de um ou mais empregadores, de forma isolada, individualmente, ou em ações plúrimas.

Por autorização expressa do art. 769 da CLT, o Direito Processual do Trabalho, nas ações de conhecimento, como no presente caso, se socorre no art. 103, III, da Lei n. 8.078/1990, de forma que a sentença produzida nesse instrumento processual tem eficácia *erga omnes*, abrangendo todos os trabalhadores que, porventura, possuam direitos ou interesses de origem comum.

7.5.2. COISA JULGADA SECUNDUM EVENTUM LITIS

Ronaldo Lima dos Santos[451] sustenta que na substituição processual[452], embora a parte formal (da relação jurídica processual) seja distinta da titularidade do

---

(451) SANTOS, Ronaldo Lima dos. *Op. cit.*, p. 335.
(452) Entende-se por substituição processual a titularidade ativa de um ente coletivo, geralmente o sindicato da categoria profissional, em ações coletivas ou mesmo individuais (defendendo um único trabalhador), em nome próprio, postulando em juízo direitos ou interesses de outrem, em contradição ao que estabelece o art. 6º, do Código de Processo Civil, nos casos expressamente estabelecidos em lei. Além de amplamente reconhecida no ordenamento jurídico brasileiro, pelo CDC (Lei n. 8.078/1990) e LACP (Lei n. 7.347/1985), a Lei n. 8.073/1990, em seu art. 3º, estabelece: "Art. 3º As entidades sindicais poderão atuar como substitutos processuais dos integrantes da categoria". Mas existe uma diferença substancial na substituição processual no processo civil e no processo trabalhista. No primeiro, ela se justifica em face da existência de comunhão de direitos e conexão de interesses entre substituto e substituído, envolvendo lides individuais, quando muito em litisconsórcio; enquanto no Direito Processual do Trabalho a substituição processual opera pela necessidade na defesa conjunta dos novos direitos difusos, coletivos e individuais homogêneos em favor da coletividade de trabalhadores envolvidos. Como o CPC de 1973 foi construído em um momento histórico em que prevalecia o direito individual, ele não possui a dignidade para pacificar lides das quais

interesse material invocado em juízo, uma vez que, na primeira, figura o sindicato e, na segunda, o substituído, o qual estará abrangido pela coisa julgada material, a simples coincidência formal do pedido e da causa de pedir basta para a caracterização da coisa julgada também em relação ao substituído, posto que este é o titular da relação jurídica material.

Informa esse autor que a ausência de identidade processual entre as partes é suprida pelo caráter material do direito, de sorte que eventual propositura de ação individual pelo substituído com base no mesmo objeto e causa de pedir de uma ação de cumprimento já julgada encontra óbice na coisa julgada (art. 5º, XXXVI, da Constituição Federal de 1988). Dessa forma, embora não constitua parte formal do processo, o trabalhador figura como parte material, sendo abrangido pelos efeitos da coisa julgada, favorável ou não, formada na ação de cumprimento[453].

Considerando que a ação de cumprimento configura-se em instrumento para a defesa de interesses individuais homogêneos, espécie do gênero ação coletiva, a ela se aplicam os preceitos da coisa julgada *secundum eventum litis*[454], estipulados no Código de Defesa do Consumidor. Por essa qualidade, a sentença proferida na ação de cumprimento, em caso de improcedência do pedido, permitirá que os legitimados que não tiverem intervindo no processo ajuízem ação individual, consoante dispõe o art. 103[455], § 2º, do CDC (Lei n. 8.078/1990).

Marcus Orione Gonçalves Correia[456] alega que as lides que envolvem substituição processual sindical, por seu caráter coletivo, devem ser tratadas a partir do referencial homogeneidade, com o transporte da experiência normativa da coisa julgada do Código de Defesa do Consumidor.

---

não tratou, que advieram pelos novos instrumentos materiais insculpidos na CF/1988 (arts. 127 a 129) e no desenvolvimento do microssistema jurídico de tutela coletiva, que cuida das ações de massa.

(453) SANTOS, Ronaldo Lima dos. *Op. cit.,* p. 335.

(454) INTERESSES INDIVIDUAIS HOMOGÊNEOS — AÇÃO COLETIVA E AÇÃO INDIVIDUAL EM CURSO — NÃO OCORRÊNCIA DE COISA JULGADA — Para a solução dos conflitos entre os regimes jurídicos da coisa julgada nos processos individual e coletivo, dispõem os arts. 16 da Lei n. 7.347/1985 e 103 do CDC que a coisa julgada na ação civil pública dá-se *secundum eventum litis*, ou seja, conforme o resultado da lide, e *erga omnes* ou *ultra partes* no caso dos interesses individuais homogêneos, alcançando os substituídos somente quando procedentes as ações coletivas. Todavia, para os efeitos da coisa julgada da sentença proferida na ação coletiva, é necessário que o autor de ação individual requeira a suspensão do processo no prazo de 30 dias, a contar da ciência nos autos do ajuizamento da ação coletiva, nos termos do disposto no art. 104 do CDC. Não requerida a suspensão, não há coisa julgada. (TRT 19ª R. — RO 01260.2006.055.19.00-0 — Rel. Des. Pedro Inácio — DJe 23.7.2009 — p. 13)

(455) Art. 103. Nas ações coletivas de que trata este Código, a sentença fará coisa julgada: III — *erga omnes*, apenas no caso de procedência do pedido, para beneficiar todas as vítimas e seus sucessores, na hipótese do inciso III, do parágrafo único, do art. 81, § 2º. Na hipótese prevista no inciso III, em caso de improcedência do pedido, os interessados que não tiverem intervindo no processo como litisconsortes poderão propor ação de indenização a título individual.

(456) CORREIA, Marcus Orione Gonçalves. *As ações coletivas e o direito do trabalho.* São Paulo: Saraiva, 1994. p. 114.

Para Luciana Nacur Lorentz[457], outro aspecto que merece explicação minudente é a sistemática do Código de Defesa do Consumidor, de produção da coisa julgada *secundum eventum litis*, ou segundo o resultado do processo, e não mais *res iudicata inter partes* como era no sistema anterior do CPC e na doutrina clássica. No Brasil, o nosso sistema é diverso do sistema da *adequacy of representation* americano, porque não é o juiz que faz o controle, caso a caso, de quem está legitimado para ajuizar a ação coletiva; no nosso sistema, os legitimados já estão, previamente, previstos nas regras jurídicas, art. 82 da Lei n. 8.078, de 1990, e, além disso, nossa coisa julgada *erga omnes* e *ultra partes* é também *secundum eventum litis*; no caso de insuficiência de provas, a coisa julgada é produzida segundo o resultado final do processo, variando no caso de a ação coletiva ter seu pedido julgado procedente, ou improcedente, e também variando o seu resultado final de acordo com o motivo do julgamento de improcedência do pedido. Isso porque, se o pedido for julgado improcedente por falta de provas, o resultado do processo será um, mas, se for julgado improcedente por quaisquer outros motivos, o resultado do processo será outro.

Ada Pellegrini Grinover[458] informa a existência de críticas a esse modelo por acarretar um ônus excessivo ao réu. Contrapõe-se às críticas, alegando que o réu participou do processo e teve direito de defesa. Em segundo lugar, mesmo no caso de procedência do pedido da ação coletiva, que irá beneficiar as ações individuais, há tão somente uma obrigação genérica de indenizar, mas esta será liquidada e executada em relação a cada liquidante individualmente considerado. Advirá, dessa forma, um novo processo de conhecimento em face do réu, para fixação dos valores individuais, permanecendo em plena eficácia o contraditório.

Essa autora[459] aduz ainda que, em relação à questão da coisa julgada *secundum eventum litis,* ou segundo o resultado do processo, enseja a possibilidade de produção de coisas julgadas contraditórias, pois, em caso de desprovimento do pedido (não por falta de provas, mas por outros motivos), a demanda somente fará coisa julgada entre os legitimados coletivos do art. 82 do CDC; a demanda só não poderá ser repetida, em âmbito coletivo, mas pode ser em âmbito individual (em tal aspecto, para esses legitimados individuais o resultado seria apenas *inter partes*). Destarte, o possível conflito seria resolvido pela simples aplicação do art. 104 da Lei n. 8.078/1990, e a coisa julgada prolatada *secundum eventum litis* só pode beneficiar os autores das ações individuais que requereram a suspensão de suas ações no prazo de 30 dias da ciência da existência da ação coletiva (semelhante ao sistema americano da *class action*, ou do sistema *opt in* e *opt out*).

---

(457) LORENTZ, Luciana Nacur. A coisa julgada coletiva: *ultra partes, erga omnes, e secundum eventum litis*. *Revista do Curso de Direito da Faculdade de Ciências Humanas FUMEC*, São Paulo, v. 6, p. 29, 2003.
(458) GRINOVER, Ada Pellegrini *et al. Código brasileiro de defesa do consumidor*, cit., p. 129.
(459) *Id., loc. cit.*

Daí, decorre também a chamada coisa julgada *in utilibus*, a indicar que na coisa julgada da ação coletiva, se o pedido for julgado procedente, beneficiará, de imediato, todas as ações individuais, de forma a permitir aos autores de tais ações individuais, querendo apenas a promoção da liquidação dos valores que lhe são devidos, em processo de liquidação, estabelecendo o contraditório com o réu e, após, executar esses valores, tendo por base o título da sentença coletiva.

7.5.3. COISA JULGADA REBUS SIC STANTIBUS

A Súmula n. 259 do colendo Tribunal Superior do Trabalho permite a dispensa do trânsito em julgado da sentença normativa para a propositura da ação de cumprimento, de forma que os trabalhadores possam perseguir seus direitos eventualmente violados.

A Lei n. 4.725/1965[460], em seu § 3º, do art. 6º, prescreve que "o provimento do recurso não importará na restituição dos salários ou vantagens pagos, em execução do julgado". Essa lei trata do procedimento do dissídio coletivo e da assistência gratuita aos trabalhadores. Infere-se, portanto, que se as partes ajuizaram a peça inaugural de dissídio coletivo, não lograram êxito no processo normal de negociação coletiva de trabalho, cujos desdobramentos são os instrumentos normativos — acordo, convenção coletiva ou contrato coletivo (portuários, Lei n. 8.630/1993), a arbitragem e a greve.

Portanto, prolatada a sentença normativa pacificando o conflito coletivo, a decisão deve ser imediatamente cumprida, não sendo permitida a devolução do que foi pago aos trabalhadores, caso haja reforma da decisão normativa, por meio de recurso ordinário ao colendo Tribunal Superior do Trabalho.

Dessa forma, prolatada a sentença de conhecimento na ação de cumprimento, o autor, ou autores, poderá, de imediato, dar prosseguimento à execução provisória do julgado, por sua conta e risco. Essa execução provisória se transmudará em execução definitiva, tão logo ocorra seu trânsito em julgado, curso normal de todas e quaisquer decisões judiciais.

Não obstante, em face de entendimentos doutrinários e jurisprudenciais diversos, no que respeita à natureza da coisa julgada da sentença normativa, vários

---

(460) Art. 6º Os recursos das decisões proferidas nos dissídios coletivos terão efeito meramente devolutivo.
§ 1º O Presidente do Tribunal Superior poderá dar efeito suspensivo ao recurso, a requerimento do recorrente em petição fundamentada. Do despacho caberá agravo para o Pleno, no prazo de 5 (cinco) dias, de conformidade com o disposto no Regimento Interno do Tribunal. (Redação dada ao parágrafo pela Lei n. 4.903, de 16.12.1965)
§ 2º O Tribunal *ad quem* deverá julgar o recurso no prazo de 60 (sessenta) dias, improrrogavelmente.
§ 3º O provimento do recurso não importará na restituição dos salários ou vantagens pagos, em execução do julgado.

problemas poderão advir, mesmo após o trânsito em julgado da ação de cumprimento.

Hipótese semelhante pode ocorrer em sede de um acordo judicial, que culminou com a extinção da Ação Civil Pública, com julgamento do mérito, com fulcro no art. 269, III, do Código de Processo Civil, afastando do mundo jurídico e das próximas convenções ou acordos coletivos da categoria uma cláusula que atritava com lei federal, mais especificamente o art. 6º[461] da Lei n. 10.101/2000.

O problema se afigura em relação aos processos de execução em sede de Ação de Cumprimento em curso e aqueles que já foram liquidados, com o recebimento dos valores pelos trabalhadores da categoria profissional, que tiveram como sustentáculo justamente a cláusula de convenção ou acordo coletivo eivado de irregulares, agora retirada do mundo jurídico.

Quais os efeitos, portanto, desse acordo judicial decorrente de ação civil pública, não apenas nas ações de cumprimento já liquidadas, com o recebimento do *quantum debeatur*, como aquelas ainda em curso nas Varas do Trabalho?

Sabe-se que, proferida a sentença na ação de cumprimento, cabe ao autor, geralmente o Sindicato, iniciar a execução provisória do julgado, por sua conta e risco. Com o trânsito em julgado dessa sentença, prossegue-se com a execução definitiva do julgado, como é a regra geral a ser aplicada em relação a qualquer decisão judicial.

Raimundo Simão de Melo[462] aduz que problemas surgem, no entanto, quando, mesmo transitada em julgado uma sentença em ação de cumprimento, a decisão normativa embasadora do pedido: a) pende de confirmação mediante recurso para o TST; b) transita em julgado com conteúdo improcedente em relação aos pleitos objeto da ação de cumprimento; c) decreta a extinção do processo de dissídio coletivo, sem apreciação do mérito.

Observe-se que a matéria discutida neste tópico, ou seja, o acordo judicial entre o Ministério Público do Trabalho e os sindicatos, em ação civil pública movida pelo primeiro em face dos sindicatos obreiro e patronal, a qual culminou com a aceitação pelos sindicatos da obrigação de não fazer pleiteada pelo Ministério Público do Trabalho (não incluir nas próximas convenções ou acordos coletivos de trabalho cláusula que proíba a abertura do comércio aos domingos), enquadra-se perfeitamente nos três exemplos retrorreferidos, por analogia, pois as multas aplicadas aos empregadores que abriram suas portas aos domingos foi justamente o objeto da ação de cumprimento.

---

(461) Art. 6º Fica autorizado o trabalho aos domingos nas atividades do comércio em geral, observada a legislação municipal, nos termos do inciso I do *caput* do art. 30 da Constituição Federal. (Redação dada ao *caput* pela Lei n. 11.603, de 5.12.2007, DOU 6.12.2007)
(462) MELO, Raimundo Simão de. *Processo coletivo do trabalho*, cit., p. 215.

Não obstante, o problema não é de tão fácil entendimento, pois a questão tem gerado muita cizânia doutrinária e jurisprudencial.

Com efeito, temos duas correntes divergentes. Uma primeira que se posiciona no sentido de que, transitada em julgado a sentença normativa, ou retirada a cláusula do acordo ou convenção coletiva por meio de acordo judicial, ou ação anulatória, de forma contrária ao que decidido na sentença da ação de cumprimento, esta perde automaticamente o seu efeito, porque a execução da sentença na ação de cumprimento é sempre provisória, sujeita à condição não resolutiva superveniente, enquanto pendente recurso em face de sentença proferida no dissídio coletivo, ação civil pública ou ação coletiva.

Os que assim se posicionam apresentam por fundamentos a Súmula n. 397 e a Orientação Jurisprudencial n. 277, da SDI I, do colendo Tribunal Superior do Trabalho, *in verbis*:

"N. 397 — AÇÃO RESCISÓRIA. ART. 485, IV, DO CPC. AÇÃO DE CUMPRIMENTO. OFENSA À COISA JULGADA EMANADA DE SENTENÇA NORMATIVA MODIFICADA EM GRAU DE RECURSO. INVIABILIDADE. CABIMENTO DE MANDADO DE SEGURANÇA." (conversão da Orientação Jurisprudencial n. 116 da SDI-II).

"Não procede a ação rescisória calcada em ofensa à coisa julgada perpetrada por decisão proferida em ação de cumprimento, em face de a sentença normativa, na qual se louvava, ter sido modificada em grau de recurso, porque em dissídio coletivo somente se consubstancia coisa julgada formal. Assim, os meios processuais aptos a atacarem a execução da cláusula reformada são a exceção de pré-executividade e o mandado de segurança, no caso de descumprimento do art. 572 do CPC (ex-OJ n. 116 — DJ 11.8.2003)."

Já a Orientação Jurisprudencial n. 277 da SDI I do TST, assim enuncia:

"OJ n. 277. Ação de Cumprimento Fundada em Decisão Normativa que Sofreu Posterior Reforma, Quando já Transitada em Julgado a Sentença Condenatória. Coisa Julgada. Não Configuração. A coisa julgada produzida na ação de cumprimento é atípica, pois dependente de condição resolutiva, ou seja, da não modificação da decisão normativa por eventual recurso. Assim, modificada a sentença normativa pelo TST, com a consequente extinção do processo, sem julgamento do mérito, deve-se extinguir a execução em andamento, uma vez que a norma sobre a qual se apoiava o título exequendo deixou de existir no mundo jurídico."

Francisco Ferreira Jorge Neto e Jouberto de Quadros Pessoa Cavalcante[463] assim se manifestam: o maior problema surge quando a decisão da ação de cumprimento transita em julgado antes do julgamento final do recurso do dissídio coletivo de trabalho. Nesse caso, a doutrina e a jurisprudência se dividem. Para

---

(463) JORGE NETO, Francisco Ferreira; CAVALCANTE, Jouberto de Quadros Pessoa. *Op. cit.*, p. 1559.

alguns, a ação de cumprimento deverá ser extinta, por entender que esta era provisória e sua execução definitiva estava sujeita a uma condição resolutiva.

Estêvão Mallet[464], por sua vez, aduz que "basta considerar a hipótese de, após o acolhimento da decisão definitiva, do pedido deduzido na ação de cumprimento, verificar-se a reforma ou a anulação da sentença normativa, com exclusão da vantagem cujo cumprimento se determinou. Em outros termos, qual o destino da condenação passada em julgado, proferida na ação de cumprimento, quando desaparece o seu fundamento?".

Segundo esse doutrinador[465], a dificuldade soluciona-se tendo em conta a ideia de condenação sujeita à condição resolutiva[466]. Quando se permite ajuizamento de pedido condenatório antes de definida a exigibilidade do direito, nos termos do art. 572 do CPC — tal como ocorre no caso da ação de cumprimento de sentença normativa, diga-se de passagem —, a condenação que eventualmente se venha a proferir contém, ainda que apenas implicitamente, cláusula de revisibilidade, porque assenta "sobre determinado condicionalismo susceptível de oscilação". Se, mais adiante, se revelar inexigível o direito, a condenação fica, em consequência, prejudicada, sujeitando-se a revisão, amparada, inclusive, pela regra do art. 471, inciso I, do CPC.

E ainda de forma conclusiva, assim se manifesta o mencionado autor: "em síntese, se a reforma da sentença normativa ocorre antes do trânsito em julgado da condenação proferida na ação de cumprimento ou a alegação é deduzida desde logo no processo — o que se pode fazer amplamente, mesmo na pendência de recurso de natureza extraordinária, como visto — ou fica essa alegação coberta pelo efeito preclusivo da coisa julgada, de modo que não terá mais como ser invocada para elidir a condenação. Do contrário, haveria ofensa ao texto do art. 5º, inciso XXXVI, da Constituição"[467].

Este é, aliás, o entendimento de outra corrente doutrinária e jurisprudencial que se posiciona pelo respeito ao instituto da coisa julgada[468], já que este é fundamento do Estado Democrático de Direito e do princípio de segurança nas relações jurídicas.

Para essa corrente, a decisão definitiva na ação de cumprimento somente não será executada no caso de, anteriormente:

---

(464) MALLET, Estêvão. *Prática de direito do trabalho*. São Paulo: LTr, 2008. p. 167.
(465) *Id., loc. cit.*
(466) *Idem*. Observações sobre a ação de cumprimento. In: MALLET, Estêvão. *Apontamentos de direito processual do trabalho*. São Paulo: LTr, 1997. p. 114.
(467) *Id. Prática de direito do trabalho*, cit., p. 173.
(468) Art. 5º da CF/1988, inciso XXXVI — a lei não prejudicará o direito adquirido, o ato jurídico perfeito e a coisa julgada.

- Transitar em julgado a decisão do dissídio coletivo, fulminando com a improcedência o objeto da ação de cumprimento;

- Houver a extinção do processo sem julgamento do mérito;

- Ocorrer acordo judicial[469] em sede de ação civil pública, com aceitação da obrigação de não fazer pelos réus, como a não inclusão de cláusula de proibição da abertura do comércio aos domingos em futuros ACT ou ACT, que suscitou ação de cumprimento para cobrança de multas, ou

- Em caso de procedência da ação anulatória de cláusula ou acordo coletivo movida pelo Ministério Público do Trabalho, objeto da própria demanda de cumprimento.

Note-se que, para essa corrente, o trânsito em julgado anterior da ação de cumprimento, sua execução e recebimento dos valores pleiteados, mesmo com a superveniência de decisão ou acordo afastando a cláusula indigitada posteriormente, não suscitará quaisquer devoluções de valores já pagos pelos empregadores ao sindicato, e eventualmente já creditados aos trabalhadores.

Algumas ementas dos Tribunais do Trabalho seguem esse entendimento. Vejamos:

"DIFERENÇAS SALARIAIS — AÇÃO DE CUMPRIMENTO — DISSÍDIO COLETIVO EXTINTO SEM RESOLUÇÃO DO MÉRITO — COISA JULGADA — Modificada a sentença normativa pelo TST, com a consequente extinção do processo, sem julgamento do mérito, não subsiste o suporte jurídico para a manutenção da condenação da Reclamada ao pagamento das diferenças salariais deferidas com base na norma coletiva. Recurso de Revista conhecido e provido. FUNDAÇÃO PÚBLICA — DIFERENÇAS SALARIAIS — REAJUSTE — PREVISÃO — NORMA COLETIVA — APLICABILIDADE — Resta prejudicado o Recurso de Revista, no particular, ante o provimento do principal." (TST — RR 80645/2003-900-04-00 — Rel. Min. José Simpliciano Fontes de F. Fernandes — DJe 8.5.2009 — p. 529).

"ADMINISTRATIVO — FERROVIÁRIOS INATIVOS DA RFFSA — PRETENSÃO DE PAGAMENTO DE COMPLEMENTAÇÃO DE APOSENTADORIA COM OBSERVÂNCIA DO REAJUSTE DE 26,06%, DEFERIDO AOS OBREIROS EM ACORDO COLETIVO — POSTERIOR AJUIZAMENTO DE AÇÃO DE CUMPRIMENTO PARA OBSERVÂNCIA DO PAGAMENTO DOS REAJUSTES ACORDADOS — EXTINÇÃO DESSE FEITO MEDIANTE TRANSAÇÃO, QUE

---

(469) É cediço que, em havendo acordo judicial na audiência, objeto de transação entre as partes, o trânsito em julgado ocorre no momento de sua homologação pelo magistrado. De acordo com a Súmula n. 100 do TST: "V — O acordo homologado judicialmente tem força de decisão irrecorrível, na forma do art. 831 da CLT. Assim sendo, o termo conciliatório transita em julgado na data da sua homologação judicial". O art. 831 da CLT assim dispõe: (...) Parágrafo único. No caso de conciliação, o termo que for lavrado valerá como decisão irrecorrível, salvo para a Previdência Social quanto às contribuições que lhe forem devidas.

SUBSTITUIU O REAJUSTE POR VERBAS INDENIZATÓRIAS — FATO EXTINTIVO DO DIREITO DO AUTOR — IMPROCEDÊNCIA DO PEDIDO — 1 — Os acordos coletivos firmados por sindicatos patronais e obreiros possuem força normativa, obrigando as partes à sua observância com relação a todos os membros da categoria. 2 — A pretensão de extensão, a inativos, de reajuste deferido em acordo coletivo, configura hipótese substancialmente diversa da pretensão de extensão de acordos trabalhistas a obreiros que não participaram da relação processual nos quais foram firmados, eis que o acordo coletivo e a ação intentada na Justiça do Trabalho para garantir o seu cumprimento são processos de natureza especialíssima, cujas decisões possuem força normativa apta a obrigar os sindicatos patronais e obreiros ao seu cumprimento, estendendo-se a todos os empregados da categoria. 3 — Acordo coletivo, na espécie, tornado sem efeito por força de transação judicialmente homologada em ação de cumprimento, com substituição do direito ao reajuste vindicado por indenizações diretamente pagas pelo sindicato dos obreiros aos inativos. 4 — Fato extintivo do direito, não combatido pelo autor, que se tornou incontroverso. 5 — De toda forma, a Lei n. 8.186/1991, que estabelece, no parágrafo único de seu art. 2º, que o reajustamento do valor da aposentadoria complementada obedecerá aos mesmos prazos e condições em que for reajustada a remuneração do ferroviário em atividade, de forma a assegurar a permanente igualdade entre eles, não poderia ser aplicada retroativamente, atingindo período anterior à promulgação da Constituição Federal de 1988, de forma a possibilitar aumentos dos proventos e pensões complementadas na forma de acordo coletivo firmado em 1987. 6 — Apelação desprovida." (TRF 1ª R. — AC 2008.33.00.006329-0/BA — 1ª T. — Rel. Des. Fed. José Amilcar Machado — DJe 19.5.2009 — p. 122).

"AÇÃO DE CUMPRIMENTO — EXECUÇÃO — SENTENÇA NORMATIVA PENDENTE DE RECURSO — 'COISA JULGADA ATÍPICA' — Modificada a sentença normativa, em face do reconhecimento, pelo TST, da incompetência funcional do TRT da 2ª Região que a proferiu, com consequente extinção do processo sem julgamento de mérito, resulta que a execução em andamento, com base no título exequendo que foi excluído do mundo jurídico, deve ser de imediato extinta, por já não mais existir o suporte jurídico de sua exigibilidade. Realmente, a execução estava assentada em coisa julgada atípica, na medida em que a sentença normativa subordinava-se à condição resolutiva, que, uma vez concretizada, desconstituiu o título exequendo que até então representava. Logo, o V. acórdão do Regional, ao proclamar que a r. sentença proferida na fase cognitiva da ação de cumprimento não poderia ser alcançada pelo V. acórdão que julgou extinto o dissídio coletivo, com consequente desaparecimento da sentença normativa que embasava a execução, revela-se equivocada e, mais do que isso, agressiva ao art. 5º, II e XXXVI, da Constituição Federal. Recurso de embargos provido, para extinguir a execução." (TST — ERR 405753 — SBDI 1 — Rel. Min. Milton de Moura França — DJU 9.11.2001).

"AÇÃO RESCISÓRIA — AÇÃO DE CUMPRIMENTO — EXECUÇÃO — DIFERENÇAS SALARIAIS DECORRENTES DE SENTENÇA NORMATIVA PROFERIDA POR TRT — DISSÍDIO COLETIVO JULGADO EXTINTO PELO TST —

OFENSA À COISA JULGADA — A coisa julgada produzida na ação de cumprimento é atípica. Depende de condição resolutiva, ou seja, da não modificação da decisão normativa por eventual recurso. Assim, a modificação da sentença normativa em grau de recurso repercute diretamente na coisa julgada e, consequentemente, na execução promovida na ação de cumprimento, que é extinta se forem indeferidas por este Tribunal as vantagens objeto do título exequendo. Uma vez que a coisa julgada na ação de cumprimento é relativa no tempo em função da condição resolutiva, a executada deverá buscar alento no próprio processo de execução e não na ação rescisória. 2. DOCUMENTO NOVO — O TST já firmou na Orientação Jurisprudencial n. 20 da SBDI-2 entendimento segundo a qual não é documento novo apto a viabilizar a desconstituição de julgado decisão do TST que julga extinto o processo nos autos do dissídio coletivo em que foi proferida a sentença normativa que amparou o pleito deferido no processo de cognição. Recurso Ordinário a que se nega provimento." (TST — ROAR 400.369/97.3 — SBDI-2 — Rel. Min. Ronaldo Leal — J. 13.11.2001).

Francisco Ferreira Jorge Neto e Jouberto de Quadros Pessoa Cavalcante[470] sustentam que o Tribunal Superior do Trabalho vem admitindo mandado de segurança e exceção de pré-executividade para extinguir execução fundada em sentença proferida em ação de cumprimento, quando excluída da sentença normativa a cláusula que lhe serviu de sustentáculo. Isso porque a sentença normativa depende da exaustão do processo coletivo (art. 572[471], CPC) e a sentença da ação de cumprimento perde sua eficácia executória com a reforma da sentença normativa em instância recursal.

Raimundo Simão de Melo[472] comunga com essa última corrente, pelas razões que norteiam a excepcionalidade do Poder Normativo da Justiça do Trabalho, e aduz que somente por meio de ação rescisória, cumulada com eventual medida cautelar, seria possível estancar os efeitos da decisão transitada em julgado numa ação de cumprimento, em respeito ao comando constitucional do art. 5º, inciso XXXVI.

Aduz ainda esse doutrinador[473] que a Lei n. 7.701/1998 (art. 2º, inciso I, letra c), ao estabelecer que compete à seção especializada em dissídios coletivos,

---

(470) JORGE NETO, Francisco Ferreira; CAVALCANTE, Jouberto de Quadros Pessoa. *Op. cit.*, p. 1661.
(471) Art. 572. Quando o juiz decidir relação jurídica sujeita à condição ou termo, o credor não poderá executar a sentença sem provar que se realizou a condição ou que ocorreu o termo.
(472) MELO, Raimundo Simão de. *Processo coletivo do trabalho*, cit., p. 216.
(473) *Ibidem*, p. 217. Para esse autor, não se pode confundir a possibilidade da ação revisional do art. 873 da CLT, que é uma característica do dissídio coletivo, para situações específicas, com o corte rescisório, quando presentes os requisitos do art. 485 do CPC. Não se aplicam na espécie os comandos do Código Civil (art. 125) e do CPC (art. 572), porque direcionados à jurisdição comum, em que o juiz aplica o direito existente. No dissídio coletivo, ao contrário, o juiz cria o direito para resolver rapidamente e com efetividade um conflito coletivo de trabalho, devendo a decisão normativa, como assegura a Lei n. 4.725/1965 (art. 6º, § 3º), ser cumprida imediatamente, pena de não cumprir a sua função social pacificadora.

ou seção normativa, originariamente (...) c) julgar as ações rescisórias propostas contra suas sentenças normativas leva à conclusão de que a sentença normativa produz coisa julgada material e não apenas formal, já que a primeira (coisa julgada material) é pressuposto da Ação Rescisória. O art. 872[(474)] da CLT, que veda discussão na ação de cumprimento a respeito de matérias de fato e de direito já decididas na sentença normativa, também viria corroborar essa posição.

Manoel Antonio Teixeira Filho afigura-se também afiliado a essa segunda corrente ao aduzir que:

> "Se a coisa julgada produzida pelo acórdão emitido pelo Tribunal Superior do Trabalho, no julgamento do recurso ordinário interposto da decisão normativa, for posterior à coisa julgada gerada pela sentença proferida na ação de cumprimento, a prevalência será desta última. Por isso, a execução, sendo definitiva, deve ter curso, a despeito da eliminação da cláusula normativa que dá conteúdo material à sentença exequenda. Cuida-se de situação invulgar, e algo anômala, determinada pelo fato de a coisa julgada alusiva à ação de cumprimento formar-se antes da que foi produzida no dissídio coletivo. Trata-se, portanto, de uma das raras situações em que o efeito sobrevive à causa."

Raimundo Simão de Melo, dessa forma, entende que, "se o TST vier a excluir a cláusula que constitui o objeto da execução da sentença proferida na ação de cumprimento, duas soluções apresentam-se viáveis:

a) Caso não tenha ainda transitado em julgado a sentença na ação de cumprimento, a execução em andamento, que é provisória, extingue-se;

b) Porém, se a sentença na ação de cumprimento já transitou em julgado, deve esta ser cumprida em respeito ao instituto da coisa julgada, protegida pela CF (art. 5º, inciso XXXVI), podendo o interessado valer-se do instrumento da ação rescisória para desconstituí-la e, se for o caso, de uma medida cautelar para suspender a execução definitiva".

No entanto, o mesmo TST não tem admitido ação rescisória, por violação da coisa julgada, da sentença de ação de cumprimento, com a alteração da sentença

---

(474) Art. 872. Celebrado o acordo, ou transitada em julgado a decisão, seguir-se-á o seu cumprimento, sob as penas estabelecidas neste Título.
Parágrafo único. Quando os empregadores deixarem de satisfazer o pagamento de salários, na conformidade da decisão proferida, poderão os empregados ou seus sindicatos, independentes de outorga de poderes de seus associados, juntando certidão de tal decisão, apresentar reclamação à Junta ou Juízo competente, observado o processo previsto no Capítulo II deste Título, sendo vedado, porém, questionar sobre a matéria de fato e de direito já apreciada na decisão.

normativa em instância superior, com base na Súmula n. 397 do TST, uma vez que seu entendimento é de que o dissídio coletivo somente produz coisa julgada formal e não material.

Contudo, para Antonio Gidi[475], "rigorosamente, a coisa julgada nas ações coletivas no Direito brasileiro não é *secundum eventum litis*. Seria assim se ela se formasse nos casos de procedência do pedido e não nos de improcedência. (...) a coisa julgada sempre se formará, independentemente de o resultado da demanda ser pela procedência ou pela improcedência. A coisa julgada nas ações coletivas se forma *pro et contra*".

Conclui esse autor: "o que diferirá com o evento da lide não é a formação ou não da coisa julgada, mas o rol de pessoas por ela atingidas. Enfim, o que é *secundum eventum litis* não é a formação da coisa julgada, mas a extensão *erga omnes* ou *ultra partes* à esfera jurídica individual de terceiros prejudicados pela conduta considerada ilícita na ação coletiva".

Com base nesse raciocínio, e levando-se em consideração a legitimação por substituição processual (dos sindicatos), já que a legitimação do Ministério Público é autônoma e constitucional, pois está sempre a defender interesse da sociedade, seja como parte/autor ou como órgão interveniente, a extensão da imutabilidade da coisa julgada *secundum eventus litis* não será aplicada para o substituído no caso de improcedência. Vale dizer, nos casos de improcedência da ação coletiva, não ocorrerá a extensão subjetiva, ou seja, não se gerarão efeitos. Caso contrário, em caso de procedência, os efeitos serão *erga omnes* ou *ultra partes*, conforme o caso, para atingir os substituídos em seu benefício.

Com fulcro nesse entendimento, poderíamos dizer que, contrariamente ao posicionamento do TST retrorreferenciado, na superveniência de coisa julgada advinda de acordo judicial em sede de ação civil pública ou mesmo de sentença normativa oriunda de dissídio coletivo, a ação rescisória para postular a desconstituição da coisa julgada da ação de cumprimento poderia se valer do inciso VII[476] do art. 485 do CPC, sob o fundamento de nova prova ou documento novo.

Nelson Nery Junior[477], ao discorrer sobre documento novo, aduz que ele deve ser de tal ordem que, sozinho, seja capaz de alterar o resultado da sentença rescindenda, favorecendo o autor da rescisória, sob pena de não ser idôneo para o decreto da rescisão.

---

(475) GIDI, Antonio. *Coisa julgada e litispendência em ações coletivas*. São Paulo: Saraiva, 1995. p. 73-74.
(476) Art. 485. A sentença de mérito, transitada em julgado, pode ser rescindida quando: VII — depois da sentença, o autor obtiver documento novo, cuja existência ignorava, ou de que não pôde fazer uso, capaz, por si só, de lhe assegurar pronunciamento favorável.
(477) NERY JR., Nelson. *Código de processo civil comentado*. 10. ed. São Paulo: Revista dos Tribunais, 2007. p. 783.

A corroborar essa posição, trazemos a Súmula n. 406, inciso II, do próprio colendo Tribunal Superior do Trabalho:

"II — O Sindicato, substituto processual e autor da reclamação trabalhista, em cujos autos fora proferida a decisão rescindenda, possui legitimidade para figurar como réu na ação rescisória, sendo descabida a exigência de citação de todos os empregados substituídos, porquanto inexistente litisconsórcio passivo necessário."

No entanto, em sentido contrário, a Súmula n. 402, do Tribunal Superior do Trabalho:

"N. 402 — AÇÃO RESCISÓRIA. DOCUMENTO NOVO. DISSÍDIO COLETIVO. SENTENÇA NORMATIVA. (conversão da Orientação Jurisprudencial n. 20 da SDI-II)

Documento novo é o cronologicamente velho, já existente ao tempo da decisão rescindenda, mas ignorado pelo interessado ou de impossível utilização, à época, no processo. Não é documento novo apto a viabilizar a desconstituição de julgado:

a) sentença normativa proferida ou transitada em julgado posteriormente à sentença rescindenda;

b) sentença normativa preexistente à sentença rescindenda, mas não exibida no processo principal, em virtude de negligência da parte, quando podia e deveria louvar-se de documento já existente e não ignorado quando emitida a decisão rescindenda. (ex-OJ n. 20 — inserida em 20.9.2000)."

Após a análise desse quadro jurídico, no aspecto da justiça das decisões judiciais, com um resultado lesivo para uns (aqueles empregadores que já foram obrigados a pagar eventuais multas ou celebraram acordo com os sindicatos, a título de descumprimento de cláusula de acordo ou convenção coletiva de trabalho, que venha a ser afastada posteriormente) e outro resultado não lesivo para outros, dependendo do lapso temporal em que vier a ocorrer o afastamento da cláusula indigitada, por meio de alguns dos instrumentos jurídicos retroapontados neste trabalho, poderá sobrevir a seguinte questão[478]: as demandas coletivas passivas não poderão se converter em mecanismo de supressão de direitos individuais com o selo da imutabilidade judicial?

Em que pesem as posições acima elencadas, entendemos que, se os recursos advindos das multas por descumprimento de cláusula de convenção ou acordo coletivo já foram pagos ou creditados aos trabalhadores da categoria profissional, não caberá qualquer devolução, mesmo porque no tempo em que receberam tais benefícios ainda se encontrava em vigência a cláusula que posteriormente foi retirada do mundo jurídico, e ainda pelo fato de que figuraram como substituídos nas ações coletivas.

---

(478) DIDIER JR., Fredie; ZANETI JR., Hermes. *Op. cit.*, p. 350.

Não obstante, assistimos a várias situações em que decisões judiciais não primam pela justiça ou pela equidade, o que seria de se esperar com ansiedade em um Estado Democrático de Direito, mas que, em alguns casos concretos, alguns outros princípios e valores se sobrepõem, e às vezes entram em rota de colisão, como a segurança jurídica e a pacificação social e a imutabilidade da coisa julgada.

7.6. LITISPENDÊNCIA DA AÇÃO DE CUMPRIMENTO COLETIVA COM A AÇÃO INDIVIDUAL

Se antes do advento do CDC (Lei n. 8.078/1990) a doutrina e a jurisprudência entendiam pelo cabimento da litispendência[479] entre a ação individual[480] proposta por trabalhador e a proposta por substituto processual[481], essa posição restou superada pelo art. 104 daquele diploma legal, o qual assim estatui:

"Art. 104. As ações coletivas, previstas nos incisos I e II, do parágrafo único, do art. 81, não induzem litispendência para as ações individuais, mas os efeitos da coisa julgada *erga omnes* ou *ultra partes* a que aludem os incisos II e III do artigo anterior não beneficiarão os autores das ações individuais, se não for requerida sua suspensão no prazo de 30 (trinta) dias, a contar da ciência nos autos do ajuizamento da ação coletiva."

Dessa forma, pode-se dizer que o CDC (Lei n. 8.078/1990)[482] admite a possibilidade, como já mencionado, não somente da tutela coletiva ou molecular, como

---
(479) SUBSTITUIÇÃO PROCESSUAL E AÇÃO INDIVIDUAL — LITISPENDÊNCIA — CONFIGURAÇÃO — A existência de ação proposta pelo Sindicato, na condição de substituto processual, dá ensejo à configuração de litispendência, se outra ação, proposta pelo empregado, integrante daquela categoria profissional, busca os mesmos direitos ali vindicados, com o mesmo pedido e causa de pedir, mormente quando se verifica que as pretensões perseguidas referem-se a interesses e direitos individuais homogêneos, o que afasta a incidência do art. 104 do Código de Defesa do Consumidor (Lei n. 8.078/1990). (TRT 3ª R. — RO 00431-2007-034-03-00-1 — 8ª T. — Rel. Des. Marcio Ribeiro do Valle — DJe 15.3.2008)
(480) LITISPENDÊNCIA — CONTINÊNCIA — Não induz litispendência o ajuizamento de ação pelo sindicato profissional, como substituto processual, antes do ajuizamento de ação individual pelo trabalhador. Aplicação subsidiária do art. 104 do Código de Defesa do Consumidor ao Processo do Trabalho. Provimento negado. ADICIONAL DE INSALUBRIDADE — Atividade insalubre em grau máximo, de acordo com o Anexo 14 da NR-15 da Portaria n. 3.214/1978. Contato permanente com pacientes portadores de doenças infectocontagiosas. Negado provimento. RECURSO DA RECLAMANTE — BASE DE CÁLCULO DO ADICIONAL DE INSALUBRIDADE — Consoante entendimento firmado pelo STF, na Súmula Vinculante n. 4, o salário mínimo não pode ser utilizado como indexador de base de cálculo de vantagem de servidor público ou empregado. Assim, o adicional de insalubridade será calculado com base no salário base contratual do trabalhador, conforme o disposto no art. 7º, XXIII, da CF e aplicação analógica do art. 193 da CLT. Provido. (TRT 4ª R. — RO 00059-2008-004-04-00-7 — Relª Maria da Graça R. Centeno — J. 11.12.2008)
(481) RECURSO DOS RECLAMANTES — LITISPENDÊNCIA — Ação coletiva movida pelo sindicato profissional da categoria, na condição de substituto processual, não induz litispendência para as ações individuais. Aplicação do art. 104 do CDC. Recurso provido. (TRT 4ª R. — RO 00946-2007-381-04-00-8 — Rel. Des. Cláudio Antônio Cassou Barbosa — J. 11.2.2009)
(482) RECURSO ORDINÁRIO OBREIRO — MUNICÍPIO DE PILAR — SALÁRIOS EM ATRASO — COISA JULGADA ORIUNDA DE AÇÃO CIVIL PÚBLICA — AÇÃO INDIVIDUAL NÃO ALCANÇADA,

também da tutela individual ou atomizada, em homenagem ao amplo acesso à jurisdição, contemplado na Constituição Federal de 1988, em seu art. 5º, inciso XXXV.

Nesse particular, emblemático o pensamento de Francisco Gérson Marques de Lima[483], para quem "o exercício do direito de ação coletiva pelo sindicato substituto não pode preponderar, pura e simplesmente, sobre o direito de ação individual quando o próprio substituído o exercite, com renúncia à tutela coletiva. O interesse social na propositura de ação coletiva não é excludente de ação individual, caso contrário, estar-se-ia transformando o sindicato em detentor da própria titularidade do direito, em detrimento do seu verdadeiro titular".

8. AÇÃO ANULATÓRIA (DE NULIDADE) DE CLÁUSULA OU DE ACORDO OU CONVENÇÃO COLETIVA DE TRABALHO

Até 1993, conhecia-se a ação anulatória disposta no art. 486 do CPC, *in verbis*:

> "Art. 486. Os atos judiciais, que não dependem de sentença, ou em que esta for meramente homologatória, podem ser rescindidos, como os atos jurídicos em geral, nos termos da lei civil."

A Lei Complementar n. 75/1993 (Lei orgânica do Ministério Público da União), de sua parte, institui esse novo instrumento processual, de índole coletiva, com a finalidade de declarar a nulidade de cláusula de contrato, acordo coletivo ou convenção coletiva de trabalho. Estabelece o art. 83 da referida Lei:

> "Art. 83. Compete ao Ministério Público do Trabalho o exercício das seguintes atribuições junto aos órgãos da Justiça do Trabalho:
>
> IV — propor as ações cabíveis para declaração de nulidade de cláusula de contrato, acordo coletivo ou convenção coletiva que viole as liberdades individuais ou coletivas ou os direitos individuais indisponíveis dos trabalhadores."

EM FACE DO DISPOSTO NOS ARTS. 103 E 104 DO CDC — Na forma prevista nos arts. 103 e 104 do Código de Defesa do Consumidor, o efeito *erga omnes* decorrente de provimento de ação civil pública somente alcança os autores de ações individuais quando estes, no prazo de 30 dias, formulem pedido de suspensão de tais ações. No caso dos autos, como informado no recurso das reclamantes, jamais houve tal pleito de suspensão, pelo que têm direito ao processamento e julgamento do feito individual plúrimo. Reformada, assim, a sentença que concluiu pela extinção da reclamação, em face de coisa julgada, devendo os autos retornarem à origem, para que seja marcada audiência de instrução, possibilitando a defesa da edilidade, com posterior julgamento do mérito. (TRT 19ª R. — RO 01282.2006.055.19.00-0 — Rel. Des. João Leite — DJe 24.7.2009 — p. 4)

(483) LIMA, Francisco Gérson Marques. As ações coletivas sindicais e litispendência. *Revista LTr*, São Paulo, v. 29, n. 79, p. 519, 1993.

A Constituição Federal de 1988, além de reconhecer novos direitos, entre eles os difusos e coletivos, deu um passo importante para o reconhecimento dos direitos individuais homogêneos pela Lei n. 8.078/1990 (art. 81), bem como criou novos instrumentos processuais para a defesa desses direitos, entre eles a ação civil pública. Além disso, a CF/1988 reformatou o Ministério Público do Trabalho, como integrante do Ministério Público da União, atribuindo-lhe novas funções, entre elas a defesa da ordem jurídica, do regime democrático e dos direitos indisponíveis dos trabalhadores.

Dessa forma, como tem a prerrogativa de agir como fiscal da lei, e ainda atuar como órgão agente, pois em ambas as situações está apto a defender o interesse público primário da sociedade, especialmente dos trabalhadores, foi atribuída ao Ministério Público do Trabalho a missão de fiscalizar a legalidade das cláusulas dos acordos e das convenções coletivas, quando lesivos aos interesses dos trabalhadores.

Para tal desiderato, utiliza o Ministério Público do Trabalho, como legitimado concorrente[484], esse instrumento processual, de índole coletiva, totalmente desvinculado da ação regulada pelo art. 486 do CPC, de natureza individual ou quando muito plúrima, para a tutela de direitos metaindividuais dos trabalhadores, quando tiverem seus interesses violados pela criação normativa dos sindicatos.

---

(484) Ementa: TRT 9ª Região. Ação Anulatória (...) Comungo do entendimento expresso na decisão do TST, colacionada nas fls. 130/132, e na decisão deste regional, mencionada na defesa do segundo requerido (fl. 102): em se tratando de ação anulatória de convenção coletiva, a legitimidade ativa é restrita aos sindicatos celebrantes e ao Ministério Público do Trabalho. A convenção coletiva de trabalho, como um negócio jurídico, bilateral e sinalagmático, submeter-se-ia, em tese, à disciplina geral dos negócios jurídicos, quanto a sua validade e, também, quanto aos legitimados para questioná-la (arts. 168 e 177 do Código Civil). Entretanto, o seu caráter (alguns diriam que se trata de função) constitutivo-normativo (CLT, art. 611) e o fim social a que se destina (pacificação das relações trabalhistas, como coroamento do processo de negociação coletiva, reconhecido constitucionalmente — art. 7º, inciso XXVI — como bem lembrado pelo sindicato dos trabalhadores — fl. 104), impede que se lance mão, no plano do processo do trabalho, de categorias de direito eminentemente privatísticas. Não se quer dizer com isso que os integrantes das categorias se encontrem indefesos diante de eventuais abusos das suas entidades representativas. Em ações individuais — e na preservação direta e específica dos seus interesses — lhes é assegurado, sempre, o direito de obter, incidentalmente, a declaração de invalidade de determinado instrumento normativo. Propugna-se, aqui, a adoção analógica dos princípios referentes ao controle de constitucionalidade das leis: em se tratando de controle concentrado, a legitimação é restrita, enquanto no controle difuso ela deve ser reconhecida a qualquer interessado. Importante observar ainda que o próprio sindicato patronal ajuizou ação anulatória do mesmo instrumento normativo objeto da presente ação, tendo, inclusive, obtido decisão liminar de suspensão dos efeitos da convenção (fls. 643/644). Parece-me, assim, que — embora não ocorra confusão entre autor e réu, como alega o sindicato dos trabalhadores, porque não se confundem as pessoas jurídicas requerentes e requeridas na presente ação com as pessoas físicas dos seus sócios ou diretores — o mérito da questão há de ser melhor e mais adequadamente analisado no âmbito da ação sindical (...). Relator Desembargador Luiz Eduardo Gunther, no julgamento proferido em 24.10.2003 nos autos 28007-2002-909-09-00-8 e fundamento nos autos 28009-2005-909-09-00-0, julgado em 20.11.2006.

Os trabalhadores, individualmente[485] ou em grupo[486], não detêm legitimidade para ajuizar ação anulatória (de nulidade) de cláusula ou convenção coletiva, pois não representam toda a categoria, a não ser em situações excepcionais, quando inexistente o sindicato da categoria profissional na base territorial. O que deve ser pontuado, em relação à ação anulatória em sede de ações coletivas, é que, diferentemente do resultado que produz nas ações atomizadas, por força do art. 486 do Código de Processo Civil, cuja sentença faz coisa julgada apenas *inter partes*, quando muito envolvendo interesses de terceiros[487], nas ações coletivas, a sentença será *erga omnes* ou *ultra partes*, perpassando os interesses individuais e envolvendo uma coletividade de pessoas que se encontram na mesma situação fática e jurídica.

Assim sendo, diferentemente das ações populares, em que qualquer cidadão está legitimado a buscar a tutela jurisdicional em benefício não apenas de si, mas de toda a coletividade, nas demais ações coletivas, inclusive nas ações anulatórias (de nulidade) de cláusula ou de acordo ou convenção coletiva, somente estarão aptos a movimentar a máquina judiciária aqueles entes/instituições devidamente legitimados[488], *ex judicis* ou *ex lege*.

---

(485) TRT-PR-21.11.2006 AÇÃO ANULATÓRIA. CONVENÇÃO COLETIVA DE TRABALHO. LEGITIMIDADE *AD CAUSAM*. Apenas os Sindicatos representantes das categorias profissional e econômica envolvidas e o Ministério Público do Trabalho detêm legitimidade para interposição de ação visando à anulação de Convenção Coletiva de Trabalho. Empregadores ou empregados, individualmente ou em grupo, ou representados por outras entidades de classe que não os sindicatos, não possuem legitimidade para tanto, em razão da natureza coletiva de tais instrumentos, e de sua finalidade de pacificação das relações de trabalho. (TRT-PR-28005-2006-909-09-00-2-ACO-33261-2006 — Seção Especializada — Rel. Luiz Celso Napp, DJPR 21.11.2006)

(486) TRT-PR-27.7.2007 AÇÃO ANULATÓRIA. ILEGITIMIDADE ATIVA. Carece de legitimidade ativa parcela de trabalhadores vinculados ao sindicato, que postulam, em ação coletiva, anulação de cláusula convencional devidamente firmado entre a categoria econômica e profissional, posto que o direito estabelecido através da negociação coletiva não pode ser reafirmado para alguns e negado para outros, sem a presença das partes que realmente representem a todos. Exceção seja feita ao Ministério Público do Trabalho, conforme inciso, IV do art. 83, da Lei Complementar n. 75/1993. (TRT-PR-00299-2007-909-09-00-9-ACO-20218-2007 — Tribunal Pleno, Órgão Especial e Seção Especializada, Rel. Celio Horst Waldraff, DJPR 27.7.2007)

(487) ARGUIÇÃO DE NULIDADE POR TERCEIRO INTERESSADO — ILEGITIMIDADE PARA PROPOSITURA DE EMBARGOS À ARREMATAÇÃO — RECEBIMENTO COMO AÇÃO ANULATÓRIA — PRINCÍPIO DA FUNGIBILIDADE. I — Servindo os embargos à arrematação para o fim de buscar o "proferimento de uma sentença de índole constitutiva, apta a desfazer, total ou parcialmente, o título em que se funda a execução" (TEIXEIRA FILHO, Manoel Antonio. *Op. cit.*, v. 3, p. 2235), a legitimidade para a sua propositura cabe apenas ao devedor e àqueles que a ele se equiparam, dentro da relação processual, falecendo legitimidade ao terceiro interessado para proposição de embargos à arrematação. II — Deduzido em Juízo interesse em impugnar ato judicial, por meio de simples petição, deve ser recebido o pedido como ação anulatória, nos moldes da previsão do art. 486 do CPC, em face dos princípios da inafastabilidade da jurisdição (art. 5º, XXXV, da CF), da fungibilidade e da instrumentalidade das formas. (TRT-PR-00756-2001-093-09-00-3-ACO-20464-2009 — Seção Especializada. Relator: Archimedes Castro Campos Júnior. Publicado no DJPR em 30.6.2009)

(488) Diferentemente da aferição de legitimidade utilizada nos países da *common-law*, especialmente nos Estados Unidos da América do Norte, nos quais esta se opera *ope judicis*, ou seja, o magistrado, na

8.1. Denominação

Conquanto a doutrina e a jurisprudência denominam esse instituto de ação anulatória, a denominação jurídica correta é ação de declaração de nulidade de cláusula de contrato, acordo ou convenção coletiva de trabalho, como dispõe o retromen-cionado art. 83, inciso IV, da Lei Complementar n. 75/1993.

Raimundo Simão de Melo[489] aponta que a ação de que trata a Lei Complementar n. 75/1993 não pode seguir o rigor da lei civil, porque cuida da desconstituição de instrumentos normativos e de contratos de trabalho, inseridos no Direito laboral, envoltos por características específicas inexistentes no Direito Civil. Cabe lembrar que a ação de que trata o art. 486 do CPC é de natureza eminentemente individual, seguindo a filosofia da lei adjetiva brasileira, enquanto que a ação de que trata a LC n. 75/1993 volta-se à tutela de interesses metaindividuais, portanto, quer diante do que dispõe a CLT, quer com relação ao CDC, que rege o procedimento da tutela dos direitos e interesses metaindividuais, deve-se sempre ter em vista a facilitação da defesa dos interesses da sociedade, evitando-se discussões e interpretações meramente acadêmicas.

A própria Consolidação das Leis do Trabalho apresenta regramento diverso do Código civilista, nos arts. 9º e 444, que estabelecem:

"Art. 9º. Serão nulos de pleno direito os atos praticados com o objetivo de desvirtuar, impedir ou fraudar a aplicação dos preceitos contidos na presente Consolidação" e

"Art. 444. As relações contratuais de trabalho podem ser objeto de livre estipulação das partes interessadas em tudo quanto não contravenha às disposições de proteção ao trabalho, às convenções coletivas que lhes sejam aplicáveis e às decisões das autoridades competentes."

Portanto, entendemos que *o nomen juris* correto dessa ação, consoante o novel art. 83, inciso IV, da Lei Complementar n. 75/1993, é ação de nulidade e não ação anulatória, e nas ações coletivas produzirá coisa julgada *erga omnes* ou *ultra partes*, cujos efeitos serão *ex tunc*, posto que atos nulos não produzem efeitos jurídicos e deverão ser removidos do mundo dos fatos como se não tivessem existido.

---

análise do caso concreto, afere se o postulante ostenta os requisitos da pertinência temática, Constituição, personalidade jurídica e autorização do grupo, cujo fenômeno é denominado de *adequacy representation*; no Brasil, tal requisito é superado por meio de dispositivo e previsão legal (*ope legis*), muito embora ainda existam situações nas quais, havendo lacuna legal, e não existindo a possibilidade em nosso ordenamento jurídico do *non-liquet*, o magistrado é obrigado a decidir, caso a caso, criando toda uma jurisprudência sobre a matéria. É justamente o que vem ocorrendo nas decisões jurisprudenciais envolvendo a legitimidade para ajuizamento da ação anulatória (ou de nulidade). Alguns Tribunais entendem que apenas o Ministério Público do Trabalho detém legitimidade para ajuizar tal ação coletiva; outros que essa legitimidade é estendida também para os sindicatos; e uma corrente, mais ampliativa, que abarca outros legitimados, como grupo de trabalhadores, empresas que não participaram da negociação coletiva, tema que aprofundaremos mais adiante neste trabalho.
(489) MELO, Raimundo Simão de. *Processo coletivo do trabalho*, cit., p. 224.

8.2. Natureza jurídica

A ação coletiva de nulidade de cláusula ou mesmo do acordo ou convenção coletiva contendo ilegalidades ou qualquer forma de ilicitude é uma ação de conhecimento, cujo objetivo é o de afastar do mundo jurídico normas jurídicas, criadas pelo princípio da autonomia privada coletiva, as quais eventualmente colidam com normas heterônomas e estejam eivadas de vícios de ordem formal ou material, bem como as exigências de validade dos atos jurídicos em geral, dispostos na lei civil (arts. 166[490], 171[491] e 184[492]) e na Lei n. 8.078/1990[493] sempre que resultem prejuízos aos interesses e direitos individuais e coletivos dos trabalhadores e empregadores.

Vícios de ordem formal[494] são aqueles imanentes à produção da norma coletiva, ou seja, que não obedecem aos dizeres estabelecidos na norma de regência.

---

(490) Art. 166. É nulo o negócio jurídico quando: I — celebrado por pessoa absolutamente incapaz; II — for ilícito, impossível ou indeterminável o seu objeto; III — o motivo determinante, comum a ambas as partes, for ilícito; IV — não revestir a forma prescrita em lei; V — for preterida alguma solenidade que a lei considere essencial para a sua validade; VI — tiver por objetivo fraudar lei imperativa; VII — a lei taxativamente o declarar nulo, ou proibir-lhe a prática, sem cominar sanção.

(491) Art. 171. Além dos casos expressamente declarados na lei, é anulável o negócio jurídico: I — por incapacidade relativa do agente; II — por vício resultante de erro, dolo, coação, estado de perigo, lesão ou fraude contra credores.

(492) Art. 184. Respeitada a intenção das partes, a invalidade parcial de um negócio jurídico não o prejudicará na parte válida, se esta for separável; a invalidade da obrigação principal implica a das obrigações acessórias, mas a destas não induz a da obrigação principal.

(493) Art. 51 do CDC. § 4º É facultado a qualquer consumidor ou entidade que o represente requerer ao Ministério Público que ajuíze a competente ação para ser declarada a nulidade de cláusula contratual que contrarie o disposto neste Código ou que de qualquer forma não assegure o justo equilíbrio entre direitos e obrigações das partes.

(494) Para sua validação no mundo jurídico, os instrumentos coletivos que emanam da negociação coletiva de trabalho devem obedecer aos preceitos do art. 612 e seguintes da CLT e dos estatutos das entidades sindicais convenentes. Diz o art. 612 da CLT: "Os sindicatos só poderão celebrar Convenções ou Acordos Coletivos de Trabalho, por deliberação de Assembleia Geral especialmente convocada para esse fim, consoante o disposto nos respectivos Estatutos, dependendo a validade da mesma do comparecimento e votação, em primeira convocação, de 2/3 (dois terços) dos associados da entidade, se se tratar de Convenção, e dos interessados, no caso de Acordo, e, em segunda, de 1/3 (um terço) dos mesmos. Parágrafo único. O *quorum* de comparecimento e votação será de 1/8 (um oitavo) dos associados em segunda convocação, nas entidades sindicais que tenham mais de 5.000 (cinco mil) associados". Estabelece o art. 613 da CLT: "As Convenções e os Acordos deverão conter obrigatoriamente:

I — designação dos Sindicatos convenentes ou dos Sindicatos e empresas acordantes;

II — prazo de vigência;

III — categorias ou classes de trabalhadores abrangidas pelos respectivos dispositivos;

IV — condições ajustadas para reger as relações individuais de trabalho durante sua vigência;

V — normas para a conciliação das divergências surgidas entre os convenentes por motivo da aplicação de seus dispositivos;

VI — disposições sobre o processo de sua prorrogação e de revisão total ou parcial de seus dispositivos;

VII — direitos e deveres dos empregados e das empresas;

Já os vícios de ordem material[495] constituem o próprio conteúdo ou objeto das cláusulas normativas e obrigacionais que venham a malferir direitos indisponíveis dos trabalhadores ou entrarem em rota de colisão com leis federais ou constitucionais.

A invalidade constitui uma sanção jurídica para punir condutas contrárias ao Direito. Na nulidade[496], por constituir defeitos irremediáveis e atingir interesses geral e social de ordem pública, a sanção é a privação[497] dos efeitos do negócio jurídico praticado, com efeitos retroagindo no tempo para alcançar a data de celebração do negócio (opera *ex tunc*)[498].

Pela Teoria da pirâmide invertida, a Constituição Federal de 1988 garante o piso mínimo de direitos para os trabalhadores, cabendo aos representantes dos trabalhadores (sindicatos, federações e confederações) acrescer direitos a esse patamar mínimo, por meio da negociação coletiva de trabalho[499]. Somente

---

VIII — penalidades para os Sindicatos convenentes, os empregados e as empresas em caso de violação de seus dispositivos.
Parágrafo único. As Convenções e os Acordos serão celebrados por escrito, sem emendas nem rasuras, em tantas vias quantos forem os Sindicatos convenentes ou as empresas acordantes, além de uma destinada a registro."
(495) Em que pese o assento constitucional dos instrumentos coletivos, consoante o art. 5º, inciso XXVI, que preceitua sobre o "reconhecimento das convenções e acordos coletivos de trabalho", suas cláusulas não podem colidir com normas constitucionais e legais protetivas de direitos humanos fundamentais e indisponíveis da classe trabalhadora, nem de toda a sociedade. Pode ocorrer, por exemplo, de uma cláusula normativa dispor pelo fechamento do comércio varejista de uma cidade, com a consequente lesão a direitos difusos de pessoas que usufruíam o direito de fazer compras aos domingos.
(496) CLÁUSULA DE IRREDUTIBILIDADE SALARIAL ESTIPULADA EM NORMA CONVENCIONAL — REDUÇÃO DE CARGA HORÁRIA DE PROFESSOR — A interpretação das normas coletivas deve ser feita restritivamente, isto é, tendo como base aquilo que as partes livremente convencionaram e escreveram. Se a redução do número de aulas pode se dar por iniciativa do professor ou da escola mediante homologação sindical, a falta do referido ato transforma a redução havida em ato nulo que retorna as partes ao *status quo ante*, pelo que devem ser pagas as diferenças salariais. (TRT 3ª R. — RO 00301-2007-129-03-00-1 — 6ª T. — Rel. Des. Antônio Fernando Guimaraes — DJe 8.5.2008)
(497) O ACORDO CELEBRADO PELO SINDICATO DE CLASSE, QUANDO ATUANDO NA QUALIDADE DE SUBSTITUTO PROCESSUAL, NÃO PRODUZ EFEITO COM RELAÇÃO AO SUBSTITUÍDO QUANDO ESTE EXPRESSAMENTE NÃO TENHA ANUÍDO AOS TERMOS DO ACORDO — Não se cogita, no caso, de ato nulo, mas sim de ato inexistente, vez que não pode o Sindicato praticar qualquer ato que implique em disponibilidade de direito do qual não é titular. (TRT 2ª R. — RO 20000370376 — 1ª T. — Relª Juíza Maria Inês Moura Santos Alves da Cunha — DOSP 15.1.2002 — p. 25)
(498) MELO, Raimundo Simão de. *Processo coletivo do trabalho*, cit., p. 225-226.
(499) Noberto Bobbio informa que o poder de negociação é "outra fonte de normas de um ordenamento jurídico, é o poder atribuído aos particulares de regular, mediante atos voluntários, os próprios interesses. Se se coloca em destaque a autonomia privada, entendida como capacidade dos particulares de dar normas a si próprios numa certa esfera de interesses, e se considerarmos os particulares como constituintes de um ordenamento jurídico menor, absorvido pelo ordenamento estatal, essa vasta fonte de normas jurídicas é concebida de preferência como produtora independente de regras de conduta, que são aceitas pelo Estado". (In: BOBBIO, Norberto. *Teoria do ordenamento jurídico*. 7. ed. Brasília: UnB, 1996. p. 40). De nossa parte, podemos aduzir que a negociação coletiva de trabalho é hoje considerada o melhor meio para a solução dos conflitos ou problemas que surgem entre o capital e o trabalho. Por meio dela, trabalhadores

excepcionalmente[500] a Constituição Federal admite negociação coletiva *in pejus*[501], como se depreende do art. 7º, inciso VI[502].

A ilação, portanto, é que os instrumentos normativos, mesmo que com reconhecimento constitucional, devem respeitar os direitos humanos fundamentais e as garantias de ordem pública[503], inerentes à vida, à

---

e empresários estabelecem não apenas condições de trabalho e de remuneração, como também todas as demais relações entre si, por meio de um procedimento dialético previamente definido, que se deve pautar pelo bom senso, pela boa-fé, pela razoabilidade e pelo equilíbrio entre as partes diretamente interessadas. Apesar de variar de país para país, em decorrência das peculiaridades, das tradições e dos costumes próprios de cada cultura, a negociação coletiva de trabalho apresenta uma característica virtualmente universal: trata-se de um processo negocial, com notável flexibilidade em seus métodos, cujos interesses transcendem os dos atores diretamente envolvidos — a que visam a proteger e a agregar direitos — fazendo com que seus efeitos se disseminem na própria sociedade.

(500) NEGOCIAÇÃO COLETIVA — LIMITES — TRABALHO POR ATÉ 12 DIAS SEM DESCANSO — INVALIDADE DA NORMA COLETIVA NEGOCIADA — A negociação coletiva se desenvolve com observância de limites, não podendo desbordar os lindes impostos pelas normas de indisponibilidade absoluta, porque imantadas de uma imperatividade mais acentuada, ditada pela necessidade de se preservar um núcleo de direitos trabalhistas inafastável, como o retratado por normas de segurança, saúde e higiene do trabalhador. Nesse quadro, não se afigura adequado lançar-se em interpretação irradiante, admitindo-se negociação ilimitada, sob o fundamento de que até mesmo o salário poderia ser transacionado (inc. VI, art. 7º, Carta Magna); não há qualquer norma, muito menos constitucional, permitindo a negociação sem limites. Consagrando esse entendimento, o c. Tribunal Superior do Trabalho editou a OJ SDI-1/TST n. 342 que estabelece barreiras à autonomia privada coletiva, quando se têm em vista normas de segurança, higiene e saúde do trabalhador. É possível afirmar, portanto, a invalidade da norma coletiva negociada que impõe ao obreiro trabalho por até 12 dias seguidos, sem repouso, porque lhe retira do convívio sociofamiliar e lhe impõe quadro de fadiga acentuado. (TRT 3ª R. — RO 00876-2007-143-03-00-0 — 6ª T. — Relª Juíza Maria Cristina D. Caixeta — DJe 28.2.2008)

(501) Orientação Jurisprudencial Transitória da SDI do TST n. 4. MINERAÇÃO MORRO VELHO. ADICIONAL DE INSALUBRIDADE. BASE DE CÁLCULO. ACORDO COLETIVO. PREVALÊNCIA. Inserida em 2.10.97 (inserido dispositivo). O acordo coletivo estabelecido com a Mineração Morro Velho sobrepõe-se aos comandos da lei, quando as partes, com o propósito de dissipar dúvidas e nos exatos limites de seu regular direito de negociação, livremente acordaram parâmetros para a base de cálculo do adicional de insalubridade. No mesmo sentido, Súmula n. 9 do TRT da 3ª Região: "MINERAÇÃO MORRO VELHO LTDA — ACORDO COLETIVO — VALIDADE — ADICIONAL DE PERICULOSIDADE — TEMPO DE EXPOSIÇÃO — Dá-se validade à cláusula do acordo coletivo firmado entre a Mineração Morro Velho Ltda. e a categoria profissional, que limita o pagamento do adicional de periculosidade ao tempo de exposição ao agente perigoso". Indo mais além, encontramos várias Súmulas e Orientações Jurisprudenciais que são consideradas *in pejus* para a categoria profissional, mas que foram autorizadas pelo colendo Tribunal Superior do Trabalho sob o fundamento da necessidade de se prestigiar o reconhecimento dos acordos e convenções coletivas pelo texto constitucional (art. 5º, inciso XXVI, CF/1988). Vejamos o conteúdo da Súmula n. 423 do TST: "TURNO ININTERRUPTO DE REVEZAMENTO. FIXAÇÃO DE JORNADA DE TRABALHO MEDIANTE NEGOCIAÇÃO COLETIVA. VALIDADE. (Conversão da Orientação Jurisprudencial n. 169 da SBDI-1). Estabelecida jornada superior a seis horas e limitada a oito horas por meio de regular negociação coletiva, os empregados submetidos a turnos ininterruptos de revezamento não têm direito ao pagamento da 7ª e 8ª horas como extras".

(502) VI — irredutibilidade do salário, salvo o disposto em convenção ou acordo coletivo.

(503) CONFLITO DE NORMAS AUTÔNOMAS — PREVALÊNCIA DO ACORDO COLETIVO, QUE É MAIS ESPECÍFICO, SOBRE CONVENÇÃO COLETIVA — A Constituição da República, a par de reconhecer as convenções e os acordos coletivos de trabalho, permitiu a redução salarial e a compensação de jornada, sempre mediante negociação coletiva (CF, art. 7º, VI, XIII e XXVI). Em decorrência, a regra da norma mais favorável ao trabalhador já não encontra óbice apenas nas normas estatais de ordem pública, mas deve ceder também diante das normas autônomas, nascidas do exercício da autonomia privada coletiva. O

saúde[504], ao meio ambiente etc., sobre os quais não pode haver renúncia nem transação.

Dessa forma, podemos dizer que a natureza jurídica da ação de nulidade coletiva é ao mesmo tempo declaratória e constitutiva, objetivando no caso concreto declarar a existência do vício alegado na relação jurídica e constitutiva negativa, no sentido de alterar-lhe o conteúdo, retirando a cláusula ou mesmo o instrumento coletivo inquinado de vício, por inteiro, do mundo jurídico.

8.3. OBJETO

O objeto das ações anulatórias (de nulidade) de contrato, acordo coletivo ou convenção coletiva de trabalho é a busca de um comando judicial para afastar do mundo jurídico a cláusula contratual ou convencional violadora das liberdades individuais ou coletivas, ou dos direitos indisponíveis dos trabalhadores. O efeito é *erga omnes*[505].

O pedido pode envolver apenas uma ou mais cláusulas inquinadas de vícios insanáveis ou mesmo todo o acordo ou convenção coletiva de trabalho.

O objeto dos acordos e das convenções coletivas de trabalho deve se ajustar aos textos legais, constitucionais e infraconstitucionais, inclusive levando-se em consideração as súmulas, precedentes e orientações jurisprudenciais do Tribunal Superior do Trabalho, bem como as súmulas dos Tribunais Regionais do Trabalho, do STJ — Superior Tribunal de Justiça[506] e do Supremo Tribunal Federal, já que suas cláusulas não são absolutas e devem se curvar aos ditames legais.

---

acordo coletivo sempre nasce da necessidade de ajustar particularmente a regulação genérica, seja heterônoma ou autônoma, e disto resulta que ele é necessariamente aplicável, porque essa é sua razão de ser. (TRT 18ª Região, RO-00421-2006-010-18-00-3, Relator Des. Mário Sérgio Bottazzo, 26.9.2006). (TRT 18ª R. — RO 00216-2008-012-18-00-2 — Relª Marilda Jungmann Gonçalves Daher — J. 15.9.2008)
(504) Orientação Jurisprudencial n. 342 da SDI do TST. Intervalo Intrajornada para Repouso e Alimentação. Não Concessão ou Redução. Previsão em Norma Coletiva. Invalidade. Exceção aos Condutores de Veículos Rodoviários, Empregados em empresas de Transporte Coletivo Urbano. (Alterada em decorrência do julgamento do Processo TST IUJEEDEDRR n. 1226/2005-005-24-00.1). I — É inválida cláusula de acordo ou convenção coletiva de trabalho contemplando a supressão ou redução do intervalo intrajornada porque este constitui medida de higiene, saúde e segurança do trabalho, garantido por norma de ordem pública (art. 71 da CLT e art. 7º, XXII, da CF/1988), infenso à negociação coletiva. II — Ante a natureza do serviço e em virtude das condições especiais de trabalho a que são submetidos estritamente os condutores e cobradores de veículos rodoviários, empregados em empresas de transporte público coletivo urbano, é válida cláusula de acordo ou convenção coletiva de trabalho contemplando a redução do intervalo intrajornada, desde que garantida a redução da jornada para, no mínimo, sete horas diárias ou quarenta e duas semanais, não prorrogada, mantida a mesma remuneração e concedidos intervalos para descanso menores e fracionados ao final de cada viagem, não descontados da jornada.
(505) MELO, Raimundo Simão de. *Processo coletivo do trabalho*, cit., p. 230.
(506) Decisão do STF, de 15.9.2009: Em decisão proferida pelo Ministro Cezar Peluso (RE 578962, vinculado a AA n. 46.2004.000.17.00-8 (SINDSEG — SINDESP E SINDIVIGILANTES), o Supremo Tribunal Federal negou seguimento ao Recurso declarando que a validade das Convenções Coletivas de

Apresentamos algumas ementas sobre cláusulas normativas ou obrigacionais de acordos ou convenções coletivas, objeto de ações anulatórias (ou de nulidade):

"RECURSO ORDINÁRIO EM AÇÃO ANULATÓRIA — CONVENÇÃO COLETIVA DE TRABALHO — ESGOTADO O PERÍODO DE VIGÊNCIA — PERDA DO OBJETO — NÃO OCORRÊNCIA — Ainda que encerrado o período de vigência da Convenção Coletiva de Trabalho a que se refere a ação anulatória, persiste o objeto da ação, pois em virtude de a ação conter pedido declaratório, a decisão produz efeitos pedagógicos, no sentido de orientar as partes na negociação coletiva e de possibilitar aos trabalhadores eventuais reparações de prejuízos. CLÁUSULA QUE INSTITUI COBRANÇA DE CONTRIBUIÇÃO ASSISTENCIAL. Ao prever a incidência do desconto sobre os salários de todos os empregados representados, a cláusula impugnada vai de encontro ao disposto no Precedente Normativo n. 119 do TST, que, em observância à diretriz fixada nos arts. 5º, incisos XVII e XX, 8º, inciso V, e 7º, inciso X, da Constituição da República, limita a obrigatoriedade da contribuição de natureza assistencial ou assemelhada aos empregados associados. Recurso a que se dá parcial provimento." (TST — ROAA 375/2006-000-17-00 — SETPOEDC — Rel. Márcio Eurico Vitral Amaro — J. 8.6.2009)

"AÇÃO ANULATÓRIA DE CLÁUSULA CONVENCIONAL — ADICIONAL DE INSALUBRIDADE — BASE DE CÁLCULO — Ao teor da Súmula n. 17 do c. Tribunal Superior do Trabalho, 'O adicional de insalubridade devido a empregado que, por força de lei, convenção coletiva ou sentença normativa, percebe salário profissional será sobre este calculado'. Ação anulatória julgada procedente." (TRT 7ª R. — AA 2284/2008-0)

Trabalho e dos Acordos Coletivos de Trabalho não é absoluta, como defendem os Sindicatos. Trata-se de recurso extraordinário contra acórdão do Tribunal Superior do Trabalho e assim ementado: "Recurso Ordinário em Ação Anulatória. Supressão do Intervalo Intrajornada. O art. 71 da CLT demonstra a imperatividade atribuída ao tema do intervalo intrajornada, cuja concessão é obrigatória. O tema encontra-se inserido no conjunto de normas de caráter imperativo, com vistas à proteção da saúde e da integridade física do trabalhador, do que decorre a inviabilidade de disporem as partes sobre o tema, ante a forte incidência do interesse público. A Cláusula declara a supressão do intervalo intrajornada em contrário ao ordenamento jurídico, que determina a obrigatoriedade de sua concessão. Não concedido este, o labor realizado não é serviço extraordinário, no sentido estrito; todavia, o § 4º do art. 71 da CLT determina a obrigação de remunerar-se a não concessão do período correspondente com o acréscimo de 50% sobre o valor da hora normal. A supressão do intervalo intrajornada e a não remuneração do período implicam prejuízos à saúde do trabalhador e perda monetária, ante a expressa previsão legal, do que decorre a nulidade da disposição convencional. Desconto Assistencial e Taxa de Reforço Sindical. Incidência sobre o salário de trabalhadores não associados. As Cláusulas 47ª e 48ª preveem a incidência do desconto sobre os salários dos empregados não sindicalizados, divergindo, nesse aspecto, do disposto no Precedente Normativo n. 119 desta Corte, que, em observância à diretriz fixada nos arts. 5º, incisos XVII e XX, 8º, inciso V, e 7º, inciso X, da Carta Magna, limita a obrigatoriedade da contribuição de natureza assistencial ou assemelhada aos empregados associados. Recurso a que se dá provimento parcial." (fl. 160). Sustenta a recorrente, com base no art. 102, III, *a*, violação ao disposto no art. 7º, XIII e XXVI, da Constituição Federal. O Ministro Relator negou seguimento ao recurso (arts. 21, § 1º, RISTF, 38 da Lei n. 8.038, de 28.5.1990, e 557 do CPC) declarando: "é que, quanto à validade da convenção coletiva firmada pela recorrente, o Tribunal *a quo* não deixou de reconhecê-la, senão que a declarou com base na legislação infraconstitucional, cujo reexame é inadmissível na via extraordinária. Cabe ressaltar que o preceito do art. 7º, XXVI, não confere presunção absoluta de validade aos acordos e convenções coletivas, podendo a Justiça Trabalhista revê-los, caso se verifique afronta à lei. Fonte: Ascom/MPT Espírito Santo, de 15.9.2009.

"AÇÃO ANULATÓRIA — CONVENÇÃO COLETIVA — TAXA ASSISTENCIAL — Não há que se falar em nulidade da cláusula, disposta em convenção coletiva, que fixa taxa assistencial a ser suportada pelos integrantes da categoria, visto que a mesma se destina ao custeio das atividades do órgão sindical na execução dos programas que beneficiam todos, tanto os associados como aqueles que não o são." (TRT 7ª R. — AA 8159/2008-000-07-00.0 — Rel. Manoel Arízio Eduardo de Castro — DJe 7.7.2009 — p. 9) 00-07-00.6 — Rel. Jose Ronald Cavalcante Soares — DJe 9.7.2009 — p. 6)

"CONVENÇÃO OU ACORDO COLETIVO — Acordo ou convenção coletiva. Limites da autonomia privada coletiva. É certo que o exercício da chamada autonomia privada coletiva, conferida ao sindicato na negociação das condições de trabalho da categoria que representa processualmente, foi sensivelmente elastecido pelo texto da atual Constituição Federal, como se constata particularmente do exame do inciso VI de seu art. 7º. Isto não implica, contudo, que no bojo de convenções ou de acordos coletivos se possa tolerar a inserção de cláusulas que consubstanciem autêntica renúncia a direitos reconhecidos em lei, sem suficiente contrapartida do lado da empresa ou do sindicato da categoria econômica, porquanto não se está, no caso, diante de verdadeira negociação coletiva, mas de submissão aos interesses de uma das partes contratantes, com flagrante prejuízo à outra parte." (TRT 2ª R. — Ac. 02980048059 — 8ª T. — Relª Juíza Wilma Nogueira de Araujo Vaz da Silva — DOESP 17.2.1998)

"AÇÃO ANULATÓRIA. CLÁUSULA DE CONVENÇÃO COLETIVA DE TRABALHO. PERDA DE OBJETO — O entendimento da Seção Especializada em Dissídios Coletivos dessa Corte, em relação à matéria, pacificou-se no sentido de que não obstante tenha se exaurido no período de vigência do Acordo Coletivo, o Tribunal deve manifestar-se, sobre o pedido, ou seja, acerca da cláusula constante do ajuste coletivo, pois a conclusão possibilitará, em caso de procedência do pleito, que os empregados atingidos pelo cumprimento do acordado possam pleitear a restituição dos valores relativos aos descontos efetuados em seus salários a tal título." (ROAA n. 735256 — ANO 2001. Rel. José Luciano de Castilho Pereira. DJ 6.9.2001)

"TST, ROAA 771/2002-000-12-00.1, DJ 11.4.2006: AÇÃO ANULATÓRIA. LEGITIMIDADE ATIVA EXCLUSIVA DO MPT (ARTS. 127 E SEGUINTES DA CF, C/C O 83 DA LEI COMPLEMENTAR N. 75, DE 20.5.93). ILEGITIMIDADE ATIVA DO EMPREGADO. O membro de uma categoria, seja econômica seja profissional, não tem legitimidade para pleitear, em ação anulatória, a declaração de nulidade, formal ou material, de uma ou de algumas das condições de trabalho constantes de instrumento normativo. Se entende que seu direito subjetivo está ameaçado ou violado, cabe-lhe discutir, por meio de dissídio individual, a validade, formal ou material, seja da assembleia-geral, seja das condições de trabalho, postulando, não a sua nulidade, mas sim a sua ineficácia, com efeitos restritos no processo em que for parte. Realmente, permitir que o trabalhador ou uma empresa, isoladamente, em ação anulatória, venha se sobrepor à vontade da categoria, econômica ou profissional, que representa a legítima manifestação da assembleia, quando seus associados definem o objeto e o alcance de seu interesse a ser defendido, é negar validade à vontade coletiva, com priorização do interesse individual, procedimento a ser repelido nos exatos limites da ordem jurídica vigente. Ação anulatória extinta sem apreciação do mérito, nos termos do art. 267 do CPC. [...] Tal foi o entendimento manifestado no julgamento dos ROAA-809828/2001.8, Rel. Min. João Oreste Dalazen, DJ 18.2.2005, ROAA-73082/2003-900-04-00, Rel. Min. João Oreste Dalazen, DJ 6.2.2004; A-ROAA-764.614/01.1 (LBV), Rel. Min João Oreste Dalazen, DJ 12.9.2003, ROAA-770.717/2001.0; Relator Juiz Convocado Vieira de Mello Filho, DJ 4.4.2003; ROAA-87536/2003-900-02-00, Rel. Min. Rider de Brito, DJ 28.11.2003; ROAA759025/2001.1 (LBV), Rel. Min. João Oreste Dalazen, DJ 5.4.2002. Milton M. França Redator Designado."

"CONSTITUCIONAL. MINISTÉRIO PÚBLICO DO TRABALHO: ATRIBUIÇÕES. LEGITIMAÇÃO ATIVA: DECLARAÇÃO DE NULIDADE DE CONTRATO, ACORDO COLETIVO OU CONVENÇÃO COLETIVA. Lei Complementar n. 75, de 20.5.1993, art. 83, IV. CF, arts. 128, § 5º e 129, IX. I. — A atribuição conferida ao Ministério Público do Trabalho, no art. 83, IV, da Lei Complementar n. 75/1993 — para propor as ações coletivas para a declaração de nulidade de cláusula de contrato, acordo coletivo ou convenção coletiva que viole as liberdades individuais ou coletivas ou os direitos individuais indisponíveis dos trabalhadores — compatibiliza-se com o que dispõe a Constituição Federal no art. 128, § 5º e art. 129, IX. II — Constitucionalidade do art. 83, IV, da Lei Complementar n. 75, de 1993. ADIn julgada improcedente." (Ação Direta de Inconstitucionalidade n. 1.852/DF, Tribunal Pleno, Rel. Min. Carlos Veloso, DJ 21.11.2003)

8.4. Legitimidade ativa

A legitimidade ativa para ajuizamento da ação anulatória (ação de nulidade) de cláusula de acordos ou convenções coletivas de trabalho é do Ministério Público do Trabalho, consoante art. 83, inciso IV[507], da Lei Complementar n. 75/1993.

Não remanesce qualquer dúvida quanto a esse tipo de legitimidade, nos Tribunais do Trabalho. Vejamos:

"LEGITIMIDADE DO MINISTÉRIO PÚBLICO DO TRABALHO PARA PROPOR AÇÃO QUE OBJETIVA ANULAR CLÁUSULA DE NORMA COLETIVA QUE PREVÊ A COBRANÇA DE CONTRIBUIÇÃO ASSISTENCIAL DE TODOS OS MEMBROS DA CATEGORIA — 1 — Nos termos do art. 127 da Constituição da República, cabe ao Ministério Público a defesa da ordem jurídica e dos interesses sociais e individuais indisponíveis. Ao regulamentar a norma constitucional, especificando as competências institucionais do Ministério Público do Trabalho, a Lei Complementar n. 75/1993 atribuiu ao *Parquet* a competência de propor as ações cabíveis para declarar a nulidade de cláusula de contrato, acordo coletivo ou convenção coletiva de trabalho que viole direitos individuais ou coletivos dos trabalhadores. 2

---

(507) Art. 83. Compete ao Ministério Público do Trabalho o exercício das seguintes atribuições junto aos órgãos da Justiça do Trabalho: IV — propor as ações cabíveis para declaração de nulidade de cláusula de contrato, acordo coletivo ou convenção coletiva que viole as liberdades individuais ou coletivas ou os direitos individuais indisponíveis dos trabalhadores.

— Na hipótese, o Ministério Público propôs ação com o objetivo de anular cláusula de norma coletiva que prevê a cobrança de contribuição assistencial de todos os membros da categoria, independentemente de filiação. 3 — Verifica-se, portanto, que a pretensão se harmoniza com as competências institucionais do Ministério Público do Trabalho, insculpidas no art. 83, IV, da Lei Complementar n. 75/1993. Precedentes. CONTRIBUIÇÃO ASSISTENCIAL — NÃO ASSOCIADOS — INEXIGIBILIDADE — PRECEDENTE NORMATIVO N. 119 DA SDC DO TST Acórdão embargado conforme ao Precedente Normativo n. 119, à Orientação Jurisprudencial n. 17 da SDC e à Súmula n. 666 do STF. Embargos não conhecidos." (TST — E-RR 549522/1999 — Relª Minª Maria Cristina Irigoyen Peduzzi — DJe 26.6.2009 — p. 257)

José Cláudio Monteiro de Brito Filho[508] informa que, no caso específico da ação anulatória de cláusulas convencionais, previstas no art. 83, IV, da Lei Complementar n. 75/1993, é o Ministério Público do Trabalho que age, por seus órgãos, como legitimado ativo. Isso não significa que outros interessados não possam pleitear a nulidade das cláusulas de norma coletiva que firam seus direitos. Os trabalhadores, individualmente, ou em grupo, têm legitimidade para deduzir tal pretensão em juízo. Fá-lo-ão, todavia, em ação própria, por meio de reclamação trabalhista.

Para esse autor[509], "a ação anulatória, como definida na LC n. 75/1993, tem um único legitimado ativo: O Ministério Público do Trabalho".

Não obstante, o que não é pacífico é o entendimento dos Tribunais do Trabalho se o Ministério Público do Trabalho é legitimado exclusivo ou concorrente com outros interessados.

O que diferencia as ações coletivas das ações individuais é a especial legitimidade que o ente coletivo deve demonstrar para ingressar com aquela ação, ou seja, a ação coletiva. Em se tratando de associação, deve ela demonstrar sua constituição há mais de um ano e a inclusão, entre seus fins institucionais, à defesa dos direitos e interesses da coletividade que representa. Se a ação civil pública pode ser considerada como gênero e as demais ações coletivas como espécie, podemos utilizar, por analogia, com a necessária adaptação e abrandamentos, os fundamentos de seu art. 5º para também considerar como legitimados para propor a ação anulatória (ou de nulidade) às associações[510], preenchidos os requisitos acima mencionados, às

---

(508) BRITO FILHO, José Cláudio Monteiro de. *O Ministério Público do Trabalho e a ação anulatória de cláusulas convencionais*. São Paulo: LTr, 1998. p. 70.
(509) *Id., loc. cit.*
(510) INTERESSE INDIVIDUAL — COMPETÊNCIA HIERÁRQUICA DA SEÇÃO ESPECIALIZADA EM DISSÍDIOS INDIVIDUAIS — INCOMPETÊNCIA HIERÁRQUICA ARGUIDA DE OFÍCIO E ACOLHIDA — Buscando o sindicato-autor não a proteção do grupo que supostamente representa, senão a defesa de interesse próprio seu, como entidade sindical, de ver rescindida decisão que o considera parte ilegítima para acionar, também individualmente, outra entidade sindical, exsurge evidente que o direito em discussão é individual, e não coletivo, donde conclui-se, por força do que dispõe o art. 23, I, *b*, 3, do Regimento Interno deste Regional, ser competente para o julgamento da presente ação rescisória a Seção Especializada em Dissídios Individuais. (TRT 12ª R. — AT-RES 00257-2006-000-12-00-0 (13577/2006) — Red. P/o Ac. Gerson Paulo Taboada Conrado — DJU 14.9.2005 — set./2006)

empresas, quando não participaram diretamente da feitura e não assinaram o instrumento coletivo, bem como aos trabalhadores em grupo, nesses casos não postulando direitos meramente individuais, de grupo ou classe, mas de toda a categoria econômica ou profissional, com base nos princípios da razoabilidade e proporcionalidade.

O TRT da 9ª Região se posiciona no seguinte sentido, como se vislumbra na ementa a seguir colacionada:

"VISTOS, relatados e discutidos estes autos de AÇÃO ANULATÓRIA, em que são requerentes IRMÃOS MUFFATO E CIA. LTDA., e requeridos SINDICATO DOS EMPREGADOS NO COMÉRCIO DE FOZ DO IGUAÇU e SINDICATO PATRONAL DO COMÉRCIO VAREJISTA DE FOZ DO IGUAÇU E REGIÃO. RELATÓRIO. IRMÃOS MUFFATO E CIA. LTDA. (quatro) de Foz do Iguaçu ajuizaram AÇÃO ANULATÓRIA DA CCT 2008/2009 firmada entre Sindicato dos Empregados no Comércio de Foz do Iguaçu e Sindicato Patronal do Comércio Varejista de Foz do Iguaçu e Região. Pediram a concessão de liminar, *inaudita altera parte*, para sustar a eficácia da CCT e aditivo até decisão de mérito; sucessivamente, da cláusula e aditivo alusivos aos domingos e feriados. Em decisão final, a procedência da ação, com declaração de nulidade da CCT e aditivos; sucessivamente, da cláusula e aditivo alusivos aos domingos e feriados, com condenação dos requeridos em custas e honorários advocatícios. (...) O Ministério Público do Trabalho manifestou-se nas fls. 856/861, opinando pela autocomposição, senão pelo encaminhamento dos autos ao TRT, detentor da competência originária para a ação anulatória. Realizada audiência inaugural (fl. 869), ausente conciliação, os requeridos apresentaram contestações. O Sindicato dos Empregados no Comércio de Foz do Iguaçu sustentou a improcedência do pedido e requereu a condenação dos requerentes em custas, honorários advocatícios e litigância de má-fé (fls. 870/874). Juntou documentos. Manifestou-se sobre o parecer do MPT (fls. 1116/1118). O Sindicato Patronal do Comércio Varejista de Foz do Iguaçu e Região alegou preliminar de ilegitimidade ativa e ausência de pressuposto de constituição e desenvolvimento válido e regular do processo e, no mérito, a improcedência do pedido. Requereu a condenação dos requerentes em custas, honorários advocatícios e litigância de má-fé (fls. 1011/1028). Manifestou-se sobre o parecer do MPT (fls. 1072/1081 e 1121/1129). Juntou documentos. O Juízo de Primeiro Grau reconheceu sua incompetência funcional para apreciação da ação anulatória de CCT, determinando a remessa dos autos a este TRT (fls. 1130/1131). Distribuídos a este Relator na condição de integrante da Seção Especializada (fl. 1137), foi aberto prazo para apresentação de razões finais, ausente necessidade de produção de outras provas (fl. 1138). Razões finais apresentadas pelo Sindicato dos Empregados no Comércio de Foz do Iguaçu (fls. 1140/1144), requerentes, com documentos (fls. 1156/1185) e Sindicato Patronal do Comércio Varejista de Foz do Iguaçu e Região (fls. 1281/1291). Manifestaram-se os requeridos (fls. 1299/1300 e 1301/1303). O Ministério Público do Trabalho manifestou-se nas fls. 1307/1308, opinando pela procedência da ação. É o relatório. FUNDAMENTAÇÃO. ADMISSIBILIDADE. PRELIMINAR. ilegitimidade ativa — ausência de pressuposto de constituição e de desenvolvimento válido e regular do processo. O Sindicato Patronal do Comércio Varejista de Foz do Iguaçu e Região alega preliminarmente que os requerentes não detêm ilegitimidade ativa para postular, em nome próprio, nulidade de CCT e termo aditivo que abrange toda a categoria. Tem razão. O entendimento que prevalece nesta Seção Especializada é no sentido de que empregadores ou empregados, individualmente ou mesmo em grupo, não detêm legitimidade para ajuizar ação anulatória de Convenção Coletiva de Trabalho. Embora, particularmente, dele não compartilhe, a maioria da Seção Especializada entende que somente os sindicatos das categorias profissional e econômica envolvidas e o Ministério Público do Trabalho possuem legitimidade para o ajuizamento de ação anulatória de CCT, em razão da natureza coletiva do instrumento e da finalidade da CCT de pacificação das relações de trabalho. A maioria segue decisão nesse sentido proferida pelo Desembargador Luiz Eduardo Gunther, atualmente Vice-Presidente deste TRT, no julgamento proferido em 24.10.03 nos autos 28007-2002-909-09-00-8. Adota, como fundamentos, o parecer do Procurador Regional do Trabalho Itacir Luchtemberg nos autos 28009-2005-909-09-00-0, julgado em 20.11.06: (...) Comungo do entendimento expresso na decisão do TST, colacionada nas fls. 130/132, e na decisão deste regional, mencionada na defesa do segundo requerido (fl. 102): em se tratando de ação anulatória de convenção coletiva, a legitimidade ativa é restrita aos sindicatos celebrantes e ao Ministério Público do Trabalho. A convenção coletiva de trabalho, como um negócio jurídico, bilateral e sinalagmático, submeter-se-ia, em tese, à disciplina geral dos negócios jurídicos, quanto à sua validade e, também, quanto aos legitimados para questioná-la (arts. 168 e 177 do Código Civil). Entretanto, o seu caráter (alguns diriam que se trata de função) constitutivo-normativo (CLT, art. 611) e o fim social a que se destina (pacificação das relações trabalhistas, como coroamento do processo de negociação coletiva, reconhecido constitucionalmente — art. 7º, inciso XXVI — como bem lembrado pelo sindicato dos trabalhadores — fl. 104), impede que se lance mão, no plano do processo do trabalho, de categorias de Direito eminentemente privatísticas. Não se quer dizer com isso que os integrantes das categorias se encontrem indefesos diante de eventuais abusos das suas entidades representativas. Em ações individuais — e na preservação direta e específica dos seus interesses — lhes é assegurado, sempre, o direito de obter, incidentalmente, a declaração de invalidade de determinado instrumento normativo. Propugna-se, aqui, a adoção analógica dos princípios referentes ao controle de constitucionalidade das leis: em se tratando de controle concentrado, a legitimação é restrita, enquanto no controle difuso ela deve ser reconhecida a qualquer interessado. Importante observar ainda que o próprio sindicato patronal ajuizou ação anulatória do mesmo instrumento normativo objeto da presente ação, tendo, inclusive, obtido decisão liminar de suspensão dos efeitos da convenção (fls. 643/644). Parece-me, assim, que — embora não ocorra confusão entre autor e réu, como alega o sindicato dos trabalhadores, porque não se confundem as pessoas jurídicas requerentes e requeridas na presente ação com as pessoas físicas dos seus sócios ou diretores — o mérito da questão há de ser melhor e mais adequadamente analisado no âmbito da ação sindical ...A decisão do TST, referida no parecer do Ministério Público do Trabalho, é a proferida pelo Relator Ministro Gelson de Azevedo, nos autos ROAA 21199-2002-900-09-00-4, em 13.9.2005: RECURSO ORDINÁRIO. AÇÃO ANULATÓRIA. ALEGAÇÃO DE NULIDADE DE CONVENÇÃO COLETIVA DE TRABALHO. CELEBRAÇÃO SEM OBSERVÂNCIA DOS REQUISITOS CONTIDOS NO ART. 612 DA CLT. AUSÊNCIA DE MANDATO PARA CELEBRAÇÃO DE CONVENÇÃO COLETIVA. LEGITIMIDADE ATIVA *AD CAUSAM*. Inexistência de legitimidade dos Autores da ação anulatória, porquanto a tutela pretendida alcançará toda a categoria econômica e profissional. A legitimidade para propor ação anulatória de convenção coletiva de trabalho restringe-se ao Ministério Público do Trabalho e às entidades sindicais representes das categorias econômica e profissional por ela abrangidas. Recurso ordinário a que se nega provimento. Ausente legitimidade ativa *ad causam*, não admito a ação anulatória ajuizada por Irmãos Muffato e Cia. Ltda."

De outra banda, assim se posiciona o Tribunal Regional do Trabalho da 2ª Região — São Paulo:

"AÇÃO ANULATÓRIA DE CONVENÇÃO COLETIVA — ILEGITIMIDADE ATIVA DE PARTE — Tratando-se de Convenção Coletiva de Trabalho firmada entre Sindicatos representantes de empregados e empregadores, suas cláusulas obrigam todos os integrantes da categoria e a anulação pretendida alcançaria toda a categoria e não somente a autora; logo, esta não possui legitimidade para propor ação anulatória perante este Tribunal. Quem detém legitimação ativa para propô-la, dependendo da natureza do interesse que deflui da realidade concreta, são as próprias entidades que firmaram a Convenção e o Ministério Público do Trabalho (inciso, IV do art. 83, da Lei Complementar n. 75/1993). Forçosa, pois, a extinção do processo, sem julgamento do mérito, com fulcro no inciso VI do art. 267 do CPC." (TRT 2ª R. — AA 20358-2004-000-02-00 — (2005002524) — SDC — Rel. p/o Ac. Juiz Marcelo Freire Gonçalves — DOESP 13.12.2005)

Para Raimundo Simão de Melo[511], o Ministério Público do Trabalho não detém exclusividade no ajuizamento da ação anulatória (de nulidade). Afirma esse doutrinador que a ação anulatória (ou de nulidade) é uma espécie do gênero das ações coletivas, pelo que, de conformidade com os arts. 129, inciso III e § 1º, da Constituição Federal, 5º da Lei n. 7.347/1985 e 82 e incisos do CDC, pode ser proposta não somente pelo Ministério Público do Trabalho, mas também por outros legitimados coletivos autônomos. Não, evidentemente, pelo empregado e pelo empregador. Estes, se não participaram da feitura do instrumento coletivo, como sujeitos coletivos, somente têm legitimidade para pleitear a nulidade incidental, em primeira instância, numa ação que vise à reparação dos danos decorrentes da cláusula ilegal.

Porém, o colendo Tribunal Superior do Trabalho decidiu que somente o Ministério Público do Trabalho tem legitimidade ativa para a propositura da ação anulatória de normas coletivas, conforme a ementa:

"AÇÃO ANULATÓRIA — LEGITIMIDADE ATIVA EXCLUSIVA DO MINISTÉRIO PÚBLICO DO TRABALHO (ARTS. 127, *CAPUT*, 129, II, DA CONSTITUIÇÃO DA REPÚBLICA E 83, IV, DA LEI COMPLEMENTAR N. 75/1993) — ILEGITIMIDADE ATIVA DA EMPRESA. O membro de uma categoria, seja econômica, seja

---

(511) MELO, Raimundo Simão de. *Processo coletivo do trabalho*, cit., p. 240.

profissional, não tem legitimidade para pleitear, em ação anulatória, a declaração de nulidade, formal ou material, de uma ou de algumas das condições de trabalho constantes de instrumento normativo. Se entende que seu direito subjetivo está ameaçado ou violado, cabe-lhe discutir, por meio de dissídio individual, a validade, formal ou material, no todo ou em parte, postulando não a sua nulidade, mas, sim, a ineficácia em relação a ele. Realmente, permitir que o trabalhador ou uma empresa, isoladamente, em ação anulatória, venha se sobrepor à vontade da categoria, econômica ou profissional, que representa a legítima manifestação da assembleia, quando seus associados definem o objeto e o alcance de seu interesse a ser defendido, é negar validade à vontade coletiva, com priorização do interesse individual, procedimento a ser repelido nos exatos limites da ordem jurídica vigente. *Ação anulatória extinta, sem apreciação do mérito, nos termos do art. 267, VI, do CPC."* Processo: ROAA — 6131100-45.2002.5.02.0900 Data de Julgamento: 19.10.2006, Relator Ministro: Milton de Moura França, Seção Especializada em Dissídios Coletivos, Data de Publicação: DJ 24.11.2006.

No entanto, vários dispositivos legais nos conduzem a entender que a legitimidade para a propositura da ação anulatória (ou de nulidade) não é exclusiva[512] do Ministério Público do Trabalho. Podemos mencionar, em primeiro plano, o art. 5º, inciso XXXV, da CF/1988, que trata do princípio da inafastabilidade da jurisdição ou acesso à Justiça, combinado com os arts. 168[513], 177[514] do Código

---

(512) RECURSO ORDINÁRIO EM AÇÃO ANULATÓRIA — LEGITIMIDADE — A lei confere ao Ministério Público do Trabalho e aos sindicatos a legitimidade para propor ação anulatória de instrumento coletivo autônomo. Cabe ao *Parquet* atuar na defesa da ordem jurídica que assegura direitos fundamentais e indisponíveis aos trabalhadores. O trabalhador de forma individual não é parte legítima para ajuizar ação anulatória visando à declaração da nulidade do acordo coletivo de trabalho, em face da natureza dos direitos envolvidos — direitos coletivos da categoria. No entanto, o trabalhador poderá buscar o direito que entender lesado por intermédio de reclamação trabalhista da competência funcional do Juízo da Vara do Trabalho. (Processo: ROAA n. 8743/2002-000-06-00.5, Data de Julgamento: 12.6.2008, Relator Ministro: Mauricio Godinho Delgado, Seção Especializada em Dissídios Coletivos, Data de Publicação: DJ 27.6.2008)
AÇÃO ANULATÓRIA — ILEGITIMIDADE ATIVA *AD CAUSAM* — MEMBRO DA CATEGORIA. A legitimidade para propor ação anulatória de convenção coletiva de trabalho restringe-se ao Ministério Público do Trabalho e às entidades sindicais representantes das categorias econômica e profissional por ela abrangidas. Assim, o trabalhador de forma individual não é parte legítima para ajuizar ação anulatória visando à declaração da nulidade de cláusula convencional de instrumento coletivo de trabalho, em face da natureza dos direitos envolvidos — direitos coletivos da categoria. Contudo, poderá buscar o direito que entender lesado por intermédio de reclamação trabalhista da competência funcional do Juízo da Vara do Trabalho, postulando não a nulidade da norma coletiva, mas tão somente sua ineficácia, com efeitos restritos ao processo em que for parte. Inexistência de legitimidade dos Autores da ação anulatória, porquanto a tutela pretendida alcançará toda a categoria econômica e profissional. Ação anulatória extinta, sem apreciação do mérito, nos termos do art. 267, VI, do CPC. (TRT 3 — Órgão Julgador Seção Espec. de Dissídios Coletivos — Ação Anulatória — Proc. 00834-2009-000-03-00-5 1043, Rel. Conv. Rodrigo Ribeiro Bueno, Pub. DEJT 28.8.2009, p. 51)
(513) Art. 168. As nulidades dos artigos antecedentes podem ser alegadas por qualquer interessado, ou pelo Ministério Público, quando lhe couber intervir.
(514) Art. 177. A anulabilidade não tem efeito antes de julgada por sentença, nem se pronuncia de ofício; só os interessados a podem alegar, e aproveita exclusivamente aos que a alegarem, salvo o caso de solidariedade ou indivisibilidade.

Civil, e, por analogia, o que dispõe o art. 487, inciso II⁽⁵¹⁵⁾, do Código de Processo Civil, referente à ação rescisória, pelo fato também de se tratar de uma ação constitutiva negativa, à semelhança da ação anulatória (ou de nulidade).

Em segundo lugar, para apoiar essa posição, discriminamos duas hipóteses em que outros legitimados poderão pleitear a nulidade de acordo ou convenção coletiva de trabalho: a) acordo coletivo de trabalho, por deliberação apenas da diretoria do sindicato da categoria profissional. Nesse caso, como a titularidade do direito material não é do sindicato, e há a obrigatoriedade de assembleia geral dos trabalhadores para a devida autorização⁽⁵¹⁶⁾, consoante art. 612⁽⁵¹⁷⁾ da CLT, a empresa convenente, a nosso sentir, teria legitimidade para figurar no polo ativo da ação anulatória (ou de nulidade); b) convenção coletiva de trabalho com colusão entre os sindicatos convenentes, que posteriormente vem a lume, prejudicando as empresas da respectiva categoria profissional. Não há negar, no caso, a legitimidade das empresas da categoria econômica, em conjunto ou isoladamente, para ajuizar a

---

(515) Art. 487. Tem legitimidade para propor ação: II — o terceiro juridicamente interessado; III — o Ministério Público:
(516) AÇÃO ANULATÓRIA AJUIZADA POR ASSOCIAÇÃO QUE CONGREGA EMPREGADOS DA CPTM (ASFER). ACORDO COLETIVO DE TRABALHO CELEBRADO ENTRE SINDICATOS PROFISSIONAIS E A COMPANHIA PAULISTA DE TRENS METROPOLITANOS — CPTM. ILEGITIMIDADE ATIVA *AD PROCESSUM* E *AD CAUSAM*. EXTINÇÃO DO PROCESSO SEM RESOLUÇÃO DO MÉRITO. 1. A Constituição Federal, exceto na hipótese de mandado de segurança coletivo (art. 5º, LXX, CF), conferiu aos sindicatos legitimidade para atuar como substituto processual na defesa de direitos e interesses coletivos ou individuais homogêneos dos integrantes da categoria representada (art. 8º, III, CF). Às associações toca o disposto no art. 5º, XXI, da Constituição Federal, em que se contempla instituto jurídico distinto: a representação processual. Todavia, a legitimidade das entidades associativas para representar seus associados, judicial ou extrajudicialmente, nas ações sob o procedimento ordinário, nos termos do art. 5º, XXI, da Constituição Federal, depende de expressa autorização dos representados, implementada em estatuto social e em ata de assembleia geral. Precedentes do Supremo Tribunal Federal. Hipótese em que não consta entre as finalidades institucionais da Associação Requerente (ASFER) a representação judicial de seus associados, nem consta do processo ata de assembleia geral, em que se demonstre tenham os associados autorizado a referida associação a representá-los nesta ação anulatória. Ilegitimidade *ad processum* da ASFER que se confirma. 2. Nos termos da atual jurisprudência desta Seção Normativa, a legitimidade para propor ação anulatória de cláusulas constantes de instrumentos normativos restringe-se ao Ministério Público do Trabalho, conforme expressamente previsto no art. 83, inc. IV, da Lei Complementar n. 75, de 20.5.1993, e, excepcionalmente, aos sindicatos representantes das categorias econômica e profissional e às empresas signatárias desses instrumentos, quando demonstrado vício de vontade. Pretensão da Associação Requerente de decretação de nulidade de cláusula de instrumento coletivo do qual não foi signatária. Ilegitimidade ativa *ad causam* que também se confirma. Recurso ordinário a que se nega provimento. (ROAA — 20285/2005-000-02-00.7, Relator Ministro: Fernando Eizo Ono, Data de Julgamento: 10.11.2008, Seção Especializada em Dissídios Coletivos, Data de Publicação: 5.12.2008)
(517) Art. 612. Os sindicatos só poderão celebrar Convenções ou Acordos Coletivos de Trabalho, por deliberação de Assembleia Geral especialmente convocada para esse fim, consoante o disposto nos respectivos Estatutos, dependendo a validade da mesma do comparecimento e votação, em primeira convocação, de 2/3 (dois terços) dos associados da entidade, se se tratar de Convenção, e dos interessados, no caso de Acordo, e, em segunda, de 1/3 (um terço) dos mesmos.

competente ação anulatória (ou de nulidade) da respectiva convenção coletiva de trabalho. Note-se que, em ambos os casos acima mencionados, o efeito da sentença anulatória (ou de nulidade) será *erga omnes,* extensível a todos os membros da categoria.

Tais situações diferem dos casos em que o trabalhador[518] ou uma empresa, individualmente, buscam a nulidade de cláusula de convenção ou acordo coletivo, sentindo-se afrontados em eventuais direitos ali inseridos. Nesse caso, a sentença, se procedente, produzirá efeitos apenas *inter partes* e não *erga omnes*.

Este é o pensamento de Carlos Henrique Bezerra Leite[519], para quem o trabalhador que se declarar lesado por uma cláusula de convenção ou acordo coletivo, bem como do contrato individual de trabalho, poderá propor ação anulatória da cláusula respectiva em face do empregador e do sindicato profissional (litisconsortes unitários). Só que, nesse caso, a ação será processada como reclamação trabalhista comum, admitindo-se a formação de litisconsórcio facultativo entre os trabalhadores atingidos (dissídio individual plúrimo). A Competência funcional aqui é da Vara do Trabalho.

Para Mauro Schiavi[520], a legitimação do Ministério Público para propor ação anulatória não é exclusiva e, sim, concorrente, pois todas as pessoas que sofrem os efeitos da norma coletiva têm legitimidade para postular sua anulação.

8.5. Legitimidade passiva

Os legitimados passivos nas ações anulatórias (ou de nulidade) são os atores sociais que celebraram os instrumentos normativos (convenções[521] ou

---

(518) AÇÃO DECLARATÓRIA — DE NULIDADE DE CLÁUSULA DE CONVENÇÃO COLETIVA — EMPREGADOS — ILEGITIMIDADE DE PARTE ATIVA — Os empregados-requerentes não possuem legitimidade para figurar no polo ativo de ação anulatória de cláusula de convenção coletiva ou da totalidade da norma coletiva, na medida em que, tratando-se de norma coletiva firmada entre sindicatos representantes dos empregados e empregadores, os efeitos da anulação pretendida alcançariam a categoria em sua totalidade, e, não, somente aos requerentes. Na verdade, a teor do que dispõe o inciso IV, do art. 83 da LC n. 75/1993, é o Ministério Público do Trabalho quem detém a titularidade para a propositura de ação anulatória de cláusula coletiva ou de norma coletiva em sua integralidade, dependendo da natureza do interesse que deflui da realidade concreta. E, tal decisão, não significa que houve impedimento do acesso à Justiça para o questionamento de cláusula coletiva, eis que a controvérsia poderá ser questionada em ação própria, na qual sejam postulados os direitos ali previstos, ou, ainda, em ação declaratória com eficácia restrita aos autores, mas nunca em ação anulatória com efeito *erga omnes*, pois, num eventual acolhimento, toda a categoria envolvida na negociação coletiva será atingida, o que é inadmissível. Processo extinto sem julgamento do mérito. (TRT 15ª R. — AA 664-2008-000-15-00-2 — (314/08) — SDC — Rel. Lorival Ferreira dos Santos — DOE 7.11.2008 — p. 55)
(519) LEITE, Carlos Henrique Bezerra. *Curso de direito processual do trabalho.* 6. ed. cit., p. 1213.
(520) SCHIAVI, Mauro. *Manual de direito processual do trabalho.* 2. ed. São Paulo: LTr, 2009. p. 1959.
(521) Art. 611. Convenção Coletiva de Trabalho é o acordo de caráter normativo, pelo qual dois ou mais sindicatos representativos de categorias econômicas e profissionais estipulam condições de trabalho aplicáveis, no âmbito das respectivas representações, às relações individuais de trabalho.

acordos[522] coletivos de trabalho, ou ainda o contrato coletivo de trabalho dos portuários, de acordo com a Lei n. 8.630/1993[523]), ou seja, os sindicatos das categorias econômicas[524] e profissional, as empresas (caso dos acordos coletivos de trabalho) e ainda os presidentes e até mesmo diretores[525] das entidades sindicais, se agirem com culpa, dolo, fraude ou colusão.

---

(522) § 1º É facultado aos sindicatos representativos de categorias profissionais celebrar Acordos Coletivos com uma ou mais empresas da correspondente categoria econômica, que estipulem condições de trabalho, aplicáveis, no âmbito da empresa ou das empresas acordantes, às respectivas relações de trabalho.

(523) Art. 18. Parágrafo único. No caso de vir a ser celebrado contrato, acordo, ou convenção coletiva de trabalho entre trabalhadores e tomadores de serviços, este precederá o órgão gestor a que se refere o *caput* deste artigo e dispensará a sua intervenção nas relações entre capital e trabalho no porto.

(524) AÇÃO ANULATÓRIA. RECURSO ORDINÁRIO. PEDIDO DE NULIDADE DE CONVENÇÃO COLETIVA DE TRABALHO. DISPUTA DE REPRESENTATIVIDADE. O Regional julgou improcedente a ação anulatória, na qual o Sindicato das Empresas de Transportes de Carga de São Paulo — SETCESP pleiteava a nulidade da CCT 2004/2005, firmada pelo Sindicato dos Motoristas Trabalhadores de Coleta de Lixo Residencial e Industrial de São Paulo — SINDMOTORLIX com o Sindicato das Empresas de Limpeza Urbana do Estado de São Paulo — SELUR, alegando ser o legítimo representante da categoria econômica no ramo da coleta de lixo industrial naquela localidade. A liberdade de criação de sindicatos novos, por desmembramento ou especificação, está prevista no art. 571 da CLT, e só encontra limites no art. 8º, II, da Lei Maior, que não permite a coexistência de sindicatos representativos da mesma categoria, profissional ou econômica, na mesma base territorial. *In casu*, constata-se que o SELUR representa a categoria econômica das empresas privadas nos municípios do Estado de São Paulo, responsáveis pela coleta e transportes de resíduos domiciliares, industriais e hospitalares, conforme disposto em seu estatuto social e no seu registro no Ministério do Trabalho, que é o meio efetivo de se comprovar a legitimidade da entidade sindical, nos termos da Orientação Jurisprudencial n. 15 da SDC, ao mesmo tempo em que torna pública a sua existência jurídica. Desse modo, não há como não se reconhecer a legitimidade do SELUR para firmar o Acordo supracitado, motivo pelo qual mantém-se a decisão regional e nega-se provimento ao recurso. Recurso ordinário não provido. (ROAA — 20021/2005-000-02-00.3, Relatora Ministra: Dora Maria da Costa, Data de Julgamento: 10.8.2009, Seção Especializada em Dissídios Coletivos, Data de Publicação: 21.8.2009)

(525) Encontramos inúmeras Ações Civis Públicas na Justiça do Trabalho postulando não apenas o afastamento ou a destituição de dirigentes sindicais, bem como a exclusão dos dirigentes dos quadros associativos, expedição de ordem judicial para que a respectiva Federação indique novos membros para compor o conselho diretor do sindicato, cumulada com fixação de prazo para a realização de um novo processo eleitoral, em casos em que o Ministério Público do Trabalho, após a instauração de Inquérito Civil, concluiu, em material probatório, que os dirigentes sindicais laboram com dolo ou fraude, na cobrança desvirtuada de valores de empregadores, a título de contribuição confederativa e negocial ao arrepio da lei, além de permitir a continuidade de obras para aqueles que pagassem as taxas cobradas, sob a promessa de que não seriam denunciados ao *Parquet* Trabalhista. Em face da ausência da competência penal na Justiça do Trabalho, confirmada pelo Supremo Tribunal Federal em sede de ADI n. 3.684, ajuizada pelo Procurador-Geral da República, em decisão *ex-tunc*, para atribuir interpretação conforme à Constituição, aos incisos I, IV e IX de seu art. 114, declarando que, no âmbito da jurisdição da Justiça do Trabalho, não está incluída competência para processar e julgar ações penais, alguns magistrados aduzem em suas sentenças que tais pedidos de índole penal extrapolam os limites da lide por não ser da competência desta Especializada, cujos pleitos deveriam ser ajuizados na Justiça Estadual. Diante do reconhecimento de ilegalidades na cobrança de contribuições sindicais não previstas em lei, de forma indistinta (associados ou não ao sindicato), bem como a empregadores, os sindicatos têm sido condenados a devolver os valores indicados nos autos, de forma atualizada e acrescida de juros pelos critérios trabalhistas, aos trabalhadores individualizados ou pelo montante global quando não há individualização. Não sendo possível reverter os valores aos efetivos trabalhadores destinatários, no caso trabalhadores não associados que sofreram os descontos, aliado ao fato que muitos desses trabalhadores, por certo, não mais detêm seus antigos postos

Se as Federações e as Confederações[526] celebrarem acordos ou convenções cole-tivas de trabalho, no caso de inexistência de sindicatos de base, tais entidades também poderão figurar no polo passivo das ações anulatórias (ou de nulidade) de cláusula ou de acordo ou convenção coletiva.

Nessas hipóteses, teremos a aplicação do instituto do litisconsórcio passivo necessário, nos moldes do art. 47 do CPC, que estatui:

> "Há litisconsórcio necessário, quando, por disposição de lei ou pela natureza da relação jurídica, o juiz tiver de decidir a lide de modo uniforme para todas as partes; caso em que a eficácia da sentença dependerá da citação de todos os litisconsortes no processo."

8.6. Competência material para julgamento das ações anulatórias

A competência material[527] para dirimir controvérsias oriundas das cláusulas normativas e obrigacionais inseridas nos acordos ou nas convenções coletivas, por meio das ações anulatórias (ou de nulidade), é da Justiça do Trabalho, conforme se depreende do art. 114 da Constituição Federal, *in verbis*:

> "Art. 114. Compete à Justiça do Trabalho processar e julgar:
>
> I — as ações oriundas da relação de trabalho, abrangidos os entes de direito público externo e da administração pública direta e indireta da União, dos Estados, do Distrito Federal e dos Municípios;
>
> III — as ações sobre representação sindical, entre sindicatos, entre sindicatos e trabalhadores, e entre sindicatos[528] e empregadores;

---

de trabalho, os magistrados têm determinado que as importâncias devidas sejam revertidas em favor de entidades assistenciais do próprio Município, por indicação do autor, invariavelmente, o Ministério Público do Trabalho. Ademais, neste tipo de ação civil pública, os sindicatos réus são condenados a obrigação de não fazer, vale dizer, de abster-se de exigir, cobrar ou receber de trabalhadores integrantes da categoria profissional que representam, não associados à entidade sindical, valores a quaisquer títulos não previstos em lei, como a contribuição confederativa, assistencial ou negocial, sob pena de multas diárias elevadas, em caso de não cumprimento da obrigação. Além disso, os sindicatos ficam responsáveis pela comunicação aos empregadores, indicando quais empregados são sindicalizados e podem ser alvo dos descontos. Geralmente, o fulcro dessas decisões judiciais são a Súmula n. 666 do Supremo Tribunal Federal e o Precedente Normativo n. 119 do colendo Tribunal Superior do Trabalho.

(526) Art. 611 da CLT. § 2º As Federações e, na falta destas, as Confederações representativas de categorias econômicas ou profissionais poderão celebrar convenções coletivas de trabalho para reger as relações das categorias a elas vinculadas, inorganizadas em sindicatos, no âmbito de suas representações.

(527) COMPETÊNCIA MATERIAL — JUSTIÇA DO TRABALHO — A competência material é definida através do exame dos substratos fáticos e jurídicos deduzidos na lide. Destarte, tratando-se de pedidos envolvendo vínculo de natureza trabalhista, é esta a Justiça competente para apreciar o feito, a teor do art. 114 da Constituição Federal (TRT 5ª R. — RO 00019-2008-611-05-00-7 — 3ª T. — Relª Sônia França — J. 10.2.2009)

(528) LIDES ENTRE TRABALHADORES E O SINDICATO — COMPETÊNCIA MATERIAL DA JUSTIÇA DO TRABALHO — ART. 114, III, CF/1988 — Após a edição da Emenda Constitucional n. 45, compete à Justiça do Trabalho dirimir as lides entre os trabalhadores e o sindicato da categoria, conforme se

IX — outras controvérsias decorrentes da relação de trabalho, na forma da lei."

A Lei Complementar n. 75/1993, no art. 83, inciso IV, declara:

"IV — propor as ações cabíveis para declaração de nulidade de cláusula de contrato, acordo coletivo ou convenção coletiva que viole as liberdades individuais ou coletivas ou os direitos individuais indisponíveis dos trabalhadores."

O art. 625 da CLT também estabelece:

"Art. 625. As controvérsias resultantes da aplicação de Convenção ou de Acordo celebrado nos termos deste Título serão dirimidas pela Justiça do Trabalho."

No mesmo sentido, a Lei n. 8.984/1995, em seu art. 1º, que estatui:

"Art. 1º Compete à Justiça do Trabalho conciliar e julgar os dissídios que tenham origem no cumprimento de convenções coletivas de trabalho ou acordos coletivos de trabalho, mesmo quando ocorram entre sindicatos ou entre sindicato de trabalhadores e empregador."

8.7. Competência hierárquica ou funcional para julgamento das ações anulatórias

A competência hierárquica ou funcional relaciona-se com as atribuições dos distintos órgãos e juízes no mesmo processo. É vista sob o plano horizontal, em que as atribuições conferidas a cada órgão são estudadas, ou sob o plano vertical, que é a competência hierárquica, aquela originada das diversas hierarquias dos órgãos julgadores pelos quais passa o processo[529].

A competência funcional atribuída a um órgão para realizar certos atos (horizontal) ou para conhecer determinada causa em primeiro ou segundo grau (vertical ou hierárquica) está inserida na competência absoluta, pois é de ordem pública e, portanto, inderrogável[530].

Como regra geral, a competência originária é atribuída à primeira instância e, específicamente no Direito Processual do Trabalho, às Varas do Trabalho, cabendo a competência recursal à segunda instância e às instâncias superiores.

As exceções à regra geral são definidas expressamente pela Constituição Federal e pelas leis processuais (art. 105, I, *h*, CF/1988, art. 678, *b*, 3, da CLT e art. 2º, I, *a*, da Lei n. 7.701/1998).

---

extrai do inciso III, do art. 114 da CF/1988. (TRT 12ª R. — AG-PET 00336-1989-026-12-01-4 — (05540/2005) — Florianópolis — 1ª T. — Rel. Juiz Marcus Pina Mugnaini — J. 4.5.2005) JCF.114 JCF.114.III.
(529) MENEZES, Cláudio Armando Couce de. Jurisdição e competência. *Síntese Trabalhista*, São Paulo, n. 120, p. 15, jun. 1999.
(530) *Id., loc. cit.*

Entretanto, existe absoluta falta de previsão legal no tocante ao órgão competente originário que deverá processar e julgar a ação anulatória (ou de nulidade). Uma primeira corrente se posiciona no sentido de que tal competência é das Varas do Trabalho, enquanto uma segunda entende que essa competência deve ser atribuída, originalmente, aos Tribunais Regionais do Trabalho e eventualmente ao Tribunal Superior do Trabalho.

Eduardo de Azevedo Silva[531] destaca "que a competência na esfera funcional é do órgão de primeiro grau de jurisdição, no caso as Juntas de Conciliação e Julgamento (agora Varas do Trabalho), pois, sem nenhuma dúvida, não se trata de matéria que se inclua na competência originária dos Tribunais".

De forma contrária, opina Raimundo Simão de Melo[532] sobre a temática, ao afirmar que, embora se trate a ação de nulidade de uma espécie de ação civil pública, cuja competência para apreciação e julgamento é dos órgãos judiciais de primeiro grau de jurisdição, em razão da peculiaridade de seu objeto — desconstituição de um instrumento normativo coletivo — enquanto não houver uma lei estabelecendo qual o órgão jurisdicional funcionalmente competente, deve a competência ser atribuída aos Tribunais Regionais do Trabalho e ao Tribunal Superior do Trabalho, conforme a abrangência do instrumento, no caso de pedido de nulidade geral (*erga omnes*) e *in abstracto* de contrato coletivo, acordo coletivo ou convenção coletiva de trabalho, quer seja a ação proposta pelo Ministério Público do Trabalho, por outros legitimados ou pelos trabalhadores, em coalizão. Aqui o que determina a competência dos Tribunais é o pedido de desconstituição do instrumento com efeito geral e abstrato para toda a categoria envolvida, profissional e econômica, adotando-se, por analogia, a competência normativa nos dissídios coletivos, a qual é atribuída no nosso sistema processual somente aos Tribunais e não às Varas do Trabalho.

Não apenas a doutrina como a jurisprudência vem se posicionando no sentido de que essa competência funcional não é das Varas do Trabalho. Vejamos alguns posicionamentos recentes dos Tribunais do Trabalho:

"EMENTA: RECURSO ORDINÁRIO EM AGRAVO REGIMENTAL — AÇÃO ANULATÓRIA. COMPETÊNCIA HIERÁRQUICA DO TRT. A reiterada jurisprudência deste Eg. Colegiado cristalizou a orientação de que a competência para decidir acerca da validade ou da nulidade de normas relativas às condições coletivas de trabalho estende-se, por força expressa da Lei n. 8.984/1995, às disposições constantes de convenções e acordos coletivos de trabalho e constitui atribuição exclusiva dos Órgãos Jurisdicionais Trabalhistas de instâncias superiores, a saber, os Tribunais Superior e Regionais do Trabalho, aos quais competem a produção e interpretação de tais normas, como decorrência lógica do exercício do Poder Normativo. Recurso

---
(531) SILVA, Eduardo de Azevedo. Anulação de cláusula convencional. *Trabalho e Doutrina*: processo jurisprudência, São Paulo, n. 13, p. 146-150, jun. 1997.
(532) MELO, Raimundo Simão de. *Processo coletivo do trabalho*, cit., p. 253.

Ordinário a que se dá provimento." (ROAG — 557543/1999.7, Relator Ministro: Valdir Righetto, Data de Julgamento: 4.10.1999, Seção Especializada em Dissídios Coletivos, Data de Publicação: 5.11.1999)

"AÇÃO ANULATÓRIA DE CLÁUSULA DE CONVENÇÃO COLETIVA — COMPETÊNCIA FUNCIONAL ORIGINÁRIA — A Seção de Dissídios Coletivos desta Corte pacificou entendimento no sentido de que, tratando-se de ação declaratória de nulidade de cláusula de convenção coletiva de trabalho ou de Acordo Coletivo de Trabalho, proposto pelo Ministério Público do Trabalho, a competência originária, hierárquica ou funcional cabe ao Tribunal Regional do Trabalho, por seu Pleno ou Órgão Especial, e não à Vara do Trabalho, o que se justifica em face da natureza coletiva dos interesses tutelados na referida ação. Recurso de Revista conhecido e provido." (TST — RR 526499 — 2ª T. — Rel. Min. José Luciano de Castilho Pereira — DJU 5.12.2003)

Ademais, o próprio Regimento Interno do Tribunal Superior do Trabalho, no art. 70, inciso I, letra "c", dispõe:

"À seção especializada em Dissídios Coletivos compete:

I — originariamente: (...) c) julgar as ações anulatórias de acordos e convenções coletivas."

Portanto, considerando que a ação anulatória (ou de nulidade) é espécie de ação coletiva *sui generis*, que produz eficácia *erga omnes* ou *ultra partes*, de natureza declaratória e constitutiva-negativa, ao contrário do dissídio coletivo, que é de natureza constitutiva, embora ambas as ações produzam efeitos abstratos e gerais para uma coletividade, não há negar que o órgão competente para processar e julgar tais ações deva deter a titularidade do poder normativo (art. 114, § 2º, CF/1988), que é atributo do segundo e do terceiro graus de jurisdição trabalhista, logo, dos Tribunais Regionais do Trabalho e eventualmente do Tribunal Superior do Trabalho, dependendo da extensão territorial ou espacial do conflito coletivo.

8.8. Reflexos processuais da decisão judicial

Como estamos a tratar, neste tópico, dos efeitos jurídicos decorrentes de acórdão judicial, já que acertadamente doutrina e jurisprudência acordam que a competência para processamento e julgamento das ações anulatórias (ou de nulidade) de cláusulas ou instrumentos normativos coletivos é do segundo grau de jurisdição, temos de nos socorrer, até por força do art. 8º da CLT, no Direito comum, e neste caso especificamente no Direito Civil, no que respeita aos efeitos jurídicos dessa nulidade.

Podemos aduzir, ainda, que os efeitos da nulidade de atos normativos moleculares se processam de idêntica maneira que os atos jurídicos atomizados. Em outras palavras, embora os efeitos da sentença atomizada sejam *inter partes* e das moleculares *erga omnes* ou *ultra partes*, sobrevindo o acórdão de nulidade de cláusulas ou de todo o conteúdo de um acordo ou convenção coletiva de trabalho, os efeitos jurídicos se estenderão a todos os envolvidos, indistintamente.

Assim sendo, podemos buscar apoio em José Carlos Barbosa Moreira[533], que nos ensina que o novo Código Civil brasileiro dedica à invalidade do negócio jurídico o capítulo V do Título I do Livro III da Parte Geral (arts. 166 a 184). Já ressalta da rubrica o maior apuro terminológico: o capítulo correspondente do Código antigo ostentava a rubrica "Das nulidades", embora nele se tratasse igualmente da anulabilidade. Fica certo, desde logo, que a designação genérica é invalidade, não nulidade: esta e a anulabilidade são as espécies.

Aduz[534], a seguir, que o art. 166, que cataloga os casos de nulidade, corretamente se abstém de qualquer alusão a efeitos. As hipóteses de anulabilidade estão indicadas no art. 171, que começa por uma cláusula, a rigor, desnecessária, mas talvez praticamente útil, destinada a frisar que existem outras hipóteses, previstas *expressis verbis* alhures, além das duas apontadas nos incisos (incapacidade relativa do agente e vício resultante de erro, dolo, coação, estado de perigo, lesão ou fraude contra credores). No art. 177, correspondente ao art. 152 do diploma antecedente, corrige-se a referência a "nulidades", substituída pela expressão adequada ("a anulabilidade").

Para esse doutrinador[535], as diferenças são as estabelecidas na lei. No sistema do novo Código Civil, como no do antigo (apesar dos deslizes terminológicos), a mais importante respeita ao modo pelo qual se dá efetividade à consequência do defeito. A nulidade pode ser alegada "por qualquer interessado, ou pelo Ministério Público, quando lhe couber intervir", e deve ser pronunciada "pelo juiz, quando conhecer do negócio jurídico ou dos seus efeitos e as encontrar provadas, não lhe sendo permitido supri-las, ainda que a requerimento das partes" (art. 168 e seu parágrafo único). Já "a anulabilidade não tem efeito antes de julgada por sentença, nem se pronuncia de ofício; só os interessados a podem alegar, e aproveita exclusivamente aos que a alegarem, salvo o caso de solidariedade ou indivisibilidade" (art. 177). O negócio simplesmente anulável subsiste enquanto não for anulado e, em regra, nesse meio-tempo, produz os efeitos a que visava. Pode ocorrer que ninguém tome a iniciativa de promover a anulação; vencido o prazo de decadência, se existe, o negócio prevalece e torna-se inatacável por aquele fundamento. A eficácia será plena, a menos que regra legal a exclua ou a restrinja.

Conclui José Carlos Barbosa Moreira[536] sobre o tema, alertando que a iniciativa do interessado em promover a anulação pode naturalmente exercitar-se em

---

(533) MOREIRA, José Carlos Barbosa. Invalidade e ineficácia do negócio jurídico. *Revista Síntese de Direito Civil e Processo Civil*, São Paulo, n. 23, p. 118, maio/jun. 2003.
(534) *Id., loc. cit.*
(535) *Ibidem*, p. 119.
(536) *Ibidem*, p. 119-120.

ação autônoma: (...) Com efeito: anulado o negócio (ou o ato), a situação jurídica será igual à que existiria se não se houvesse realizado o negócio (ou o ato); é o que deflui do disposto no art. 182, *verbis*: "restituir-se-ão as partes ao estado em que antes dele se achavam". Exercitada autonomamente ou por via reconvencional, a ação de anulação é constitutiva negativa. Por meio dela exerce o interessado direito potestativo, suscetível de decadência (não de prescrição) e o prazo decadencial é de quatro anos para os casos de incapacidade relativa do agente e os de vício resultante de erro, dolo, coação, estado de perigo, lesão ou fraude contra credores (art. 178); "quando a lei dispuser que determinado ato é anulável, sem estabelecer prazo para pleitear-se a anulação, será este de dois anos, a contar da data da conclusão do ato" (art. 179). Vencido *in albis* o prazo de decadência, o negócio deixa de ser anulável e prevalece; seus efeitos serão os mesmos que produziria se nenhum defeito contivesse *ab initio*.

Com supedâneo nesses ensinamentos, podemos concluir que os reflexos do acórdão na ação anulatória (de nulidade) de instrumentos coletivos são *ex tunc*, ou seja, retroativos, operando-se como se nunca tivessem existido e retroagindo as partes ao *status quo ante*[537], e *erga omnes*, posto que atos nulos não produzem efeitos jurídicos.

Como corolário lógico, a decisão ou acórdão provindo da ação anulatória (de nulidade) por ser *erga omnes* atingirá todos os membros das categorias econômica e profissional, no prazo de vigência do instrumento normativo eivado de nulidade, à semelhança dos efeitos jurídicos provenientes de uma decisão do Supremo Tribunal Federal nas ações declaratórias de constitucionalidade (ADECON) ou de inconstitucionalidade (ADIN) de lei ou ato normativo.

De forma ilustrativa, podemos mencionar situações em que o Ministério Público do Trabalho postula em juízo a desconstituição, com efeitos gerais e abstratos, de cláusulas inseridas em acordos ou convenções coletivas de trabalho que colidam com o conteúdo da Súmula n. 666 do Supremo Tribunal Federal e do Precedente Normativo n. 119 do Tribunal Superior do Trabalho, por meio das quais os sindicatos profissionais buscam cobrar de trabalhadores não associados taxas assistenciais, confederativas ou com qualquer outra denominação, mas com o mesmo propósito. Tais comandos judiciais poderão decretar ainda a devolução de valores pagos e descontados dos trabalhadores, por aqueles títulos, com juros e correção monetária, em prazo de até cinco anos, por considerar tais cláusulas abusivas e ilegais ao interesse dos trabalhadores.

---

(537) CLÁUSULA DE IRREDUTIBILIDADE SALARIAL ESTIPULADA EM NORMA CONVENCIONAL — REDUÇÃO DE CARGA HORÁRIA DE PROFESSOR — A interpretação das normas coletivas deve ser feita restritivamente, isto é, tendo como base aquilo que as partes livremente convencionaram e escreveram. Se a redução do número de aulas pode se dar por iniciativa do professor ou da escola mediante homologação sindical, a falta do referido ato transforma a redução havida em ato nulo que retorna as partes ao *status quo ante*, pelo que devem ser pagas as diferenças salariais. (TRT 3ª R. — RO 00301-2007-129-03-00-1 — 6ª T. — Rel. Des. Antônio Fernando Guimarães — DJe 8.5.2008)

Capítulo V

Parceirização Jurisdicional Trabalhista

1. Origem

O termo parceirização é relativamente novo e até o momento não se tem notícia de que tenha sido aplicado no mundo do Direito, exceto sob a designação de "parceria", sendo utilizado com maior intensidade no mundo econômico e nas áreas de planejamento estratégico, bem como para qualificar os poucos acordos de cooperação técnica celebrados por alguns órgãos públicos[538] entre si, e destes últimos com empresas da iniciativa privada, e ainda para designar os "termos de parceria"[539] oriundos da Lei n. 9.790/1999, relacionados às OSCIPs (organizações da sociedade civil de interesse público), que consistem na celebração de contratos firmados por órgãos públicos com tais entidades.

Na órbita econômica, o termo parceirização também é utilizado na terceirização de atividades pelas empresas, caracterizando-se como moderna técnica de gestão empresarial, por meio da qual as organizações transferem atividades que não são de vocação da empresa para especialistas, o que acarreta mudanças estruturais, culturais, de procedimentos, de sistemas e controles distribuídos em toda a malha

---

(538) Segundo informou em 15.12.2009 o *site* da AGU (Advocacia Geral da União), este órgão e o CNJ (Conselho Nacional de Justiça) firmaram acordo de cooperação técnica para estabelecer medidas para o intercâmbio de dados e informações de interesse recíproco, com o objetivo de reduzir demandas judiciais relacionadas à assistência à saúde.

(539) O Termo de Parceria é uma das principais inovações da Lei das OSCIPs. Trata-se de um novo instrumento jurídico criado pela Lei n. 9.790/1999 (art. 9º) para a realização de parcerias unicamente entre o Poder Público e a OSCIP para o fomento e a execução de projetos. Em outras palavras, o Termo de Parceria consolida um acordo de cooperação entre as partes e constitui uma alternativa ao convênio para a realização de projetos entre OSCIPs e órgãos das três esferas de governo, dispondo de procedimentos para a celebração de um convênio.

produtiva da organização, com o objetivo de alcançar os melhores resultados, concentrando os esforços da empresa em sua atividade principal[540].

O termo parceirização passou a ser frequentemente utilizado para expressar alguns contratos, precedidos de licitação, realizados por órgãos públicos com empresas privadas de alta complexidade tecnológica e de informação, especialmente na área de desenvolvimento de projetos de informática, como os realizados com o Ministério Público da União e com o Poder Judiciário para imple-mentar projetos de digitalização de procedimentos administrativos e processos judiciais nessas instituições.

Como qualificadores do processo de parceirização em cotejo com os métodos tradicionais de gestão são mencionadas, entre outros, as mudanças no relacionamento entre os parceiros, que não são mais vistos como adversários, mas sim como sócios, a visão holística do empreendimento e não apenas de um único setor ou área de produção, a confiança em lugar da desconfiança entre os parceiros, a negociação do tipo "ganha-ganha" em contraposição ao "levar vantagem em tudo", economias de escalas, o enfoque na qualidade, a postura criativa e proativa dos parceiros e sua integração em prol de um objetivo comum[541].

2. Conceito

No mundo econômico, o termo "parceirização" consiste em neologismo utilizado no mercado de tecnologia da informação, especialmente em setores que exigem altos níveis de conhecimento e relacionamento (especialmente na área governamental).

Para Renata Mesquita[542], significa união de parceiros no desenvolvimento de projetos de informação, cujo objetivo é satisfazer os órgãos públicos na modernização de seus processos administrativos com a adoção de tecnologias de ponta.

A parceirização é um conceito administrativo relativamente novo, que desponta como tendência ideal para a realização de contratos e negócios com o setor governamental, por meio de licitações, e, embora ainda não conste nos dicionários, vem sendo usado (e praticado) por diversas áreas da economia para explicar o

---

(540) EMMENDOERFER, Magnus Luis; SILVA, Luiz Cláudio Andrade. Terceirização e parceirização nos serviços em saneamento em Minas Gerais. *Revista Brasileira de Gestão e Desenvolvimento Regional*, Taubaté, v. 5, n. 2, p. 139-145, maio/ago. 2009.
(541) *Ibidem*, p. 148.
(542) MESQUITA, Renata. Um por todos e todos por um. *Revista Informação*, São Paulo, ano 1, n. 3, p. 14-23, 2008.

fenômeno da atuação em conjunto de empresas (muitas vezes concorrentes), uma complementando a outra para atender e satisfazer o cliente[543].

Segundo o Dicionário Eletrônico Houaiss, "parceria" significa "reunião de indivíduos para alcançar um objetivo comum", o que se coaduna com o vocábulo "parceirização", mas, adequando-o para manejo na órbita do Direito Processual do Trabalho, especialmente no microssistema processual de tutela coletiva, passaremos a denominá-lo de "parceirização jurisdicional trabalhista", termo que pretendemos utilizar em nosso desenvolvimento para expressar o protagonismo ou ativismo simultâneo dos magistrados do Poder Judiciário Trabalhista e membros do Ministério Público do Trabalho para a consecução de direitos e interesses difusos, coletivos e indi-viduais homogêneos em sede de ações moleculares trabalhistas, desde que imantados de interesse público ou de relevância social.

Daí, a escolha do tema da presente obra, até o momento sem precedentes no Direito brasileiro, do estudo do relevante microssistema processual de tutela coletiva em cotejo com o fenômeno da parceirização jurisdicional trabalhista, que no fundo busca, por meio de uma atitude proativa de um Poder do Estado (Judiciário) e um Quase Poder[544], até mesmo denominado de Quarto Poder por parte da doutrina (Ministério Público), com o suporte constitucional que lhes foi outorgado, realizar no plano jurídico, especialmente no campo do Direito Processual Coletivo do Trabalho, os avanços em termos de concretização de direitos sociais, de forma semelhante ao sucesso obtido pelas empresas no campo das relações privadas.

A espécie de parceirização jurisdicional na área trabalhista preconizada em nosso trabalho nada tem a ver com o voluntarismo[545] na área judicial, o qual eventualmente pode se verificar no campo do Direito Processual Penal, por meio do qual promotores e procuradores da República, com a ascensão e os novos poderes de que foram investidos pela Constituição de 1988, requisitam ações de delegados

---

(543) *Id., loc. cit.*
(544) Assim declarou CASAGRANDE, Cássio. *Op. cit.*, p. 101: "ainda que não se possa dizer que no sistema político brasileiro o Ministério Público seja um dos poderes do Estado, ao lado do Executivo, do Legislativo e do Judiciário, não se pode negar que à instituição foi atribuído um *status* constitucional, poderes e prerrogativas que lhe dão características de um 'quase poder', e também porque, com o instrumental de que dispõe, suas iniciativas, judiciais ou extrajudiciais — para o cumprimento da carta--programa subjacente à Constituição acabam, em determinadas situações, por pautar a agenda e o comportamento dos três ramos em que se organiza o Estado brasileiro".
(545) Esse movimento denominado voluntarismo judicial teve seu zênite na operação denominada Santiagraha, por meio da qual procuradores do Ministério Público da União, delegados da Polícia Federal e juízes federais trabalharam em conjunto no combate ao crime organizado e lavagem de dinheiro. A contraposição a esse movimento surgiu com a figura dos legalistas, sobre os quais pesam a lerdeza burocrática e as fragilidades processuais que beneficiam suspeitos. GIELOW, Igor. A fatura chegou. *Folha de S. Paulo*, São Paulo, Caderno A2, 24 dez. 2009, p. 2.

federais e, posteriormente, ajuízam ações penais na Justiça Federal no combate ao crime organizado e à lavagem de dinheiro.

A parceirização jurisdicional trabalhista tem como escopo promover mudanças[546] no relacionamento entre os magistrados[547] do Poder Judiciário[548] Trabalhista e os membros do Ministério Público do Trabalho, de molde a torná-los uma espécie de parceiros na busca da realização da justiça social, nos processos e nas ações judiciais moleculares, em que estes agentes políticos atuam em conjunto, em suas respectivas circunscrições/jurisdições, os primeiros, especialmente, nas Varas do Trabalho, e os segundos, nas Procuradorias do Trabalho[549] nos Municípios ou ainda nas Procuradorias Regionais nas sedes das capitais brasileiras.

---

(546) BEBBER, Júlio Cesar. Influência da personalidade do juiz ao decidir. *Revista Trabalhista Direito e Processo*, São Paulo, n. 28, p. 73. Diz o autor: "a sentença representa um ato mental do juiz. Para chegar à decisão justa, porém, é imprescindível que o juiz utilize a sensibilidade, a intuição e a emoção. Só assim poderá penetrar na realidade das novas situações sociais. Ao entrar em contato com os seus sentimentos, o juiz é transportado para sua história de vida. A autoanálise, então, passa a constituir um elemento fundamental, pois, somente assim, o juiz poderá ter consciência das influências das suas emoções na formação do seu convencimento. O juiz que não analisa suas emoções para decidir é um sujeito fraco e covarde. Tem medo de seus sentimentos. Por isso, não sabe lidar com eles. Daí, a razão de se manter alheio às realidades angustiantes e de se esconder atrás da arrogância e dentro da aparente segurança de sua toga".
(547) Veja extrato da sentença judicial proferida nos Autos n. RT Ord. 01079-2008-658-09-00-9, na 2ª Vara do Trabalho de Foz do Iguaçu, de lavra da Juíza Titular Neide Consolata Folador: (...) Conforme já salientou o Juiz Lourival Barão Marques Filho, ao prestar informações em mandado de segurança que desconstituiu a penhora da Santa Casa: "penso que o juiz moderno deve superar a visão meramente individualista e singular das relações processuais e atuar de modo efetivo no campo político. O juiz inerte e passivo é um resquício da Revolução Francesa ou, como diziam os exegetas franceses, o juiz era a boca da Lei. Ora, o juiz deve ser muito mais do que isto, deve buscar influenciar no campo social, político, para resolver efetivamente o conflito trazido a ele. (...) a execução tem que ser efetiva-eficaz, sob pena de tornar letra morta e inócua o processo de conhecimento que a antecedeu. Aliado a este fato (satisfação do credor), deve-se pensar na continuidade do empreendimento que gera riqueza e distribui postos de trabalho".
(548) PRADO, Lidia Reis de Almeida. *O juiz e a emoção*: aspectos da lógica da decisão judicial. 3. ed. Campinas: Millenium, 2005. p. 96. Diz a autora: "o juiz deve ser um poeta, alguém que morre de dores, que não são suas, alguém que vive o drama do processo, alguém capaz de descer às pessoas que julga, alguém que capta os sentimentos e aspirações da comunidade, alguém que incorpora na sua alma e na própria vida a fome de justiça do povo a que serve. Diverso desse paradigma é o juiz distante, alheio, burocrata, no sentido pejorativo — cuja pena se torna para ele um peso, não por sentir as dores que não são suas, mas pelo enfado de julgar; pela carência do idealismo e da paixão que tornariam seu ofício uma aventura digna de dedicação de uma existência". A autora ainda acrescenta: "Pondera Nalini que o juiz deve proferir a sentença com sentimento e não se reduzir a um mero burocrata repetidor de decisões alheias, com a finalidade de aderir à maioria. Ele acrescenta que, embora não haja no Brasil estudos científicos sobre o perfil psicológico do magistrado, a origem social, as contingências familiares, a situação econômica, raça, crença religiosa, refletirão na decisão a ser proferida, ao lado das influências psicológicas (traços de personalidade e preconceitos)". (*Ibidem*, p. 21)
(549) Procuradoria do Trabalho no Município é a nova denominação dos ex-ofícios do Ministério Público do Trabalho, que funcionavam nos Municípios como parte do Projeto de Interiorização, alterada por determinação da Procuradoria Geral do Ministério Público do Trabalho, com sede em Brasília.

A parceirização jurisdicional destes agentes políticos (magistrados e membros do Ministério Público do Trabalho) pressupõe como condicionantes o aumento da confiança recíproca, o tratamento holístico dos casos concretos e os efeitos sociais que advirão das questões ou demandas que forem judicializadas, relativamente aos trabalhadores envolvidos, com foco sempre no sentido de viabilizar a manutenção dos empregos e, destarte, a sobrevivência das empresas, por meio de acordos ou decisões judiciais céleres e com economia processual, que primem pela economia de escala, ou seja, que atinjam o atacado (o maior número possível de trabalhadores), com criatividade e integração, sempre em busca do interesse público.

3. OUTRAS FORMAS DE PARCERIA DO PARQUET LABORAL

Além de sua atuação judicial, representada pelo ajuizamento de ações coletivas e a manifestação nos autos, por meio de pareceres, nos casos previstos em lei, a exigir o interesse público, seja na qualidade de órgão agente ou interveniente, o Ministério Público do Trabalho apresenta uma profícua atuação extrajudicial no campo de parcerias com entidades da sociedade civil e órgãos públicos, sobre a qual nos deteremos apenas perfunctoriamente, por não constituir o foco principal de nosso trabalho.

No que tange à mudança de orientação do Ministério Público do Trabalho, provocada pela Constituição Federal de 1988, Sandra Lia Simón[550] se manifestou, aduzindo que a alteração na forma de atuar pautou-se na ênfase à atividade investigativa, por meio de inquéritos civis e quaisquer outros procedimentos investigatórios, buscando soluções extrajudiciais, mediante os chamados Termos de Ajuste de Conduta (TAC), ou jurisdicionais, por meio das referidas ações civis públicas (ou ações civis coletivas, ou qualquer ação de natureza coletiva), com requerimentos que impõem aos infratores obrigações de fazer e não fazer, além de multas e, mais recentemente, pedidos de indenização por dano moral coletivo.

A atuação do Ministério Público do Trabalho como defensor da sociedade praticamente se confunde com a luta pela manutenção do Estado de Direito, na busca do equilíbrio nas relações trabalhistas, sempre marcadas por disputas e desigualdades. Para que essa atuação tenha efetividade, não pode ser empreendida de forma isolada, em especial considerando-se os interesses divergentes que busca conciliar. É imprescindível que exista articulação com os demais agentes políticos e a sociedade civil, sempre que persigam objetivos do mesmo porte. Daí, as constantes parcerias do Ministério Público do Trabalho com o Ministério do Trabalho e do Emprego, a Organização Internacional do Trabalho — OIT, outros ramos do

---

(550) SIMÓN, Sandra Lia. *Ministério público do Trabalho*. Coordenadorias temáticas. Brasília: Escola Superior do Ministério Público da União, 2006. p. 10.

Ministério Público, sindicatos e diversas organizações não governamentais. O processo de integração com a sociedade passou a ser permanente com a participação dos procuradores do trabalho em fóruns e comissões, a constante realização de audiências públicas e o acompanhamento de processos legislativos[551].

Outra parceria importante levada a efeito pelo Ministério Público do Trabalho foi estabelecida com os setores da mídia, no sentido de informar à sociedade, principalmente aos trabalhadores, seus direitos fundamentais. Nesse sentido, assim se expressou Luís Antonio Camargo de Melo[552]:

> "O papel da imprensa é justamente informar e aproximar a sociedade civil dessa realidade, infelizmente ignorada por muitos segmentos sociais. Não obstante, no reconhecimento do trabalho da mídia havia uma preocupação quanto às informações prestadas pelos Auditores e Procuradores do Trabalho com o objetivo de garantir o sigilo das operações e a divulgação correta dos fatos. Ficou assentado que nenhuma informação deve ser sonegada aos meios de comunicação, desde que não comprometa o sucesso das operações. No caso da necessidade de ser mantido o sigilo da operação, após a sua concretização, os fatos deverão ser passados para a imprensa, respeitando-se, sempre, o direito ao sigilo dos dados pessoais do denunciante, quando este assim postular. O fortalecimento das parcerias e a consequente integração do Ministério Público do Trabalho com outros órgãos e instituições que atuam no combate ao trabalho escravo, dentre os quais destacamos o Ministério do Trabalho e Emprego, a Comissão Pastoral da Terra (CPT), a Justiça do Trabalho, a Confederação dos Trabalhadores na Agricultura (Contag), o Ministério Público Federal, a Polícia Federal e a Organização Internacional do Trabalho (OIT), surgiu como uma das nossas metas prioritárias."

Além dessas parcerias institucionais, o Ministério Público do Trabalho tem celebrado convênios com outros ramos do Ministério Público, como o Ministério Público Estadual do Paraná, para a consecução de objetivos comuns, e conta com a colaboração de outros órgãos como a Receita Federal do Brasil, Delegacias da Polícia Federal, Juntas Comerciais dos Estados, Departamentos Estaduais de Trânsito (Detrans), entidades de classe, bem como sindicatos, federações e confederações, para obtenção ou complementação de informações necessárias para localização de empresas ou empresários inquiridos nos procedimentos de investigação.

---

(551) *Id., loc.cit.*
(552) MELO, Luís Antonio Camargo de. *Ministério Público do Trabalho.* Texto de abertura das Coordenadorias temáticas. Brasília: Escola Superior do Ministério Público da União, 2006. p. 45.

As parcerias entre ramos do Ministério Público da União e dos Estados são frequentes, especialmente nas Procuradorias do Trabalho nos Municípios, objetivando troca de informações relativas aos investigados, atuação conjunta em processo judicial[553], por meio de litisconsórcio e eventualmente atuação conjunta em processo investigatório administrativo que culmina com a celebração de Termo de Ajustamento de Conduta.

Essa integração entre os ramos do Ministério Público passou a ser ainda mais relevante a partir do momento em que o Supremo Tribunal Federal declarou a incompetência da Justiça do Trabalho para processar e julgar lides de natureza criminal[554], fazendo com que eventuais ações de cunho penal tenham necessariamente de ser conduzidas em conjunto com o ramo do Ministério Público[555] que as

---

(553) "Admitir-se-á litisconsórcio facultativo entre os Ministérios Públicos da União, do Distrito Federal e dos Estados na defesa dos interesses e direitos de que cuida esta Lei". Art. 5º, § 5º, da Lei n. 7.347/1985.
(554) COMPETÊNCIA CRIMINAL. Justiça do Trabalho. Ações penais. Processo e julgamento. Jurisdição penal genérica. Inexistência. Interpretação conforme dada ao art. 114, incs. I, IV e IX, da CF, acrescidos pela EC n. 45/2004. Ação direta de inconstitucionalidade. Liminar deferida com efeito *ex tunc*. O disposto no art. 114, incs. I, IV e IX, da Constituição da República, acrescidos pela Emenda Constitucional n. 45, não atribui à Justiça do Trabalho competência para processar e julgar ações penais. ADI n. 3.684, MC/DF. Medida Cautelar na Ação Direta de Inconstitucionalidade. Relator: Min. Cezar Peluso. Julgamento: 1º.2.2007. Órgão Julgador: Tribunal Pleno.
(555) COMPETÊNCIA DA JUSTIÇA FEDERAL. CRIMES DE REDUÇÃO À CONDIÇÃO ANÁLOGA À DE ESCRAVO, DE EXPOSIÇÃO DA VIDA E SAÚDE DESTES TRABALHADORES A PERIGO, DE FRUSTRAÇÃO DE DIREITOS TRABALHISTAS E OMISSÃO DE DADOS NA CARTEIRA DE TRABALHO E PREVIDÊNCIA SOCIAL. SUPOSTOS CRIMES CONEXOS. RECURSO PARCIALMENTE CONHECIDO E, NESTA PARTE, PROVIDO. 1. O recurso extraordinário interposto pelo Ministério Público Federal abrange a questão da competência da Justiça Federal para os crimes de redução de trabalhadores à condição análoga à de escravo, de exposição da vida e saúde dos referidos trabalhadores a perigo, da frustração de seus direitos trabalhistas e de omissão de dados nas suas carteiras de trabalho e previdência social, e outros crimes supostamente conexos. 2. Relativamente aos pressupostos de admissibilidade do extraordinário, na parte referente à alegada competência da Justiça Federal para conhecer e julgar os crimes supostamente conexos às infrações de interesse da União, bem como o crime contra a Previdência Social (CP, art. 337-A), as questões suscitadas pelo recorrente demandariam o exame da normativa infraconstitucional (CPP, arts. 76, 78 e 79; CP, art. 337-A). 3. Desse modo, não há possibilidade de conhecimento de parte do recurso extraordinário interposto devido à natureza infraconstitucional das questões. 4. O acórdão recorrido manteve a decisão do juiz federal que declarou a incompetência da Justiça Federal para processar e julgar o crime de redução à condição análoga à de escravo, o crime de frustração de direito assegurado por lei trabalhista, o crime de omissão de dados da Carteira de Trabalho e Previdência Social e o crime de exposição da vida e saúde de trabalhadores a perigo. No caso, entendeu-se que não se trata de crimes contra a organização do trabalho, mas contra determinados trabalhadores, o que não atrai a competência da Justiça Federal. 5. O Plenário do Supremo Tribunal Federal, no julgamento do RE 398.041 (rel. Min. Joaquim Barbosa, sessão de 30.11.2006), fixou a competência da Justiça Federal para julgar os crimes de redução à condição análoga à de escravo, por entender "que quaisquer condutas que violem não só o sistema de órgãos e instituições que preservam, coletivamente, os direitos e deveres dos trabalhadores, mas também o homem trabalhador, atingindo-o nas esferas em que a Constituição lhe confere proteção máxima, enquadram-se na categoria dos crimes contra a organização do trabalho, se praticadas no contexto de relações de trabalho" (Informativo n. 450).6. As condutas atribuídas aos recorridos, em tese, violam bens jurídicos que extrapolam os limites da liberdade individual e da saúde dos trabalhadores reduzidos à condição análoga à de escravo, malferindo o princípio da dignidade da

detém. Mesmo assim, por reiteradas vezes, os juízes trabalhistas têm declinado de sua competência, notadamente nas ações de improbidade administrativa ajuizadas em conjunto pelo Ministério Público do Trabalho e Ministério Público Estadual, como a decisão abaixo, parcialmente transcrita:

"ATA DE JULGAMENTO DA RECLAMAÇÃO TRABALHISTA N. 11113-2007-011-11-00-9. Aos dezoito dias do mês de maio do ano de dois mil e oito, às 14h, estando aberta a audiência na 11ª Vara do Trabalho de Manaus-AM, na sua respectiva sede, com a presença da Exma. Sra. Juíza do Trabalho Dra. ARIANE XAVIER FERRARI foram, por ordem da Sra. Juíza, apregoados os litigantes, MINISTÉRIO PÚBLICO DO TRABALHO — PROCURADORIA REGIONAL DO TRABALHO DA 11ª REGIÃO e MINISTÉRIO PÚBLICO DO ESTADO DO AMAZONAS, requerentes e (...) requerida. (...). foi proferida a seguinte decisão: Vistos etc. RELATÓRIO. MINISTÉRIO PÚBLICO DO TRABALHO — PROCURADORIA REGIONAL DO TRABALHO DA 11ª REGIÃO e MINISTÉRIO PÚBLICO DO ESTADO DO AMAZONAS ajuizaram Ação Civil Pública contra Leny Nascimento da Motta Passos, postulando que a parte ré seja responsabilizada por ato de improbidade administrativa consistente em realizar contratações para atender atividades permanentes e habituais sob o rótulo de contratos por necessidade de excepcional interessem público, sem a realização e aprovação em concursos públicos. A Requerida, regularmente notificada, fez-se representar na audiência, e, malograda a proposta conciliatória, apresentou defesa, arguindo preliminares e pugnando pela improcedência do pleito. Alçada fixada na inicial. É o RELATÓRIO. FUNDAMENTAÇÃO.

Da Preliminar de Incompetência Absoluta.

A presente demanda trata de Ação Civil Pública em que é postulada a aplicação das sanções decorrentes da prática de atos de improbidade administrativa, com base na Lei n. 8.429/1992, sob a alegação de a Parte Ré ter realizado várias contratações irregulares sob o rótulo de contratos temporários para atender a excepcional interesse público.

Primeiramente, vale ressaltar que não há pedidos dos trabalhadores contratados irregularmente em face do Estado do Amazonas.

Em segundo lugar, cabe enfatizar que a prática do ato de improbidade administrativa é feita em prejuízo à Administração Pública, que não possui relação direta com os efeitos da relação de trabalho entre os contratados irregularmente e o Estado do Amazonas.

Acrescente-se, também, que a Ação Civil Pública de Improbidade Administrativa não se confunde com a relação de trabalho entre os trabalhadores temporários e o Estado do Amazonas, não estando, portanto, abrangida pela competência da Justiça

---

pessoa humana e da liberdade do trabalho. Entre os precedentes nesse sentido, refiro-me ao RE 480.138/RR, rel. Min. Gilmar Mendes, DJ 24.4.2008; RE 508.717/PA, rel. Min. Cármen Lúcia, DJ 11.4.2007. 7. Recurso extraordinário parcialmente conhecido e, nessa parte, provido. RE n. 541627, PA, Relator: Min. Ellen Gracie. Julgamento: 14.10.2008, 2ª T. STF.

do Trabalho, nos termos do art. 114 da Constituição da República de 1988, pois uma coisa é o ato que ensejou a contratação irregular praticado por servidor público contra a Administração Púbica, outra situação são as consequências dessa contratação para cada trabalhador decorrentes da relação de trabalho entre o trabalhador e o Estado do Amazonas.

A Ação de Improbidade Administrativa tem por objetivo direto e inicial assegurar a observância dos Princípios da Administração Pública com a respectiva ética na prática dos atos administrativos. Já nas relações de trabalho, que a Justiça do Trabalho tem competência para apreciar, diz respeito diretamente aos direitos dos trabalhadores e apenas de forma consequencial e reflexa aos Princípios insculpidos no *caput*, do art. 37 da Constituição da República de 1988.

Além disso, a Ação Civil por Improbidade Administrativa pode perfeitamente ser ajuizada de forma autônoma às reclamações trabalhistas ajuizadas pelos trabalhadores irregularmente admitidos contra o Estado do Amazonas, visto que não é pressuposta para o reconhecimento do ato de improbidade a prévia condenação do Estado ao pagamento dos direitos trabalhistas.

Diante disso, reconheço a incompetência da Justiça do Trabalho para processar e julgar esta demanda, extinguindo o presente processo sem resolução do mérito e determinando a remessa destes autos para a Justiça Comum com jurisdição no Estado do Amazonas para a respectiva distribuição.

DISPOSITIVO. Ante o exposto e tendo em consideração o mais que dos autos consta, o Juízo da 11ª Vara do Trabalho de Manaus-AM resolve declarar a incompetência absoluta desta Justiça Especializada para julgar os pedidos contidos nesta Ação Civil Pública proposta por MINISTÉRIO PÚBLICO DO TRABALHO — PROCURADORIA REGIONAL DO TRABALHO DA 11ª REGIÃO e MINISTÉRIO PÚBLICO DO ESTADO DO AMAZONAS contra LENY NASCIMENTO DA MOTTA PASSOS, extinguindo o presente processo sem resolução do mérito e determinando a remessa destes autos para a Justiça Comum com jurisdição no Estado do Amazonas para a respectiva distribuição. (...). Tudo de acordo com a fundamentação *supra* que passa a integrar o presente dispositivo como se nele estivesse transcrita. Ariane Xavier Ferrari, Juíza do Trabalho."

A Resolução n. 69/2007 do Conselho Superior do Ministério Público do Trabalho, em seu art. 2º, § 1º, estabelece:

"O Ministério Público do Trabalho atuará, independentemente de provocação, em caso de conhecimento, por qualquer forma, de fatos que, em tese, constituam lesão aos interesses ou direitos mencionados no art. 1º desta Resolução, devendo cientificar o membro do Ministério Público que possua atribuição para tomar as providências respectivas, no caso de não a possuir."

Somos do entendimento de que nas ações de improbidade administrativa, pelo fato de se constituir uma modalidade de ação civil pública, especialmente se a responsabilização criminal recai na figura de prefeitos e secretários, por força na incursão nas figuras típicas previstas no art. 1º, II e XIII, do Decreto n. 201/1967, bem como ressarcimento ao erário de valores pagos indevidamente a servidores contratados irregularmente, a competência[556] é da Justiça do Trabalho e, desde que as irregularidades foram constatadas e ocorreram no curso das relações de trabalho, com fulcro nas Leis ns. 4.717/1965, 7.347/1985 e 8.429/1992[557], bem como nos arts. 6º[558], 83, III, 84, II, da Lei Complementar n. 75/1993.

De outra parte, as Gerências Regionais do Trabalho, do Ministério do Trabalho e Emprego, exercem valioso papel colaborativo e de efetividade prática nos procedimentos extrajudiciais, por meio dos Auditores Fiscais do Trabalho, que, ao cumprir

---

[556] AÇÃO CIVIL PÚBLICA. DIREITOS SOCIAIS. IMPROBIDADE ADMINISTRATIVA. COMPETÊNCIA DA JUSTIÇA DO TRABALHO. A Justiça do Trabalho é competente para apreciar e julgar a improbidade administrativa trabalhista, assim como os demais interesses difusos e coletivos decorrentes das relações de trabalho. TRT 14ª Região. Proc. 333.2001.001.14.00-8. Rel. Shikou Shidahiro. Oportuno mencionar que este acórdão menciona a decisão do juiz monocrático Jonatas dos Santos Andrade, nos autos da reclamação trabalhista, oriunda da 1ª Vara do Trabalho de Porto Velho, n. 2001.001.14.00-0, à qual pede-se *venia*, para transcrever alguns trechos: "A jurisdição trabalhista jamais há de ser exercida pela metade, sob pena de amesquinhamento de sua condição de detentora do poder estatal, interessado que é na celeridade processual, extremamente prejudicada se verificada a repartição ou o partilhamento de competências incidentalmente a um mesmo processo. O Juízo não pode ter a condição de um meio-juiz. Suas decisões não podem, e não devem, esperar pela solução de outras esferas. São autônomas. Todos os litígios que decorrerem de suas decisões são, e devem ser, de sua competência, nos exatos termos do art. 114, *caput* da Constituição Federal. Não importa o campo do Direito em que se aventura o magistrado, seja ele de qual for o ramo do Direito. Estabelecida a competência pelo fato de origem, sua ação deverá ser levada a efeito ainda que, para tanto, se faça louvar a aplicação de outras normas do Direito. O Direito é orgânico e como tal não poderá estabelecer limites estanques, sob pena de travamento da atividade jurisdicional e amesquinhamento, como dito antes, do poder jurisdicional. Não se trata de usurpação de competência. O juiz comum também pode, para dotar sua decisão de efetividade, se aventurar pelos caminhos da legislação trabalhista, desde que sua competência fixada pelo evento originário seja estabelecida pela legislação comum". A sentença *supra* foi submetida à apreciação, em grau recursal, nesta Corte, que assim decidiu, conforme ementa abaixo transcrita: "IMPROBIDADE. PERDA DA FUNÇÃO PÚBLICA. EXTENSÃO. A perda da função pública engloba tão somente a função pública em que o agente praticou atos de improbidade. Contudo, a proibição para o exercício da função pública perdura, por óbvio, enquanto os direitos políticos do agente estiverem suspensos". (Processo n. 000333.2001.001.14.00-8, Relatora Juíza Maria Cesarineide de Souza Lima, publicado no DOJT14 n. 211, de 17.11.2005)

[557] Art. 17. A ação principal, que terá o rito ordinário, será proposta pelo Ministério Público ou pela pessoa jurídica interessada, dentro de 30 (trinta) dias da efetivação da medida cautelar. (...) § 3º No caso da ação principal ter sido proposta pelo Ministério Público, aplica-se, no que couber, o disposto no § 3º do art. 6º da Lei n. 4.717, de 29 de junho de 1965. E ainda: art. 18. A sentença que julgar procedente ação civil de reparação de dano ou decretar a perda dos bens havidos ilicitamente determinará o pagamento ou a reversão dos bens, conforme o caso, em favor da pessoa jurídica prejudicada pelo ilícito.

[558] Art. 6º Compete ao Ministério Público da União: (...) XIV — promover outras ações necessárias ao exercício de suas funções institucionais, em defesa da ordem jurídica, do regime democrático e dos interesses sociais e individuais indisponíveis, especialmente quanto: (...) f) à probidade administrativa; (...) XVII — propor as ações cabíveis para: a) perda ou suspensão de direitos políticos, nos casos previstos na Constituição Federal; b) declaração de nulidade de atos ou contratos geradores do endividamento externo da União, de suas autarquias, fundações e demais entidades controladas pelo Poder Público Federal, ou com repercussão direta ou indireta em suas finanças.

as requisições das Procuradorias do Trabalho nos Municípios e das demais Procuradorias Regionais do Trabalho, promovendo as ações fiscais necessárias à verificação do cumprimento dos Termos de Compromisso de Ajustamento de Conduta celebrados com as empresas investigadas, ensejam e fortalecem o papel do Ministério Público do Trabalho no cumprimento da legislação trabalhista e da previdenciária, bem como na aplicação de multas por descumprimento dos TACs (Termos de Ajustamento de Conduta), cujos valores são revertidos ao FAT — Fundo de Amparo ao Trabalhador (Lei n. 7.998/1993) ou às instituições filantrópicas ou beneficentes da comunidade.

Raimundo Dias de Oliveira Neto[559] ressalta a importância da parceria do Ministério Público do Trabalho com entidades sindicais e, mais especificamente com relação aos sindicatos, uma vez que muitas são as investigações impulsionadas por denúncias encabeçadas por sindicatos de trabalhadores das mais diversas categorias.

Entretanto, esse autor é crítico dessa parceria com entidades sindicais, no sentido de que não vê justificativa para atuação do *Parquet* no caso de direitos coletivos e individuais homogêneos, quando o sindicato dispõe de departamento jurídico organizado, ou mesmo simples assessoria jurídica, considerando que tem legitimidade para a defesa coletiva de direitos dos trabalhadores, com possibilidade de manejo da ação civil pública ou qualquer outro instrumento processual, sendo que essa é a interpretação atual[560], doutrinária e jurisprudencial[561], do inciso III,

---

(559) OLIVEIRA NETO, Raimundo Dias de. *Ministério Público do Trabalho*: atuação extrajudicial. São Paulo: LTr, 2009. p. 100.
(560) SINDICATO — SUBSTITUIÇÃO PROCESSUAL DIREITOS INDIVIDUAIS HOMOGÊNEOS ADICIONAL DE PERICULOSIDADE E DE INSALUBRIDADE SUBSTITUIÇÃO PROCESSUAL AMPLA AÇÃO CIVIL PÚBLICA PERTINÊNCIA (ART. 8º, III, DA CONSTITUIÇÃO FEDERAL). Direitos individuais homogêneos são todos aqueles que estão íntima e diretamente vinculados à esfera jurídica de pessoas facilmente identificáveis, de natureza divisível e decorrentes de uma realidade fática comum. São seus titulares ou destinatários pessoas que estão ligadas por laços comuns com o agente causador da sua ameaça ou lesão, e que, por isso mesmo, atingidos em sua esfera jurídica patrimonial e/ou moral, podem, individual ou coletivamente, postular sua reparação em Juízo. O Supremo Tribunal Federal, em acórdão da lavra do Min. Maurício Corrêa, expressamente reconhece que os direitos individuais homogêneos constituem uma subespécie de interesses coletivos, passíveis, por isso mesmo, de proteção através de ação civil pública (STF — 2ª T. RE-163231-3/SP julgado em 1º.9.1996). Esta Corte, em sua composição plena, cancelou a Súmula n. 310, tendo adotado o entendimento de que a substituição processual prevista no art. 8º, III, da Constituição Federal não é ampla, mas abrange os direitos ou interesses individuais homogêneos (E-RR-175.894/95 Rel. Min. Ronaldo Lopes Leal julgado em 17.11.03). Por conseguinte, está o recorrente legitimado para, em Juízo, postular, na condição de substituto processual, de seus associados e não associados, nos termos em que dispõe o art. 8º, III, da Constituição Federal, direitos individuais homogêneos, subespécie de direitos coletivos. (TST — RR — 1663/2003-099-03-00 — 4ª T. — Rel. Min. Milton de Moura França — DJ 17.3.2006)
(561) Sindicato — Substituição Processual — Prescrição — Interrupção — Protesto — Legitimidade — 1. A Constituição Federal, ao assegurar ao sindicato a defesa dos "direitos individuais da categoria" (art. 8º, inc. III) outorgou-lhe titularidade para a propositura de qualquer ação, inclusive cautelar, para, em nome próprio, resguardar os direitos individuais homogêneos de integrantes da categoria profissional. 2.

do art. 8º da Constituição Federal de 1988, após o cancelamento da Súmula n. 310 do TST, que dava interpretação restritiva ao comando constitucional, após decisões do Supremo Tribunal Federal no sentido de reconhecer a ampla legitimidade do sindicato para a defesa dos direitos da categoria que representa[562].

Esse autor ainda pontua que: "quando muito admite-se que a Procuradoria atue como órgão mediador, na tentativa de resolução de conflitos, não vislumbrando justificativa para a atuação no campo judicial. É muito cômodo para os sindicatos que o Ministério Público do Trabalho assuma o ônus, com exclusividade da tutela de direitos individuais homogêneos da sua categoria. Há casos em que a organização sindical representa ao Ministério Público por meio de advogado(s), comparece a audiências assistida por profissionais qualificados, não se justificando que pretenda o ajuizamento de ação quando poderia fazê-lo"[563].

Não nos filiamos a esse ponto de vista, na medida em que os membros do Ministério Público do Trabalho, tendo sido submetidos a um rigoroso processo seletivo de ingresso na carreira, no dia a dia de seu labor desenvolvem um *expertise*, ou seja, uma especialização técnica e jurídica indispensável à sua atuação em matéria de Direito Coletivo do Trabalho, e possuem a discricionariedade suficiente para priorizar as denúncias ou os requerimentos que lhe são submetidos, indeferindo-os, de plano, se assim o entenderem, consoante art. 5°[564] e parágrafos da Resolução

---

O Sindicato ostenta, portanto, legitimidade ativa para promover protesto interruptivo do fluxo do prazo prescricional em prol dos componentes da categoria. Acórdão turmário que nega tal legitimidade, com suporte na cancelada Súmula n. 310 do TST e no art. 174 do Código Civil de 1916, afronta o art. 8º, inc. III, da Constituição Federal. 3. Embargos conhecidos e providos para determinar o retorno dos autos à Vara do Trabalho a fim de que julgue o mérito da causa como entender de direito, afastada a prescrição total da ação. (TST — E-RR-350.824/1997.2 — (AC. SBDI-1) — Rel. Min. João Oreste Dalazen — DJU 11.2.2005)

(562) OLIVEIRA NETO, Raimundo. *Op. cit.*, p. 100.

(563) *Ibidem*, p. 101. O autor ainda aplaude a postura que têm assumido alguns procuradores do trabalho no sentido de encerrar a atuação do *Parquet* quando esgotadas as possibilidades de conciliação ou tomada de Termo de Compromisso de Ajustamento de Conduta, passando ao sindicato o encargo do ajuizamento de possível medida judicial, desonerando a instituição, que poderá centrar-se em questões outras, de maiores repercussões sociais e que reclamam a sua indispensável atuação.

(564) Art. 5º O membro do Ministério Público do Trabalho, no prazo máximo de trinta dias, indeferirá o pedido de instauração de inquérito civil, em decisão fundamentada, da qual se dará ciência pessoal, por via postal ou correio eletrônico, ao representante e ao representado, nos casos de:

evidência de os fatos narrados na representação não configurarem lesão aos interesses ou direitos mencionados no art. 1º desta Resolução;

o fato denunciado ter sido ou estiver sendo objeto de investigação ou de ação civil pública;

os fatos apresentados já se encontrarem solucionados; e

o denunciado não ser localizado.

§ 1º Do indeferimento caberá recurso administrativo, com as respectivas razões, no prazo de dez dias.

§ 2º As razões de recurso serão protocoladas junto ao órgão que indeferiu o pedido, devendo ser remetidas, caso não haja reconsideração, em despacho motivado, no prazo de três dias, juntamente com a representação e com a decisão impugnada, à Câmara de Coordenação e Revisão do Ministério Público do Trabalho para apreciação. (Redação dada pela Resolução n. 87/2009 do CSMPT)

n. 69/2007 do CSMPT, evitando, dessa forma, que sejam instrumentalizados por qualquer tipo de associação.

Parte da doutrina critica a preponderância do Ministério Público na condução das ações civis públicas, alegando que esse quadro atual desestimula as associações a arcarem com os custos de mobilização, de modo que não seria racional atuar de forma independente, limitando-se elas a esperar que o Ministério Público tome a iniciativa de agir, ou quando muito provocá-lo a representar seus interesses em juízo, dada a extraordinária posição de vantagem que ele ocupa no sistema[565].

No entanto, é preciso declarar que hodiernamente o Ministério Público, em face de sua atuação na defesa de direitos constitucionais difusos e coletivos, possui um quadro profissional altamente especializado em políticas públicas, litigando constantemente com o setor público para a consecução dos direitos sociais dos trabalhadores, o que favorece, em muito, o deferimento de sua atuação, quando provocada por uma associação ou por um sindicato.

Muito oportunas, a propósito, as palavras de Cássio Casagrande[566], para quem: "este raciocínio ignora no entanto que as associações não recorrem ao Ministério Público apenas porque é 'mais cômodo' e economicamente menos custoso. Isto não deixa de ser verdade, mas é preciso considerar também que, do ponto de vista da disputa política, obter a concordância do Ministério Público de modo a que este encampe em sua agenda uma determinada reivindicação significa poder contar com uma agenda do Estado na defesa de seus interesses. Ou, em outras palavras, poder contar com o apoio do Ministério Público é um recurso de incremento de seu 'poder de fogo'. Este componente do 'cálculo' das associações revelaria não uma debilidade, mas ao contrário uma maturidade das associações civis em sopesar os riscos de uma disputa isolada e de apreender as possibilidades que lhe são oferecidas pelas vias institucionais".

A simples substituição das associações na defesa de direitos constitucionais não pode ocorrer em todos os casos, seja porque a atuação do Ministério Público deve estar sempre circunscrita à ocorrência de um "interesse social ou individual

---

§ 3º Do recurso serão notificados os interessados para, querendo, oferecer contrarrazões, no prazo de dez (10) dias. (Redação dada pela Resolução n. 87/2009 do CSMPT)

§ 4º Expirado o prazo do art. 5º, § 1º, desta Resolução, os autos serão arquivados na própria origem, registrando-se no sistema respectivo, mesmo sem manifestação do representante.

(565) ARANTES, Rogério Bastos. *Ministério público e política no Brasil*. São Paulo: FAPESP; EUC; Sumaré, 2002. p. 49.

(566) CASAGRANDE, Cássio. *Op. cit.*, p. 118. O autor ainda acrescenta que, ao contar com a concordância do Ministério Público para a defesa dos direitos de seus filiados, as entidades associativas superam uma das barreiras de acesso à Justiça, que é a chamada "paridade de armas", citando Mauro Cappelletti, para quem a igualdade formal das partes em juízo, embora seja um dogma processual bastante festejado, na prática dificilmente pode ser concretizado materialmente quando há uma assimetria de recursos entre os litigantes. (CAPPELLETTI, Mauro; GARTH, Bryant. *Op. cit.*, p. 25).

indisponível", seja porque ela não deve ocorrer ao simples argumento de que a associação é hipossuficiente, já que nesse caso o Ministério Público estaria usurpando as funções da Defensoria Pública[567].

De outra parte, não há como não reconhecer a existência de certa antipatia e aversão por um assunto novo, ainda mais com a complexidade que representa o microssistema de tutela jurisdicional coletiva e as ações coletivas, matérias que até há pouco tempo não se achavam incluídas no plano pedagógico curricular da maior parte das Faculdades de Direito no Brasil, constituindo até mesmo matéria desconhecida de muitos juízes que tomaram posse antes do advento da promulgação dessas novas leis.

Esse fenômeno não se restringe ao Brasil, e a antipatia de juízes às ações coletivas, em especial às *class actions*, ocorre até mesmo nos Estados Unidos da América do Norte, onde muitas vezes são malvistas por propiciarem abusos dos advogados autores das ações. Recentemente, foi aprovada, com grande empenho da Administração Bush, uma lei para coibir estes supostos desvios, a *Class Action Fairness Act*, de 2005, que estabelece uma série de restrições em sua admissibilidade[568].

A própria organização interna do Ministério Público estimula a formação de procuradores do trabalho especialistas na defesa de direitos difusos e coletivos, já que grande parte deles se encontram inseridos nas Coordenadorias Nacionais e Regionais específicas para a atuação judicial ou extrajudicial.

Cássio Casagrande[569] esclarece que, além desta especialização para o processo coletivo, o Ministério Público tem produzido também, em decorrência de sua organização interna cada vez mais especializada, profissionais altamente gabaritados nas legislações mais frequentemente objeto de tutela coletiva, como o meio ambiente, a saúde pública, a educação, a probidade administrativa, entre outras.

Esse quadro de alta especialização dos membros do Ministério Público se opõe ao que comumente se vê na defesa judicial de associações: advogados sem intimidade com a tutela coletiva por inadequação dos currículos das faculdades de Direito, ou por falta de incentivo específico, pois, embora o associativismo venha ganhando muita força no País nas últimas décadas, nossas associações civis estão longe do perfil de suas congêneres americanas: enquanto estas gozam de polpudos orçamentos para manter grandes bancas de advocacia, o que se vê como padrão no Brasil ainda são os advogados abnegados em início de carreira, os quais nas horas disponíveis militam num trabalho quase voluntário[570].

---

(567) CASAGRANDE, Cássio. *Op. cit.*, p. 120.
(568) *Ibidem*, p. 91.
(569) *Ibidem*, p. 92.
(570) *Id., loc. cit.* O autor ressalva a situação de algumas entidades de defesa do consumidor, como o IDEC e a advocacia sindical no País, bastante profissionalizada, porque há legislação específica no Brasil desde os anos 1940, quando da implantação da Justiça do Trabalho.

No que se relaciona à integração entre o Ministério Público do Trabalho e a Justiça Laboral, considera-se que ambas as instituições têm como pontos de convergência, entre outros, a defesa dos direitos dos trabalhadores, a promoção do labor humano e a busca da plena efetividade da prestação jurisdicional, o que, de alguma forma, compromete a imparcialidade necessária nos julgamentos.

No exercício de seu mister, o juiz do trabalho depara com inúmeras situações que se enquadram nas atribuições do Ministério Público do Trabalho, tendo a faculdade de provocar a sua atuação, oficiando, remetendo peças, prestando informações, requerendo pareceres etc. Da mesma forma, é frequente o procurador do trabalho tomar conhecimento de fatos ou situações que, procedendo as devidas informações ao membro do Judiciário, atuando como *custos legis* em processos que sabe tramitar na Justiça do Trabalho, poderão contribuir para decisões mais acertadas, como sói ocorrer nos casos em que empresas tentam utilizar a Justiça Obreira como órgão homologador de rescisões com ajuizamento de inúmeras ações de consignação em pagamento, quando o membro do *Parquet* toma conhecimento por meio de denúncia dos próprios trabalhadores ou de suas entidades representativas[571].

Como este tópico se relaciona diretamente com o núcleo de nosso livro, que trata justamente do fenômeno da parceirização existente no processo coletivo trabalhista, especialmente no microssistema de tutela coletiva, entre o juiz do trabalho e o procurador do trabalho para a consecução de direitos sociais constitucionais e de políticas públicas, estaremos examinando-o em item específico, mais adiante.

Em face das novas atribuições dos membros do Ministério Público do Trabalho delineadas pela Constituição Federal de 1988, as quais alteraram radicalmente seu perfil de atuação, em cotejo com os períodos anteriores, simultaneamente se verificou o surgimento de uma tênue divisão funcional na classe, interagindo como espécie de divisor de águas, por meio do qual alguns membros se posicionaram em papéis tradicionalmente reservados ao Ministério Público (atuação como *custos legis*, pareceristas etc.), ao passo que outros se mostraram mais afetos a uma atuação mais proativa, do tipo protagonista ou ativista social, agindo como elemento de transformação social na consecução dos direitos sociais constitucionais e na concretização das políticas públicas.

A propósito, Antonio Augusto M. Camargo Ferraz[572] observou que "o promotor de justiça passou, então, a se sentir diretamente responsável pelos valores e bens que deve defender (o patrimônio público e social, a infância, o meio ambiente, os direitos do consumidor, as normas urbanísticas), sem intermediários, sem trâmites

---

(571) CASAGRANDE, Cássio. *Op. cit.,* p. 101-102.
(572) FERRAZ, Antonio Augusto Mello Camargo. Ação civil pública, inquérito civil e Ministério Público. In: MILARÉ, Edis (org.). *Ação civil pública*: Lei n. 7.347/1985 — 15 anos. São Paulo: Revista dos Tribunais, 2001. p. 90.

burocráticos e independentemente da existência ou não de um processo. Houve, como facilmente se percebe, mudança radical de atitude. O promotor deixou de ser um funcionário de gabinete, de conduta passiva, envolvido apenas com processos ou inquéritos instaurados por terceiros, saiu de sua escrivaninha e dos limites dos fóruns; ganhou as ruas, passou a ter contato direto com fatos sociais, políticos, administrativos e econômicos que, segundo a Constituição e as leis, reclamam sua intervenção".

Como estamos a discorrer sobre outras formas de parceirização ou de colaboração entre si ou com terceiros, pessoas físicas ou jurídicas, que não aquela específica do núcleo de nosso trabalho, impende destacar o pensamento de Marcelo Goulart[573], que ressalta o papel político dos membros do Ministério Público, reportando a um modelo de análise gramsciana de teoria ampliada do Estado, pelo qual teria havido a modificação do papel institucional do Ministério Público como uma transição da sociedade política para a sociedade civil e que o Ministério Público, tendo deixado o aparelho coercitivo do Estado, teria passado a integrar a parcela das organizações autônomas responsáveis pela elaboração, pela difusão e pela representação dos valores e dos interesses que compõem uma concepção democrática de mundo e que atuam no sentido de transformação da realidade. Para esse autor, os promotores e procuradores poderiam atuar como intelectuais orgânicos, utilizando o Direito como fator de transformação social.

O próprio fenômeno da judicialização da política se apresenta como uma forma de colaboração de um Poder do Estado (Poder Judiciário) em face da omissão de outros (Poder Executivo ou Legislativo).

Nesse sentido, Cássio Casagrande[574] informa que, ainda quanto à transposição de atividade legislativa para o Judiciário, por meio do Ministério Público, não se pode esquecer que a judicialização vem implicando não apenas o exercício judicial da função normativa típica do parlamento, como também a função fiscalizatória que por este deve ser exercida em face do Poder Executivo. Isso vem ocorrendo seja quando o Poder Legislativo simplesmente se omite de suas responsabilidades, seja quando as minorias parlamentares não conseguem se articular para exercer o seu papel de oposição e acabam por ver no Ministério Público e na Justiça um "segundo *round*" em que podem tentar reverter derrotas sofridas em plenário.

Além disso, a Constituição Federal de 1988 estabelece um mecanismo de colaboração entre o Poder Legislativo e o Ministério Público, no art. 58, § 3º, *in verbis*:

---

(573) GOULART, Marcelo Pedro. *Ministério Público e democracia*: teoria e práxis. Leme: Led, 1998. p. 21.
(574) CASAGRANDE, Cássio. *Op. cit.*, p. 256.

"As comissões parlamentares de inquérito, que terão poderes de investigação próprios das autoridades judiciais, além de outros previstos nos regimentos das respectivas Casas, serão criadas pela Câmara dos Deputados e pelo Senado Federal, em conjunto ou separadamente, mediante requerimento de um terço de seus membros, para a apuração de fato determinado e por prazo certo, sendo suas conclusões, se for o caso, encaminhadas ao Ministério Público, para que promova a responsabilidade civil ou criminal dos infratores."

Entendemos que o Ministério Público constitui-se em um órgão político, e que seus membros, como agentes políticos, têm o dever funcional, ao lado de outros parceiros, de efetivamente promover uma mudança na realidade social, postando-se, dessa forma, como agentes de transformação social, alterando-a não em aspectos meramente formais, mas substancialmente, seja atuando como órgão interveniente, seja como órgão agente[575], com foco em uma atuação orientada para a consecução dos direitos sociais constitucionalmente[576] assegurados aos trabalhadores e à

---

(575) Constitui prática comum no Ministério Público do Trabalho que o Procurador do Trabalho, ao assumir determinada Procuradoria do Trabalho nos Municípios, no interior do Brasil, procede à realização de um diagnóstico dos municípios que fazem parte integrante de sua circunscrição, no sentido de identificar quais os principais direitos constitucionais dos trabalhadores que não estão sendo concretizados pelas empresas e, a partir daí, de forma discricionária, porém fundamentada, procede à instauração de inquéritos civis ou procedimentos administrativos preliminares, designando audiências ou notificando as empresas para apresentação de documentação comprobatória do respectivo objeto, entre eles, cumprimento da cota legal de aprendizes (art. 428 e seguintes da CLT e Decreto n. 5.595/2006), cota legal de empregados deficientes ou reabilitados pela Previdência Social (art. 93 da Lei n. 8.213/1991), estagiários, e assim por diante. O efeito multiplicador desse tipo de atividade é extremamente relevante, na medida em que o empregador é estimulado a cumprir sua função social, o que propicia a possibilidade de também melhorar sua própria imagem junto à comunidade, na medida em que, muitas vezes, acaba dando oportunidade ao ingresso no mercado de trabalho a jovens, com altíssimo risco social, pertencentes a famílias de baixa renda mensal. Outras vezes, é o próprio Município que é motivado a iniciar o oferecimento de vagas para aprendizes nos órgãos públicos locais, por meio de concurso público, dando preferência a jovens egressos do sistema prisional especial ou de baixa renda familiar, em proporções superiores ao índice de 5% legais em relação aos cargos e funções que demandam formação profissional, especialmente em regiões de fronteira, nas quais o índice de desemprego é alarmante, e o índice de criminalidade, às vezes, se aproxima de países como o Afeganistão e o Iraque. Esse é o caso típico de Foz do Iguaçu, onde o índice de criminalidade entre jovens de 14 a 24 anos é o maior do País, faixa em que o índice de desemprego no Brasil atinge mais de 30% dos jovens, segundo estudo recente do IBGE.
(576) Há tempos que defendemos que os direitos essenciais à dignidade humana são exigíveis de plano, já que possuem o *status* jurídico semelhante aos títulos executivos constitucionais, exigíveis tão logo não providos pelo Estado, principalmente por atos omissivos, por meio da obtenção em juízo de uma sentença liminar, já que toda execução em nosso ordenamento jurídico deve ter por base um título, seja judicial ou extrajudicial, como se depreende do Código de Processo Civil. O fundamento legal para esse tipo de tutela escora-se no fato de que nos dias de hoje deve-se dar uma interpretação social às demandas, especialmente àquelas que emanam de direitos constitucionais do cidadão, e não uma interpretação meramente literal ou gramatical. De outra banda, nunca é demais asseverar que, em se tratando de direitos fundamentais, a interpretação sempre deverá ser ampliativa e nunca restritiva. (In: SANTOS, Enoque Ribeiro dos. *Temas modernos de direito do trabalho*: após o advento da Emenda Constitucional n. 45/2004. Leme: BH, 2005. p. 102)

sociedade[577] em geral, haja vista que tais direitos humanos possuem plena carga eficacial[578], nem mesmo requerendo o provimento de lei infraconstitucional.

4. Princípios da parceirização jurisdicional trabalhista

No fenômeno da parceirização jurisdicional trabalhista, são aplicados virtualmente todos os princípios do microssistema processual de tutela coletiva, já mencionados no primeiro capítulo deste trabalho.

Além daqueles já mencionados, podemos ainda ressaltar os seguintes princípios.

4.1. Princípio do acesso ao sistema de justiça

O princípio de acesso ao sistema de justiça não se confunde com o princípio do acesso à Justiça. Enquanto este encontra seu fundamento de validade no art. 5º, inciso XXXV[579], da CF/1988, também denominado princípio da inafastabilidade da jurisdição, o princípio de acesso ao sistema de justiça foi viabilizado pela Constituição Federal de 1988, que promoveu a afirmação do modelo de democracia participativa no Brasil, resultando na criação de um amplo sistema de garantias de direitos materiais e, por conseguinte, de uma gama de instrumentos processuais constitucionais para a viabilização de tutela de interesses e direitos difusos, coletivos e individuais homogêneos.

Ao lado das inovações retromencionadas, acrescente-se o fortalecimento do Judiciário e do Ministério Público e a ampla possibilidade de a cidadania organizada acessar o sistema de justiça, representado pelos Poder Judiciário, Defensoria Pública, Juizados Especiais de Pequenas Causas, Ministério Público, Procons, Comissões Parlamentares de Inquérito etc.

O grande desafio que temos no Brasil é permitir não apenas o acesso ao sistema de justiça da cidadania organizada, como também da cidadania inorganizada,

---

(577) Pelo Princípio da Obrigatoriedade e com base na Resolução n. 69/2007, do Conselho Superior do Ministério Público do Trabalho, arts. 127 a 129 da CF/1988 e Lei Complementar n. 75/1993, uma vez instaurado um procedimento preliminar no Ministério Público do Trabalho, o procurador terá três caminhos a seguir: o arquivamento, se verificar que não existe conduta irregular ou ilícita a ser ajustada em relação às denúncias formuladas; a celebração de Termo de Compromisso de Ajustamento de Conduta às exigências legais (TAC), que posteriormente será fiscalizado pelos próprios membros ou, mediante requisição, pelos auditores fiscais do Ministério do Trabalho e Emprego, ou o ajuizamento de ação coletiva, adequada ao caso concreto, eventualmente uma ação civil pública, ação civil coletiva ou outro instrumento processual.
(578) Art. 5º, CF/1988. § 1º As normas definidoras dos direitos e garantias fundamentais têm aplicação imediata.
(579) XXXV — a lei não excluirá da apreciação do Poder Judiciário lesão ou ameaça a direito.

que não tem sequer acesso a bens jurídicos básicos e elementares, como saúde, educação, segurança, alimentação, moradia, previdência social e saneamento básico.

De outra parte, o verdadeiro acesso à Justiça abrange não somente a prevenção e a reparação de direitos, como também, e especialmente, a promoção e a criação de meios alternativos de resolução de conflitos coletivos, os quais efetivamente ensejem a participação e a mobilidade da sociedade, de forma que essa participação não se limite à negociação, mas também ao conhecimento da exequibilidade de seus resultados.

4.2. Princípio da participação pelo processo e no processo

Este princípio significa a participação da sociedade organizada no acesso ao sistema de justiça, por meio do processo, seja judicial, administrativo ou extrajudicial, já que existem meios de pacificação do conflito coletivo por meio dos Termos de Compromisso de Ajustamento de Conduta celebrados especialmente com o *Parquet* Laboral.

A participação no processo está relacionada à efetiva integração das partes neles, o que se realiza de forma endoprocessual, por meio de juntada de documentos, provas, audiências, contestação, recursos, ou seja, utilizando-se de todos os meios em Direito admitidos.

4.3. Princípio da tutela coletiva adequada

Este princípio relaciona-se à escolha do melhor caminho ou modo de resolução do conflito, primando pela celeridade, pela economia processual e, especialmente, pela efetividade da tutela escolhida para o deslinde do caso concreto, que visa a solucionar controvérsias, envolvendo os direitos ou interesses metaindividuais, ou seja, difusos, coletivos e individuais homogêneos.

4.4. Princípio da boa-fé e cooperação das partes e de seus procuradores

O princípio da boa-fé[580] relaciona-se à honestidade, à lealdade e à retidão das partes na negociação, na celebração do ajuste, no curso da execução do negócio jurídico, na finalização, bem como após o cumprimento, a rescisão ou a quitação do ajuste realizado.

---

(580) Novo Código Civil. Art. 113. Os negócios jurídicos devem ser interpretados conforme a boa-fé e os usos do lugar de sua celebração, e art. 422. Os contratantes são obrigados a guardar, assim na conclusão do contrato, como em sua execução, os princípios de probidade e boa-fé.

Dessa forma, o princípio da boa-fé, em conexão com a cooperação das partes e com os agentes políticos envolvidos na condução da parceirização jurisdicional trabalhista, é imprescindível para a efetividade da resolução do conflito coletivo, seja por acordo ou decisão judicial.

4.5. Princípio do ativismo judicial

Em relação a esse princípio, de fundamental importância em sede do fenômeno da parceirização jurisdicional trabalhista, para não sermos repetitivos, informamos que ele se relaciona com o protagonismo ou a proatividade dos membros do Ministério Público e da magistratura, os quais empreendem todos os seus esforços no sentido de aplicar o Direito com a finalidade de transformar a realidade social do País, postando-se como agentes de transformação social.

Dessa forma, os resultados sociais, cujos reflexos se fazem sentir por toda a sociedade, derivados de um processo de parceirização jurisdicional bem-sucedido, dos TACs (Termos de Ajustamento de Conduta) celebrados ou ainda das decisões judiciais, poderão ser percebidos como resultante da construção de um novo Direito, envolvendo direitos difusos, coletivos e individuais homogêneos, por meio de um processo de participação política.

Como a jurisdição é inerte e precisa ser provocada, cabe ao Ministério Público do Trabalho, na seara trabalhista, ou a outro legitimado, como o sindicato profissional, iniciar os procedimentos destinados à implementação de direitos sociais constitucionais, para que tais benefícios tenham condições de serem usufruídos pelos destinatários das normas constitucionais, posto que sem esse ativismo ou intervenção do *Parquet* tais diretos poderiam restar inviabilizados em sua concretude.

Devemos salientar que é da própria natureza de atuação dos membros do Ministério Público o ativismo, a proatividade, inerentes à própria função de promotor da cidadania. Daí, as palavras de José Janguiê Bezerra Diniz[581]: "exige--se do Ministério Público uma postura atuante aos verdadeiros interesses públicos, difusos, coletivos e individuais homogêneos, ante a realidade social que se vive hoje e sob pena de não conter o aumento da imoralidade pública, da agressão contra o patrimônio público, da desigualdade social, do descaso contra os deficientes físicos, dos crimes hediondos, principalmente do narcotráfico, do elevado número de acidentes de trabalho, da indiferença com os incapazes, e da falta de consciência política na defesa dos inúmeros Direitos Humanos".

---

(581) DINIZ, José Janguiê Bezerra. *Atuação do Ministério Público do Trabalho como árbitro*. São Paulo: LTr, 2004. p. 308.

Bruno Amaral Machado[582] enfatiza que esse grande protagonismo do Ministério Público Brasileiro, a partir do marco legal específico, a Constituição Federal de 1988, que consagrou a autonomia da instituição, apresenta vários aspectos a serem considerados. A amplitude das funções atribuídas, associada à independência funcional dos membros e à discricionariedade na interpretação da norma legal, enseja variadas possibilidades de ação. Além disso, a inexistência de uma estrutura hierárquica rígida faz com que o voluntarismo dos membros seja variável importante na análise organizacional.

Já para Maria Teresa Sadek[583]: "poucas vezes — se alguma — presenciou--se, em tão curto espaço de tempo, uma instituição sair da obscuridade, alçando-se para o centro dos refletores".

4.6. Princípio da flexibilização da técnica processual

O microssistema processual de tutela coletiva possui suas regras, seus princípios e institutos peculiares próprios, diversos do processo individual. Institutos como legitimação, competência, poderes e deveres do magistrado e do Ministério Público, litispendência, efeitos da coisa julgada *erga omnes* ou *ultra partes* das sentenças, conexão, liquidação e execução de sentença, entre outros.

Em razão de todas essas variantes e peculiaridades, bem como dos maiores poderes que a CF/1988 atribuiu aos magistrados e membros do Ministério Público, é que, em sede de processos moleculares, bem como no processo de parceirização jurisdicional trabalhista, a técnica processual não deve seguir a rigidez dos processos atomizados. Pelo contrário, carece de técnicas e normas mais flexíveis, abertas, cujas decisões conduzam à verdadeira efetividade do processo molecular.

4.7. Princípio da intervenção do Ministério Público em casos de relevante interesse social

Esse princípio complementa o princípio da obrigatoriedade de atuação do Ministério Público em sede de ações coletivas, já explicitado neste trabalho ao tratarmos dos princípios do microssistema processual de tutela coletiva.

Teori Albino Zavascki[584] ensina que, "quando o Ministério Público está legitimado a atuar em nome próprio, mas como substituto processual, em demandas objetivando sentença condenatória genérica, de direitos individuais, divisíveis e

---

(582) MACHADO, Bruno Amaral. *Op. cit.,* p. 22.
(583) SADEK, Maria Tereza. Cidadania e Ministério Público. In: SADEK, Maria Tereza (org.). *Justiça e cidadania no Brasil.* São Paulo: Sumaré; IDESP, 2000. p. 11.
(584) ZAVASCKI, Teori Albino. *Op. cit.,* p. 214.

disponíveis, os direitos dos substituídos, em todas as hipóteses, são tutelados sempre global, impessoal e coletivamente. Obtida a condenação genérica e globalmente proferida, encerra-se o papel do substituto processual e tem início, se for o caso, a atuação dos próprios titulares do direito material, com vista a obter sua satisfação específica".

Continua o doutrinador, asseverando que é "neste novo contexto que se insere a legitimação do Ministério Público, instituição permanente, essencial à função jurisdicional do Estado. A ele, a quem a lei já conferira o poder-dever, para, na condição de interveniente (*custos legis*), oficiar em todas as causas 'em que há interesse público evidenciado pela natureza da lide ou qualidade da parte' (art. 82, III, CPC), a Constituição veio atribuir, entre outras, a incumbência mais específica de defender 'interesses sociais' (Constituição Federal, art. 127), sem traçar qualquer condição ou limite processual a essa atribuição"[585].

E ainda que "interesses sociais" como consta da Constituição e "interesse público" como está no art. 82, III, do CPC são expressões com significado substancialmente equivalente. Poder-se-ia, genericamente, defini-los como "interesses cuja tutela, no âmbito de um determinado ordenamento jurídico, é julgada como oportuna para o progresso material e moral da sociedade a cujo ordenamento jurídico corresponde". (...) É claro que essas definições não exaurem o conteúdo da expressão "interesses sociais". Não obstante, são suficientes para os limites da conclusão que, por ora, se busca atingir, a saber: a proteção dos consumidores e dos investidores do mercado financeiro e de capitais constitui não apenas interesse individual do próprio lesado, mas interesse da sociedade, como um todo. Realmente, é a própria Constituição que estabelece que a defesa dos consumidores é princípio fundamental da atividade econômica (CF, art. 170, V), razão pela qual deve ser promovida, inclusive pelo Estado, em forma obrigatória (CF, art. 5º, XXXII). Não se trata, obviamente, da proteção individual, pessoal, particular, deste ou daquele consumidor lesado, mas da proteção coletiva dos consumidores, considerada em suas dimensões comunitária e impessoal. (...) Conquanto suas posições subjetivas individuais e particulares não tenham, por si só, relevância social, o certo é que, quando consideradas em sua projeção coletiva, passam a ter significado de ampliação transcendental, de resultado maior que a simples soma das posições pessoais. É de interesse social a defesa desses direitos individuais não pelo significado particular de cada um, mas pelo que a lesão deles, globalmente considerada, representa em relação ao adequado funcionamento do sistema financeiro, que, como se sabe, deve sempre estar voltado às suas finalidades constitucionais: "a de promover o desenvolvimento equilibrado do País e a servir aos interesses da coletividade"[586].

---

(585) *Id., loc. cit.*
(586) *Ibidem*, p. 216. Aduz, finalmente, que, sob a cláusula constitucional dos interesses sociais (art. 127) na dimensão anunciada, não será difícil concluir que nela pode ser inserida a legitimação do Ministério Público para a defesa de "direitos individuais homogêneos" dos consumidores e dos investidores no mercado

Nessa esteira, consideramos por analogia a plena aplicação do princípio da relevância social para legitimar a atuação do Ministério Público do Trabalho nos casos da parceirização jurisdicional trabalhista, dada a similitude dos princípios da vulnerabilidade, fundamento do CDC (Lei n. 8.078/1990) e da proteção do trabalhador, núcleo protetivo no Direito do Trabalho, e pelo fato de que o *Parquet* estaria a defender lesões a direitos difusos, coletivos e individuais homogêneos dos trabalhadores, especialmente na área da saúde, cujos danos extrapolam o mero direito individual, divisível, determinado, desses indivíduos, para atingir os interesses de toda a sociedade. Daí, o relevante interesse social a albergar a nossa obra.

Em corroboração a essa tese, Humberto Theodoro Júnior[587] cita entre tais direitos os atinentes à saúde, à educação etc., observando o seguinte: "Todavia, pode haver hipótese em que, num só ato, dois são os interesses lesados: um de natureza divisível, individual, subjetiva, cuja defesa cabe ao próprio lesado; e outro, de caráter indivisível, coletivo e difuso, de interesse social, cuja proteção se impõe ao Ministério Público. São. *v. g.* indivisíveis os interesses atinentes à saúde, à educação, ao transporte coletivo etc., porque uma vez ignorados geram grandes transtornos para a sociedade. O Ministério Público, então, estaria legitimado não pelo simples fato de haver uma soma de interesses individuais, mas sim pelo fato de a lesão a um direito subjetivo desse tipo causar repercussões prejudiciais a toda coletividade. Seria, então, o interesse social, como direito difuso, que estaria sendo protegido e tutelado pelo Ministério Público, e não apenas os direitos individuais homogêneos dos diversos prejudicados *de per si*".

4.8. Princípio da razoabilidade ou da proporcionalidade

Para Gilmar Ferreira Mendes, Inocêncio Mártires Coelho e Paulo Gustavo Gonet Branco[588], o princípio da proporcionalidade ou da razoabilidade é utilizado, de ordinário, para aferir a legitimidade das restrições de direitos — muito embora possa aplicar-se, também, para dizer do equilíbrio na concessão de poderes, privilégios ou benefícios, e, em essência, consubstancia uma pauta de natureza axiológica

---

financeiro, estabelecida nas Leis ns. 6.024/1974, 7.913/1989 e 8.078/1990, especialmente quando se considera o modo como essa legitimação vai se operar processualmente: (a) em forma de substituição processual, b) pautada pelo trato impessoal e coletivo dos direitos subjetivos lesados; c) em busca de uma sentença de caráter genérico. Nessa dimensão, e somente nela, a defesa de tais direitos — individuais, divisíveis e disponíveis — pode ser promovida pelo Ministério Público sem ofensa à Constituição, porque, quando assim considerada, ela representará verdadeiramente a tutela de bens e valores jurídicos de interesse social.
(587) THEODORO JUNIOR, Humberto. *Curso de direito processual civil*. 38. ed. São Paulo: Saraiva, 2009. v. 3, p. 543-545.
(588) MENDES, Gilmar Ferreira; COELHO, Inocêncio Mártires; BRANCO, Paulo Gustavo Gonet. *Curso de direito constitucional*. São Paulo: Saraiva, 2007. p. 114.

que emana diretamente das ideias de justiça, equidade, bom senso, prudência, moderação, justa medida, proibição de excesso, direito justo e valores afins; precede e condiciona a positivação jurídica, inclusive a de nível constitucional, e, ainda, enquanto princípio geral do Direito, serve de regra de interpretação para todo o ordenamento jurídico.

Esse princípio adequa-se perfeitamente ao fenômeno da parceirização jurisdicional trabalhista, pois, no deslinde do caso concreto, tanto o magistrado como o membro do Ministério Público deverão optar pelo modo mais razoável de se atingirem os resultados esperados.

5. NATUREZA JURÍDICA DO FENÔMENO DA PARCEIRIZAÇÃO JURISDICIONAL TRABALHISTA

Entendemos por natureza jurídica de um instituto suas características nucleares, bem como seu enquadramento entre os dois grandes ramos do Direito: o Direito Público e o Direito Privado. Em outras palavras, ao indagar sobre a natureza jurídica de um instituto, procura-se descobrir sua essência, seu núcleo basilar, seus fundamentos de validade, de modo a enquadrá-lo em alguma das categorias gerais do Direito, com a finalidade de determinar as normas e os princípios que lhe são aplicáveis.

Tarso Genro[589], ao discorrer sobre a natureza jurídica, aduz que o processo histórico constitutivo do Direito do Trabalho (lutas econômicas e políticas, permeadas por controvérsias ideológicas e filosóficas) proporcionou a existência tanto de instituições e normas de Direito Privado nas relações de trabalho, como de Direito Público. As normas de Direito Público são ordinariamente normas tutelares e vão desde a identificação profissional até a duração da jornada de trabalho, da proteção ao trabalho do menor e da mulher, até aquelas referentes à inspeção de trabalho e à previdência.

As normas de Direito Privado se referem ao contrato individual de trabalho e a todos os ajustes que se dão fora do âmbito protetivo e tutelar do Direito do Trabalho, o que indica a sua dupla natureza. Mas o momento predominante de cada norma ou instituto, para que ele seja referido como de Direito Público ou Privado, depende da situação histórico-social em que o Direito do Trabalho está inserido em dado momento da história, embora seja lícito afirmar que é recorrente a afirmação do caráter público de algumas instituições fundamentais desse ramo do Direito[590].

---

(589) GENRO, Tarso. Natureza jurídica do direito do trabalho. In: SOUSA JÚNIOR, José Geraldo de; AGUIAR, Roberto A. R. de (orgs.). *Introdução crítica ao direito do trabalho*. Brasília: UnB; CEAD-NEP, 1993. p. 114 (Série: O direito achado na rua, v. 2).
(590) *Ibidem*, p. 115.

A originalidade do Direito do Trabalho em relação aos demais ramos do Direito repousa no seu caráter tutelar e protetivo, logo, em seu caráter público. O desenvolvimento das relações sociais e a interferência maior ou menor dos trabalhadores na conformação do Estado são, porém, o que verdadeiramente institui a força de cada categoria jurídica do Direito do Trabalho, enquanto categoria de Direito Público ou de Direito Privado[591].

No entanto, a natureza jurídica do Direito material não se confunde com a do Direito Processual, muito embora este seja considerado o instrumento de realização do primeiro e não exista por si só, mas a serviço daquele.

Entre as várias teorias que tentam explicar o fenômeno da natureza jurídica do processo, as que consideramos mais adequadas são as teorias da "instituição", do "procedimento" e da "relação processual", as quais se completam. A primeira focaliza sua atenção no processo enquanto organização estável das condutas dos sujeitos processuais disciplinadas por normas, tendo em vista realizar uma ideia objetiva. A teoria do procedimento centra sua atenção nas normas que a disciplinam, estabelecendo o encadeamento entre os diversos atos necessários à produção de um efeito jurídico final. Assim, as teorias da instituição e do procedimento se reclamam mutuamente, uma vez que não se concebe uma organização sem normas que a disciplinem, nem se concebem as normas sem condutas a organizar. Por outro lado, também não há antagonismo das teorias da instituição e do procedimento em face da teoria da relação processual. De fato, o procedimento é a forma de encadeamento dos atos em que se exteriorizam os poderes, os ônus, os deveres e as faculdades constitutivas das relações processuais. De modo que essas teorias, em vez de se repelirem, se requerem reciprocamente, uma vez que tratam de dimensões particulares da mesma realidade unitária, que é o fenômeno jurídico-processual[592].

Para Antônio Carlos de Araújo Cintra, Ada Pellegrini Grinover e Cândido Rangel Dinamarco[593], é inegável que o Estado e as partes estão, no processo, interligados por uma série muito grande e significativa de liames jurídicos, sendo titulares de situações jurídicas em virtude das quais se exige de cada um deles a prática de certos atos do procedimento ou lhes permite o ordenamento jurídico esta prática; e a relação jurídica é exatamente o nexo que liga dois ou mais sujeitos, atribuindo-lhes poderes, direitos, faculdades, e os correspondentes deveres, obrigações, sujeições, ônus. Por meio da relação jurídica, o Direito regula não só os

---

(591) *Ibidem*, p. 115-116.
(592) VIEIRA, Anderson Novaes; PILZ, Nina Zinngraf *et al.* Natureza jurídica da ação e do processo. *Jus Navigandi*, Teresina, ano 6, n. 58, ago. 2002. Disponível em: <http://jus2.uol.com..br/doutrina/texto.asp.id=3078> Acesso em: 28.12.2009.
(593) CINTRA, Antônio Carlos de Araújo; GRINOVER, Ada Pellegrini; DINAMARCO, Cândido Rangel. *Teoria geral do processo*. 23. ed. São Paulo: Malheiros, 2007. p. 300-302.

conflitos de interesses entre as pessoas, mas também a cooperação que estas devem desenvolver em benefício de determinado objeto comum.

O processo é a síntese desta relação jurídica progressiva (relação processual) e da série de fatos que determinam a sua progressão (procedimento). A sua dialética reside no funcionamento conjugado dessas posições jurídicas e desses atos e fatos, pois o que acontece na experiência concreta do processo é que de um fato nasce sempre uma posição jurídica, com fundamento na qual outro ato do processo é praticado, nascendo daí nova posição jurídica, que, por sua vez, enseja novo ato, e assim até ao final do procedimento. Cada ato processual, isto é, cada anel da cadeia que é o procedimento, realiza-se no exercício de um poder ou de uma faculdade, ou para o desencargo de um ônus ou de um dever, o que significa que é a relação jurídica que dá razão de ser ao procedimento; por sua vez, cada poder, faculdade, ônus, dever, só tem sentido enquanto tende a favorecer a produção de fatos que possibilitarão a consecução do objetivo final do processo[594].

Ainda segundo esses autores, a teoria da relação processual que surgiu com vistas ao processo civil e na teoria deste foi desenvolvida, discutida e consolidada, tem igual validade para o Direito Processual Penal ou o Trabalhista[595].

Dessa forma, com fulcro nos ensinamentos retroapregoados, podemos afirmar que o fenômeno da parceirização jurisdicional trabalhista, por se constituir em um instituto de índole processual, de natureza coletiva, que vincula as partes, de forma triangular, constituindo no caso concreto uma relação jurídica molecular[596] entre os legitimados ou autores ideológicos (Ministério Público, sindicato, associações etc.), os réus (geralmente empresas ou empregadores pessoas físicas) e o juiz, apresenta-se como tendo natureza jurídica de relação jurídica processual coletiva, retirando seu fundamento de validade na própria Constituição Federal de 1988, que estabeleceu os pilares que deram e dão sustentação ao microssistema processual de tutela coletiva trabalhista.

6. Procedimento

O procedimento da parceirização jurisdicional trabalhista está relacionado à forma de participação dos agentes políticos (magistrados e membros do Ministério Público) nos processos administrativos ou judiciais impregnados de interesse público primário.

---

(594) *Ibidem*, p. 302.
(595) *Id., loc. cit.*
(596) Ações moleculares, no sentido de um conjunto de indivíduos buscando idênticos direitos e interesses, por meio de um único processo coletivo, tendo à frente, como autor, um legitimado ou autor ideológico (substituto processual) em contraposição às ações atomizadas ou individuais formalizadas por cada trabalhador individualmente considerado.

Interesse público primário, segundo Hely Lopes Meirelles[597], "seriam aquelas aspirações ou vantagens licitamente almejadas por toda a comunidade administrativa, ou por parte expressiva de seus membros".

Carlos Henrique Bezerra Leite[598] aduz que o interesse público primário[599] pode ser também chamado de interesse geral, social, não se confundindo com o interesse público do Estado, considerado no seu aspecto de poder organizado, o qual, por ser secundário, pode, num dado momento, conflitar com o interesse público primário.

Desde que haja relevante interesse público, o procedimento na parceirização trabalhista poderia ensejar um duplo aspecto: revestir-se de uma espécie de parceirização administrativa, nos procedimentos administrativos que são conduzidos na órbita das Procuradorias do Trabalho do Ministério Público do Trabalho, em que o membro do *Parquet* poderá convidar[600] o magistrado trabalhista[601] a

---

(597) MEIRELLES, Hely Lopes. *Direito administrativo brasileiro*. 17. ed. São Paulo: Malheiros, 1991. p. 82.
(598) LEITE, Carlos Henrique Bezerra. *Ministério Público do Trabalho*, cit., p. 46.
(599) Interesse público primário é também conhecido como interesse público por excelência, já que ele constitui o paradigma pelo qual se exige, obrigatoriamente, a intervenção do Ministério Público na proteção dos direitos difusos. Já o interesse público secundário caracteriza-se como o interesse do governo em determinado momento histórico, tendo como base o alcance de determinadas metas estabelecidas pelo Poder Executivo.
(600) Veja extrato da sentença judicial proferida nos Autos n. RT Ord. 01079-2008-658-09-00-9, na 2ª Vara do Trabalho de Foz do Iguaçu, de lavra da Juíza Titular Neide Consolata Folador: "(...) 2. Conforme consta às fls. 83/6 e em outras duas atas (...) de audiências realizadas na sede do Ministério Público do Trabalho nesta cidade, conduzidas pelo I. Procurador Enoque Ribeiro dos Santos, a situação do Hospital reclamado é preocupante e, mais ainda, a situação de seus empregados (cerca de quarenta), todos "dispensados de fato", nos dizeres dos sócios (...). Participei, a convite do Procurador do Trabalho, de duas das três audiências antes mencionadas, e constatei pessoalmente que existe celeuma entre os sócios a respeito de negócio que envolveu alguns médicos, uns vendedores e outros compradores do Hospital.
(601) O Anteprojeto de Código Brasileiro de Processos Coletivos também prevê a provocação do juiz para a iniciativa de atividades do membro do Ministério Público, consoante art. 8º: "Comunicação sobre processos repetitivos — O juiz, tendo conhecimento da existência de diversos processos individuais contra o mesmo demandado, com identidade de fundamento jurídico, notificará Ministério Público e, na medida do possível, outros legitimados, a fim de que proponham, querendo, demanda coletiva, ressalvada aos autores individuais a faculdade prevista no artigo anterior. Parágrafo único. Caso o Ministério Público não promova a demanda coletiva, no prazo de 90 dias, o juiz, se considerar relevante a tutela coletiva, fará remessa das peças dos processos individuais ao Conselho Superior do Ministério Público, que designará outro órgão do Ministério Público para ajuizar a demanda coletiva, ou insistirá, motivadamente, no não ajuizamento da ação, informando o juiz". O mesmo Anteprojeto, no art. 20, § 7º, dispõe: "Em caso de relevante interesse social, cuja avaliação ficará a seu exclusivo critério, o Ministério Público, se não ajuizar a ação ou não intervir no processo como parte, atuará obrigatoriamente como fiscal da lei". À primeira leitura e exegese do art. 8º do Anteprojeto, tudo levava a crer que o magistrado estaria revestido do poder, inclusive, de se imiscuir na avaliação do Ministério Público, no que respeita à imprescindibilidade da propositura da ação coletiva, como que não levando em considerando que a maior parte dos litígios coletivos é pacificado neste órgão por meio dos TACs (Termos de Ajustamento de Conduta às Exigências Legais), que possuem natureza jurídica de título executivo extrajudicial. Da mesma forma que a sentença

participar, inclusive, de audiências especialmente designadas com empresários, em face dos quais já existam inúmeras reclamatórias trabalhistas individuais, e, por outro lado, assumir a forma de parceirização jurisdicional, na medida em que esse trabalho conjunto tenha lugar no plano judicial, vale dizer, após o ajuizamento das ações moleculares, quaisquer que sejam suas espécies.

Considerando que a parceirização administrativa não faz parte do núcleo do presente trabalho, limitamo-nos apenas a mencioná-la, sem maior aprofundamento, e passaremos a nos focalizar no objeto de nossa obra.

6.1. Competência material e funcional

De acordo com o art. 114 da Constituição Federal de 1988, o art. 2º da LACP (Lei n. 7.347/1985) e art. 82 do CDC (Lei n. 8.078/1990), a competência material e funcional para o processo de parceirização jurisdicional trabalhista para pacificação dos conflitos coletivos metaindividuais é das Varas do Trabalho, ou seja, a 1ª instância do Poder Judiciário Trabalhista, do local[602] onde ocorreu ou está prestes a ocorrer o dano ou a lesão aos direitos difusos, coletivos e individuais homogêneos dos trabalhadores.

Aplica-se, nesse caso, idêntico raciocínio utilizado para a competência das Varas do Trabalho nas ações civis públicas e demais instrumentos processuais coletivos, com exceção do dissídio coletivo e da ação anulatória (de nulidade) de cláu-

---

judicial, que se não cumprida poderá ensejar o processo de execução, se o TAC não for cumprido suscitará o pagamento de elevadas multas (*astreintes*), bem como eventual celebração de TAC-Aditivo, ou ainda posterior ação de execução judicial. Dessa forma, o último dispositivo legal mencionado não deixa dúvida de que a avaliação será sempre do Ministério Público, quanto ao ajuizamento ou não da ação coletiva. Essa situação faz parte do cotidiano das atividades do juiz e do procurador, pois grande parte dos inquéritos civis é instaurado no Ministério Público do Trabalho em razão das sentenças individuais e ofícios encaminhados pelos magistrados trabalhistas, e grande parte desses procedimentos administrativos culmina na celebração dos Termos de Compromisso de Ajustamento de Conduta com as empresas reclamadas. De outro lado, esses TACs funcionam também como uma espécie de "filtro" nas futuras ações individuais ou atomizadas, na medida em que as empresas/empregadores, cientes das multas/*astreintes* que incorrerão se persistirem nas irregularidades trabalhistas inseridas como cláusulas dos TACs, terão uma atitude preventiva e se refrearão na reincidência das mesmas.
(602) O Anteprojeto de Código Brasileiro de Processos Coletivos, em seu art. 22, assim dispõe: "Competência territorial — é absolutamente competente para a causa o foro: I — do lugar onde ocorreu ou deva ocorrer o dano, quando de âmbito local; II — de qualquer das comarcas ou subseções judiciárias, quando o dano de âmbito regional compreender até três delas, aplicando-se no caso as regras da prevenção; III — da Capital do Estado, para os danos de âmbito regional, compreendendo quatro ou mais comarcas ou subseções judiciárias; IV — do Distrito Federal do Estado, quando os danos de âmbito interestadual compreenderem até três Estados, ou de âmbito nacional. § 1º A amplitude do dano será aferida conforme indicada na petição inicial da demanda. (...) § 3º No caso de danos de âmbito nacional, interestadual ou regional, o juiz competente poderá delegar a realização da audiência preliminar e da instrução ao juiz que ficar mais próximo dos fatos".

sulas ou de acordo ou convenção coletiva de trabalho, cuja competência nessas situações é do Tribunal Regional do Trabalho ou do Tribunal Superior do Trabalho, pelo fato de o fenômeno da parceirização jurisdicional trabalhista apresentar-se como um desdobramento ou uma consequência natural das atividades do *Parquet* Laboral, que não produziram os efeitos desejados na seara extrajudicial.

Daí, o Poder Judiciário Trabalhista apresentar-se como o último recurso ou bastião de realização da justiça, o que levará à sua provocação pelo Ministério Público do Trabalho, porém, não com a distribuição pura e simples de mais uma peça processual, de índole coletiva, mas sim por meio da inicialização de um processo judicial coletivo, com uma nova roupagem jurídica, precedido de uma etapa de conversação, entendimentos, esclarecimentos entre o *Parquet* e o Poder Judiciário, e posteriormente com o envolvimento de todos os demais interessados.

6.2. Iniciativa e provocação da jurisdição

A parceirização jurisdicional trabalhista geralmente decorre da iniciativa[603] do membro do Ministério Público do Trabalho, após o recebimento de uma denúncia, de um pedido de providências[604] ou de uma representação, a partir do momento em que esse órgão ministerial formar sua convicção neste sentido e, eventualmente, todas as tentativas de pacificar o conflito coletivo, pela via administrativa, restarem infrutíferas.

Isso porque, enquanto o membro do Ministério Público pode agir *ex officio*[605] em suas atribuições constitucionais, o magistrado trabalhista sempre deverá ser provocado, em face do princípio da demanda que vige no ordenamento brasileiro

---

(603) É importante ressaltar que, quando se chega a esse estágio de o *Parquet* Laboral buscar outras alternativas, entre elas a provocação de reuniões com os magistrados do Poder Judiciário Trabalhista, no sentido de entabular negociação que conduza ao início do processo de parceirização jurisdicional, já houve prévia e larga atuação do Ministério Público do Trabalho, às vezes, inclusive celebração de Termo de Ajustamento de Conduta (TAC), ações fiscais do Ministério do Trabalho e Emprego, aplicação de multas e parece que nenhum caminho conduz à resolução do conflito coletivo, que resta persistente, ou seja, permanece a lesão a direitos difusos, coletivos e individuais homogêneos por parte da empresa.

(604) Muitas vezes, é o próprio empregador/empresa que se vê diante de uma situação econômica insustentável e recorre ao Ministério Público do Trabalho para buscar uma solução de continuidade, pois não tem como arcar com as multas provenientes de descumprimento do TAC celebrado, e, ao mesmo tempo, tem o fluxo de caixa paralisado por sucessivos bloqueios *on-line* promovidos pela Justiça do Trabalho, nas inúmeras execuções trabalhistas em trâmite movidas por ex-empregados. Algumas outras situações são encadeadas por meio de requerimentos do sindicato da categoria profissional, que, embora tendo legitimidade para ajuizar ação civil pública ou outro instrumento processual coletivo, vê as vantagens e o *expertise* derivados da atuação do Ministério Público do Trabalho, no sentido de resolução do conflito coletivo.

(605) § 1º O Ministério Público do Trabalho atuará, independentemente de provocação, em caso de conhecimento, por qualquer forma, de fatos que, em tese, constituam lesão aos interesses ou direitos mencionados no art. 1º desta Resolução, devendo cientificar o membro do Ministério Público que possua atribuição para tomar as providências respectivas, no caso de não a possuir. (Res. n. 69/2007 do CSMPT)

(CPC arts. 2º[606], 128[607] e 262[608]). Muitas vezes é o próprio magistrado que oficia ao membro do *Parquet* Laboral informando as irregularidades verificadas nos processos atomizados que transitam pelas Varas do Trabalho, em relação a determinados empregadores, ou, ainda, pedindo providências, se considerar que está havendo violação a direitos ou interesses metaindividuais.

Como cediço, após o recebimento das denúncias, se o membro do Ministério Público do Trabalho tiver formado seu convencimento das ilicitudes praticadas pelos empregadores, independentemente da instauração[609] de Inquérito Civil, poderá promover o ajuizamento da ação coletiva na tutela de direitos e interesses difusos, coletivos e individuais homogêneos, consoante parágrafo único do art. 5º, da Resolução n. 69/2007, do Conselho Superior do Ministério Público do Trabalho.

Porém, em geral, somente ocorre o manejo do instrumento coletivo jurisdicional, quando não houve concordância da empresa/empregador na celebração do Termo de Ajustamento de Conduta (TAC), recalcitrância destes em comparecer às audiências previamente designadas pelo *Parquet* Trabalhista para que os inquiridos prestem esclarecimentos sobre as irregularidades veiculadas, em uma espécie de revelia ou contumácia, ou, ainda, pelo descumprimento contumaz do TAC celebrado, ensejando pagamento de multas/*astreintes*, TAC-aditivo e execução judicial.

Dessa forma, a iniciativa de instauração de um processo de parceirização jurisdicional trabalhista, como dito, geralmente é de competência do Ministério Público do Trabalho, que, por seu turno, irá provocar a jurisdição trabalhista, independentemente da fonte de que proveio a denúncia de ilicitudes ou irregularidades, que provoquem lesões a direitos e interesses transindividuais perpetradas pelas empresas ou pelos empregadores.

Não se trata de competência exclusiva do *Parquet* Laboral, pois o sindicato profissional, como substituto profissional e legitimado para a tutela coletiva, também pode se qualificar na condução da parceirização jurisdicional trabalhista. Porém,

---

(606) Art. 2º Nenhum juiz prestará a tutela jurisdicional senão quando a parte ou o interessado a requerer, nos casos e forma legais.
(607) Art. 128. O juiz decidirá a lide nos limites em que foi proposta, sendo-lhe defeso conhecer de questões, não suscitadas, a cujo respeito a lei exige a iniciativa da parte.
(608) Art. 262. O processo civil começa por iniciativa da parte, mas se desenvolve por impulso oficial.
(609) Art. 1º O inquérito civil, de natureza unilateral e facultativa, será instaurado para apurar fato que possa autorizar a tutela dos interesses ou direitos a cargo do Ministério Público do Trabalho nos termos da legislação aplicável, servindo como preparação para o exercício das atribuições inerentes às suas funções institucionais.
Parágrafo único. O inquérito civil não é condição de procedibilidade para o ajuizamento das ações a cargo do Ministério Público do Trabalho, nem para a realização das demais medidas de sua atribuição própria.

como se trata de lide coletiva, o Ministério Público do Trabalho deve ser instado[610] a se manifestar no processo, consoante art. 5º, parágrafo único, da LACP e art. 92[611] do CDC.

Dessa provocação do *Parquet* Laboral ao juízo trabalhista, seguida da concordância deste último, estará surgindo o embrião do fenômeno de parceirização jurisdicional trabalhista, o qual pode também contar com a adesão e a aquiescência de outros interessados para sua normal fluência, objetivando, sobretudo, a consecução do interesse público primário, especialmente a manutenção de empregos, a conservação da saúde financeira de empresas que oferecem serviços essenciais constitucionais, na área da saúde e educação, pagamento de verbas alimentícias atrasadas a empregados e ex-empregados, celeridade no pagamento de execuções judiciais, em processo de liquidação de sentença ou de penhora de bens, diminuição do número de ações atomizadas nas Varas do Trabalho pela reunião de processos, seguido de rateio programado de pagamento de execuções judiciais etc.

Se, por um lado, a iniciativa é do Ministério Público do Trabalho, pois, se não figurar como autor, deverá obrigatoriamente participar do processo coletivo como fiscal da lei, por outro, não haverá como o fenômeno da parceirização jurisdicional trabalhista prosperar e, às vezes, nem mesmo ser inicializado, se não contar com a vontade política[612] e com a adesão dos magistrados do Poder Judiciário Trabalhista, já que existirão situações propícias para a parceirização jurisdicional, nas quais as empresas/empregadores envolvidos já são réus/executados em centenas de processos judiciais individuais, tramitando em diversas Varas do Trabalho, simultaneamente.

Além disso, não bastará a simples adesão e a vontade política dos membros do Ministério Público do Trabalho e dos magistrados do Poder Judiciário Trabalhista, se as demais partes não se comprometerem ao que ficar ajustado no Termo de Acordo Judicial ou de Conciliação, ou se descumprirem o comando judicial proferido em sede do processo judicial coletivo, que será o objeto jurídico da parceirização jurisdicional trabalhista.

6.3. Designação de audiência preliminar

Superado o estágio inicial, por meio do qual o Ministério Público do Trabalho e o Poder Judiciário Trabalhista concordaram em dar início ao processo de parcei-

---

(610) § 1º O Ministério Público, se não intervier no processo como parte, atuará obrigatoriamente como fiscal da lei.
(611) Art. 92. O Ministério Público, se não ajuizar a ação, atuará sempre como fiscal da lei.
(612) Vontade política esta que deriva de poder e política. Na concepção de Max Weber, enquanto poder é toda faculdade ou prerrogativa que alguém possui de impor a própria vontade, em determinadas situações e pessoas, mesmo em face de resistências, o termo política poderia ser definido como "a arte ou a técnica do exercício do poder". In: WEBER, Max. *Sociedade e economia*. São Paulo: Ática, 2001. p. 94.

rização jurisdicional trabalhista, o passo seguinte demandará a intimação/notificação das empresas/empregadores, seus sócios proprietários/diretoria, para audiência[613] em uma das Varas do Trabalho ou mesmo na sede da Procuradoria do Trabalho, no sentido de colher elementos sobre as patologias econômica e financeira existentes, bem como outros elementos que viabilizem a inicialização desse empreendimento jurisdicional.

O objeto nuclear deste trabalho coaduna-se perfeitamente com o Anteprojeto de Código Brasileiro de Processos Coletivos, na seara trabalhista, na medida em que, pelo que se infere do art. 25 deste instrumento, ainda em fase de discussão na seara legislativa, o juiz, além de ter maiores[614] poderes no processo, poderá adotar critérios mais abertos e flexíveis, que propiciem a efetividade do processo coletivo. Nesse sentido, ganham relevo formas alternativas de resolução do conflito, como as sugeridas nesta obra — a parceirização jurisdicional trabalhista —, e outras, como a mediação, a transação, inclusive a avaliação neutra de terceiro, de confiança das partes.

A "avaliação neutra de terceiro", de sua parte, se compatibiliza com a atuação e o ativismo jurídico do Ministério Público do Trabalho, na medida em que poderá, em conjunto com o magistrado, determinar a elaboração de um diagnóstico econômico-financeiro, por meio de perito independente, no sentido de buscar soluções e caminhos exequíveis para a pacificação da demanda coletiva.

Da mesma forma que este instrumental, a avaliação neutra de terceiro, disposta no Anteprojeto de Código Brasileiro de Processos Coletivos, não é vinculante, a parceirização jurisdicional também não o é, quando proposta, em conjunto, pelo Poder Judiciário e pelo Ministério Público, e, se aceita pela empresa/empregador,

---

(613) Observa-se que a presente obra se encontra sedimentada e se compatibiliza com vários artigos do Anteprojeto de Código Brasileiro de Processos Coletivos. Vejamos o art. 25 deste Anteprojeto: "Audiência preliminar — encerrada a fase postulatória, o juiz designará audiência preliminar, à qual comparecerão as partes, os seus procuradores, habilitados a transigir: § 1º O juiz ouvirá as partes sobre os motivos e fundamentos da demanda e tentará a conciliação, sem prejuízo de sugerir outras formas adequadas de solução do conflito, como a mediação, a arbitragem e a avaliação neutra de terceiro. § 2º A avaliação neutra de terceiro, de confiança das partes, obtida no prazo fixado pelo juiz, é sigilosa, inclusive para este, e não vinculante para as partes, sendo sua finalidade exclusiva a de orientá-las na tentativa de composição amigável do conflito. § 3º Preservada a indisponibilidade do bem jurídico coletivo, as partes poderão transigir sobre o modo de cumprimento das obrigações".
(614) GRINOVER, Ada Pellegrini. Exposição de motivos do Código Brasileiro de Processos Coletivos. São Paulo: Instituto Brasileiro de Direito Processual, jan. 2007. Disponível em: <http://www.ibdp.org.br>. Assim se pronunciou a mencionada autora: (...) A audiência preliminar é tratada nos moldes de proposta legislativa existente para o processo individual, com o intuito de transformar o juiz em verdadeiro gestor do processo, dando-se ênfase aos meios alternativos de solução de controvérsias: deixa-se claro, aliás, até onde poderá ir a transação — outra dúvida que tem aparecido nas demandas coletivas — bem como seus efeitos no caso de acordo a que não adira o membro do grupo, categoria ou classe, em se tratando de direitos ou interesses individuais homogêneos".

dará ensejo à celebração do Acordo ou Conciliação Judicial, tão caros ao deslinde do processo coletivo, pois permite que as partes transijam apenas sobre o modo de cumprimento da obrigação, já que o bem jurídico coletivo — metaindividual, sobretudo — estará preservado. Se não houver possibilidade de autocomposição do conflito coletivo, o fenômeno da parceirização jurisdicional trabalhista dará ensejo à prolação de sentença judicial.

6.4. Diligências e diagnóstico econômico-financeiro do reclamado

O próximo passo consistirá na realização de eventuais diligências do membro do Ministério Público e dos magistrados trabalhistas aos estabelecimentos da empresa/empregador para reuniões e eventual oitiva de empregados, de testemunhas, verificação *in loco* de equipamentos industriais, garantias, ativos e imobilizados que poderão ser oferecidos para lastrear a negociação com os credores, o meio ambiente de trabalho em geral, as reais condições de atuação empresarial, no sentido de aferir, efetivamente, suas reais condições econômico-financeiras no atingimento das propostas que serão objeto do futuro acordo ou conciliação judicial.

A empresa/empregador, por meio de seu quadro contábil, ou perito nomeado pelo juízo, será instada a desenvolver, em prazo determinado pelo Judiciário Trabalhista e/ou Ministério Público do Trabalho, os diagnósticos econômico e financeiro, bem como análise prospectiva de faturamento, endividamento, fluxo de caixa e relação de todo o passivo financeiro, que deverá ser discutido, em audiência, com todos os interessados.

Todo esse processo poderá ser acompanhado pelo sindicato da categoria profissional, o que será extremamente salutar, uma vez que este detém valiosas informações sobre a saúde econômico-financeira da empresa, eventuais irregularidades trabalhistas e previdenciárias porventura existentes, bem como daquelas objeto de reclamatórias individuais ajuizadas por ex-empregados.

6.5. Designação de audiência com todos os interessados

Com o objetivo de se instaurar, em definitivo, o processo de parceirização jurisdicional trabalhista, o Juízo Trabalhista, em conjunto com o Ministério Público do Trabalho, procederá à intimação de todos os interessados — empresa/empregador, sócios, ex-sócios, se for o caso, diretores, sindicato da categoria profissional, credores trabalhistas, por meio de seus advogados, representantes do Ministério do Trabalho e Emprego, e, se houver pertinência temática, haverá convite a Promotores de Justiça do Ministério Público Estadual e a representantes do Poder Executivo local, para comparecimento à audiência no foro trabalhista, com a finalidade de continuar debatendo a possibilidade de se estabelecerem entendimentos entre os credores das ações trabalhistas e o empregador, quanto à viabilização da execução dos créditos dos processos trabalhistas em trâmite nas diversas Varas do Trabalho, sem adoção de outras medidas judiciais que impeçam a continuidade das atividades do empreendimento empresarial.

O *Parquet* Laboral deverá apresentar a fundamentação, os desdobramentos que conduziram a esse tipo de procedimento, os fatores de interesse público e de relevância social, bem como as vantagens da adesão e comprometimento necessário aplicável a cada um dos interessados e à própria comunidade, visando ao sucesso e à consecução dos objetivos propostos, o que ensejará eventual celebração da conciliação judicial, por meio do processo de parceirização jurisdicional e sequenciamentos.

Restará claro à comunidade de interessados que, se não houver possibilidade de as partes chegarem a um acordo judicial, a controvérsia coletiva será pacificada por meio de decisão judicial, atendendo a requerimentos e pleitos do Ministério Público do Trabalho.

No Termo de Acordo ou Conciliação Judicial, poderá o Juízo atender a eventual requerimento da empresa/empregador, após ouvido o Ministério Público do Trabalho, relativamente à concessão de prazo de carência para início de pagamento dos créditos trabalhistas em execução, de origem comum, em bases mensais, a ser fixado de acordo com a capacidade econômico-financeira da empresa, bem como a suspensão, eventual e temporária, pelo mesmo prazo, de bloqueios *on-line* e de execuções em curso nas Varas do Trabalho.

Tais medidas são necessárias no sentido de permitir o restabelecimento do fluxo de caixa ou a oxigenação financeira do empregador, de forma que a empresa adote as medidas necessárias para a implantação de repasse mensal do valor fixado pelo Juízo e pelo Ministério Público do Trabalho, destinado ao pagamento das execuções trabalhistas em trâmite nas Varas do Trabalho. Decorrido o prazo de carência, a empresa/empregador destinará o valor mensal fixado para a satisfação proporcional dos créditos trabalhistas em execução nas Varas do Trabalho.

Além do repasse mensal, a empresa/empregador deverá ser instada, no Termo de Acordo ou Conciliação Judicial, e, se for o caso, em decisão judicial, a manter em dia a satisfação dos direitos trabalhistas dos empregados em atividade, sob pena de adoção de medidas pelo Ministério Público do Trabalho. Ademais, a empresa/empregador também deverá apresentar comprovantes de satisfação dos créditos de seus atuais empregados, em conformidade com os TACs (Termos de Ajustamento de Conduta) firmados com o Ministério Público do Trabalho.

6.6. Responsabilidade dos sócios e nomeação do gestor/administrador judicial

Havendo o consenso de todos os interessados retronomeados, ou após a concessão de prazo para manifestação em juízo quanto à concordância quanto à celebração do acordo ou da conciliação judicial, ficará consignada nesses instrumentos jurídicos a responsabilidade solidária dos sócios responsáveis diretos pelas dívidas trabalhistas levantadas e pelo cumprimento das obrigações contempladas, sem prejuízo de eventuais deliberações e decisões judiciais, na hipótese de não cumprimento.

Em casos de disputa judicial em trâmite nas Varas Cíveis quanto à titularidade do empreendimento industrial/comercial, o Juízo Trabalhista poderá, atendendo a requerimento do Ministério Público do Trabalho, em penhora de estabelecimento comercial ou outro tipo de instrumento processual, promover o afastamento de todos os sócios e dirigentes/administradores, bem como nomear o sócio presente à audiência, o qual se dispuser a se responsabilizar pelas obrigações constantes do Acordo ou da decisão judicial, e que também poderá ser nomeado depositário dos bens da empresa, com todas as implicações legais pertinentes a esse encargo.

Nesse caso, poderá também o Juízo Trabalhista nomear depositário-administrador, fixando prazo para apresentação de plano de administração, bem como de gestor médico-operacional, se se tratar de empresa hospitalar, os quais deverão mani-festar-se nos autos sobre a aceitação deste *munus* público.

Se houver bens da empresa/empregador arrestados e já removidos para depositário judicial, nesse momento processual da parceirização jurisdicional trabalhista, o Juízo Trabalhista poderá determinar, atendendo a requerimento do *Parquet*, o seu retorno ao estabelecimento, para normal prosseguimento das atividades empresariais, tomando compromisso de sócio ou administrador como depositário.

6.7. Reunião ou cumulação de processos atomizados

Na existência de inúmeras ações judiciais individuais, em processo de execução, as Varas do Trabalho poderão reunir, em um único volume de autos, os diversos processos em execução contra a empresa/empregador, em cada Vara do Trabalho. Nessa situação, os Juízes do Trabalho requisitarão ou expedirão, em conjunto, ordens de repasse de verbas para distribuição proporcional em cada volume de autos reunidos, de forma que cada Vara do Trabalho distribua, entre os credores trabalhistas dos processos ali em trâmite, os valores rateados entre as respectivas Varas.

Esse item procedimental da parceirização jurisdicional trabalhista coaduna-se com o art. 28, § 1º, do Anteprojeto de Código Brasileiro de Processos Coletivos, que assim dispõe:

> "Para a tutela dos interesses ou direitos individuais homogêneos, além dos requisitos indicados no art. 19[615] deste Código, é necessária a aferição da predominância das questões comuns sobre as individuais e da utilidade da tutela coletiva no caso concreto."

6.8. COMISSÃO DE GESTÃO COMPARTILHADA E LIMITAÇÃO DO PODER DIRETIVO DO EMPREGADOR

Nos casos de parceirização jurisdicional trabalhista, é conveniente o estabelecimento de uma Comissão[616], que terá a função de acompanhar a administração da empresa/empregador, rever as propostas encaminhadas no Acordo ou Conciliação Judicial, ou ainda de eventual decisão judicial, no intuito de tanto defender os interesses dos credores trabalhistas, quanto, eventualmente, apreciar a necessidade de ajustes no acordo para a viabilidade do seu cumprimento, em consonância com o faturamento e o desenvolvimento da empresa/empregador.

Essa Comissão, que será denominada de Comissão de Gestão Compartilhada, será preferencialmente composta por um Juiz do Trabalho, por um Procurador do

---

(615) Arts. 19 e 4º do Anteprojeto de Código Brasileiro de Processos Coletivos: "Art. 19. Cabimento da ação coletiva ativa — A ação coletiva ativa será exercida para a tutela dos interesses e direitos mencionados no art. 4º deste Código". "Art. 4º Objeto da tutela coletiva — A demanda coletiva será exercida para a tutela de: I — interesses ou direitos difusos, assim entendidos os transindividuais, de natureza indivisível, de que sejam titulares pessoas indeterminadas e ligadas por circunstâncias de fato; II — interesses ou direitos coletivos — assim entendidos os transindividuais, de natureza indivisível, de que seja titular um grupo, categoria ou classe de pessoas ligadas entre si ou com a parte contrária, por uma relação jurídica base, III — interesses ou direitos individuais homogêneos, assim entendidos os decorrentes de origem comum".

(616) Veja extrato da sentença judicial proferida nos Autos n. RT Ord. 01079-2008-658-09-00-9, na 2ª Vara do Trabalho de Foz do Iguaçu, de lavra da Juíza Titular Neide Consolata Folador: "(...) 6. (...) O Plano de Ação a que se refere o Procurador do Trabalho à fl. 63, mais adequado à situação em exame, visto que sócios e ex-sócios litigam entre si pela representatividade do Hospital é a penhora do estabelecimento, prevista no art. 677 do CPC. Caso semelhante aconteceu na cidade vizinha de Cascavel, tendo sido recuperado com êxito, até onde se tem notícias, o Hospital Santa Catarina. 7. Conforme relata o Procurador do Trabalho (item 5, fl. 104), já houve contatos com a COPEL, SANEPAR, GVT Telefonia e SP Data, para viabilizar o reinício das atividades do nosocômio (sob uma nova gestão financeira e operacional-médica). Sugere o Procurador (item 6, fl. 104) que seja nomeada uma Comissão, sob o comando do MPT e da Direção do Foro Trabalhista para acompanhar a administração do Hospital, realizando uma "Gestão Compartilhada". Nos itens 6 e 7 de fls. 104/5, o Procurador já sugere as atribuições da Comissão, a periodicidade das reuniões e, no item 8, a composição dela. No item, de fl. 105, sugere que apenas a contar de fev./2010, sejam destinados R$ 7.000,00, por mês, para a satisfação proporcional dos créditos trabalhistas em execução na Justiça do Trabalho. No item 11, recomenda a forma de rateio do valor".

Trabalho, pela Direção da empresa/empregador, por um contador ou administrador nomeado pelo juízo, pelo sindicato da categoria profissional, por um advogado ou representante dos credores trabalhistas com processos judiciais em trâmite, por um auditor fiscal do trabalho do Ministério do Trabalho e Emprego e, eventualmente, por representante do Município (Secretário de Saúde, da Educação), de acordo com o caso concreto.

A Comissão se reunirá uma vez por mês, de forma alternada, no Fórum Trabalhista, na Procuradoria do Trabalho ou no próprio estabelecimento empresarial, sem prejuízo de eventual reunião extraordinária em ocasião diversa.

Os advogados que representam os credores trabalhistas, e que compuserem a Comissão de Gestão Compartilhada, deverão se comprometer a acostar aos autos, com cópia à Comissão eleita, a lista de assinaturas das anuências de todos os trabalhadores individualmente representados, manifestando sua concordância com os termos do Acordo ou Conciliação Judicial, em prazo a ser determinado pelo Juízo.

O comando ou a presidência dessa Comissão de Gestão Compartilhada será exercido, de forma conjunta, por um membro do *Parquet* Laboral e por um Juiz do Trabalho designado entre os juízes do Poder Judiciário Trabalhista local, os quais serão responsáveis pelas decisões, deliberações relacionadas ao objeto da parceirização jurisdicional trabalhista.

Percebe-se que, em virtude da inicialização da parceirização jurisdicional trabalhista, ocorre naturalmente uma limitação do poder diretivo do empregador, oriunda de sua patologia econômica e financeira, já que, doravante, os sócios e dirigentes da empresa deverão submeter ao Juízo Trabalhista e ao Ministério Público as principais decisões que impliquem alocação de recursos, considerando a supremacia e os privilégios atribuídos legalmente aos créditos trabalhistas.

O contador nomeado pelo Juízo deverá apresentar, em cada reunião mensal, um fluxo de caixa, demonstrando as entradas e saídas de recursos financeiros, a situação econômica e financeira do empreendimento, ativos, passivos, inclusive extratos bancários de forma a tornar totalmente transparente a movimentação financeira da empresa/empregador. Dessas reuniões, serão tiradas atas, que a Comissão encaminhará a cada um dos representantes que firmaram o Termo de Acordo ou Conciliação Judicial.

A Comissão de Gestão Compartilhada poderá encaminhar propostas de elevação de repasse mensal da empresa para pagamento das dívidas trabalhistas, assim que constatada a viabilidade econômica, podendo, eventualmente, sugerir redução em caso de desequilíbrio financeiro, e, ainda, diligenciar sobre todas as matérias que digam respeito à situação econômica e financeira da empresa.

6.9. Garantias do passivo trabalhista

Para fins de garantir o cumprimento do Acordo ou da Conciliação Judicial, ou ainda da decisão judicial, deverá ficar consignado o estoque de bens que serão oferecidos em garantia, seja por meio de hipoteca, fiança, aval, penhor, ou qualquer outra garantia exequível, inclusive precatórios municipais, estaduais ou federais, se existir.

Prazos deverão ser contemplados para o devido registro nos cartórios competentes, ficando assentado que a garantia incidirá sobre os imóveis, independentemente de aperfeiçoamento da averbação ou registro.

Obviamente, se a parceirização jurisdicional trabalhista resultar em decisão judicial, esta contemplará os aspectos relacionados às garantias do Juízo.

Para os processos judiciais ou ações atomizadas ainda em trâmite, na fase de conhecimento, que ingressarem na fase de execução, os imóveis servirão como garantia[617] do Juízo, de forma a embasar eventuais embargos ou impugnações, e,

---

(617) Veja extrato da sentença judicial proferida nos Autos n. RT Ord. 01079-2008-658-09-00-9, na 2ª Vara do Trabalho de Foz do Iguaçu, de lavra da Juíza Titular Neide Consolata Folador: "(...) No item 15 assegura que a penhora do estabelecimento, com todos os seus bens e utensílios, bem como a renda presente e futura, será utilizada para a garantia das execuções, inclusive das faturas que advirão nos processos que agora se encontram em fase de conhecimento, mediante pedido de habilitação (item 17). 8. Tal como aconteceu com a Santa Casa (enquanto perdurou a penhora do estabelecimento, quando o Hospital voltar a funcionar, o que se espera que seja em breve), verbas do SUS e repasses feitos pelo Município voltarão a ingressar, tornando viável o empreendimento. Não se tem dúvida de que com uma gestão responsável e comprometida com o bem-estar da população e satisfação dos direitos dos empregados e fornecedores, a viabilidade do Hospital é praticamente certa. Aliás, em se tratando de entidade que recebe dinheiro público (verbas do SUS), a responsabilidade na Administração não é uma opção, mas sim um **dever**. 9. Como nesta 2ª Vara, em sede de ações cautelares, já foram indisponibilizados todos os bens e créditos que o Hospital possui, a única forma de dar continuidade às suas atividades é aquela requerida pelo MPT, principalmente para, com o futuro rendimento auferido pelo executado, efetuar pagamentos proporcionais dos credores, a fim de garantir-lhes tratamento isonômico, isto porque, o ajuizamento de uma das ações cautelares pelo Sindicato da categoria, na condição de substituto processual, já anuncia o ingresso de novas demandas, especialmente se não houver o aproveitamento de todos os trabalhadores quando o Hospital reabrir. Pode-se afirmar que a penhora do estabelecimento, na situação em que se encontra o Hospital, é a única técnica executiva que pode propiciar o pagamento de todos os credores, especialmente os trabalhistas, que merecem tratamento privilegiado. O Juiz do Trabalho, Paulo Henrique K. Conti, em sua dissertação de Mestrado, aborda a hipótese, denominando-a de patologia financeira, por meio da qual o Estado (Poder Judiciário) restringe o exercício do direito de propriedade e administração dos bens sociais do empregador, no período em que perdurar a penhora, sublinhando que esta será provisória, até sanar o problema econômico que a comete. Segundo o Desembargador Célio Horst Waldraft, "parece indiscutível que estas vias de execução têm como grande virtude garantir a sobrevida da atividade empresarial e dos contratos de emprego vigentes, ao lado de permitir a satisfação dos credores trabalhistas..." Aduz Paulo Conti: "trata-se de técnica desconhecida e não usual, que implica uma ampliação dos limites políticos que tutelam o interesse público adjacente ao conflito de natureza privada, na execução forçada (privilegia aqueles em detrimento destes), o que contrariará os legítimos interesses individualistas dos credores, de imediatidade na satisfação da obrigação que almejam e do devedor que muitas vezes prefere a bancarrota a ver alguém administrando o que é seu".

uma vez definido o crédito líquido dos exequentes, os autos serão reunidos aos demais processos já em fase de execução, para fins de quitação dos respectivos créditos trabalhistas.

6.9.1. Responsabilidade solidária dos sócios

Todas as formas possíveis e lícitas de garantia de obrigações poderão ser entabuladas no sentido de prover a maior segurança jurídica possível aos créditos dos trabalhadores, inclusive envolvendo os bens das pessoas físicas[618] dos sócios do empreendimento comercial, considerando que estes se postam como responsáveis[619] solidários[620] e seus bens pessoais[621] poderão ser excutidos, em caso de inexistência de bens da pessoa jurídica.

A Lei n. 6.404/1976 (Lei das Sociedades Anônimas), o art. 50 do Novo Código Civil e vários outros artigos deste diploma legal referentes à Teoria da Empresa

---

(618) TÍTULO JUDICIAL — INEXIGIBILIDADE — ARTS. 884, § 5º, DA CLT E 741, II, DO CPC — NÃO CARACTERIZAÇÃO — Não cabe ao agravante agitar na fase executória questões já albergadas pelo manto da coisa julgada, suficientemente debatidas na fase de conhecimento. Ademais este egr. Regional, em sua composição plenária, declarou inconstitucionais os arts. 884, § 5º, da CLT e 741, II, do CPC, conforme se verifica no Verbete n. 8/2004. 2 — RESPONSABILIDADE SUBSIDIÁRIA — EXECUÇÃO — ESGOTAMENTO DOS MEIOS EXECUTÓRIOS AO OBRIGADO PRINCIPAL — VERBETE N. 37/2008 DO TRIBUNAL PLENO — O título executivo não pode ser apresentado ao obrigado subsidiário antes de esgotados todos os meios executórios voltados à expropriação do patrimônio do obrigado principal, inclusive com a adoção do instituto da desconsideração da pessoa jurídica. É que a insolvência da pessoa jurídica faz incidir as normas legais, art. 50 do Código Civil e art. 28 do Código de Defesa do Consumidor, que permitem o desfazimento do véu societário, pois presumido o mal uso da sociedade por seus membros. Entendimento que se espraia às sociedades empresárias quando evidente o mal uso da sociedade por seus administradores com o nítido intuito de frustrar a satisfação dos créditos trabalhistas. Observância do Verbete n. 37/08 do Tribunal Pleno. 3 — JUROS DE MORA — ART. 1º-F DA LEI N. 9.494/1997 — ECT — INAPLICABILIDADE — PRINCÍPIO DA IGUALDADE PRESERVADO — O art. 1º-F da Lei n. 9.494/1997 tem como destinatário apenas e tão somente os servidores e empregados públicos em relação às suas verbas remuneratórias. Se o exequente não se enquadra na situação jurídica de servidor ou de empregado público, visto que o seu vínculo formou-se com entidade privada, àquele não se aplica o dispositivo legal em comento, não havendo que se falar em afronta ao princípio constitucional da igualdade, que tem por escopo tratar igualmente os iguais e desigualmente os desiguais na exata medida em que se desigualam. 4 — Agravo de Petição conhecido e provido, em parte. (TRT 10ª R. — AP 00767-2005-004-10-00-2 — 2ª T. — Rel. Juiz Gilberto Augusto Leitão Martins — J. 18.2.2009)

(619) Novo Código Civil. Art. 932. São também responsáveis pela reparação civil: III — o empregador ou comitente, por seus empregados, serviçais e prepostos, no exercício do trabalho que lhes competir, ou em razão dele; e art. 942. Os bens do responsável pela ofensa ou violação do direito de outrem ficam sujeitos à reparação do dano causado; e, se a ofensa tiver mais de um autor, todos responderão solidariamente pela reparação. Parágrafo único. São solidariamente responsáveis com os autores os coautores e as pessoas designadas no art. 932.

(620) Novo Código Civil Brasileiro. Art. 265. A solidariedade não se presume; resulta da lei ou da vontade das partes.

(621) CPC. Art. 592. Ficam sujeitos à execução os bens: II — do sócio, nos termos da lei.

atribuem a responsabilidade dos dirigentes, administradores e gerentes, por abuso de direito e desvio de finalidade, na gestão do negócio empresarial.

Dessa forma, estatui o art. 117 da Lei n. 6.404/1976, que trata da responsabilidade do acionista controlador:

"Art. 117. O acionista controlador responde pelos danos causados por atos praticados com abuso de poder.

§ 1º São modalidades de exercício abusivo de poder:

a) orientar a companhia para fim estranho ao objeto social ou lesivo ao interesse nacional, ou levá-la a favorecer outra sociedade, brasileira ou estrangeira, em prejuízo da participação dos acionistas minoritários nos lucros ou no acervo da companhia, ou da economia nacional;

b) promover a liquidação de companhia próspera, ou a transformação, incorporação, fusão ou cisão da companhia, com o fim de obter, para si ou para outrem, vantagem indevida, em prejuízo dos demais acionistas, dos que trabalham na empresa ou dos investidores em valores mobiliários emitidos pela companhia;

c) promover alteração estatutária, emissão de valores mobiliários ou adoção de políticas ou decisões que não tenham por fim o interesse da companhia e visem causar prejuízo a acionistas minoritários, aos que trabalham na empresa ou aos investidores em valores mobiliários emitidos pela companhia;

d) eleger administrador ou fiscal que sabe inapto, moral ou tecnicamente;

e) induzir, ou tentar induzir, administrador ou fiscal a praticar ato ilegal, ou, descumprindo seus deveres definidos nesta Lei e no estatuto, promover, contra o interesse da companhia, sua ratificação pela assembleia geral;

f) contratar com a companhia, diretamente ou através de outrem, ou de sociedade na qual tenha interesse, em condições de favorecimento ou não equitativas;

g) aprovar ou fazer aprovar contas irregulares de administradores, por favorecimento pessoal, ou deixar de apurar denúncia que saiba ou devesse saber procedente, ou que justifique fundada suspeita de irregularidade.

§ 2º No caso da alínea *e* do § 1º, o administrador ou fiscal que praticar o ato ilegal responde solidariamente com o acionista controlador."

O art. 158 dessa Lei trata da responsabilidade dos administradores, ao dispor:

"O administrador não é pessoalmente responsável pelas obrigações que contrair em nome da sociedade e em virtude de ato regular de gestão; responde, porém, civilmente, pelos prejuízos que causar, quando proceder:

I — dentro de suas atribuições ou poderes, com culpa ou dolo;

II — com violação da lei ou do estatuto.

§ 1º O administrador não é responsável por atos ilícitos de outros administradores, salvo se com eles for conivente, se negligenciar em descobri-los ou se, deles tendo conhecimento, deixar de agir para impedir a sua prática. Exime-se de responsabilidade o administrador dissidente que faça consignar sua divergência em ata de reunião do órgão de administração ou, não sendo possível, dela dê ciência imediata e por escrito ao órgão da administração, ao Conselho Fiscal, se em funcionamento, ou à assembleia geral.

§ 2º Os administradores são solidariamente responsáveis pelos prejuízos causados em virtude do não cumprimento dos deveres impostos por lei para assegurar o funcionamento normal da companhia, ainda que, pelo estatuto, tais deveres não caibam a todos eles.

§ 3º Nas companhias abertas, a responsabilidade de que trata o § 2º ficará restrita ressalvado o disposto no § 4º, aos administradores que, por disposição do estatuto, tenham atribuição específica de dar cumprimento àqueles deveres.

(...)

§ 5º Responderá solidariamente com o administrador quem, com o fim de obter vantagem para si ou para outrem, concorrer para a prática de ato com violação da lei ou do estatuto."

Na mesma direção, aplica-se a *Teoria do Disregard Doctrine* ou da Desconsideração da Pessoa Jurídica, nos casos de patologia financeira e econômica da pessoa jurídica, derivada do Direito norte-americano, com fulcro no que estabelece o art. 50 do Código Civil e o art. 28 do CDC:

> "Art. 50. Em caso de abuso[622] da personalidade jurídica, caracterizado pelo desvio de finalidade, ou pela confusão patrimonial, pode o juiz decidir, a requerimento da parte, ou do Ministério Público quando lhe couber intervir no processo, que os efeitos de certas e determinadas relações de obrigações sejam estendidos aos bens particulares[623] dos administradores ou sócios da pessoa jurídica".

---

(622) DESCONSIDERAÇÃO DA PERSONALIDADE JURÍDICA. MERA PRESUNÇÃO DE PRÁTICA DE ATOS COM EXCESSO DE GESTÃO. VIOLAÇÃO DOS ARTS. 50 DO CC E 28 DO CDC — A má administração não é sinônimo de excesso de gestão, pois a primeira pode resultar da tomada de decisões inadequadas, enquanto o segundo tem conteúdo ético, pela extrapolação voluntária dos limites legais e regulamentares dos poderes conferidos ao administrador. De qualquer forma, viola os arts. 50 do CC e 28 do CDC decisão que, baseada em mera presunção calcada na insolvência empresarial, impõe a desconsideração da personalidade jurídica, concluindo que houve má administração e excesso de gestão. (TST — RR 711/2006-029-05-00 — 7ª T. — Relª Ives Gandra Martins Filho — J. 27.5.2009)
(623) EXECUÇÃO — DESCONSIDERAÇÃO DA PERSONALIDADE JURÍDICA — RESPONSABILIDADE DE EX-SÓCIO — ART. 50 DO CÓDIGO CIVIL — Com fundamento na teoria da desconsideração da personalidade jurídica da empresa, prevista no art. 50 do Código Civil de 2002, o sócio retirante detém responsabilidade pelo adimplemento das parcelas trabalhistas devidas pela empresa, até a data da alteração do contrato social, nos termos da OJ EX SE n. 19 da E. Seção Especializada do TRT da 9ª Região. Justifica-se tal responsabilização uma vez que no período em que compôs o quadro societário, o ex-sócio usufruiu da força de trabalho despendida pelo empregado, devendo arcar com as dívidas reconhecidas por esta Justiça Especializada, caso a pessoa jurídica e também os sócios que permaneceram na sociedade, após a sua retirada, não possuam patrimônio suficiente para satisfazer a execução. Como no presente caso as verbas objeto da condenação envolvem período em que a segunda executada (ex-sócia)

"Art. 28. O juiz poderá desconsiderar a personalidade jurídica da sociedade quando, em detrimento do consumidor, houver abuso de direito, excesso de poder, infração da lei, fato ou ato ilícito ou violação dos estatutos ou contrato social. A desconsideração também será efetivada quando houver falência, estado de insolvência, encerramento ou inatividade da pessoa jurídica provocados por má administração."[624]

6.9.2. TEORIA ULTRA VIRES SOCIETATIS

A Teoria *Ultra Vires Societatis* relaciona-se às obrigações contraídas por determinado sócio ou administrador, estranhas ao objeto ou fora das atividades previstas no objeto social da empresa, o qual pode, obviamente, ser modificado, mediante aprovação dos sócios ou da assembleia geral de acionistas, no caso de sociedades anônimas. Além dessas obrigações dos sócios, as quais decorrem da lei, o ato constitutivo da sociedade pode estipular outras, que passarão a constituir obrigação para eles.

Nesse sentido, afirma Pedro Maciel[625]: "havendo abuso no emprego da razão social, o ato é *ultra vires*. O Supremo Tribunal Federal já decidiu que a empresa

---

compunha a sociedade e também interregno posterior à sua retirada do quadro societário, deve a presente decisão levar em consideração referido aspecto. Assim, apesar de o contrato de trabalho entre o exequente e a primeira executada (pessoa jurídica) ter vigido de 2.6.1986 a 9.5.1995, a agravada — ex-sócia da empresa — é responsável por parcelas devidas até a data de sua saída da sociedade, ou seja, até 16.3.1992. Cabe ressaltar que o disposto nos arts. 1.003 e 1.032 do Código Civil de 2002, que limitam a responsabilidade do sócio até dois (2) anos depois de averbada a modificação do contrato ou a resolução da sociedade, não se aplica ao presente caso, pois a alteração contratual ocorreu sob a égide do Código Civil de 1916 e do Código Comercial, os quais não previam tal limitação de responsabilidade ao sócio. Desse modo, reforma-se a r. decisão proferida em primeiro grau para determinar que a ex-sócia seja mantida no polo passivo da demanda, devendo, todavia, ser limitada sua responsabilidade pelo pagamento dos débitos trabalhistas relativos ao período de 2.6.1986 a 16.3.1992, em que se beneficiou dos serviços prestados pelo exequente. (TRT 9ª R. — ACO 00012-2007-245-09-00-7 — S. Esp. — Rel. Edmilson Antonio de Lima — J. 2.6.2009)

(624) TRT da 3ª Região — 5.7.2006 — TRT/MG: Bens de administradores de S/A podem ser penhorados em caso de má gestão. O TRT de Minas, por sua 5ª Turma, determinou o prosseguimento de execução em face dos bens particulares dos administradores de sociedade anônima, devedora de contribuições previdenciárias decorrentes de créditos deferidos em ação trabalhista. A Turma entendeu que, embora o administrador não seja pessoalmente responsável pelas obrigações que contrai em nome da sociedade em ato regular de gestão (art. 158 da Lei n. 6.404/1976), responde civilmente pelos prejuízos que causar quando proceder com culpa ou dolo e com violação da lei ou do estatuto social, isto é, em caso de gestão fraudulenta ou ilícita. Aplicou-se também ao caso o disposto na Lei n. 8.620/1993 que, em seu art. 13, parágrafo único, dispõe sobre a responsabilidade solidária dos acionistas controladores, administradores, gerentes e diretores de sociedade limitada quanto às obrigações para com a Seguridade Social, se comprovada sua culpa. Ficou provada no processo a má gestão por parte da diretora da executada, que levou a sociedade a grave crise financeira, comprometendo todo o seu patrimônio e impossibilitando a execução direta contra esta. A própria falta de recolhimento das contribuições previdenciárias devidas, em violação a dispositivos legais, configura gestão temerária, ensejando a responsabilização dos administradores, que devem responder com seu patrimônio particular pelos débitos não quitados pela sociedade. A decisão é também respaldada pelo art. 28, § 5º, do Código de Defesa do Consumidor, aplicável subsidiariamente no processo trabalhista, o qual determina a desconsideração da personalidade jurídica da empresa para que a execução recaia diretamente sobre o sócio. (AP n. 00905-1998-036-03-00-6)

(625) MACIEL, Pedro. Planejamento empresarial. *Revista Eletrônica Juris Sintese*, São Paulo, n. 53, maio/jun. 2005.

não se obriga perante terceiros pelos compromissos firmados em negócios estranhos à sociedade, levando a se concluir que o sócio-gerente obriga a sociedade por seus atos de administração normais, quando usa da razão social em negócio condizente com o objeto social. A sociedade não se vincula, assim, à obrigação em seu nome contraída pelo sócio-gerente em atividade fora das previstas no objeto social".

A teoria *Ultra Vires Societatis* encontra sua regulamentação no art. 1.015, § 3º, do Código Civil, *in verbis*:

"Art. 1.015. No silêncio do contrato, os administradores podem praticar todos os atos pertinentes à gestão da sociedade; não constituindo objeto social, a oneração ou a venda de bens imóveis depende do que a maioria dos sócios decidir.

Parágrafo único. O excesso por parte dos administradores somente pode ser oposto a terceiros se ocorrer pelo menos uma das seguintes hipóteses:

III — tratando-se de operação evidentemente estranha aos negócios da sociedade".

6.9.3. Responsabilidade da administração pública direta

Uma ou outra modalidade de parceirização jurisdicional trabalhista pode exigir a participação de entidades da Administração Pública Direta (União, Distrito Federal, Estados e Municípios), especialmente em se tratando da oferta de serviços constitucionais essenciais à população, como nas áreas da saúde, da educação, do transporte e da segurança.

Poderá surgir a necessidade de que um desses entes públicos promova a encampação de empresas na área hospitalar, da educação etc., as quais estão prestes a fechar as portas, a paralisar suas atividades e a dispensar todos os trabalhadores, no sentido de preservar o interesse público difuso[626] da sociedade, em casos específicos em que essas empresas se constituam em únicas a prestar serviços médicos/hospitalares à população desfavorecida e pobre nos municípios, por meio do SUS (Serviço Único da Saúde), regulamentado pela Lei n. 8.080/1990[627].

---

(626) Veja extrato da sentença judicial proferida nos Autos n. RT Ord. 01079-2008-658-09-00-9, na 2ª Vara do Trabalho de Foz do Iguaçu, de lavra da Juíza Titular Neide Consolata Folador: "(...) 3. Historicamente, nesta cidade de Foz do Iguaçu, onde resido e exerço a jurisdição há oito anos, houve o fechamento da Irmandade Santa Casa Monsenhor Guilherme, que era, na época (final de 2005, início de 2006), o nosocômio que mais atendia à população carente da cidade e região. Naquele tempo, não havia Ofício do Ministério Público do Trabalho nesta cidade, situação que, felizmente, se modificou. Não tenho a menor dúvida de que, caso houvesse Ofício do Ministério Público do Trabalho nesta cidade na época do fechamento da Santa Casa (trágico, com greves, empregados 'tomando posse' do hospital e episódios lamentáveis, como empregados que subiram na caixa d'água do Hospital ameaçando suicidar-se), a história seria outra!".

(627) Art. 2º A saúde é um direito fundamental do ser humano, devendo o Estado prover as condições indispensáveis ao seu pleno exercício.

O objeto da parceirização jurisdicional trabalhista nesses casos será a preservação da empresa[628] e a continuidade da prestação dos serviços públicos[629] à comunidade (na área da saúde, por exemplo), por se tratar de direito humano fundamental, relacionado à vida e à saúde, albergado nos arts. 5º e 196[630] da Constituição Federal de 1988, e especialmente a manutenção dos postos de trabalho de inúmeros trabalhadores, que seriam atingidos diretamente com a descontinuidade da empresa.

Mas como fica a responsabilidade dos agentes políticos da Municipalidade, nesses casos, se houver desvios ou, principalmente, omissão no atendimento à população carente e não aplicação[631] dos recursos públicos, na proporção que a Lei de Responsabilidade Fiscal assim o exige? Para que não fujamos à temática nuclear de nosso trabalho, limitamo-nos a expressar que se aplica nesses casos o

---

§ 1º O dever do Estado de garantir a saúde consiste na formulação e execução de políticas econômicas e sociais que visem à redução de riscos de doenças e de outros agravos e no estabelecimento de condições que assegurem acesso universal e igualitário às ações e aos serviços para a sua promoção, proteção e recuperação.

(628) Veja extrato da sentença judicial proferida nos Autos n. RT Ord. 01079-2008-658-09-00-9, na 2ª Vara do Trabalho de Foz do Iguaçu, de lavra da Juíza Titular Neide Consolata Folador: (...) 10. Nestas condições, visando: a) à reabertura do Hospital, que trará condições dignas de atendimento à população carente; b) à manutenção dos cerca de quarenta postos de trabalho; c) à satisfação dos credores trabalhistas, acolho o requerido pelo Ministério Público do Trabalho e declaro a penhora do estabelecimento denominado "Hospital e Maternidade São Gabriel Ltda.", afastando da administração os sócios ou "pretensos proprietários" nominados no item "c" da fl. 107.

(629) Id. Extrato da sentença judicial proferida nos Autos n. RT Ord. 01079-2008-658-09-00-9, na 2ª Vara do Trabalho de Foz do Iguaçu, de lavra da Juíza Titular Neide Consolata Folador: "(...) 4. As audiências realizadas na sede do MPT visavam única e exclusivamente a preservar o Hospital reclamado, tentando reabri-lo à população e, assim, restabelecer os postos de trabalho de empregados que estão há mais de oito meses sem receber salários, em suas casas, sem terem sido formalmente dispensados, sem poder sacar o FGTS, sem receber verbas rescisórias e sem poder requerer o seguro-desemprego, situação exatamente idêntica à que ocorreu no passado com os empregados da Santa Casa. Estes, aliás, estão até hoje sem receber seus créditos, visto que houve pedido de autoinsolvência após a penhora do estabelecimento, decretada pelo então Juiz Substituto Lourival Barão Marques Filho, ter sido derrubada em mandado de segurança impetrado junto ao TRT 9ª Região pela própria Irmandade. (...) 5. A intenção, contudo, conforme já mencionado anteriormente, não é inviabilizar o funcionamento do Hospital, mas, sim, recuperá-lo, entregando-o à comunidade e gerando mais leitos para a população, especialmente a carente, o que, em plena época de 'gripe suína' é louvável. 6. Assim, o I. Procurador do Trabalho vem envidando esforços, desde o início deste mês, realizando audiências nas quais conclamou o comparecimento de várias pessoas, inclusive autoridades, como o Procurador-Geral do Município e o Secretário Municipal de Saúde, os quais prontificaram-se a auxiliar, na medida do possível, na recuperação judicial do nosocômio, encaminhando pacientes e continuando a comprar serviços para pacientes do SUS".

(630) Art. 196. A saúde é direito de todos e dever do Estado, garantido mediante políticas sociais e econômicas que visem à redução do risco de doença e de outros agravos e ao acesso universal e igualitário às ações e serviços para sua promoção, proteção e recuperação.

(631) A doutrina denomina de Princípios Sensíveis o disposto no art. 34 e incisos da CF/1988: "Art. 34. A União não intervirá nos Estados nem no Distrito Federal, exceto para (...) VII — assegurar a observância dos seguintes princípios constitucionais: (...) b) direitos da pessoa humana; (...) e) aplicação do mínimo exigido da receita resultante de impostos estaduais, compreendida a proveniente de transferências, na manutenção e desenvolvimento do ensino e nas ações e serviços públicos de saúde".

art. 37, § 6º, da Constituição Federal de 1988, bem como, havendo irregularidades na contratação[632] de servidores, as Súmulas ns. 331 e 363 do colendo Tribunal

---

[632] Peço vênia para incluir neste espaço nossa posição sobre a matéria, inserida no Cap. I: "As OSCIPs (organizações da sociedade civil de interesse público e a Administração Pública. Intermediação fraudulenta de mão de obra sob uma nova roupagem jurídica", do livro FREITAS JR., Antonio Rodrigues; SANTOS, Enoque Ribeiro dos (coords.). *Direito coletivo do trabalho em debate*. São Paulo: LTr, 2009. p. 19-50. "(...) esse tipo de contratação — Termo de Parceria — é utilizado pelo Poder Público como mero simulacro de contrato, cujo único propósito é a contratação de mão de obra terceirizada, sem qualquer contraprestação da OSCIP, a título de experiência e qualificação adequada na área de serviços, como exige a legislação. Em outras palavras, esse artifício jurídico apresenta-se para o administrador público como uma porta aberta para a perpetração de todos os tipos de desmandos, arbitrariedades, malversação de verbas públicas, deficiências na prestação de serviços à coletividade, bem como tratamento da coisa pública como se fosse patrimônio pessoal e particular do administrador de plantão, em total desrespeito ao Princípio da Supremacia do Poder Público. Nestas situações, somos filiados à tese da responsabilidade solidária do administrador responsável pela contratação, bem como da diretoria da OSCIP, como veremos logo mais neste trabalho. Ao permanecer o presente estado de coisas, vários princípios basilares da Constituição Federal de 1988 e do próprio Estado de Direito estariam sendo violados, entre eles, o princípio da dignidade da pessoa humana; a construção de uma sociedade livre, justa e solidária; a erradicação da pobreza e da marginalização; a redução das desigualdades sociais e regionais; a promoção do bem de todos; o valor social do trabalho e a realização da justiça social. Entendemos que não apenas o órgão ou entidade pública deva figurar no polo passivo em eventual Ação Civil Pública promovida pelo Ministério Público do Trabalho, como também a autoridade responsável pela contratação de empregados, sem concurso público. Quando se tratar de intermediação ilícita de mão de obra pela Municipalidade, por meio de cooperativa de trabalho, organização social, ou ainda OSCIP, desrespeitando o mandamento constitucional do concurso público, a principal autoridade municipal também deverá ser responsabilizada, especialmente no que tange a uma possível condenação pecuniária, envolvendo obrigação de dar, fazer e não fazer. No presente caso não se aplica o § 6º do art. 37, da Constituição Federal de 1988, mas sim o § 2º, deste artigo, *in verbis:* "II — a investidura em cargo ou emprego público depende de aprovação prévia em concurso público de provas ou de provas e títulos, de acordo com a natureza e a complexidade do cargo ou emprego, na forma prevista em lei, ressalvadas as nomeações para cargo em comissão declarado em lei de livre nomeação e exoneração; **§ 2º A não observância do disposto nos incisos II e III implicará a nulidade do ato e a punição da autoridade responsável, nos termos da lei;** (grifo nosso). (...) § 6º As pessoas jurídicas de direito público e as de direito privado prestadoras de serviços públicos responderão pelos danos que seus agentes, nessa qualidade, causarem a terceiros, assegurado o direito de regresso contra o responsável nos casos de dolo ou culpa". Sopesando esses dois tipos de responsabilidades, o direito de regresso imposto ao agente público que laborar em dolo ou culpa no exercício de suas funções em relação a terceiros (§ 6º) possui uma gravidade muito menor daquela disposta nos inciso II e III. Em primeiro plano, porque nessa segunda hipótese, o agente político pratica geralmente um dano a uma coletividade de trabalhadores aos quais é retirada toda e qualquer sorte de indenização, já que o contrato de trabalho com a Administração é considerado nulo. Em segundo lugar, esse dano estende-se àquela coletividade de trabalhadores que não tiveram condições de participar de um certame democrático e em igualdade de condições, na luta por um cargo público, que é direito subjetivo atribuído a todos que preencham as condições do edital de seleção. Portanto, somos da opinião de que em casos da espécie, em que configurada a responsabilidade da autoridade pública responsável pelo órgão da Administração Pública Direta ou Indireta, a situação da contratação ilícita é tão grave, que deverão a ele ser cometidas as indenizações de todos os direitos trabalhistas que lhe foram sonegados, bem como as respectivas multas pelas infração à legislação do trabalho. Há doutrinadores que entendem que o contrato de trabalho deveria ser aperfeiçoado com o respectivo registro daqueles trabalhadores com a autoridade pública, no sentido de suscitar o pagamento de todos os consectários legais derivados de sua resilição. Outros ainda entendem que, no julgamento do caso concreto, o magistrado deve invocar a desconsideração da personalidade jurídica do ente público, nos moldes do art. 28 da Lei n. 8.078/1990, para atingir o patrimônio das autoridades responsáveis pelas contratações irregulares, por esse instituto ser compatível com o § 2º do art. 37 da

Superior do Trabalho, muito embora haja entendimentos diversos tanto na doutrina, como na jurisprudência, defendendo a responsabilidade solidária, inclusive das autoridades públicas, bem como possibilidade de ajuizamento de Ação de Improbidade Administrativa, independentemente de ajuizamento de ações penais.

6.10. Habilitação de credores trabalhistas

Quanto aos acordos que vierem a ser celebrados nos processos judiciais atomizados ainda em fase de conhecimento, os seus valores serão recebidos igualmente mediante habilitação nos autos de execução já reunidos, salvo expressa manifestação em sentido contrário pela parte autora.

Os credores trabalhistas que apresentaram pedido de habilitação de seu crédito em juízos diversos, como na Justiça Cível ou Federal, deverão requerer que a habilitação seja devolvida ao Juízo Trabalhista de origem, para cumprimento do acordo, e os credores trabalhistas que ainda não protocolaram a habilitação naquelas Justiças poderão, imediatamente, requerer a habilitação no próprio Juízo Trabalhista de origem.

6.11. Rateio de créditos trabalhistas

Poderá ser convencionado no instrumento conciliatório judicial, ou na respectiva decisão judicial, objeto da parceirização jurisdicional trabalhista, o rateio dos créditos que porventura sejam carreados aos autos, por meio de depósitos judiciais mensais, a serem realizados pelo empregador ou réu na sentença judicial, de forma que uma parte substancial, ou pelo menos 50% (cinquenta por cento) do valor sejam destinados à quitação dos valores de execução das ações individuais de menor apreciação econômica, ou seja, naqueles valores envolvendo condenações que não ultrapassem, por exemplo, três salários mínimos. O valor remanescente deverá ser distribuído, proporcionalmente, para a quitação dos créditos das ações trabalhistas individuais de maior valor financeiro.

6.12. Prestação de contas à comissão de gestão compartilhada

Os setores contábil e econômico da empresa/empregador deverão fornecer, até o décimo quinto (15º) dia de cada mês subsequente, um balancete financeiro

---

Magna Carta. Outra corrente defende a responsabilidade de autoridade municipal, porém, de forma solidária com a Municipalidade, pelo descumprimento das obrigação de fazer e não fazer, atinentes à contratação irregular de pessoal. Nessas situações, propugnamos pela responsabilidade solidária do administrador responsável pela contratação fraudulenta, em conjunto com os membros da Diretoria da OSCIP, com fulcro no art. 9º da CLT, art. 28 do Código de Defesa do Consumidor, arts. 50, 186, 187, 927, 932 e 942 do Código Civil e arts. 135 e 137 do Código Tributário Nacional, bem como nos arts. 12 e 13 da própria Lei n. 9.790/1999".

do mês anterior, no qual constem todas as contas de receitas e despesas, bem como um relatório de progresso de sua viabilidade econômica e financeira, para análise e discussão na reunião mensal da Comissão de Gestão Compartilhada.

Na hipótese de surgimento de dúvida contábil, a Comissão poderá eleger um perito contábil para assessoramento e esclarecimento de dúvidas.

Os membros da Comissão de Gestão Compartilhada poderão, a qualquer momento, de forma fundamentada, requerer providências, ou o que de direito, ao Ministério Público do Trabalho e/ou ao Juízo do Trabalho, que se manifestará em tempo razoável, sempre tendo em consideração os princípios da razoabilidade e proporcionalidade que devem nortear suas atuações.

6.13. Requisição de informações e repasse de verbas

Caberá às Varas do Trabalho, em conjunto, requisitar o repasse de créditos da empresa/empregador perante órgãos públicos, Municipalidade, Justiça Federal, proveniente, por exemplo, de precatórios.

Da mesma forma, as Varas do Trabalho detêm plena competência e legitimidade para oficiar, requisitar informações e mesmo promover bloqueios de depósitos e recursos financeiros, de qualquer origem, em nome da empresa/empregador, perante as entidades, públicas ou privadas, sob pena de responsabilidade. Tais valores, se existentes, serão imediatamente destinados à satisfação dos créditos trabalhistas de que trata o Acordo, a Conciliação Judicial ou a decisão judicial.

Eventuais ofícios requisitando informações e providências também poderão ser feitos pelo Ministério Público do Trabalho, conforme autorização expressa do arts. 8º e 10 da Lei n. 7.347/1985:

"Art. 8º (...).

§ 1º O Ministério Público poderá instaurar, sob sua presidência, inquérito civil, ou requisitar, de qualquer organismo público ou particular, certidões, informações, exames ou perícias, no prazo que assinalar, o qual não poderá ser inferior a 10 (dez) dias úteis."

"Art. 10. Constitui crime, punido com pena de reclusão de 1 (um) a 3 (três) anos, mais multa de 10 (dez) a 1.000 (mil) Obrigações Reajustáveis do Tesouro Nacional — ORTN, a recusa, o retardamento ou a omissão de dados técnicos indispensáveis à propositura da ação civil, quando requisitados pelo Ministério Público."

6.14. Celebração de acordo, conciliação judicial ou decisão judicial

A parceirização jurisdicional trabalhista, como uma das modalidades de resolução de conflitos coletivos, se bem-sucedida, como dito, após os passos retromencionados, engendrará a celebração do Acordo[633] ou Conciliação Judicial[634], que transitará em julgado[635] no momento de sua assinatura, e do qual não caberá recurso imediato[636], a não ser ação[637] rescisória[638]. Caso contrário, o conflito coletivo será resolvido mediante a prolação da respectiva decisão judicial, contemplando obrigações de dar, fazer e não fazer.

No primeiro caso, a assinatura do Termo de Acordo ou de Transação Judicial importará a expressa concordância do empregador, dos credores trabalhistas, por meio de seus patronos, mediante instrumento de mandado específico e com poderes expressos nesse sentido, tanto dos credores trabalhistas com processos judiciais de execução, em fase de liquidação, quanto daqueles ainda em fase de conhecimento, do sindicato da categoria profissional e de outros interessados porventura existentes, em relação a forma, prazos, montantes e limites de valores definidos naquele instrumento judicial, que, uma vez homologado pelo Juízo, terá natureza jurídica de título executivo judicial.

Observe-se que, embora o objeto do instrumento judicial proveniente da parceirização jurisdicional trabalhista sejam os direitos individuais homogêneos, de origem comum dos trabalhadores, seu fim específico transcende esses direitos

---

(633) ACORDOS COLETIVOS — TRANSAÇÃO DE DIREITOS — VALIDADE — Transacionados direitos e vantagens através de acordos coletivos, legitimamente formados, há que se considerar sua plena validade, devendo ser respeitados e fielmente cumpridos, vez que traduzem ato livre e voluntário entre as partes (art. 7º, inciso XXVI, da CR/1988). (TRT 3ª R. — RO 00271-2003-102-03-00-0 — 2ª T. — Relª Juíza Nanci de Melo e Silva — DJMG 10.12.2003 — p. 18)
(634) Súmula n. 259 do TST — TERMO DE CONCILIAÇÃO. AÇÃO RESCISÓRIA. Só por ação rescisória é impugnável o termo de conciliação previsto no parágrafo único do art. 831 da CLT.
(635) ACORDO JUDICIAL HOMOLOGADO. QUITAÇÃO. CONTRATO DE TRABALHO. COISA JULGADA. De acordo com o disposto no art. 831, parágrafo único, da CLT, o acordo entre as partes, homologado em juízo, tem eficácia de decisão irrecorrível. Qualquer nova discussão acerca do extinto contrato de trabalho encontra óbice intransponível na coisa julgada. Prejudicado o exame dos demais aspectos recursais. Precedentes da 5ª Turma. Recurso de revista conhecido e provido. Processo: RR 99532/2006-029-09-00.2 Data de Julgamento: 25.11.2009, Relator Ministro: Emmanoel Pereira, 5ª Turma, Data de Divulgação: DEJT 4.12.2009.
(636) Art. 831 da CLT. Parágrafo único. No caso de conciliação, o termo que for lavrado valerá como decisão irrecorrível, salvo para a Previdência Social quanto às contribuições que lhe forem devidas.
(637) COISA JULGADA — REQUISITOS — ACORDO — QUITAÇÃO — A transação homologada judicialmente, que dá quitação quanto a obrigações decorrentes do contrato de emprego, forma coisa julgada material (CLT, art. 831, parágrafo único), atraindo a incidência do art. 267, inciso V, do CPC. Aplicação da OJSBDI II n. 132. (TRT 10ª R. — RO 00119-2008-016-10-00-9 — 2ª T. — Rel. Juiz João Amílcar — J. 11.2.2009)
(638) PROCESSO DO TRABALHO — TERMO DE CONCILIAÇÃO — EFEITOS — SÚMULA N. 259/TST — No processo do trabalho, havendo conciliação, o termo que for lavrado tem eficácia de sentença irrecorrível. Sua revisão desafia ação rescisória, somente permitindo a atuação posterior do magistrado para corrigir erro meramente material. Inteligência dos arts. 831, parágrafo único, da CLT, 2º e 463, I, do CPC e da Súmula n. 259/TST. ERRO MATERIAL — CONCEITO — Erro material se traduz em inexatidões evidentes, enganos de escrita, de digitação, de cálculo. Tais inexatidões materiais podem ser constatadas à primeira vista e corrigidas a qualquer tempo. (TRT 10ª R. — AP 00512-2008-014-10-00-0 — 1ª T. — Rel. Juiz André R. P. V. Damasceno — J. 18.2.2009)

ou interesses individuais para atingir os direitos difusos da coletividade, vale dizer, o interesse público primário, posto que atingem bens jurídicos da maior relevância social possível, já que envolvem os direitos humanos relacionados à vida, à saúde e à própria dignidade da pessoa humana.

Esse Acordo ou Transação Judicial nada tem a ver com o Termo de Acordo ou Transação Extrajudicial estabelecido pelo art. 625-A[639] e seguintes da CLT, uma vez que este se restringe a pacificar conflitos de natureza individual[640] e não coletiva.

Além das vantagens inerentes às formas autocompositivas de pacificação dos conflitos coletivos, podemos firmemente asseverar que a parceirização jurisdicional trabalhista apresenta-se plenamente em consonância com o art. 32 do Anteprojeto de Código Brasileiro de Processos Coletivos, na seção II — Da ação coletiva para a defesa de interesses ou direitos individuais homogêneos, que busca não a prolação de uma sentença genérica nas lides moleculares, mas, sim, quando possível, a especificidade individual dos valores ali contemplados.

Diz o art. 32 do aludido Anteprojeto, *in verbis*:

"Sentença condenatória — sempre que possível, o juiz fixará na sentença o valor da indenização individual devida a cada membro do grupo, categoria ou classe.

(...)

§ 1º Quando o valor dos danos individualmente sofridos pelos membros do grupo, categoria ou classe for uniforme, prevalentemente uniforme ou puder ser reduzido a uma fórmula matemática, a sentença coletiva indicará o valor ou a fórmula de cálculo da indenização individual;

---

(639) COMISSÕES DE CONCILIAÇÃO PRÉVIA — As comissões de conciliação prévia, instituídas pela Lei n. 9.958/2000, que acrescentou os arts. 625-a a 625-h na CLT, podem ser criadas por meio de convenção ou acordo coletivo e têm composição paritária com representantes dos empregados e dos empregadores, cuja atribuição consiste em tentar a conciliação dos conflitos individuais do trabalho. A singela alegação da reclamante de que formalizou o ajuste sem ter consciência de seu verdadeiro alcance não tem o condão de desobrigá-la dos termos nele contidos. Consoante a LICC, art. 3º, ninguém se escusa de cumprir a lei, alegando que não a conhece. Não procede, por isso, a assertiva de que faltou orientação à autora, pois seu acatamento importaria afastar a incidência da Lei n. 9.958/2000 sob a alegação de ignorância, o que afronta o dispositivo legal referido acima. (TRT 3ª R. — RO 4500/03 — 2ª T. — Relª Juíza Cristiana Maria Valadares Fenelon — DJMG 7.5.2003 — p. 13) JCLT.625A JCLT.625H
(640) TERMO DE CONCILIAÇÃO PRÉVIA COLETIVA — O art. 625-A da CLT define a competência conciliatória das comissões, incumbindo-as de tentar solucionar os litígios individuais do trabalho, isto é, a negociação dos conflitos coletivos continua sendo prerrogativa dos sindicatos, daí porque "o termo de conciliação apresentado pela ré não tem os atributos previstos no art. 625-E, parágrafo único, da CLT". Ao Termo de Conciliação em questão, não há como conferir-lhe validade, pois, o que se fez, através do referido Termo, foi transigir, em sede de negociação coletiva, sobre direitos individuais estabelecidos em convenções coletivas de trabalho. (TRT 17ª R. — RO 00145.2007.141.17.00.6 — Relª Desª Wanda Lúcia Costa Leite França Decuzzi — J. 4.12.2008)

§ 2º O membro do grupo, categoria ou classe que divergir quanto ao valor da indenização individual ou à fórmula para seu cálculo, estabelecidos na sentença coletiva, poderá propor ação individual de liquidação.

§ 3º Não sendo possível a prolação de sentença condenatória líquida, a condenação poderá ser genérica, fixando a responsabilidade do demandado pelos danos causados e o dever de indenizar."

Esse é o entendimento mais consentâneo na órbita do fenômeno da parceirização jurisdicional trabalhista, na medida em que seu objeto mediato são os direitos ou interesses individuais homogêneos, de origem comum, de um grupo de trabalhadores, ligados entre si com a parte contrária, ou seja, a empresa, o que já configuraria também a existência de direitos coletivos (art. 81, CDC), e como objeto imediato teríamos os direitos ou interesses difusos da sociedade, já que esta certamente também será afetada pela paralisação dos serviços de saúde, notadamente a população de baixa renda. Esse é o tópico de que trataremos no próximo item do trabalho.

7. O OBJETO MATERIAL DA PARCEIRIZAÇÃO JURISDICIONAL TRABALHISTA

A parceirização jurisdicional trabalhista poderá ter por objeto virtualmente todos os direitos ou interesses metaindividuais, no campo dos direitos sociais trabalhistas, especialmente aquelas matérias que oferecem grande impacto pelo número de trabalhadores envolvidos diretamente, e, como já salientado, a própria comunidade, que poderá vir a sofrer eventuais consequências, porém, de maneira difusa.

Para o devido domínio da parceirização jurisdicional trabalhista, faz-se necessária a fixação de seu objeto material, no sentido de se aferir o seu alcance e o verdadeiro sentido de seu desenvolvimento.

Como dito alhures, a parceirização jurisdicional trabalhista relaciona-se diretamente ao manejo pelo Ministério Público do Trabalho do instrumental processual coletivo representado pelo microssistema jurídico de tutela jurisdicional coletiva, tendo como carro-chefe as Leis ns. 7.347/1985 e 8.078/1990, que têm como objeto a defesa dos direitos difusos, coletivos e individuais homogêneos constitucionalmente assegurados aos trabalhadores.

Cabe observar que não é a natureza essencialmente coletiva do direito material que caracteriza determinada demanda como coletiva. A categoria dos direitos ou interesses individuais homogêneos comprova essa assertiva, no sentido de que não é apenas a natureza essencialmente coletiva do direito material que irá servir de paradigma para se aferir se se trata ou não da espécie de tutela jurisdicional coletiva, pois, nessa categoria de direitos ou interesses, os seus titulares são pessoas identificáveis, certas, determinadas. Portanto, é divisível o objeto nessa categoria de direitos ou interesses. Trata-se de direitos individuais que são considerados coletivos somente no plano processual e recebem esse tratamento justamente em decorrência da origem comum que detêm e do relevante interesse social que justifica a sua tutela processual por intermédio de uma única ação, de forma que se possam evitar decisões contraditórias e o acúmulo de muitas demandas individuais com a mesma causa de pedir e pedido, além de garantir a efetividade desses direitos mesmo diante da dispersão das vítimas[641].

Dessa forma, ao receber uma denúncia, uma representação ou um pedido de providências que à primeira vista possa parecer tão somente conexo a direitos individuais, e, portanto, de competência exclusiva das Varas do Trabalho, é mister que o Ministério Público do Trabalho promova uma análise mais acurada no sentido de verificar se aquela possível lesão veiculada não produzirá efeitos em uma coletividade de trabalhadores, de forma que, em caso positivo, restará superada a dúvida inicial e se procederá normalmente à instauração de procedimento administrativo para a devida investigação e resolução do conflito coletivo com os denunciados.

Portanto, as matérias objeto do manejo das ações moleculares, cujas lesões determinam a intervenção do Ministério Público do Trabalho, e ensejam o fenômeno da parceirização jurisdicional trabalhista, consistentes nos interesses ou direitos difusos, coletivos e individuais homogêneos, cuja conceituação se encontra no art. 81 e incisos do CDC (Lei n. 8.078/1990), integram o Temário Unificado[642] do Ministério Público do Trabalho, segmentado em suas diversas Coordenadorias Nacionais, que, para título de esclarecimentos, transcrevemos, a seguir:

1. CODEMAT (Coordenadoria Nacional de Defesa do Meio Ambiente do Trabalho)

1.1. Inspeção Prévia (NR-2)

1.2. Embargo ou Interdição (NR-3)

1.3. SESMT — Serviços Especializados em Engenharia de Segurança e em Medicina do Trabalho (NR-4)

1.4. CIPA — Comissão Interna de Prevenção de Acidentes (NR-5)

1.5. EPI — Equipamentos de Proteção Individual (NR-6)

1.6. EPC — Equipamentos de Proteção Coletiva

1.7. PCMSO — Programa de Controle Médico de Saúde Ocupacional (NR-7)

1.7.1. Exames Médicos (ASO, admissionais, demissionais, complementares, de retorno, de mudança de função)

1.8. Construção Civil (NR-18)

1.9. PPRA — Programa de Prevenção de Riscos Ambientais (NR-9)

---

(641) ALMEIDA, Gregório Assagra de. *Op. cit.,* p. 481-482.
(642) Resolução n. 76, de 24.4.2008, do Conselho Superior do Ministério Público do Trabalho, que criou o temário unificado do Ministério Público do Trabalho.

1.10. Instalações e Serviços em Eletricidade (NR-10)

1.11. Transporte, Movimentação, Armazenagem e Manuseio de Materiais (NR-11)

1.12. Máquinas e Equipamentos (NR-12)

1.13. Caldeiras e Vasos de Pressão (NR-13)

1.14. Fornos (NR-14)

1.15. Atividades e Operações Insalubres (NR-15)

1.15.1. Agentes Químicos (Poeiras Minerais — Sílica, Amianto, produtos químicos — agrotóxicos)

1.15.2. Agentes Físicos (Ruídos, Temperatura, Radiações Ionizantes, Radiações Não Ionizantes, Condições Hiperbáricas, Vibrações, Frio, Umidade, Pressões Anormais)

1.15.3. Agentes Biológicos

1.15.4. Mercúrio

1.15.5. Chumbo

1.16. Atividades e Operações Perigosas (NR-16)

1.17. Ergonomia (NR-17)

1.17.1. *Check-outs* (Anexo I da NR-17)

1.17.2. Teleatendimento/*Telemarketing* (Anexo II da NR-17)

1.18. Explosivos (NR-19)

1.18.1. Fogos de Artifício (Anexo I da NR-19)

1.19. Líquidos Combustíveis e Inflamáveis (NR-20)

1.20. Trabalho a Céu Aberto (NR-21)

1.21. Mineração: Segurança e Saúde Ocupacional (NR-22)

1.22. Proteção contra Incêndios (NR-23)

1.23. Condições Sanitárias e de Conforto nos Locais de Trabalho (NR-24)

1.24. Resíduos Industriais (NR-25)

1.25. Sinalização de Segurança (NR-26)

1.26. Segurança e Saúde no Trabalho na Agricultura, Pecuária, Silvicultura, Exploração Florestal (NR-31)

1.27. Segurança e Saúde no Trabalho em Serviços de Saúde (NR-32)

1.28. Espaços Confinados (NR-33)

1.29. Acidente de Trabalho

1.29.1. Sem morte

1.29.2. Com morte (para fins estatísticos)

1.29.3. CAT — Comunicação de Acidente de Trabalho

1.30. Doença Ocupacional ou Profissional

1.30.1. LER/DORT

1.31. Saúde Mental no Trabalho

1.32. PCA — Programa de Conservação Auditiva

1.33. Proteção Contra Assaltos: Portas de Segurança

1.34. Recusa na Emissão de Documentos para a Aposentadoria Especial

1.35. Meio ambiente do trabalho degradante

2. CONAETE (Coordenadoria Nacional de Erradicação do Trabalho Escravo)

2.1. Trabalho análogo ao de escravo

2.1.1. Condição degradante

2.1.2. Trabalho forçado

2.1.2.1 *Truck System*

2.1.3. Jornada exaustiva

2.1.4. Servidão por dívida

2.2. Tráfico de seres humanos (art. 2º da Política Nacional de Enfrentamento ao Tráfico de Seres Humanos)

2.2.1. Para fins de trabalho no território nacional

2.2.2. Para fins de trabalho fora do território nacional

2.3. Trabalho indígena

3. CONAFRET (Coordenadoria Nacional de Combate às Fraudes nas Relações de Emprego)

3.1. Fraude à Relação de Emprego

3.1.1. Estágio

3.1.2. Parcerias

3.1.3. Cooperativa

3.1.4. Terceirização

3.1.5. Pessoa Jurídica

3.1.6. Trabalho Voluntário

3.1.7. Trabalho Temporário

3.1.8. Avulso não Portuário

3.1.9. Autônomos em Geral

3.1.10. Intermediação de Mão de Obra

3.1.11. Simulação da condição de Sócio

3.1.12. Franquia

3.1.13. Empreitada

3.2. Fraude na Relação de Emprego

3.2.1. Colusão

3.2.2. Lide Simulada

3.2.3. Tribunal Arbitral

3.2.4. Fase Pré-contratual

3.2.5. Sucessão de Empregadores
3.2.6. Comissão de Conciliação Prévia
3.2.7. Pagamentos não Contabilizados
3.2.8. Coação para Devolução de Verbas Rescisórias
3.2.9. Documentos Assinados em Branco
3.2.10. Tergiversação
3.3. Outras Fraudes
4. CONAP (Coordenadoria Nacional de Combate às Irregularidades Trabalhistas na Administração Pública)
4.1. Aprendizagem na Administração Pública
4.2. Estágio na Administração Pública
4.3. Função de confiança e cargo em comissão
4.4. Trabalho autônomo na Administração Pública
4.4.1. Nos presídios
4.4.2. Fora dos presídios
4.4.3. Trabalho penitenciário decorrente da conversão da pena em trabalho
4.5. Trabalho temporário na Administração Pública
4.6. Trabalho voluntário na Administração Pública
4.7. Terceirização na Administração Pública
4.7.1. Mão de obra fornecida por empresas
4.7.2. Mão de obra fornecida por cooperativas
4.7.3. Mão de obra fornecida por associações
4.7.4. Mão de obra fornecida por fundações
4.8. Programas Governamentais
4.9. Pessoa jurídica de direito público com estrutura de direito privado — Irregularidade na natureza jurídica
4.10. Desvio de função
4.11. Descumprimento de normas trabalhistas
4.12. Improbidade Administrativa
5. CONATPA (Coordenadoria Nacional do Trabalho Portuário e Aquaviário)
5.1. Trabalho Portuário
5.1.1. Escalação
5.1.1.1. Controle de Assiduidade
5.1.1.2. Férias
5.1.1.3. Fraude
5.1.1.4. Interferência sindical
5.1.1.5. Jornada de Trabalho

5.1.1.6. Omissão do OGMO
5.1.1.7. Preterição
5.1.1.8. Remuneração
5.1.2. Outras Atribuições do OGMO
5.1.2.1. Acesso ao cadastro
5.1.2.2. Aposentados
5.1.2.3. Comissão Paritária
5.1.2.4. Dimensionamento de quadros
5.1.2.5. Transposição para o Registro
5.1.2.6. Treinamento e capacitação
5.1.3. Trabalhador Vinculado
5.1.3.1. Composição de equipes
5.1.3.2. Contratação fora do sistema
5.1.3.3. Desvio de função
5.1.3.5. Jornada de Trabalho
5.1.4. Normas Convencionais
5.1.4.1. Atividade Sindical
5.1.4.2. Composição de equipes
5.1.5. Terceirização
5.1.6. Multifuncionalidade
5.1.6.1. Habilitação
5.1.6.2. Treinamento
5.1.7. Autoridade Portuária
5.1.7.1. Controle de acesso
5.1.7.2. Guarda Portuária
5.1.7.3. Meio Ambiente do Trabalho
5.2. Trabalho Aquaviário
5.2.1. Meio Ambiente de Trabalho
5.2.2. Tripulação
5.2.2.1. Jornada de trabalho
5.2.2.2. Proporcionalidade de brasileiros 2/3
5.2.2.3. Terceirização
5.2.2.4. Trabalho de estrangeiros
5.2.2.5. Trabalho infantil e de adolescente
5.2.2.6. Treinamento e capacitação
5.2.3. Mergulho Profissional

5.2.3.1. Contrato de trabalho

5.2.3.2. Escalas de Trabalho

5.2.3.3. Meio ambiente do Trabalho

5.2.3.4. Regulamentação das profissões de guia e instrutor de mergulho

5.2.4. Praticagem

5.2.5. Pesca

5.2.5.1. Colônia de Pescadores

5.2.5.2. Cooperativa

5.2.5.3. Parceria

5.2.5.4. Pesca com compressor

5.2.5.5. Seguro-desemprego

5.2.6. Observador de bordo

6. COORDIGUALDADE (Coordenadoria Nacional de Promoção de Igualdade de Oportunidades e Eliminação da Discriminação no Trabalho)

6.1. Discriminação a Trabalhadores

6.1.1. Assédio moral fundado em critérios discriminatórios

6.1.2. Estado civil

6.1.3. Estética (aparência, padrão de beleza)

6.1.4. Exames médicos/genéticos

6.1.5. Exercício regular de um direito (direito de petição, exigência de certidão negativa de RT, testemunha JT, ajuizamento de RT)

6.1.6. Gênero

6.1.7. Idade

6.1.8. Informação desabonadora

6.1.9. Lista discriminatória

6.1.10. Obesidade

6.1.11. Orientação política, religiosa, filosófica

6.1.12. Orientação sexual

6.1.13. Origem

6.1.14. Portador de doença congênita ou adquirida

6.1.15. Raça/cor/etnia

6.1.16. Situação familiar

6.1.17. Veiculação de anúncios discriminatórios

6.1.18. Matérias afins

6.2. Proteção ao Trabalho da Pessoa com Deficiência ou Reabilitada

6.2.1. Adaptação do meio ambiente de trabalho

6.2.2. Discriminação

6.2.3. Intermediação de mão de obra por entidade assistencial
6.2.4. Reserva de vagas
6.2.5. Trabalho protegido
6.2.6. Matérias afins
6.3. Proteção à Intimidade do Empregado
6.3.1. Assédio sexual
6.3.2. Controle de transmissão de dados/correspondência
6.3.3. Monitoramento da imagem/voz do empregado
6.3.4. Revista íntima
6.3.5. Solicitação/intermediação de dados da vida pessoal
6.3.6. Matérias afins

7. COORDINFÂNCIA (Coordenadoria Nacional de Combate à Exploração do Trabalho da Criança e do Adolescente)
7.1. Trabalho em Ambiente Insalubre ou Perigoso
7.2. Acidente de Trabalho com Crianças e Adolescentes
7.3. Aprendizagem:
7.3.1. Cota-Aprendizagem (empresa)
7.3.2. Entidades sem Fins Lucrativos
7.3.3. Sistema "S"
7.4. Trabalho de Atletas:
7.4.1. Adolescentes — idade superior a 16 anos
7.4.2. Adolescentes — idade inferior a 16 anos
7.5. Atividades Ilícitas:
7.5.1. Exploração Sexual Comercial
7.5.1.1. Nas Ruas
7.5.1.2. Em estabelecimentos
7.5.1.3. Ação de Terceiros
7.5.2. Tráfico de Drogas
7.6. Autorizações Judiciais para o Trabalho de Adolescentes até 16 anos
7.7. Estágio
7.8. Políticas Públicas
7.8.1. Programas PETI/Bolsa Família
7.8.2. Outros Programas
7.8.3. Investigação em face de Município/Estado
7.9. Trabalho Artístico
7.10. Trabalho na Catação do Lixo
7.10.1. Nas Ruas

7.10.2. Nos Lixões

7.10.3. Em Depósitos

7.11. Trabalho Infantil Doméstico:

7.11.1. Com idade superior a 16 anos

7.11.2. Com idade inferior a 16 anos

7.12. Trabalho Educativo

7.13. Trabalho em Horários Inadequados para Adolescentes entre 16 e 18 anos

7.14. Trabalho nas Ruas

7.14.1. Comércio Ambulante

7.14.2. Mendicância

7.14.3. Panfletagem

7.14.4. "Guarda-Mirim"

7.14.5. Malabaristas

7.14.6. "Estacionamento regulamentado"

7.15. Trabalho Rural

7.15.1. Por Atividade Econômica

7.15.2. Em Regime de Economia Familiar

7.15.3. Atividades proibidas a adolescentes entre 16 e 18 anos

7.16. Outros Casos de Trabalho Protegido em Razão da Idade (item "genérico", para a hipótese de não cabimento do caso em outro anterior)

8. OUTROS TEMAS

8.1. Abuso do poder diretivo do empregador

8.2. Acompanhamento de idoso

8.3. Acordo Coletivo de Trabalho/Convenção Coletiva de Trabalho

8.3.1. Ilegalidade das cláusulas

8.3.2. Ilegalidade do termo aditivo

8.3.3. Descumprimento de cláusula de CCT ou ACT

8.4. Alimentação do trabalhador

8.5. Anulação de Resolução Administrativa

8.6. Aposentadoria de juiz classista

8.7. Arbitragem

8.8. Aviso-prévio

8.9. Contracheque: não fornecimento

8.10. Crime contra a organização do trabalho

8.11. CTPS e registro de empregados

8.12. Descumprimento de ordem judicial

8.13. Desvio de função

8.14. Estabilidade
8.15. Extinção do contrato individual de trabalho
8.15.1. Não pagamento das verbas
8.15.2. Hipóteses
8.16. Exibição de documentos
8.17. Fiscalização
8.17.1. Deixar de apresentar documentos sujeitos a fiscalização
8.17.2. Impedimento a sua realização
8.17.3. Matérias afins
8.17.4. Recusa em exibir documentos
8.18. Fundo de Garantia do Tempo de Serviço
8.19. Gratificação de natal
8.20. Greve
8.20.1. Abuso
8.20.2. Atividades essenciais
8.20.3. Coação de trabalhadores para não participar
8.20.4. Coação de trabalhadores para participar
8.20.5. Matérias afins
8.21. Honorários advocatícios
8.22. INSS
8.23. Jornada de Trabalho
8.23.1. Anotação Irregular
8.23.2. Duplicação de Cartões
8.23.3. Horas excedentes
8.23.3.1. Compensação de jornada
8.23.3.1.1. Banco de horas
8.23.3.2. Horas extras
8.23.3.2.1. Prorrogação
8.23.4. Hora noturna
8.23.4.1. Adicional noturno
8.23.4.2. Redução da hora noturna
8.23.5. Períodos de repouso
8.23.5.1. Intervalo intrajornada
8.23.5.2. Intervalo interjornada
8.23.5.3. Repouso semanal remunerado
8.23.5.4. Feriados
8.23.5.5. Férias

8.23.5.6. Folga agrupada
8.23.6. Registro
8.23.7. Turno Ininterrupto de Revezamento
8.24. Liberdade para o exercício da profissão
8.25. Licença-maternidade
8.26. Licença-paternidade
8.27. Litigância de má-fé
8.28. Matéria Administrativa
8.29. Mediação
8.30. Músicos
8.31. Normas regulamentares de atividade profissional
8.32. Negociação coletiva
8.33. Participação nos lucros e resultados da empresa
8.34. Peão de rodeio
8.34.1. Remuneração
8.34.2. Seguro de vida
8.35. RAIS
8.35.1. Omissão de empregado
8.35.2. Não apresentação
8.36. Reparação de danos
8.36.1. Danos materiais
8.36.2. Danos materiais e morais
8.36.3. Danos morais coletivos
8.37. Salário
8.38. Seguro-desemprego
8.39. Sindicato
8.39.1. Assistência Jurídica
8.39.1.1. Negativa
8.39.1.2. Cobrança de honorários
8.39.2. Atos antissindicais
8.39.3. Atos atentatórios à liberdade sindical
8.39.4. Contribuições às entidades sindicais
8.39.5. Disputa intersindical
8.39.6. Falta de registro no órgão competente
8.39.7. Garantias sindicais
8.39.8. Ilegitimidade e/ou Responsabilidade

8.39.9. Irregularidade administrativa e/ou financeira
8.39.10. Irregularidade na assembleia
8.39.11. Irregularidade na recusa de homologação de TRCT
8.39.12. Irregularidade na composição da diretoria sindical
8.39.13. Irregularidade na eleição dos membros
8.39.14. Lesão a direitos sindicais
8.39.15. Não participação em negociação coletiva
8.40. Trabalho avulso
8.41. Trabalho da mulher
8.42. Trabalho do estrangeiro
8.43. Trabalho doméstico
8.44. Trabalho em domicílio
8.45. Trabalho informal
8.46. Trabalho rural
8.47. Transferência
8.48. Transporte
8.49. Treinamento
8.50. Uniforme
8.51. Vale-transporte
8.52. Outros temas

Em 2009, foi criada outra coordenadoria denominada CONALIS — Coordenadoria de Liberdade Sindical, cujo objeto é garantir a liberdade sindical e buscar pacificar conflitos coletivos de trabalho.

8. O PAPEL DO PODER JUDICIÁRIO TRABALHISTA

A gênese da parceirização jurisdicional trabalhista, como fenômeno jurídico, é precedida de várias etapas, desde o recebimento da denúncia pelo *Parquet* Laboral, a formação de convencimento que suscite a instauração de procedimentos administrativos preliminares e de inquérito civil, realização de audiências, diligências, até o exaurimento desta via administrativa, sem que haja a necessária pacificação do conflito coletivo de trabalho.

O Ministério Público do Trabalho foi "reconfigurado" pela Constituição Federal de 1988, que lhe conferiu dois instrumentos jurídicos extremamente poderosos na seara extrajudicial: o inquérito civil e o termo de ajustamento de conduta, justamente para que os conflitos coletivos de interesses metaindividuais não desaguassem no Judiciário, na forma de ações civis públicas ou outras ações moleculares.

Percebe-se, dessa forma, que somente exaurindo e percorrendo todo esse *iter* extrajudicial, sob competência do *Parquet* Laboral, é que exsurge a possibilidade de se lançar mão dessa novidade jurídica, de índole eminentemente processual molecular — a parceirização jurisdicional trabalhista — que tomará forma, se desenvolverá e pacificará o conflito metaindividual de interesses, por meio de um acordo, de uma conciliação judicial ou de uma decisão judicial, conduzido, em conjunto, pelo Poder Judiciário Trabalhista e por um quase Poder, o Ministério Público do Trabalho, em um procedimento muito próximo ao sincrético[643].

Daí, a extrema importância do papel desenvolvido pelo Poder Judiciário Trabalhista nesse processo coletivo, pois não se concebe a existência e a frutificação da parceirização jurisdicional trabalhista sem sua direta participação em todo o seu desenvolvimento, desde o seu nascedouro, inclusive, valendo-se da prolação de eventual liminar ou medida acautelatória de direitos.

Portanto, a parceirização jurisdicional trabalhista não terá condições de ser encaminhada, não germinará e não produzirá resultados positivos, sem que haja a efetiva aquiescência, participação e comprometimento dos Juízes Trabalhistas, ou do Juiz Cível nas comarcas que não sejam instrumentalizadas por Varas do Trabalho, que devem ser provocados pelos membros do Ministério Público do Trabalho, nas situações jurídicas em que se verifiquem ou haja possibilidade de ocorrerem lesões a direitos e interesses transindividuais dos trabalhadores que, porventura, ensejem a intervenção preventiva, acautelatória ou reparatória do *Parquet* Trabalhista, apta a pacificar o conflito coletivo de trabalho.

Com a evolução da sociedade (massificação social, multiplicação de direitos) e a consequente falência do Estado liberal, incapaz de manter as exigências por ele mesmo criadas (riqueza, lucro e exploração de mão de obra), fez-se necessária uma mudança de atitude do Estado frente à sociedade. Este foi pressionado a ter de atuar positivamente (antes era para não atrapalhar os direitos individuais), como diz Paulo Bonavides[644], para prestar à sociedade multiplicada certos valores básicos

---

(643) Entende-se por processo sincrético aquele em que uma única ação entrega o bem da vida ao titular do direito material, sem que haja a subdivisão em processo de conhecimento e processo de execução. Alguns doutrinadores o denominam de processo misto de conhecimento e de execução. Esse tipo de ação estaria incluído na classificação quinária das ações: condenatórias, constitutivas, declaratórias, mandamentais e executivas *lato sensu*. Um exemplo desse tipo de ação é a ação executiva *lato sensu*, a qual corresponde a uma eficácia executiva que se efetiva no mesmo processo em que foi proferida a decisão e que atua independentemente da conduta do réu, como as ações de despejo e de reintegração de dirigente sindical.

(644) BONAVIDES, Paulo. *Do Estado liberal para o Estado social*. Rio de Janeiro: Fundação Getúlio Vargas, 1972. p. 43.

e essenciais de uma população massificada, tais como saúde, lazer, segurança, qualidade de vida, acesso aos bens de consumo etc. Essa mudança de comportamento do Estado diante da sociedade teve reflexos também sobre a ciência jurídica, e especialmente sobre a técnica processual[645].

Hodiernamente, o próprio Paulo Bonavides[646] está a conclamar a necessidade de se criar o Código de Processo Constitucional, ao declarar: "as leis que dispõem sobre esse processo — infraconstitucionais — estão porém esparsas, privadas de unidade processual, o que em rigor não se compadece com a majestade e importância do órgão supremo que as julga. Impõe-se, pois, a elaboração do Código de Processo Constitucional, a exemplo do que ocorreu no Peru. (...) As reflexões antecedentes buscaram demonstrar que o Brasil precisa de um Código de Processo Constitucional. Essa postulação de criar novo código, se atendida, deverá contribuir para tornar a Constituição cada vez mais efetiva na confluência: norma, jurisdição e processo".

Rodolfo de Camargo Mancuso[647] declara que "o apoio ao pluralismo, no trato dos conflitos metaindividuais, mormente os que concernem aos interesses difusos, o que vem de encontro à democracia participativa instaurada na Constituição vigente, que se deve implementar com vistas à eficaz tutela de relevantes megainteresses, com o aporte de atuação conjunta do Estado, do cidadão, da coletividade e do Ministério Público — não só no plano jurisdicional, mas igualmente junto às instâncias administrativas — em temas como meio ambiente, patrimônio cultural, defesa do consumidor, proteção ao idoso, à criança e ao adolescente, à ordem urbanística, a par de outros interesses difusos e coletivos".

Sendo o juiz um funcionário da máquina estatal, deveria seguir os ditames máximos e fundamentais do liberalismo praticado pelo Estado. Não deveria o juiz intervir se não fosse chamado. Sua postura deveria ser omissiva para não prejudicar a liberdade e a autonomia de vontade das partes. Deveria, pois, ser equidistante, frio, insensível, na direção e atuação do processo. Na verdade, não haveria litigantes, mas sim duelistas, e caberia ao juiz evitar favorecer este ou aquele, tendo em vista que, formalmente, as armas e quem as manuseasse estariam em pé de igualdade[648].

Por outro lado, num Estado Social, a ação deixa de ocupar o eixo central e passa a ter um papel secundário, vista precipuamente como um canal de acesso à Justiça. Nessa mudança de paradigma, a lacuna central deixada pelo estudo da ação passa a ser ocupada pela jurisdição, no exato sentido de que passa a existir por parte do Estado a necessidade de prestar direitos à sociedade massificada, tais

---

(645) ABELHA, Marcelo. *Op. cit.*, p. 183.
(646) BONAVIDES, Paulo; SARAIVA, Paulo Lopo. Proposta: código de processo constitucional. *Folha de S. Paulo*, São Paulo, 10 jan. 2010, Tendências e Debates, p. A3.
(647) MANCUSO, Rodolfo de Camargo. *Interesses difusos*: conceito e legitimação para agir. 6. ed. São Paulo: Revista dos Tribunais, 2004. p. 139.
(648) ABELHA, Marcelo. *Op. cit.*, p. 184.

como a saúde, a qualidade de vida, o lazer, a segurança e, na seara jurídico-processual, o próprio dever de dar a tutela jurisdicional[649].

Nesse sentido, deve o Estado fazer o possível e o impossível para dar a justiça a quem efetivamente a tenha. Tem o Estado de intervir, e por isso o juiz, seu representante, não pode ficar parado, estático, esperando que a justiça ocorra sozinha se, quando e na forma em que for provocada. Assume um papel relevantíssimo o juiz na direção do processo, com incremento de seus poderes, com a desburocracia dos meios processuais, com o desapego da forma, com a busca do resultado no plano dos fatos, com a punição de ofício daqueles que atrapalham a outorga desse direito etc.[650].

A parceirização jurisdicional trabalhista, nos moldes propostos neste trabalho, exige do magistrado trabalhista justamente uma postura proativa, participativa, envolvente, na busca de solução para a pacificação do conflito coletivo, em conjunto com os demais juízes das Varas do Trabalho e com os membros do Ministério Público do Trabalho.

Nas palavras de Marcelo Abelha[651]: "a técnica processual deixa de ser fria e passa a ser permeada de sensível carga ideológica, voltada para o social. Diminui-se a preocupação com as técnicas de segurança para buscar-se as soluções que prezem pela efetividade. O tempo no processo constitui um sério fator comprometedor do resultado e, por isso, passa a ser um rival que deve ser administrado. A busca da verdade real (ordem jurídica justa) incita e obriga um comportamento ativo, tórrido, participativo, inquietante do magistrado, que deve saber distinguir os termos parcial de ativo; parcial de participativo; parcial de inquieto; parcial de perseguidor da verdade. Enfim, deve o juiz envolver-se com o processo de modo a descobrir a verdade. Não deve folhear as páginas dos autos, como se fossem revistas (normalmente velhas e desatualizadas), que ficam nas salas de espera dos consultórios médicos. Pelo contrário, deve estudar o processo como se fosse uma carta de amor. Só envolvendo-se com a verdade dos fatos e atos da causa é que cumprirá o dever de prestar a tutela jurisdicional justa".

Rodolfo de Camargo Mancuso[652], neste ponto, destaca que, "como a instância judicial não pode atuar de ofício, mas apenas quando provocada em forma e figura de juízo num dado concreto, a primeira questão que se coloca é a de saber se a ciência processual conta com o arsenal de instrumentos e institutos aptos a dotar o Judiciário dos meios para a outorga da tutela adequada aos interesses metaindividuais; na sequência, impende saber qual o melhor caminho a seguir".

---

(649) *Ibidem*, p. 185.
(650) *Id., loc. cit.*
(651) *Ibidem*, p. 186-187.
(652) MANCUSO, Rodolfo de Camargo. *Interesses difusos*: conceito e legitimação para agir, cit., p. 135.

Em sequência, aduz esse autor: "muito se espera do papel a ser desempenhado pelo juiz nas ações que objetivam a tutela a interesses metaindividuais. (...) Paralelamente, é inegável o papel do juiz ativo no plano da jurisdição coletiva, quanto mais não seja pela circunstância de a eficácia do julgado apresentar-se potencializada, projetando-se *ultra partes* ou mesmo *erga omnes*, donde deve o juiz desdobrar os cuidados com o quesito da relevância social do interesse e sua adequada representação nos autos"[653].

Herman V. Benjamin[654], sobre o novo papel do juiz nas ações coletivas, assim se manifestou: "o novo papel do juiz não decorre apenas de sua adaptação à nova realidade da conflituosidade massificada. Sua participação ativa no processo vem em socorro principalmente daqueles titulares de parcela do direito ou interesse deduzido em juízo os quais, exatamente pelo caráter de massa do conflito, estão incapacitados de adentrar o tribunal (*sic*) e acompanhar *in personam* o desenrolar da disputa".

Rodolfo de Camargo Mancuso[655] também informa que "hoje é pacífico que o Poder Judiciário e o processo são chamados a desempenhar um novo papel: o de servir, também, como instrumento de participação popular na fiscalização da gerência da coisa pública. Esse alargamento da seara jurisdicional, porém, deve ser feito com prudência, de sorte a preservar a harmonia com os outros Poderes e de modo a que não se desnature a função jurisdicional em si mesma".

A propósito, Daniel Sarmento manifesta-se no seguinte sentido: "pessoalmente, estou convencido de que o Poder Judiciário tem um papel essencial na concretização da Constituição brasileira. Entendo que, em face do quadro de sistemática violação de direitos de certos segmentos da população, do arranjo institucional desenhado pela Carta de 1988 e da séria crise de representatividade do Poder Legislativo, algum ativismo judicial se justifica no Brasil, pelo menos em certas searas, como a tutela de direitos fundamentais, a proteção das minorias e as garantias de funcionamento da própria democracia. O maior insulamento judicial diante da pressão das maiorias, bem como certo *ethos* profissional de valorização dos direitos humanos, que começa a se instalar na nossa magistratura, conferem ao Judiciário uma capacidade institucional privilegiada para atuar nestas áreas"[656].

Se carece ao juiz a possibilidade legal de agir *ex officio*, *sponte propria*, nas controvérsias que observa na sociedade e pouco ou nada pode fazer para solucioná-

---

(653) *Ibidem*, p. 283.
(654) BENJAMIN, Antonio Herman V. A *citizen action* norte-americana e a tutela ambiental. *Revista de Processo*, São Paulo, v. 16, n. 62, p. 76, abr./jun. 1991.
(655) MANCUSO, Rodolfo de Camargo. *Interesses difusos*: conceito e legitimação para agir, cit., p. 285.
(656) SARMENTO, Daniel. O neoconstitucionalismo no Brasil. Riscos e possibilidades. In: LEITE, George Salomão; SARLET, Ingo Wolfgang (coords.). *Direitos fundamentais e Estado constitucional*: estudos em homenagem a J. J. Gomes Canotilho. São Paulo: Revista dos Tribunais; Coimbra: Coimbra, 2009. p. 38.

-las, essa faculdade ou prerrogativa é suprida pela participação e pela atuação, em conjunto com o membro do Ministério Público do Trabalho, que a detém, por expressa disposição legal, já que ela faz parte integrante de sua própria atribuição constitucional. Em outras palavras, na atividade jurisdicional, um completa o outro na distribuição de justiça e na consecução do interesse público, tornando realidade não apenas o acesso à justiça, como também a efetividade processual na entrega do bem da vida àqueles que a detêm.

Daí, podemos até mesmo asseverar que a Constituição Federal de 1988, com a reconfiguração jurídica que promoveu nas atividades institucionais dos membros do *Parquet* Laboral, de acordo com os arts. 127 a 129 da Constituição Federal e arts. 83 e 84 da LC n. 75/1993, não apenas os elevou à condição de agentes políticos, como notavelmente fomentou uma espécie de completude na prestação jurisdicional do Estado, na órbita trabalhista, em todos os rincões deste País, na medida em que, enquanto os juízes trabalhistas, na maioria das lides, fazem justiça no varejo[657], o Ministério Público do Trabalho, por seu turno, faz justiça no atacado.

Nesse novo contexto de acesso à Justiça, a grande novidade está justamente na "emergência" desse fato novo e inusitado, sem precedentes, de que é possível a atuação conjunta, em parceria jurisdicional, de dois órgãos do Estado Soberano, um totalmente vocacionado para a atividade jurisdicional com *expertise* individual ou atomizado, caso do Poder Judiciário Trabalhista, e outro, com *expertise* jurídico nos conflitos moleculares, com envolvimento na litigância de interesse público e de alta relevância social, utilizando-se de meios judiciais e extrajudiciais, porém, ambos voltados a um mesmo objetivo: solucionar o conflito de interesses e entregar os bens sociais constitucionais a seus legítimos titulares.

E quando advogamos a efetiva participação e proatividade do juiz no processo judicial, por meio da parceirização jurisdicional trabalhista provocada pelo Minis-

---

(657) É notório que a grande maioria das ações que afluem às Varas do Trabalho consistem em reclamatórias individuais, ou ações atomizadas, que são pacificadas por meio de acordo ou conciliação judicial individual, ou uma sentença individual; somente uma pequena parcela das outras ações ali ajuizadas consubstanciam ações de índole coletiva (ação civil pública ou multitudinária), ao passo que o Ministério Público do Trabalho, com o instrumental do microssistema de tutela coletiva de que dispõe, se não pacifica o conflito coletivo por meio administrativo, ou seja, do TAC (Termo de Ajustamento de Conduta), que possui natureza jurídica de título executivo extrajudicial, deverá se utilizar das ações moleculares (ações civis públicas, ações civis coletivas etc.) para a solução global ou no "atacado" do conflito, com efeitos *erga omnes*, com extensão para todos os trabalhadores da categoria envolvida. Dessa forma, esses dois órgãos federais, em conjunto, resolvem todos os tipos de conflitos coletivos de trabalho, no desenho constitucional da Carta Magna de 1988. De outra parte, a clientela desses dois órgãos federais também apresenta-se de modo diferente. Enquanto a maioria da clientela jurídica das Varas do Trabalho é composta por trabalhadores desempregados, ou seja, pessoas físicas, são os empresários ou as pessoas jurídicas que são notificadas/intimadas a comparecer ao Ministério Público do Trabalho para prestar esclarecimentos nas audiências, bem como para celebrar Termos de Compromisso de Ajustamento de Conduta, se não preferirem se defender em juízo, por meio das ações coletivas ou moleculares, neste caso, correndo o risco de serem condenadas em vultosas somas, em decorrência de condenação por dano moral coletivo.

tério Público do Trabalho, não estamos a pregar que ele, o magistrado, tenha de agir de forma tendenciosa, facciosa, partidária ou parcial em favorecimento aos pedidos do *Parquet* Laboral. Pelo contrário. O *Parquet* Laboral, agindo como fiscal da lei ou como órgão agente, estará sempre[658] a defender os direitos e interesses transindividuais — direitos coletivos, difusos e individuais homogêneos —, ou seja, interesse público de sua clientela, os trabalhadores e a sociedade —, os procuradores do trabalho, de regra, não possuem qualquer interesse próprio ou pessoal nas causas coletivas em que atuam.

Todavia, aplicam-se também aos membros do *Parquet* Laboral os motivos de impedimento e suspeição, da mesma forma que aos magistrados, consoante arts. 238 da Lei Complementar n. 75/1993, e 138, I, do Código de Processo Civil, respectivamente, *in verbis*:

"Os impedimentos e as suspeições dos membros do Ministério Público são os previstos em lei."

"Aplicam-se também os motivos de impedimento e suspeição: ao órgão do Ministério Público, quando não for parte, e, sendo parte, nos casos previstos nos ns. I a IV do art. 135 (amigo íntimo ou inimigo capital de qualquer das partes, quando alguma das partes for credora ou devedora do órgão, de seu cônjuge ou de parentes destes, em linha reta ou na colateral até o terceiro grau; herdeiro presuntivo, donatário ou empregador de alguma das partes; receber dádivas antes ou depois de iniciado o processo, aconselhar alguma das partes acerca do objeto da causa, ou subministrar meios para atender às despesas do litígio; interessado no julgamento da causa em favor de uma das partes; declaração pessoal de suspeição por motivo de foro íntimo)."

---

(658) Resolução n. 7/2005 do Conselho Nacional da Justiça do Trabalho: O PRESIDENTE DO CONSELHO SUPERIOR DA JUSTIÇA DO TRABALHO, no uso de suas atribuições regimentais, e tendo em vista o decidido nas sessões de 23 de setembro e 27 de outubro de 2005. Considerando que ao Conselho Superior da Justiça do Trabalho compete apreciar matérias administrativas em razão de sua relevância, que extrapolem o interesse individual de Magistrados e servidores da Justiça do Trabalho de primeiro e segundo graus, com propósito de uniformização, conforme o disposto no art. 5º, inciso VIII, do Regimento Interno do Conselho Superior da Justiça do Trabalho; Considerando que incumbe ao Ministério Público, como instituição permanente, a defesa da ordem jurídica, do regime democrático e dos interesses sociais e individuais indisponíveis, cabendo-lhe, em última instância, a defesa do interesse geral, velando pelo cumprimento da lei; Considerando que o Ministério Público sempre atuou ao lado dos Juízes ou Tribunais, exercendo funções próprias do Estado, praticando atos de complementação da função jurisdicional; Considerando que a Constituição Federal de 1988 revalorizou a atuação do Ministério Público e consagrou os princípios da autonomia e independência funcional da Instituição e seus membros, afastando a divisão entre as funções de órgão agente e órgão interveniente do *Parquet*; Considerando a necessidade de uniformização do procedimento a ser adotado pelos Magistrados de primeiro grau da Justiça do Trabalho, a fim de garantir aos Procuradores do Trabalho a prerrogativa do assento à direita e no mesmo plano do Juiz, RESOLVE: Art. 1º A prerrogativa do assento à direita e no mesmo plano do Magistrado, prevista na alínea "a", do inciso I, do art. 18, da Lei Orgânica do Ministério Público da União, é assegurada a todos os Membros do Ministério Público do Trabalho que oficiarem como *custos legis* ou como parte nos Órgãos da Justiça do Trabalho. Art. 2º Havendo disponibilidade de espaço físico nas Varas do Trabalho ou a possibilidade de adaptação das unidades, deve ser colocado o assento do Procurador no mesmo plano e à direita do Magistrado. Registre-se. Publique-se. Cumpra-se. Brasília, 27 de outubro de 2005. Vantuil Abdala. Presidente do Conselho Superior da Justiça do Trabalho.

A Resolução n. 86/2009⁽⁶⁵⁹⁾ do Conselho Superior do Ministério Público do Trabalho também trata de impedimento do membro do Ministério Público do Trabalho, como segue:

> "Art. 4º O impedimento do Procurador para atuar deve ser registrado em despacho fundamentado, comunicando-se o fato ao Procurador-Chefe para efeito de redistribuição do procedimento e compensação.
>
> § 1º O Procurador que se declarar suspeito para atuar, comunicará o fato ao Procurador--Chefe, para efeito de redistribuição do procedimento e compensação e, sempre que possível, indicará o motivo da suspeição.
>
> § 2º O Procurador-Chefe informará à Corregedoria os casos de impedimentos e suspeições, para fins estatísticos.
>
> (...)
>
> Art. 7º As unidades do Ministério Público do Trabalho estabelecerão lista ordenada ou escala entre os Membros para a participação em audiências judiciais ou extrajudiciais e também para a adoção de medidas urgentes, nos casos de eventual impedimento e afastamento de Procuradores."

Além disso, e principalmente, o bem que busca tutelar não possui natureza pecuniária e é revestido da mais alta significância no que respeita à proteção ao Princípio da dignidade humana. Dizem respeito à vida, à saúde, à honra, ao meio ambiente do trabalho, que interessam direta ou indiretamente a toda a sociedade, indistintamente. Constituem bens difusos, por excelência, que interessam às presentes e futuras gerações, como, aliás, distingue o próprio art. 225, § 3º[660], da Constituição Federal de 1988.

De outra banda, o Ministério Público do Trabalho na propositura de ações coletivas ou na proposição da parceirização jurisdicional trabalhista jamais pode ser visualizado como parte[661] no processo, pois seus membros estão sempre a

---

(659) Além disso, a tratar da matéria, temos a Súmula n. 234 do STJ: "Não há impedimento nem suspeição de membro do Ministério Público que atuou em procedimento administrativo preparatório (inquérito civil ou inquérito policial), para posterior ajuizamento de ação civil pública ou penal".

(660) Art. 225. Todos têm direito ao meio ambiente ecologicamente equilibrado, bem de uso comum do povo e essencial à sadia qualidade de vida, impondo-se ao Poder Público e à coletividade o dever de defendê-lo e preservá-lo para as presentes e futuras gerações. § 3º As condutas e atividades consideradas lesivas ao meio ambiente sujeitarão os infratores, pessoas físicas ou jurídicas, a sanções penais e administrativas, independentemente da obrigação de reparar os danos causados.

(661) A justificativa para tal prerrogativa não comporta maiores digressões. O Ministério Público, seja como órgão agente, seja como órgão interveniente, sempre atua na defesa do interesse público (CF/1988, art. 127). Sendo assim, não seria razoável colocar o Ministério Público na mesma posição de qualquer parte litigante no Poder Judiciário, porquanto sua função institucional de defensor de interesses socialmente relevantes reclama tratamento diferenciado. As atribuições do Ministério Público são de igual importância, sendo indiferente a maneira pela qual se expressa. Como promotor de ações ou órgão interveniente, a finalidade de sua atuação sempre tem em mira o interesse público, o bem comum, o fiel cumprimento das normas indisponíveis. Essa a missão que lhe foi outorgada pela Constituição Federal de 1988. Não é

defender o interesse público da sociedade; naqueles direitos sociais constitucionais impregnados por alta carga axiológica, considerando-se que a maioria dos pleitos postulados em juízo estão a tutelar bens que não são apreciáveis economicamente, de natureza indisponível, inalienável, impenhorável, indivisível, despidos de exclusividade, até mesmo imprescritível, e, às vezes, irreversivelmente reconstituíveis, espécies que são dos direitos humanos fundamentais.

Joselita Nepomuceno Borba[662] informa que o juiz, no processo civil coletivo, nos termos do Anteprojeto brasileiro, assume posição de destaque com poderes acentuados na condução do processo e na execução do julgado, constituindo-se essa uma das profundas mudanças em relação ao processo civil individual (arts. 4º, parágrafo único, 90, 23 etc.).

Diante de tudo isso, o que esperar do juiz? Qual o comportamento em relação ao exercício de sua função no processo, e especialmente sobre os seus poderes instrutórios? Ora, a resposta é simples: se todo e qualquer juiz deve ter a preocupação de dar uma solução justa a todos os casos em que formula e cumpre a norma jurídica concreta, deve-se lembrar que, quando estiver diante de um bem fundamental à vida, seu comportamento de direção e atuação no processo deve ser absolutamente participativo[663].

---

ocioso ressaltar que a prerrogativa do assento à direita não existe para os brios dos membros do Ministério Público, mas porque estes representam, tanto quanto o Juiz, **o Estado**, na medida em que não tutelam interesses privados ou particulares, mas sim o interesse público, a sociedade enfim. Sentar à direita do Juiz não é um privilégio do Ministério Público, mas antes uma declaração de que o Estado se encontra presente na representação simbólica de um Órgão Julgador e de um Órgão Acusador. Logo, a prerrogativa do assento à direita tem sua razão de ser e por isso foi inserida numa Lei Complementar, que deveria ser respeitada por quem foi investido da função jurisdicional, como órgão do Estado. Não se exige nada além do que o respeito no tratamento entre membros de duas instituições públicas, que servem à causa da Justiça. O exercício de qualquer das prerrogativas conferidas ao *Parquet* não implica, obviamente, privilégio capaz de promover a desigualdade das partes no processo, como aventado equivocadamente pela autoridade judiciária requerida. O Ministério Público jamais pode ser considerado como parte comum, pois não está a defender interesse próprio, e sim da sociedade. Ademais, não se pode conceber que o legislador fosse criar prerrogativas a uma determinada classe, capazes de causar um desequilíbrio processual. Aliás, soa até mesmo um contrassenso a distinção feita por alguns magistrados, no sentido de apenas observar a prerrogativa insculpida no art. 18, inciso I, alínea "a", da Lei Complementar n. 75/1993, nos feitos em que o Ministério Público atua como *custos legis*, porquanto, quer oficiando como fiscal da lei, quer como órgão agente, o *Parquet* está sempre a defender a ordem jurídica, não sendo possível admitir que essa prerrogativa lhe fosse outorgada pelo legislador apenas quando atuasse numa determinada posição processual. É princípio elementar de hermenêutica jurídica que onde a lei não distingue, não cabe ao intérprete fazê-lo. (Mandado de Segurança interposto em face de Juiz do Trabalho Monocrático, diante da recusa de permitir ao membro do *Parquet* Laboral, o assento à direita, em audiência preliminar de Ação Civil Pública). Processo n. 332-2009-909-09-00-2. Numeração única. TRT 9ª Região — Paraná.
(662) BORBA, Joselita Nepomuceno. *Efetividade e tutela coletiva*. São Paulo: LTr, 2008. p. 124.
(663) ABELHA, Marcelo. *Op. cit.,* p. 210. O autor ainda acrescenta: "é que quando se está diante de uma lide que envolve um bem fundamental à vida de um número indeterminável de pessoas, sua participação não pode ser falha, sequer admitindo-se essa possibilidade. Aqui o patrimônio é vital e não simplesmente pecuniário. A indisponibilidade e o caráter público do direito do ambiente não contaminam somente a técnica processual, mas também o juiz, que, com muito maior razão e justificativa, deve 'correr atrás',

Para Cássio Casagrande[664], "dentre todas as Constituições republicanas, não resta a menor dúvida de que a Carta de 1988 é aquela em que a magistratura e os membros do Ministério Público conquistaram maior independência em relação aos Poderes Executivo e Legislativo. A consequência lógica disto é o aumento do poder político do Judiciário na organização do Estado brasileiro. (...) Estas garantias e prerrogativas conferidas aos juízes e procuradores, no quadro de uma jurisdição ampliada, com instrumentos processuais pelos quais a cidadania organizada pode questionar sistematicamente os atos do Poder Público e das grandes corporações, vêm conferindo à magistratura um novo papel no seu modo de atuar. O juiz passa a não apenas resolver conflitos intersubjetivos de natureza estritamente privada. Sua função adquire um novo sentido, já que ele é chamado a mediar conflitos coletivos que muitas vezes envolvem a necessidade de aplicação de recursos escassos, adentrando ora no campo tradicionalmente reservado ao Executivo, ora o terreno do legislador, neste último caso, sobretudo, quando o cidadão invoca a necessidade de dar cumprimento a comandos constitucionais de natureza subjetiva".

Com base nessa linha argumentativa e na importância e na dignidade dos direitos e interesses metaindividuais tutelados nas ações moleculares, em sede de Direito Processual Trabalhista, é igualmente inegável que o Judiciário Trabalhista vem respondendo a contento com o novo papel jurisdicional e político que a Constituição de 1988 lhe reservou. Reiteradas decisões dos Tribunais Superiores (STF e STJ)[665] já confirmaram essa participação política para atendimento de demandas sociais constitucionais, muitas vezes, provocadas pelo Ministério Público, corroboradas pelo reconhecimento da existência do microssistema processual de tutela

---

literalmente de uma solução mais justa e mais próxima da verdade real". E conclui, mais adiante: "(...) Por isso, o juiz deverá adotar uma postura naturalmente mais cautelosa quando provisoriamente decida em desfavor do meio ambiente e menos rigorosa quando avalie e decida a seu favor. Por isso, em decorrência do interesse público em jogo, deve tratar com extrema segurança a tutela interina dada contra o direito 'público' do ambiente. Tudo porque a repercussão dessa decisão é de alcance público e o direito tutelado é essencial a todas as formas de vida. Não se espera, obviamente, que o juiz seja um segundo adversário do réu na participação dentro do processo. Nada disso, posto que deve estar sempre preso à tutela justa e efetiva de quem quer que seja, mas é fato evidente que não pode ficar imune às exigências, imposições e peculiaridades do direito material. Isso é ser justo e buscar a isonomia real! O fato de o magistrado ser o titular do direito do ambiente, e por isso ser atingido pelo alcance *erga omnes* da coisa julgada imprimida numa decisão que proferiu, não o torna parcial em hipótese alguma (com interesse na causa) na condução do processo. Fosse assim, nenhum juiz poderia julgar nenhuma causa ambiental porque o dito direito é difuso/público por natureza. Outrossim, longe de ser regra que afasta a sua imparcialidade, o local do dano é que indica a competência funcional absoluta do juízo (art. 2º da LACP). Contudo, poder-se-ia dizer que existia a pecha da parcialidade somente quando a decisão proferida pelo magistrado pudesse ter reflexos em sua exclusiva esfera jurídica individual, de modo que a extensão *in utilibus* (arts. 103, § 1º, e 103, III, do CDC) do julgado lhe beneficiasse diretamente. Nesse caso é que estaria vedada a sua atuação, posto que presumida por lei a sua parcialidade (arts. 134, I, e 135, V, do CPC).
(664) CASAGRANDE, Cássio. *Op. cit.*, p. 57. Esse autor ainda aduz que "é bem certo que este novo poder conferido aos juízes brasileiros vem causando certa perplexidade na magistratura, que não estava acostumada, por tradição, a mediar conflitos sociais".
(665) CASAGRANDE, Cássio. *Op. cit.*, p. 96.

coletiva que funciona como instrumento de participação da cidadania na fiscalização da Administração Pública, inclusive com relação ao adimplemento, pelo Poder Público, de seus direitos sociais; plena representatividade das associações, dos sindicatos e do Ministério Público para a defesa de interesses transindividuais da sociedade civil, por meio de instrumentos processuais de natureza coletiva, notadamente a ação civil pública e a sindicabilidade e o controle de políticas públicas afetas à observância dos direitos sociais dos cidadãos.

9. O papel do Ministério Público do Trabalho

A adoção, em 1988, de uma Constituição "processual" — criadora de diversos instrumentos jurídicos viabilizadores de participação política para a concretização dos direitos fundamentais — trouxe consigo a necessidade de reaparelhamento do sistema judicial brasileiro, em particular do Poder Judiciário, do Ministério Público e da Defensoria Pública. Esse fortalecimento do sistema judicial decorreu também da necessidade de se confiar maior poder aos juízes e aos membros do Ministério Público para a defesa do Estado Democrático de Direito[666].

Nessa linha de transformação induzida pela Constituição Federal de 1988, tão importante quanto a reorganização e a modernização dos Juízos e Tribunais brasileiros foi a reordenação, em separado do Poder Judiciário e do Executivo, das chamadas "funções essenciais à Justiça", especialmente o Ministério Público e a Defensoria Pública. O Ministério Público, embora tenha mantido muitas de suas funções republicanas tradicionais, em especial a titularidade das ações penais públicas, foi completamente redesenhado para se constituir em órgão de defesa da sociedade. Assim, deixou o órgão de representar o interesse da Administração, papel que lhe fora reservado pelas Constituições anteriores e que, muitas vezes, se mostrava incompatível com a proteção ao interesse público primário. O constituinte reservou-lhe assim a função de defesa da ordem jurídica, do regime democrático e dos interesses sociais e individuais indisponíveis, dotando-o ao mesmo tempo de instrumentos e remédios para a proteção ao patrimônio público e dos interesses difusos e coletivos[667].

Essa mudança de orientação constitucional é denominada de "constitucionalismo da efetividade" para Daniel Sarmento[668], quando aduz que: "para o constitucionalismo da efetividade, a incidência direta da Constituição sobre a

---

(666) CASAGRANDE, Cássio. *Op. cit.*, p. 58.
(667) *Ibidem*, p. 60-61. O autor ainda esclarece que estas novas funções e poderes renovados, bem como a imensa reorganização institucional pela qual passaram as respectivas carreiras, vêm fazendo da instituição uma instância intermediária na mediação de conflitos sociais, permitindo que grupos mais ou menos organizados possam suscitar procedimentos e demandas coletivas em face de corporações privadas e do Poder Público, desafiando assim o desequilíbrio inerente a esse tipo de conflito.
(668) SARMENTO, Daniel. *Op. cit.*, p. 24.

realidade social, independentemente de qualquer mediação legislativa, contribuiria para tirar do papel as proclamações generosas de direitos contidas na Carta de 1988, promovendo justiça, igualdade e liberdade. Se, até então, o discurso da esquerda era de desconstrução da dogmática jurídica, a doutrina da efetividade vai defender a possibilidade de um uso emancipatório da dogmática, tendo como eixo a concretização da Constituição".

A reconfiguração no novo modelo que os constituintes imprimiram ao Ministério Público brasileiro levemente se aproxima do modelo norte-americano, que, por meio da Lei Wagner, de 1935, criou o *BOARD — National Labor Relations Board*, espécie de fiscal da lei coletiva nos Estados Unidos da América do Norte, cujos membros têm dupla função: alguns atuam como juízes[669] administrativos (*law administrative judges*) e outros, como promotores de Justiça, com a responsabilidade de estabelecer e administrar mecanismos para uma pronta e pacífica determinação da representação das organizações sindicais, imposição de limites ao poder patronal e atuação nos atos antissindicais.

Tivemos oportunidade de estudar o assunto anteriormente, quando assim nos manifestamos sobre o BOARD, espécie de Ministério Público americano "o *BOARD — National Labor Relations Board*[670], que foi estabelecido com a responsabilidade de garantir o cumprimento e aplicação da legislação trabalhista norte-americana, exercia ao mesmo tempo dois papéis: servia como promotor e juiz para quaisquer violações no campo trabalhista. Adicionalmente, o BOARD tinha a responsabilidade de estabelecer e administrar mecanismos para uma pronta e pacífica determinação de representação. O BOARD era também altamente partidário de que se impusessem

---

(669) SANTOS, Enoque Ribeiro dos. *Fundamentos do direito coletivo do trabalho nos Estados Unidos da América, na União Europeia, no Mercosul e a experiência brasileira*, cit., p. 29. Em estudo anterior, comentávamos a composição do *BOARD — National Labor Relations Board americano*, que: "O *BOARD* também mantém um conjunto de juízes administrativos (*administrative law judges*) — que conduzem as audiências nos casos de acusações de práticas ilegais de trabalho. Embora inicialmente selecionados pelo *BOARD*, esses juízes são oficiais independentes e não podem ser removidos exceto por justa causa submetida a julgamento perante a Civil Service Commission. Os juízes administrativos presidem as audiências nos casos de práticas desleais que são iniciadas pelos escritórios regionais".

(670) Nesse sentido, veja o trabalho de GUGEL, Maria Aparecida. Abordagem de alguns aspectos do sistema legal trabalhista dos Estados Unidos da América do Norte na área do direito coletivo do trabalho. Função do *National Labor Relations Board*. Revista do Ministério Público do Trabalho, Brasília, n. 8, p. 54, set. 1994. Segundo essa autora, "o Conselheiro-geral ou *General Counsel of the BOARD* exerce a supervisão geral do Conselho nas investigações de acusações ou reclamações, servindo como promotor nestas mesmas ações. É também responsável pela condução da eleição sindical. Tem autoridade sobre todos os procuradores, examinadores e demais funcionários do NLRB e dos escritórios regionais de investigação (*bureaux investigation advisory opinions litigation*). Cabe-lhes a decisão final sobre as investigações procedidas a partir das acusações e questões trazidas para apuração. Também compõem o *BOARD*, os juízes administrativos (*administrative law judges*), que decidem as alegações de violação legal e aplicam a lei sobre cada caso, baseados em precedentes judiciais. Suas decisões são recorríveis ao Conselheiro-Geral. Têm organização administrativa separada do restante do *BOARD* de forma a preservar a imparcialidade das sentenças".

restrições ao poder patronal, mas não em relação aos empregados e aos sindicatos. A diferença de tratamento era baseada parcialmente no fato de que, apesar do alto nível de militância individual dos trabalhadores, os sindicatos ainda eram considerados relativamente fracos como instituições em 1935. A lei nacional das relações de trabalho (NLRA) foi decretada para conduzir a organização dos sindicatos e estabelecer um sistema estável de negociação coletiva, permitindo, dessa forma, o crescimento do sindicalismo"[671].

Para Rogério Bastos Arantes[672], toda essa inovação institucional resulta do pacto político consubstanciado na Constituição de 1988, resultante do conhecimento convencional de dizer que o Ministério Público foi recriado ou transformado pela Carta de outubro de 1988. A instituição esteve sempre presente na organização do Estado brasileiro desde o período imperial e por todo o período republicado, ora vinculado ao Poder Judiciário, ora dependente do Poder Executivo, mas sempre exercendo suas funções perante o sistema de Justiça, precipuamente ligada à repressão criminal, pelo exercício da ação penal pública, e à defesa do interesse de menores e incapazes nos feitos civis.

Para Cássio Casagrande[673], o grande "salto" ou inovação no papel do Ministério Público trazido pelo arranjo constitucional de 1988 foi desvinculá-lo do Poder Executivo e torná-lo independente do Poder Judiciário, de modo que a instituição passou a ser uma entidade estatal, mas não governamental de defesa dos interesses da sociedade civil, vinculados à carta-programa da Constituição de 1988.

A mudança do papel do Ministério Público tem como ponto de partida a preocupação generalizada entre os constituintes de que a Carta então em elaboração tivesse mecanismos que assegurassem sua efetiva implementação, de modo que o processo de redemocratização pudesse assegurar, mais do que uma democracia formal, um regime em que os direitos civis, políticos e sociais ganhassem concretude material, na forma de bens juridicamente exigíveis perante os Tribunais[674].

---

(671) SANTOS, Enoque Ribeiro dos. *Fundamentos do direito coletivo do trabalho nos Estados Unidos da América, na União Europeia, no Mercosul e a experiência brasileira*, cit., p. 20. Percebe-se, dessa forma, que o constituinte de 1988, ao impor um novo modelo de ação dos membros do Ministério Público, em suas atribuições constitucionais, diversamente do modelo norte-americano, que se utiliza de dois agentes políticos — o *administrative law judge*, que exerce as funções jurisdicionais administrativas, e outro membro, age como promotor de Justiça ou seja, como fiscal da lei, no caso brasileiro, incluiu nas funções do membro do *Parquet*, ambas as funções, ou seja, a de juiz administrativo e a de promotor de Justiça, tanto que, ao celebrar um TAC — Termo de Ajustamento de Conduta às exigências legais, com natureza de título executivo extrajudicial, o procurador age como se juiz administrativo fosse, ao fazer a subsunção do fato à norma jurídica, de forma que as cláusulas e o instrumento jurídico do TAC apresentam-se como um tipo especial ou particular de sentença administrativa, semelhante a um acordo judicial, ao passo que o procurador/promotor quando ajuíza uma ação civil pública se posta na função típica de promotor de Justiça.
(672) ARANTES, Rogério Bastos. *Op. cit.*, p. 114.
(673) CASAGRANDE, Cássio. *Op. cit.*, p. 103.
(674) *Id., loc. cit.*

Podemos observar que, em face de todas as articulações havidas nos debates por ocasião da formação das comissões que produziram o texto constitucional de 1988, o aspecto mais importante relaciona-se à desvinculação do Ministério Público dos demais Poderes do Estado, tendo sido inserido no capítulo específico "funções essenciais à Justiça", cabendo-lhe a defesa da sociedade. As atribuições que outrora cabiam ao Ministério Público foram canalizadas para a Advocacia Geral da União, a quem coube a defesa dos órgãos do Estado.

Dessa forma, o Ministério Público apresenta-se, no texto constitucional, com características próprias de quase Poder estatal, em face de sua não subordinação aos demais poderes, da independência funcional, orçamentária e das prerrogativas idênticas aos magistrados que lhe foram atribuídas pela CF/1988, e reforçadas pela Lei Complementar n. 75/1993.

Além disso, a Constituição Federal de 1988 legitimou os membros do Ministério Público com tratamento inerente a de agentes políticos[675] e não de servidores públicos, da mesma forma que estão incluídos, nessa categoria, os membros do Judiciário, do Poder Legislativo e do Executivo, todos regidos por estatutos próprios.

Nesse espaço, achamos oportuno, a título de esclarecimentos, apresentar um quadro exemplificativo do funcionamento cotidiano dos órgãos do Ministério Público do Trabalho em cotejo com as Varas do Trabalho do Poder Judiciário, cada um atuando em suas atribuições peculiares, o Procurador do Trabalho vocacionado à pacificação das lides moleculares, e o Juiz do Trabalho mais afeto às lides atomizadas, muito embora, também seja imprescindível no deslinde dos casos judicializados de natureza coletiva, a exemplo das ações civis públicas e demais instrumentos do microssistema jurisdicional de tutela coletiva, já que nessas situações é dele que depende a prolação da decisão judicial.

Analogicamente, podemos dizer que no deslinde de uma causa coletiva que seja pacificada por meio de um Termo[676] de Ajustamento de Conduta (TAC), as

---

(675) Agentes políticos são os membros do Poder Executivo (chefes do Poder Executivo, ministros de Estado, secretários de Governo, do Poder Legislativo, senadores da República, deputados federais e estaduais, vereadores, magistrados, membros do Ministério Público), que, uma vez investidos, detêm parcela da soberania do Estado para exercer suas atribuições. Por seu turno, soberania significa o mais elevado poder que o Estado possui, seja em relação a seus cidadãos, internamente, como em relação a seus contrapartes no plano do Direito Internacional, de modo a não permitir qualquer tipo de ingerência externa nos assuntos domésticos do País. Na expressão da soberania, a título ilustrativo, o juiz ao prolatar a sentença judicial estaria utilizando parcela da soberania estatal a ele atribuída para dizer o direito (jurisdição) no caso concreto, enquanto o procurador, do Ministério Público, ao celebrar um TAC com uma empresa, também estaria a dizer o direito no caso concreto, por força de dispositivo constitucional, em que reside a expressão máxima da soberania de um Estado Democrático de Direito, e cujos atos, seja uma sentença, seja um TAC, não carecem de assinatura de testemunhas, na medida em que representam a própria emanação da soberania estatal.

(676) LACP (Lei n. 7.347/1985). Art. 5º, § 6º Os órgãos públicos legitimados poderão tomar dos interessados compromisso de ajustamento de sua conduta às exigências legais, mediante cominações, que terá eficácia de título executivo extrajudicial.

Procuradorias do Trabalho do Ministério Público do Trabalho funcionam como espécies de Varas Coletivas do Trabalho, posto que o TAC possui a natureza jurídica de título extrajudicial e, da mesma forma que uma decisão judicial, se não cumprida, poderá ser objeto de execução.

Essa conclusão é de mais fácil visualização quando cotejamos o seguinte quadro simbólico e pragmático de atribuições desses dois órgãos públicos:

Varas do Trabalho — Poder Judiciário	Procuradorias do Trabalho — MPT
Titular: Juiz do Trabalho	Titular: Procurador do Trabalho
Quadro funcional: Diretor de Secretaria, servidores, assistentes, estagiários.	Quadro funcional: Diretor de Secretaria, servidores (vários cedidos por entes públicos), assistentes e estagiários.
Atividades diárias de rotina: Audiências e prolação de sentenças, despachos, etc.	Atividades diárias de rotina: Audiências, celebração de TACs, despachos etc.
Clientela: ex-empregados (pessoas físicas), sindicatos e eventualmente o MPT.	Clientela: empregadores (pessoas jurídicas e físicas), sindicatos, associações, a partir de denúncias formuladas.
Produção de provas/instrução do processo judicial atomizado, inclusive oitiva de testemunhas.	Produção de provas nas audiências/juntadas de documentos nos Inquéritos Civis (processo administrativo molecular). Oitiva de testemunhas e dos representantes das empresas inquiridas.
Contraditório exauriente, tanto nas ações atomizadas, como moleculares (ACP).	Contraditório mitigado no Inquérito Civil. Os autos do Inquérito Civil poderão ser juntados como prova nos autos das ACPs.
Sentença Judicial Individual ou Coletiva.	Termo de Ajustamento de Conduta (TAC). Sempre de natureza coletiva.
Natureza de título executivo judicial	Natureza de título executivo extrajudicial.
Execução, em caso de descumprimento.	Execução, em caso de descumprimento.
Matéria-prima judicial: predominância de direitos individuais.	Matéria-prima judicial: direitos coletivos, difusos e individuais homogêneos.
Efetividade: justiça no caso concreto no "varejo" (caso a caso), nas ações atomizadas e algumas ACPs ou instrumentos de índole molecular.	Efetividade: pacificação do conflito por meio de TAC. Justiça no "atacado". O resultado prático do instrumento tem eficácia *erga omnes* ou *ultrapartes*.
Subsunção do fato à norma. Prolação de decisões judiciais atomizadas e moleculares.	Manejo (*expertise* jurídico) dos instrumentos do microssistema processual de tutela coletiva. Se não houver arquivamento ou celebração de TAC, haverá ajuizamento de ação coletiva.

Varas do Trabalho — Poder Judiciário	Procuradorias do Trabalho — MPT
Expedição de Ofícios e de cópias de sentenças judiciais para órgãos públicos, inclusive MPT.	Expedição de "requisições" para verificação do cumprimento dos TACs celebrados às Gerências Regionais do Trabalho e Emprego (Poder Executivo).
Poderão propiciar a instauração de Inquéritos Civis pelo MPT.	Se se verificar que os TACs estão sendo descumpridos: Possibilidades:
Cumprimento de Sentenças Judiciais poderá ser verificado pelo MPT e pelas GRTE (Ministério do Trabalho e Emprego).	1. Celebração de TAC Aditivo
Aplicação de *astreintes*, em caso de não cumprimento do provimento judicial.	2. Decretação de multas por descumprimento, *Astreintes* e novas execuções em sede administrativa ou judicial.

Foi justamente devido a essa nova conformação das atribuições dos membros do *Parquet* Laboral, todo redesenhado pela Constituição Federal de 1988, e reafirmado infraconstitucionalmente pela Lei Complementar n. 75/1993, que é plenamente possível, em conjunto com os magistrados trabalhistas, o desenvolvimento eficaz do processo de parceirização jurisdicional trabalhista, nos moldes propostos neste trabalho, com o fito do prover serviços jurisdicionais de qualidade, com eficácia e celeridade, à clientela constituída, em primeiro plano, pelos trabalhadores, cujos reflexos difusos serão estendidos à sociedade, que certamente se beneficiará dos frutos que esse modelo proporcionará, seja na forma de manutenção de empregos, preservação da empresa e continuidade na prestação de serviços públicos essenciais na área da saúde e educação, continuidade na circulação de renda na economia, entre outros.

10. Estudos de casos concretos

10.1. O caso da conservação de empregos e manutenção de serviços de saúde em Cascavel, Estado do Paraná

10.1.1. Descrição do caso

Tudo se iniciou com a denúncia do Sindicato da categoria profissional dos trabalhadores da saúde de Cascavel ao Ministério Público do Trabalho, formulando uma série de irregularidades trabalhistas que estariam sendo praticadas por um Hospital particular, com cerca de cem trabalhadores, remanescentes de um total de aproximadamente duzentos, os quais vinham sendo gradativamente dispensados, em face da crise econômica e financeira pela qual o nosocômio vinha passando há alguns anos.

Esse hospital era um dos dois da região que atendia os serviços de saúde por meio do SUS (Serviço Único da Saúde) no Município de Cascavel. Entre essas irregularidades, pode-se mencionar o atraso no pagamento dos salários mensais, do FGTS, do INSS, do pagamento de férias e terço constitucional, do repasse de contribuições sindicais ao Sindicato profissional, entre outras. Além disso, o Hospital enfrentava enormes problemas para manter seu fluxo de caixa e o pagamento a fornecedores e médicos, em virtude dos sucessivos bloqueios judiciais promovidos pelas Varas do Trabalho de Cascavel, envolvendo cerca de aproximadamente duzentos processos judiciais, grande parte em fase de execução ajuizados por ex-empregados.

Houve a celebração de um Termo de Ajustamento de Conduta entre o Ministério Público do Trabalho e o Hospital, e, em posterior ação fiscal promovida pelos auditores fiscais do Ministério do Trabalho e Emprego, verificou-se seu parcial descumprimento, o que, de plano, suscitava a aplicação de multa em valores elevados pelo não atendimento a várias cláusulas do TAC firmado.

Foi celebrado um TAC-aditivo contemplando as demais irregularidades constatadas pela ação fiscal do Ministério do Trabalho e Emprego e concedido um prazo para adequação, sob pena de imediata execução judicial em face de novo descumprimento dos TACs.

Ainda no curso do prazo concedido pelo *Parquet* Laboral, advieram novas denúncias formuladas pelo Sindicato da categoria profissional, que apresentou e acostou novos documentos comprobatórios nos autos, como também requereu designação de audiência, realizada para oitiva de vários trabalhadores, que confirmaram que seus direitos trabalhistas continuavam sendo lesados.

Em nova audiência com a Diretoria do Hospital, seus patronos e o Sindicato profissional, após ouvir e examinar documentos requisitados (balanço patrimonial, balancetes mensais recentes, fluxo de caixa, endividamento total da empresa, e passivo trabalhista, inclusive valores devidos nas ações trabalhistas já ajuizadas na Justiça do Trabalho, valores futuros a receber, entre eles precatório com o Estado etc.), o Ministério Público do Trabalho chegou a um impasse.

Em outras palavras, se executasse e exigisse o pagamento imediato das multas pelo descumprimento dos TACs celebrados com o Hospital, este fatalmente viria a fechar as portas, descontinuar suas atividades, dispensar todos os trabalhadores, paralisar os serviços de saúde à população, posto que não estava conseguindo nem mesmo pagar os salários correntes dos empregados, por problema de fluxo financeiro.

Nesse momento, adveio o requerimento do patrono judicial do Hospital requerendo ao Ministério Público do Trabalho a não execução das multas por descumprimento do TAC, a concessão de um prazo de carência de seis meses para realinhamento do fluxo de caixa da empresa, se possível com a suspensão dos bloqueios judiciais nas Varas do Trabalho, pelo mesmo prazo, com a reunião de todos os processos de execução e de conhecimento para pagamento, em conjunto, no Poder Judiciário Trabalhista local, com o provimento de valores mensais, após a carência, e distribuídos proporcionalmente aos processos em curso, de acordo com a evolução da capacidade econômico-financeira do nosocômio.

A finalidade do requerimento foi justamente a preservação da empresa, a manutenção dos cem empregos existentes, a regularização paulatina dos direitos individuais homogêneos dos trabalhadores, e dos serviços públicos de saúde a toda a população de Cascavel e região.

O procurador do Ministério Público local estabeleceu contato com o magistrado diretor do Foro Trabalhista de Cascavel, levando ao seu conhecimento o pleito do Hospital, que, após debater o assunto com todos os demais Juízes Trabalhistas locais, deu plena anuência ao avanço das negociações, tendo inclusive participado de audiências na sede do *Parquet* Laboral com esse desiderato.

Esse processo — que denominamos de parceirização jurisdicional trabalhista — culminou em um Acordo Judicial celebrado por todos os Juízes Titulares das Varas do Trabalho de Cascavel, pelo Procurador do Ministério Público do Trabalho local, dos sócios e dirigentes do Hospital inquirido, pelo Sindicato da categoria profissional, pelos credores trabalhistas com processos individuais ajuizados, em fase de conhecimento e de execução, por meio de seus advogados e por um fiscal do trabalho, do Ministério do Trabalho e Emprego.

O Acordo Judicial celebrado promoveu a suspensão do prazo de todos os processos de execução, pelo prazo de seis meses, bem como dos bloqueios judiciais da Justiça do Trabalho, pelo mesmo prazo, de forma a permitir uma oxigenação financeira ao Hospital e a inicialização da regularização das pendências trabalhistas e outras.

10.1.2. Natureza dos direitos constitucionais em litígio

O acordo judicial no caso vertente, objeto da parceirização jurisdicional trabalhista, contemplou os direitos individuais homogêneos dos trabalhadores, de origem comum, relacionados aos salários em atraso, as férias vencidas, mais o terço constitucional, o recolhimento do FGTS, as verbas da rescisão de contratos de trabalho, bem como os direitos difusos da população carente relacionados à saúde, com a manutenção do Hospital em condições de atendimento à saúde pelo regime do SUS.

10.1.3. EFICÁCIA DA ATUAÇÃO CONJUNTA DO MINISTÉRIO PÚBLICO DO TRABALHO E DA MAGISTRATURA DO TRABALHO

O resultado e a efetividade da parceirização jurisdicional trabalhista nesse caso foram notórios.

A Comissão de Gestão Compartilhada, dirigida pelo magistrado e pelo procurador do trabalhador, deu início à prática de reuniões mensais, com a presença dos demais integrantes (sindicato da categoria profissional, advogado representante dos credores trabalhistas, direção do nosocômio, contador, auditor fiscal do trabalho), de forma alternada, uma no Foro Trabalhista e a outra na sede do Ministério Público do Trabalho, para discussão de todos os assuntos financeiros e econômicos do Hospital, apresentação do fluxo de caixa, relação de pagamentos e recebimentos, destinação dos recursos, análise de extratos bancários, bem como análise de requerimentos dos credores trabalhistas, do sindicato e discussão de assuntos correlatos.

De acordo com as últimas notícias veiculadas, a Comissão de Gestão Compartilhada vem se reunindo há mais de quinze meses, e a efetividade da atuação do Poder Judiciário Trabalhista e do Ministério Público do Trabalho já se fez notar, pelos seguintes resultados já alcançados: o nosocômio conseguiu não só manter o número de empregados, como realizou cerca de mais vinte novas contratações, aumentando seu quadro funcional para cento e vinte empregados. O faturamento mensal praticamente duplicou. Trinta e três ações trabalhistas individuais foram integralmente liquidadas e cento e quarenta e três ações trabalhistas ajuizadas nas três Varas do Trabalho de Cascavel já tinham sido parcialmente liquidadas, com recursos derivados de precatórios, bem como dos valores depositados mensalmente pelo Hospital, em conta judicial, desde a celebração do Acordo Judicial.

Não ocorreu o afastamento da diretoria da empresa, e a limitação do poder diretivo do empreendimento, que deve submeter todas as transações comerciais e financeiras ao Conselho Gestor, aparentemente não causou qualquer efeito deletério em seu desenvolvimento.

Em linhas gerais, houve a preservação da empresa hospitalar, a continuidade dos serviços de saúde à população mais carente da região, inclusive com a ampliação de serviços médicos de maior complexidade médica e, em especial para os trabalhadores, a manutenção e o crescimento do nível de empregos.

10.2. O caso da reabertura de hospital em Foz do Iguaçu

10.2.1. Descrição do caso

Em razão de requerimento da Gerência Regional do Trabalho e Emprego de Foz do Iguaçu, corroborado por denúncia do Sindicato dos Empregados em Estabelecimentos de Saúde de Foz do Iguaçu, foi instaurado Procedimento Preparatório em face do Hospital São Gabriel, em maio de 2009, na Procuradoria do Trabalho no município de Foz do Iguaçu, tendo por finalidade investigar várias irregularidades trabalhistas, entre elas falta de pagamento de salários e FGTS.

Em junho de 2009, foi realizada audiência preliminar, e concedido ao Hospital prazo para manifestar-se acerca da celebração de TAC às exigências legais. No entanto, o Ministério Público do Trabalho nesse momento foi surpreendido por denúncias do Sindicato obreiro, de que todos os empregados do Hospital haviam sido dispensados (para esperarem em casa por eventual decisão do empregador); de que estava havendo uma promiscuidade na identificação dos titulares, de que demandava na Justiça comum a cobrança de vários cheques sem a provisão de fundos e, ainda, que os salários estavam atrasados há dois meses, além de outras irregularidades.

Após apurar os fatos, objetivando a manutenção de aproximadamente quarenta empregos diretos e a continuidade de atendimento do Hospital requerido, já que a comunidade de Foz do Iguaçu é carente de leitos hospitalares em atendimento SUS, órgão a que o Hospital São Gabriel é conveniado, bem como pelo fato de a saúde constituir um direito humano fundamental, direito de todos e dever do Estado, insculpido no art. 196 da Constituição Federal de 1988, o Ministério Público do Trabalho, por intermédio do procurador do trabalho, em sua missão constitucional de defesa da ordem jurídica, do regime democrático e dos direitos indisponíveis e sociais dos trabalhadores e de toda a sociedade, convidou a MMa. Juíza da 2ª Vara do Trabalho de Foz do Iguaçu e diretora do Fórum trabalhista local para participar de audiência no Ministério Público do Trabalho, que contou com a presença da magistrada, de representantes da Gerência Regional do Trabalho e Emprego de Foz do Iguaçu, de representantes da área jurídica e da saúde do Município de Foz do Iguaçu, do presidente do Sindicato obreiro e de sócios da Requerida.

Na ocasião, foi proposto pelo Procurador do Trabalho um Plano de Ação no sentido de viabilizar econômico-financeiramente o Hospital, com o retorno dos funcionários às suas respectivas atividades, no máximo até 1º de setembro de 2009, haja vista que o Município de Foz do Iguaçu já havia se manifestado no sentido de celebração de convênio com o Hospital para suprir recursos para as despesas básicas, fornecimento de medicamentos e remédios, e de encaminhamento de pacientes com esse desiderato.

Foram então realizadas duas audiências com a presença das autoridades e dos demais envolvidos acima elencados, em datas de 14 e 20 de agosto de 2009, e, como resultado, o Procurador do Trabalho propôs a constituição de uma comissão sob o comando do Ministério Público do Trabalho e da direção do Fórum trabalhista de Foz do Iguaçu, que terá por atividade o acompanhamento da administração do Hospital São Gabriel, realizando uma gestão compartilhada, com a finalidade de viabilizar econômica e financeiramente o Hospital, com o retorno dos funcionários às suas atividades até 1º de setembro de 2009, haja vista que a Secretaria Municipal de Saúde poderá encaminhar pacientes para atendimento SUS a partir dessa data. Tal medida visa à preservação dos quarenta empregos gerados pelo Hospital, assim como o atendimento à demanda de saúde por pacientes que necessitam do SUS do Município de Foz do Iguaçu.

No sentido de viabilizar o retorno às atividades do nosocômio, o Procurador do Trabalho estabeleceu contato pessoal com os principais fornecedores do nosocômio, buscando viabilizar o prazo para reinício no fornecimento dos produtos e serviços que foram descontinuados, por falta de pagamento, em face da retomada de atividades do Hospital requerido, sob uma nova gestão financeira e operacional médica.

Envidando esforços no sentido da recuperação judicial do Hospital, o Ministério Público do Trabalho requereu ao MM. Juízo da 2ª Vara do Trabalho de Foz do Iguaçu, onde tramitam as ações trabalhistas em face do requerido, a penhora do estabelecimento comercial, haja vista que sócios e ex-sócios do Hospital litigam entre si pela sua titularidade. A referida penhora visa à garantia de execuções, inclusive futuras.

Face a possibilidade de preservar os postos de trabalho, o MM. Juízo da 2ª Vara do Trabalho deferiu a penhora do estabelecimento, afastando da administração os sócios ou pretensos proprietários, nomeando como administrador um contador indicado pelo Juízo, que apresentará plano de administração, bem como um gestor médico-operacional.

Tais medidas visam à reabertura do Hospital, trazendo condições dignas de atendimento à população carente, manutenção dos cerca de quarenta postos de trabalho e satisfação dos credores trabalhistas. Assim, com o retorno do Hospital às atividades, verbas do SUS e repasses feitos pelo Município voltarão a ingressar, viabilizando o empreendimento.

O Ministério Público do Trabalho e o Poder Judiciário Trabalhista visam, por meio dessa gestão compartilhada, a impedir que se repita o ocorrido com a Santa Casa Monsenhor Guilherme, fechada no ano de 2006 de maneira trágica, com a ocorrência de greves e episódios lamentáveis.

10.2.2. Natureza dos direitos e interesses

Trata-se de direitos individuais homogêneos, de origem comum, especialmente relacionados a salários, horas extras, adicional de insalubridade, férias vencidas, mais o terço constitucional, registro de empregados em CTPS, entre outros.

Além disso, o direito à saúde, como direito essencial constitucional, albergado no art. 196 da CF/1988, constitui, ao mesmo tempo, direito difuso de toda a sociedade, especialmente a mais carente, que se utiliza dos serviços de saúde do SUS (Serviço Único de Saúde).

O conflito coletivo foi decidido por sentença judicial, que determinou o afastamento de toda a diretoria do nosocômio, a nomeação pelo Juízo de um gestor financeiro para dirigir o empreendimento e a penhora de todos os equipamentos e rendas presentes e futuras do empreendimento, como garantia do Juízo.

10.2.3. Eficácia da ação do Ministério Público e da Magistratura Trabalhista

Após dois meses em que permaneceu com as portas fechadas e com seus trabalhadores em casa, sem recebimento de salários, o Hospital retornou às suas atividades no dia 2 de setembro de 2009, de modo que, a partir dessa data, em reuniões mensais, a comissão que compõe a gestão compartilhada, presidida pela Direção do Fórum Trabalhista de Foz do Iguaçu e pelo Ministério Público do Trabalho, passou a acompanhar as atividades e a administração realizadas naquele estabelecimento de saúde, com o nobre desiderato de manter os postos de trabalho e oferecer à população carente de Foz do Iguaçu condições dignas de atendimento de saúde.

Como pontos positivos, pode-se destacar a manutenção provisória de quarenta empregos diretos, o reinício de atividades na área de saúde para a população local e o ativismo judicial do Ministério Público do Trabalho e do Poder Judiciário local, que envidaram todos os esforços no sentido de preservar os serviços do SUS à população carente do município e da região, em face do interesse público primário inerente ao caso.

No entanto, após alguns meses, atendendo a requerimento do gestor financeiro nomeado pelo Juízo, que demonstrou a inviabilidade econômica e financeira do empreendimento de saúde, o Ministério Público do Trabalho requereu a suspensão da penhora do estabelecimento comercial e a continuidade de todos os processos de execução, na pessoa dos sócios do nosocômio, posto que os próprios sócios já tinham se decidido pela descontinuidade do negócio de saúde.

CONCLUSÕES

Logo após a promulgação da Constituição Americana, no final de 1890, Ralph Waldo Emerson[677] afirmava: "essa lei escreve as leis das cidades e das nações. (...) Se o governo é cruel, a vida do governante não está a salvo. Se impingirdes impostos muito elevados, a receita não renderá nada. Se fizerdes sanguinário o Código Penal, os júris não condenarão. Se a lei for branda demais, a vingança privada será moda. Se o governo for uma democracia formidável, a pressão será repelida por uma sobrecarga de energia no cidadão e a vida brilhará com uma chama mais impetuosa".

Se não vivemos em uma democracia formidável, pelo menos após o período de redemocratização que culminou com o advento da promulgação da Constituição Cidadã, de 1988, podemos seguramente declarar que, hoje em dia, experimentamos um Estado Democrático de Direito, é dizer, que não apenas produz as leis, como também se submete a elas.

A Constituição Federal de 1988, fruto de um pacto político, representa uma obra-prima jurídica no que respeita aos direitos da cidadania, tendo promovido não apenas a restauração do Estado Democrático de Direito, após o regime de exceção, como também, e notavelmente, albergando um amplo leque de direitos sociais e econômicos (arts. 6º a 11), reconhecendo novos direitos materiais, entre eles os difusos e coletivos (arts. 127 a 129), no que foi complementada pelo CDC (Lei n. 8.078/1990), no atinente aos direitos individuais homogêneos.

Se a Constituição Federal de 1988 acolheu e reconheceu novos direitos materiais, entre eles os direitos humanos de 3ª dimensão, não tinha como não engendrar novos instrumentos processuais constitucionais para a tutela daqueles direitos, sobrevindo daí o germe do microssistema processual de tutela coletiva, com a elevação da LACP (Lei n. 7.347/1985) a *status* constitucional (art. 129, CF/1988), e o advento da promulgação do CDC (Lei n. 8.078/1990), cujos dispositivos legais passaram a constituir o núcleo basilar desse microssistema. Entre os

---

(677) EMERSON, Ralph Waldo. *Ensaios*. 3. ed. Trad. Carlos Graieb e José Marcos Mariani de Macedo. Rio de Janeiro: Imago, 1994.

instrumentos processuais de tutela coletiva, inovadores, impulsionados pela CF/1988, podemos mencionar a própria Ação Civil Pública, o Mandado de Segurança Coletivo, o Mandado de Injunção, o *Habeas Data*, a Ação Popular, as Ações Declaratórias de Inconstitucionalidade (ADIN) e as Ações Declaratórias de Constitucionalidade (ADECON), e, entre os instrumentos extraprocessuais, de natureza administrativa, destacamos o Inquérito Civil, de manejo exclusivo do Ministério Público (art. 129, III, CF/1988). Desse instrumental constitucional e infraconstitucional, extraímos o objeto nuclear da presente obra, em conexão com a emergência do fenômeno da parceirização jurisdicional trabalhista.

Para concretizar o pacto social constitucional e promover a efetiva fruição dos direitos sociais e de políticas públicas, a Constituição Federal também ensejou a abertura de novos canais de acesso ao sistema de Justiça à sociedade organizada, ao mesmo tempo em que reconfigurou as atribuições do Ministério Público da União, com notável independência e autonomia em relação aos demais Poderes, dotando seus membros de instrumentos poderosos, seja de natureza extrajudiciais, como judiciais, vocacionados à defesa desses novos direitos, ou seja, os direitos e interesses transindividuais, de natureza indivisível, envolvendo pessoas indeterminadas, tendo por objeto bens jurídicos da maior relevância social, como os relacionados à vida, à saúde, à educação, ao meio ambiente, entre vários outros.

Nesses novos contextos social, econômico, político e cultural, foi inaugurada uma nova etapa no mundo do Direito Processual Coletivo do Trabalho no Brasil, muito mais rica e dinâmica, em face dos maiores poderes atribuídos aos magistrados e aos membros do Ministério Público. Se os primeiros não têm como agir, isoladamente, sem que sejam provocados pela adstrição aos princípios da demanda e da imparcialidade, coube ao Ministério Público e aos demais legitimados se posicionarem como interlocutores da sociedade nesse mister.

Coube ao *Parquet* Laboral, como integrante do Ministério Público da União, em especial, o papel de levar ao Judiciário Trabalhista as demandas moleculares quando exauridas todas as possibilidades extrajudiciais de pacificação do conflito, na seara administrativa.

Dessa forma, com os poderes ampliados pela Constituição Federal, os magistrados abandonam a postura tradicionalista herdada desde a época da Revolução Industrial, de *bouche de la loi*, e de convidados de pedra do processo, para se transformarem, ao lado de outros agentes políticos, notadamente dos membros do Ministério Público, em órgãos de transformação social, participando intensamente no processo de decisão política e de resolução de conflitos coletivos, em um fenômeno conhecido como ativismo judicial, utilizando-se plenamente do microssistema processual de tutela coletiva.

Por intermédio desse inusitado e moderno microssistema processual de tutela coletiva ou molecular, cujo núcleo fundamental é constituído pela LACP (Lei

n. 7.347/1985) e CDC (Lei n. 8.078/1990), o magistrado não mais se limita a proferir decisão judicial para resolver conflitos *inter partes*, de índole individual ou atomizada, mas, sobretudo, suas decisões poderão afetar a vida de milhares de pessoas, por meio da coisa julgada *erga omnes* ou *ultra partes*, ao mesmo tempo em que os procuradores do trabalho, dotados de instrumentos processuais, entre eles a Ação Civil Pública, e extraprocessuais, como o Inquérito Civil e o Termo de Ajustamento de Conduta (TAC), eficazes de concreção para assegurar os direitos da cidadania, independentemente de sua regulação infraconstitucional, pelo recurso das cláusulas abertas dispostas na Constituição Federal de 1988, completam esse quadro na promoção dos direitos difusos, coletivos e individuais homogêneos.

Em face de todo o exposto, podemos formular as seguintes conclusões sobre o microssistema processual de tutela coletiva e o fenômeno da parceirização jurisdicional trabalhista, como método inovador e efetivo na resolução de conflitos coletivos de trabalho:

1. A pedra de toque da presente obra repousa na inovação proporcionada pelo microssistema processual de tutela coletiva trabalhista, que tem como núcleo fundamental as Leis ns. 7.347/1985 e 8.078/1990, aplicadas subsidiariamente no âmbito trabalhista, que, atribuindo maiores poderes ao magistrado no processo coletivo, permite-lhe, em conexão com os membros do Ministério Público do Trabalho, fenômeno a que atribuímos a denominação de parceirização jurisdicional trabalhista, promover a efetividade da jurisdição e concretizar o direitos sociais constitucionais e oriundos de Políticas Públicas, especialmente nas situações envolvendo interesse público da sociedade, em especial dos trabalhadores.

2. Nessa mesma esteira, o próprio Anteprojeto de Código Brasileiro de Processos Coletivos já preconiza, entre outras, mudanças substanciais necessárias para a efetividade dos direitos sociais em sede de processo coletivo. Entre elas, podemos mencionar que as formas rígidas do processo individual deverão dar espaço a formas mais flexíveis e abertas na condução do processo coletivo e tratamento peculiar e diferenciado aos institutos como competência, legitimidade, coisa julgada, conexão, continência, litispendência, liquidação de sentença e indenizações por danos morais e materiais, ou ambos.

3. Não remanesce dúvida de que o Código de Processo Civil, de 1973, não possui alcance suficiente para regular a pacificação de controvérsias de índole molecular, limitando-se à resolução de lides atomizadas, quando muito multitudinárias ou em litisconsórcios ativos e passivos, e a Consolidação das Leis do Trabalho, de 1943, contempla apenas, entre os instrumentos processuais coletivos, o dissídio coletivo, pelo que se faz necessário que o Direito Processual Coletivo do Trabalho socorra-se, subsidiariamente, já que existem lacunas e compatibilidade, por autorização dos arts. 769 e 889 da CLT, ao microssistema processual de tutela coletiva fundamentado nas LACP e no CDC.

4. A emergência da novidade jurídica que o fenômeno da parceirização jurisdicional trabalhista suscita, quando em cotejo com o microssistema processual de tutela coletiva, advém e justifica-se pelo aspecto econômico, prático e imantado de celeridade processual, posto que sua utilização no cotidiano das relações jurídicas coletivas representa a busca do aperfeiçoamento da tutela jurisdicional coletiva, sem demandar custos elevados para o Estado e para a sociedade, permitindo a resolução de uma multidão de conflitos individuais ou plúrimos por meio de uma única prestação jurisdicional, sem maior proliferação de atos processuais, custos e dispêndio de tempo e de energia.

5. Em um mundo globalizado, a explosão demográfica, as agressões ao meio ambiente, a competição econômica internacional e a convivência com a relativização das fronteiras regionais, com a crescente transformação na forma de fazer negócios, em face às novas invenções da telemática, da informática, da comunicação por satélites, e o surgimento de direitos de terceira e quarta dimensões, entre eles os difusos, coletivos e individuais homogêneos, a sociedade emergente de massas exige novas formas de resolver os conflitos coletivos e um novo Direito Processual do Trabalho, postando-se o jurisdicionado não apenas como consumidor do serviço judiciário do Estado, nos moldes do art. 22 da Lei n. 8.078/1990: "Os órgãos públicos (...) são obrigados a fornecer serviços adequados, eficientes, seguros e, quanto aos essenciais, contínuos", mas também a exigir uma razoável duração do processo judicial ou administrativo, consoante art. 5º, inciso LXXVIII, da Constituição Federal de 1988.

6. Não se pode olvidar que a reconfiguração jurídica e orgânica que a Constituição Federal de 1988 proporcionou ao Ministério Público da União e, por conseguinte, ao Ministério Público do Trabalho, atribuindo-lhe novas funções, com poderes ampliados e total independência em relação ao Poder Executivo, permitiu aos seus membros um protagonismo jamais experimentado em nosso País, para a proteção do interesse público e dos direitos sociais e indisponíveis dos trabalhadores.

7. Nesse novo quadro que se contextualizou nos últimos vinte anos, com a emergência de um Poder Judiciário fortalecido e independente, o Ministério Público do Trabalho encontrou campo fértil para desenvolver sua missão constitucional, contando cada vez mais com o ativismo dos magistrados trabalhistas na afirmação dos direitos da cidadania. Em outras palavras, após o exaurimento dos meios extrajudiciais para pacificar um conflito coletivo de trabalho, por meio de um Termo de Compromisso de Ajustamento de Conduta às exigências legais ou à correção das ilegalidades ou irregularidades trabalhistas verificadas nos procedimentos administrativos, o Ministério Público do Trabalho se vale dos meios processuais reconhecidos pela Constituição Federal para fazer chegar ao Judiciário as demandas dos trabalhadores e da sociedade, posto que estará sempre a atuar, seja como órgão agente ou *custos legis* na promoção do interesse público.

8. Pode-se, dessa forma, afirmar que o princípio do ativismo ou protagonismo judicial está ligado a uma maior participação do juiz nos processos coletivos em razão da forte presença do interesse público primário nesse tipo de demanda, que na maioria das vezes tem como legitimado outro órgão do Estado, o Ministério Público, cujo *expertise* jurídico é zelar pela defesa da ordem jurídica, do regime democrático e dos direitos sociais indisponíveis dos trabalhadores. Assim, nesse novo contexto de ativismo, os membros da Magistratura e do Ministério Público assumem a posição de agentes de transformação social, quando atuam a partir da aplicação do Direito, e acabam por influir na realidade social das comunidades, por meio da consecução e inclusive de implementação de políticas públicas, tendo por objeto serviços constitucionais essenciais.

9. Ainda, o Anteprojeto de Código Brasileiro de Processos Coletivos, em seu art. 7º, incentiva a adoção do Princípio do ativismo judicial, ao estatuir: "iniciativas que competem ao juiz para estimular o legitimado a ajuizar a ação coletiva, mediante a ciência aos legitimados da existência de diversos processos individuais versando sobre o mesmo bem jurídico". De forma semelhante se apresenta o art. 7º da Lei n. 7.347/1985: "Art. 7º Se, no exercício de suas funções, os Juízes e Tribunais tiverem conhecimento de fatos que possam ensejar a propositura da ação civil, remeterão peças ao Ministério Público para as providências cabíveis".

10. O Ministério Público e os demais legitimados para a Ação Civil Pública poderão agir em duas frentes. Na defesa dos direitos e interesses coletivos, poderão pleitear o custeio pelo Poder Público de medicamentos para aquelas pessoas carentes, desprovidas de bens econômicos, a fim de que possam adquirir tais produtos. O Ministério Público poderá ainda, na defesa de interesses difusos, requerer em juízo ou por meio da celebração de um Termo de Ajustamento de Conduta a inclusão obrigatória no orçamento do próximo exercício da verba necessária para o atendimento de tais necessidades da população. Releva observar que o art. 5º, § 1º, da Constituição Federal, aduz que os direitos e garantias individuais têm aplicação imediata, e tanto o direito à saúde e à educação, entre vários outros direitos do trabalhador, estão incluídos nesse rol, portanto, inseridos nos direitos constitucionais de plena eficácia. Não se pode conceder que haja discricionariedade do administrador público em face de direitos consagrados constitucionalmente.

11. Se em sua concepção original a LACP (Lei n. 7.347/1985) tivesse por ensejo tão somente a proteção de certos direitos difusos e coletivos, ao ser erigida à categoria de ação constitucional, nos termos do art. 129, III, da CF/1988, transformou-se em um dos mais importantes e eficazes instrumentos de concretude dos direitos sociais constitucionais, trazendo para si o papel que o constituinte houvera reservado originariamente para o mandado de injunção. Dessa forma, a Ação Civil Pública, tendo por objetivo a consecução e a materialização de direitos

sociais previstos na Constituição Federal, mesmo que em face da Administração Pública, poderá ser manejada pelo Ministério Público, por sua própria iniciativa ou por provocação de alguém do povo, sob a forma de denúncia, pedido de providências, de representação ou de ofício de alguma autoridade, ou ainda por uma associação ou por um sindicato, por órgão público ou ainda por qualquer dos legitimados.

12. Mas, além da Ação Civil Pública, que se apresenta como um divisor de águas na seara do Direito Processual Coletivo do Trabalho no Brasil, no tocante à implementação prática das ações moleculares, compondo o microssistema processual de tutela coletiva, como uma de suas principais ferramentas, todas as demais ações estudadas neste trabalho, ou seja, a ação civil coletiva, o dissídio coletivo, a ação de cumprimento, a ação de improbidade administrativa, a ação anulatória (de nulidade) de cláusulas de acordos ou convenções coletivas, podem ser manejadas pelos legitimados, e, em especial, pelo Ministério Público, na consecução de direitos sociais albergados constitucionalmente.

13. Por meio de tais instrumentos processuais moleculares, o Ministério Público poderá buscar a tutela do meio ambiente do trabalho, da saúde do trabalhador, combater o trabalho infantil, regular o trabalho do adolescente, nas causas envolvendo a quota legal da aprendizagem, o estágio (Lei n. 11.788/2008), trabalho em regime familiar, combate às discriminações nas relações de trabalho, combate ao trabalho escravo, moralidade administrativa e ausência do concurso público em órgãos da Administração Pública, terceirizações ilícitas e intermediação ilícita de mão de obra, cooperativas fraudulentas de trabalho, contratação de servidores por meio de OSCIP (Organizações da Sociedade Civil de Interesse Público) ou organizações sociais, assédio moral e sexual nas empresas, lide simulada, trabalho portuário, greve, ausência de registro em CTPS e não pagamento de verbas rescisórias, FGTS, INSS, disseminação de listas negras, quaisquer formas de discriminação no acesso e na permanência no emprego etc.

14. O vocábulo parceirização é relativamente novo, tratando-se de um neologismo que até o momento não se tem notícia de que tenha sido aplicado no mundo do Direito, exceto sob a designação de "parceria", o qual é utilizado com maior intensidade no mundo econômico e nas áreas de planejamento estratégico, bem como para qualificar os poucos acordos de cooperação técnica celebrados por alguns órgãos públicos entre si, e destes últimos com empresas da iniciativa privada, e ainda para designar os "termos de parceria", oriundos da Lei n. 9.790/1999, das OSCIPs (Organizações da Sociedade Civil de Interesse Público).

15. Na órbita econômica, o vocábulo parceirização também é utilizado na terceirização de atividades pelas empresas, caracterizando-se como moderna técnica

de gestão empresarial, por meio da qual as organizações transferem atividades que não são de vocação da empresa para especialistas. É também utilizado para nomear negócios jurídicos ou contratos, precedidos de licitação, celebrados por órgãos públicos e empresas privadas de alta complexidade tecnológica e de informação, especialmente na área de desenvolvimento de projetos de informática.

16. Essa, portanto, a origem temática da presente obra, até o momento sem precedentes no Direito brasileiro, partindo da gênese e do desenvolvimento do microssistema processual de tutela coletiva para substanciar o fenômeno da parceirização jurisdicional trabalhista, que, em essência, por meio de uma atitude dinâmica e proativa de um Poder do Estado (Judiciário) e um Quase Poder, até mesmo denominado de Quarto Poder por parte da doutrina (Ministério Público), busca, com o suporte constitucional outorgado pela Constituição Federal de 1988, realizar no plano jurídico, especialmente no campo do Direito Processual Coletivo do Trabalho, o enorme avanço que as empresas lograram no plano privado.

17. O fenômeno da parceirização jurisdicional trabalhista tem como escopo promover mudanças comportamentais e de atitude no relacionamento entre os magistrados do Poder JudiciárioTrabalhista e membros do Ministério Público do Trabalho, de molde a torná-los uma espécie de parceiros na busca da realização da justiça social, nos processos e nas ações judiciais moleculares em que esses agentes políticos atuam em conjunto, em suas respectivas circunscrições/jurisdições, os primeiros especialmente nas Varas do Trabalho e os segundos nas Procuradorias do Trabalho nos Municípios ou ainda nas Procuradorias Regionais nas sedes das Capitais brasileiras.

18. A parceirização jurisdicional que se tem em vista desses agentes políticos (magistrados e membros do *Parquet* Laboral) pressupõe como condicionantes o aumento da confiança recíproca, o tratamento holístico dos casos concretos que lhes são submetidos, e os efeitos que advirão das controvérsias moleculares judicializadas, na forma de Ações Civis Públicas ou outros instrumentos processuais coletivos, sempre no sentido de viabilizar a manutenção dos empregos, a preservação das empresas em atividade, a continuidade na prestação dos serviços públicos constitucionais, por meio de acordos ou decisões judiciais céleres, que primem pela celeridade e pela economia de escala, é dizer, que atinjam o atacado (o maior número possível de trabalhadores), com criatividade e integração, sempre em busca do interesse público.

19. O Ministério Público do Trabalho, por meio de seus membros, que detêm *expertise* jurídico na seara do microssistema processual de tutela coletiva, da maneira com que restaram alteradas suas atribuições pela Constituição Federal de 1988, ao lado, e em sintonia fina com os magistrados trabalhistas, possuem plenas condições

e o instrumental jurídico disponível, no sentido de enfrentar e solucionar, com excelentes resultados, os inúmeros casos espraiados pela sociedade que demandam sua atuação, por meio da parceirização jurisdicional, agindo, dessa forma, como verdadeiros agentes de transformação social, alterando-a, não apenas em seus aspectos formais, mas de forma substancial, com foco em uma ação orientada para a concretização dos direitos sociais indisponíveis assegurados aos trabalhadores e à sociedade, haja vista que os direitos humanos possuem plena carga eficacial.

20. Os resultados práticos desse ativismo judicial dos magistrados e membros do Ministério Público do Trabalho, no manejo dos mecanismos do microssistema processual de tutela coletiva e da parceirização jurisdicional trabalhista, poderão fazer-se sentir por meio da criação judicial do Direito, especialmente dos direitos difusos, coletivos e individuais homogêneos, em típico processo de participação política.

21. No campo específico da parceirização jurisdicional trabalhista, cujo foco jurídico de atuação abrange os direitos difusos da sociedade, e coletivos e individuais homogêneos dos trabalhadores, ressaltamos a plena aplicação do Princípio da Relevância Social para legitimar a atuação do *Parquet* Laboral, na medida em que, por analogia, compatibilizam-se os princípios da vulnerabilidade, fundamento do CDC (Lei n. 8.078/1990) e da proteção do trabalhador, núcleo de sustentação do Direito do Trabalho.

22. Deve-se observar que o Ministério Público do Trabalho, seja como órgão agente ou interveniente, estará sempre a defender lesões de índole difusa, coletiva ou a direitos individuais homogêneos, de origem comum, de trabalhadores, especialmente nas áreas de relevância social, cujos danos extrapolam o mero direito individual divisível, determinado, desses indivíduos para atingir os interesses de toda a sociedade. Em outras palavras, a legitimidade do Ministério Público do Trabalho não está atrelada pelo fato de estarem em jogo inúmeros direitos individuais, de origem comum, mas, fundamentalmente, em razão de a lesão a direitos subjetivos dessa espécie ter o condão de provocar profundas repercussões deletérias em toda a sociedade.

23. É importante ressaltar que o objeto nuclear deste livro coaduna-se perfeitamente com o Anteprojeto de Código Brasileiro de Processos Coletivos, na seara trabalhista, na medida em que, pelo que se infere do art. 25 daquele dispositivo, ainda em fase de discussão na seara legislativa, o juiz, além de ter maiores poderes no processo, poderá adotar critérios mais abertos e flexíveis, que propiciem a efetividade do processo coletivo. Nesse sentido, ganham relevo formas alternativas de resolução do conflito, como as sugeridas nesta obra — a parceirização jurisdicional trabalhista —, e outras, como a mediação, a transação, inclusive a avaliação neutra de terceiro, de confiança das partes.

24. Em termos práticos, a parceirização jurisdicional trabalhista, como uma das modalidades da resolução dos conflitos moleculares, por meio do manejo dos instrumentos do microssistema processual de tutela coletiva, se bem-sucedida, poderá ensejar a celebração de Acordo ou Conciliação Judicial, que transitará em julgado no momento de sua conclusão, ou por decisão judicial, com efeitos *erga omnes* ou *ultra partes*, contemplando obrigações de dar, fazer e não fazer.

25. Entre outras, uma novidade jurídica imanente no fenômeno da parceirização jurisdicional trabalhista é a possibilidade de criação do Conselho de Gestão Compartilhada, presidido, em conjunto, por um magistrado trabalhista e um procurador do trabalho, e integrado, entre outros, por representantes da empresa/empregador, dos credores trabalhistas, do sindicato da categoria profissional, de um contador ou perito, que teria a responsabilidade de deliberação no objeto da lide, em todas as matérias de interesse dos trabalhadores. Percebe-se que o instituto da parceirização jurisdicional trabalhista, uma vez instaurado, provoca uma limitação no poder diretivo do empregador, que já não mais poderá dispor, a seu livre talante, dos bens e recursos da empresa, sem autorização da presidência do Conselho de Gestão Compartilhada.

26. O fenômeno da parceirização jurisdicional trabalhista apresenta-se como um método de resolução de conflitos moleculares, conduzido por especialistas jurídicos, pelo Poder Judiciário Trabalhista e pelo Ministério Público do Trabalho, dotado de princípios e procedimentos próprios, que contemplam, desde a sua provocação, a responsabilidade e o comprometimento dos sócios, das partes interessadas, habilitação de credores, rateio de créditos, garantias do juízo, prestação de contas, acompanhamento periódico, com escopo nos princípios da razoabilidade e proporcionalidade.

27. Se em nosso ordenamento jurídico carece ao magistrado a possibilidade legal de agir *ex officio*, especialmente nas controvérsias coletivas que observa e pouco ou nada pode fazer para solucioná-las, além de oficiar ao órgão competente, já que sua vocação é solucionar conflitos atomizados, "no varejo", essa prerrogativa restará superada pela participação e pela atuação, em conjunto, no fenômeno da parceirização jurisdicional, com o membro do Ministério Público do Trabalho, que a detém, por expressa disposição legal, já que ela faz parte integrante de sua própria atribuição constitucional. Em outras palavras, na atividade jurisdicional, um completa o outro na distribuição de justiça e na consecução do interesse público, tornando realidade não apenas o acesso à Justiça, como também a efetividade processual na entrega do bem da vida àqueles que a detêm.

28. De outra parte, a parceirização jurisdicional trabalhista, da forma como apresentada neste trabalho, não se trata de mais um estudo meramente acadêmico ou de um novo modelo teórico extraído do mundo do Direito, mas, na verdade,

constitui fruto de uma experiência da práxis jurídica, que, aliando-se à teoria do Direito e ao microssistema processual de tutela coletiva, já foi colocada em prática pelo Ministério Público do Trabalho e pelo Poder Judiciário Trabalhista, no interior do Estado do Paraná, com resultados positivos, como se pode observar pela análise dos estudos de casos concretos.

29. Não obstante, isso é apenas o início de um longo caminho a ser percorrido, o qual não se esgota nas experiências retrorreferenciadas, permanecendo em aberto a futuras inovações. Destarte, o impacto do fenômeno da parceirização jurisdicional trabalhista nas relações coletivas de trabalho apresenta enormes desafios na prática, em especial o redimensionamento do papel social e das responsabilidades políticas dos membros do Ministério Público do Trabalho e dos magistrados.

30. Por derradeiro, neste novo contexto dos canais de acesso ao sistema de Justiça, que não se confunde com o acesso à Justiça, a grande novidade está justamente na emergência desse fato novo, inusitado, representado pelo fenômeno da parceirização jurisdicional trabalhista, derivante do microssistema processual de tutela coletiva, por meio da qual, após a provocação do *Parquet* Laboral, é possível a atuação conjunta de dois órgãos do Estado Soberano, um totalmente vocacionado para a atividade jurisdicional, com *expertise* nas lides atomizadas (Poder Judiciário Trabalhista) e outro, com especialização jurídica nos conflitos de massa, ambos voltados a um duplo objetivo: a completude na prestação jurisdicional do Estado no provimento de serviços judiciais de qualidade aos jurisdicionados, no caso, os trabalhadores, bem como na concretude do pacto constitucional de entrega dos bens sociais indisponíveis a seus legítimos titulares.

REFERÊNCIAS BIBLIOGRÁFICAS

ABELHA, Marcelo. *Ação civil pública e meio ambiente*. 2. ed. Rio de Janeiro: Forense Universitária, 2004.

ALEXY, Robert. *Teoria de los derechos fundamentales*. Tradução de Ernesto Garzón Valdés. Madrid: Centro de los Estúdios Constitucionales, 1993.

ALMEIDA, Gregório Assagra de. *Direito processual coletivo brasileiro*. São Paulo: Saraiva, 2003.

ARANTES, Rogério Bastos. *Ministério Público e política no Brasil*. São Paulo: FAPESP; EUC; Sumaré, 2002.

ARAÚJO, João Carlos de. *Ação coletiva do trabalho*. São Paulo: LTr, 1993.

BASTOS, Celso Ribeiro. *Curso de direito constitucional*. 13. ed. São Paulo: Saraiva, 1990.

BEBBER, Júlio Cesar. Influência da personalidade do juiz ao decidir. *Revista Trabalhista Direito e Processo*, São Paulo, n. 28, 2008.

BEDAQUE, José Roberto dos Santos. *Tutela cautelar e tutela antecipada*: tutelas sumárias e de urgência. São Paulo: Malheiros, 1998.

BELTRAN, Ari Possidonio. *Direito do trabalho e direitos fundamentais*. São Paulo: LTr, 2002.

BENJAMIN, Antonio Herman V. A *citizen action* norte-americana e a tutela ambiental. *Revista de Processo*, São Paulo, v. 16, n. 62, p. 61-78, abr./jun. 1991.

BITTAR, Carlos Alberto. *A reparação civil por danos morais*. 2. ed. São Paulo: Revista dos Tribunais, 1993.

BOBBIO, Norberto. *A era dos direitos*. Tradução de Carlos Nelson Coutinho. Rio de Janeiro: Campus, 1992.

_____. *Teoria do ordenamento jurídico*. 7. ed. Brasília: UnB, 1996.

BONAVIDES, Paulo. *Curso de direito constitucional*. São Paulo: Malheiros, 2000.

_____. *Do Estado liberal para o Estado social*. Rio de Janeiro: Fundação Getúlio Vargas, 1972.

_____. e SARAIVA, Paulo Lopo. Proposta: código de processo constitucional. *Folha de S. Paulo,* São Paulo, 10 jan. 2010, Caderno A3, Tendências e Debates.

BORBA, Joselita Nepomuceno. *Efetividade e tutela coletiva.* São Paulo: LTr, 2008.

BRITO FILHO, José Cláudio Monteiro de. *O ministério público do trabalho e a ação anulatória de cláusulas convencionais.* São Paulo: LTr, 1998.

CANOTILHO, J. J. Gomes. *Direito constitucional e teoria da Constituição.* 3. ed. Lisboa: Almedina, 2004.

CAPPELLETTI, Mauro; GARTH, Bryant. *Acesso à justiça.* Tradução de Ellen Gracie Northfleet. Porto Alegre: Sergio Antonio Fabris, 1988.

CARMO, Julio Bernardo do. Do mútuo consenso como condição de procedibilidade do dissídio coletivo de natureza econômica. *Revista LTr,* São Paulo, v. 69, n. 5, p. 593-597, maio 2005.

CASAGRANDE, Cássio. *Ministério público e a judicialização da política.* Porto Alegre: Sergio Antonio Fabris, 2008.

CINTRA, Antônio Carlos de Araújo; GRINOVER, Ada Pellegrini; DINAMARCO, Cândido Rangel. *Teoria geral do processo.* 23. ed. São Paulo: Malheiros, 2007.

CITTADINO, Gisele. *Pluralismo, direito e justiça distributiva*: elementos da filosofia constitucional contemporânea. Rio de Janeiro: Lumen Juris, 1999.

CORREIA, Marcus Orione Gonçalves. *As ações coletivas e o direito do trabalho.* São Paulo. Saraiva, 1994.

CRETELLA JR., José. *Os writs na Constituição de 1988.* 2. ed. Rio de Janeiro: Forense, 1996.

DICKERSON, Thomas A. Class action: the law of 50 states. *Law Journal Seminar Press,* New York, 2000.

DIDIER JR., Fredie; ZANETI JR., Hermes. *Curso de direito processual civil*: processo coletivo. Salvador: Podivm, 2007. v. 4.

DINIZ, José Janguiê Bezerra. *Atuação do ministério público do trabalho como árbitro.* São Paulo: LTr, 2004.

DWORKIN, Ronald. *Levando o direito a sério.* Tradução de Nelson Borga. São Paulo: Martins Fontes, 2002.

EMERSON, Ralph Waldo. *Ensaios.* 3. ed. Tradução de Carlos Graieb e José Marcos Mariani de Macedo. Rio de Janeiro: Imago, 1994.

EMMENDOERFER, Magnus Luis; SILVA, Luiz Cláudio Andrade. Terceirização e parceirização nos serviços em saneamento em Minas Gerais. *Revista Brasileira de Gestão e Desenvolvimento Regional,* Taubaté, v. 5, n. 2, maio/ago. 2009.

FERRAZ, Antonio Augusto Mello Camargo. Ação civil pública, inquérito civil e Ministério Público. In: MILARÉ, Edis (org.). *Ação civil pública*: Lei n. 7.347/1985 — 15 anos. São Paulo: Revista dos Tribunais, 2001.

FERREIRA FILHO, Manoel Gonçalves. Cadê o titulo? *Revista de Direito Administrativo*, Rio de Janeiro, n. 198, out/dez 1994.

_____. Poder judiciário na Constituição de 1988: judicialização da política e politização da justiça. *Revista de Direito Administrativo*, Rio de Janeiro, n. 198, p. 1-17, out./dez. 1994.

FERREIRA, Rony. *Coisa julgada nas ações coletivas*: restrição do art. 16 da lei de ação civil pública. Porto Alegre: Sergio Antonio Fabris, 2004.

FIORILLO, Celso Antonio Pacheco. *O direito de antena em face do direito ambiental no Brasil*. São Paulo: Saraiva, 2000.

GARCIA, Gustavo Filipe Barbosa. *Curso de direito do trabalho*. 2. ed. São Paulo: Método, 2006.

GENRO, Tarso. Natureza jurídica do direito do trabalho. In: SOUSA JÚNIOR, José Geraldo de; AGUIAR, Roberto A. R. de (orgs.). *Introdução crítica ao direito do trabalho*. Brasília: UnB; CEAD-NEP, 1993. (Série: o direito achado na rua, v. 2).

GIDI, Antonio. *Coisa julgada e litispendência em ações coletivas*. São Paulo: Saraiva, 1995.

GIELOW, Igor. A fatura chegou. *Folha de S. Paulo*, São Paulo, 24 de dezembro de 2009, Caderno A2, p. 2.

GOULART, Marcelo Pedro. *Ministério Público e democracia*: teoria e práxis. Leme: Led, 1998.

GRINOVER, Ada Pallegrini. *A marcha do processo*. 1. ed. Rio de Janeiro: Forense Universitária, 2000.

_____. et al. *Código brasileiro de defesa do consumidor*. 5. ed. São Paulo: Forense Universitária, 1998.

_____. Da *class action for damages* à ação de classe brasileira: os requisitos de admissibilidade. In: MILARÉ, Édis (coord.). *Ação civil pública*: Lei n. 7.347/1985 — 15 anos. 2. ed. São Paulo: Revista dos Tribunais, 2002.

_____. *Exposição de motivos do código brasileiro de processos coletivos*. São Paulo: Instituto Brasileiro de Direito Processual, jan. 2007. Disponível em: <http://www.ibdp.org.br>.

_____. *Novas tendências do direito processual*. Rio de Janeiro: Forense Universitária, 1990.

_____. e WATANABE, Kazuo; MULLENIX, Linda. *Os processos coletivos nos países de* civil law *e* common law. São Paulo: Revista dos Tribunais, 2008.

GUERRA FILHO, Willis Santiago. *Teoria processual da Constituição*. São Paulo: Celso Bastos, 2000.

GUGEL, Maria Aparecida. Abordagem de alguns aspectos do sistema legal trabalhista dos Estados Unidos da América do Norte na área do direito coletivo do trabalho. *Função do National Labor Relations Board. Revista do Ministério Público do Trabalho*, Brasília, n. 8, set. 1994.

JORGE NETO, Francisco Ferreira; CAVALCANTE, Jouberto de Quadros Pessoa. *Direito processual do trabalho*. 3. ed. Rio de Janeiro: Lumen Juris, 2007. t. 2.

LEAL, Márcio Flávio Mafra. *Ações coletivas*: história, teoria e prática. Porto Alegre: Sergio Antonio Fabris, 1998.

LEITE, Carlos Henrique Bezerra. *Curso de direito processual do trabalho*. 6. ed. São Paulo: LTr, 2008.

_____. *Curso de direito processual do trabalho*. 7. ed. São Paulo: LTr, 2009.

_____. *Ministério Público do Trabalho*. 3. ed. São Paulo: LTr, 2006.

LEONEL, Ricardo de Barros. *Manual de processo coletivo*. 2. ed. São Paulo: Revista dos Tribunais, 2002.

LEYSER, Maria de Fátima Vaquero Ramalho. Competência nas ações coletivas. *Revista do Instituto de Pesquisas e Estudos*, Bauru, n. 19, p. 293-330, ago./nov. 1997.

LIMA, Francisco Gerson Marques. As ações coletivas sindicais e litispendência. *Revista LTr*, São Paulo, v. 29, n. 79, p. 519-522, 1993.

LORENTZ, Luciana Nacur. A coisa julgada coletiva: *ultra partes, erga omnes*, e *secundum eventum litis*. *Revista do Curso de Direito da Faculdade de Ciências Humanas FUMEC*, São Paulo, v. 6, 2003.

MACHADO, Bruno Amaral. *Organização, representações e trajetórias*. Curitiba: Juruá, 2007.

MACIEL, Pedro. Planejamento empresarial. *Revista Eletrônica Juris Síntese*, São Paulo, n. 53, maio/jun. 2005.

MALLET, Estêvão. *Apontamentos de direito processual do trabalho*. São Paulo: LTr, 1997.

_____. *Prática de direito do trabalho*. São Paulo: LTr, 2008.

_____. Observações sobre a ação de cumprimento. In: MALLET, Estêvão. *Apontamentos de direito processual do trabalho*. São Paulo: LTr, 1997.

MANCUSO, Rodolfo de Camargo. *Ação civil pública*. São Paulo: Revista dos Tribunais, 1999.

_____. *Ação popular*: proteção do erário, do patrimônio público, da moralidade administrativa e do meio ambiente. 3. ed. São Paulo: Revista dos Tribunais, 1998.

_____. *Interesses difusos*: conceito e legitimação para agir. 6. ed. São Paulo: Revista dos Tribunais, 2004.

_____. *Jurisdição coletiva e coisa julgada*: teoria geral das ações coletivas. 2. ed. São Paulo: Revista dos Tribunais, 2007.

MARINONI, Luiz Guilherme. *Teoria geral do processo*. 3. ed. São Paulo: Revista dos Tribunais, 2008.

MARTINS FILHO, Ives Gandra. *Processo coletivo do trabalho*. 4. ed. São Paulo: LTr, 2009.

MARTINS, Sergio Pinto. *Direito processual do trabalho*. 28. ed. São Paulo: Atlas, 2008.

_____. *Greve do servidor público*. São Paulo: Atlas, 2001.

MAZZEI, Rodrigo. A ação popular e o microssistema de tutela coletiva. In: COSTA, Susana Henriques da (coord.). *Comentários à lei de ação civil pública e lei de ação popular*. São Paulo: Quartier Latin, 2006.

MAZZILLI, Hugo Nigro. *A defesa dos interesses difusos em juízo*. 19. ed. ampl. e atual. São Paulo: Saraiva, 2006.

MEIRELLES, Hely Lopes. *Direito administrativo brasileiro*. 17. ed. São Paulo: Malheiros, 1991.

MELLO, Celso Antonio Bandeira de. *Curso de direito administrativo*. 15. ed. São Paulo: Malheiros, 2005.

_____. *Curso de direito administrativo*. 17. ed. São Paulo: Malheiros, 2004.

MELO, Luís Antonio Camargo de. *Ministério Público do Trabalho*. Texto de abertura das Coordenadorias temáticas. Brasília: Escola Superior do Ministério Público da União, 2006.

MELO, Raimundo Simão de. *Ação civil pública na justiça do trabalho*. 3. ed. São Paulo: LTr, 2008.

_____. *Processo coletivo do trabalho*. São Paulo: LTr, 2009.

MENDES, Gilmar Ferreira; COELHO, Inocêncio Mártires; BRANCO, Paulo Gustavo Gonet. *Curso de direito constitucional*. São Paulo: Saraiva, 2007.

MENEZES, Cláudio Armando Couce de. Jurisdição e competência. *Síntese Trabalhista*, São Paulo, n. 120, jun. 1999.

MERRYMAN, John Henry. *The civil law tradition*: an introduction to the legal systems of Western Europe and Latin America. 2. ed. Stanford: Stanford University, 1985.

MESQUITA, Renata. Um por todos e todos por um. *Revista Informação*, São Paulo, ano 1, n. 3, 2008.

MINISTÉRIO veta criação da *class action* no Brasil. *Valor Econômico*, São Paulo, 2 fev. 2009. Legislação, parágrafo Tributos.

MIRRA, Álvaro Luiz Valery. Um estudo sobre a legitimação para agir no direito processual civil: a legitimação ordinária do autor popular. *Revista dos Tribunais*, São Paulo, v. 76, n. 618, p. 34-47, abr. 1987.

MORAES, Alexandre de. *Direito constitucional*. 9. ed. São Paulo: Atlas, 2001.

MOREIRA, José Carlos Barbosa. Ações coletivas na Constituição Federal de 1988. *Revista de Processo*, São Paulo, v. 16, n. 61, p. 187-200, jan./mar. 1991.

_____. Invalidade e ineficácia do negócio jurídico. *Revista Síntese de Direito Civil e Processo Civil*, São Paulo, n. 23, maio/jun. 2003.

MULLENIX, Linda. General report — common law. In: GRINOVER, Ada Pellegrini; WATANABE, Kazuo; MULLENIX, Linda. *Os processos coletivos nos países de civil law e common law*. São Paulo: Revista dos Tribunais, 2008.

NASCIMENTO, Amauri Mascaro. A questão do dissídio coletivo "de comum acordo". *Revista LTr*, São Paulo, v. 70, n. 6, p. 647-656, jun. 2006.

NERY JR., Nelson. *Código de processo civil comentado*. 10. ed. São Paulo: Revista dos Tribunais, 2007.

OLIVEIRA NETO, Raimundo Dias de. *Ministério Público do Trabalho*: atuação extrajudicial. São Paulo: LTr, 2009.

PANCOTTI, José Antonio. *Inafastabilidade da jurisdição e o controle judicial da discricionariedade administrativa*. São Paulo: LTr, 2008.

PRADO, Lidia Reis de Almeida. *O juiz e a emoção*: aspectos da lógica da decisão judicial. 3. ed. Campinas: Millenium, 2005.

RAMOS, Elival da Silva. *Ação popular como instrumento de participação política*. São Paulo: Revista dos Tribunais, 1991.

RAWLS, John. *Uma teoria da justiça*. Tradução de Carlos Pinto Correia. Lisboa: Presença, 1993.

REALE, Miguel. *Lições preliminares de direito*. 24. ed. São Paulo: Saraiva, 1998.

ROMMEL, Moreira Conrado. Aplicação inconstitucional de lei constitucional. São Paulo, *Juris Síntese*, n. 54, jul./ago. 2005 (revista eletrônica IOB).

SAAD, Eduardo Gabriel. *Consolidação das leis do trabalho comentada*. 38. ed. São Paulo: LTr, 2005.

SADEK, Maria Tereza. Cidadania e Ministério Público. In: SADEK, Maria Tereza (org.). *Justiça e cidadania no Brasil*. São Paulo: Sumaré; IDESP, 2000.

SALLES, Carlos Alberto (org.). *Processo civil e interesse público*: o processo como instrumento de defesa social. São Paulo: APMP; RT, 2003.

_____. *Execução judicial em matéria ambiental*. São Paulo: Revista dos Tribunais, 1998.

SANTOS, Enoque Ribeiro dos. Direitos humanos e meio ambiente de trabalho. *Revista Brasileira de Direito Ambiental*, São Paulo, v. 2, n. 6, p. 43-78, abr./jun. 2006.

_____. *Direitos humanos na negociação coletiva*: teoria e prática jurisprudencial. São Paulo: LTr, 2004.

_____. Dissídio coletivo e Emenda Constitucional n. 45/2004. Considerações sobre as teses jurídicas da exigência do "comum acordo". *Revista Síntese Trabalhista*, Porto Alegre, n. 199, jan. 2006.

_____. *Fundamentos do direito coletivo do trabalho nos Estados Unidos da América, na União Europeia, no Mercosul e a experiência brasileira*. Rio de Janeiro: Lumen Juris, 2005.

_____. *O dano moral na dispensa do empregado*. 4. ed. São Paulo: LTr, 2009.

_____. *Temas modernos de direito do trabalho*: após o advento da Emenda Constitucional n. 45/2004. Leme: BH, 2005.

SANTOS, Ronaldo Lima dos. *Sindicatos e ações coletivas*. 2. ed. São Paulo: LTr, 2008.

SARMENTO, Daniel. O neoconstitucionalismo no Brasil. Riscos e possibilidades. In: LEITE, George Salomão; SARLET, Ingo Wolfgang (coords.). *Direitos fundamentais e Estado constitucional*: estudos em homenagem a J. J. Gomes Canotilho. São Paulo: Revista dos Tribunais; Coimbra: Coimbra, 2009.

SCHIAVI, Mauro. *Manual de direito processual do trabalho*. 2. ed. São Paulo: LTr, 2009.

SILVA, De Plácido e. *Vocabulário jurídico*. 3. ed. Rio de Janeiro: Forense, 1993.

SILVA, Eduardo de Azevedo. Anulação de cláusula convencional. *Trabalho e Doutrina*: processo, jurisprudência. São Paulo, n. 13, p. 146-150, jun. 1997.

SILVA, José Afonso da. *Comentário contextual à Constituição*. São Paulo: Malheiros, 2005.

_____. *Direito constitucional positivo*. 21. ed. São Paulo: Malheiros, 2002.

_____. *Poder constituinte e poder popular*. São Paulo: Malheiros, 2000.

SILVA, Virgilio Afonso da. Princípios e Regras: mitos e equívocos acerca de uma distinção. *Revista Latino-Americana de Estudos Constitucionais*. Disponível em: <http://www.geo cities.com/cesariopereira/dh/principios.doc> Acesso em: 2.11.2009.

SIMÓN, Sandra Lia. Legitimidade do Ministério Público do Trabalho para a propositura de ação civil pública. *Revista Eletrônica Síntese Trabalhista*, São Paulo, n. 86, ago. 1996.

_____. *Ministério Público do Trabalho*. Coordenadorias temáticas. Brasília: Escola Superior do Ministério Público da União, 2006.

SMANIO, Gianpaolo Poggio. *Interesses difusos e coletivos*. 5. ed. São Paulo: Atlas, 2003.

SOUZA, Motauri Ciochetti. *Ministério Público e o princípio da obrigatoriedade*. São Paulo: Método, 2007.

TAVARES, André Ramos. A ação civil pública e o dano moral coletivo. *Revista de Direito do Consumidor*, São Paulo, n. 25, p. 80-98, jan./mar. 1998.

TEIXEIRA FILHO, Manoel Antonio. *Curso de direito processual do trabalho*. São Paulo: LTr, 2009. v. 1, 2 e 3.

THEODORO JUNIOR, Humberto. *Curso de direito processual civil*. 18. ed. Rio de Janeiro: Forense, 1993. v. 1.

_____ . *Curso de direito processual civil*. 32. ed. Rio de Janeiro: Forense, 2000. v. 1.

_____ . Humberto. *Curso de direito processual civil*. 38. ed. São Paulo: Saraiva, 2009. v. 3.

TORRES, Ricardo Lobo. *Direitos humanos e a tributação*: imunidades e isonomia. Rio de Janeiro: Renovar, 1995.

TRINDADE, Antônio Augusto Cançado. *Proteção internacional dos direitos humanos*. São Paulo: Saraiva, 1991.

VIANA, Márcio Túlio. Interesses difusos na justiça do trabalho. *Revista LTr*, São Paulo, São Paulo, v. 59, n. 2, p. 182-184, fev. 1995.

VIEIRA, Anderson Novaes; PILZ, Nina Zinngraf *et al*. Natureza jurídica da ação e do processo. *Jus Navigandi*, Teresina, ano 6, n. 58, ago. 2002. Disponível em: <http://jus2.uol.com..br/doutrina/texto.asp.id=3078> Acesso em: 28.12.2009.

VIGLIAR, José Marcelo Menezes. A causa de pedir e os direitos individuais homogêneos. In: TUCCI, José Rogério Cruz e; BEDAQUE, José Roberto dos Santos (orgs). *Causa de pedir e pedido no processo civil*. São Paulo: Revista dos Tribunais, 2002.

WEBER, Max. *Sociedade e economia*. São Paulo: Ática, 2001.

YEAZELL, Stephen. *From medieval group litigation to the modern class action*. New Haven: Yale University, 1987.

ZAVASCKI, Teori Albino. *Processo coletivo*. 4. ed. São Paulo: Revista dos Tribunais, 2009.

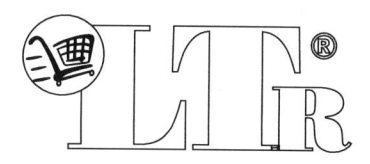

LOJA VIRTUAL
www.ltr.com.br

BIBLIOTECA DIGITAL
www.ltrdigital.com.br

E-BOOKS
www.ltr.com.br